窮通寶鑑 正說

김찬동 金讚東

· 1950년 경북 달성 출생, 장로교신학대학교 졸업
· 한국추명학회 정회원 · 광진구 지부장, 한국역술학회 정회원
· 추명학 연구와 동양철학 학술연구로 감사패와 표창장을 여러 차례 받음
· 수년간 성경 · 불경 · 논어 · 명리학 연구
· 현재 역산철학원 원장
  일본의 동경 · 경도 등을 여행하며 일본풍수학 연구 중

저서에는 『역산성명학』(삼한), 『이렇게 하면 좋은 운이 온다』(삼한), 『역산비결』(삼한), 『복을 부르는 방법』(삼한), 『연해자평정설』(정음), 『명리정설』(정음), 『팔자고치는 법』(미래문화사), 『나도 돈 벌 수 있다』(생각하는백성), 『사주운명학의 정설』(명문당), 『운명으로 본 인생』(명문당), 『적천수정설』(삼한) 등이 있다.

전화 02)455-3204 | 016-9292-3207

궁통보감 정설

1판 1쇄 인쇄일 | 2008년 5월 6일
1판 1쇄 발행일 | 2008년 5월 16일

발행처 | 삼한출판사
발행인 | 김충호
지은이 | 김찬동

신고 연월일 | 1975년 10월 18일
신고 번호 | 제305-1975-000001호

411-776 경기도 고양시 일산서구 일산동 1654번지
산들마을 304동 2001호

대표전화 (031) 921-0441
팩시밀리 (031) 925-2647

값 39,000원
ISBN 978-89-7460-130-0 03180

신비한 동양철학 · 83

궁통보감 정설

김찬동 편역

삼한

『궁통보감(窮通寶鑑)』의 원래 제목은 『난강망(欄江網)』이다. 제목이 지명으로 되어 있는 것으로 보아 저자는 아마 무명거사일 것이고, 명나라 말기나 청나라 초기의 실존 인물들의 사주를 많이 예시한 것으로 보아 아마도 청나라 때 인물로 짐작된다. 그리고 이런 정도의 고차의 역학서를 저술한 것으로 미루어 보면 역학에 통달한 은자가 틀림없다고 생각한다. 이 책은 오래도록 제대로 평가받지 못하고 비서로만 전해져 내려오던 것을 청나라 말기에 여춘대(余春台)라는 학자가 간행하여 세상에 나와 빛을 보게 되었다.『궁통보감(窮通寶鑑)』은 5대원서 중에서 가장 이론적이고 사리에 합당한 역학서라고 생각한다.

이 책은 조후(調候)를 중심으로 설명하며 간명한 것이 특징이다. 우리가 사는 곳은 우주의 안이고, 우주 안에서도 태양계의 안이고, 또 태양계 안에서도 지구이고, 지구 안에서도 사계절이 분명한 지역이다. 봄은 따뜻하니 파종해야 하고, 여름은 더우니 목욕하거나 물을 마셔야 하고, 가을은 서늘하며 오곡백과를 거두어 들이고, 겨울은 눈이 내리고 추우니 따뜻한 옷을 입고 난로를 피워야 한다. 이것은 대자연의 순리다.

만물이 생존하며 발전하려면 가장 먼저 태양의 열기와 물의 습기가 조화를 이루어야 한다. 사주로 말하자면 화기(火氣)와 수기(水氣)다. 또 음양(陰陽)을 대표하는 것이 화기(火氣)와 수기(水氣)다. 즉 화기(火氣)는 태양을 대표하는 것이고, 수기(水氣)는 물을 대표하는 것이다.

우리 인간은 자연을 떠나서는 잠시도 살 수가 없다. 궁통보감(窮通寶鑑)에서 주장하는 것은 가장 순리적이며 합리적이다. 역학을 공부하는 학도들에게 많은 도움을 주려고 먼저 원문에 음독을 단 다음 해설하였다. 가급적이면 원문에 가깝게 풀이하는데 노력하였다. 그리고 예문은 서낙오(徐樂吾) 선생께서 해설한 것을 그대로 번역하였고, 중간 중간에 저자가 상담한 사람들의 사주와 점서에 있는 사주들을 실었다. 나름대로 정확하게 번역한다고 노력했지만 부족한 부분이 많을 것이다. 만일 잘못된 부분이 있으면 질책해주기 바란다. 끝으로 이 책이 역학도들에게 조금이라도 도움이 된다면 더없는 보람이 될 것이다.

역산 김찬동

제 IV부. 금론(金論)

제 I 부. 목론(木論)

제1장. 목론(木論)

【원 문】

木性騰上而無所止 氣重則欲金任使 木有金則有惟高惟斂之德

목성등상이무소지 기중즉욕금임사 목유금즉유유고유감지덕

仍愛土重 則根蟠深固 土少則有枝茂根危之患 木賴水生

잉애토중 즉근반심고 토소즉유지무근위지환 목뢰수생

少則滋潤 多則漂流 甲戌乙亥木之源 甲寅乙卯木之鄕

소즉자윤 다즉표류 갑술을해목지원 갑인을묘목지향

甲辰乙巳木之生 皆活木也 甲申乙酉木受剋 甲午乙未木自死

갑진을사목지생 개활목야 갑신을유목수극 갑오을미목자사

甲子乙丑金克木 皆死木也

갑자을축금극목 개사목야

【해 설】

목(木)은 위로 오르려는 성질이 있으므로 목기(木氣)가 너무 많으면 경신금(庚辛金)으로 금극목(金剋木)하여 다스려주는 것이 좋다. 만일 목기(木氣)가 태과한데 금기(金氣)가 없어 제극(制剋)하지 못하면 질투심이 많고 인자하지 못하며 쓸모없는 사람이 된다. 그러나 사주에 목기(木氣)가 왕성한데 금기(金氣)가 있으면 높이 단련시키니 길한 명조가 된다.

목(木)은 지지(地支)에 토(土)가 두터우면 뿌리를 깊이 내릴 수 있어 견고해지니 길하다. 그러나 토(土)가 너무 적은데 가지만 무성하면 뿌리가 위태로울 근심이 있으니 흉하다. 토(土)가 너무 많으면 목(木)이 묻힐 위험이 있지만, 너무 적으면 뿌리가 흔들려 중심을 잡지 못하니 우왕좌왕한다. 목(木)은 수생목(水生木)하여 수(水)에게 의지하므로 수(水)가 적당하게 중화되면 자윤의 공덕으로 잘 자란다. 그러나 수(水)가 너무 많으면 홍수가 난 형상이 되어 흉하고, 너무 부족하면 목(木)이 말라죽으니 고목(枯木) 사주가 되어 흉하다.

갑술(甲戌)과 을해(乙亥)는 목(木)의 시작이니 목(木)의 근원이다. 해(亥) 중에 갑목(甲木)이 들어 목(木)이 해(亥)부터 싹트기 시작하니 갑술(甲戌)과 을해(乙亥)는 목(木)의 근원이 되는 것이고, 갑인(甲寅) 을묘(乙卯)는 목(木)이 가장 왕성해지는 터전이니 목(木)의 고향이 된다. 갑인(甲寅)과 을묘(乙卯)는 상하가 모두 목기(木氣)이므로 목(木)이 가장 왕성하고, 목(木)의 본부이며 목(木)

의 고향이라고 말한다. 갑진(甲辰) 을사(乙巳)는 목(木)이 기운을 펼쳐나갈 수 있는 곳이므로 목(木)의 생지(生地)가 된다. 따라서 이들은 모두 살아 있는 나무, 즉 생목(生木)이다.

갑신(甲申)과 을유(乙酉)는 금극목(金剋木)하여 절각(折脚)되면 사목(死木)이 된다. 절각(折脚)이란 지지(地支)가 천간(天干)을 파극(破剋)하는 것을 말한다. 그리고 갑진(甲辰)과 갑술(甲戌)은 개두(蓋頭)가 된다. 개두(蓋頭)란 천간(天干)이 지지(地支)를 극하는 것을 말한다. 갑오(甲午) 을미(乙未)는 지지(地支)가 너무 건조하니 목(木)이 말라죽고, 갑자(甲子) 을축(乙丑)은 너무 한습하니 목(木)의 뿌리가 상할 염려가 있으니 습목(濕木)이 된다.

1. 강목(强木) 사주

년	월	일	시	■남명
丙	辛	甲	癸	壬癸甲乙丙丁戊己
戌	卯	寅	酉	辰巳午未申酉戌亥

갑목(甲木) 일주(日主)가 묘(卯)월에 태어났다. 목기(木氣)가 태과하면 강목(强木) 사주라 하고, 월지(月支)가 인성(印星)이나 비겁(比劫)에 해당하면 득령(得令)했다고 한다. 목(木)은 위로 오르려는 성질이 있으니, 목(木)의 기가 너무 솟으면 경신금(庚辛金)으

로 금극목(金剋木)하여 다스려야 한다. 만일 목(木)이 있는데 금 (金)이 있으면 반드시 강하게 단련시켜 거두어주는 덕이 있으나, 신강(身强)한데 목(木)운이나 수(水)운을 또 만나면 대흉하다.

본명은 경신금(庚辛金)이 용신(用神)이고, 토(土)는 희신(喜神)이 다. 좋은 사주가 되려면 오행이 골고루 들어야 하는데 이 사주는 금기(金氣)는 중화되었으나 목기(木氣)가 태과하여 병이 되어 정 의감과 용감함은 있었으나 질투심이 많고 인자하지 못하였다. 용신 (用神)은 사주에서 가장 중요한데 길복이 가장 많은 오행을 말하 고, 희신(喜神)은 그 다음으로 길한 오행으로 용신(用神)을 보좌하 는 것을 말한다. 그리고 기신(忌神)은 흉화가 가장 많이 따르는 오 행을 말하고, 구신(仇神)은 기신(忌神)을 도와주는 오행을 말하고, 한신(閑神)은 길작용도 흉작용도 하지 않는 오행을 말한다.

2 약목(弱木) 사주

년	월	일	시	■남명
辛	戊	甲	辛	丁丙乙甲癸壬辛庚
亥	戌	辰	未	酉申未午巳辰卯寅

갑목(甲木) 일주(日主)가 술(戌)월에 태어났다. 목기(木氣)가 태 약하면 약목(弱木) 사주라 하는데 갑목(甲木)이 고통을 당하니 고

목(苦木) 사주라고도 한다. 월지(月支)가 재성(財星)이나 관성(官星)이나 식상(食傷)이면 실령(失令)했다고 한다. 토(土)는 두터워야 좋으나 지나치면 토다목절(土多木折)이 되어 나무가 위태로워진다. 이런 사주를 재다신약(財多身弱)이라고 하는데 부옥빈인(富屋貧人)의 명, 즉 부잣집에서 하인노릇을 하는 가난한 사주가 된다.

본명에서는 갑을목(甲乙木)이 용신(用神)이고, 병정화(丙丁火)는 희신(喜神)이다. 일지(日支)에 진토(辰土)가 들고, 갑목(甲木)이 통근(通根)하여 아내복이 있으니 부부금실이 좋았다. 그리고 목(木)이 용신(用神)이니 대운이나 년운에서 갑을인묘(甲乙寅卯)를 만나면 길복이 많이 따른다. 월별로 보면 1·2·3월이 가장 좋고, 인간관계도 1·2·3월생과 가장 좋다. 그리고 술(戌)월이니 조후(調候)로 보면 병화(丙火)나 정화(丁火)도 좋다. 갑목(甲木) 일주(日主)가 가을이면 추수를 해야 하니 하늘에서 태양이 비춰주면 길하다.

3. 부목(浮木) 사주

년	월	일	시	■남명
戊	甲	甲	甲	乙丙丁戊己庚辛壬
子	子	子	戌	丑寅卯辰巳午未申

목(木)은 수(水)에 의지해야 하나 수(水)가 태과하면 목(木)이 떠

내려간다. 이런 사주를 부목(浮木) 사주라고 한다. 이렇게 홍수가
나면 제방해야 하니 무토(戊土)로 용신(用神)을 삼아야 하나 수다
토붕(水多土崩)이 되면 위험하다. 그리고 갑술(甲戌) 을해(乙亥)는
목(木)의 근원이고, 갑인(甲寅) 을묘(乙卯)는 목(木)의 고향이다.

본명은 년상(年上) 무토(戊土)가 용신(用神)이고, 화(火)는 희신
(喜神)이나 불행한 사주가 되었다. 토(土)는 수(水)를 토극수(土剋
水)하지만 수(水)가 태과한데 토(土)가 약하면 제방이 무너져 대흉
하다. 이 사람은 경(庚) 대운 임자(壬子)년에 제방이 무너지자 사
업이 크게 실패하여 모든 재산을 잃었다. 그리고 월별로 보면 10·
11·12월이 가장 흉하고, 인간관계도 10·11·12월생과 동업하면 매
우 흉하다. 다시 말해 어떤 사주든 기신(忌神)에 해당하는 달에 태
어난 사람과의 관계는 이롭지 않다.

4. 소목(燒木) 사주

년	월	일	시	■ 남명
丁	丙	乙	癸	乙甲癸壬辛庚己戊
亥	午	巳	未	巳辰卯寅丑子亥戌

을목(乙木) 일주(日主)가 오(午)월에 태어났는데 지지(地支)에서
사오미(巳午未)가 방합(方合)하니 화기(火氣)가 태과하다. 을목(乙

木)이 불에 타죽기 직전이라 소목(燒木) 사주가 되었다. 소목(燒木) 사주는 임계수(壬癸水)로 용신(用神)을 삼아야 한다. 그리고 갑진(甲辰) 을사(乙巳)는 목(木)의 생지(生地)이니 모두 살아 있는 나무다. 그러나 갑신(甲申)과 을유(乙酉)는 금극목(金剋木)으로 절각(折脚)되니 목(木)이 극을 받는다. 절각(折脚)이란 지지(地支)가 천간(天干)을 파극(破剋)하는 것을 말한다. 본명은 계해수(癸亥水)가 용신(用神)이다. 시상(時上) 계수(癸水)와 년지(年支) 해수(亥水)가 없었으면 종아격(從兒格)이 되었을 것이다. 이처럼 정격(正格) 사주가 종아격(從兒格)에 가까우면 흉화가 많아 파란만장하다.

 이 사람도 평생 한 번도 발복하지 못하고 가난과 질병과 천대 속에 살다가 불에 타죽었다. 년지(年支) 해수(亥水)가 용신(用神)인 것으로 보아 선조와 조부모 대에는 부유하였고, 월주(月柱)가 기신(忌神)인 것으로 보아 부모 대에 망한 집안임을 알 수 있다. 만일 년주(年柱)가 기신(忌神)이고 월주(月柱)가 용신(用神)이었으면 조부모 대에는 빈천했어도 부모 대에 집안을 일으켰을 것이다.

5. 단목(斷木) 사주

```
년 월 일 시      ■남명
戊 辛 甲 甲      壬癸甲乙丙丁戊己
辰 酉 申 戌      戌亥子丑寅卯辰巳
```

갑목(甲木) 일주(日主)가 유(酉)월에 태어났는데 신유술(申酉戌)이 방합(方合)하여 금기(金氣)가 태과하다. 태과한 금기(金氣)가 금극목(金剋木)하니 단목(斷木) 사주가 되었다. 단목(斷木) 사주에서는 비겁(比劫)이 가장 길하고, 관살(官殺)이 가장 흉하다. 갑목(甲木) 일주(日主)가 유(酉)월에 태어났으나 시상(時上)에 갑목(甲木)이 투출(透出)하고, 년지(年支)에 진토(辰土)가 통근(通根)하여 정격(正格)이 되었다. 갑목(甲木)은 양목(陽木)인데 시상(時上)에 투출(透出)하고, 년지(年支) 진토(辰土)가 갑목(甲木)의 통근지(通根地)이니 신약(身弱)하지만 종(從)하지 않았다.

본명은 목(木)운이 가장 길하고, 화극금(火剋金)하니 병정화(丙丁火)운도 길하다. 관살(官殺)이 기신(忌神)에 해당하고, 경신금(庚辛金)이 기신(忌神)이니 칼·기계·무기 등의 금속에 상처를 많이 입었다. 그리고 일지(日支) 신금(申金)이 기신(忌神)에 해당하니 아내복이 없었다. 남명에서는 일지(日支)가 아내궁인데 기신(忌神)에 해당하면 아내복이 없다. 이 사람도 잔인하며 난폭하고 무례한 아내를 만나 결국 이별하고 재혼했지만 또 악처를 만났다. 3번 결혼했으나 모두 실패하고 혼자 살았다. 그러나 재물복은 있어 읍내에서 알아주는 부자로 살았다.

년	월	일	시	■ 용관격(用官格)						
壬	癸	甲	辛	甲	乙	丙	丁	戊	己	庚 辛
寅	卯	戌	未	辰	巳	午	未	申	酉	戌 亥

갑목(甲木) 일주(日主)가 묘(卯)월에 태어났으니 득령(得令)하여 신강(身强)하다. 묘(卯)월은 갑을(甲乙)이 암장(暗藏)되어 목기(木氣)가 매우 강하다. 년월(年月)에 임계(壬癸)가 투출(透出)하여 일간(日干)을 생조(生助)하고, 년지(年支)에서도 인목(寅木)이 일간(日干)을 생조(生助)하니 갑목(甲木) 일주(日主)가 태강하다. 목기(木氣)가 강하여 신강(身强)해졌으므로 금(金)으로 목(木)을 제하는 것이 가장 좋은데, 시상(時上) 신금(辛金)으로 용신(用神)을 삼아 금극목(金剋木)하니 중화되었다. 신금(辛金) 용신(用神)은 일지(日支) 술토(戌土)와 시지(時支) 미토(未土)에 통근(通根)하여 강하다. 어떤 사주든 용신(用神)이 강해야 큰 인물이 된다. 그리고 용신(用神)은 천간(天干)에 투출(透出)해야 하고, 반드시 지지(地支)에 통근(通根)해야 좋다.

본명은 역시 토금(土金)운에 발복하였고, 수목(水木)운에는 고전하였다. 신강(身强)한데 재관(財官)이 유력하니 관운과 재물운이 많았고, 처자운도 많았다. 그러나 형제운은 좋지 않아 9남매였으나 사이가 좋지 않았다. 사주에서 비견(比肩)이나 겁재(劫財)가 기신(忌神)에 해당하면 형제운이 나쁘다. 부모님이 돌아가시자 형제간에 재산싸움이 벌어져 한동안 서먹서먹하게 지냈다. 어떤 사주든 비겁(比劫)이 기신(忌神)에 해당하면 형제운이 불리하나, 용신(用神)에 해당하면 형제운이 좋아 우애가 깊다.

【원 문】

生木得火而秀 丙丁相同 死木得金而造 庚辛必利

생목득화이수 병정상동 사목득금이조 경신필이

生木見金自傷 死木得火自焚 無風自止 其勢亂也

생목견금자상 사목득화자분 무풍자지 기세난야

遇水返化其源 其勢盡也 金木相等 格謂斲輪 若向秋生

우수반화기원 기세진야 금목상등 격위착윤 약향추생

反爲傷斧 是秋生忌金重也 木生於春 餘寒猶存 喜火溫暖

반위상부 시추생기금중야 목생어춘 여한유존 희화온난

則無盤屈之患 籍水資扶 而有舒暢之美

즉무반굴지환 적수자부 이유서창지미

【해 설】

　생목(生木)은 병정화(丙丁火)를 만나야 수기(秀氣)가 발달하고, 병화(丙火)와 정화(丁火)는 모두 좋으나 차이가 있다. 병화(丙火)는 태양이니 조후(調候)하고, 정화(丁火)는 음화이니 따뜻하게 해준다. 그리고 사목(死木)은 금(金)을 만나야 그릇이 되니 경신금(庚辛金)은 반드시 이롭다. 사목(死木)은 경금(庚金)의 도끼로 다듬고 신금(辛金)의 톱과 칼로 모양을 내면 좋은 목재가 되나, 생목(生木)은 자라는 나무이니 경금(庚金)의 도끼로 금극목(金剋木)하면 상한다. 그리고 사목(死木)은 죽은 나무이니 정화(丁火)를 보면 불에 타버리는데 이때는 바람이 없어도 그 세력이 어지럽다. 그리고 생목(生木)은 물을 만나면 근원이 변하여 길하나, 사목(死木)은 썩기 때문에 그 세력을 다한다. 금(金)과 목(木)이 동등하면 금(金)으로 목(木)을 깎아 수레바퀴를 만들 수 있으니 길명이 된다.

만일 가을생이 경신금(庚辛金)이 중중하면 이미 월지(月支)에 금기(金氣)가 태강한데 도끼에 찍혀 상하니 매우 흉하다. 목(木)이 봄철에 태어났으면 초봄은 아직 차가운 기운이 남아 있으니 병정화(丙丁火)로 따뜻하게 해주어야 얼크러질 염려가 없고, 중춘에는 목기(木氣)가 태과하면 가지치기를 해도 좋고, 만춘에는 수(水)로 도와주면 뻗어나가는 아름다움이 있다.

년 월 일 시	■용식상격(用食傷格)
己 丙 甲 甲	乙甲癸壬辛庚己戊
酉 子 子 子	亥戌酉申未午巳辰

갑목(甲木) 일주(日主)가 자(子)월에 태어났으니 득령(得令)하여 신강(身强)하다. 자(子)월은 임계(壬癸)가 암장(暗藏)되어 수기(水氣)가 강하다. 신강(身强)하면 먼저 관성(官星)을 용신(用神)으로 삼아야 하나, 인성(印星)이 많은 신강(身强) 사주에서는 관인상생(官印相生)하여 인성(印星)이 더 왕성해지므로 관성(官星)을 용신(用神)으로 삼을 수 없다. 이때는 반드시 월상(月上) 병화(丙火)로 용신(用神)을 삼아 조후(調候)하고, 강한 목(木)을 설기(洩氣)해야 좋으니, 월상(月上)의 병화(丙火) 식신(食神)이 용신(用神)이다.

그리고 제방하려면 토극수(土剋水)해야 하니 무기토(戊己土)가
좋다. 그러나 수(水)가 넘쳐 잘못하면 수다토붕(水多土崩)이 될 수
있으니 병정(丙丁)이 가장 길하고, 그 다음은 무기(戊己)가 길하다.
일지(日支) 자수(子水)가 기신(忌神)에 해당하니 아내가 불륜하고
자식복도 없었다. 자(子)월생이 병정화(丙丁火)가 투출(透出)하지
않으면 길명이 될 수 없고, 인성(印星)이 기신(忌神)에 해당하면
상사나 선배와 갈등이 많은데, 이 사람도 힘든 직장생활을 하였다.

【원 문】

春初不宜水盛 陰濃濕重則根損枝枯 春木陽氣煩燥
춘초불의수성 음농습중즉근손지고 춘목양기번조
無水則葉槁根乾 是以水火二物 旣濟方佳 土多而損力
무수즉엽고근건 시이수화이물 기제방가 토다이손력
土薄則才豊 忌逢金重 傷殘剋伐 一生不閑 設使木旺 得金則良
토박즉재풍 기봉금중 상잔극벌 일생불한 설사목왕 득금즉양
終身得福 夏月之木 根乾葉燥 盤而且直 屈而能伸
종신득복 하월지목 근건엽조 반이차직 굴이능신

【해 설】

초봄인 인(寅)월에는 아직 한기가 남아 있으니 차가운 수(水)를
많이 만나면 좋지 않다. 만일 홍수가 난 부목(浮木) 사주이면 음습
한 기운이 많아 가지가 상하고 잎이 썩는다. 그리고 춘목(春木)이

양기(陽氣)가 번잡하게 많으면 조열한데, 수(水)까지 없으면 고목(枯木) 사주가 되어 잎이 시들고 뿌리가 마른다. 사주는 물과 불이 조화를 이루어 수화기제(水火既濟)가 되면 가장 아름답다. 그리고 사주에 토(土)가 너무 많으면 토다목절(土多木折)이 되어 나무가 꺾이고 힘이 약해져 약목(弱木) 사주가 되고, 토(土)가 너무 적고 약하면 뿌리가 의지할 곳이 없으니 불안한 사주가 된다. 만일 약목(弱木) 사주가 경신금(庚辛金)을 만나면 금극목(金剋木)으로 목(木)이 상하여 멸잔(滅殘)하고 파극(破剋)하고 토벌(討伐)하니 일생이 불안하다. 그러나 목(木)이 왕성하면 목(木)을 억제해야 중화되니 금(金)으로 금극목(金剋木)하면 평생 복이 많다. 여름은 화기(火氣)가 왕한 때이니 목(木)이 뿌리가 마르고 잎이 시든다. 이때는 수(水)를 만나야 수생목(水生木)하여 굽은 것이 펴져 길하다.

년	월	일	시	■ 용인비격(用印比格)							
辛	庚	甲	癸	己	戊	丁	丙	乙	甲	癸	壬
酉	寅	申	酉	丑	子	亥	戌	酉	申	未	午

갑목(甲木) 일주(日主)가 인(寅)월에 태어나 득령(得令)했으나 금기(金氣)가 태왕하여 신약(身弱)하다. 따라서 월지(月支) 인목(寅木)이 용신(用神)이고, 시상(時上) 계수(癸水)가 희신(喜神)이다. 수목(水木)운은 길하고 토금(土金)운은 흉하다. 비겁(比劫)이 용신(用神)이니 독립심이 강하나 관살(官殺)이 태과하니 관재구설과

사고가 많았다. 갑경(甲庚)이 상충(相沖)하고 인신(寅申)이 상충(相沖)하여 허리와 골격과 팔다리에 큰 병이 생겼고, 관재구설이 많았다. 관살(官殺)이 기신(忌神)이라 과거를 여러 번 보았으나 모두 떨어지고, 낙향하여 어린학생들을 가르치며 소일하였다.

　사주에서 식신(食神)과 상관(傷官)은 부하나 후배인데 없으니 따르는 사람이 없었다. 본명은 인(寅)월생이니 반드시 병정화(丙丁火)가 필요하다. 병정화(丙丁火)는 조후(調候)하여 갑인목(甲寅木)을 자라게 하고, 태강한 관살(官殺)을 제극(制剋)하기 때문이다. 그런데 투출(透出)한 병정화(丙丁火)가 없고, 인(寅) 병화(丙火)가 암장(暗藏)되어 능력을 발휘하지 못하여 불행한 명조가 되었다.

【원 문】

欲得水盛而成滋潤之力 誠不可少 切忌火旺而招焚火之憂
욕득수성이성자윤지력 성불가소 절기화왕이초분화지우

故以爲兇 土宜在薄 不可重厚 厚則反爲災咎 惡金災多
고이위흉 토의재박 불가중후 후즉반위재구 악금재다

不可欠缺 缺則不能琢削 重重見木 徒以成林 疊疊逢華
불가흠결 결즉불능탁삭 중중견목 도이성림 첩첩봉화

終無結果 秋月之木 氣漸凄凉 形漸凋敗 初秋之時 火氣未除
종무결과 추월지목 기점처량 형점조패 초추지시 화기미제

尤喜水土以相滋 中秋之令 果已成實 欲得剛金而脩削
우희수토이상자 중추지령 과이성실 욕득강금이수삭

【해 설】

여름에는 물이 왕성하면 자윤의 덕이 있으니 길하고, 불이 왕성하면 불에 탈 염려가 있으니 흉하다. 토(土)는 두터우면 재난과 허물을 불러오니 얇은 것이 좋다. 그리고 흉악한 금(金)이 많은데 토(土)가 부족하면 금(金)이 목(木)을 깎아 다듬는데 흠이 되어 공을 이루지 못한다. 여름에 목(木)을 거듭 만나면 헛되이 수풀만 이룬다. 수풀이 쌓이면 영화롭지만 결국은 좋지 않다. 가을은 결실의 계절이니 잎은 낙엽이 되어 떨어져 쓸쓸하게 시들어간다. 초가을은는 화기(火氣)가 가시지 않은 때이니 수(水)로 자윤해주면 매우 좋다. 즉 초가을에는 수(水)가 약간 필요하고, 중추에는 과실이 이미 열매를 이루었으니 수(水)는 필요없고 강한 금(金)이 있어야 한다.

년 월 일 시	■ 여명, 용인격(用印格)
丙 甲 甲 癸	癸 壬 辛 庚 己 戊 丁 丙
午 午 戌 酉	巳 辰 卯 寅 丑 子 亥 戌

갑목(甲木) 일주(日主)가 오(午)월에 태어나 설기(洩氣)가 심하니 신약(身弱)한데, 병기정(丙己丁)이 암장(暗藏)되어 화기(火氣)가 태왕하다. 화(火)가 많아 신약(身弱)해졌으니 태과한 화기(火氣)를 억제하는 수(水)가 있어야 한다. 따라서 시상(時上) 계수(癸水)가 용신(用神)이니 계수(壬癸水)가 가장 길하고 그 다음은 갑을목(甲乙木)이 길하다. 그리고 경신금(庚辛金)은 금생수(金生水)하니 금

수(金水)운이 동행하면 좋지만, 금극목(金剋木)하니 토금(土金)운
이 동행하면 흉하다. 그리고 화기(火氣)가 태왕하니 비겁(比劫)인
갑을목(甲乙木)운을 만나도 좋지 않다. 목(木)은 목생화(木生火)하
여 태왕한 화기(火氣)를 더 생해주기 때문이다. 본명은 시상(時上)
계수(癸水)가 용신(用神)이고, 시지(時支) 유금(酉金)은 계수(癸
水)가 금생수(金生水)로 관인상생(官印相生)시키니 자식복이 많아
모두 총명하여 출세하였고, 효성이 있어 말년에 자식덕으로 평안하
게 살다가 평안하게 임종하였다. 자식궁인 시주(時柱)에 용신(用
神)이 들면 자식복이 있으나 기신(忌神)이 들면 자식복이 없다.

【원 문】

霜降後不宜水盛 水盛則木漂 寒露節 又喜火炎 火炎則木實
상강후불의수성 수성즉목표 한로절 우희화염 화염즉목실
木多有多材之美 土厚無自任之能 冬月之木 盤屈在地
목다유다재지미 토후무자임지능 동월지목 반굴재지
欲土多而培養 惡水盛而忘形 金總多不能剋伐 火重見溫暖有功
욕토다이배양 악수성이망형 금총다불능극벌 화중견온난유공
歸根復命之時 木病安能輔助 須忌死絶之地 只宜生旺之方
귀근복명지시 목병안능보조 수기사절지지 지의생왕지방

【해 설】

　상강(霜降) 이후에는 수(水)가 왕하면 나무가 떠내려가니 흉하고,

한로(寒露)에는 화염하면 열매가 충실하고, 목(木)이 많으면 목재가 좋고, 토(土)가 두터우면 책임을 다하지 못한다. 겨울 목(木)은 토(土)가 많으니 배양해야 하고, 수(水)가 왕하면 목(木)의 형상을 잃고, 금(金)은 모두 극벌하니 흉하나 화기(火氣)를 다시 보면 온난하다. 생명이 다시 뿌리로 돌아갈 때는 목(木)이 병들지 않게 도와야 하는데 사절지(死絶地)는 흉하고 생왕지(生旺地)는 길하다.

년 월 일 시	■여명, 용식재격(用食財格)
丙 己 甲 甲	戊丁丙乙甲癸壬辛
辰 亥 子 子	戌酉申未午巳辰卯

갑목(甲木) 일주(日主)가 해(亥)월에 태어났고, 일지(日支)와 시지(時支)에 자수(子水)가 들어 수(水)가 태왕하다. 해(亥)월은 무갑임(戊甲壬)이 암장(暗藏)되어 수목(水木)이 왕하니 갑목(甲木) 일주(日主)가 부목(浮木)이 되었다. 따라서 년상(年上) 병화(丙火)가 용신(用神)이고 토(土)는 희신(喜神)이다. 화토(火土)운은 길하고 수(水)운은 흉하다. 좋은 사주가 되려면 우선 수화(水火)가 균형을 이루어야 한다. 그런데 본명은 수기(水氣)는 태왕하나 화기(火氣)가 태약하니 흉하다. 다행히 중년부터 남방운으로 흘러 단명은 면하였다. 그리고 일지(日支)는 부부궁인데 기신(忌神)에 해당하니 남편복이 없었다. 이혼과 재혼을 반복했지만 한 번도 좋은 남편을 만나지 못하고 결국은 독수공방하였다. 월(月)에 기토(己土)

가 들고, 년지(年支)에 진토(辰土)가 들어 어려서는 부모덕에 잘 자랐으나 결혼하면서부터 인생이 꼬이기 시작하더니, 중년과 말년에는 천박한 과부가 되어 탄식하며 살다가 병으로 죽은 것이다.

① 목능극토 토왕목절(木能剋土 土旺木折) : 목(木)이 토(土)를 극하나 토(土)가 태과하면 목(木)이 절단된다.

② 목능생화 화왕목분(木能生火 火旺木焚) : 목(木)이 화(火)를 생하나 화(火)가 태과하면 목(木)이 타버린다.

③ 금능극목 목왕금결(金能剋木 木旺金缺) : 금(金)이 목(木)을 극하나 목(木)이 태과하면 금(金)이 부족하다.

④ 수능생목 수왕목표(水能生木 水旺木漂) : 수(水)가 목(木)을 생하나 수(水)가 태과하면 목(木)이 떠내려간다.

⑤ 목왕득금 방성동량(木旺得金 方成棟梁) : 목(木)이 왕한데 금(金)을 얻으면 국가의 요직을 맡는 동량이 된다.

⑥ 목뢰수생 수다목표(木賴水生 水多木漂) : 목(木)이 수(水)에게 의지하나 수(水)가 너무 많으면 목(木)이 떠내려간다.

⑦ 목능생화 화다목분(木能生火 火多木焚) : 목(木)이 화(火)를 생하나 화(火)가 너무 많으면 목(木)이 타버린다.

⑧ 목약봉금 필피감석(木弱逢金 必被砍析) : 목(木)이 약한데 금(金)을 만나면 반드시 파극(破剋)되어 감석(砍析)한다.

⑨ 강목득화 방화기완(强木得火 方化其頑) : 목(木)이 강한데 화(火)를 만나면 형상이 변하니 완고해진다.

제2장. 갑목론(甲木論)

1. 갑목(甲木)의 희용제요(喜用提要)

1. 인(寅)월 갑목(甲木)

【원 문】

寅月甲木丙癸 調和氣候爲要 丙火爲主 癸水爲佐

인월갑목병계 조화기후위요 병화위주 계수위좌

【해 설】

인(寅)월은 차가운 기운이 많이 남아 있는 때이니 인(寅)월 갑목 (甲木)은 먼저 병화(丙火)로 용신(用神)을 삼아야 한다. 좋은 사주 가 되려면 우선 용신(用神)이 강해야 한다. 용신(用神)은 사람의 능력과 같으므로 용신(用神)이 강하면 성공할 확률이 많다. 고관대

작이 되려면 관운이 강해야 하고, 사업가로 성공하려면 재물운이
강해야 한다.

년 월 일 시	■ 남명, 식신생재격(食神生財格)
甲 丙 甲 戊	丁 戊 己 庚 辛 壬 癸 甲
子 寅 子 辰	卯 辰 巳 午 未 申 酉 戌

갑목(甲木) 일주(日主)가 차가운 기운이 남아 있는 인(寅)월에 태
어났으니 당연히 월상(月上) 병화(丙火)가 용신(用神)이다. 인(寅)
월은 무병갑(戊丙甲)이 암장(暗藏)되어 목기(木氣)와 화기(火氣)가
강하니 병화(丙火)는 조후(調候)할 때도 필요하고, 왕한 목기(木
氣)를 설기(洩氣)할 때도 필요하다. 그리고 년지(年支)와 일지(日
支) 자수(子水)는 기신(忌神)에 해당한다. 어떤 사주든 길복이 많
으려면 우선 용신(用神)이 강해야 하는데 용신(用神)이 강하니 길
하고, 시주(時柱) 무진(戊辰)은 재성(財星)에 해당하는데 왕하니
재물복이 많았다.

이 사람은 비록 부모 유산은 별로 없었지만 열심히 노력하여 군
에서 알아주는 큰 부자가 되었다. 굳이 사주의 격을 논한다면 식신
생재격(食神生財格)이다. 즉 화토(火土)운은 길하고 수목(水木)운
은 흉하다. 신강(身强)하고 재왕(財旺)하여 많은 재물을 모을 수
있었던 것이다. 그러나 한 가지 아쉬운 것은 경신금(庚辛金) 관살
(官殺)이 전혀 없는 것이다. 따라서 관운이 따르지 않아 청운의 꿈

을 안고 여러 번 과거에 응시했지만 매번 낙방하였다. 성공하려면 자신의 팔자에서 무엇이 가장 좋은지를 보아 타고난 재능을 살려야 한다. 즉 용신(用神)이 원하는 길로 나가는 것이다.

2. 묘(卯)월 갑목(甲木)

【원 문】

卯月甲木 庚丙丁戊己 陽刃架煞 專用庚金
묘월갑목 경병정무기 양인가살 전용경금
以戊己佐煞 無庚用丙丁火洩秀氣 不取制殺
이무기좌살 무경용병정화설수기 불취제살

【해 설】

묘(卯)월 갑목(甲木)은 목기(木氣)가 왕성하니 목기(木氣)를 제극(制剋)하여 중화시키려면 경금(庚金)으로 용신(用神)을 삼아야 한다. 경금(庚金)이 용신(用神)이면 지지(地支)에는 진술축미(辰戌丑未) 토(土)가 통근(通根)해야 용신(用神)이 강해진다. 만일 양인(陽刃)이 왕성하면 신강(身强) 사주가 된다. 비겁(比劫)이 많은 신강(身强) 사주에서는 관살(官殺)이 가장 필요하니 경금(庚金)으로 용신(用神)을 삼은 후 관살(官殺)인 무기토(戊己土)로 보좌해야 한다. 만일 경금(庚金)이 없으면 병정화(丙丁火)로 용신(用神)을 삼아 제살(制殺)하지 말아야 한다. 관살(官殺)과 식상(食傷)은 한꺼

번에 용신(用神)으로 삼을 수 없기 때문이다.

년 월 일 시	■ 여명, 용관살격(用官殺格)
丁 癸 甲 庚	甲乙丙丁戊己庚辛
卯 卯 申 午	辰巳午未申酉戌亥

 갑목(甲木) 일주(日主)가 묘(卯)월에 태어났으니 득령(得令)하여
목기(木氣)가 왕하다. 묘(卯)월은 갑을(甲乙)이 암장(暗藏)되어 목
기(木氣)만이 강하니 금극목(金剋木)해야 중화되므로 시상(時上)
경금(庚金)이 용신(用神)이고 토(土)는 희신(喜神)이다. 토금(土
金)운은 길하고 수목(水木)운은 흉하다. 본명은 일지(日支) 신금
(申金)이 용신(用神)에 해당하니 남편복이 많아 정의감이 강하고
관운이 좋은 남편을 만났고 부부금실도 좋았다. 묘(卯)월에 태어나
목(木)이 태강한데 다스릴 경신금(庚辛金)이 없으면 좋은 사주가
아니다. 본명은 희신(喜神)에 해당하는 토기(土氣)가 1개도 없으니
항상 우왕좌왕하였고, 목기(木氣)가 태과하니 질투심이 많았다.
 여명에서는 일지(日支)가 남편궁이므로 일지(日支)의 길흉에 따
라 신분이 달라진다. 흔히 여자 팔자를 버드나무와 같다고 한다. 버
드나무는 바람이 부는 대로 흔들리는 것처럼 남편의 지위에 따라
팔자가 달라지기 때문이다. 따라서 여자 사주를 볼 때 가장 중요한
것은 일지(日支)의 길흉을 먼저 살피는 것이다.

3. 진(辰)월 갑목(甲木)

【원문】

辰月甲木 庚丁壬 用庚金必須丁火制之 爲傷官制殺 無庚用壬
진월갑목 경정임 용경금필수정화제지 위상관제살 무경용임

【해 설】

진(辰)월 갑목(甲木)은 경금(庚金)과 정화(丁火)와 임수(壬水)가
있어야 한다. 진(辰)월은 목기(木氣)와 토기(土氣)가 강하다. 목기
(木氣)가 강하면 경금(庚金)으로 용신(用神)을 삼아 금극목(金剋
木)해야 중화되어 길복이 많아지나, 금기(金氣)가 태과하면 정화
(丁火)로 용신(用神)을 삼아 제극(制剋)해야 한다. 그리고 경금(庚
金)이 없으면 임수(壬水)로 용신(用神)을 삼아야 한다.

년	월	일	시	■ 남명, 용인살격(用印殺格)
乙	庚	甲	壬	己 戊 丁 丙 乙 甲 癸 壬
卯	辰	午	申	卯 寅 丑 子 亥 戌 酉 申

갑목(甲木) 일주(日主)가 진(辰)월에 태어났으니 왕강(旺強)한 목
기(木氣)를 제(制)하려면 월상(月上)에 경금(庚金)이 있어야 한다.
진(辰)월은 을계무(乙癸戊)가 암장(暗藏)되어 토기(土氣)와 목기
(木氣)가 강하고, 이미 열기가 많은데 일지(日支)에 오화(午火)가

있으니 시상(時上) 임수(壬水)도 필요하다. 금수(金水)운이 길하고 목화토(木火土)운은 흉하다. 관살(官殺)이 용신(用神)이니 등과하여 국록을 먹었고, 일지(日支) 오화(午火)가 구신(仇神)이니 아내는 별로 자랑할 것이 없었으나, 시주(時柱) 임신(壬申)이 용신(用神)에 해당하니 자식이 총명하며 효성이 있었다.

이 사람은 예의가 바르며 신용과 정의감이 있고 총명했으나 질투심이 많았다. 직업은 용신(用神)에 따라 달라진다. 먼저 용신(用神)을 오행(五行)으로 보아 판단하고, 다음에는 육신(六神)으로 보아 판단한다. 본명처럼 편관(偏官)이 용신(用神)이면 국록을 먹는 공무원이 가장 좋으나, 관직에 나갈 생각이 없으면 금(金)이 용신(用神)이니 철물・금융・기계 등과 관계있는 직업이 좋다.

4. 사(巳)월 갑목(甲木)

【원 문】

巳月甲木 癸丁庚 調和氣候 癸水爲主 原局氣潤 庚丁爲用
사월갑목 계정경 조화기후 계수위주 원국기윤 경정위용

【해 설】

사(巳)월 갑목(甲木)은 계수(癸水)와 정화(丁火)와 경금(庚金)이 있어야 한다. 임계수(壬癸水)로 용신(用神)을 삼는 것은 기후의 조화 때문이다. 사(巳)월은 열기가 많으므로 계수(癸水)를 쓰면 원국의 기운이 윤택해지고, 경금(庚金)을 쓰면 용신(用神)의 근원이 되므로 길하다. 그리고 만일 수기(水氣)가 많으면 정화(丁火)로 용신(用神)을 삼아야 한다.

년	월	일	시	■남명, 용인격(用印格)
庚	辛	甲	辛	壬癸甲乙丙丁戊己
午	巳	子	未	午未申酉戌亥子丑

갑목(甲木) 일주(日主)가 사(巳)월에 태어났다. 사(巳)월은 무경병(戊庚丙)이 암장(暗藏)되어 화기(火氣)와 금기(金氣)가 강하고, 지지(地支)에서 사오미(巳午未)가 방합(方合)하여 열기가 태과하니 먼저 일지(日支) 수(水)로 용신(用神)을 삼는다. 만일 임계수(壬癸水)가 없었으면 갑목(甲木)은 말라죽었을 것이다. 임계수(壬癸水)가 가장 길하고 병정화(丙丁火)가 가장 흉하다. 나머지는 한신(閑神)에 해당하니 반길반흉하다. 본명은 화기(火氣)가 태과하여 정의감이 강하며 총명했으나 무례하였고, 갑목(甲木) 일주(日主)가 약하니 인자하지 못하였다. 그러나 다행히 아내복은 많아 아내가 시집올 때 많은 재물을 가지고 와서 평생 호의호식하며 살았다.

지지(地支)를 보아 인신사해(寅申巳亥)의 생지(生地)가 왕하면 이동·여행·사교·상업에 길하고, 자오묘유(子午卯酉)의 왕지(旺地)가 왕하면 관리직·감독·대형사업 등이 길하나 호색적인 면이 많고, 진술축미(辰戌丑未)의 고지(庫地)가 왕하면 연구·창작·발명 등에 재능이 있고, 생지(生地)와 왕지(旺地)와 고지(庫地)가 모두 골고루 들면 다재다능하여 어느 방면에서든 무난하게 성공한다.

5. 오(午)월 갑목(甲木)

【원 문】
午月甲木 癸庚丁 用水 運行宜北方
오월갑목 계경정 용수 운행의북방

【해 설】

오(午)월 갑목(甲木)은 계수(癸水)와 경금(庚金)과 정화(丁火)가 있어야 길하다. 오(午)월은 화기(火氣)가 매우 강하니 먼저 임계수(壬癸水)로 용신(用神)을 삼아 조후(調候)하고, 운이 해자축(亥子丑) 북방으로 흐르면 길복이 많다. 그리고 경신금(庚辛金)으로 수(水)를 보좌해야 하는데 수기(水氣)가 많으면 정화(丁火)를 쓴다.

년 월 일 시	■ 여명, 용인격(用印格)
辛 甲 甲 戊	乙丙丁戊己庚辛壬
卯 午 午 辰	未申酉戌亥子丑寅

본명은 돈이 많은 과부의 사주다. 갑목(甲木) 일주(日主)가 오(午)월에 태어나 열기가 대단하다. 오(午)월은 병기정(丙己丁)이

암장(暗藏)되어 화기(火氣)만이 강하다. 년상(年上)에 정관(正官)이 홀로 투출(透出)하여 목화(木火)의 파극(破剋)을 당하여 남편이 많은 재산을 남겨두고 일찍 죽었다. 오(午)월은 화기(火氣)가 매우 강하니 조후(調候)하려면 우선 임계수(壬癸水)가 필요하나, 수기(水氣)가 1개도 없고 진(辰) 계수(癸水)가 명맥을 잇고 있다. 그러나 비겁(比劫)이 워낙 강하니 종격(從格)은 아니다. 임계수(壬癸水)가 가장 길하고, 그 다음은 갑을목(甲乙木)이 길하다.

본명은 신강(身强)하고 재왕(財旺)하니 재물복이 많았으나, 일지(日支) 오화(午火)가 기신(忌神)에 해당하니 남편복이 없어 돈 많은 과부가 된 것이다. 성격운은 신용이 있고 인자한 편이지만 화기(火氣)가 많아 무례하였고, 금기(金氣)가 부족하니 정의감이 없어 이익이 생기는 일이라면 누구와도 손을 잡았다. 건강운은 머리와 고혈압에 만성질병이 있었고, 폐와 호흡기도 허약하여 환절기에는 기침과 감기로 고생하였다.

질병도 팔자에 나타나는데 2가지 부분에서 생긴다. 첫째는 기신(忌神)에 의한 병인데 선천적이며 만성적인 고질병이라 좀처럼 완쾌되지 않는다. 둘째는 기신(忌神)이 어떤 오행을 파극(破剋)하거나 파극(破剋)당한 오행에 따르는 병인데 후천적인 병으로 쉽게 회복된다. 이 사람은 화(火)가 태과하고 기신(忌神)이니 선천적이며 만성적인 혈압이 있었고, 화극금(火剋金)하여 금(金)을 파극(破剋)하니 호흡기와 대장에 후천적인 질병이 따른 것이다.

6. 미(未)월 갑목(甲木)

【원 문】

未月甲木 癸庚丁 上半月同午月下半月 用庚丁

미월갑목 계경정 상반월동오월하반월 용경정

【해 설】

미(未)월은 뜨거운 사막의 땅이니 미(未)월 갑목(甲木)은 계수(癸
水)와 경금(庚金)과 정화(丁火)가 있어야 한다. 상반월은 오(午)월
의 하반월과 같다. 땅 속에 화기(火氣)가 대단하니 먼저 임계수(壬
癸水)로 용신(用神)을 삼아 열기를 식히고, 경신금(庚辛金)으로 용
신(用神) 수(水)를 보좌하면 좋다. 만일 수기(水氣)가 너무 많으면
정화(丁火)를 쓴다.

년 월 일 시	■남명, 용인격(用印格)
丁 丁 甲 癸	丙乙甲癸壬辛庚己
卯 未 午 酉	午巳辰卯寅丑子亥

본명은 돈 많은 홀아비의 사주다. 미(未)월은 정을기(丁乙己)가
암장(暗藏)되어 토기(土氣)와 화기(火氣)가 강하다. 갑목(甲木) 일
주(日主)가 미(未)월에 태어나 열기는 태과하고 물은 태약하니 갈
증을 많이 느끼는 사주다. 다행히 시상(時上)에 계수(癸水)가 투출

(透出)하여 수생목(水生木)하고, 년지(年支) 묘목(卯木)도 한몫 돕는다. 그런데 년월(年月)에 정화(丁火)가 투출(透出)하고, 일지(日支)에 오화(午火)가 있으니 화기(火氣)가 대단하다. 일지(日支) 오화(午火)가 기신(忌神)이니 아내복이 없어 아내가 전염병에 걸려 죽었고, 재혼했지만 좋은 인연을 만나지 못하여 결국은 혼자 살았다. 그러나 미(未)월이라 재성(財星)이 왕하니 재물복은 많았다.

이 사람은 신용과 동정심이 있고 정의감도 강하였다. 그러나 화기(火氣)가 태과하니 예의가 없었고, 수기(水氣)가 부족하니 지혜가 없었다. 사주를 보면 그 사람의 성격을 알 수 있다. 목기(木氣)는 인자함을 나타내지만 태과하면 질투가 많고, 부족하면 인자하지 못하다. 화기(火氣)는 예의범절을 나타내지만 태과하면 혈기를 부리고, 부족하면 예의가 없다. 토기(土氣)는 신용과 약속을 나타내지만 태과하면 고집과 과욕을 부리고, 부족하면 우왕좌왕한다. 금기(金氣)는 정의감을 나타내지만 태과하면 난폭하며 잔인하고, 부족하면 비겁하며 의롭지 못하다. 수기(水氣)는 총명함을 나타내지만 태과하면 사악한 지혜가 많고, 부족하면 어리석다.

7. 신(申)월 갑목(甲木)

【원 문】
申月甲木 庚丁壬 傷官制殺 無丁用壬
신월갑목 경정임 상관제살 무정용임

【해 설】

신(申)월은 입추(立秋)의 계절이니 신(申)월 갑목(甲木)은 경금(庚金)과 정화(丁火)와 임수(壬水)가 있어야 한다. 금기(金氣)가 강하면 상관(傷官)인 정화(丁火)로 용신(用神)을 삼아 제살(制殺)하면 길하고, 정화(丁火)가 없으면 임수(壬水)로 관인상생(官印相生)시키면 길하다. 만일 신약(身弱) 사주이면 갑을목(甲乙木)의 비겁(比劫)으로 용신(用神)을 삼고, 임계수(壬癸水)로 보좌하면 좋다.

```
년 월 일 시        ■남명
甲 壬 甲 己        癸甲乙丙丁戊己庚
寅 申 戌 巳        酉戌亥子丑寅卯辰
```

갑목(甲木) 일주(日主)가 신(申)월에 태어났으니 사지(死地)에 해당한다. 신(申)월은 기무임경(己戊壬庚)이 암장(暗藏)되어 금기(金氣)와 수기(水氣)가 강하다. 신(申)월은 입추(立秋)의 계절이므로 우선 계수(癸水)와 갑을목(甲乙木)이 필요하다. 그런데 년주(年柱)에 갑인(甲寅)이 들어 길하고, 월(月)에 임수(壬水)가 들어 수기(水氣)가 약간 많지만 길한 편이고, 시지(時支)에 사화(巳火)가 들어 화기(火氣)가 있으니 길하다. 그리고 년주(年柱) 갑인(甲寅)이 용신(用神)에 해당하니 조부모 대에는 명문가였고, 일지(日支) 술토(戌土)가 구신(仇神)에 해당하니 부부갈등이 많았고, 신금(申金)이 기신(忌神)에 해당하니 관재구설과 법난이 많았다.

수명도 사주를 보고 어느 정도 짐작할 수 있다. 어떤 역술가는 죽는 년월일시까지 정확하게 알 수 있다고 하나, 약간 과장된 말이고 어느 정도는 짐작할 수 있다. 즉 단명할 것인지 장수할 것인지, 60세 정도인지 75세 정도인지는 알 수 있다. 수명은 사주 전체와 대운의 흐름을 살펴야 하지만 단식판단법(單式判斷法)으로 보면 시주(時柱)에 따라 좌우되는 경우가 많다. 즉 시주(時柱)가 용신(用神)이면 장수하고, 기신(忌神)이면 장수하지 못한다. 따라서 시주(時柱)가 용신(用神)에 해당하면 90세 정도로 보고, 희신(喜神)에 해당하면 80세 정도로 보고, 구신(仇神)에 해당하면 70세 정도로 보고, 기신(忌神)에 해당하면 60세 정도로 보면 대개 맞을 것이다. 본명은 73세까지 살았다.

8. 유(酉)월 갑목(甲木)

【원 문】

酉月甲木 庚丁丙 用丁制殺 用丙兆候
유월갑목 경정병 용정제살 용병조후

【해 설】

유(酉)월은 백로(白露)의 계절로 완전한 가을이니 유(酉)월 갑목(甲木)은 경금(庚金)과 정화(丁火)와 병화(丙火)가 있어야 한다. 유(酉)월은 금기(金氣)가 태왕하니 정화(丁火)로 용신(用神)을 삼아 제살(制殺)하고, 병화(丙火)로 조후(調候)하면 길하다. 만일 병정화(丙丁火)가 미약하면 갑을목(甲乙木)의 비겁(比劫)으로 용신(用神)을 삼아도 길하다.

년	월	일	시	■여명
乙	乙	甲	丙	丙丁戊己庚辛壬癸
酉	酉	申	寅	戌亥子丑寅卯辰巳

본명은 천간(天干)은 모두 용신(用神)과 희신(喜神)에 해당하여 길하나, 지지(地支)는 모두 흉하다. 따라서 겉으로 보기에는 외모가 수려하며 부귀영화를 누렸지만 속으로는 걱정이 많았다. 유(酉)월은 경신(庚辛)이 암장(暗藏)되어 금기(金氣)만이 강하다. 일지(日支) 신금(申金)이 기신(忌神)에 해당하여 부부간에 불화가 끊이지 않았다. 지지(地支)에 관살(官殺)이 중중하고 기신(忌神)에 해당하니 남편복이 없어 여러 번 재혼했으나 만나는 사람마다 폭력이 심하거나 주색잡기를 좋아하거나 무능하거나 백수건달이었다. 본명에서 용신(用神)은 갑을목(甲乙木)이고, 병화(丙火)는 희신(喜神), 신유금(申酉金)은 기신(忌神)이다.

빈부와 귀천은 타고나지만 그 궁극적인 행복과 불행은 대운과 년운과 월운과 일운과 행운에 따라 달라질 수 있다. 비록 사주가 대부귀격이라도 행운이 불길하면 타고난 길복을 다 누리지 못한다. 명호불여운호(命好不如運好)라는 말처럼 격국(格局)의 길복에 앞서 행운이 좋아야 한다. 행운이란 대운과 년운과 월운과 일운 4가지를 합하여 부르는 말이다. 그중에서 대운이 50%, 년운이 30%, 월운이 15%, 일운이 5% 정도를 좌우한다.

9. 술(戌)월 갑목(甲木)

【원 문】
戌月甲木 庚甲丁壬癸 土旺用甲 木旺用庚 丁壬爲佐
술월갑목 경갑정임계 토왕용갑 목왕용경 정임위좌

【해 설】
술(戌)월 갑목(甲木)은 경금(庚金)과 갑목(甲木)과 정화(丁火)와 임계수(壬癸水)가 있어야 한다. 술(戌)월은 한로(寒露)의 계절이며 만추다. 토(土)가 왕성하면 갑목(甲木)으로 용신(用神)을 삼아 소토(疏土)해야 길하고, 갑목(甲木)의 결실을 보려면 병정화(丙丁火)로 조후(調候)해야 길하다. 그리고 목(木)이 왕성하면 먼저 경금(庚金)을 쓴 다음 정화(丁火)와 임수(壬水)로 보좌해야 길하다.

년	월	일	시	■남명
乙	丙	甲	乙	乙甲癸壬辛庚己戊
亥	戌	戌	丑	酉申未午巳辰卯寅

술(戌)월은 신정무(辛丁戊)가 암장(暗藏)되어 금기(金氣)와 토기(土氣)가 강하고, 월(月)에 병화(丙火)가 투출(透出)하여 과실나무의 결실을 돕고, 년상(年上)과 시상(時上) 을목(乙木)은 병화(丙火)를 생조(生助)하여 태양을 더 강렬하게 만드니 길하다. 본명에서 가장 좋은 오행은 을목(乙木)과 병화(丙火)이고, 다음은 갑목(甲木)과 정화(丁火)다. 그리고 가장 흉한 오행은 술토(戌土)이고, 그 다음은 해수(亥水)이다.

본명은 일지(日支) 술토(戌土)가 기신(忌神)에 해당하니 부부갈등이 심하였고, 시지(時支)에 축토(丑土)가 있어 첩을 둘이나 두었으나 모두 기신(忌神)에 해당하여 좋은 여자는 한 명도 없었다. 남명에서 재성(財星)은 처첩에 해당하는데 재성(財星)이 기신(忌神)에 해당하니 여자복이 없는 것이다. 즉 재물복은 많아 큰 부자는 되었으나 부부궁은 불리하였다. 그리고 술토(戌土)와 해수(亥水)는 천문성(天門星)에 해당하니 천문·지리·역학에 밝았다. 이런 사주는 역학을 잘 활용하면 성공할 수 있다.

10. 해(亥)월 갑목(甲木)

【원 문】

亥月甲木 庚丁丙戊用庚金 取丁火制之 丙火調喉 水旺用戊

해월갑목 경정병무용경금 취정화제지 병화조후 수왕용무

【해 설】

해(亥)월 갑목(甲木)은 경금(庚金)과 정화(丁火)와 병화(丙火)와 무토(戊土)가 있어야 한다. 목기(木氣)가 왕성하면 금극목(金剋木)해야 하니 경금(庚金)으로 용신(用神)을 삼고, 금기(金氣)가 많으면 정화(丁火)로 제극(制剋)해야 한다. 그리고 병화(丙火)는 조후(調喉)할 때 필요하다. 만일 수(水)가 왕성하면 무토(戊土)를 용신(用神)으로 삼아 제수(制水)하면 길하다.

년	월	일	시	■남명
丙	己	甲	丁	庚辛壬癸甲乙丙丁
申	亥	子	卯	子丑寅卯辰巳午未

본명은 년상(年上) 병화(丙火)가 가장 길하다. 해(亥)월은 무갑임(戊甲壬)이 암장(暗藏)되어 수기(水氣)와 목기(木氣)가 강하다. 갑목(甲木) 일주(日主)가 해(亥)월에 태어났으니 조후(調候)하려면 병화(丙火)가 필요하고, 또 완전한 결실과 동사를 면하기 위해서도 병화(丙火)가 필요하다. 정화(丁火)도 길하나 병화(丙火)만은 못하고, 을목(乙木)도 필요하다.

본명은 병화(丙火) 식신(食神)이 용신(用神)에 해당하니 식복과 명예운이 좋았고, 편인(偏印)과 인수(印綬)가 기신(忌神)에 해당하니 부모덕이 없고 자수성가할 팔자다. 이 사주는 그릇은 크지만 재물운이 약하여 가난하였고, 비록 년지(年支)에 신금(申金)이 있지만 한신(閑神)이라 등과했으나 미관말직에 머물렀다. 그리고 일지(日支) 자수(子水)가 기신(忌神)이라 부부궁도 불리하였다.

사주에서는 위치로 육친의 길흉을 알 수 있다. 년주(年柱)는 조부모 등 조상을 나타내고, 월주(月柱)는 부모와 때에 따라 형제나 가정과 친구를 나타내고, 일간(日干)은 자신을 나타내고, 일지(日支)는 배우자를 나타내고, 시주(時柱)는 자손을 나타낸다.

11. 자(子)월 갑목(甲木)

【원 문】
子月甲木 丁庚丙 木性生寒 丁先庚後
자월갑목 정경병 목성생한 정선경후
丙火爲佐 必須支見巳寅 方爲貴格
병화위좌 필수지견사인 방위귀격

【해 설】
자(子)월 갑목(甲木)은 정화(丁火)와 경금(庚金)과 병화(丙火)가 있어야 한다. 자(子)월은 대설(大雪)의 추운 계절이니 한기를 제거하려면 먼저 정화(丁火)로 용신(用神)을 삼아야 하나, 목기(木氣)가 강하면 경금(庚金)을 먼저 쓴다. 그리고 조후(調候)하려면 반드시 병화(丙火)가 있어야 한다. 만일 지지(地支)에 사오미(巳午未)가 있으면 귀격을 이룬다.

년	월	일	시	■여명
辛	庚	甲	甲	辛壬癸甲乙丙丁戊
丑	子	子	子	丑寅卯辰巳午未申

본명은 어느 천박한 과부의 팔자다. 자(子)월은 임계(壬癸)가 암장(暗藏)되어 수기(水氣)만이 강하니 병정무(丙丁戊)가 가장 필요한데 하나도 출간(出干)하지 않았고, 월일시지(月日時支)가 모두 자수(子水)이니 제방해야 하는데 무토(戊土)가 없고, 자(子)월이니 조후(調候)하려면 병화(丙火)가 필요한데 역시 없다. 꼭 필요한 오행이 하나도 없어 천박한 팔자가 되었다.

본명은 일지(日支)는 남편궁인데 자수(子水)가 기신(忌神)에 해당하여 남편복이 없었다. 처음 결혼해서는 1년도 못살고 쫓겨났고, 재혼했지만 또 쫓겨나 갈 곳이 없어 술집에서 몸을 팔며 의식주를 해결하였다. 갑목(甲木)은 양간(陽干)이고, 경금(庚金)이 투출(透出)하여 종격(從格)도 될 수 없는 고약한 팔자가 되어 파란만장하였다. 월(月) 경금(庚金)이 용신(用神)인데 지지(地支)에 수기(水氣)가 태과하여 금생수(金生水)로 심하게 설기(洩氣)하니 매우 약해져 팔자가 흉해진 것이다. 용신(用神)은 그 사람의 능력을 나타내는데 용신(用神)이 약하니 능력과 길복이 약했던 것이다.

12. 축(丑)월 갑목(甲木)

【원 문】

丑月甲木 丁丙庚 丁火必不可少 通根巳寅

축월갑목 정병경 정화필불가소 통근사인

甲木爲佐 用庚 劈甲引丁

갑목위좌 용경 벽갑인정

【해 설】

축(丑)월은 소한(小寒)의 계절이니 매우 춥다. 갑목(甲木)은 동토(凍土)에 통근(通根)하여 동목(凍木)이 되었으니 동사를 면하려면 무엇보다 병화(丙火)와 정화(丁火)가 필요하다. 그리고 목기(木氣)가 강하면 경금(庚金)으로 용신(用神)을 삼아 가지를 쳐주면 길하다. 축(丑)월생이 병정화(丙丁火)가 부족하면 불길하고, 지지(地支)에 사오미(巳午未) 화기(火氣)가 들면 길복이 많다. 경금(庚金)은 갑목(甲木)을 쪼개 정화(丁火)를 인도하기 위하여 필요하다.

년	월	일	시	■남명							
丁	癸	甲	己	壬	辛	庚	己	戊	丁	丙	乙
亥	丑	子	巳	子	亥	戌	酉	申	未	午	巳

축(丑)월은 소한(小寒)의 계절이라 매우 춥다. 갑목(甲木)은 동토

(凍土)에 통근(通根)하여 동목(凍木)이 되었으니 무엇보다 태양과 난로가 필요하다. 태양은 병화(丙火)를 말하고, 난로는 정화(丁火)를 말한다. 그리고 목기(木氣)가 강하면 경금(庚金)으로 용신(用神)을 삼아 금극목(金剋木)하여 가지를 쳐주면 길하다. 축(丑)월생이 병정화(丙丁火)가 부족하면 불길하고, 지지(地支)에 화기(火氣)가 들면 뿌리는 동사를 면하니 길복이 많다. 경금(庚金)을 쓰는 것은 갑목(甲木)을 쪼개 정화(丁火)를 인도하기 위해서다.

본명은 계신기(癸辛己)가 암장(暗藏)되어 수기(水氣)와 토기(土氣)가 강하다. 갑목(甲木) 일주(日主)가 얼어죽지 않고 살아남으려면 무엇보다 태양이 있어야 한다. 다행히 시지(時支)에 사(巳) 병화(丙火)가 들어 동사는 면하였고, 년상(年上)에 투출(透出)한 정화(丁火)가 난로에 해당하니 길하다.

본명은 갑목(甲木) 일주(日主)가 축(丑)월에 태어났는데 병정화(丙丁火)가 없으니 일단 좋은 사주는 아니다. 그리고 년지(年支)에 해수(亥水)가 들고, 일지(日支)에 자수(子水)가 들어 무토(戊土)로 제방해야 하는데 없고, 시상(時上)에 기토(己土)가 있지만 제방하기에는 역부족이다. 월(月) 계수(癸水)는 정계(丁癸)가 상충(相沖)하여 정화(丁火) 용신(用神)을 파극(破剋)하니 흉하다. 갑목(甲木) 일주(日主)이니 재물복은 약하나 절약하여 의식주는 걱정하지 않았다.

2. 삼춘(三春) 갑목(甲木)

【원 문】

春月之木 漸有生長之象 初春猶有餘寒 當以火溫暖

춘월지목 점유생장지상 초춘유유여한 당이화온난

則有舒暢之美 水多變剋 有損精神 重見生旺 必用庚金斲鑿削

즉유서창지미 수다변극 유손정신 중견생왕 필용경금착착삭

可成棟樑 春末陽壯水渴 籍水資扶 則花繁葉茂 初春無火

가성동량 춘말양장수갈 적수자부 즉화번엽무 초춘무화

增之以水 則陰濃濕重氣弱 根損枝枯 不能華秀 春末失水

증지이수 즉음농습중기약 근손지고 불능화수 춘말실수

則陽氣太盛 燥渴相加 枝葉乾渴 亦不華秀 是以水火二物

즉양기태성 조갈상가 지엽건갈 역불화수 시이수화이물

要得時相濟爲美

요득시상제위미

【해 설】

봄철 목(木)은 점점 소생하며 성장하는 형상이다. 초봄은 차가운 기운이 남아 있는 때이니 태양과 난로가 필요하다. 따라서 병정화(丙丁火)로 따뜻하게 해주면 기운을 펼치며 성장하나, 수(水)가 많으면 변극(變剋)하여 갑목(甲木)의 정신을 손상시키니 해롭다. 봄철생이 목(木)을 거듭 만나 목기(木氣)가 지나치게 왕성하면 경금

(庚金)으로 용신(用神)을 삼아 잘 다듬어야 나라의 동량이 된다. 늦은 봄에는 양의 기운이 강하며 건장하여 수(水)가 부족하니 수(水)로 자윤하며 생조(生助)하면 꽃이 번창하고 잎이 무성해진다.

초봄인 인(寅)월은 아직 차가운 기운이 많은데 병화(丙火)가 없고 수(水)를 더하면 음농습중(陰濃濕重)하여 불리해진다. 이처럼 음기가 넘치고 많이 한습하면 갑목(甲木)의 기가 약해져 뿌리가 썩고 가지가 마르니 부귀영화를 기대하기 어렵다. 진(辰)월은 늦봄인데 양기가 매우 왕성하니 열조하고 고갈하여 가지와 잎이 마른다. 이처럼 수기(水氣)가 고갈되면 부귀영화를 기대하기 어렵다. 사주는 수화(水火)의 2가지 기운이 중요하므로 수화기제(水火旣濟)를 이루어야 길복이 많다.

년 월 일 시	■남명
甲 丙 甲 壬	丁戊己庚辛壬癸甲
寅 寅 午 申	卯辰巳午未申酉戌

갑목(甲木) 일주(日主)가 차가운 기운이 남아 있는 인(寅)월에 태어났으니 반드시 병화(丙火)가 있어야 좋다. 그리고 난로도 필요하니 정화(丁火)가 있으면 길하다. 즉 병정화(丙丁火)로 따뜻하게 해주면 갑목(甲木)이 기운을 펼치고 성장하나, 지지(地支)에 수(水)가 많으면 뿌리가 얼어 해롭다. 만일 인(寅)월 갑목(甲木)이 목기(木氣)가 지나치게 왕성할 때는 경금(庚金)으로 잘 다듬어주면 나

라의 동량이 된다. 인(寅)월에 경신금(庚辛金)을 쓰면 불리하다고
하는데 잘못된 말이다.

 인(寅)월은 한기가 남아 있지만 무병갑(戊丙甲)이 암장(暗藏)되어
목기(木氣)와 화기(火氣)가 강하니 경신금(庚辛金)과 병정화(丙丁
火)로 용신(用神)을 삼아야 하는데 월(月)에 병화(丙火)가 투출(透
出)하고, 일지(日支)에 오화(午火)가 들었으니 병화(丙火)가 필요
없다. 따라서 시지(時支) 신금(申金)으로 금극목(金剋木)하여 가지
를 쳐주어야 하니 시지(時支) 신금(申金)이 용신(用神)이고, 토
(土)는 토생금(土生金)하니 희신(喜神)이다. 그리고 화(火)는 조후
(調候)하려면 필요하니 한신(閑神)이고, 목(木)은 기신(忌神)이고,
수(水)는 수생목(水生木)하니 구신(仇神)이다.

 성격운은 사주에 토(土)가 1개도 없으니 항상 우왕좌왕하였고, 용
신(用神)은 천간(天干)에 투출(透出)해야 좋은데 시지(時支)에 들
었으니 크게 발복하지 못하였다. 그리고 신금(申金)이 용신(用神)
이니 정의감이 있고 비교적 예의가 있었으나, 목기(木氣)가 태과하
여 질투심이 많고 인자하지 못하였다.

【원 문】

寅月甲木 初春尚有餘寒 得丙癸透 富貴雙全 癸藏丙透
인월갑목 초춘상유여한 득병계투 부귀쌍전 계장병투
名寒木向陽 主大富貴 倘風水不及 亦不失儒林俊秀 如無丙癸
명한목향양 주대부귀 당풍수불급 역부실유림준수 여무병계

平常人也 寅月卯月甲木 素無從財從煞從化之理 或一派庚辛

평상인야 인월묘월갑목 소무종재종살종화지리 혹일파경신

主一生勞苦 剋子刑妻 再支會金局 非夭郞貧 如無丙丁 一派壬癸

주일생노고 극자형처 재지회금국 비요낭빈 여무병정 일파임계

又無戊己制之 名水泛木浮 死無棺槨 如一派戊己 支會金局

우무무기제지 명수범목부 사무관곽 여일파무기 지회금국

爲財多身弱 富屋貧人 終身勞苦 妻晚子遲 或無庚金 有丁透

위재다신약 부옥빈인 종신노고 처만자지 혹무경금 유정투

亦屬文星 爲木火通明之象 又名傷官生財格 主聰明雅秀

역속문성 위목화통명지상 우명상관생재격 주총명아수

一見癸水傷丁 但作厚道迂儒 或柱中多癸 滋助木神 傷滅丁火

일견계수상정 단작후도우유 혹주중다계 자조목신 상멸정화

其人奸雄梟險 曹操之徒 言清行濁 笑裏藏刀

기인간웅효험 조조지도 언청행탁 소리장도

【해 설】

 인(寅)월은 한기가 남아 있는 때이니 인(寅)월 갑목(甲木)은 병화(丙火)와 계수(癸水)가 함께 투출(透出)하면 부귀를 모두 이룬다. 봄철 갑목(甲木)은 계수(癸水)가 암장(暗藏)되고 병화(丙火)가 투출(透出)하면 차가운 목(木)이 태양을 향하는 것이니 대부귀를 이룬다. 만일 바람과 물이 부족해도 유림의 수려함은 잃지 않는다. 그러나 병화(丙火)와 계수(癸水)가 없으면 평범하다.

인(寅)월과 묘(卯)월생 갑목(甲木)은 종재격(從財格)·종살격(從殺格)·종화격(從化格)이 될 수 없으나 종강격(從强格)은 될 수 있다. 갑목(甲木) 일주(日主)가 인묘(寅卯)월에 태어났으니 득령(得令)하여 신강(身强)하다. 태왕하면 경신금(庚辛金)으로 억제해야 하나 중화되었으니 우선 병화(丙火)가 필요하다.

갑목(甲木) 일주(日主)가 봄철생이라도 경신금(庚辛金)이 태왕하여 금극목(金剋木)이 심하면 평생 고생이 많고 극처극자(剋妻剋子)한다. 여기다 지지(地支)에 신유술(申酉戌) 금국(金局)을 이루면 요절하거나 빈천하다.

갑목(甲木) 일주(日主)가 봄철에 태어났는데 병정화(丙丁火)가 없으면 불리하고, 임계수(壬癸水)가 있으면 물이 너무 많으니 불리하다. 그러나 무기토(戊己土)가 많은 물을 제극(制剋)하면 흉을 막아 좋아진다. 만일 무기토(戊己土)로 제극(制剋)하지 못하면 수범목부(水泛木浮)가 되어 나무가 물에 떠내려간다. 이런 사주는 처자식이 없고, 죽어서 관도 없고 무덤도 없다고 한다.

만일 무기토(戊己土)가 지지(地支)에서 금국(金局)을 이루면 일주(日主)는 약한데 재성(財星)이 많은 것이니 재다신약(財多身弱)이 되어 부잣집에서 하인노릇을 하는 가난한 사람이 되고, 평생 고생을 많으며 결혼을 늦게 하여 자식도 늦게 본다.

갑목(甲木) 일주(日主)가 봄철에 태어나 신강(身强)한데 경금(庚金)이 없고 정화(丁火)가 투출(透出)하면 역시 문성(文星)에 속한다. 이런 명조를 목화통명(木火通明) 또는 상관생재격(傷官生財格)

이라고 하는데 총명하며 우아하고 준수하다. 그러나 계수(癸水)를 만나 정계상충(丁癸相沖)으로 정화(丁火)가 상하면 도덕성이 높은 선비에 불과하다. 이때 계수(癸水)가 많으면 목(木)을 배양하며 부조(扶助)하여 정화(丁火)를 상하게 하니 간사한 영웅이 된다. 이런 사람은 삼국지에 나오는 조조와 같은 간사한 무리로 말은 좋으나 음흉하며 혼탁하고, 겉으로는 웃어도 속으로는 칼을 품고 있는 이중인격자다.

년	월	일	시	■남명						
辛	庚	甲	癸	己	戊	丁	丙	乙	甲	癸
卯	寅	辰	酉	丑	子	亥	戌	酉	申	未

이 사주는 의견이 분분하다. 어떤 이는 한기를 제거하려면 인(寅) 병화(丙火)를 용신(用神)으로 삼아야 한다고 하고, 또 어떤 이는 목기(木氣)가 태과하니 월(月) 경금(庚金)을 용신(用神)으로 삼아야 한다고 한다. 모두 맞는 말이나 인묘진(寅卯辰)이 방합(方合)하여 목기(木氣)가 태과하니 먼저 월(月) 경금(庚金)을 용신(用神)으로 삼은 후 인(寅) 병화(丙火)로 조후(調候)해야 한다. 따라서 금(金)이 용신(用神)이고, 화(火)와 토(土)는 희신(喜神)이다.

다시 말해, 본명은 인묘진(寅卯辰)이 방합(方合)하여 목(木)이 태왕하니 강목(强木)을 제극(制剋)해야 중화되므로 월간(月干) 경금(庚金)이 용신(用神)이고, 일지(日支) 진토(辰土)가 부조(扶助)하나 인묘진(寅卯辰)이 방합(方合)하여 목국(木局)을 이루어 오히려 목(木)을 도와주니 희신(喜神)이 약하다. 따라서 토금(土金)운은 길하고 수목(水木)운은 흉하다. 토(土)운에는 토생금(土生金)하여 용신(用神)을 생조(生助)하니 길하고, 수(水)운에는 수생목(水生木)하여 기신(忌神)을 생조(生助)하니 흉하다.

대운은 병술(丙戌) 대운에 병화(丙火)가 강목(强木)을 유출시키고, 술토(戌土)는 용신(用神)을 생조(生助)하니 지현(知縣) 벼슬에 올랐다. 그러나 아쉬운 것은 용신(用神)을 생조(生助)하는 희신(喜神)이 너무 약한 것이다. 진토(辰土)가 토생금(土生金)하지만 진토(辰土)는 인묘진(寅卯辰)이 방합(方合)하여 희신(喜神) 역할을 제대로 하지 못하였다. 만일 일지(日支)에 진토(辰土)가 아니라 무토(戌土)가 들었으면 부귀영화를 더 많이 누렸을 것이다. 진토(辰土)는 목(木)을 생조(生助)하고, 술토(戌土)는 금(金)을 생조(生助)하기 때문이다. 사주는 이처럼 한 글자 차이로 길흉이 달라진다.

년	월	일	시	■ 남명
庚	戊	甲	丙	己 庚 辛 壬 癸 甲 乙
申	寅	寅	寅	卯 辰 巳 午 未 申 酉

【원문】

一行金水 發進士 或甲午日 庚午時 此人必貴 但要好運相催
일행금수 발진사 혹갑오일 경오시 차인필귀 단요호운상최

不宜制了庚丁　或支成金局　多透庚辛不吉　號曰木被金傷

불의제료경정　혹지성금국　다투경신불길　호왈목피금상

若無丙丁破金　必主殘疾

약무병정파금　필주잔질

【해 설】

갑목(甲木) 일주(日主)가 인(寅)월에 태어나 득령(得令)했으니 신강(身强)하다. 목기(木氣)가 강하나 경금(庚金)으로 가지를 쳐주어 경신금(庚辛金)운에서 발복하여 진사(進士)가 되었다. 만일 갑오(甲午)일 경오(庚午)시생이었으면 반드시 고귀한 인물이 되었을 것이다. 갑목(甲木) 일주(日主)가 봄철에 태어나고 신강(身强)하면 경금(庚金)으로 용신(用神)을 삼아 금극목(金剋木)해야 길하다. 그러나 정화(丁火)가 경금(庚金) 용신(用神)을 화극금(火剋金)하여 제극(制剋)하면 좋지 않다. 그리고 갑목(甲木)을 취할 경우 지지(地支)에 신유술(申酉戌) 금국(金局)을 이루고 경신금(庚辛金)이 많이 투출(透出)하여 금극목(金剋木)하면 불길하다. 이런 사주를 목피금상(木被金傷)이라 하는데 이때 병정화(丙丁火)가 금(金)을 파극(破剋)하지 못하면 반드시 병에 걸려 고생한다.

【원 문】

或支成火局　洩露太過　定主愚儒　有秋卽災病纏身　終身暗疾

혹지성화국　설노태과　정주우유　유추즐재병전신　종신암질

支成水局 戊透則貴 如無戊制 不但貧賤 且死無棺槨 古書曰
지성수국 무투즉귀 여무무제 불단빈천 차사무관곽 고서왈
甲木若無根 全賴申子辰 干得財殺透 平步上青雲 凡三春甲木
갑목약무근 전뢰신자진 간득재살투 평보상청운 범삼춘갑목
用庚者 土爲妻 金爲子 用丁者 木爲妻 火爲子 總之正卯月甲木
용경자 토위처 금위자 용정자 목위처 화위자 총지정묘월갑목
有庚戊者上命 如有丁透 大富大貴之命
유경무자상명 여유정투 대부대귀지명

【해 설】

  갑목(甲木) 일주(日主)가 봄철에 태어나 신약(身弱)한데, 지지(地
支)에 화국(火局)이 있어 설기(洩氣)가 태과하면 어리석은 선비에
불과하고, 항상 홀쩍이며 재난과 질병에 시달린다. 갑목(甲木)이 봄
철에 태어나고 지지(地支)에 수국(水局)을 이루면 신강(身強)하다.
수(水)가 많아 신강(身強)해졌는데 무토(戊土)가 투출(透出)하여
토극수(土剋水)하면 중화되어 고귀한 명이 된다. 그러나 무토(戊
土)가 제극(制剋)하지 못하면 빈천할 뿐 아니라 죽어서도 관도 없
고 무덤도 없을 정도로 비참하다. 고서에 이르기를 갑목(甲木)이
무근(無根)이면 의지할 곳은 신자진(申子辰)뿐이라고 하였다.
  갑목(甲木)이 봄철에 태어나면 이미 통근(通根)된 상태이기 때문
에 대부분 강하다. 이때 천간(天干)에 재성(財星)이나 관살(官殺)
이 투출(透出)하여 용신(用神)이 되면 평범한 사람이나 열심히 노

력하여 장원급제한다. 그리고 인묘진(寅卯辰)월의 갑목(甲木)은 왕
성하니 경금(庚金)으로 용신(用神)을 삼아 금극목(金剋木)하면 길
하다. 이때는 토(土)는 아내이고 금(金)은 자식이다. 그러나 정화
(丁火)가 용신(用神)이면 목(木)이 아내이고 화(火)가 자식이다.

지금까지의 설명을 정리하면 인(寅)월과 묘(卯)월 갑목(甲木)은
득령(得令)하여 신강(身强)하니 경금(庚金)과 무토(戊土)를 용신
(用神)으로 삼아 금극목(金剋木)하면 상격 사주가 되어 길복이 많
다. 그리고 정화(丁火)가 투출(透出)하면 강한 목기(木氣)를 설기
(洩氣)하므로 대귀한 명조가 된다.

년	월	일	시	■ 남명							
辛	庚	甲	庚	己	戊	丁	丙	乙	甲	癸	壬
亥	寅	寅	午	丑	子	亥	戌	酉	申	未	午

본명은 수기(水氣)와 목기(木氣)가 태왕하니 경금(庚金)이 필요하
므로 월상(月上) 경금(庚金)이 용신(用神)이다. 그러나 경금(庚金)
용신(用神)은 지지(地支)에 통근(通根)하지 않아 뿌리가 없다. 즉
지지(地支)에 진술축미(辰戌丑未)나 신유(申酉)가 있어야 하는데
한 글자도 없으니 용신(用神)이 매우 약하다. 용신(用神)은 그 사
람의 능력을 나타내므로 용신(用神)이 강하면 능력이 많아 큰 인
물이 되고, 미약하면 능력이 작아 길복이 약한 사람이 된다. 그리고
조후(調候)하려면 병화(丙火)가 필요한데 없으니 한마디로 고립

무원이며 사고무친 사주다. 따라서 등과했으나 불우한 벼슬살이를 하다가 좌천당하고, 중년 이후에는 낙향하여 후학을 양성하는데 노력하였다. 재물복도 너무 약하여 항상 의식주를 걱정하였다. 이 사주에서도 보다시피 용신(用神)이 투출(透出)하면 지지(地支)에 용신(用神)을 보호하며 생조하는 희신(喜神)이 있어야 길하다.

【원 문】

卯月甲木 庚金得所 名陽刃架殺 可云小貴 異道顯達 或主武職
묘월갑목 경금득소 명양인가살 가운소귀 이도현달 혹주무직

但要財資之 柱中逢財 英雄獨壓萬人 若見癸水 困了財殺
단요재자지 주중봉재 영웅독압만인 약견계수 곤료재살

主爲光棍 重刃必定遭凶 性情凶暴 書曰 木旺宜火之光輝
주위광곤 중인필정조흉 성정흉폭 서왈 목왕의화지광휘

秋闈可試 木向春生 處世安然有壽 日柱無依 却喜運行財地
추위가시 목향춘생 처세안연유수 일주무의 각희운행재지

【해 설】

봄 중에서도 묘(卯)월은 양인(陽刃)의 달이라 특히 목기(木氣)가 왕성하니 갑목(甲木)이 매우 강하다. 왕성한 목기(木氣)를 제극(制剋)해야 중화되므로 금극목(金剋木)해야 한다. 따라서 경금(庚金)이 투출(透出)하면 양인가살(陽刃架殺)이 되어 작은 귀를 이루어 이로에서 발달한다. 만일 무관이면 재자(財資)로 도와야 한다.

갑목(甲木) 일주(日主)가 묘(卯)월에 태어나 신강(身强)한데 경금(庚金)이 용신(用神)이면 재성(財星)을 만나 재생관(財生官)하면 더 길하니 영웅이 되어 만인을 제압한다. 그러나 계수(癸水)를 보면 더 신강(身强)해져 재성(財星)과 관살(官殺)이 곤경에 빠진다.

갑목(甲木)이 묘(卯)월에 태어났고 양인(陽刃)이 중중한데 관살(官殺)의 제극(制剋)이 약하면 흉하고 성정이 흉폭하다. 고서에 이르기를 목(木)이 왕하면 화(火)로 설기(洩氣)해야 등과급제한다고 하였다. 갑목(甲木)이 봄에 태어나고 병정화(丙丁火)가 유기(有氣)하면 처세가 평안하고 건강하게 장수한다. 만일 일주(日柱)가 의지처가 없으면 진술축미(辰戌丑未) 재성(財星)운으로 흐르면 길하다.

년	월	일	시	■ 상관생재격(傷官生財格)
甲	丁	甲	丁	戊己庚辛壬癸甲
午	卯	寅	卯	辰巳午未申酉戌

【원문】차팔자서낙오선현평도(此八字徐樂吾先賢評道)

乏庚 富而不貴 運入南離凶 兩干不雜 木火通明 爲人淸雅
핍경 부이불귀 운입남이흉 양간불잡 목화통명 위인청아
子多而賢 按丁火爲用 惜四柱不藏印 故富而不貴 初運戊辰
자다이현 안정화위용 석사주불장인 고부이불귀 초운무진
己巳財地 洩火之氣爲吉 若柱中藏一點癸水 運入南離 亦不爲凶
기사재지 설화지기위길 약주중장일점계수 운입남리 역불위흉

【해 설】

갑목(甲木) 일주(日主)가 묘(卯)월에 태어나 신강(身强)하나, 경금(庚金)이 없으니 부는 있으나 귀는 이루지 못하였다. 묘(卯)월은 갑을(甲乙)이 암장(暗藏)되어 목기(木氣)만 강하니 반드시 경신금(庚辛金)으로 용신(用神)을 삼아야 한다. 월간(月干)과 시간(時干)에 정화(丁火)가 투출(透出)했는데 혼잡하지 않아 목화통명(木火通明)을 이루었으니 청아하며 현명하고 자식이 많았다. 정화(丁火)가 용신(用神)이나 애석한 것은 해자수(亥子水) 인성(印星)이 암장(暗藏)되지 않아 귀를 이루지 못한 것이다. 초년인 무진(戊辰) 기사(己巳) 대운이 재성(財星)운으로 향하여 화기(火氣)를 설기(洩氣)하니 부자가 된 것이다. 만일 계수(癸水)가 1개라도 암장(暗藏)되었으면 남방운으로 향해도 흉하지 않았을 것이다.

년	월	일	시		■ 식신격(食神格)
戊	甲	甲	乙		乙丙丁戊己庚辛
寅	寅	辰	亥		卯辰巳午未申酉

【원 문】 차팔자서낙오선현평도(此八字徐樂吾先賢評道)

孝廉 此造雖生寅月 與上造相似 以寅中丙火生財爲用
효염 차조수생인월 여상조상사 이인중병화생재위용

支有亥水 辰藏癸水 氣象中和 惜丙火不透 而寅又落空亡
지유해수 진장계수 기상중화 석병화불투 이인우낙공망

用神無力 故僅小貴耳
용신무력 고근소귀이

【해 설】

갑목(甲木) 일주(日主)가 인(寅)월에 태어났다. 앞 사주와 비슷한
데 이 사람은 효염(孝廉)을 지냈다. 인(寅) 병화(丙火)가 재성(財
星)을 생하니 용신(用神)이고, 지지(地支)에 해수(亥水)가 들고, 진
(辰)에 계수(癸水)가 암장(暗藏)되어 중화되었다. 그러나 병화(丙
火)가 투출(透出)하지 않고, 또 인(寅)이 공망(空亡)되어 용신(用
神)이 무력하니 작은 귀에 머물렀다. 용신(用神)은 천간(天干)에
투출(透出)하고 지지(地支)에 통근(通根)해야 길복이 많은데, 투출
(透出)하지 않고 암장(暗藏)되어 길복이 작은 사주가 된 것이다.

년	월	일	시	■ 용살격(用殺格)
己	丁	甲	庚	丙乙甲癸壬辛庚
未	卯	戌	午	寅丑子亥戌酉申

【원 문】 차팔자서낙오선현평도(此八字徐樂吾先賢評道)

此命造用庚殺 惜丁火竝透 除去庚金 劫刃肆逞
차명조용경살 석정화병투 제거경금 겁인사령
故兄弟無力 庚金生寅 卯月絕地 壬午火向 須以財滋弱殺爲用
고형제무력 경금생인 묘월절지 임오화향 수이재자약살위용

不宜並見丁 制過弱殺野

불의병견정 제과약살야

【해 설】

갑목(甲木) 일주(日主)가 묘(卯)월에 태어나 신강(身强)하니 시상
(時上) 경금(庚金)으로 용신(用神)을 삼아 금극목(金剋木)하니 길
하다. 그러나 월간(月干)에 정화(丁火)가 투출(透出)하여 화극금
(火剋金)으로 용신(用神)을 무력하게 만드니 흉하고, 시지(時支)
오화(午火)가 경금(庚金)을 절각(折脚)하여 용신(用神)이 더 무력
해졌고, 식상(食傷) 화(火)가 관살(官殺)을 지나치게 파극(破剋)하
여 제살태과격(制殺太過格)이 되었고, 재성(財星)이 많아 비겁(比
劫)이 감당하지 못하므로 재다신약(財多身弱)이 되어 부옥빈인(富
屋貧人)의 명이 되었다.

년	월	일	시	■ 용살격(用殺格)
甲	丙	甲	庚	丁戊己庚辛壬癸
申	寅	寅	午	卯辰巳午未申酉

【원 문】 차팔자서낙오선현평도(此八字徐樂吾先賢評道)

上命造大同小異 甲日寅月木氣當權 時上庚金爲用 火旺金弱凶命
상명조대동소이 갑일인월목기당권 시상경금위용 화왕금약흉명

【해 설】

본명은 앞의 사주와 비슷하다. 갑목(甲木) 일주(日主)가 인(寅)월에 태어나 득령(得令)하여 목기(木氣)가 왕하니 제극(制剋)해야 하므로 시상(時上) 경금(庚金)이 용신(用神)이다. 그런데 월(月)에 병화(丙火)가 투출(透出)하고 시지(時支)에 오화(午火)가 들어 화극금(火剋金)으로 용신(用神)을 파극(破剋)하니 흉하고, 시상(時上) 용신(用神)과 년지(年支) 신금(申金)이 너무 멀어 무정하고, 또 식상(食傷)인 화기(火氣)는 강하고 용신(用神)인 금기(金氣)는 약하니 흉하다. 목기(木氣)가 태왕하여 경금(庚金)이 용신(用神)이니 관직은 얻었으나, 재성(財星)이 약하여 재물은 많지 않았다.

【원 문】

辰月甲木 木氣相竭 先取庚金 次用壬水 庚壬兩透 一榜堪圖
진월갑목 목기상갈 선취경금 차용임수 경임양투 일방감도
但要運用相生 風水陰德 方許富貴 或見一二庚金 獨取壬水
단요운용상생 풍수음덕 방허부귀 혹견일이경금 독취임수
壬透淸秀之人 才學必富 或天干透出二丙 庚藏之下 此鈍斧無鋼
임투청수지인 재학필부 혹천간투출이병 경장지하 차둔부무강
富貴難求 若有壬癸破火 堪作秀才 或柱中全無一水 戊己透干
부귀난구 약유임계파화 감작수재 혹주중전무일수 무기투간
支成土局 又作棄命從財 因人而致부귀 妻子有能 或見戊己
지성토국 우작기명종재 인인이치부귀 처자유능 혹견무기

及比劫多者 名爲雜氣奪財 此人勞碌到老 無馭內之權 女命合此
급비겁다자 명위잡기탈재 차인노록도노 무어내지권 여명합차

女掌男權 賢能來助 若比劫重見 淫惡不堪 或支成金局 方可用丁
여장남권 현능내조 약비겁중견 음악불감 혹지성금국 방가용정

不然 辰月無用丁之法 惟有光庚後壬取用 書曰 甲乙生寅卯
불연 진월무용정지법 유유광경후임취용 서왈 갑을생인묘

庚辛干相逢 離南推富貴 坎地劫爲凶
경신간상봉 이남추부귀 감지겁위흉

【해 설】

  진(辰)월은 목기(木氣)를 마무리하는 계절이다. 진(辰)에는 을계
무(乙癸戊)가 암장(暗藏)되어 갑목(甲木) 일주(日主)가 강하고 토
기(土氣)도 강하니 먼저 경금(庚金)으로 용신(用神)을 삼은 후 임
수(壬水)를 써야 한다. 따라서 경금(庚金)과 임수(壬水)가 모두 투
출(透出)하면 급제한다. 즉 갑목(甲木) 일주(日主)가 진(辰)월에
태어났는데 금수(金水)가 들면 길명이 되고, 대운과 년운이 용신
(用神)운으로 흐르면 길복이 많고, 조상의 공덕인 풍수(風水)의 음
덕이 있으면 부귀를 이룬다.

  만일 사주에 1~2개의 경금(庚金)이 있는데 임수(壬水)가 투출(透
出)하면 청수하고, 여기에 재능과 학식이 많으면 반드시 부자가 되
고, 천간(天干)에 병화(丙火) 2개가 투출(透出)했는데 지지(地支)
에 경금(庚金)이 암장(暗藏)되면 둔한 도끼와 같으니 부귀영화를

구하기 어렵고, 사주에 임계수(壬癸水)가 있어 병화(丙火)를 파극(破剋)하면 수재는 이루나 부귀영화는 없다.

갑목(甲木) 일주(日主)가 진(辰)월에 태어났는데 수(水)가 전혀 없고, 무기토(戊己土)가 투간(透干)하고, 지지(地支)에 토국(土局)을 이루면 기명종재격(棄命從財格)이 되어 부귀를 이루고 아내와 자식이 유능하다. 그러나 묘(卯)월생은 종격(從格)이 될 수 없다.

갑목(甲木) 일주(日主)가 봄철에 태어났는데 무기토(戊己土)를 만나 비견(比肩)과 겁재(劫財)가 많으면 잡기탈재(雜氣奪財)가 되어 인격이 용렬하고, 가정을 이루어 아내와 자식을 거느릴 능력이 없으니 늙도록 고생한다. 여명은 남자의 권력을 쥐며 현명하게 내조하나, 비겁(比劫)을 많이 만나면 음란하며 악함을 감당하지 못한다.

갑목(甲木) 일주(日主)가 인묘(寅卯)월생인데 지지(地支)에 금국(金局)을 이루면 정화(丁火)로 용신(用神)을 삼아 화극금(火剋金)해야 좋다. 그러나 진(辰)월생은 정화(丁火)를 쓸 수 없으니 경금(庚金)을 취한 다음에 임계수(壬癸水)를 쓰면 좋다. 고서에 이르기를 인(寅)월이나 묘(卯)월생이 천간(天干)에 경금(庚金)이나 신금(辛金)이 있는데 사오미(巳午未)운으로 흐르면 부귀영화를 누리나, 해자축(亥子丑)운으로 흐르면 갑자기 흉해진다고 하였다.

년	월	일	시	■ 식 신 제 살 격(食神制殺格)							
乙	庚	甲	丙	辛	壬	癸	甲	乙	丙	丁	戊
丑	辰	申	寅	巳	午	未	申	酉	戌	亥	子

【원 문】 차팔자서낙오선현평도(此八字徐樂吾先賢評道)

此命造乏丁 喜運入南方 富貴不大之命 乙庚相合 得祿於申

차명조핍정 희운입남방 부귀블대지명 을경상합 득록어신

爲殺旺宜制 特丙火制殺 不如丁火有力 辰月土旺金頑

위살왕의제 특병화제살 블여정화유력 진월토왕금완

宜紅爐之火也 又此造當爲女命 故運順行南方

의홍로지화야 우차조당위여명 고운순행남방

【해 설】

갑목(甲木) 일주(日主)가 진(辰)월에 태어났는데 정화(丁火)가 없으니 사오미(巳午未) 남방운이 좋다. 진(辰)월은 을계무(乙癸戊)가 암장(暗藏)되어 토(土)와 목(木)이 강하니 경신금(庚辛金)과 임계수(壬癸水)를 함께 써도 부귀는 크지 않다. 을경합(乙庚合)하고 일지(日支)에 신금(申金)이 통근(通根)하여 월간(月干) 경금(庚金)이 왕강하니 정화(丁火)로 제극(制剋)해야 좋다. 시상(時上)에 병화(丙火)가 투출(透出)했으나 정화(丁火)만은 못하다. 병화(丙火)는 제살(制殺)하기에는 약하기 때문이다. 진(辰)월은 토(土)가 왕하고 금(金)이 강하니 정화(丁火)의 난롯불로 단련시켜야 좋다.

년	월	일	시	■용살격(用殺格)
丙	壬	甲	庚	癸甲乙丙丁戊己
寅	辰	辰	午	巳午未申酉戌亥

【원 문】차팔자서낙오선현평도(此八字徐樂吾先賢評道)
尚書命 此造支藏丙丁 月令透壬 以卽化殺爲用 貴命
상서명 차조지장병정 월령투임 이즉화살위용 귀명

【해 설】

  본명은 상서(尙書)를 지낸 사람이다. 지장간(支臟干)에 병정(丙
丁)이 있고, 월령(月令)에 임수(壬水)가 투출(透出)하여 신강(身
强)하니 편관(偏官)으로 용신(用神)을 삼아야 한다. 갑목(甲木) 일
주(日主)가 진(辰)월에 태어났고, 진(辰)에 을목(乙木)과 계수(癸
水)가 통근(通根)하여 득령(得令)하였고, 년지(年支)에 인목(寅木)
이 들어 신강(身强)하다. 즉 목기(木氣)가 강하니 시상(時上) 경금
(庚金)으로 금극목(金剋木)해야 길하다. 경금(庚金) 용신(用神)은
월지(月支)와 일지(日支)에 진토(辰土)가 통근(通根)하여 강하다.
즉 신강살강(身强殺强)하니 상서(尙書)에 오른 것이다.

년	월	일	시	■ 상관생재격(傷官生財格)					
丙	壬	甲	丁	癸	甲	乙	丙	丁	戊	己
寅	辰	辰	卯	巳	午	未	申	酉	戌	亥

【원 문】차팔자서낙오선현평도(此八字徐樂吾先賢評道)
此命用丁 乏丁常人也 此造月干透壬 丁壬之間
차명용정 핍정상인야 차조월간투임 정임지간

隔以甲木 印生身 身洩秀

격이갑목 인생신 신설수

【해 설】

 갑목(甲木) 일주(日主)가 진(辰)월에 태어나 신강(身强)하니 시상
(時上) 정화(丁火)로 용신(用神)을 삼아야 하는데 정화(丁火)가 없
으니 평범한 명이 되었다. 그러나 정화(丁火)가 투출(透出)하고, 또
월간(月干)에 임수(壬水)가 투출(透出)하여 정임합목(丁壬合木)되
었고, 중간에 갑목(甲木)이 있으니 일주(日主)가 인(印)을 생하고
설수(洩秀)하여 목화통명(木火通明)이 되어 좋은 사주가 되었다.
요즘식으로 말하면 장관에 해당하는 벼슬을 하였다.

년	월	일	시	■ 용식상격(用食傷格)
壬	甲	甲	戊	乙丙丁戊己庚辛
午	辰	寅	辰	巳午未申酉戌亥

【원 문】 차팔자서낙오선현평도(此八字徐樂吾先賢評道)

四柱木旺金缺 非僧道 卽無子 身旺用財 而丁藏午 遠在年支
사주목왕금결 비승도 즉무자 신왕용재 이정장오 원재연지

又爲壬水所隔 不能生木 蓋比劫多而用財 必以丙丁火爲轉樞也
우위임수소격 불능생목 개비겁다이용재 필이병정화위전추야

【해 설】

목(木)이 왕성하고 금(金)이 없으니 자식이 없는 사주다. 신왕(身旺)하여 재성(財星)으로 용신(用神)을 삼아야 하는데 정화(丁火)가 년지(年支) 오화(午火)에 암장(暗藏)되어 멀리 있고, 또 임수(壬水)가 년간(年干)에 투출(透出)했지만 왕성한 목(木)을 더 왕성하게 만드니 무용지물이 되어 수생목(水生木)이 오히려 흉하다. 대개 비겁(比劫)이 많으면 재성(財星)을 쓰는데 이때는 반드시 병정화(丙丁火)가 있어야 좋다. 본명은 용신(用神)으로 쓸만한 오행이 없다. 만일 진(辰)시가 아니라 술(戌)시에 태어났으면 재물복은 많았을 것이다. 진토(辰土)가 목(木)을 생조(生助)하여 오히려 흉하게 만들었다. 술토(戌土)는 목(木)을 상극(相剋)하기 때문이다.

3. 삼하(三夏) 갑목(甲木)

【원 문】

巳月甲木退氣 丙火司權 先癸後丁 丁火太多 甲反受病 若得壬水
사월갑목퇴기 병화사권 선계후정 정화태다 갑반수병 약득임수

方配得中和 此人性好淸高 假裝富貴 卽蔭襲顯達 終日好作禍亂
방배득중화 차인성호청고 가장부귀 즉음습현달 종일호작화난

善辨巧談 喜作詩文 此理最驗 如一庚二丙 稍有富貴 金多火多
선변교담 희작시문 차리최험 여일경이병 초유부귀 금다화다

又是下格 或癸丁與庚齋透天干 此命可言科甲 卽風水淺薄

우시하격 혹계정여경재투천간 차명가언과갑 즉풍수천박

亦有選拔之才 癸水不出 雖有庚金丁火 不過富中取貴

역유선발지재 계수불출 수유경금정화 불과부중취귀

異道官職而已 壬透可云一富 若全無點水 又無庚金丁火

이도관직이이 임투가운일부 약전무점수 우무경금정화

一派丙戊 此無用之人也

일파병무 차무용지인야

【해 설】

사(巳)월은 무음육양(無陰六陽)의 건위천(乾爲天)의 절기이니 목기(木氣)는 물러가고 병화(丙火)가 권력을 잡았다. 따라서 먼저 계수(癸水)로 용신(用神)을 삼은 후 경금(庚金)을 써야 한다. 만일 경금(庚金)이 태과하면 금극목(金剋木)이 심하여 병이 생기나, 임수(壬水)가 용신(用神)이면 중화되어 길복이 많아진다. 이 사람은 청정하며 고결한 척하면서 부귀를 거짓으로 꾸미고, 교활한 술수로 시문짓는 것을 좋아하였다.

갑목(甲木) 일주(日主)가 사오미(巳午未)월에 태어났는데 경금(庚金) 1개와 병화(丙火) 2개가 투출(透出)하면 약간의 부귀가 있으나, 금(金)이 많고 화(火)가 많으면 하격이 된다. 만일 계수(癸水)와 정화(丁火)와 경금(庚金)이 천간(天干)에 투출(透出)하면 등과하여 급제하는데, 여기다 사주의 격까지 좋으면 조상의 묘나 주택의 풍수가 조금 흉해도 재능이 있고 출세한다. 그러나 계수(癸水)가 투출(透出)하지 못하면 경금(庚金)과 정화(丁火)가 있어도 부유한 가운데 귀를 얻는 것에 불과하니 이로에서 관직에 오른다.

여름 갑목(甲木)은 무엇보다 조후(調候)가 우선이다. 따라서 임수(壬水)가 투출(透出)하면 일단 좋은 사주가 되어 부귀를 이룬다. 그러나 수기(水氣)와 경금(庚金)과 정화(丁火)가 없는데 병화(丙火)와 무토(戊土)가 많으면 쓸모없어진다. 왜냐하면 여름은 천지가 조열한데 병화(丙火)가 많으면 갑목(甲木)이 말라죽기 때문이다.

년	월	일	시	■ 상관생재격(傷官生財格)
丁	乙	甲	乙	甲癸壬辛庚己戊
卯	巳	寅	亥	辰卯寅丑子亥戌

【원 문】차팔자서낙오선현평도(此八字徐樂吾先賢評道)

明府 甲木臨寅 身旺坐祿 亥中壬水得祿

명부 갑목임인 신왕좌록 해중임수득록

甲木長生 木旺而潤 以丁火洩秀爲用

갑목장생 목왕이윤 이정화설수위용

【해 설】

본명은 명부(明府)라는 벼슬을 지낸 사람이다. 갑목(甲木) 일주(日主)가 사(巳)월에 태어나 실령(失令)했으나, 목기(木氣)가 강하고 시지(時支) 해수(亥水)가 생조(生助)하여 신강(身强)해졌다. 따라서 많은 목기(木氣)를 설기(洩氣)하는 년상(年上) 정화(丁火)가 용신(用神)이고, 목기(木氣)가 많으니 토(土)운이나 금(金)운도 길하다. 사(巳)월은 무경병(戊庚丙)이 암장(暗藏)되어 화기(火氣)와 금기(金氣)가 강하니 먼저 임계수(壬癸水)로 용신(用神)을 삼은 후 경신금(庚辛金)을 쓰면 길하다.

년	월	일	시	■ 용살격(用殺格)
丁	乙	甲	庚	甲癸壬辛庚己戊
卯	巳	辰	午	辰卯寅丑子亥戌

【원 문】차팔자서낙오선현평도(此八字徐樂吾先賢評道)

甲木坐辰 通根印庫 不致枯燥 故能取淸貴

갑목좌진 통근인고 불치고조 고능취청귀

【해 설】

갑목(甲木) 일주(日主)가 사(巳)월에 태어나 실령(失令)했으나, 월(月)에 을목(乙木)이 투출(透出)하고, 년지(年支)에 묘목(卯木)과 일지(日支)에 진토(辰土)가 들어 약하지 않다. 시상(時上) 경금(庚金)이 용신(用神)인데 일지(日支) 진토(辰土)에 통근(通根)하여 강하다. 신축(辛丑) 대운에 진사(進士)에 올랐고, 경자(庚子) 기해(己亥) 대운도 길하였다. 금기(金氣)는 목기(木氣)를 제극(制剋)할 때 필요하고, 수기(水氣)는 화기(火氣)를 제거할 때 필요하다.

년	월	일	시	■ 용식신격(用食神格)
丙	癸	甲	甲	甲乙丙丁戊己庚
午	巳	戌	子	午未申酉戌亥子

【원 문】 차팔자서낙오선현평도(此八字徐樂吾先賢評道)

大貴 癸水透出 通根時支 子戌拱亥 較丁卯一造爲勝 丙火合神爲用
대귀 계수투출 통근시지 자술공해 교정묘일조위승 병화령신위용

【해 설】

　갑목(甲木) 일주(日主)가 사(巳)월에 태어나 신약(身弱)하니 월간
(月干) 계수(癸水)와 시지(時支) 자수(子水)가 용신(用神)이다. 화
기(火氣)가 태왕하나 갑목(甲木) 일주(日主)가 계자수(癸子水)에
의지하니 길복이 많았다. 신왕(身旺)하고 재왕(財旺)하여 재물복이
많았으나, 관살(官殺)이 미약하여 관운은 없었고, 인성(印星)이 용
신(用神)에 해당하니 장수하였다. 어떤 사주든 인성(印星)이 용신
(用神)이거나 시주(時柱)에 용신(用神)이 들면 장수한다.

년	월	일	시	■ 편고격(偏枯格)
丙	癸	甲	丙	甲乙丙丁戊己庚
午	巳	子	寅	午未申酉戌亥子

【원 문】차팔자서낙오선현평도(此八字徐樂吾先賢評道)

此命火土熬乾癸水 行年運損目 後作乞丏 上造子戌拱亥貴

차명화토오건계수 행년운손목 후작걸면 상조자술공해귀

此造拱丑賤 然而一貴一賤 天淵之殊 可見八字所重

차조공축천 연이일귀일천 천연지수 가견팔자소중

在於配合需要 夏木以調喉爲急 丑會合去子水 反成火土乾之局

재어배합수요 하목이조후위급 축회합거자수 반성화토건지국

星辰拱合之不足據 顯然可見矣

성진공합지부족거 현연가견의

【해 설】

본명은 앞의 사주와 비슷한데 하천하였다. 화토(火土)가 계수(癸水)를 파극(破剋)하여 고갈시키니 화(火)운에 눈병이 들었고, 그후에는 직업을 가질 수 없어 걸인이 되었다. 한 번은 귀하고 한 번은 흉한 명인데 귀한 운이 들어올 때는 제법 부귀영화를 누렸지만, 천한 운이 들어올 때 눈병이 생겨 걸인이 된 것이다. 사(巳)월 갑목(甲木)은 조후(調候)하려면 임계수(壬癸水)가 시급한데 일지(日支)에 자수(子水)가 들어 길하고, 일지(日支)에 용신(用神)이 들어 아내복이 많았다. 그러나 화기(火氣)가 태과하여 설기(洩氣)가 심하니 손재수가 많고 눈병에 걸린 것이다. 흉운을 잘 넘기지 못했기 때문이다.

【원 문】

午未月甲木 木性虛焦 一理共推 午月先癸後丁 庚金次之

오미월갑목 목성허초 일리공추 오월선계후정 경금차지

未月三伏生寒 丁火退氣 先丁後甲 無癸亦可 或午月乏癸 用丁亦可

미월삼복생한 정화퇴기 선정후갑 무계역가 혹오월핍계 용정역가

要運行北地爲佳 總之午未月丁火 雖運行北地 不致於死

요운행북지위가 총지오미월정화 수운행북지 불치어사

却不利運行火地 號曰木化成灰 必死 行西方不吉 號曰傷官遇殺

각불리운행화지 호왈목화성회 필사 행서방불길 호왈상관우살

不測災來 惟東則吉 北方次之 此午未月用丁之說也

불측재래 유동방즉길 북방차지 차오미월용정지설야

【해 설】

  오(午)월과 미(未)월 갑목(甲木)은 모두 설기(洩氣)가 심하여 허약하니 같은 원리로 본다. 오(午)월은 먼저 조후(調候)를 해결하기 위하여 계수(癸水)로 용신(用神)을 삼은 후 정화(丁火)를 쓰고, 그 다음에 경금(庚金)을 쓴다. 미(未)월 삼복에는 사양이음(四陽二陰)으로 차가운 기운이 생하여 정화(丁火)가 서서히 물러나니 먼저 정화(丁火)로 용신(用神)을 삼은 후 갑목(甲木)을 쓴다. 그리고 미(未)월에는 계수(癸水)가 없어도 큰 문제가 없다. 만일 오(午)월생이 계수(癸水)가 없으면 정화(丁火)가 길하다. 그러나 미(未)월은 열기가 대단한 때라 땅이 뜨거우니 행운이 해자축(亥子丑) 북방으

제 I 부. 목론(木論) | 83

로 흐르면 아름답다.

정리하면, 오(午)월과 미(未)월은 정화(丁火)가 용신(用神)이면 행운이 해자축(亥子丑) 북방으로 흘러도 죽음에 이르지 않으나, 사오미(巳午未) 남방으로 흐르면 흉하다. 고서에서 이르기를 갑목(甲木)이 사오미(巳午未) 화지(火地)로 향하면 목(木)은 불에 타 재가 되니 반드시 죽는다고 하였다. 신유술(申酉戌) 서방운도 불길하다. 화월(花月)이 금(金)운을 만나는 것이니 흉하고, 갑목(甲木) 일주(日主)가 관살(官殺)을 만나는 것이니 뜻밖의 재앙이 닥친다. 동방의 인묘진(寅卯辰)이나 북방의 해자축(亥子丑)을 만나야 길하다. 이것이 오(午)월과 미(未)월이 정화(丁火)를 취하는 비법이다.

년 월 일 시　　■남명

庚 壬 甲 乙　　癸甲乙丙丁戊己庚

戌 午 寅 亥　　未申酉戌亥子丑寅

오(午)월은 병기정(丙己丁)이 암장(暗藏)되어 화기(火氣)만이 강하니 임계수(壬癸水)를 용신(用神)으로 삼아야 한다. 인오술(寅午戌)이 삼합(三合)하여 화국(火局)을 이루어 화기(火氣)가 태과하니 우선 강렬한 불길을 잡아야 한다. 따라서 월(月) 임수(壬水)로 용신(用神)을 삼아 제화(制火)하면 중화된다. 임수(壬水) 용신(用神)은 년상(年上) 경금(庚金)의 생조(生助)를 받고, 시지(時支) 해수(亥水)도 도와주니 길하다.

이 사주는 생생불식(生生不息)이다. 년지(年支) 술토(戌土)는 토
생금(土生金)하고, 경금(庚金)은 금생수(金生水)하고, 임수(壬水)는
수생목(水生木)하고, 갑인(甲寅) 일주(日柱)는 다시 목생화(木生
火)하여 사주가 마치 물이 흐르는 것처럼 막힘이 없다. 따라서 재
물복도 많았고 관운도 좋았고 수명도 길었다. 그리고 편인(偏印)이
용신(用神)에 해당하니 문관으로 출사하여 상서(尙書)에 올랐고,
인간의 오복을 모두 누린 것이다.

【원 문】

凡用神太多 不宜剋制 須洩之爲妙 午未月甲木 木盛先庚
범용신태다 불의극제 수설지위묘 오미월갑목 목성선경

庚盛先丁 午月癸水庚兩透 爲上上之格 未月庚丁兩透
경성선정 오월계수경양투 위상상지격 미월경정양투

亦爲上上之格 用神旣透 木火通明 自然大富大貴 或丁火太多
역위상상지격 용신기투 목화통명 자연대부대귀 혹정화태다

癸水亦多 反作平人 若柱中多金 名曰殺重身輕 先富後貧
계수역다 반작평인 약주중다금 명왈살중신경 선부후빈

運不相扶 非貧則夭 或庚多 有一二丙丁制伏 又有壬癸透干
운불상부 비빈즉요 혹경다 유일이병정제복 우유임계투간

洩金之氣 此又爲 先貧後富
설금지기 차우위 선빈후부

【해 설】

사주에 용신(用神)이 매우 많은데 제극(制剋)하면 좋지 않으나 설기(洩氣)하면 운세가 묘해진다. 갑목(甲木) 일주(日主)가 오미(午未)월일에 태어났는데 신약(身弱)하면 먼저 수(水)로 용신(用神)을 삼고, 신강(身强)하면 금(金)으로 용신(用神)을 삼고, 만일 금기(金氣)가 많으면 정화(丁火)로 용신(用神)을 삼는다.

갑목(甲木) 일주(日主)가 오(午)월에 태어났는데 사주에 계수(癸水)와 경금(庚金)이 들어 금수(金水)가 모두 투출(透出)하면 최상격이 되어 길복이 많다. 그리고 미(未)월생이 경금(庚金)과 정화(丁火)가 모두 투출(透出)하면 역시 최상격이 된다. 이때 용신(用神)이 이미 투출(透出)했으면 목화통명(木火通明)이 되어 대부대귀를 이룬다. 그러나 정화(丁火)가 매우 많은데 계수(癸水)도 많으면 정계(丁癸)가 상충(相沖)하여 평상인에 지나지 않는다.

갑목(甲木) 일주(日主)가 금(金)이 많으면 살중신경(殺重身輕)이 되어 관살(官殺)이 중중하고 일주(日主)가 신약(身弱)하니 처음에는 부유하나 나중에는 빈천하다. 이런 사주는 행운에서 인성(印星)과 비겁(比劫)의 생조(生助)를 받지 못하면 빈천하거나 요절한다. 만일 경금(庚金)이 많은데 1~2개의 병화(丙火)와 정화(丁火)가 있어 제극(制剋)하고 임계수(壬癸水)가 투간(透干)하면 금(金)을 설기(洩氣)하니 역시 선빈후부형(先貧後富形) 사주가 된다.

년	월	일	시	■남명
庚	癸	甲	乙	甲乙丙丁戊己庚辛
午	未	子	亥	申酉戌亥子丑寅卯

미(未)월은 정을기(丁乙己)가 암장(暗藏)되어 토기(土氣)와 화기(火氣)가 강하니 먼저 임계수(壬癸水)와 갑을목(甲乙木)으로 용신(用神)을 삼아야 한다. 본명은 미(未)월에 태어나고 년지(年支)에 오화(午火)가 들어 오미(午未) 방합(方合)을 이루어 열기가 대단하다. 따라서 열기를 식혀야 하니 월(月) 계수(癸水)가 용신(用神)이고, 강한 토기(土氣)를 억제해야 하는데 갑목(甲木)이 있고 시지(時支)에 해수(亥水)가 들었으니 최상격 사주가 되었다. 일지(日支) 자수(子水)가 용신(用神)에 해당하여 양귀비 같은 아름다운 아내를 만났고, 갑목(甲木) 일주(日主)가 왕성한데다 미(未)월에 태어나 재성(財星)도 왕성하니 중간 정도의 부를 이루었고, 관인상생(官印相生)으로 관성(官星)도 길작용을 하니 상서(尙書)에 올랐다. 실로 인간의 오복을 모두 갖춘 좋은 사주다.

【원문】

或滿柱丙火 又加丁火 不見官殺 謂之傷官傷盡最爲奇 反成淸貴
혹만주병화 우가정화 불견관살 위지상관상진최위기 반성청귀
定主才學過人 科甲有望 但歲運不宜見水 若柱中有壬水
정주재학과인 과갑유망 단세운불의견수 약주중유임수

運又逢水 必貧夭死 但凡木火傷官者 聰明智巧 却是人同心異

운우봉수 필빈요사 단범목화상관자 총명지교 각시인동심이

多見多疑 雖不生事害人 每抱忌妬之想 女命一理同推

다견다의 수불생사해인 매포기투지상 여명일리동추

或四柱多土 干上有乙木 切勿作棄命從財 時月兩透己土

혹사주다토 간상유을목 절물작기명종재 시월양투기토

名二土爭合 男主奔流 女主淫賤 見二甲則不爭矣 亦屬平庸之輩

명이토쟁합 남주분류 여주음천 견이갑즉불쟁의 역속평용지배

或四柱有辰 干見二己二甲 此人名利雙全 大富大貴

혹사주유진 간견이기이갑 차인명리쌍전 대부대귀

【해 설】

갑목(甲木) 일주(日主)가 사오미(巳午未)월에 태어나 득령(得令)하였고, 병화(丙火)가 많은데 정화(丁火)까지 있어 화기(火氣)가 태왕하니 종아격(從兒格)이다. 종아격(從兒格) 사주는 가장 상극인 관살(官殺) 금기(金氣)를 만나지 않아야 한다. 상관(傷官)이 운 전체를 좌우하면 종아격(從兒格)이 되어 매우 기이해져 오히려 청귀격(淸貴格)을 이룬다. 이런 사주는 재능과 학문이 높아 등과급제하나, 세운에서 수(水)를 만나면 좋지 않다. 만일 사주에 임수(壬水)가 있는데 운에서 또 수(水)를 만나면 반드시 빈천하거나 요절하고, 목화상관격(木火傷官格)은 총명하며 지혜로우나 의심이 많다.

사주에 토(土)가 많은데 천간(天干)에 을목(乙木)이 있으면 절대

로 기명종재격(棄命從財格)이 되지 않는다. 기토(己土)가 시간(時干)과 월간(月干)에 모두 투출(透出)하면 토(土) 2개가 갑목(甲木)과 간합(干合)하는데 쟁합(爭合)이 된다. 이런 사주는 남자는 분주하게 돌아다니고, 여자는 음란하며 천박하다. 이때 갑(甲) 2개가 있으면 쟁합(爭合)은 되지 않으나 역시 평범하며 용렬한 무리가 된다. 만일 사주에 진토(辰土)가 있는데 천간(天干)에 기(己)와 갑(甲)이 모두 있으면 대부대귀격이 되어 명리를 모두 이룬다.

년 월 일 시	■ 남명, 종아격(從兒格)
丙 甲 甲 己	乙丙丁戊己庚辛壬
午 午 午 巳	未申酉戌亥子丑寅

갑목(甲木) 일주(日主)가 오(午)월에 태어났고, 사주가 대부분 화기(火氣)로 구성되어 종아격(從兒格)이니 식상(食傷)이 용신(用神)이다. 종격(從格)은 일반 정격(正格)과는 다르게 간명해야 한다. 즉 본명에서는 목화(木火)운이 길하고 금수(金水)운은 흉하다.

초년에는 부모의 사랑 속에 호의호식하며 성장하였다. 초년은 자신의 운보다 부모의 영향을 더 많이 받으므로 초년 대운으로 간명하는 것은 좀 무리가 있다. 청년기에는 관운이 좋아 결혼하고 등과 급제도 했지만 부부운이 불리하여 부부간에 대립이 많았다. 아내가 호색적이며 불륜이 심하여 백년해로하지 못하고 갈라섰다. 그러나 재물운은 좋아 부모가 물려준 재산을 다 지키지는 못했지만 그래

도 상당히 많이 지니고 살았다. 그러나 수명은 길지 못하여 해(亥)
대운에 병에 걸려 고생하다가 68세인 임자(壬子)년에 자오상충(子
午相沖)하자 사망하였다. 이 사주는 수기(水氣)가 1개라도 들었으
면 종격(從格)이 되지 않았을 것이다.

【원문】

若在未月 見辰支 名爲逢時化合格 以癸水爲妻 丁火爲子
약재미월 견진지 명위봉시화합격 이계수위처 정화위자

若二己一甲爭合 取支中比劫爲用 以甲爲用者 壬癸爲妻
약이기일갑쟁합 취지중비겁위용 이갑위용자 임계위처

甲乙爲子 女命以妻作夫 用作子 十干皆同 或是己土
갑을위자 여명이처작부 용작자 십간개동 혹시기토

不見戊土 乃爲假從 其人一生縮首 反畏妻子 若無印綬
불견무토 내위가종 기인일생축수 반외처자 약무인수

一生貧苦 未月尤可 午月決不可
일생빈고 미월우가 오월결불가

【해설】

갑목(甲木) 일주(日主)가 미(未)월에 태어났고, 지지(地支)에 진
토(辰土)가 있어 봉시화합격(逢時化合格)이 되었다. 이런 사주는
계수(癸水)는 아내이고 정화(丁火)는 자식이다. 만일 기토(己土)가
2개 있는데 갑목(甲木)이 1개 있으면 간합(干合)을 2번 하므로 쟁

합(爭合)이 되고, 지지(地支)의 비겁(比劫)이 용신(用神)이다. 만일 갑목(甲木)이 용신(用神)이면 임계수(壬癸水)는 아내이고 갑을목(甲乙木)은 자식이다. 여명도 같은 방법으로 보는데 다만 아내성을 남편성으로 바꾸면 된다. 즉 용신(用神)을 자식으로 보니 사주에 자식이 없어도 용신(用神)이 강건하면 자식덕을 보는 것으로 본다.

그리고 여명에서는 남편성이 없어도 용신(用神)이 강건하면 홀륭한 남편을 만나는 것으로 본다. 그리고 십간(十干)의 간명법은 모두 같다. 만일 기토(己土)가 있고 무토(戊土)가 없으면 가종격(假從格)이라 한다. 이런 사람은 평생 머리를 숙이고 아내와 자식을 두려워한다. 만일 인수(印綬)가 없으면 일생이 빈천하여 고전한다. 갑목(甲木) 일주(日主)가 계수(癸水)가 없으면 미(未)월생은 흉하지 않으나 오(午)월생은 반드시 흉하다.

년	월	일	시	■ 용겁인격(用劫印格)
丁	丙	甲	甲	乙甲癸壬辛庚己
巳	午	寅	子	巳辰卯寅丑子亥

【원 문】차팔자서낙오선현평도(此八字徐樂吾先賢評道)
年月丙丁兩透 支中有癸 癸運大發 官至侍郎
연월병정양투 지중유계 계운대발 관지시랑
子中癸水調喉爲用 所謂元機暗裡尋也
자중계수조후위용 소위원기암리심야

【해 설】

 본명은 년간(年干)과 월간(月干)에 병정화(丙丁火)가 투출(透出)하고, 지지(地支)의 자(子) 중에 계수(癸水)가 있어 계묘(癸卯) 대운에 크게 발복하여 시랑(侍郞)에 올랐다. 갑목(甲木) 일주(日主)가 오(午)월에 태어났으니 오(午) 정화(丁火)가 사령(司令)하여 권력을 잡으니 설기(洩氣)가 심하다. 이런 사주를 진상관격(眞傷官格)이라 하는데 반드시 인성(印星)이 있어야 발복한다. 갑목(甲木)이 시간(時干)에 비견(比肩)이 있고, 일지(日支) 인목(寅木)이 생조(生助)하고, 시지(時支) 자수(子水)에 통근(通根)하여 중화되었다. 따라서 비견(比肩) 겁재(劫財) 편인(偏印) 인수(印綬) 대운에 크게 발복하였다. 사오미(巳午未)월생은 임계수(壬癸水)를 만나지 못하면 상격이 될 수 없다.

년	월	일	시	■ 용관인격(用官印格)
甲	辛	甲	辛	壬癸甲乙丙丁戊
辰	未	子	未	申酉戌亥子丑寅

【원 문】 차팔자서낙오선현평도(此八字徐樂吾先賢評道)

兩干不雜 專用丁火 一生富貴 兩干不雜 無關輕重 好在甲木坐子
양간불잡 전용정화 일생부귀 양간불잡 무관경중 호재갑목좌자
官印相生爲用 丁火二字 當是子水之誤 決不能用丁火也
관인상생위용 정화이자 당시자수지오 결불능용정화야

【해 설】

갑목(甲木) 2개와 신금(辛金) 2개가 혼잡하지 않으면 경중을 논할
필요가 없다. 이 사주의 좋은 점은 갑목(甲木) 일주(日主)가 자수
(子水) 위에 앉은 것이다. 따라서 관인상생(官印相生)으로 교통정
리가 잘되어 길복이 많은 사주가 되었다. 미(未) 정화(丁火)는 당
연히 자수(子水)와 상충(相沖)하나 갑자(甲子) 일주(日柱)이니 길
복이 많은 사주가 된 것이다. 만일 자수(子水)가 없는데 일지(日
支)에 오화(午火)가 들었으면 단명하거나 빈천하였을 것이다.

년	월	일	시	■ 용상격(用傷格)
乙	癸	甲	戊	壬辛庚己戊丁丙
巳	未	子	辰	午巳辰卯寅丑子

【원 문】 차팔자서낙오선현평도(此八字徐樂吾先賢評道)

支成水局 困了丁火 雖主富貴 冬子 印旺用未中財官 丁火不透
지성수국 곤료정화 수주부귀 핍자 인왕용미중재관 정화불투
癸水蓋頭 雖在未月 水盛火衰 故言困了丁火
계수개두 수재미월 수성화쇠 고언곤료정화

【해 설】

지지(地支)에서 자진(子辰)이 반수국(半水局)을 이루어 미(未) 정
화(丁火)가 곤고하게 되어 부귀는 이루었으나 자식이 없었다. 인성

(印星)이 왕성하니 미(未) 재관(財官)이 용신(用神)이다. 정화(丁火)가 투출(透出)하지 못하고 월간(月干) 계수(癸水)가 개두(蓋頭)했으니 비록 미(未)월생이나 수(水)는 왕성하고 화(火)는 쇠약하다. 따라서 자식이 없는 사주가 된 것이다. 그러나 미(未)월은 사양이음(四陽二陰)이며 천산둔괘(天山豚卦)의 계절이니 열기가 많아 임계수(壬癸水)를 만나지 못하면 갑목(甲木) 일주(日主)가 말라죽는다. 따라서 월(月) 계수(癸水)와 일지(日支) 자수(子水)가 용신(用神)이다. 수목(水木)운은 길하고 화토금(火土金)운은 흉하다.

년	월	일	시	■ 용 살 격 (用殺格)
甲	辛	甲	丙	壬癸甲乙丙丁戊
申	未	戌	寅	申酉戌亥子丑寅

【원 문】 차팔자서낙오선현평도(此八字徐樂吾先賢評道)

庚金得祿 官至尚書 明崔呈秀尚書命造 財生官爲用
경금득록 관지상서 명최정수상서명조 재생관위용

而貴氣則在申中壬水生庚祿也 丙合辛官 申冲寅祿 凶死固宜
이귀기즉재신중임수생경록야 병합신관 신충인록 흉사고의

【해 설】

본명은 명나라 최정수(崔呈秀)의 사주인데 경금(庚金)이 녹(祿)을 얻어 상서(尚書)라는 높은 벼슬에 올랐다. 재성(財星)이 관성(官

星)을 재생관(財生官)하니 월상(月上) 신금(辛金)이 용신(用神)이
다. 귀한 것은 신(申) 임수(壬水)가 경(庚)을 생하여 녹(祿)이 된
것이다. 신금(辛金) 정관(正官)을 병화(丙火)가 병신합수(丙辛合
水)하였고, 인목(寅木)의 녹(祿)과 신금(申金)이 상충(相沖)하니
사망하는 것은 당연하다.

4. 삼추(三秋) 갑목(甲木)

【원문】

三秋甲木 木性枯槁 金土乘旺 先丁後庚 丁庚兩全 將甲造爲書戟
삼추갑목 목성고고 금토승왕 선정후경 정경양전 장갑조위서극

申月甲堪爲戟 非丁不能造庚 非庚不能造甲 丁庚兩透 科甲定然
신월갑감위극 비정불능조경 비경불능조갑 정경양투 과갑정연

庚祿居申 殺印相生 運行金水 身伴明君 或庚透無丁 一富而已
경록거신 살인상생 운행금수 신반명군 혹경투무정 일부이이

主爲人操心太重 不能坐亨 或丁透庚藏 亦主靑衿小富
주위인조심태중 불능좌형 혹정투경장 역주청금소부

或庚多無丁 殘疾病人 若爲僧道 災厄可免 或四柱庚旺
혹경다무정 잔질병인 약위승도 재액가면 혹사주경왕

支內水多 不作棄命從殺 見土多可作從財而看
지내수다 불작기명종살 견토다가작종재이간

【해 설】

　신유술(申酉戌) 갑목(甲木)은 건조하여 금(金)과 토(土)가 승왕하니 먼저 정화(丁火)로 용신(用神)을 삼은 후 경금(庚金)을 써야 한다. 만일 정화(丁火)와 경금(庚金)이 모두 왕강하면 갑목(甲木)이 경금(庚金)을 다듬는 서극(書戟)이니 신(申)월 갑(甲)은 극(戟)을 감당할 수 있다. 따라서 정화(丁火)가 아니면 경금(庚金)을 제조하기 어렵고, 경금(庚金)이 아니면 갑목(甲木)을 제조하기 어렵다.

　만일 정화(丁火)와 경금(庚金)이 모두 모두 투출(透出)하면 등과 급제하여 출세하고, 경금(庚金)의 녹(祿)이 신금(申金)에 있으면 살인상생(殺印相生)이 되니 금수(金水)운으로 흐르면 명군의 반열에 오르고, 경금(庚金)이 투출(透出)했는데 정화(丁火)가 없으면 부는 있으나 지나치게 조심성이 많아 편안함을 누리지 못하고, 정화(丁火)가 투출(透出)했는데 경금(庚金)이 암장(暗藏)되면 작은 부자에 불과하고, 경금(庚金)이 많은데 정화(丁火)가 없으면 잔병이 많다. 이런 사람은 승도의 길을 가면 재앙을 면할 수 있다. 만일 경금(庚金)이 왕성한데 지지(地支)에 수기(水氣)가 많으면 기명종살격(棄命從殺格)으로 보지 않으나, 토(土)가 많으면 종재격(從財格)이 된다.

년	월	일	시	■남명							
戊	庚	甲	乙	辛	壬	癸	甲	乙	丙	丁	戊
申	申	戌	亥	酉	戌	亥	子	丑	寅	卯	辰

갑목(甲木) 일주(日主)가 신(申)월에 태어났고, 신(申)월은 기무임경(己戊壬庚)이 암장(暗藏)되어 금기(金氣)와 수기(水氣)가 강하니 갑을목(甲乙木)으로 용신(用神)을 삼은 후 임계수(壬癸水)를 쓴다. 본명은 관살(官殺)이 태왕하여 관재구설과 법난이 많았고, 일지(日支) 술토(戌土)가 구신(仇神)이라 아내와 대립이 많았고, 갑경(甲庚)이 상충(相沖)하니 머리에 큰 상처를 입었다. 성격운은 갑목(甲木) 일주(日主)이니 인자하며 총명했으나, 금기(金氣)가 태과하니 종종 혈기를 부리며 난폭하였다. 재물운은 비겁(比劫)이 왕성한데 재성(財星)도 왕성하니 중간 부자 이상으로 살았다. 그러나 재성(財星)이 혼잡하니 첩을 6명이나 두는 등 여자문제가 복잡하였고, 관살(官殺)이 기신(忌神)이라 과거에 여러 번 낙방하였다. 그러나 부모가 물려준 재산을 잘 관리하여 수만 석을 지니고 살았다.

【원 문】

庚多無癸 而壬水多 戊己亦多 此則專用一點丁火
경다무계 이임수다 무기역다 차즉전용일점정화

方可制金以養群土 此命大富 丁藏富小 不顯 丁露定作富豪
방가제금이양군토 차명대부 정장부소 불현 정로정작부호

得二丁 不坐死絕 必然富貴雙全 卽風水不及 亦可富中取貴
득이정 불좌사절 필연부귀쌍전 즉풍수불급 역가부중취귀

納粟奏名 或癸纍纍制伏丁火 雖滿腹文章 終難顯達 得運行火土
납율진명 혹계류류제복정화 수만복문장 종난현달 득운행화토

破癸 略可假就功名 歲運皆背 刀筆之徒 支成水局 戊己透干
파계 약가가취공명 세운개배 도필지도 지성수국 무기투간
제거癸水 存其丁火 又可云科甲 但此等命 主爲人心奸巧詐
제거계수 존기정화 우가운과갑 단차등명 주위인심간교사
好訟爭非 困貧致禍 干險之徒 決非安分
호송쟁비 곤빈치화 간험지도 결비안분

【해 설】

갑목(甲木) 일주(日主)가 가을에 태어났고, 경금(庚金)이 많은데
계수(癸水)가 없고, 임수(壬水)가 많은데 무기토(戊己土)가 많다.
따라서 정화(丁火)로 용신(用神)을 삼으면 왕성한 금기(金氣)를 제
극(制剋)하여 많은 토(土)를 기르면 큰 부자가 된다. 그러나 정화
(丁火)가 암장(暗藏)되면 부가 작고 현달하지 못하나, 정화(丁火)
가 천간(天干)에 투출(透出)하면 부자가 되고, 정화(丁火) 2개가
사절지(死絶地)에만 앉지 않으면 부귀가 쌍전한다. 이런 사주는 풍
수가 부족해도 부유한 가운데 귀를 이루니 조세를 열납하는 고관
이 된다. 만일 계수(癸水)가 많이 중복하여 정화(丁火)를 제극(制
剋)하여 굴복시키면 비록 만복의 문장이라도 현달하기 어렵다.

갑목(甲木) 일주(日主)가 여름에 태어나면 계수(癸水)가 용신(用
神)인데 행운에서 용신(用神)을 파극(破剋)하는 화토(火土)운을 만
나 토극수(土剋水)하여 계수(癸水)가 파괴되면 거짓 공명을 얻는
다. 그리고 세운이 모두 반대로 흐르면 글을 쓰는 관리나 대서인이

된다. 그러나 지지(地支)에 해자축(亥子丑) 수국(水局)을 이루고, 무기토(戊己土)가 투간(透干)하여 계수(癸水)를 제거하고, 정화(丁火)가 살아나면 등과급제한다. 그러나 이런 사람은 간사하며 교활하여 송사와 언쟁을 좋아하다가 재앙을 만나 곤고해진다.

년 월 일 시	■ 편관격(偏官格)
戊 庚 甲 癸	辛 壬 癸 甲 乙 丙 丁
申 申 申 酉	酉 戌 亥 子 丑 寅 卯

갑목(甲木) 일주(日主)가 신(申)월에 태어나 신약(身弱)한데, 지지(地支)가 모두 금기(金氣)로 득세하니 고립무원이 되었다. 그러나 양간(陽干)이므로 악전고투하면도 금기(金氣)에 종(從)하지 않고 정격(正格)이 되었다. 즉 수목(水木)운은 길하고 화토금(火土金)운은 흉한데, 대운이 수목(水木)운으로 흘러 기사회생했으나 원국이 워낙 흉하여 파란만장하였다.

본명은 토금(土金)운을 만나면 매우 흉하다. 지지(地支)가 모두 금기(金氣)이니 종관살격(從官殺格)으로 보이나, 신(申) 임수(壬水)가 생조(生助)하여 그렇게 약하지는 않다. 따라서 일간(日干) 갑목(甲木)이 용신(用神)이고, 시상(時上) 계수(癸水)는 희신(喜神)이다. 갑목(甲木) 용신(用神)은 신(申) 임수(壬水)가 수생목(水生木)하여 종격(從格)이 될 수 없다. 성격운은 금기(金氣)가 태과하니 난폭하며 잔인하였고, 수기(水氣)가 중화되어 총명하며 지혜

가 많았고, 목기(木氣)가 약하니 인자하지 못하고 예의와 신용이
없었다.

년	월	일	시	■ 살인격(殺印格)
乙	甲	甲	乙	癸壬辛庚己戊丁
未	申	子	亥	未午巳辰卯寅丑

【원문】차팔자서낙오선현평도(此八字徐樂吾先賢評道)

孝廉 辰運災 此造申子合局 殺化爲印 水木相生
효염 진운재 차조신자합국 살화위인 수목상생

木旺而無丁火洩其秀 非佳造也 至辰運三合會齊 災晦宜矣
목왕이무정화설기수 비가조야 지진운삼합회제 재회의의

申月甲木 丁火爲尊 庚金次之 庚金不可少 火隔水不能鎔金
신월갑목 정화위존 경금차지 경금불가소 화격수불능용금

必賴甲木引助 方成洪爐 若有癸水阻隔 便滅丁火 壬水無礙
필뢰갑목인조 방성홍로 약유계수조격 편멸정화 임수무애

且能合丁 但須見戊土 方可制水存火
차능합정 단수견무토 방가제수존화

【해설】

본명은 효염(孝廉)이라는 벼슬을 했는데 진(辰)운에 재앙을 입었
다. 갑목(甲木) 일주(日主)가 신(申)월에 태어났다. 신자(申子)가

반합(半合)하여 수국(水局)을 이루니 관살(官殺)이 변하여 인수(印綬)가 되었다. 수목(水木)이 상생(相生)하니 수(水)운과 목(木)운이 왕강하여 년지(年支)의 미(未) 정화(丁火)가 용신(用神)이다. 그러나 정화(丁火)가 암장(暗藏)되었으니 능력을 발휘할 수 없었다. 용신(用神)이 암장(暗藏)되면 아름다운 명조라고 할 수 없다. 진(辰)운에 신자진(申子辰)이 삼합(三合)하여 기신(忌神)인 수(水)가 많아지니 재앙을 만난 것이다.

신(申)월 갑목(甲木)은 정화(丁火)를 용신(用神)으로 삼아야 하나, 갑목(甲木)이 왕성하면 경금(庚金)을 쓰는데 경금(庚金)이 적으면 좋지 않다. 만일 정화(丁火)가 용신(用神)인데 수화(水火)가 상충(相沖)하면 정화(丁火)가 금(金)을 제하지 못하니 흉하고, 정화(丁火)가 용신(用神)인데 수(水)가 많으면 갑목(甲木)이 인도하며 도와야 정화(丁火) 용신(用神)이 의지할 곳이 생겨 발복하고, 정화(丁火)가 용신(用神)인데 계수(癸水)가 투출(透出)하여 정계(丁癸)가 상충(相沖)하면 정화(丁火) 용신(用神)이 소멸하나, 임수(壬水)는 투출(透出)해도 정임합목(丁壬合木)하므로 무방하다. 이때 무토(戊土)를 만나 토극수(土剋水)하면 정화(丁火)가 살아난다.

년	월	일	시	■ 용살격(用殺格)
丙	丙	甲	丁	丁戊己庚辛壬癸
午	申	寅	卯	酉戌亥子丑寅卯

【원 문】차팔자서낙오선현평도(此八字徐樂吾先賢評道)

用庚金 行戊運連捷 庚運轉侍郎 此制過七殺

용경금 행무운연첩 경운전시랑 차제과칠살

喜行財滋旺殺之運 身强殺旺而丁透 格局甚美

희행재자왕살지운 신강살왕이정투 격국심미

【해 설】

 갑목(甲木) 일주(日主)가 신(申)월에 태어나 실령(失令)했으나, 일지(日支)에 인목(寅木)이 들고, 시지(時支)에 묘목(卯木)이 들어 강하다. 그리고 년간(年干)과 월간(月干)에 병화(丙火)가 2개나 투출(透出)하고, 시간(時干)에도 정화(丁火)가 들어 화기(火氣)도 강하다. 즉 목화(木火)가 강하여 월지(月支)의 신(申) 경금(庚金)이 용신(用神)이니 토금(土金)운이 길하다.

 본명은 무술(戊戌) 대운에 토생금(土生金)하여 용신(用神)이 강해지자 등과급제하였고, 경(庚) 대운이 용신(用神)운이라 시랑(侍郎)에 올랐다. 이 명조는 제살태과격(制殺太過格)이므로 재성(財星)과 관성(官星)이 용신(用神)이다. 신강(身强)하고 관살(官殺)도 왕하고 정화(丁火)가 투출(透出)하여 매우 아름다운 명이 되었다.

년	월	일	시	■ 편고격(偏枯格)
己	壬	甲	丁	辛庚己戊丁丙乙
亥	申	戌	卯	未午巳辰卯寅丑

【원 문】차팔자서낙오선현평도(此八字徐樂吾先賢評道)

茂才 丁壬合 丁火受制 原局有病 僅爲茂才

무재 정임합 정화수제 원국유병 근위무재

【해 설】

갑목(甲木) 일주(日主)가 신(申)월에 태어나 실령(失令)하였다. 월지(月支) 신금(申金)은 일지(日支) 술토(戌土)와 년간(年干) 기토(己土)의 도움을 받아 매우 강하다. 강한 금기(金氣)를 제극(制剋)하려면 시상(時上) 정화(丁火)가 용신(用神)인데 정임합목(丁壬合木)하여 목(木)으로 변하니 용신(用神)이 사명을 못하게 되었다. 즉 병이 있는데 약이 없는 사주이니 춥고 배고픈 가난한 선비가 되었다. 재다신약(財多身弱)이며 부옥빈인(富屋貧人)의 명이다. 어떤 사주든 용신(用神)이 합을 하여 변하면 용신(用神)의 사명을 제대로 못하여 흉하다.

년	월	일	시	■ 식 신 제 살 격 [食神制殺格]
戊	庚	甲	丙	辛 壬 癸 甲 乙 丙 丁
午	申	寅	寅	酉 戌 亥 子 丑 寅 卯

【원 문】차팔자서낙오선현평도(此八字徐樂吾先賢評道)

縣令 丑運去官 身殺兩旺而有制 美格也 惜爲丙火而非丁火 貴不足

현령 축운거관 신살양왕이유제 미격야 석위병화이비정화 귀부족

【해 설】

본명은 현령(縣令)을 지내다 축(丑) 대운에 물러났다. 갑목(甲木) 일주(日主)가 신(申)월에 태어나 실령(失令)했으나 일지(日支)와 시지(時支)에 인목(寅木)이 있어 신왕(身旺)하다. 그러나 신(申)월 경금(庚金)이 왕강하여 관살(官殺)도 강하고, 월간(月干)에 경금(庚金)이 또 투출(透出)하여 신왕관왕(身旺官旺)하다. 따라서 용신(用神)은 시상(時上) 병화(丙火)다. 애석하게도 병화(丙火)보다 정화(丁火)가 더 귀한데 없으니 귀함이 부족하였다.

```
년  월  일  시
壬  戊  甲  甲      己庚辛壬癸甲乙
戌  申  戌  戌      酉戌亥子丑寅卯
```

갑목(甲木) 일주(日主)가 신(申)월에 태어났고, 월간(月干)에 무토(戊土)가 있고, 년지(年支)와 일지(日支)와 시지(時支)에 술토(戌土)가 들어 토(土)가 너무 많아 갑목(甲木)이 흙에 묻힐 판이다. 따라서 많은 토(土)를 억제해야 중화되므로 시간(時干) 갑목(甲木)을 용신(用神)으로 삼아 목극토(木剋土)해야 하고, 조후(調候)하려면 수(水)보다 화(火)가 더 필요하니 화(火)가 희신(喜神)이다. 즉 목화(木火)운이 길하고 토금(土金)운은 흉하다. 그리고 화(火)는 반길반흉하니 한신(閑神)이다.

본명은 비견(比肩)이 용신(用神)인데 시간(時干)에 들어 재물복이 있고, 재다신약(財多身弱)하여 색정이 강하니 여자문제가 복잡하였다. 그러나 갑인(甲寅) 대운 이후는 길하여 길복이 많았다. 색불근신병후회(色不謹愼病後悔)라는 말이 있다. 색정을 남용하면 성병은 물론 모든 질병의 근원이 되어 중병으로 고생하면서 지난 날의 불륜을 후회한다는 뜻이다.

【원 문】

酉月甲木 木囚金旺 丁火爲先 次用丙火 庚金再次 一丁二庚
유월갑목 목수금왕 정화위선 차용병화 경금재차 일정이경

科甲定顯 癸水一透 科甲不全 丙庚兩透 富大貴小 丙丁全無
과갑정현 계수일투 과갑불전 병경양투 부대귀소 병정전무

僧道之命 丙透無癸 富貴雙全 有癸制丙 支成火局 可許假貴
승도지명 병투무계 부귀쌍전 유계제병 지성화국 가허가귀

戊己一透 可作富翁
무기일투 가작부흥

【해 설】

유(酉)월은 이양사음(二陽四陰)의 계절이니 양기보다 음기가 강하다. 따라서 유(酉)월 갑목(甲木)은 목(木)이 갇히고 금(金)이 왕성하니 먼저 정화(丁火)로 용신(用神)을 삼은 후 병화(丙火)를 쓰고, 그 다음에 경금(庚金)을 써야 한다. 정(丁) 1개와 경(庚) 2개가 있으니 등과급제하여 출세하는 것은 당연하나, 계수(癸水)가 1개

투출(透出)하면 과갑은 불가하다. 갑목(甲木) 일주(日主)가 가을생
인데 병화(丙火)와 경금(庚金)이 모두 투출(透出)하면 부는 크나
귀는 작다. 이때 병정화(丙丁火)가 전혀 없으면 승도팔자가 된다.

그리고 유(酉)월 갑목(甲木)이 병화(丙火)가 투출(透出)하고 계수
(癸水)가 없으면 대길하여 부귀쌍전하나, 계수(癸水)가 있어 병화
(丙火)를 제극(制剋)하면 평범한 사람에 지나지 않는다. 만일 지지
(地支)에서 사오미(巳午未)가 화국(火局)을 이루면 거짓 귀함이 있
고, 무기토(戊己土)가 1개 투출(透出)하면 부자노릇을 한다.

년 월 일 시　　■남명

壬 己 甲 丙　　庚辛壬癸甲乙丙

戌 酉 子 寅　　戌亥子丑寅卯辰

갑목(甲木) 일주(日主)가 유(酉)월에 태어났으니 실령(失令)하여
신약(身弱)하고, 비록 금기(金氣)가 강하나 일지(日支)에 자수(子
水)가 있어 관인상생(官印相生)을 시키니 길한 사주가 되었다. 용
신(用神)은 일간(日干)의 갑목(甲木)이고, 화(火)는 희신(喜神)이
니 용신(用神)을 부조(扶助)하고, 경금(庚金)과 신금(辛金)과 무토
(戊土)는 기신(忌神)이다.

초년 경술신(庚戌辛)운은 기신(忌神)운이라 어려웠지만 부모덕에
별 문제없이 성장하였고, 수(水)운은 한신(閑神)에 해당하니 무난
하게 상승하였고, 목화(木火)운은 용신(用神)과 희신(喜神)운이라

관찰사에 올랐다. 비록 관살(官殺)이 혼잡하지만 일주(日主)가 강하여 문제가 되지 않았다. 또 년간(年干) 임수(壬水)와 시지(時支) 자수(子水)가 관인상생(官印相生)을 잘 시켜 사주가 더 좋아졌다. 만일 인수(印綬)가 없는데 관살(官殺)이 혼잡하면 파란만장하다.

본명은 인수(印綬)가 잘 포진하여 관인상생(官印相生)으로 유통시키니 좋아진 것이다. 사주에서 가장 중요한 것은 음양과 오행의 조화이고, 이런 조화를 중화라고 한다. 사주가 중화되면 특별히 흉한 일이 없고 항상 길복이 넉넉하다. 오행구비(五行具備)나 주류무체(周流無滯)나 생생불식(生生不息) 등은 모두 오행이 중화된 것을 말한다.

년 월 일 시   ■남명
丙 丁 甲 壬   戊己庚辛壬癸甲乙
申 酉 申 申   戌亥子丑寅卯辰巳

유(酉)월은 경신(庚辛)이 암장(暗藏)되어 금기(金氣)만이 강하니 갑을목(甲乙木)으로 용신(用神)을 삼은 후 병정화(丙丁火)를 써야 한다. 본명은 지지(地支)에서 신유술(申酉戌)이 금국(金局)을 이루니 금기(金氣)가 태과하다. 따라서 조후(調候)하려면 병화(丙火)가 필요하고, 금기(金氣)를 제련하려면 정화(丁火)가 필요하고, 갑을목(甲乙木)은 당연히 길하다. 즉 비겁(比劫)이 용신(用神)이고, 식상(食傷)은 희신(喜神)이라 독립사업으로 나름대로 성공하였다.

본명은 금국(金局)을 이루어 관재구설과 법난을 많이 당하였고, 식상(食傷)이 길하며 화기(火氣)에 해당하니 인기가 좋고 화술도 좋았다. 성격운은 목기(木氣)가 중화를 이루니 인자하고, 화기(火氣)도 중화되어 예의범절을 알았다. 그러나 금기(金氣)가 태과하여 난폭한 면이 있었지만 다행히 병정(丙丁)이 제금(制金)하여 큰 문제는 없었다. 재물복은 별로 많지 않아 의식주를 걱정하지 않는 정도였다. 종합하면, 본명은 금기(金氣)가 태과한데 다른 오행, 즉 수기(水氣)와 목기(木氣)와 화기(火氣)는 약간 부족하다. 어느 한 가지 오행이 태과하면 다른 오행은 부족하기 마련이다.

년	월	일	시	■ 여 명
癸	辛	甲	癸	壬癸甲乙丙丁戊
酉	酉	申	酉	戌亥子丑寅卯辰

갑목(甲木) 일주(日主)가 유(酉)월에 태어났고, 지지(地支)가 전부 금(金)으로 구성되어 금기(金氣)가 태과하다. 마치 종격(從格)처럼 보이나 년상(年上)과 시상(時上)에 계수(癸水)가 투출(透出)하여 금생수(金生水) 수생목(水生木)하니 정격(正格)이다. 그러나 관살(官殺)이 태과하여 관재구설과 남자문제로 파란이 많았다. 7번 결혼했으나 모두 실패하였다. 갑목(甲木) 일주(日主)가 유(酉)월에 태어났으니 실령(失令)하여 신약(身弱)한데, 지지(地支)가 모두 관살(官殺)로 일관하여 흉한 사주가 된 것이다.

이 사람은 어려서 부모를 잃고 고아로 살다가 20세에 결혼했지만 백수건달에 폭력만 행사하는 남편을 만났다. 견디다 못해 이혼하고 몇 년 뒤에 재혼했지만 남편이 또 2년만에 병사하였다. 세 번째 남편은 교통사고로 죽었고, 네 번째 남편은 감옥에서 죽었다. 본명을 살펴보면 어디서 살더라도 파란만장을 피할 수 없다는 것을 알 수 있다. 지지(地支)가 모두 관살(官殺)로 구성되어 종격(從格)으로 보이나, 갑목(甲木) 일간(日干)이 양목(陽木)이고, 년상(年上)과 시상(時上)에 계수(癸水)가 투출(透出)하고, 일지(日支) 신(申)에 임수(壬水)가 들어 수생목(水生木)하니 종격(從格)이 되지 않는다.

【원 문】

或支成金局 干露庚金 爲木被金傷 必主殘疾 得丙丁破金

혹지성금국 간로경금 위목피금상 필주잔질 득병정파금

亦主老暗疾 或支成木局 干透比劫 反取庚金爲先 次用丁火

역주노암질 혹지성목국 간투비겁 반취경금위선 차용정화

【해 설】

지지(地支)에 신유술(申酉戌) 금국(金局)을 이루었는데 천간(天干)에 경금(庚金)이 투출(透出)하여 금기(金氣)가 매우 강하다. 이런 사주는 갑목(甲木)이 큰 피해와 상처를 입으니 반드시 질병이 따른다. 이때 병정화(丙丁火)가 있어 금(金)을 파극(破剋)하면 무난하나 그래도 노년에 암병을 겪게 된다. 만일 지지(地支)에서 인묘진(寅卯辰)이 목국(木局)을 이루었는데 비겁(比劫)인 갑을목(甲乙木)이 천간(天干)에 투출(透出)하면 먼저 경금(庚金)으로 용신(用神)을 삼은 후 정화(丁火)를 써야 한다.

년	월	일	시	■ 용관격(用官格)
乙	乙	甲	丁	甲癸壬辛庚己戊
未	酉	子	卯	申未午巳辰卯寅

【원 문】 차팔자서낙오선현평도(此八字徐樂吾先賢評道)

丁火高照 太守命 丁火高照者 言配合之美也 甲子坐印
정화고조 태수명 정화고조자 언배합지미야 갑자좌인
木有癸水滋扶 丁火高照 木得陽氣融和
목유계수자부 정화고조 목득양기융화

【해 설】

갑목(甲木) 일주(日主)가 유(酉)월에 태어났고, 년월간(年月干)에 을목(乙木)이 투출(透出)하고, 일지(日支)에 자수(子水)가 들고, 시지(時支)에 묘목(卯木)이 들어 신강(身强)하다. 월지(月支) 유금(酉金)이 용신(用神)인데 역시 강하다. 정화(丁火)가 투출(透出)하여 따뜻하게 비춰주니 태수(太守)라는 벼슬을 하였다. 정화(丁火)가 높이 비춰주면 배합의 미가 있다. 갑목(甲木) 일주(日主)는 일지(日支) 자수(子水)에 인(印)이 있고, 목(木)은 계수(癸水)가 자부

(滋扶)하고, 정화(丁火)가 높이 비춰주니 융화되었다. 따라서 월지
(月支)의 유금(酉金) 관성(官星)이 용신(用神)인데 신사(辛巳) 경
진(庚辰)운에서 관성(官星)을 만나 태수(太守)에 오른 것이다.

년	월	일	시	■용살격(用殺格)
庚	乙	甲	丁	丙丁戊己庚辛壬
寅	酉	子	卯	戌亥子丑寅卯辰

【원 문】차팔자서낙오선현평도(此八字徐樂吾先賢評道)
支藏丙火 時逢乙丁 參政命 此造與上造相同 特年逢庚寅 干透殺
지장병화 시봉을정 참정명 차조여상조상동 특년봉경인 간투살
支內多一重丙火耳 內而參政 外而太守 品秩亦相等也
지내다일중병화이 내이참정 외이태수 품질역상등야

【해 설】
갑목(甲木) 일주(日主)가 유(酉)월에 태어났고, 년지(年支) 인(寅)
에 병화(丙火)가 있고, 시간(時干)에 정화(丁火)가 투출(透出)하여
묘목(卯木)에 통근(通根)하니 길한 명조가 되어 참정(參政)이라는
벼슬을 하였다. 이 명조는 앞의 사주와 비슷하나 년주(年柱)에 경
인(庚寅)이 있고, 경금(庚金) 관살(官殺)이 투출(透出)하고, 지지
(地支)에 인(寅) 병화(丙火)가 더 있다. 따라서 안으로는 참정(參
政)을 지냈고, 밖으로는 태수(太守)를 지냈다.

년	월	일	시	■ 관인상생격(官印相生格)
乙	乙	甲	甲	甲癸壬辛庚己戊
巳	酉	子	子	申未午巳辰卯寅

【원 문】차팔자서낙오선현평도(此八字徐樂吾先賢評道)

朱文端公造 巳酉會局 甲子坐印 殺印相生之局也

주문단공조 사유회국 갑자좌인 살인상생지국야

好在巳中有丙火暗藏 豈不爲貴乎

호재사중유병화암장 기불위귀호

【해 설】

　본명은 주문단(朱文端) 공의 사주다. 사유(巳酉)가 반합(半合)하고, 갑자(甲子) 일주(日柱)에 갑자(甲子) 시주(時柱)가 앉아 관인상생(官印相生)이 되었다. 사(巳)에 병화(丙火)가 암장(暗藏)되었으니 어찌 귀하지 않겠는가. 병화(丙火)는 용신(用神)이니 대길하고, 유금(酉金)은 희신(喜神)이니 그 다음으로 길하다. 만일 병화(丙火)가 천간(天干)에 투출(透出)했으면 더 좋았을 것이다.

년	월	일	시	■ 용관격(用官格)
丙	丁	甲	丁	戊己庚辛壬癸甲
戌	酉	寅	卯	戌亥子丑寅卯辰

【원 문】차팔자서낙오선현평도(此八字徐樂吾先賢評道)

孝廉 卯終 身强丙丁竝透 官星被制太過 幸運行金水之地

효염 묘종 신강병정병투 관성피제태과 행운행금수지지

得擧孝廉而終

득거효염이종

【해 설】

　본명은 효염(孝廉)이라는 벼슬을 지낸 사람이다. 목(木)운과 화(火)운이 강하니 월지(月支) 유금(酉金)이 용신(用神)이고, 목(木)이 기신(忌神)에 해당하니 묘(卯) 대운에 종말을 고하였다. 신강(身强) 사주가 병정화(丙丁火)가 함께 투출(透出)하여 관성(官星)을 지나치게 제한다. 즉 제살(制殺)이 태과한 사주다. 그러나 다행히 대운이 금수(金水)운으로 흘러 등과급제하고 효염(孝廉)에 오른 것이다. 본명은 경신금(庚辛金)이 가장 길하고, 다음은 무술토(戊戌土), 그 다음은 임해수(壬亥水)가 길하다.

【원 문】

戌月甲木 木星凋零 獨愛丁火 壬癸滋扶 丁壬癸透 戊己亦透

술월갑목 목성조령 독애정화 임계자부 정임계투 무기역투

此命配得中和 可許一榜 庚金得所 科甲定然 或見一二比肩

차명배득중화 가허일방 경금득소 과갑정연 혹견일이비견

無庚金制之 平常人也 倘運不得用 貧無立錐 一命 甲辰 甲戌

무경금제지 평상인야 당운불득용 빈무입추 일명 갑진 갑술

甲辰 甲戌 身伴君王 富貴壽考 此爲天元一氣 又名一財一用

갑진 갑술 신반군왕 부귀수고 차위천원일기 우명일재일용

遇比用財 專取季土 或見庚丙 可許入泮 白手成家

우비용재 전취계토 혹견경병 가허입반 백수성가

用火者木妻火子 子肖妻賢

용화자목처화자 자초처현

【해 설】

술(戌)월은 일양오음(一陽五陰)의 계절로 양기보다 음기가 훨씬 강하니 술(戌)월 갑목(甲木)은 목기(木氣)가 시들어 죽는다. 따라서 난로가 필요하니 정화(丁火)로 용신(用神)을 삼은 후 임계수(壬癸水)로 갑목(甲木)을 자양하며 부조(扶助)해야 한다. 정화(丁火)와 임계수(壬癸水)가 투출(透出)했는데 무기토(戊己土)가 투출(透出)하면 등과급제하고, 경금(庚金)을 얻으면 등과급제한다. 그러나 비견(比肩)이 1~2개 있는데 경금(庚金)을 제극(制剋)하지 못하면 평범하고, 용신(用神)운을 만나지 못하면 송곳하나 꽂을 데가 없을 정도로 가난하다. 그러나 갑진(甲辰) 갑술(甲戌) 갑진(甲辰) 갑술(甲戌) 일주(日柱)는 군왕과 동반하여 부귀와 수명을 누린다. 이런 명조를 천원일기격(天元一氣格) 또는 일재일용격(一財一用格)이라 한다. 또 비겁(比劫)을 만나면 진술축미(辰戌丑未)가 용신(用神)인

데' 경금(庚金)과 병화(丙火)를 보아도 무난하게 자수성가한다. 화(火)가 용신(用神)이면 목(木)이 아내이고 화(火)는 자식이니 자식과 아내가 모두 착하고 어질다.

년	월	일	시	■남명
甲	甲	甲	甲	乙丙丁戊己庚辛壬
辰	戌	辰	戌	亥子丑寅卯辰巳午

갑목(甲木) 일주(日主)가 술(戌)월에 태어났다. 술(戌)월은 한로(寒露)이며 일양오음(一陽五陰)의 계절이니 양기보다 음기가 훨씬 더 많아 술(戌)월 갑목(甲木)은 목기(木氣)가 시들어 죽으니 태양과 난로가 필요하다. 그러나 임계수(壬癸水)가 투출(透出)하면 갑목(甲木)의 뿌리가 상할까 염려된다. 천간(天干)이 모두 갑목(甲木)으로 구성되어 천원일기격(天元一氣格)이 되었다. 용신(用神)은 갑목(甲木)이고 병정화(丙丁火)는 희신(喜神)이니 목화(木火)운이 길하고 토금수(土金水)운은 흉하다.

본명은 재다신약(財多身弱)인데 갑목(甲木)도 왕하여 큰 재물을 모았고, 꽃처럼 아름다운 아내를 만나 희희낙락하며 부귀영화를 누렸다. 진(辰)에 을계무(乙癸戊)가 암장(暗藏)되어 길작용을 하니 재물복과 아내복이 많았던 것이다. 아내복과 재물복을 혼동하는 경우가 많은데, 아내복의 유무는 아내궁인 일지(日支)가 좌우한다. 일지(日支)에 용신(用神)이 들면 아내복이 있고, 기신(忌神)이 들면 아내복이 없다. 그리고 재성(財星)과 비겁(比劫)이 왕성하면 재물복이 있고, 재성(財星)과 비겁(比劫)이 약하면 재물복이 없다.

년	월	일	시	■ 남명
甲	甲	甲	甲	乙丙丁戊己庚辛壬
辰	戌	戌	戌	亥子丑寅卯辰巳午

앞의 사주와 비슷한데 일지(日支)가 술토(戌土)라는 것이 다르다. 이 사람은 재물복을 많아 부유하게 살았지만, 일지(日支) 술토(戌土)가 기신(忌神)이라 아내복이 없어 고집이 세며 무례하고 남편을 업신여기는 사람을 만났다. 앞 사주는 일지(日支) 진토(辰土)가 용신(用神)에 해당하여 아내복과 재물복이 모두 있었지만, 본명은 일지(日支)에 술토(戌土)가 들고 기신(忌神)에 해당하여 재물복은 많았지만 아내복은 없었던 것이다. 그 이유는 진토(辰土)는 목(木)을 생조(生助)하고, 술토(戌土)는 금(金)을 생조(生助)하기 때문이다. 이처럼 글자 하나 차이로 인생이 달라진다. 그리고 본명처럼 사주가 2가지 오행만으로 이루어지면 길복이 많을 수가 없다.

년	월	일	시	■ 남명
乙	丙	甲	戊	乙甲癸壬辛庚己戊
酉	戌	寅	辰	酉申未午巳辰卯寅

갑목(甲木) 일주(日主)가 술(戌)월에 태어났다. 술(戌)월은 신정무(辛丁戊)가 암장(暗藏)되어 금기(金氣)와 토기(土氣)가 강하니 갑을목(甲乙木)과 병정화(丙丁火)로 용신(用神)을 삼아야 한다. 그런데 월(月)에 병화(丙火)가 투출(透出)하여 길하고, 년상(年上)에 을목(乙木)이 투출(透出)하여 재물복이 많았고, 일지(日支) 인목(寅木)이 희신(喜神)에 해당하여 아내가 인자하며 현모양처였다.

본명은 신왕재왕(身旺財旺)하니 재물복이 많아 산처럼 많은 재물을 모았으나, 관살(官殺)이 기신(忌神)에 해당하여 관운은 없었다. 시지(時支) 진토(辰土)는 길신에 해당하여 자식복이 많았으나, 월지(月支) 술토(戌土)가 흉신에 해당하여 재난을 많이 당하였다. 진술축미(辰戌丑未) 토(土)는 각각 사용처가 다르다. 본명은 목(木)이 중화되어 인자하고, 금(金)이 안정되어 정의감이 있었다. 그러나 토기(土氣)가 태과하여 욕심이 많고 고집이 세며 무리한 면이 있었고, 수(水)가 부족하여 지혜가 없었다.

【원문】

或四柱木多 用丙用丁 皆부족異 皆用庚金爲妙 凡四季甲木
혹사주목다 용병용정 개부족이 개용경금위묘 범사계갑목
總不外乎庚金 譬如木爲犁 能疎季土 非庚爲犁觜 雖用丙丁
총불외호경금 비여목위리 능소계토 비경위리자 수용병정
癸庚決不可少也 戌月却不取土妻金子 當取水妻木子 凡甲木
계경결불가소야 술월각불취토처금자 당취수처목자 범갑목

多見戊己 定作棄命從財而看 從財格 取火妻土子

다견무기 정작기명종재이간 종재격 취화처토자

或見一派丙丁傷金 不過假道斯文 有壬癸破了丙丁 技藝之流

혹견일파병정상금 불과가도사문 유임계파료병정 기예지류

無壬癸破火 支又成火局 乃爲枯朽之木 有庚赤何能爲力

무임계파화 지우성화국 내위고후지목 유경적하능위력

定作孤貧하천之輩 男女一理

정작고빈하천지배 남녀일리

【해 설】

갑목(甲木) 일주(日主)가 가을에 태어났는데 목(木)이 많으면 병정화(丙丁火)가 용신(用神)이다. 그러나 병정화(丙丁火)가 모두 부족하여 경금(庚金)으로 용신(用神)을 삼으면 묘함이 있다. 가을생이 경금(庚金)이 용신(用神)이면 매우 강한데, 사계절 갑목(甲木)은 모두 경금(庚金)으로 용신(用神)을 삼기 어렵다. 만일 경금(庚金)으로 쟁기를 만들지 못하면 병정화(丙丁火)로 용신(用神)을 삼아도 계수(癸水)와 경금(庚金)이 적으면 불가하다. 따라서 갑목(甲木) 일주(日主)가 술(戌)월생이면 아내는 토(土)가 아니라 수(水)이고, 자식은 금(金)이 아니라 목(木)이다.

만일 갑목(甲木) 일주(日主)가 무기토(戊己土)가 많으면 기명종재격(棄命從財格)이 되어 화(火)를 아내로 삼고 토(土)를 자식으로 삼는다. 병정화(丙丁火)가 일파를 이루어 금(金)을 심하게 상해하면 제살태과(制殺太過)가 되어 정도에서 현달하지 못하고 사도(邪道)나 이도(異道)에서 학문을 자랑할 뿐이다. 그러나 임계수(壬癸水)로 병정화(丙丁火)를 파극(破剋)하여 금(金)을 구하면 기예나 예술계에서 풍류를 누리며 살아간다. 그러나 임계(壬癸)가 왕한 화(火)를 파극(破剋)하지 못하거나 화국(火局)을 이루면 갑목(甲木)일주(日主)가 말라죽으니 경금(庚金)이 있어도 힘이 되지 못하여 하천한 무리가 된다.

년	월	일	시	■남명
丙	丁	甲	乙	戊己庚辛壬癸甲乙
午	酉	午	亥	戌亥子丑寅卯辰巳

병정(丙丁)이 투간(透干)하고 년지(年支)와 일지(日支)에 오화(午火)가 들어 화기(火氣)가 태왕하다. 비록 유(酉)월생이지만 식상(食傷)이 태과하여 제살태과격(制殺太過格)이 되었다. 따라서 태왕한 화기(火氣)를 제극(制剋)해야 하니 시지(時支) 해수(亥水)가 용신(用神)이다. 목기(木氣)는 신약(身弱)한 일주(日主)이므로 수목(水木)이 동행하면 길하나, 목화(木火)가 동행하면 흉하다. 그리고 금기(金氣)가 금생수(金生水)하면 길하나, 신약(身弱)한 일간(日干)을 파극(破剋)하니 토생금(土生金)하면 흉하다.

본명은 시주(時柱)에 용신(用神)이 들어 자식복과 말년복이 많았고, 식상(食傷)이 태과하니 지출과 손재수가 많았고, 목기(木氣)가 중화되어 인자하며 측은지심이 많았고, 화기(火氣)가 태과하여 종종 무례하며 혈기를 부렸다. 그리고 시지(時支) 해수(亥水)가 용신(用神)이니 학문과 인연이 좋았고, 중년부터는 수산업에 투자하여 재물을 모으기도 하였다. 그러나 재물운이 약하여 의식주를 해결하는 정도였다. 그리고 사주에 식상(食傷)이 태과하여 지출이 많았다. 인성(印星)은 수입을 나타내고 식상(食傷)은 지출을 나타내므로, 인성(印星)보다 식상(食傷)이 많으면 수입보다 지출이 많다.

【원 문】

或有假傷官 得地逢生 此正合甲乙秋生貴元武之說
혹유가상관 득지봉생 차정합갑을추생귀원무지설

用水制傷官者 以金爲妻 水爲子 或丁戊俱多 總不見水
용수제상관자 이금위처 수위자 혹정무구다 총불견수

又爲傷官生財格 亦可云富貴 此格取火爲妻 土爲子
우위상관생재격 역가운부귀 차격취화위처 토위자

凡甲多庚透大貴 庚藏小貴 若柱中多庚 則又以
범갑다경투대귀 경장소귀 약주중다경 즉우이

丁爲寄 富貴人也 如丙申年戊戌月甲申日壬申時
정위기 부귀인야 여병신년무술월갑신일임신시

此主功名顯達 若無庚丙年月 又無火星出干 雖曰好學
차주공명현달 약무경병년월 우무화성출간 수왈호학

終困名場 戌月甲木 嵩用丁癸 見戊透必貴

종곤명장 술월갑목 단용정계 견무투필귀

【해 설】

여기서 가상관(假傷官)이란 목화상관(木火傷官)을 말한다. 갑목(甲木) 일주(日主)가 가을에 태어나고, 천간(天干)에 병정화(丙丁火)가 투출(透出)하고, 지지(地支)에 수(水)가 암장(暗藏)되면 갑목(甲木) 일주(日主)의 뿌리가 윤택하고 수기(秀氣)가 설기(洩氣)되니 길하다. 수(水)로 용신(用神)을 삼아 상관(傷官)을 제극(制剋)하면 금(金)이 아내이고 수(水)가 자식이다. 만일 정화(丁火)와 무토(戊土)가 모두 많은데 수(水)를 만나지 않으면 상관생재격(傷官生財格)이 되어 부귀를 이룬다. 이런 사주는 화(火)가 아내이고 토(土)는 자식이다. 만일 갑목(甲木)이 많은데 경금(庚金)이 투출(透出)하면 귀가 크고, 경금(庚金)이 암장(暗藏)되면 귀가 작다.

갑목(甲木) 일주(日主)가 가을에 태어났는데 사주에 경금(庚金)이 많고, 정화(丁火)가 투출(透出)하여 화극금(火剋金)으로 제극(制剋)하면 기묘해져 부귀영화를 누린다. 예를 들면 병신(丙申)년 무술(戊戌)월 갑신(甲申)일 임자(壬申)시 등이다. 만일 년간(年干)과 월간(月干)에 경금(庚金)과 병화(丙火)가 없는데 병정화(丙丁火)가 투출(透出)하지 않으면 학문을 좋아하나 끝내는 곤고해진다. 술(戌)월 갑목(甲木)은 정화(丁火)와 계수(癸水)를 용신(用神)으로 삼고, 무토(戊土)가 투출(透出)하면 반드시 귀를 이룬다.

년	월	일	시	■식신제살격(食神制殺格)
丙	戊	甲	壬	己庚辛壬癸甲乙丙
申	戌	申	申	亥子丑寅卯辰巳午

【원 문】차팔자서낙오선현평도(此八字徐樂吾先賢評道)

如戊戌壬戌甲子甲申 支成水局 干有壬水 正合貴元武之說
여무술임술갑자갑신 지성수국 간유임수 정합귀원무지설
配得中和 一榜之命 家計豊足 但庚丁未透出干 不能館選
배득중화 일방지명 가계풍족 단경정미투출간 불능관선

【해 설】

갑목(甲木) 일주(日主)가 술(戌)월에 태어났고, 년지(年支)와 일지(日支)와 시지(時支)에 신금(申金)이 들어 토금(土金)이 태왕하다. 시상(時上)에 임수(壬水)가 들어 관인상생(官印相生)을 시키니 홍변길이 되었고, 묘하게도 년간(年干)에 병화(丙火)가 투출(透出)하여 강한 금기(金氣)를 억제하며 갑목(甲木)을 보호하니 길하다. 따라서 병화(丙火)는 용신(用神)이고 갑목(甲木)은 희신(喜神)이니 목화(木火)운은 길하고 금수(金水)운은 흉하다.

년	월	일	시	
戊	壬	甲	壬	癸甲乙丙丁戊己庚
戌	戌	子	申	亥子丑寅卯辰巳午

甲日戌月生　申子半合　壬透貴元武　有財無官命

갑일술월생　신자반합　임투귀원무　유재무관명

【해 설】

갑목(甲木) 일주(日主)가 술(戌)월에 태어났고, 지지(地支)에서 신자(申子)가 반합(半合)하여 수국(水局)을 이루고, 천간(天干)에 임수(壬水)가 투출(透出)하여 귀원식(貴元武)이 되었다. 신강(身强)하고 재성(財星)이 많으니 재물은 풍족하나 여자문제가 많았다. 그리고 시지(時支) 신금(申金)이 구신(仇神) 작용을 하여 관운이 없으니 등과급제는 어려웠다. 즉 재물복은 있지만 관운은 없는 명조다. 시상(時上) 갑목(甲木)이 용신(用神)이고, 술(戌) 정화(丁火)는 희신(喜神)이고, 일지(日支) 자수(子水)는 구신(仇神)이다.

년	월	일	시	■ 상관제살격(傷官制殺格)
壬	庚	甲	庚	辛 壬 癸 甲 乙 丙 丁 戊
午	戌	午	午	亥 子 丑 寅 卯 辰 巳 午

【원 문】 차팔자서낙오선현평도(此八字徐樂吾先賢評道)

庚丁兩旺　一品當朝　明丞相命造　丁火因會而動

경정양왕　일품당조　명승상명조　정화인회이동

庚金透干　七殺有制也

경금투간　칠살유제야

【해 설】

이 사주는 명나라 승상(丞相)의 명조다. 경금(庚金)과 오(午) 정화(丁火)가 왕강하여 조정에서 일품 고관이 되었다. 갑목(甲木) 일주(日主)가 토기(土氣)가 왕성한 술(戌)월에 태어났다. 경금(庚金)이 강하고 지지(地支)의 오화(午火) 3개도 매우 강하니 금화(金火)가 서로 싸우는 사주가 되었다. 목(木)운과 화(火)운에 출세하고 이름을 날린 것으로 보아 목화(木火)운이 길하다는 것을 알 수 있다. 오(午) 정화(丁火)가 원인이 되어 화기(火氣)가 합하여 발동하였다. 경금(庚金)이 투간(透干)하니 화기(火氣)로 제극(制剋)해야 하고, 술(戌)월생이니 목(木)운으로 보좌해야 길하다.

년	월	일	시	■ 편재격(偏財格)
庚	丙	甲	戊	丁戊己庚辛壬癸甲
戌	戌	戌	辰	亥子丑寅卯辰巳午

【원 문】 차팔자서낙오선현평도(此八字徐樂吾先賢評道)

武庫 富而且壽 此造丙戌竝透 幸地位置配得宜 以丙去庚
무상 부이차수 차조병무병투 행지위치배득의 이병거경
專用戊土偏財 故富 僅取武庫
전용무토편재 고부 근취무상

【해 설】

본명은 무상(武庠) 벼슬을 지냈고 부자이며 장수하였다. 병화(丙火)와 무토(戊土)가 함께 투출(透出)하고, 지지(地支)가 잘 배합되어 길하다. 병화(丙火)가 강한 경금(庚金)의 세력을 제거하고 무토(戊土) 편재(偏財)를 생조(生助)하여 부자가 되었으나, 화토(火土)가 편조(偏燥)하여 무상(武庠)에 머물렀다. 만일 시지(時支)에 진토(辰土)가 없었다면 종재격(從財格)이 되었을 것이다. 즉 술토(戊土)는 경신금(庚辛金)을 생조(生助)하지만 진토(辰土)는 갑을목(甲乙木)을 생조(生助)한다.

5. 삼동(三冬) 갑목(甲木)

【원 문】

亥月甲木 庚丁爲要 丙火次之 忌壬水泛身 須戊土制之
해월갑목 경정위요 병화차지 기임수범신 수무토제지
若庚丁兩透 又加戊出干 名曰去濁留淸 富貴之極 卽乏丁火
약경정양투 우가무출간 명왈거탁유청 부귀지극 즉핍정화
亦稍有富貴 或甲多制戊 庚金無根 平常人也 庚戊若透
역초유부귀 혹갑다제무 경금무근 평상인야 경무약투
雖出比劫 必定富而壽 或多比劫 只一庚出干 坐祿逢生
수출비겁 필정부이수 혹다비겁 지일경출간 좌록봉생

乃爲捨丁從庚 略富貴 或支見申亥 戊己得所 以救庚丁
내위사정종경 약부귀 혹지견신해 무기득소 이구경정

可許科甲 若單己透 其力弱小 不過貢監而已
가허과갑 약단기투 기력약소 불과공감이이

【해 설】

해(亥)월은 무양육음(無陽六陰)의 계절로 양기는 전혀 없고 음기
만 가득하다. 따라서 해(亥)월 갑목(甲木)은 우선 경금(庚金)과 정
화(丁火)가 필요하고, 병화(丙火)는 조후(調候)할 때 필요하다. 기
신(忌神)에 해당하는 임수(壬水)가 넘쳐 홍수가 나 갑목(甲木)이
부목(浮木)될 염려가 있으니 무토(戊土)로 제방하여 토극수(土剋
水)해야 흉을 면한다.

만일 경금(庚金)과 정화(丁火)가 함께 투출(透出)했는데 무토(戊
土)가 출간(出干)하면 거탁유청(去濁留淸)이 되어 부귀가 창성하
고, 정화(丁火)가 없어도 작은 부귀는 있다. 만일 갑목(甲木)이 많
아 무토(戊土)를 제극(制剋)하여 목극토(木剋土)하는데 경금(庚金)
이 무근(無根)하여 무능하면 평범하고, 경금(庚金)과 무토(戊土)가
투간(透干)했는데 비겁(比劫)이 출간(出干)해도 부귀는 이룬다. 만
일 비견(比肩)과 겁재(劫財)가 많은데 경금(庚金)이 1개 출간(出
干)하여 녹지(祿地)에 앉아 봉생(逢生)하면 정화(丁火)를 버리고
경금(庚金)을 따르니 약간의 부귀가 있고, 지지(地支)에 신금(申
金)과 해수(亥水)가 있는데 무기토(戊己土)를 얻어 경금(庚金)과

정화(丁火)를 구하면 관운이 따라 등과급제하고, 기토(己土)가 투출(透出)하면 세력이 약하니 벼슬이 공감(貢監) 정도에 불과하다.

년 월 일 시 ■ 여명
乙 丁 甲 丙   戊己庚辛壬癸甲
丑 亥 子 寅   子丑寅卯辰巳午

갑목(甲木) 일주(日主)가 해(亥)월에 태어나 득령(得令)하였고, 해자축(亥子丑)이 방합(方合)하니 사주가 너무 차가워 불이 없으면 당장 얼어죽을 지경이다. 따라서 조후(調候)하려면 시간(時干) 병화(丙火)가 용신(用神)인데 갑인목(甲寅木)이 부조(扶助)하여 왕강하다. 용신(用神)이 왕강하면 부귀영화가 많이 따르니 명예운이 좋았고 자녀가 효도하였다. 그러나 일지(日支) 신금(申金)이 편관(偏官)이며 한신(閑神) 작용을 하여 남편은 무해무덕하였고, 관살(官殺)이 혼잡하여 부부갈등과 관재구설로 마음고생을 많이 하였다. 인성(印星)이 기신(忌神) 작용을 하면 냉정하며 학문과 인연이 없고, 단명하거나 요절하고, 상사나 선배와 불화한다. 그리고 명예가 없고 인자하지 못하며 포악한 부모를 만난다.

년 월 일 시 ■ 용재격(用財格)
己 乙 甲 甲   甲癸壬辛庚己戊
巳 亥 子 子   戌酉申未午巳辰

【원 문】 차팔자서낙오선현평도(此八字徐樂吾先賢評道)

木土得位 官至一品 木土得位句待考 此造水旺木浮 專用巳官丙戊

목토득위 관지일품 목토득위구대고 차조수왕목부 전용사관병무

用財損印 用丙調喉 以成反生之功 中年之後南方運 宜乎當貴

용재손인 용병조후 이성반생지공 중년지후남방운 의호당귀

早年金水 不免貧困 木土二字 或火土之誤也 明錢丞相命造

조년금수 불면빈곤 목토이자 혹화토지오야 명전승상명조

【해 설】

　갑목(甲木) 일주(日主)가 해(亥)월에 태어났다. 해(亥)월은 무갑
임(戊甲壬)이 암장(暗藏)되어 수기(水氣)와 목기(木氣)가 강하니
먼저 병정화(丙丁火)로 용신(用神)을 삼은 후 무기토(戊己土)를 써
야 한다. 본명은 갑을목(甲乙木)과 기토(己土)가 득위(得位)하여
관직이 일품에 올랐다. 갑을목(甲乙木)과 기토(己土)가 득위(得位)
하여 야중득등격(夜中得燈格)이다. 홍수가 나 갑목(甲木)이 물에
뜨고 말았다. 수왕목부(水旺木浮)가 되었으니 토극수(土剋水)로 제
방해야 하므로 우선 년간(年干) 기토(己土)를 용신(用神)으로 삼아
제수(制水)하고, 병화(丙火)로 조후(調候)해야 한다.

　본명은 년지(年支)에 사화(巳火)가 들어 효자노릇을 하였다. 사
(巳)에 무경병(戊庚丙)이 들었는데 병화(丙火)는 조후(調候)하고
무토(戊土)는 제방하는데 유력하다. 따라서 기토(己土) 정재(正財)
를 용신(用神)으로 삼아 인성(印星) 홍수를 막으니 길하고, 병화

(丙火)는 조후(調候) 용신(用神)이니 충분히 공을 이룬다. 초년은 금수(金水)운이라 빈곤을 면하지 못하였으나, 중년 이후는 남방운이니 당연히 부귀가 따랐다. 본명은 수목(水木)과 화토(火土)의 싸움인데 명나라 때 돈 많은 승상(丞相)의 명조다.

년	월	일	시	■용식재격(用食財格)
壬	辛	甲	丙	壬癸甲乙丙丁戊
辰	亥	戌	寅	子丑寅卯辰巳午

【원문】차팔자서낙오선현평도(此八字徐樂吾先賢評道)

耑用戊土 先貧後富 辛壬丙透 水旺木浮 喜時上丙寅
단용무토 선빈후부 신임병투 수왕목부 희시상병인

寅宮甲丙戊皆得用 爲食神生財格 宜乎利在晚年矣
인궁갑병무개득용 위식신생재격 의호이재만년의

【해설】

갑목(甲木) 일주(日主)가 해(亥)월에 태어나 수기(水氣)가 넘치니, 제방하려면 먼저 진(辰) 무토(戊土)와 술(戌) 무토(戊土)를 취해야 한다. 신금(辛金)과 임수(壬水)와 병화(丙火)가 투출(透出)하여 수왕목부(水旺木浮)인데 시상(時上)에 병인(丙寅)이 들어 길하다. 즉 병화(丙火)가 조후(調候) 용신(用神)이고, 인(寅)에 무병갑(戊丙甲)이 암장(暗藏)되어 모두 취할 수 있다. 식신생재격(食神生

財格)이니 재물복이 많고 노년으로 갈수록 더 좋았다. 본명에서는 병화(丙火)가 가장 좋고, 그 다음은 무토(戊土)가 좋다.

년	월	일	시	■ 잡기격(雜氣格)
辛	己	甲	壬	戊丁丙乙甲癸壬辛
丑	亥	辰	申	戌酉申未午巳辰卯

【원 문】차팔자서낙오선현평도(此八字徐樂吾先賢評道)

此爲燈火拂劍 異路封恩 妻賢子肖 壬申癸酉爲劍

차위등화불검 이로봉은 처현자초 임신계유위검

甲辰乙巳生人 得壬申癸酉時

갑진을사생인 득임신계유시

【해 설】

등불이 큰 칼을 얻으니 이로에서 봉은을 얻는 격이 되어 아내와 자식이 어질고 착하다. 임신(壬申) 계유(癸酉)가 검봉검(劍鋒劍)이고, 또 갑진(甲辰) 을사(乙巳)생이 임신(壬申) 계유(癸酉)시를 얻으면 등화검(燈火劍)이 된다. 본명에서는 병정화(丙丁火)가 가장 필요하고, 그 다음은 무기토(戊己土)와 을목(乙木)이 필요한데, 병화(丙火)가 없는 것이 아쉽다.

【원문】

子月甲木 木性生寒 丁先庚後 丙火佐之 癸水司權 爲火金之病
자월갑목 목성생한 정선경후 병화좌지 계수사권 위화금지병

庚丁兩透 支見巳寅 科甲有准 風水不及 選拔有之 若癸透傷丁
경정양투 지견사인 과갑유준 풍수불급 선발유지 약계투상정

無戊己輔救 殘疾之人 或壬水重出 丁火全無者 庸人也 得丙方妙
무무기보구 잔질지인 혹임수중출 정화전무자 용인야 득병방묘

地支成水局 加以壬透 名爲水泛木浮 死無棺槨 總之子月甲木
지지성수국 가이임투 명위수범목부 사무관곽 총지자월갑목

爲寒枝 不比春木淸茂 峏取庚丁 透壬無丙 不過刀筆異道
위한지 불비춘목청무 이취경정 투임무병 불과도필이도

武職有驗 用庚 土妻金子 用火 木妻火子
무직유험 용경 토처금자 용화 목처화자

【해 설】

자(子)월은 계수(癸水)가 권력을 잡아 엄동설한이니 자(子)월 갑목(甲木)은 차갑다. 따라서 먼저 정화(丁火)로 용신(用神)을 삼은 후 경금(庚金)을 쓰고 병화(丙火)로 도와야 한다. 병정화(丙丁火)와 경신금(庚辛金) 입장에서 보면 계수(癸水)는 병이다. 경금(庚金)과 정화(丁火)가 투출(透出)했는데 지지(地支)에 사인(巳寅)이 있으면 과갑에 버금가는 지위에 오른다. 이런 사주는 비록 풍수가 부족하여도 벼슬을 할 수 있다. 만일 계수(癸水)가 투출(透出)하여

정화(丁火)를 상해하는데 무기토(戊己土)가 구제하지 않으면 잔병이 많고, 임수(壬水)가 거듭 있는데 정화(丁火)가 1개도 없으면 평범한 사람에 지나지 않으나 병화(丙火)가 있으면 묘해지고, 지지(地支)에 수국(水局)을 이루었는데 임수(壬水)가 투출(透出)하면 수범목부(水泛木浮)가 되어 죽어서 관이 없을 정도로 비참하다.

정리하면, 자(子)월은 대설(大雪)이며 오음일양(五陰一陽)의 계절이니 갑목(甲木)이 차갑다. 따라서 경금(庚金)과 정화(丁火)를 용신(用神)으로 삼아야 하는데 만일 임수(壬水)가 투출(透出)하고 병화(丙火)가 없으면 미관말직에 불과하다. 만일 경금(庚金)이 용신(用神)이면 토(土)는 아내이며 금(金)은 자식이고, 화(火)가 용신(用神)이면 목(木)은 아내이며 화(火)는 자식이다.

년	월	일	시	■용식재격(用食財格)
乙	戊	甲	甲	丁丙乙甲癸壬辛庚
亥	子	寅	子	亥戌酉申未午巳辰

【원 문】 차팔자서낙오선현평도(此八字徐樂吾先賢評道)

以財星損印爲用 喜日臨寅宮 甲戊皆有氣也

이재성손인위용 희일임인궁 갑무개유기야

【해 설】

갑목(甲木) 일주(日主)가 자(子)월에 태어났고, 지지(地支)에서 해자(亥子)가 수국(水局)을 이루었다. 자(子)월은 임계(壬癸)가 암장(暗藏)되어 수기(水氣)만이 강하니 병정화(丙丁火)로 용신(用神)을 삼은 후 무기토(戊己土)를 써야 한다. 홍수가 난 수왕부목(水旺浮木) 사주이니 월(月) 무토(戊土)로 토극수(土剋水)하여 제방해야하는데 수(水)가 너무 많아 수다토붕(水多土崩)이 되어 불리하다. 그러나 다행히 일지(日支) 인(寅)에 병화(丙火)가 들어 약하나마 조후(調候)시킨다. 본명은 갑목(甲木)과 무토(戊土)가 모두 기세가 있다. 만일 토(土)가 조금 더 강하고, 병화(丙火)가 투출(透出)했으면 좋았을 것이다.

년	월	일	시	■ 살인격(殺刃格)
丙	庚	甲	丁	辛 壬 癸 甲 乙 丙 丁 戊
子	子	午	卯	丑 寅 卯 辰 巳 午 未 申

【원 문】차팔자서낙오선현평도(此八字徐樂吾先賢評道)
丁庚兩透 又加丙火除寒氣 官至王侯 殺刃格也
정경양투 우가병화제한기 관지왕후 살인격야
喜日臨午宮 丙丁通根 以印爲用
희일임오궁 병정통근 이인위용

【해 설】
갑목(甲木) 일주(日主)가 자(子)월에 태어나 득령(得令)하였고,

시상(時上)에 정화(丁火)가 투출(透出)하고, 월(月)에 경금(庚金)이 투출(透出)했으니 경금(庚金)과 정화(丁火)가 모두 투출(透出)하였다. 또 년상(年上)에 병화(丙火)까지 투출(透出)하여 자(子)월의 한기를 제거하니 길명이 되어 관운이 좋아 왕후에 올랐다. 그리고 시지(時支) 묘목(卯木)에 양인(陽刃)이 있고, 년상(年上)에 경금(庚金)이 있으니 살인격(殺刃格)이다. 병정(丙丁)이 통근(通根)했으니 용신(用神)이고, 일지(日支) 오화(午火)는 희신(喜神)이다.

년	월	일	시	■ 인수격(印授格)
乙	戊	甲	庚	丁丙乙甲癸壬辛庚
巳	子	辰	午	亥戌酉申未午巳辰

【원 문】차팔자서낙오선현평도(此八字徐樂吾先賢評道)

大將軍 庚金透干 丙丁藏地 亦以印爲用

대장군 경금투간 병정장지 역이인위용

【해 설】

본명은 어느 대장군의 사주다. 갑목(甲木) 일주(日主)가 자(子)월에 태어나 득령(得令)하여 신강(身强)한데, 월(月) 무토(戊土)가 제수(制水)하고 사병화(巳丙火)가 조후(調候)하여 길하고, 시주(時柱)에 경금(庚金)과 오화(午火)가 있으니 사주가 중화되었다. 그리고 경금(庚金)이 투간(透干)했는데 오(午)에 병정화(丙丁火)가 암장(暗藏)되어 길하다. 용신(用神)은 오(午)의 병경(丙庚) 금(金)이고, 희신(喜神)은 경금(庚金)과 무기토(戊己土)다.

년	월	일	시	■ 용재 격(用財格)
乙	戊	甲	壬	丁丙乙甲癸壬辛庚
巳	子	辰	申	亥戌酉申未午巳辰

【원 문】차팔자서낙오선현평도(此八字徐樂吾先賢評道)
一派水局 申運溺死 壬透干 支成水局 水泛木浮之象
일파수국 신운익사 임투간 지성수국 수범목부지상

【해 설】

갑목(甲木) 일주(日主)가 자(子)월에 태어났고, 수국(水局) 일파를 이루어 신(申) 대운에 물에 빠져죽었다. 시상(時上)에 임수(壬水)가 투간(透干)했는데 지지(地支)에 신자진(申子辰) 수국(水局)이 있으니 갑목(甲木)이 홍수를 만난 격이 되어 수범목부(水泛木浮)가 되었다. 용신(用神)은 년지(年支)의 사병화(巳丙火)이고 토(土)운이 길하다. 비록 월(月)에 무토(戊土)가 있어 막지만 수국(水局)이 있으니 제방이 무너진다. 수다토붕(水多土崩)이라 물에 빠져죽은 것이다.

【원 문】

丑月甲木 天氣寒凍 木性極寒 無發生之象 先用庚劈甲

축월갑목 천기한동 목성극한 무발생지상 선용경벽갑

方引丁火 時得木火有通明之象 故丁次之 庚丁兩透 科甲恩封

방인정화 시득목화유통명지상 고정차지 경정양투 과갑은봉

庚透丁藏小貴 丁透庚藏小富貴 無庚者貧賤 無丁者寒儒

경투정장소귀 정투경장소부귀 무경자빈천 무정자한유

或有丁透重重 亦是富貴中人 但須比肩 能發丁之燄

혹유정투중중 역시부귀중인 단수비견 능발정지염

自有德業才能 如無比肩 尋常之士 稍有衣食而己 或支多見水

자유덕업재능 여무비견 심상지사 초유의식이기 혹지다견수

卽有比肩 亦屬平常 總之臘月甲木 雖有庚金 丁不可少

즉유비견 역속평상 총지납월갑목 수유경금 정불가소

乏庚畧可 乏丁無用 經云 甲木無根 男女夭壽

핍경략가 핍정무용 경운 갑목무근 남녀요수

【해 설】

축(丑)월은 이음사양(二陰四陽)의 계절로 엄동설한이니 축(丑)월 갑목(甲木)은 매우 차갑다. 따라서 먼저 경금(庚金)으로 용신(用神)을 삼아 갑목(甲木)을 쪼개 정화(丁火)를 이끌면 목화통명(木火通明)이 되고, 경금(庚金)과 정화(丁火)가 모두 투출(透出)하면 등과한다. 만일 경금(庚金)이 투출(透出)했는데 정화(丁火)가 암장

(暗藏)되면 귀가 작고, 정화(丁火)가 투출(透出)했는데 경금(庚金)이 암장(暗藏)되면 부귀가 작고, 경금(庚金)이 없으면 빈천하고, 정화(丁火)가 없으면 가난한 선비에 불과하다.

만일 축(丑)월 갑목(甲木)이 정화(丁火)가 많은데 거듭 투출(透出)하면 부귀를 이루고, 이때 비견(比肩)이 있으면 능히 정화(丁火)의 불꽃을 살아나게 하므로 스스로 덕업을 일으킬 재능이 있다. 그러나 비견(比肩)이 없으면 평범한 선비의 명이니 약간의 의식이 따를 뿐이고, 지지(地支)에 수(水)가 있는데 비견(比肩)이 있어도 역시 평범하다. 다시 말해 축(丑)월 갑목(甲木)은 비록 경금(庚金)이 있어도 정화(丁火)가 적으면 불가하고, 경금(庚金)이 끊어져 없으면 무용지물이 된다. 경에 이르기를 목(木)이 뿌리가 없으면 남녀가 모두 단명한다고 하였다.

년	월	일	시	■ 상관생재격(傷官生財格)
己	丁	甲	甲	丙 乙 甲 癸 壬 辛 庚 己
丑	丑	辰	子	子 亥 戌 酉 申 未 午 巳

【원문】차팔자서낙오선현평도(此八字徐樂吾先賢評道)

此命有丁不貴 因支下多水 濕木不能生焰

차명유정불귀 인지하다수 습목불능생염

丁火無根 濕木不能生焰 一富造耳

정화무근 습목불능생염 일부조이

【해 설】

축(丑)월은 계신기(癸辛己)가 암장(暗藏)되어 수기(水氣)와 토기 (土氣)가 강하니 병정화(丙丁火)와 경신금(庚辛金)으로 용신(用神) 을 삼아야 한다. 그런데 월간(月干)에 정화(丁火)가 투출(透出)했 지만 귀함이 없다. 지지(地支)의 축토(丑土)와 진토(辰土)와 자수 (子水)가 모두 한습하여 습목(濕木)이 되어 불꽃을 살리기 어렵기 때문이다. 따라서 부자는 되었지만 귀는 이루지 못하였다. 해자축 (亥子丑)월생은 반드시 병화(丙火)가 있어야 길하다.

년	월	일	시	■ 편고격(偏枯格)
癸	乙	甲	乙	甲癸壬辛庚己戊丁
亥	丑	午	亥	子亥戌酉申未午巳

【원 문】 차팔자서낙오선현평도(此八字徐樂吾先賢評道)

孤貧 壽至百歲 年時長生 卽臨旺地 壽者之象 惜午中丁火透出
고빈 수지백세 년시장생 즉임왕지 수자지상 석오중정화투출
癸水傷之 孤貧之象
계수상지 고빈지상

【해 설】

갑목(甲木) 일주(日主)가 축(丑)월 엄동설한에 태어나 고독하며 가난했으나 수명은 길어 100세까지 살았다. 오(午) 정화(丁火)가

투출(透出)하여 정계상충(丁癸相沖)하니 계수(癸水)가 상하여 고독하며 가난하고, 년지(年支)와 시지(時支) 해수(亥水)가 장생(長生)에 해당하여 왕지(旺地)에 임하였기 때문에 장수한 것이다.

년	월	일	시	■ 재왕생관격(財旺生官格)
己	丁	甲	庚	丙乙甲癸壬辛庚己
亥	丑	戌	午	子亥戌酉申未午巳

【원문】차팔자서낙오선현평도(此八字徐樂吾先賢評道)
庚丁兩透 火又會局 午戌會局而透丁己 財旺生官 寒木向陽
경정양투 화우회국 오술회국이투정기 재왕생관 한목향양
必貴之兆 此造雖生於十二月 以財旺生官爲取貴之象
필귀지조 차조수생어십이월 이재왕생관위취귀지상
而食傷太旺 必以印爲用也
이식상태왕 필이인위용야

【해 설】
경금(庚金)과 정화(丁火)가 모두 투출(透出)했는데 오술(午戌)이 화국(火局)을 이루고, 월간(月干) 정화(丁火)와 년간(年干) 기토(己土)가 투출(透出)하니 재성(財星)이 왕하여 관성(官星)을 생조(生助)하였다. 비록 갑목(甲木)이 축(丑)월에 태어나 차가우나 재생관(財生官)하여 태양을 향하는 형상이니 귀를 이루었다. 즉 식상

(食傷)이 태왕하여 인성(印星)인 수(水)를 취할 수 있었던 것이다.

년	월	일	시		■ 편고격(偏枯格)
己	丁	甲	癸		丙乙甲癸壬辛庚己
丑	丑	辰	酉		子亥戌酉申未午巳

【원 문】 차팔자서낙오선현평도(此八字徐樂吾先賢評道)

癸水傷丁 貧而且賤 此造與上己丑一造 僅一時之差

계수상정 빈이차천 차조여상기축일조 근일시지차

前造丁火無傷 以傷官生財爲用 雖不貴而境況必裕

전조정화무상 이상관생재위용 수불귀이경황필유

此造癸水傷丁 埋根有鐵 貧賤之徵

차조계수상정 매근유철 빈천지징

【해 설】

갑목(甲木) 일주(日主)가 축(丑)월에 태어나 차가우니 월상(月上) 정화(丁火)가 길하다. 그런데 시상(時上) 계수(癸水)가 경금(庚金) 과 정계상충(丁癸相沖)하여 상해하니 가난하며 천하였다. 앞의 명 조는 정화(丁火)가 상해를 입지 않아 상관(傷官)이 생재(生財)하여 귀는 이루지 못했어도 의식주는 있었으나, 본명은 계수(癸水)가 정 화(丁火)를 상해하여 빈천하였던 것이다.

년	월	일	시	■ 재왕생관격(財旺生官格)
己	丁	甲	庚	丙乙甲癸壬辛庚己
丑	丑	辰	午	子亥戌酉申未午巳

【원 문】 차팔자서낙오선현평도(此八字徐樂吾先賢評道)

富貴雙全 由午中丁火幇助月干也 丁火通根於午 傷官有氣

부귀쌍전 유오중정화방조월간야 정화통근어오 상관유기

亦財旺生官格也

역재왕생관격야

【해 설】

갑목(甲木) 일주(日主)가 축(丑)월에 태어났으니 우선 병정화(丙丁火)가 필요하다. 그런데 시지(時支)에 오화(午火)가 들고, 오(午)정화(丁火)가 갑목(甲木)을 도와주니 길하고, 월간(月干) 정화(丁火)는 시지(時支) 오화(午火)에 통근(通根)하여 길하다. 정화(丁火) 상관(傷官)인데 유기하고, 역시 왕성한 재성(財星)이 관성(官星)을 생조(生助)하니 재왕생관격(財旺生官格)이 되어 부귀를 모두 이루었다.

제3장. 을목론(乙木論)

1. 을목(乙木)의 희용제요(喜用提要)

1. 인(寅)월 을목(乙木)

【원 문】

寅月乙木 取丙火解寒 略取癸水滋潤 不宜困丙 火多用癸

인월을목 취병화해한 약취계수자윤 불의곤병 화다용계

【해 설】

인(寅)월 을목(乙木)은 병화(丙火)와 계수(癸水)가 있어야 한다. 먼저 병화(丙火)로 한기를 녹이고, 계수(癸水)로 자윤해야 길하다. 병화(丙火)를 피곤하게 하는 것은 좋지 않으나 화(火)가 많으면 계수(癸水)로 용신(用神)을 삼는다.

년	월	일	시	■남명
丙	庚	乙	丁	辛壬癸甲乙丙丁戊
寅	寅	卯	丑	卯辰巳午未申酉戌

을목(乙木) 일주(日主)가 인(寅)월에 태어났다. 인(寅)월은 무병갑(戊丙甲)이 암장(暗藏)되어 목기(木氣)와 화기(火氣)가 강하니 경신금(庚辛金)과 병정화(丙丁火)로 용신(用神)을 삼아야 한다. 만일 목기(木氣)가 왕성하면 경신금(庚辛金)을 먼저 쓰고, 수기(水氣)가 많으면 병정화(丙丁火)를 먼저 쓴다.

인(寅)월은 한기가 남아 있지만 년상(年上)에 병화(丙火)가 투출(透出)했으니 따뜻하게 만들고, 일지(日支)에 묘목(卯木)과 년지(年支)에 인목(寅木)이 들어 목기(木氣)가 태왕하다. 따라서 월상(月上) 경금(庚金)이 용신(用神)이니 경신금(庚辛金)이 가장 길하고, 다음은 무기토(戊己土), 그 다음은 병정화(丙丁火)가 길하다. 가장 흉한 운은 갑을목(甲乙木)이고, 그 다음은 임계수(壬癸水)다. 경금(庚金) 정관(正官)이 용신(用神)이라 관운은 좋으나, 시지(時支)에 축토(丑土)가 들어 미약하니 작은 부자에 불과하였다. 그리고 성격운은 목기(木氣)가 태과하여 질투심이 많고 이간질을 잘했으나, 화기(火氣)가 중화되어 예의범절은 알았고, 금기(金氣)가 미약하여 정의감과 결단력이 부족하였다.

2. 묘(卯)월 을목(乙木)

【원 문】

卯月乙木 先丙次癸 以癸滋木 以丙洩秀 不宜見金

묘월을목 선병차계 이계자목 이병설수 불의견금

【해 설】

묘(卯)월 을목(乙木)은 먼저 병화(丙火)로 용신(用神)을 삼은 후 계수(癸水)를 써야 한다. 계수(癸水)로 목(木)을 자양하고, 병화(丙火)로 수기를 설기(洩氣)해야 하나 금(金)이 있으면 좋지 않다.

년 월 일 시	■남명
丙 辛 乙 庚	壬癸甲乙丙丁戊己
寅 卯 卯 辰	辰巳午未申酉戌亥

묘(卯)월은 갑을(甲乙)이 암장(暗藏)되어 목기(木氣)만이 강하니 경신금(庚辛金)으로 용신(用神)을 삼는데 수기(水氣)가 왕하면 무기토(戊己土)를 먼저 쓴다. 묘(卯)월은 한기가 완전히 물러가고 목(木)이 태왕하니 년지(年支) 해수(亥水)가 수생목(水生木)하여 목(木)이 더 강해졌다. 그리고 시지(時支) 진토(辰土)는 목(木)을 저장하는 곳이니 목기(木氣)가 태과하여 금(金)이 용신(用神)이다.

시상(時上) 경금(庚金)은 큰 도끼에 해당하니 큰 나무를 자르고,

신금(辛金)은 작은 연장이니 경금(庚金)이 자른 것을 더 잘게 쪼개는 역할을 한다. 따라서 경신금(庚辛金)이 모두 길하나 신금(辛金)이 더 좋다. 그리고 경신금(庚辛金)을 보좌하는 무기토(戊己土)는 희신(喜神)이다. 본명은 금기(金氣)가 중화되어 정의롭고 용감하며 결단력이 있었다. 그리고 목기(木氣)가 태왕하여 질투심이 있었으나 금극목(金剋木)으로 파극(破剋)하여 별 문제는 없었다. 관살(官殺)이 용신(用神)이니 등과하여 국록을 먹고 살았다.

3. 진(辰)월 을목(乙木)

【원 문】

辰月乙木 用癸丙戊 若支成水局 取戊爲佐

진월을목 용계병무 약지성수국 취무위좌

【해 설】

진(辰)월 을목(乙木)은 계수(癸水)로 용신(用神)을 삼은 후 병화(丙火)를 써야 한다. 만일 지지(地支)에 수국(水局)이 있으면 무토(戊土)로 보좌한다.

년	월	일	시	■남명						
辛	壬	乙	辛	辛	庚	己	戊	丁	丙	乙	甲
卯	辰	未	巳	卯	寅	丑	子	亥	戌	酉	申

진(辰)월은 을계무(乙癸戊)가 암장(暗藏)되어 토기(土氣)와 목기(木氣)가 강하니 경신금(庚辛金)과 임계수(壬癸水)로 용신(用神)을 삼아야 한다. 만일 목(木)이 왕성하면 경신금(庚辛金)을 먼저 쓰고, 화(火)가 왕성하면 임계수(壬癸水)를 먼저 쓴다. 본명은 을목(乙木) 일주(日主)가 진(辰)월에 태어났으니 우선 신금(辛金)과 임수(壬水)가 필요하고, 그 다음은 경금(庚金)과 계수(癸水)가 필요하다. 그런데 시상(時上)에 신금(辛金)이 투출(透出)하여 용신(用神)이고, 월(月) 임수(壬水)는 희신(喜神)이다. 즉 금수(金水)가 필요한 사주다.

본명은 편관(偏官)이 용신(用神)이라 관운이 있었고, 인수(印綬)가 희신(喜神)이라 장수하며 부모덕을 많이 보았고, 목기(木氣)가 중화되어 천성이 인자하며 관대하고 측은지심이 많았고, 금기(金氣)도 중화되어 정의감과 결단력이 있었고, 토기(土氣)가 태과하여 고집이 세며 무리하는 경향이 있었지만 목극토(木剋土)하여 충분히 다스리니 별 문제는 없었다. 이 사람은 관운과 재물운이 매우 좋아 수만 석을 쌓으며 부귀영화를 누렸다.

4. 사(巳)월 을목(乙木)

【원문】

巳月乙木 先用癸水 月令丙火得令 專用癸水 調候爲急
사월을목 선용계수 월령병화득령 전용계수 조후위급

【해 설】

사(巳)월 을목(乙木)은 먼저 계수(癸水)로 용신(用神)을 삼아야 한다. 월(月)에 병화(丙火)가 득령(得令)하여 천지가 열조하니 반드시 계수(癸水)로 용신(用神)을 삼아 조후(調候)해야 길하다.

년	월	일	시	■남명
丙	癸	乙	壬	甲乙丙丁戊己庚辛
寅	巳	丑	午	午未申酉戌亥子丑

사(巳)월은 무경병(戊庚丙)이 암장(暗藏)되어 화기(火氣)와 금기(金氣)가 강하니 임계수(壬癸水)로 용신(用神)을 삼은 후 경신금(庚辛金)을 써야 한다. 그러나 목기(木氣)가 왕하면 경신금(庚辛金)을 먼저 쓴다. 본명은 을목(乙木) 일주(日主)가 사(巳)월에 태어나 설기(洩氣)가 심하니 임계수(壬癸水)가 용신(用神)이고, 신금(辛金)이 들면 길하다. 월(月)에 계수(癸水)가 투출(透出)하여 비를 내리니 을목(乙木)이 잘 자라고, 시상(時上)에 임수(壬水)가 투출(透出)하여 자양하니 길하다. 그러나 수(水)의 뿌리인 경신금(庚辛金)이 없어 약간 흉하나, 일지(日支)에 축토(丑土)가 들어 경신금(庚辛金)을 대신하여 수(水)의 근원이 되어주니 길하다.

본명은 아내덕으로 재물을 넉넉하게 지니며 살았고, 인성(印星)이 용신(用神)이니 부모와 선배와 상사의 도움도 많았다. 그러나 식상(食傷)이 기신(忌神)에 해당하니 항상 자식과 부하가 말썽이었고

지출이 많았다. 성격운은 목기(木氣)가 중화되어 인자하며 동정심
이 많았으나, 화기(火氣)가 태과하여 종종 무례한 행동을 하며 말
실수를 자주하였다. 그러나 임계수(壬癸水)가 투출(透出)하여 수극
화(水剋火)하니 모든 문제를 잘 조절하며 살았다.

5. 오(午)월 을목(乙木)

【원 문】

午月乙木 先癸後丙 上半月專用癸水 下半月丙癸並用

오월을목 선계후병 상반월전용계수 하반월병계병용

【해 설】

　오(午)월 을목(乙木)은 먼저 계수(癸水)로 용신(用神)을 삼은 후
병화(丙火)를 써야 한다. 반드시 상반월에는 계수(癸水)를 쓰고, 하
반월에는 병화(丙火)와 계수(癸水)를 쓴다.

년	월	일	시	■ 여명							
丁	丙	乙	癸	丁	戊	己	庚	辛	壬	癸	甲
酉	午	亥	未	未	申	酉	戌	亥	子	丑	寅

　오(午)월은 병기정(丙己丁)이 암장(暗藏)되어 화기(火氣)만이 강
하니 반드시 임계수(壬癸水)로 용신(用神)을 삼아야 하나, 사주에

목기(木氣)가 왕성하면 금기(金氣)를 먼저 쓴다. 을목(乙木) 일주(日主)가 오(午)월에 태어나 우선 수(水)가 필요하니 시상(時上) 계수(癸水)가 용신(用神)인데 일지(日支) 해수(亥水)가 통근(通根)하여 강하다. 일지(日支)에 용신(用神)이 통근(通根)했으니 남편복이 많아 인자하며 지혜 있는 남편을 만나 사랑을 받으며 부귀영화를 누렸다.

 남녀 모두 배우자궁인 일지(日支)에 용신(用神)이 들면 좋다. 배우자궁이 좋아야 만사가 형통하기 때문에 일지(日支)의 동향을 자세히 살펴야 한다. 만일 일지(日支)에 기신(忌神)이 들면 좋은 배우자를 만날 수 없으니 행복한 가정을 이루기 어렵다. 본명은 수기(水氣)가 중화되어 지혜가 총명하였고, 일주(日主)가 을목(乙木)이니 미모가 빼어났다. 그러나 화기(火氣)가 태과하여 약간 무례하며 말이 많아 종종 실수를 하였다. 그러나 워낙 인자한 남편덕에 단점은 모두 감춰지고 좋은 면만 보인 것이다.

6. 미(未)월 을목(乙木)

【원문】

未月乙木 先癸次丙 潤土滋木 喜用癸水 柱多金水 先用丙火
미월을목 선계차병 윤토자목 희용계수 주다금수 선용병화

夏月壬癸 切忌戊己雜亂
하월임계 절기무기잡난

【해 설】

미(未)월 을목(乙木)은 먼저 계수(癸水)로 용신(用神)을 삼은 후 병화(丙火)를 써야 한다. 그리고 윤토(潤土)로 자목(滋木)하려면 계수(癸水)가 희신(喜神)이다. 그러나 사주에 금수(金水)가 많으면 병화(丙火)가 용신(用神)이다. 만일 여름생이 임계수(壬癸水)가 용신(用神)인데 무기토(戊己土)가 난잡하면 흉하다.

년	월	일	시	■남명
乙	癸	乙	甲	壬辛庚己戊丁丙乙
未	未	丑	申	午巳辰卯寅丑子亥

미(未)월은 정을기(丁乙己)가 암장(暗藏)되어 토기(土氣)와 화기(火氣)가 강하니 임계수(壬癸水)와 갑을목(甲乙木)으로 용신(用神)을 삼아야 한다. 만일 토(土)가 왕성하면 목(木)을 쓰고, 화(火)가 왕성하면 수(水)를 써야 한다. 미(未)월은 토기(土氣)와 화기(火氣)가 강하니 먼저 토기(土氣)를 제하려면 목극토(木剋土)해야 하므로 갑목(甲木)이 필요하고, 화기(火氣)를 제하려면 계수(癸水)가 필요하다. 따라서 을목(乙木) 일주(日主)가 미(未)월에 태어났는데 갑목(甲木)과 계수(癸水)가 있으면 상격을 이룬다.

본명은 시상(時上)에 갑목(甲木)이 투출(透出)하고, 월(月)에 계수(癸水)가 투출(透出)하고, 일지(日支)에 축토(丑土)가 들어 오복을 모두 갖춘 좋은 사주가 되었다. 을목(乙木) 일주(日主)가 왕한데 재성(財星)도 왕하니 재물복이 많아 중부 이상을 이루었고, 편인(偏印)이 길하여 장수하며 부모덕이 많았고, 일지(日支)에 축토(丑土)가 들어 현모양처를 만나 행복하게 살았다. 건강하고 부부금실도 좋고 재물복도 많아 오복을 모두 누리며 살았다.

7. 신(申)월 을목(乙木)

【원 문】

申月乙木 先丙後己癸 月垣庚金司令 取丙火制之 或癸水化之
신월을목 선병후기계 월원경금사령 취병화제지 혹계수화지
不論用丙用癸 皆己土爲佐
불론용병용계 개기토위좌

【해 설】

신(申)월 을목(乙木)은 먼저 병화(丙火)로 용신(用神)을 삼은 후 기토(己土)와 계수(癸水)를 써야 한다. 월령(月令)에 경금(庚金)이 사령(司令)하니 병화(丙火)로 제지한다. 만일 계수(癸水)로 변하면 병화(丙火)와 계수(癸水)는 논하지 않고 기토(己土)로 보좌한다.

년	월	일	시	■남명						
庚	甲	乙	癸	乙	丙	丁	戊	己	庚	辛	壬
戌	申	卯	未	酉	戌	亥	子	丑	寅	卯	辰

신(申)월은 기무임경(己戊壬庚)이 암장(暗藏)되어 금기(金氣)와 수기(水氣)가 강하니 갑을목(甲乙木)으로 용신(用神)을 삼은 후 임계수(壬癸水)를 써야 하나, 금(金)이 많으면 화(火)를 먼저 쓴다. 본명은 을목(乙木) 일주(日主)가 신(申)월에 태어나 갑목(甲木)과 계수(癸水)가 필요한데, 월(月)에 갑목(甲木)이 투출(透出)하고 시(時)에 계수(癸水)가 투출(透出)하여 길명이 되었고, 일지(日支) 묘목(卯木)이 용신(用神)에 해당하니 길복이 많은 사주가 되었다.

본명은 인성(印星)과 비겁(比劫)이 길성(吉星)에 해당하니 교육 계통과 자영업으로 성공하였고, 신왕(身旺)하고 재왕(財旺)하여 큰 부자가 되었다. 굳이 단점을 지적한다면 갑경(甲庚)이 상충(相沖)하여 용신(用神)이 상충(相沖)되어 간담과 정신에 종종 문제가 생긴 것이다. 성격운은 목기(木氣)가 중화되어 인자하며 측은지심이 많았고, 금기(金氣)가 중화되어 정의롭고 용감하며 결단력이 있었다. 그리고 일지(日支)가 용신(用神)이라 좋은 아내를 만나 행복한 가정을 이루었다. 일주(日柱)가 신왕(身旺)하고, 일지(日支)가 길하고, 재관(財官)이 유력하면 길복이 많다.

8. 유(酉)월 을목(乙木)

【원문】

酉月乙木 先癸丁丙 上半月先癸後丙 下半月先丙後癸 無癸用壬
유월을목 선계정병 상반월선계후병 하반월선병후계 무계용임

支成金局 又且用丁

지성금국 우차용정

【해 설】

유(酉)월 을목(乙木)은 먼저 계수(癸水)로 용신(用神)을 삼은 후
정화(丁火)와 병화(丙火)를 써야 한다. 상반월에는 계수(癸水)로
용신(用神)을 삼은 후 병화(丙火)를 쓰고, 하반월에는 병화(丙火)
로 용신(用神)을 삼은 후 계수(癸水)를 쓴다. 만일 계수(癸水)가
없으면 임수(壬水)를 쓰고, 지지(地支)에 금국(金局)이 있으면 정
화(丁火)를 쓴다.

년	월	일	시	■ 여명
己	癸	乙	癸	甲乙丙丁戊己庚辛
亥	酉	酉	未	戌亥子丑寅卯辰巳

유(酉)월은 경신(庚辛)이 암장(暗藏)되어 금기(金氣)만이 강하니
갑을목(甲乙木)으로 용신(用神)을 삼은 후 병정화(丙丁火)를 써야
하나, 수(水)가 많으면 토(土)를 먼저 쓴다. 본명은 을목(乙木) 일
주(日主)가 유(酉)월생이니 먼저 갑을목(甲乙木)이 필요하고, 그
다음에 병화(丙火)가 필요하다. 그런데 용신(用神)과 희신(喜神)인
목(木)과 화(火)가 거의 없으니 하천한 기생팔자가 되었다.

본명은 일지(日支) 유금(酉金)이 기신(忌神)에 해당하니 남편복이

없어 결혼과 이혼을 여러 번 반복하다가 결국은 기생이 되어 파란 만장한 삶을 살았다. 그러나 다행히 년상(年上)에 기토(己土)와 시지(時支)에 미토(未土)가 들어 의식주는 넉넉하였고, 일주(日柱)가 을유(乙酉)이니 절각(折脚)되어 미인이었다. 즉 재물복과 외모는 타고났지만 남편복이 없었던 것이다.

9. 술(戌)월 을목(乙木)

【원 문】

戌月乙木 先癸後辛 以金水發源 見甲 名藤蘿繫甲
술월을목 선계후신 이금수발원 견갑 명등라계갑

【해 설】

술(戌)월 을목(乙木)은 계수(癸水)로 용신(用神)을 삼은 후 신금(辛金)을 써야 하고, 금(金)으로 수원(水源)을 발해야 한다. 이때 갑목(甲木)을 만나면 등라벽갑(藤蘿劈甲)이라 한다.

년	월	일	시	■남명							
乙	丙	乙	甲	乙	甲	癸	壬	辛	庚	己	戊
酉	戌	卯	申	酉	申	未	午	巳	辰	卯	寅

술(戌)월은 신정무(辛丁戊)가 암장(暗藏)되어 금기(金氣)와 토기

(土氣)가 강하니 갑을목(甲乙木)과 병정화(丙丁火)로 용신(用神)을 삼아야 하는데, 만일 수(水)가 많으면 토(土)를 먼저 쓴다. 본명은 을목(乙木) 일주(日主)가 술(戌)월에 태어났다. 술(戌)월은 토기(土氣)와 금기(金氣)가 왕성한데 지지(地支)에서 신유술(申酉戌)이 방합(方合)하여 금국(金局)을 이루었으니 무엇보다 병화(丙火)와 갑목(甲木)이 필요하다. 그런데 월(月)에 병화(丙火)가 투출(透出)하여 조후(調候)시키고, 시상(時上)에 갑목(甲木)이 들어 제토(制土)시키니 길하다.

본명은 상관(傷官)이 용신(用神)이니 기술과 재능이 많았는데, 상품을 발명하고 창작하여 많은 재물을 모았다. 성격운은 을목(乙木) 일주(日主)가 중화되어 인자하며 자비심이 많았으나, 금기(金氣)가 태과하여 종종 혈기를 부리며 난폭한 면이 있었다. 그리고 일지(日支) 묘목(卯木)이 용신(用神)이라 아내복이 있었으나, 관살(官殺)이 모두 기신(忌神)에 해당하여 관운은 없었다. 즉 유재무관(有財無官)의 명조가 되어 재물복은 많았으나 귀는 작았다.

10. 해(亥)월 을목(乙木)

【원문】

亥月乙木 先丙後戊 乙木向陽 專取丙火 水多以戊爲佐
해월을목 선병후무 을목향양 전취병화 수다이무위좌

【해 설】

해(亥)월 을목(乙木)은 먼저 병화(丙火)로 용신(用神)을 삼은 후 무토(戊土)를 써야 한다. 만일 병화(丙火)가 용신(用神)인데 수(水)가 많으면 무토(戊土)로 보좌해야 한다.

년	월	일	시	■남명
丙	己	乙	丁	庚辛壬癸甲乙丙丁
子	亥	巳	丑	子丑寅卯辰巳午未

해(亥)월은 무갑임(戊甲壬)이 암장(暗藏)되어 수기(水氣)와 목기(木氣)가 강하니 병정화(丙丁火)로 용신(用神)을 삼은 후 무기토(戊己土)를 써야 하는데 목(木)이 많으면 금(金)을 먼저 쓴다. 본명은 을목(乙木) 일주(日主)가 해(亥)월생이니 무엇보다 병정화(丙丁火)가 필요하고, 그 다음에 무토(戊土)가 필요하다. 그런데 년상(年上)에 병화(丙火)가 투출(透出)하여 차가운 기운을 조후(調候)시키니 길하고, 시상(時上) 정화(丁火)가 난로에 해당하니 길하다.

그리고 년지(年支)에 자수(子水)가 들어 방합(方合)하니 수기(水氣)가 태왕하나, 용신(用神)이 강하고 일지(日支)에 사화(巳火)가 들어 용신(用神)을 통근(通根)하니 길하다. 그러나 아쉬운 것은 무토(戊土)가 없어 기토(己土)로 대신 제방하나 수다토붕(水多土崩)이 되어 종종 불안하였다. 용신(用神)이 투출(透出)하여 고귀한 명조가 되었지만, 재물운이 불리하여 의식주가 어려웠고, 수기(水氣)

가 태왕하여 색을 좋아하였고, 병정화(丙丁火)가 용신(用神)이니 외식을 좋아하였다. 그리고 수기(水氣)가 넘치니 때로는 사악한 지혜로 군자의 체통을 잃기도 하였다.

11. 자(子)월 을목(乙木)

【원 문】

子月乙木 專用丙火 寒木向陽 專取丙火 忌見癸水
자월을목 전용병화 한목향양 전취병화 기견계수

【해 설】

자(子)월 을목(乙木)은 반드시 병화(丙火)로 용신(用神)을 삼아야 한다. 한목(寒木)이 양(陽)을 향하니 병화(丙火)는 길하나 계수(癸水)는 흉하다.

```
년  월  일  시      ■ 여명
己  丙  乙  丁      丁戊己庚辛壬癸甲
酉  子  亥  丑      丑寅卯辰巳午未申
```

본명은 화류계에서 이름을 날린 기생의 사주다. 자(子)월은 임계(壬癸)가 암장(暗藏)되어 수기(水氣)만이 강하니 병정화(丙丁火)로 용신(用神)을 삼은 후 무기토(戊己土)를 써야 하는데 목(木)이 많으면 토(土)를 먼저 쓴다. 본명은 을목(乙木) 일주(日主)가 자(子) 월에 태어났으니 병정(丙丁)이 용신(用神)인데 월(月)에 병화(丙 火)와 시상(時上)에 정화(丁火)가 투출(透出)하여 귀를 이루었다.

그러나 지지(地支)에서 해자축(亥子丑)이 방합(方合)하여 수국(水 局)을 이루고, 일지(日支) 해수(亥水)가 기신(忌神)에 해당하고, 관 살(官殺)이 혼잡하니 첩이나 기생이 될 팔자다. 사주에 수기(水氣) 가 태왕하니 남자를 유혹하는 재능을 타고난 것이다. 그런데 병정 화(丙丁火)가 투출(透出)하여 고급 기생이 되어 화려하게 살다가 돈 많은 사람의 첩이 되어 호의호식하였다. 용신(用神)이 강하여 첩이라도 고급 첩이 된 것이다.

12. 축(丑)월 을목(乙木)

【원 문】
丑月乙木 用丙 寒谷回春 專用丙火
축월을목 용병 한곡회춘 전용병화

【해 설】
을목(乙木) 일주(日主)가 축(丑)월 엄동설한에 태어났으니 반드시 병화(丙火)로 용신(用神)을 삼아야 한다. 추운 계곡에 봄이 돌아오 는 형상이니 반드시 병화(丙火)가 있어야 길하다.

년	월	일	시	■여명
癸	乙	乙	庚	丙丁戊己庚辛壬癸
酉	丑	丑	辰	寅卯辰巳午未申酉

본명도 어느 기생의 사주다. 축(丑)월은 계신기(癸辛己)가 암장 (暗藏)되어 수기(水氣)와 토기(土氣)가 강하니 병정화(丙丁火)와 경신금(庚辛金)으로 용신(用神)을 삼는데 토(土)가 많으면 목(木) 을 먼저 쓴다. 본명은 을목(乙木) 일주(日主)가 축(丑)월 엄동설한 에 태어났으니, 먼저 정화(丁火)로 용신(用神)을 삼은 후 병화(丙 火)를 써야 한다. 그러나 필요한 오행이 하나도 투출(透出)하지 않 아 기생이 되어 천대받다가 나이가 들어서는 어린기생들의 뒷바라 지를 하며 살았던 것이다. 앞 사주는 고급 기생이 되었지만 이 사 람은 그렇치 못한 것은 용신(用神)이 투출(透出)하지 않았기 때문 이다. 용신(用神)은 능력과 길복을 나타내므로 용신(用神)이 투출 (透出)하지 못하여 약하면 그만큼 능력이 부족하고 복록도 작다.

2 삼춘(三春) 을목(乙木)

【원문】

三春乙木 爲芝蘭蒿草之物 丙癸不可離也 春乙見丙 卉木向陽
삼춘을목 위지난호초지물 병계불가이야 춘을견병 훼목향양

萬象回春 須癸滋養根基 丙癸齊透天干 無化合制剋

만상회춘 수계자양근기 병계제투천간 무화합제극

自然登科及第 故書曰 乙木根亥終得深 只須陽地不宜陰

자연등과급제 고서왈 을목근해종득심 지수양지불의음

漂浮只怕多逢水 制剋何須苦用金

표부지파다봉수 제극하수고용금

【해 설】

봄철 을목(乙木)은 화초에 해당하니 태양인 병화(丙火)와 우로인
계수(癸水)를 떠날 수 없다. 만일 병화(丙火)가 있으면 꽃나무가
태양을 향하니 만물이 회춘하고, 계수(癸水)가 있으면 뿌리를 자양
해준다. 따라서 천간(天干)에 병화(丙火)와 계수(癸水)가 나란히
투출(透出)하면 자연히 등과급제한다. 옛 글에 을목(乙木)이 해수
(亥水)에 뿌리를 깊이 내리면 사오미병정(巳午未丙丁)의 양지(陽
地)가 좋으나, 해자축임계(亥子丑壬癸)의 음지(陰地)를 만나면 수
다목부(水多木浮)가 되고, 수(水)를 제극(制剋)하는 무기토(戊己
土)를 보면 금(金)을 쓸 수 없다고 하였다.

년	월	일	시	■남명
己	丙	乙	丁	乙甲癸壬辛庚己戊
亥	寅	丑	丑	丑子亥戌酉申未午

을목(乙木) 일주(日主)가 인(寅)월에 태어났다. 인(寅)월은 무병갑(戊丙甲)이 암장(暗藏)되어 목기(木氣)와 화기(火氣)가 강하니 경신금(庚辛金)과 병정화(丙丁火)로 용신(用神)을 삼아야 한다. 만일 목기(木氣)가 왕성하면 경신금(庚辛金)을 먼저 쓰고, 수기(水氣)가 많으면 병정화(丙丁火)를 먼저 쓴다. 그런데 본명은 년지(年支)에 해수(亥水)가 들고, 일지(日支)와 시지(時支)에 축토(丑土)가 들어 사주가 너무 차가운데, 지지(地支)에 수국(水局)을 이루었다. 따라서 우선 월(月) 병화(丙火)로 용신(用神)을 삼아 조후(調候)시키고, 시상(時上) 정화(丁火)로 난로를 삼으니 길명이 되었다. 본명은 신왕(身旺)하고, 년상(年上) 기토(己土)와 일시(日時) 축토(丑土)가 왕강하여 큰 부자가 되었다. 그러나 부부궁이 흉하여 첩을 4명이나 두었고, 노년에는 성병으로 고생하다 죽었다.

【원 문】

寅月乙木 必須用丙 因天氣尤 有餘寒 非丙不暖 雖有癸水

인월을목 필수용병 인천기우 유여한 비병불난 수유계수

恐凝寒氣 故以丙火爲先 癸水次之 丙癸兩透 科甲定然

공응한기 고이병화위선 계수차지 병계양투 과갑정연

或有丙無癸 門戶闡揚 或丙多乏癸 名曰春旱 濕陽不長 濁富之人

혹유병무계 문호천양 혹병다핍계 명왈춘한 습양불장 탁부지인

或丙少癸多 又爲困丙 終爲寒士 或癸己多見 爲濕士之木 皆下格

혹병소계다 우위곤병 종위한사 혹계기다견 위습사지목 개하격

用丙者木妻火子 用癸水見火多者 金妻水子
용병자목처화자 용계수견화다자 금처수자

【해 설】

인(寅)월은 아직 한기가 남아 있는 때이니 인(寅)월 을목(乙木)은
반드시 병화(丙火)를 써야 한다. 비록 계수(癸水)가 있으나 한기에
얼어죽을까 염려되니 먼저 병화(丙火)로 용신(用神)을 삼아 조후
(調候)시킨 후 계수(癸水)로 자양해야 한다. 따라서 인(寅)월 을목
(乙木)은 병화(丙火)와 계수(癸水)가 함께 투출(透出)하면 반드시
등과급제하고, 병화(丙火)는 있는데 계수(癸水)가 없으면 문호가
열리고, 병화(丙火)는 많은데 계수(癸水)가 없으면 탁양(獨陽)이
길지 못하여 탁부(濁富)할 운명이고, 병화(丙火)가 적은데 계수(癸
水)가 많으면 가난한 선비이고, 계수(癸水)와 기토(己土)가 많으면
습토(濕土)의 목(木)이니 모두 하격의 명이 된다. 인(寅)월 을목
(乙木)이 병화(丙火)가 용신(用神)이면 목(木)은 아내이며 화(火)
는 자식이고, 계수(癸水)가 용신(用神)인데 화(火)가 많으면 금
(金)이 아내이며 수(水)가 자식이다.

년	월	일	시	■남명
丙	庚	乙	丁	辛壬癸甲乙丙丁戊
辰	寅	卯	亥	卯辰巳午未申酉戌

을목(乙木) 일주(日主)가 인(寅)월에 태어나 득령(得令)하였고, 지지(地支)에서 인묘진(寅卯辰)이 방합(方合)하여 목(木)이 태왕한데, 시지(時支)에 해수(亥水)가 들어 해묘미(亥卯未)가 반합(半合)하여 목(木)이 더 강해졌다. 따라서 월간(月干) 경금(庚金)을 용신(用神)으로 삼아 목(木)을 억제하거나, 년간(年干) 병화(丙火)를 용신(用神)으로 삼아 강목(强木)의 기운을 빼주어야 한다. 그런데 경금(庚金)과 병화(丙火)가 가까이서 상충(相沖)하여 파극(破剋)하니 격이 많이 떨어졌다.

초년 묘진(卯辰) 대운은 기신(忌神)운이라 발복하지 못했으나, 사오미(巳午未) 대운은 희신(喜神)운이라 등과하여 승진하였고, 병화(丙火)는 상관(傷官)운이라 문장으로 이름을 날렸고, 신유(申酉) 대운은 용신(用神)운이라 관직을 유지할 수 있었다. 만일 경금(庚金) 용신(用神)이 파극(破剋)당하지 않았다면 고관대작이 되었을 것이다.

년	월	일	시	■남명
辛	庚	乙	己	己戊丁丙乙甲癸
亥	寅	寅	卯	丑子亥戌酉申未

을목(乙木) 일주(日主)가 인(寅)월에 태어나 지지(地支)가 모두 인묘(寅卯)가 득세하여 목기(木氣)가 대단하다. 많은 목기(木氣)를 제압하려면 금(金)이 필요하니 월간(月干) 경금(庚金)이 용신(用

神)이고, 토(土)는 희신(喜神)이다. 경금(庚金) 정관(正官)이 용신(用神)이라 좋으나 지지(地支)에 통근(通根)하지 못하여 길복이 오래 가지 못하였다. 용신(用神)이 지지(地支)에 통근(通根)하지 못하면 인내심이 없어 매사가 용두사미인데, 이 사람도 말만 앞설 뿐 결과가 없었다. 본명은 목기(木氣)가 태과하여 종강격(從强格)으로 보인다. 그러나 월(月)에 경금(庚金)이 투출(透出)하고, 을경합금(乙庚合金)하고, 년상(年上)에 신금(辛金)이 투출(透出)하고, 시상(時上)에 기토(己土)가 투출(透出)하여 정격(正格)이며 신강(身强) 사주다. 그런데 용신(用神)이 너무 약하여 무능하며 길복이 작았다.

년 월 일 시   ■ 목화통명격(木火通明格)

丁 壬 乙 丙   辛庚己戊丁丙乙甲

丑 寅 卯 子   丑子亥戌酉申未午

【원 문】차팔자서낙오선현평도(此八字徐樂吾先賢評道)
貴在丙子 尚書 丁壬一合 兩俱無用 貴在時逢子水 丙火透干
귀재병자 상서 정임일합 양구무용 귀재시봉자수 병화투간
水火不相礙
수화불상애

【해 설】
본명은 시주(時柱)의 병자(丙子)가 길하여 상서(尚書) 벼슬을 하였다. 정임(丁壬)이 합하여 정화(丁火)는 쓸 수 없으니 오직 병자 (丙子)에 귀가 있다. 그리고 시상(時上)에 병화(丙火)가 투간(透 干)하여 수화(水火)가 서로 꺼리지 않는다.

년	월	일	시	■ 귀록격(歸祿格)
戊	甲	乙	己	乙丙丁戊己庚辛壬
子	寅	亥	卯	卯辰巳午未申酉戌

【원 문】 차팔자서낙오선현평도(此八字徐樂吾先賢評道)

丙癸得所 貴至大學士 寅亥六合 寅中透戊土制印護傷 四柱無金
병계득소 귀지대학사 인해육합 인중투무토제인호상 사주무금

木氣純粹爲貴也 丙癸得所者 丙生於寅 癸祿在子也
목기순수위귀야 병계득소자 병생어인 계록재자야

【해 설】

본명은 병화(丙火)가 자리를 얻어 대학사(大學士)에 이르렀다. 인 (寅)에 무토(戊土)가 투출(透出)하여 인수(印綬)를 제극(制剋)하며 식신(食神)을 보호하고, 금(金)이 없고 인수격(印授格)을 이루니 사주가 청순하고, 대운이 사오미(巳午未) 남방운으로 흘러 귀격을 이루었다. 그러나 경신금(庚辛金)운은 불리하다.

년 월 일 시	■ 식신제살격(食神制殺格)
甲 丙 乙 庚	丁戊己庚辛壬癸甲
寅 寅 卯 辰	卯辰巳午未申酉戌

【원 문】차팔자서낙오선현평도(此八字徐樂吾先賢評道)

御使 辰藏癸水 乙木不燥 丙火食神爲用 時上庚金爲病

어사 진장계수 을목불조 병화식신위용 시상경금위병

喜其去病爲貴也

희기거병위귀야

【해 설】

 시지(時支) 진(辰)에 계수(癸水)가 암장(暗藏)되어 일주(日主)를
생조(生助)하니 을목(乙木)이 마르지 않는다. 월상(月上)의 병화
(丙火)가 투출(透出)하여 식신(食神)인데 용신(用神)으로 삼는다.
시상(時上)의 경금(庚金)은 병이나 월상(月上) 병화(丙火)가 화극
금(火剋金)하여 제거하니 귀명을 이루어 어사(御使)가 되었다.

【원 문】

卯月乙木 陽氣漸升 木不寒矣 以丙爲君 癸爲臣 丙癸兩透

묘월을목 양기점승 목불한의 이병위군 계위신 병계양투

不透庚金 大富大貴 或天干透庚 支下無辰 不能化金

불투경금 대부대귀 혹천간투경 지하무진 불능화금

得癸透養木亦貴 若見水庫 則爲假化 平常人也 卯月乙木
득계투양목역귀 약견수고 즉위가화 평상인야 묘월을목

端用丙癸 或支成木局 有癸透乃作貴命 更得丙洩木氣
단용병계 혹지성목국 유계투내작귀명 갱득병설목기

上上之命 但須透癸 或水多困丙 多戊化癸 皆下格
상상지명 단수투계 혹수다곤병 다무화계 개하격

用丙者 木妻火子 用癸者 金妻水子
용병자 목처화자 용계자 금처수자

【해 설】

묘(卯)월은 양기가 점점 올라오는 때이니 묘(卯)월 을목(乙木)은 춥지 않다. 따라서 병화(丙火)로 용신(用神)을 삼은 후 계수(癸水)로 보좌하면 길하다. 만일 병화(丙火)와 계수(癸水)가 함께 투출(透出)했는데 경금(庚金)이 투출(透出)하지 않으면 대부대귀를 이루고, 천간(天干)에 경금(庚金)이 투출(透出)했는데 지지(地支)에 진토(辰土)가 없으면 화금(化金)하지 못하니 계수(癸水)가 투출(透出)하여 양목(養木)하면 역시 귀를 이룬다. 그러나 수고(水庫)인 축토(丑土)를 만나면 가화(假化)가 되어 평상인에 지나지 않는다.

묘(卯)월 을목(乙木)은 반드시 병화(丙火)와 계수(癸水)로 용신(用神)을 삼아야 한다. 만일 지지(地支)에서 인묘진(寅卯辰)이 목국(木局)을 이루면 계수(癸水)가 투출(透出)해야 귀명을 이루고, 이때 병화(丙火)가 목기(木氣)를 설기(洩氣)하면 최상의 부귀를 누린다. 그러나 계수(癸水)가 투출(透出)했는데 수(水)가 많으면 곤고하고, 무토(戊土)가 많아 계수(癸水)와 무계합화(戊癸合火)하면 하격이 된다. 만일 병화(丙火)가 용신(用神)이면 목(木)이 아내이며 화(火)가 자식이고, 계수(癸水)가 용신(用神)이면 금(金)이 아내이며 수(水)가 자식이다.

년	월	일	시	■ 식신생재격(食神生財格)
壬	癸	乙	己	甲乙丙丁戊己庚辛
午	卯	丑	卯	辰巳午未申酉戌亥

【원 문】차팔자서낙오선현평도(此八字徐樂吾先賢評道)

此乃夾祿格 富大貴小 但子女多刑 丑卯夾寅夾祿 惜無丙火
차내협록격 부대귀소 단자녀다형 축묘협인협록 석무병화

午中丁火相隔太遠 救應不及 故富大貴小
오중정화상격태원 구응불급 고부대귀소

【해 설】

을목(乙木) 일주(日主)가 묘(卯)월에 태어났고, 내록격(夾祿格)을 이루어 부는 크나 귀는 작다. 즉 재물운이 유력하면 부유하고, 관운이 유력하면 귀를 이룬다. 그리고 본명은 자녀들에게 형살(刑殺)이 많았다. 축묘(丑卯) 사이에 인(寅)이 있고, 월(月)과 시(時)에서 묘(卯)가 녹(祿)을 얻었으나 병화(丙火)가 투출(透出)하지 못하였고,

오(午) 정화(丁火)가 너무 멀어 구제하기 힘들었기 때문이다.

년	월	일	시	■ 곡직인수격(曲直仁壽格)
甲	丁	乙	丙	戊己庚辛壬癸甲乙
寅	卯	未	子	辰巳午未申酉戌亥

【원 문】차팔자서낙오선현평도(此八字徐樂吾先賢評道)
加丙照癸滋 貴至總兵 曲直仁壽格 癸藏丙透 不相礙爲貴
가병조계자 귀지총병 곡직인수격 계장병투 불상애위귀

【해 설】
　이 명조는 곡직인수격(曲直仁壽格)인데 시상(時上)에 병화(丙火)
가 투출(透出)하여 강한 목기(木氣)를 설기(洩氣)하고, 시지(時支)
의 자(子) 계수(癸水)가 자양하여 벼슬이 총병(總兵)에 이르렀다.
을목(乙木) 일주(日主)가 묘(卯)월에 태어났고, 지지(地支)에 목기
(木氣)가 강하여 신강(身强)한데 시상(時上) 병화(丙火)가 투출(透
出)하여 설기(洩氣)하니 길하다. 그리고 시지(時支) 자수(子水)가
을목(乙木)을 자양하여 총병(總兵)에 오른 것이다.

년	월	일	시	■ 곡직인수격(曲直仁壽格)
癸	乙	乙	庚	甲癸壬辛庚己戊丁
亥	卯	未	辰	寅丑子亥戌酉申未

【원 문】 차팔자서낙오선현평도(此八字徐樂吾先賢評道)

無東方運 一介寒士 惜哉 支全亥卯未 癸水透出 曲直仁壽格
무동방운 일개한사 석재 지전해묘미 계수투출 곡직인수격

較上造尤純 惜時上庚金破格 又行西北之運 顚沛宜矣
교상조우순 석시상경금파격 우행서북지운 전패의의

【해 설】

갑목(甲木) 일주(日主)가 묘(卯)월에 태어나 사주 전체를 목기(木氣)가 좌우하니 곡직인수격(曲直仁壽格)이 되었다. 곡직인수격(曲直仁壽格)은 목(木)운이 길한데, 대운이 목(木)운으로 흐르지 않고 금수(金水)운으로 흐르니 가난한 선비가 되었다. 지지(地支)에서 해묘미(亥卯未)가 삼합(三合)하여 목국(木局)을 이루고, 년상(年上)에 계수(癸水)가 투출(透出)했으니 곡직인수격(曲直仁壽格)이다. 그러나 문제는 시상(時上)에 경금(庚金)이 투출(透出)하여 왕한 목(木)의 기를 거역하여 병이 되었는데 약이 없다. 그리고 또 대운이 서북으로 흘러 마차가 진흙구덩이에 빠진 것처럼 무슨 일을 해도 성사되지 않았다.

년	월	일	시	■남명
丙	辛	乙	丙	壬癸甲乙丙丁戊己
子	卯	卯	子	辰巳午未申酉戌亥

【원 문】 차팔자서낙오선현평도(此八字徐樂吾先賢評道)

出將入相 年上丙火 合去辛金 木支全方局

출장입상 년상병화 합거신금 목지전방국

而氣勢純粹 時上丙照癸滋 宜乎貴也

이기세순수 시상병조계자 의호귀야

【해 설】

　본명은 장상(將相)을 지낸 고관대작의 사주다. 목성(木星)이 왕한
데 월상(月上) 신금(辛金)이 병이다. 그런데 병신합수(丙辛合水)하
여 약을 얻은 형상이니 대귀한 명조가 되었다. 병화(丙火)로 수기
(秀氣)를 설기(洩氣)하고 계수(癸水)로 자양하니 수화기제(水火旣
濟)가 되어 오복을 갖춘 명조가 되었다.

【원 문】

亥卯未逢於甲乙 富貴無疑 木全寅卯辰方 功名有惟

해묘미봉어갑을 부귀무의 목전인묘진방 공명유유

活木忌埋根之鐵 支下有庚辛 戕賊其根 木則朽於 辰月乙木

활목기매근지철 지하유경신 장적기근 목즉후어 진월을목

陽氣愈熾 先癸後丙 癸丙兩透 不見己庚 玉堂之客 見己庚者

양기유치 선계후병 계병양투 불견기경 옥당지객 견기경자

平常之人 或一乙逢庚 不見己者 亦主小富貴 但不顯達

평상지인 혹일을봉경 불견기자 역주소부귀 단불현달

或多水見己 只恐高才不第 見戊堪發異道 或庚己混雜

혹다수견기 지공고재불제 견무감발이도 혹경기혼잡

丙癸全 則爲下格

병계전 즉위하격

【해 설】

지지(地支)의 해묘미(亥卯未)가 갑을목(甲乙木)을 만나면 곡직인
수격(曲直仁壽格)이 되어 반드시 부귀를 이루고, 목(木)이 인묘진
(寅卯辰) 동방에 온전하면 공명이 있다. 활목(活木)은 뿌리에 쇠가
있으면 흉하니 지지(地支)에 경신금(庚辛金)이 있으면 나무는 뿌
리가 상하여 썩는다. 즉 목(木)이 용신(用神)인데 금(金)을 만나면
대흉하다. 진(辰)월은 양기가 오르는 때이니 진(辰)월 을목(乙木)
은 계수(癸水)로 용신(用神)을 삼은 후 병화(丙火)를 써야 한다.

따라서 진(辰)월 을목(乙木)이 계수(癸水)와 병화(丙火)가 모두
투출(透出)했는데 기토(己土)와 경금(庚金)이 없으면 옥당(玉堂)에
오르나, 기토(己土) 경금(庚金)을 보면 평범한 사람이 된다. 만일
을(乙) 1개가 경금(庚金)을 만났는데 기토(己土)가 없으면 작은 부
귀는 이루나 현달하지는 못하고, 수(水)가 많은데 기토(己土)를 보
면 재주는 높아도 등과급제는 못한다. 이때 무토(戊土)를 보면 정
도로 가지 못하고 이로에서 발복하나, 경금(庚金)과 기토(己土)가
혼잡하고 병화(丙火)와 계수(癸水)가 온전하면 하격이 된다.

년	월	일	시	■남명, 곡직인수격(曲直仁壽格)
壬	癸	乙	己	甲乙丙丁戊己庚辛
寅	卯	卯	卯	辰巳午未申酉戌亥

본명은 시상(時上)에 기토(己土)가 1개 투출(透出)했을 뿐 지지(地支)가 전부 목기(木氣)로 구성되어 수목(水木)운을 따라가 종격(從格)이 되었고, 목기(木氣)가 전체 운을 좌우하니 곡직인수격(曲直仁壽格)이 되었다. 따라서 목(木)운이 가장 길하고, 다음은 수(水)운이 길하다. 그리고 용신(用神)과 상극(相剋)하는 경신금(庚辛金)운은 가장 흉하다. 초년은 부모덕에 잘 자랐으나, 악처를 만나 주야로 전쟁하며 살다가 이혼하였다. 재물운은 부모가 물려준 재산으로 중부 정도를 유지했으나 아내운과 여자운이 불리하여 문제가 많았다. 그리고 관운도 불리하여 관재구설이 많았다. 결국 무신(戊申) 대운에 고전하다가 기유(己酉) 대운에 사망하였다.

【원문】

或見水局 丙戊高透 亦主科甲 或柱中全無丙戊 支合水局
혹견수국 병무고투 역주과갑 혹주중전무병무 지합수국
此離鄕之命 或見一派癸水 又有辛金 則作旺看 得一戊己制癸
차이향지명 혹견일파계수 우유신금 즉작왕간 득일무기제계
亦可云小富貴 若一派壬癸 不特貧賤 而且夭折 有一戊己
역가운소부귀 약일파임계 불특빈천 이차요절 유일무기

方云有壽 但終爲技術之人 又或庚辰月時 各二庚爭合

방운유수 단종위기술지인 우혹경진월시 각이경쟁합

乃貧賤之輩 如年見丁破庚 可云從化 亦不失武職之權 用癸者

내빈천지배 여년견정파경 가운종화 역불실무직지권 용계자

金妻水子 癸多用丙者 木妻火子

금처수자 계다용병자 목처화자

【해 설】

지지(地支)에 수국(水局)을 이루었는데 병화(丙火)와 무토(戊土)가 천간(天干)에 투출(透出)하면 등과급제하나, 병화(丙火)와 무토(戊土)가 전혀 없는데 지지(地支)에 수국(水局)을 이루면 고향을 떠난다. 만일 계수(癸水)가 지지(地支)에서 해자축(亥子丑) 1개를 만났는데 신금(辛金)이 있으면 왕하고, 무기토(戊己土)가 1개 있는데 계수(癸水)가 제하면 부귀가 작고, 임계수(壬癸水)가 1개라도 있으면 빈천하며 요절한다. 이때 무기토(戊己土)가 1개라도 있어 제극(制剋)하면 기술이나 예능계로 나간다.

만일 경진(庚辰)월 경진(庚辰)시생이 쟁합(爭合)하면 빈천하나, 년(年) 정화(丁火)가 경금(庚金)을 파극(破剋)하면 종화격(從化格)을 이루나 무관의 권세는 잃지 않는다. 계수(癸水)가 용신(用神)이면 금(金)이 아내이며 수(水)가 자식이고, 계수(癸水)가 많아 병화(丙火)가 용신(用神)이면 목(木)이 아내이며 화(火)가 자식이다.

년	월	일	시
庚	庚	乙	丁
午	辰	酉	亥

■ 종화격(從化格)

辛壬癸甲乙丙丁戊
巳午未申酉戌亥子

【원문】차팔자서낙오선현평도(此八字徐樂吾先賢評道)

此造從化格 但不逢時 一富翁耳 乙從庚合 辰從酉合 不能不化
차조종화격 단불봉시 일부옹이 을종경합 진종유합 불능불화
年月二庚 不爭不妬 年午時丁 逆金之勢 爲假化 非眞化
년월이경 불쟁불투 년오시정 역금지세 위가화 비진화

【해 설】

　본명은 종화격(從化格)이나 때를 만나지 못하여 부만 이루었다.
을경합금(乙庚合金)하고 진유합금(辰酉合金)하여 금기(金氣)를 종
(從)하는 종화격(從化格)이지만 무능하여 화격(化格)이 되지 못하
였다. 년월(年月)에 경(庚)이 2개 들었으니 쟁합(爭合)도 질투합
(嫉妬合)도 아니다. 년지(年支)에 오화(午火)가 들고 시상(時上)에
정화(丁火)가 들어 금기(金氣)를 역행하니 진화격(眞化格)이 아니
라 가화격(假化格)이다.

[필자해설]

　한마디로 위의 설명은 틀렸다. 을목(乙木) 일주(日主)가 진(辰)월
에 태어났으니 득령(得令)하였고, 시지(時支)에 해수(亥水)가 들었

으니 을목(乙木)이 약하지 않다. 년월(年月)에 경금(庚金)이 투출(透出)하고, 일지(日支)에 유금(酉金)이 들어 강하다. 따라서 본명은 수목(水木)운이 길하고 화토금(火土金)운은 흉하다.

년	월	일	시	■ 육을서귀격(六乙鼠貴格)
甲	戊	乙	丙	己 庚 辛 壬 癸 甲 乙 丙
寅	辰	亥	子	巳 午 未 申 酉 戌 亥 子

【원 문】 차팔자서낙오선현평도(此八字徐樂吾先賢評道)
丙火高透 戊土制水 官至按院 子辰水局 戊土制水 固乙木之根
병화고투 무토제수 관지안원 자진수국 무토제수 고을목지근
以丙火泄木之秀爲用 爲六乙鼠貴格也
이병화설목지수위용 위육을서귀격야

【해 설】
시상(時上) 병화(丙火)가 천간(天干)에 투출(透出)하고, 월(月) 무토(戊土)가 많은 물을 다스리니 안원(按院)에 올랐다. 자진합(子辰合)으로 수국(水局)을 이루어 홍수가 난 형상이나, 월상(月上) 무토(戊土)가 제방하고 견고한 을목(乙木)의 한을 병화(丙火)가 설한다. 이런 사주를 육을서귀격(六乙鼠貴格)이라 한다. 용신(用神)은 월상(月上) 무토(戊土)이고, 희신(喜神)은 시상(時上) 병화(丙火)다. 따라서 화토(火土)운은 길하고 수목(水木)운은 흉하다.

년 월 일 시	■ 용인격(用印格)
丁 甲 乙 甲	癸壬辛庚己戊丁丙
酉 辰 巳 申	卯寅丑子亥戌酉申

【원 문】차팔자서낙오선현평도(此八字徐樂吾先賢評道)

拔貢 但刑妻損子 兄弟全無 因支中戊土太多 三月陽氣熾盛
발공 단형처손자 형제전무 인지중무토태다 삼월양기치성
必以癸水爲用也 金妻水子 支中火土多 故刑妻傷子
필이계수위용야 금처수자 지중화토다 고형처상자

【해 설】

본명은 발공(拔貢)이라는 벼슬을 지낸 사람의 사주다. 그러나 아
내는 형살(刑殺)당하고, 자식은 손상되고, 형제가 없어 고독하였다.
월지(月支)에 진(辰) 무토(戊土), 사(巳) 무토(戊土), 신(申) 무토
(戊土)가 들어 무토(戊土)가 너무 많기 때문이다. 3월은 일음오양
(一陰五陽)의 계절이니 양기가 왕하므로 반드시 계수(癸水)로 용
신(用神)을 삼은 후 금(金)을 써야 한다. 수(水)가 용신(用神)이면
금(金)은 아내이고 수(水)는 자식이다. 지지(地支)에 화토(火土)가
많이 암장(暗藏)되어 형처상자(刑妻傷子)한 것이다.

3. 삼하(三夏) 을목(乙木)

【원문】

三夏乙木 木性枯焦 巳月專用癸水 午未月先丙後癸

삼하을목 목성고초 사월전용계수 오미월선병후계

夏至前仍用癸水 先得後透 支下又有丙火 名曰木秀火明

하지전잉용계수 선득후투 지하우유병화 명왈목수화명

得一癸透 科甲中人 或透二丙一癸 可許採芹 或一派癸水

득일계투 과갑중인 혹투이병일계 가허채근 혹일파계수

有丁無丙 平常之人 或一癸透干 異道顯官 難由科甲 癸居子辰

유정무병 평상지인 혹일계투간 이도현환 난유과갑 계거자진

異路小職 或丙藏支下 癸透年干 己出月上雖非科甲 異路功名

이로소직 혹병장지하 계투년간 기출월상 수비과갑 이로공명

又或重重癸水 或支藏癸水 由行伍得功名

우혹중중계수 혹지장계수 유행오득공명

【해설】

여름철 을목(乙木)은 목성(木星)이 매우 건조하니 사(巳)월생은 먼저 계수(癸水)로 용신(用神)을 삼고, 오(午)월과 미(未)월생은 먼저 병화(丙火)로 용신(用神)을 삼은 후 계수(癸水)를 써야 한다. 즉 하지 전에는 계수(癸水)가 용신(用神)이다. 그리고 여름철 을목(乙木)은 병화(丙火)가 투출(透出)했는데 지지(地支)에 또 병화(丙

火)가 암장(暗藏)되면 목수화명(木秀火明)이라 한다. 목(木)이 뛰어나고 불이 밝다는 뜻이다.

따라서 계수(癸水)가 1개 투출(透出)하면 길복이 따라 등과급제하나, 병화(丙火) 2개와 계수(癸水) 1개가 들고 화기(火氣)가 강하면 나무꾼에 지나지 않는다. 만일 계수(癸水) 일파에 정화(丁火)가 있으나 병화(丙火)가 없으면 평범하고, 계수(癸水) 1개가 투간(透干)하면 이로에서 벼슬을 얻을 수는 있으나 정도에서는 과갑하기 어렵다. 계수(癸水)가 자진(子辰)에 있어도 이로에서 작은 직업을 갖는다. 만일 병화(丙火)가 지지(地支)에 암장(暗藏)되고, 계수(癸水)가 년간(年干)에 투출(透出)하고, 월간(月干)에 기토(己土)가 투출(透出)하면 과갑은 어려우나 이로에서 공명을 얻는다. 또 계수(癸水)가 중중하거나 지지(地支)에 계수(癸水)가 암장(暗藏)되면 군대에서 공명을 얻는다.

년	월	일	시	■남명						
辛	癸	乙	壬	壬	辛	庚	己	戊	丁	丙	乙
未	巳	亥	午	辰	卯	寅	丑	子	亥	戌	酉

을목(乙木) 일주(日主)가 사(巳)월에 태어났다. 사(巳)월은 무경병(戊庚丙)이 암장(暗藏)되어 화기(火氣)와 금기(金氣)가 강하니 먼저 임계수(壬癸水)로 용신(用神)을 삼은 후 경신금(庚辛金)을 써야 한다. 그러나 목기(木氣)가 왕하면 먼저 경신금(庚辛金)으로 용

신(用神)을 삼는다.

본명은 사(巳)월에 태어났는데 지지(地支)에서 사오미(巳午未)가
방합(方合)하여 화국(火局)을 이루니 열기가 태왕하다. 따라서 우
선 임계수(壬癸水)로 불을 끄고 열을 식혀야 하므로 반드시 수(水)
가 있어야 한다. 그런데 월(月)에 계수(癸水)가 투출(透出)하고, 시
상(時上)에 임수(壬水)가 투출(透出)하고, 일지(日支)에 해수(亥
水)가 들어 부귀한 명조가 되었다. 그리고 년상(年上)에 신금(辛
金)이 투출(透出)했으니 관운이 좋아 등과급제하여 고관이 되었고,
재물운도 좋아 부모의 유산으로 풍족하게 살았다. 더 좋은 것은 아
내궁이다. 아내는 현모양처에다 양귀비 버금가는 미인이었다. 이
사람은 평생을 행복하고 안정되게 살았다. 실로 오복을 모두 갖춘
좋은 명조다.

【원 문】

巳月乙木 自由丙火 峀取癸水爲尊 巳月乙木專用癸水 丙火酌用
사월을목 자유병화 단취계수위존 사월을목전용계수 병화작용
雖以庚辛佐癸 須辛透爲淸 癸透 庚辛又透 科甲定然 獨一點癸水
수이경신좌계 수신투위청 계투 경신우투 과갑정연 독일점계수
無金 是水無根 雖出天干 不過秀才小富 需要大運相扶
무금 시수무근 수출천간 불과수재소부 수요대운상부
或上多困癸 貧賤之人 丙戊太多 支成火局 瞽目之流 用癸者
혹상다곤계 빈천지인 병무태다 지성화국 고목지류 용계자

金妻水子 乙逢雙女木傷殘 若見辛金壽必難 不得丙丁來制伏
금처수자 을봉쌍녀목상잔 약견신금수필난 불득병정내제복

豈知安樂不久長
기지안락불구장

【해 설】

사(巳)월 을목(乙木)은 계수(癸水)로 용신(用神)을 삼은 후 병화
(丙火)를 쓴다. 만일 경신금(庚辛金)이 계수(癸水)를 돕는데 신금
(辛金)이 투출(透出)하면 청격이 되고, 계수(癸水)가 투출(透出)했
는데 경신금(庚辛金)이 또 투출(透出)하면 과갑에 이른다. 그러나
계수(癸水)가 1개 있는데 금(金)이 없으면 수(水)가 근원이 없는
것이니 천간(天干)에 계수(癸水)가 투출(透出)해도 수재는 이루나
작은 부자에 불과하고, 천간(天干)에 계수(癸水)가 많으면 빈천하
고, 병화(丙火)와 무토(戊土)가 많은데 지지(地支)에 화국(火局)이
있으면 장님이 된다. 사(巳)월 을목(乙木)이 계수(癸水)가 용신(用
神)이면 금(金)이 아내이고 수(水)는 자식이다. 만일 을목(乙木)을
2개 만나면 목(木)이 서로 싸우는데 신금(辛金)을 보면 장수하기
어렵고, 병정화(丙丁火)가 제복(制伏)하지 않으면 평안하기 어렵다.

```
년 월 일 시      ■남명
戊 丁 乙 己      戊己庚辛壬癸甲乙
申 巳 巳 卯      午未申酉戌亥子丑
```

을목(乙木)이 사(巳)월에 태어났는데 지지(地支)에서 사사(巳巳)가 방합(方合)하여 화국(火局)을 이루어 화기(火氣)가 태과하다. 임계수(壬癸水)가 없으면 말라죽을 지경인데 임수(壬水)도 없고 계수(癸水)도 없으니 흉하다. 그렇다고 종격(從格)도 될 수 없다. 왜냐하면 년상(年上)에 무토(戊土)가 투출(透出)하고, 시상(時上)에 무토(戊土)가 들고, 년지(年支)에 신금(申金)이 들고, 묘(卯)시에 태어났기 때문이다. 따라서 정격(正格)이며 태약한 신약(身弱) 사주가 되어 걸인에 가까운 생활을 하였다. 이런 사주를 극루교가(剋漏交加)라 한다. 비록 신(申)에 임수(壬水)가 있지만 간에 기별도 가지 않아 송곳 하나 꽂을 땅이 없을 정도로 가난하였다.

【원문】

午月乙木 丁火司權 禾稼俱旱 上半月屬陽 仍用癸水
오월을목 정화사권 화가구한 상반월속양 잉용계수

下半月屬陰 三伏生寒 丙癸齊用 柱多金水 丙火爲先
하반월속음 삼복생한 병계제용 주다금수 병화위선

餘皆用癸水爲先 乙木重逢火爲 名爲氣散之文 支成火局
여개용계수위선 을목중봉화위 명위기산지문 지성화국

洩乙精神 須用癸滋 癸透有根 富貴雙全 或庚辛年上 癸透時干
설을정신 수용계자 계투유근 부귀쌍전 혹경신년상 계투시간

定許科甲 無癸者常人 若見丙透 支成火局 陽焦木性 此人殘疾
정허과갑 무계자상인 약견병투 지성화국 양초목성 차인잔질

無癸必夭 見壬可解 或火土太多 其人愚賤 或爲僧道門下閑人
무계필요 견임가해 혹화토태다 기인우천 혹위승도문하한인

【해 설】

오(午)월은 정화(丁火)가 세력을 잡은 때이니 오(午)월 을목(乙木)은 가뭄을 만난 형상이다. 상반월은 양에 속하니 계수(癸水)를 써야 하고, 하반월은 음에 속하니 병화(丙火)와 계수(癸水)를 함께 써야 한다. 만일 금수(金水)가 많으면 병화(丙火)를 먼저 쓰고, 나머지는 계수(癸水)를 쓴다. 을목(乙木)이 화(火)를 거듭 만나면 기적지문(氣散之文)이 되는데 지지(地支)에 화국(火局)이 있어 을목(乙木)의 정신을 설기(洩氣)하면 계수(癸水)로 자양해야 한다.

오(午)월 을목(乙木)은 계수(癸水)가 투출(透出)하여 유근(有根)하면 부귀를 이루고, 경신금(庚辛金)이 년간(年干)에 있는데 계수(癸水)가 시간(時干)에 투출(透出)하면 반드시 과갑하나, 계수(癸水)가 없으면 평범하다. 만일 병화(丙火)가 투출(透出)했는데 지지(地支)에 화국(火局)이 있으면 잔병이 있다. 이때 계수(癸水)가 없으면 반드시 요절하나, 임수(壬水)를 보면 풀린다. 만일 화토(火土)가 많으면 어리석고 천박하며, 승려나 부잣집 하인이 된다.

년	월	일	시	■남명					
壬	丙	乙	丁	丁	戊	己	庚	辛	壬 癸
申	午	巳	亥	未	申	酉	戌	亥	子 丑

을목(乙木) 일주(日主)가 오(午)월에 태어나 설기(洩氣)가 심하니 신약(身弱)하다. 월간(月干)에 병화(丙火)가 투간(透干)하고, 일지(日支)에 사화(巳火)가 들어 화(火)가 왕강하다. 을목(乙木)은 화초이니 물을 빨리 공급받지 못하면 말라죽는다. 다행히 년간(年干)에 임수(壬水)가 있고, 시지(時支)에 해수(亥水)가 들어 있다. 용신(用神) 임수(壬水)는 신금(申金)의 부조(扶助)로 강하다. 수(水)가 용신(用神)이고, 금(金)은 희신(喜神)이며, 목화(木火)는 흉하다.

본명은 조상덕이 많아 초년에는 호의호식하였으나, 일지(日支)에 기신(忌神)이 들어 아내덕이 없어 부부가 주야로 대립하였다. 그러나 인성(印星)이 용신(用神)이라 성격이 온후하며 학문과 인연이 깊었고, 상사와 선배를 존경하며 대인관계가 좋았고 장수하였다. 그러나 식상(食傷)이 기신(忌神)에 해당하니 의식주가 부족하여 전전긍긍하며 살았다.

년	월	일	시	■ 여 명						
癸	戊	乙	壬	己	庚	辛	壬	癸	甲	乙	丙
丑	午	亥	午	未	申	酉	戌	亥	子	丑	寅

본명은 고관 남편을 둔 귀부인의 사주다. 오(午)월은 병기정(丙己丁)이 암장(暗藏)되어 화기(火氣)만이 강하니 반드시 임계수(壬癸水)를 용신(用神)으로 삼아야 하나, 목기(木氣)가 왕하면 금기(金氣)를 먼저 쓴다. 본명은 을목(乙木) 일주(日主)이니 미인이었고,

일지(日支) 해수(亥水)가 용신(用神)이니 남편이 애처가였다. 을목(乙木) 일주(日主)가 오(午)월에 태어났으니 우선 임계수(壬癸水)가 필요한데, 년상(年上)에 계수(癸水)와 시상(時上)에 임수(壬水)가 들어 열기를 식혀주니 중화되었다. 임계수(壬癸水) 용신(用神)이 지지(地支) 해축(亥丑)에 통근(通根)되어 강하니 부귀영화를 누리며 살았다. 한마디로 오복을 모두 갖춘 좋은 사주다.

【원 문】

未月乙木 木性且寒 柱多金水 丙火爲尊 支成水局 乙得無傷
미월을목 목성차한 주다금수 병화위존 지성수국 을득무상

癸水透干 大富大貴 無癸定作常人 運不北行 困苦一生
계수투간 대부대귀 무계정작상인 운불북행 곤고일생

凡午未月乙木 氣退枯焦 用癸水切忌戊己雜難 則爲下格
범오미월을목 기퇴고초 용계수절기무기잡난 즉위하격

或甲木高透 制伏土神 名爲去濁留淸 可許俊秀 土多乏甲
혹갑목고투 제복토신 명위거탁유청 가허준수 토다핍갑

秀氣脫空 庸人而已 或丙癸兩透 加以甲透制戊 選拔定然
수기탈공 용인이사 혹병계양투 가이갑투제무 선발정연

若不見丙癸 只有丁火 亦屬常人 有壬 可充衣食 或柱中無水
약불견병계 지유정화 역속상인 유임 가충의식 혹주중무수

又無比劫出干 乃爲棄命從財 富大貴小 能招賢德之妻
우무비겁출간 내위기명종재 부대귀소 능초현덕지처

從財格以火爲妻 土爲子 或一派戊土出干 不見比肩

종재격이화위처 토위자 혹일파무토출간 불견비견

名爲財多身弱 終爲富屋貧人 或丙辛化水 嫖賭破家

명위재다신약 종위부옥빈인 혹병신화수 표도파가

終非承受之兒 或一派乙木 不見丙癸 名爲亂巨無主 勞碌奔波

종비승수지아 혹일파을목 불견병계 명위난거무주 노록분파

又加多支辛金 僧道之輩 或一派甲木 無癸無丙 又無庚金

우가다지신금 승도지배 혹일파갑목 무계무병 우무경금

此人一生虛浮 總不誠實 有庚制甲 乃有謀之人 但嗜酒貪花

차인일생허부 총불성실 유경제갑 내유모지인 단기주탐화

多慾敗德 不修品行 男女一理 總之夏月乙木 常用癸水

다욕패덕 불수품행 남여일리 총지하월을목 상용계수

丙火酌用　庚辛次之

병화작용 경신차지

【해 설】

미(未)월 을목(乙木)은 차가우니 사주에 금수(金水)가 많으면 병화(丙火)가 으뜸이다. 지지(地支)에 수국(水局)이 있으면 을목(乙木)이 무상하나, 계수(癸水)가 투간(透干)하면 대부대귀를 이룬다. 그러나 계수(癸水)가 없으면 평상인에 불과하고, 운이 북방으로 흐르지 않으면 평생 곤고하다.

오(午)월과 미(未)월 을목(乙木)은 기운이 물러가니 계수(癸水)를 먼저 쓰는데 무기토(戊己土)가 난잡하면 매우 흉하다. 만일 갑목(甲木)이 천간(天干)에 투출(透出)하여 토(土)를 제복시키면 거탁유청(去濁留淸)이 되어 준수하나, 토(土)가 많은데 갑목(甲木)이 없으면 수기(秀氣)가 빠져 용렬한 사람이 된다. 만일 병화(丙火)와 계수(癸水)가 함께 투출(透出)했는데 무토(戊土)가 제극(制剋)하면 우두머리가 되나, 병화(丙火)와 계수(癸水)가 없으면 정화(丁火)가 있어도 평상인에 불과하고, 임수(壬水)가 있으면 의식주는 있다.

만일 사주에 수(水)가 없는데 비겁(比劫)이 출간(出干)하지 않으면 기명종재격(棄命從財格)이 되어 부는 크나 귀가 작고, 현명하며 덕있는 아내를 만난다. 이때는 화(火)는 아내이고 토(土)는 자식이다. 만일 무토(戊土) 일파가 출간(出干)했는데 비견(比肩)이 없으면 재다신약(財多身弱)이 되어 부옥빈인(富屋貧人)의 명이 되고, 병신(丙辛)이 화수(化水)하면 색정과 패덕으로 파가하여 결국은 부모의 유산을 받지 못한다.

만일 을목(乙木) 일파가 있는데 병화(丙火)와 계수(癸水)를 보지 않으면 난신은 많으나 주인이 없는 형상이라 풍파가 많다. 여기다 지지(地支)에 신금(辛金)까지 있으면 승려팔자가 된다. 만일 갑목(甲木) 일파가 있는데 계수(癸水)와 병화(丙火)가 없고 정화(丁火)까지 없으면 허황한 인생이 되고, 경금(庚金)이 갑목(甲木)을 제극(制剋)하면 사악하며 주색을 좋아하고, 품행이 단정하지 못하며 욕심이 많다. 다시 말해, 여름 을목(乙木)은 반드시 계수(癸水)로 용신(用神)을 삼은 후 병화(丙火)와 경신금(庚辛金)을 써야 길하다.

년	월	일	시	■ 여명
乙	癸	乙	甲	甲乙丙丁戊己庚辛
巳	未	丑	申	申酉戌亥子丑寅卯

이 사주는 오복을 모두 갖춘 귀부인의 명조다. 미(未)월은 정을기
(丁乙己)가 암장(暗藏)되어 토기(土氣)와 화기(火氣)가 강하니 임
계수(壬癸水)와 갑을목(甲乙木)으로 용신(用神)을 삼아야 한다. 그
러나 토(土)가 왕성하면 목(木)이 용신(用神)이고, 화(火)가 왕성
하면 수(水)가 용신(用神)이다. 본명은 미(未)월에 태어났는데 년
지(年支) 사화(巳火)가 방합(方合)하여 열기가 대단하고, 미(未)월
은 토기(土氣)와 화기(火氣)가 왕성하니 토기(土氣)를 억제하려면
시상(時上) 갑목(甲木)으로 목극토(木剋土)해야 하고, 화기(火氣)
를 억제하려면 월(月) 계수(癸水)로 수극화(水剋火)해야 한다. 따
라서 묘하게 중화를 이루어 오복을 갖춘 좋은 사주가 되었다.

본명은 목기(木氣)가 중화되어 인자하며 자비심이 많았고, 수기
(水氣)가 안정되어 지혜가 총명하였다. 그리고 남편에게 항상 헌신
하는 좋은 아내였고, 자식들에게는 현명한 어머니였다. 일지(日支)
축토(丑土)는 계신기(癸辛己)가 암장(暗藏)되어 계수(癸水)와 갑을
목(甲乙木)의 휴식처가 되어 자비로운 어머니의 젖줄과 같은 역할
을 한다. 일지(日支)에 용신(用神)이 들어 남편복이 많았고, 평생
부귀영화를 누린 것이다.

4. 삼추(三秋) 을목(乙木)

【원 문】

三秋乙木 金神司令 先丙後癸 惟戌月弄用癸水

삼추을목 금신사령 선병후계 유술월단용계수

恐丙暖戊土爲病也 申月乙木 庚金乘令 庚雖輸情於乙妹

공병난무토위병야 신월을목 경금승령 경수수정어을매

怎奈干乙離合支金 主見庚多 乙離受載 或丙透干又加己出埋金

즘나간을이합지금 주견경다 을이수재 혹병투간우가기출매금

此格可云科甲 有己透 加丙 亦是上命 申月喜己土爲用

차격가운과갑 유기투 가병 역시상명 신월희기토위용

或不見丙癸 己土決不可少 此則以火爲妻 土爲子

혹불견병계 기토결불가소 차즉이화위처 토위자

【해 설】

가을은 금신(金神)이 사령(司令)하는 때이니 신유술(申酉戌)월 을목(乙木)은 먼저 병화(丙火)로 용신(用神)을 삼은 후 계수(癸水)를 써야 한다. 그러나 술(戌)월에는 계수(癸水)로 용신(用神)을 삼는다. 만일 병화(丙火)가 무토(戊土)를 심하게 건조시키면 병이 된다. 신(申)월 을목(乙木)은 경금(庚金)이 승령(乘令)하여 을목(乙木)과 간합(干合)하니 어찌 지지(地支) 신금(申金)과 합을 하겠는가. 아무리 을경합금(乙庚合金)한다고 하지만 경금(庚金)이 많으면 을목

(乙木)은 금(金)을 받아들이기 어렵다.

만일 병화(丙火)가 천간(天干)에 투출(透出)했는데 기토(己土)가 있으면 매금(埋金)되어 과갑에 이르고, 기토(己土)가 투출(透出)했는데 병화(丙火)가 있으면 상격의 명조가 된다. 신(申)월은 병화(丙火)와 계수(癸水)가 없는데 기토(己土)가 적으면 불가하다. 이렇게 되면 화(火)는 아내이고 토(土)는 자식이다.

년	월	일	시	■남명
壬	戊	乙	丙	己庚辛壬癸甲乙
子	申	未	戌	酉戌亥子丑寅卯

을목(乙木) 일주(日主)가 신(申)월에 태어났는데 월간(月干)에 무토(戊土)와 일지(日支)에 미토(未土)와 시지(時支)에 술토(戌土)가 들었으니 토(土)가 강건하다. 토(土)가 너무 많아 을목(乙木)이 묻힐 지경이라 고목(枯木) 사주가 되었다. 많은 토(土)를 억제해야 중화되므로 일주(日主)인 을목(乙木)을 용신(用神)으로 삼아 목극토(木剋土)해야 한다. 그런데 일주(日主)에만 목(木)이 있으니 일주(日主) 을목(乙木)이 용신(用神)이다. 을목(乙木)이 용신(用神)이면 수(水)는 희신(喜神)이니 수목(水木)운이 길하고 토금(土金)운은 흉하다. 화(火)는 반길반흉하니 한신(閑神)이다. 비록 을목(乙木)이 허약하지만 년주(年柱) 임자(壬子)가 도와주니 안전하다. 그런데 재다신약(財多身弱)이라 재물과 여자문제가 좀 복잡하였으나,

해(亥) 대운 이후에는 길복이 많았다.

년	월	일	시	■남명
壬	戊	乙	甲	己庚辛壬癸甲乙丙
戌	申	卯	申	酉戌亥子丑寅卯辰

을목(乙木) 일주(日主)가 신(申)월에 태어났다. 신(申)월은 기무임경(己戊壬庚)이 암장(暗藏)되어 금기(金氣)와 수기(水氣)가 강하니 먼저 갑을목(甲乙木)으로 용신(用神)을 삼은 후 임계수(壬癸水)를 쓰는데 금기(金氣)가 많으면 화(火)로 용신(用神)을 삼는다. 본명은 년지(年支)에 술토(戌土)가 들고 시지(時支)에 신금(申金)이 들어 금기(金氣)가 태왕하니 갑목(甲木)이 필요한데 시상(時上)에 투출(透出)하여 길하다. 갑목(甲木) 용신(用神)은 일지(日支) 묘목(卯木)에 통근(通根)하여 강하니 길하다.

본명은 사업으로 많은 재물을 모았다. 신왕재왕(身旺財旺)하여 대부의 명조이니 많은 재산을 감당할 수 있었던 것이다. 그리고 성격운은 을목(乙木)이 중화되어 인자하며 자비심이 많았고, 토기(土氣)가 중화되어 약속과 신용을 생명처럼 여겼고, 금기(金氣)가 중화되어 정의감과 결단력이 있었다. 조용한듯 하면서도 강하고, 강한듯 하면서도 조용하여 속을 가늠하기 어려운 대인이었다.

【원 문】

或癸透丙藏庚少 此不用己 可許拔貢 無丙有癸透者

혹계투병장경소 차불용기 가허발공 무병유계투자

不失刀筆門戶 有支下庚多 癸又藏著 無丙己二神 平常人物

불실도필문호 유지하경다 계우장저 무병기이신 평상인물

或生辰時 此爲從化 反主富貴 凡化合格 皆以所生之神爲用

혹생진시 차위종화 반주부귀 범화합격 개이소생지신위용

化金者 戊爲用神 特忌丙丁煅煉破格 從化者以火爲妻

화금자 무위용신 특기병정하련파격 종화자이화위처

土爲子 其餘以金爲妻 妻必賢美 以水爲子 子必克有但忌刑冲

토위자 기여이금위처 처필현미 이수위자 자필극유단기형충

凡命皆然 不特此也 秋乙逢金 非貧則夭 秋生乙木忌根枯

범명개연 불특차야 추을봉금 비빈즉요 추생을목기근고

貧苦到老 酉月乙木

빈고도노 유월을목

【해 설】

만일 계수(癸水)가 투출(透出)했는데 병화(丙火)가 암장(暗藏)되고 경금(庚金)이 적고 기토(己土)를 쓰지 않으면 발공(拔貢)하고, 병화(丙火)가 없는데 계수(癸水)가 투출(透出)하면 도필문호(刀筆門戶)를 잃지 않고, 지지(地支)에 경금(庚金)이 많고 계수(癸水)가 암장(暗藏)되었는데 병화(丙火)와 기토(己土)가 없으면 평범하고,

진(辰)시생이면 종화격(從化格)이 되어 오히려 부귀를 이룬다.

화합격(化合格) 사주는 소생시켜 주는 것으로 용신(用神)을 삼으니 화금(化金)되면 무토(戊土)가 용신(用神)이다. 특히 병화(丙火)는 불로 녹여 파격(破格)이 되면 크게 꺼리고, 종화(從化)되면 병(丙)이 아내이며 토(土)가 자식이다. 그 외는 금(金)이 아내이니 반드시 아내가 현명하며 아름답고, 수(水)는 자식이나 반드시 자식이 극을 당한다 그러나 가을 을목(乙木)이 경금(庚金)을 만나면 빈천하거나 단명하고, 뿌리가 마르면 빈고함이 노년에까지 따른다.

년	월	일	시	■식신제살격(食神制殺格)
庚	甲	乙	丁	乙丙丁戊己庚辛壬
午	申	卯	丑	酉戌亥子丑寅卯辰

【원 문】 차팔자서낙오선현평도(此八字徐樂吾先賢評道)

富僧 此庚旺無丙之故 僧道離世絶緣 苦行修持者
부승 차경왕무병지고 승도이세절연 고행수지자

八字必極淸純 而近於偏枯 滴天髓云 一局淸枯也苦人是也
팔자필극청순 이근어편고 적천수운 일국청고야고인시야

苦說法度人 信仰恭敬 隨命轉移 與世無異 此造庚旺無丙
고설법도인 신앙공경 수명전이 여세무이 차조경왕무병

貴氣不足 卯申相合 申中庚金 輸情於乙 乙木坐卯 秋木有根
귀기부족 묘신상합 신중경금 수정어을 을목좌묘 추목유근

庚金透出 而有丁火制之 配合適當 宜其雖爲僧人而富矣

경금투출 이유정화제지 배합적당 의기수위승인이부의

【해 설】

본명은 부자 승려의 사주다. 경금(庚金)이 왕성하고 병화(丙火)가
없어 속세와 인연을 끊고 승려가 되었다. 승도의 길은 고행하며 수
양하는 것인데 이 팔자를 보면 지극히 청순하여 전형적인 수도인
의 사주에 가깝다. 『적천수(滴天髓)』에 있는 '일방(一局)이 청고야
(淸枯也)에 고인(苦人)'이라는 말이 바로 이것이다. 고통 속에 빠
진 중생을 설법하며 제도하고, 신앙으로 공경하며 운명을 따라 전
이하니 속세와 다름이 없다.

이 명조는 경금(庚金)이 왕한데 병화(丙火)가 없으니 귀한 기운이
부족하다. 묘신(卯申)이 상합(相合)하고, 신(申) 경금(庚金)이 을목
(乙木)에게 정을 주고, 을목(乙木)이 묘(卯)에 앉아 있고, 추목(秋
木)이 유근(有根)하고, 경금(庚金)이 투출(透出)했으니 정화(丁火)
가 제지하여 배합이 적당하니 비록 승려라도 부자가 된 것이다.

년	월	일	시	■ 화격(化格)
戊	庚	乙	戊	辛壬癸甲乙丙丁戊
午	申	丑	寅	酉戌亥子丑寅卯辰

【원 문】 차팔자서낙오선현평도(此八字徐樂吾先賢評道)

知縣 此化格 妻賢子肖 此造乙庚化金 而年時寅午逆其旺氣

지현 차화격 처현자초 차조을경화금 이년시인오역기왕기

乃假化非眞化也土爲用神 丑宮金水助旺去忌 故妻賢子肖

내가화비진화야토위용신 축궁금수조왕거기 고처현자초

【해 설】

　본명은 지현(知縣) 벼슬을 지낸 사람이다. 화격(化格)이니 아내가
어질고, 자식이 효심이 깊었다. 을경합금(乙庚合金)하여 금(金)으로
변하고, 신(申)월은 금왕절(金旺節)인데 무토(戊土)가 2개 생하여
진화격(眞化格)이 된 것이다. 그러나 년시(年時)의 인목(寅木)과
오화(午火)가 왕기를 거역하여 작은 귀에 머물렀다. 해자축(亥子
丑) 북방 수(水)운에 화기(火氣)를 극제(剋制)하니 발복하였고, 아
내는 어질고 자식은 효심이 깊었던 것이다.

【원 문】

酉月乙木 芝蘭禾稼均退 以丹桂爲乙木 在白露之後 桂蕊未開

유월을목 지란화가균퇴 이단계위을목 재백로지후 계예미개

尙用癸水 以滋桂根 若秋分後 桂花已開 却喜向陽 又宜用丙

단용계수 이자계근 약추분후 계화이개 각희향양 우의용병

癸水次之 丙癸兩透 科甲名臣 或支成金局 宜暗藏丁 無丁制金

계수차지 병계양투 과갑명신 혹지성금국 의암장정 무정제금

恐木被金傷 若無水火 此人勞碌 或得癸水 爲子得母

공목피금상 약무수화 차인노록 혹득계수 위자득모

其人一生豊盈 或丙癸兩透 戊土雜出 亦主異路功名 生秋分後

기인일생풍영 혹병계양투 무토잡출 역주이로공명 생추분후

有丙無癸 亦略富貴 若有癸無丙 名利虛花 若四柱不見丙癸

유병무계 역약부귀 약유계무병 명리허화 약사주불견병계

下格 或癸在年月干 丙透時干 名爲木火文星 定主上達

하격 혹계재년월간 병투시간 명위목화문성 정주상달

生於秋分方佳 或生上半月無癸 姑用壬水 不然 枯木無用

생어추분방가 혹생상반월무계 고용임수 불연 고목무용

必作貧人 又四柱多見戊己 下格 用癸者 金妻水子 用丙者

필작빈인 우사주다견무기 하격 용계자 금처수자 용병자

木妻火子 用壬者 金妻水子 甲乙遇强金 魂歸西土 青龍逢兌旺

목처화자 용임자 금처수자 갑을우강금 혼귀서토 청용봉태왕

且賤且貧 乙木生居酉 莫逢巳酉丑 富貴坎離宮 貧窮申酉守

차천차빈 을목생거유 막봉사유축 부귀감이궁 빈궁신유수

木逢金旺已傷 再遇金鄉 豈不損壽

목봉금왕이상 재우금향 기불손수

【해설】

유(酉)월은 식물이 시들은 때라 을목(乙木)으로 용신(用神)을 삼아야 한다. 백로(白露) 후이면 계수(癸水) 나무가 꽃망울이 열리지

못했으니 반드시 계수(癸水)로 자양한다. 추분(秋分) 후에는 계수(癸水) 나무 꽃이 피었으면 태양을 향하면 길하니 병화(丙火)를 용신(用神)으로 삼은 후 계수(癸水)를 쓴다. 만일 유(酉)월 을목(乙木)이 병화(丙火)와 계수(癸水)가 모두 투출(透出)하면 등과급제하여 명신이 되고, 지지(地支)에 금국(金局)이 있는데 정화(丁火)가 암장(暗藏)되어 화극금(火剋金)하고 정화(丁火)가 없으면 목(木)이 금극목(金剋木)되어 흉하다. 만일 수화(水火)가 없으면 노고가 많고, 계수(癸水)를 얻으면 자식이 어머니를 얻은 격이라 일생이 풍족하고, 병화(丙火)와 계수(癸水)가 모두 투출(透出)했는데 무토(戊土)가 혼잡하게 투출(透出)하면 이로에서 공명을 얻는다.

만일 추분(秋分) 후에 태어나 병화(丙火)는 있는데 계수(癸水)가 없으면 부귀가 작고, 계수(癸水)는 있는데 병화(丙火)가 없으면 명리가 헛되고, 병화(丙火)와 계수(癸水)가 모두 없으면 하격이고, 계수(癸水)가 년월간(年月干)에 있는데 병화(丙火)가 시간(時干)에 투출(透出)하면 목화문성(木火文星)이니 반드시 상달한다.

만일 상반월생이 계수(癸水)가 없으면 임수(壬水)로 용신(用神)을 삼아야 한다. 그렇지 않으면 고목(枯木)이 무용지물이 되니 반드시 빈천하고, 무기토(戊己土)가 많으면 하격이 된다. 만일 계수(癸水)가 용신(用神)이면 금(金)이 아내이며 목(木)이 자식이고, 병화(丙火)가 용신(用神)이면 목(木)이 아내이며 화(火)가 자식이고, 임수(壬水)가 용신(用神)이면 금(金)이 아내이며 수(水)가 자식이다.

만일 갑을목(甲乙木)이 강한 금(金)을 만나면 귀가 서토(西土)로 돌아간다. 청룡인 갑을(甲乙)이 태(兌)의 왕함을 만난 것이니 천하며 가난하고, 을목(乙木)이 생하여 유(酉)에 있는데 사유축(巳酉丑)이 없으면 감리궁(坎離宮)에 부귀가 있고, 신유궁(申酉宮)에 빈천이 있다. 목(木)이 금(金)을 만나면 이미 기운이 상하는데 다시 금(金)을 만났으니 어찌 재물과 수명이 상하지 않겠는가.

년	월	일	시	■ 여명
乙	乙	乙	乙	丙丁戊己庚辛壬
酉	酉	酉	酉	戌亥子丑寅卯辰

천간(天干)이 모두 을목(乙木)이고, 지지(地支)에 통근(通根)하지 않아 불행한 사주가 되고 말았다. 인물은 양귀비 버금갈 정도였지만 어떤 남자와도 길게 가지 못하였다. 열 번 넘게 결혼하였지만 하나같이 난폭하거나 무능하거나 애정이 없었다. 즉 천간(天干)에 용신(用神)이 투간(透干)하여 아무리 아름답게 보여도 지지(地支)에 통근(通根)이 약하거나 뿌리가 상충(相沖)되면 흉명이 된다. 뿌리가 튼튼해야 꽃과 열매가 충실한 법이다.

년	월	일	시	■ 남명
甲	癸	乙	丙	甲乙丙丁戊己庚辛
戌	酉	卯	子	戌亥子丑寅卯辰巳

을목(乙木) 일주(日主)가 유(酉)월에 태어났다. 유(酉)월은 경신(庚辛)이 암장(暗藏)되어 금기(金氣)만이 강하니 갑을목(甲乙木)으로 용신(用神)을 삼은 후 병정화(丙丁火)를 써야 하는데 수(水)가 많으면 토(土)를 먼저 쓴다. 년지(年支)에 술토(戌土)가 들어 유술(酉戌)이 방합(方合)하면 금기(金氣)가 강하니 갑목(甲木)과 병화(丙火)가 들면 길복이 따른다. 그런데 본명은 년상(年上)에 갑목(甲木)이 투출(透出)하여 길복이 많은 사주가 되었고, 조후(調候)하려면 병화(丙火)가 필요한데 시상(時上)에 병화(丙火)가 들었으니 사주가 배합되어 오복을 모두 갖춘 좋은 사주가 되었다.

본명은 을목(乙木) 일주(日主)가 신왕(身旺)하니 심신이 건강하였고, 일지(日支) 묘목(卯木)이 용신(用神)이니 아내복이 많아 아름다운 현모양처를 만났고, 년지(年支) 술토(戌土)가 재성(財星)인데 강하니 중부 정도의 부를 이루며 부귀영화를 누렸다. 그러나 관운은 부족하여 등과하지 못하고 사업가로 성공한 것이다. 본명은 갑을목(甲乙木)이 용신(用神)이고 병정화(丙丁火)는 희신(喜神)이다.

년	월	일	시	■남명						
庚	乙	乙	丙	丙	丁	戊	己	庚	辛	壬
戌	酉	酉	戌	戌	亥	子	丑	寅	卯	辰

을목(乙木) 일주(日主)가 유(酉)월에 태어났고, 년주(年柱)에 경술(庚戌)이 들고, 일지(日支)에 유금(酉金)이 들어 금기(金氣)가

태왕하다. 을목(乙木) 일주(日主)는 월간(月干)과 시간(時干) 을목(乙木)의 도움을 받지만 많은 금기(金氣)에 대항할 수가 없다. 시간(時干) 병화(丙火)는 신강(身强)할 때는 도움을 받을 수 있지만 태약하면 오히려 흉작용을 한다. 더구나 을목(乙木)은 화초이니 강한 도끼나 대검을 감당하지 못하니 금기(金氣)를 따라가 종격(從格)이 되었다. 따라서 금(金)은 용신(用神), 토(土)는 희신(喜神), 목(木)은 기신(忌神), 수(水)는 구신(仇神)이다. 따라서 이 사주를 정격(正格)으로 보고 신약(身弱)으로 판단하고 목(木)이 길하다고 보면 큰 실수다. 이 사람은 재물복이 많아 큰 재물을 지녔으나 아내복은 없어 인자하지 못하고 질투심이 많은 여자를 만났다. 그리고 관운도 없어 과거에 여러 번 응시했지만 매번 낙방하고 사업가로 나갔다.

【원문】

戊月乙木 根枯葉落 必賴癸水滋養 如見甲申時 名爲藤蘿繫甲
술월을목 근고엽낙 필뢰계수자양 여견갑신시 명위등라계갑
可秋可冬 若見癸水 又遇辛金水之源 定主科甲 或有癸無辛 常人
가추가동 약견계수 우우신금수지원 정주과갑 혹유계무신 상인
有辛無癸 貧賤 或四柱壬亥 水雖生乙 亦是尋常之輩 或支多戊土
유신무계 빈천 혹사주임해 수수생을 역시심상지배 혹지다무토
又透天干 作從財看 無比劫方妙 一逢比劫 富屋貧人 用癸者
우투천간 작종재간 무비겁방묘 일봉비겁 부옥빈인 용계자

金妻水子 但子女艱難 季土剋制故也
금처수자 단자녀간난 계토극제고야

【해 설】

술(戌)월 을목(乙木)은 뿌리가 마르고 잎이 떨어지니 반드시 계수 (癸水)로 자양해야 한다. 만일 갑신(甲申)시에 태어났으면 등라계 갑(藤蘿繫甲)이 되어 가을과 겨울이 모두 가하고, 계수(癸水)가 있 는데 신금(辛金)을 만나면 계수(癸水)의 근원이 되니 등과급제하 고, 계수(癸水)가 있는데 신금(辛金)이 없으면 평상인에 불과하고, 신금(辛金)도 없고 계수(癸水)도 없으면 빈천하고, 임해수(壬亥水) 가 있으면 비록 수(水)가 을목(乙木)을 생하나 역시 평범하다.

만일 지지(地支)에 무토(戊土)가 많이 암장(暗藏)되었는데 천간 (天干)에 또 투출(透出)하면 종재격(從財格)으로 본다. 이때 비겁 (比劫)이 없으면 묘해지고, 비겁(比劫)을 1개 만나면 부옥빈인(富 屋貧人)의 명이 된다. 계수(癸水)가 용신(用神)이면 금처수자(金妻 水子)이니 금(金)이 아내이고 수(水)는 자식이다. 이때 자녀를 두 기 어려운 것은 진술축미토(辰戌丑未土)가 토극수(土剋水)하여 제 극(制剋)하기 때문이다.

년	월	일	시	■남명
壬	庚	乙	己	辛壬癸甲乙丙丁
戌	戌	卯	卯	亥子丑寅卯辰巳

을목(乙木) 일주(日主)가 술(戌)월에 태어나 실령(失令)하였다. 월간(月干)에 경금(庚金)이 들고 년지(年支)에 술토(戌土)가 들어 신약(身弱)하니 일지(日支) 묘목(卯木)이 용신(用神)이다. 용신(用神)이 지지(地支)에 들었는데 천간(天干)에 투간(透干)하지 못하여 명예운이 부족하였으나 용신(用神)이 지지(地支)에 들고 강하여 안전하였다.

술(戌)월생은 행운에서 진(辰)을 만나면 진술상충(辰戌相沖)하여 창고문이 열리니 개운된다. 그런데 묘(卯) 대운 갑진(甲辰)년에 진술(辰戌)이 상충(相沖)하여 2곳의 창고문이 한꺼번에 열려 많은 재물이 들어왔고, 그 재물을 다시 투자하여 크게 성공하여 이름을 날렸다. 그리고 아내복도 많아 인자하며 자비심이 많은 현모양처를 만났다. 그러나 정관(正官)이 투출(透出)하여 기신(忌神) 작용을 하니 관운이 없어 등과급제는 하지 못하였다. 이 사람은 타고난 팔자대로 사업가로 성공한 것이다.

년	월	일	시								
甲	甲	乙	丙		乙	丙	丁	戊	己	庚	辛	壬
寅	戌	酉	子		亥	子	丑	寅	卯	辰	巳	午

【원 문】차팔자서낙오선현평도(此八字徐樂吾先賢評道)
名藤蘿繫甲 癸水得祿 科甲名臣 癸水得祿 酉金生之 仍用辛癸也
명등라계갑 계수득록 과갑명신 계수득록 유금생지 잉용신계야

【해 설】

본명은 등라계갑(藤蘿繫甲)이다. 시지(時支) 자(子) 중에 계수(癸水)가 득록(得祿)하여 등과급제하여 명신이 되었다. 자(子) 중에 계수(癸水)가 득록(得祿)하고 일지(日支) 유금(酉金)이 금생수(金生水)하여 생조(生助)하니 길하다. 신금(辛金)과 계수(癸水)가 용신(用神)이다.

년	월	일	시								
辛	戊	乙	癸	丁	丙	乙	甲	癸	壬	辛	庚
丑	戌	卯	未	酉	申	未	午	巳	辰	卯	寅

【원 문】차팔자서낙오선현평도(此八字徐樂吾先賢評道)

辛癸兩透 木局破戊 行酉運選拔 位至尙書 戊土制癸爲病
신계양투 목국파무 행유운선발 위지상서 무토제계위병
木局破戊爲藥 亦以辛癸爲用也
목국파무위약 역이신계위용야

【해 설】

신금(辛金)과 계수(癸水)가 모두 투출(透出)하고, 해묘미(亥卯未) 목국(木局)이 목극토(木剋土)하여 무(戊)를 파하니 길하다. 대운이 서방으로 흘러 갑을(甲乙) 대운에는 상서(尙書)에 이르렀다. 본명은 월상(月上) 무토(戊土)가 시상(時上) 계수(癸水)를 제하는 것이

병이고, 일지(日支)의 묘(卯)와 미토(未土)가 목국(木局)을 이루어 무(戊)를 파하는 것이 약이 되어 길하다. 역시 목기(木氣)가 강하면 신금(辛金)이 용신(用神)이고, 목기(木氣)가 약하면 계수(癸水)가 용신(用神)이다. 그러나 본명에서는 목(木)이 용신(用神)이고, 화(火)는 희신(喜神)이다.

```
년  월  일  시
庚  丙  乙  庚      丁 戊 己 庚 辛 壬 癸 甲
辰  戌  亥  辰      亥 子 丑 寅 卯 辰 巳 午
```

【원 문】 차팔자서낙오선현평도(此八字徐樂吾先賢評道)

支見辰可云化合 但非其時 孤貧有壽
지견진가운화합 단비기시 고빈유수

不但化合失時 且透丙火破格也
불단화합실시 차투병화파격야

【해 설】

지지(地支)에 진토(辰土)가 있으니 화합하나 시주(時柱)에 그치지 않아 수명은 길었으나 고독하며 가난하였다. 을경합금(乙庚合金)하고 시지(時支)에 진토(辰土)가 있어 길한 것 같으나, 신(申)월이 아닌 술(戌)월생이라 실시(失時)되었고, 또 병화(丙火)가 투출(透出)하여 왕기(旺氣)를 거역하니 격이 깨져 흉하였다.

5. 삼동(三冬) 을목(乙木)

【원문】

亥月乙木 木不受氣 而壬水司令 取丙爲用 戊土爲次 丙戊兩透

해월을목 목불수기 이임수사령 취병위용 무토위차 병무양투

科甲定然 有丙無戊 雖不科甲 亦入儒林 支多丙火 運入火鄕

과갑정연 유병무무 수불과갑 역입유림 지다병화 운입화향

亦主顯達 或水多無戊 乙性漂浮 流蕩之徒 若不見丙己 妻子難全

역주현달 혹수다무무 을성표부 유탕지도 약불견병기 처자난전

或一點壬水 卽多見戊土 亦爲不妙 得甲制戊 可許能幹

혹일점임수 즉다견무토 역위불묘 득갑제무 가허능간

且爲人好禍亂 構訟爭非 男女一理 支成木局 時値小陽

차위인호화난 구송쟁비 남여일리 지성목국 시치소양

此又如春木同旺 若有癸水 須取戊土爲尊 加以丙透 科甲之人

차우여춘목동왕 약유계수 수취무토위존 가이병투 과갑지인

若無丙戊二字 自成自敗 終非承受之輩

약무병무이자 자성자패 종비승수지배

【해설】

해(亥)월 을목(乙木)은 목(木)이 수기(受氣)가 없는데 임수(壬水)
가 사령(司令)하니 병화(丙火)로 용신(用神)을 삼은 후 무토(戊土)
를 써야 한다. 만일 병화(丙火)와 무토(戊土)가 모두 투출(透出)하

면 반드시 과갑하고, 병화(丙火)는 있는데 무토(戊土)가 없으면 과갑은 하지 못하나 유림에는 들어가고, 지지(地支)에 병화(丙火)가 많으면 화(火)운으로 들어가니 현달한다.

만일 해(亥)월 을목(乙木)이 수(水)가 많은데 무토(戊土)가 없으면 목(木)이 떠돌아 다니니 방탕한 무리가 되고, 병화(丙火)와 기토(己土)를 보지 못하면 아내와 자식을 보존하기 어렵고, 임수(壬水)가 1개 있는데 무토(戊土)를 많이 보아도 역시 묘하지 않다. 갑목(甲木)으로 무토(戊土)를 제극(制剋)하면 능력이 있고 우두머리가 되지만 문제를 잘 만들고 관재구설을 일으키기 좋아한다. 만일 지지(地支)에 목국(木局)을 이루었는데 소양(小陽)을 만나면 춘목(春木)과 같이 왕성하다. 이때 계수(癸水)가 있어 무토(戊土)가 용신(用神)인데 병(丙)까지 투출(透出)하면 등과하고, 병화(丙火)와 무토(戊土)가 모두 없으면 조상의 업을 잇지 못한다.

년	월	일	시							
乙	丁	乙	丙	戊	己	庚	辛	壬	癸	甲
未	亥	丑	子	子	丑	寅	卯	辰	巳	午

을목(乙木) 일주(日主)가 해(亥)월에 태어나 득령(得令)하였고, 지지(地支)에 해자축(亥子丑) 방합(方合)이 있으니 동목(凍木) 사주가 되었다. 동사를 막으려면 시간(時干)의 병화(丙火)가 용신(用神)인데 을정(乙丁)의 도움을 받고, 년지(年支) 미(未)에 정화(丁

火)가 들어 강하니 부귀영화가 많았다. 본명은 천간(天干)에 길신이 있어 겉으로는 화려하게 보이나, 년지(年支)를 제외한 지지(地支)가 모두 흉신이니 속으로는 근심이 많았다. 을목(乙木) 일주(日主)가 왕성한데 재성(財星)도 강하니 큰 재물을 지녔고, 식상(食傷)이 용신(用神)에 해당하니 명예운과 자식운이 좋았다. 시주(時柱)는 자녀궁인데 병화(丙火)가 용신(用神)이라 길하나, 자수(子水)는 기신(忌神)이라 흉하다. 이런 사주는 자식이 둘이면 하나는 효도하나 하나는 불효한다.

년	월	일	시	■용재격(用財格)
己	乙	乙	丁	甲癸壬辛庚己戊丁
亥	亥	巳	亥	戌酉申未午巳辰卯

【원 문】 차팔자서낙오선현평도(此八字徐樂吾先賢評道)
丙戊祿在巳 惜不透干 可許一榜 惜三亥冲巳 用神受傷
병무녹재사 석불투간 가허일방 석삼해충사 용신수상
丙戊又不透出 是爲成中有敗 敗而無救也
병무우불투출 시위성중유패 패이무구야

【해 설】
본명은 병화(丙火)와 무토(戊土)가 녹(祿)에 해당하는 사(巳)에 있고, 천간(天干)에 투출(透出)하지는 못했어도 등과급제는 하였다.

아쉬운 것은 해(亥) 3개가 사(巳)를 사해상충(巳亥相沖)하여 용신(用神)이 상한 것이다. 조후(調候)에 필요한 병화(丙火)가 투출(透出)하지 못하였고, 제방에 필요한 무토(戊土) 역시 투출(透出)하지 못하여 성공하는 가운데서도 실패하는 명조이고, 또 실패하여도 도와줄 사람이 없는 명조가 되었다.

년	월	일	시	■ 용재격(用財格)
戊	癸	乙	丙	甲乙丙丁戊己庚辛
戌	亥	酉	子	子丑寅卯辰巳午未

【원 문】차팔자서낙오선현평도(此八字徐樂吾先賢評道)
丙戌兩透 道使 亥月乙木 丙戌兩取用 運行木火土 有運得福
병무양투 도사 해월을목 병무양취용 운행목화토 유운득복

【해 설】

본명은 병화(丙火)와 무토(戊土)가 모두 투출(透出)하여 길하니 도사(都史)라는 역사를 기록하는 벼슬에 올랐다. 해(亥)월은 무갑임(戊甲壬)이 암장(暗藏)되어 수기(水氣)와 목기(木氣)가 강하니 먼저 병정화(丙丁火)로 용신(用神)을 삼은 후 무기토(戊己土)를 쓰는데 목(木)이 많으면 금(金)을 먼저 쓴다. 해(亥)월 을목(乙木)은 춥고 홍수가 난 형상이라 조후(調候)하려면 병화(丙火)가 필요하고, 제방하려면 무토(戊土)가 필요하다. 그리고 대운이 병인(丙寅)

정묘(丁卯) 무진(戊辰) 기사(己巳)의 용신(用神)운으로 흘러 등과 급제하였다.

【원문】

子月乙木 花木寒凍 一陽來復 喜用丙火解凍 則花木有向陽之意
자월을목 화목한동 일양내복 희용병화해동 즉화목유향양지의

不宜用癸以凍花木 有一二點丙火出干 無癸制者 可許科甲
불의용계이동화목 유일이점병화출간 무계제자 가허과갑

卽丙藏支內 亦有選拔恩封 得此不貴 必因風水薄 或壬癸出干
즉병장지내 역유선발은봉 득차불귀 필인풍수박 혹임계출간

有戊制 可作能人 卽丙在支內 亦是俊秀 若壬透無戊 貧賤之人
유무제 가작능인 즉병재지내 역시준수 약임투무무 빈천지인

支成水局 干透壬癸 丙丁全無 雖有戊制 貧乏到老 運至南方
지성수국 간투임계 병정전무 수유무제 빈핍도노 운지남방

稍有衣食 丁火有亦如無丁乃燈燭之火 豈能解嚴寒之凍 設無丙丁
초유의식 정화유역여무정내등촉지화 기능해엄한지동 설무병정

戊己多見 金水奔流 下賤 或有戊己無火 亦屬常人 但不至下賤
무기다견 금수분류 하천 혹유무기무화 역속상인 단불지하천

或一派丁火 大奸大詐之徒 如無甲引丁 孤鰥到老 丁火見甲
혹일파정화 대간대사지도 여무갑인정 고환도노 정화견갑

必主麟 趾振振 芝蘭繞膝 或成水局 壬癸兩透 則木浮矣
필주린 지진진 지란요슬 혹성수국 임계양투 즉목부의

不特貧賤 而且夭折 得一戊土救方可 冬月乙木 雖取戊制水
불특빈천 이차요절 득일무토구방가 동월을목 수취무제수
不可作用 豈取丙火則可 用火者 木妻火子 用土者 火妻土子
불가작용 기취병화즉가 용화자 목처화자 용토자 화처토자

【해 설】

자(子)월 을목(乙木)은 화목(花木)이 차가우니 일양(一陽)이 돌아
와 병화(丙火)가 해동시켜 주면 길하다. 즉 화목(花木)은 태양을
향하려는 뜻이 있으니 계수(癸水)로 화목(花木)을 얻게 하면 좋지
않다. 병화(丙火) 1~2개가 천간(天干)에 투출(透出)하고 계수(癸
水)가 막지 않으면 가히 과갑하고, 병화(丙火)가 지지(地支)에 암
장(暗藏)되면 역시 선발의 은봉이 있다. 그렇지 않으면 풍수가 박
하기 때문이다.

만일 임계수(壬癸水)가 천간(天干)에 투출(透出)했는데 무토(戊
土)가 제극(制剋)하면 유능하고, 병화(丙火)가 지지(地支)에 암장
(暗藏)되어도 준수하다. 그러나 임수(壬水)가 투출(透出)했는데 무
토(戊土)가 없으면 빈천하고, 지지(地支)에 수국(水局)을 이루었는
데 천간(天干)에 임계수(壬癸水)가 투출(透出)하고 병정화(丙丁火)
가 1개도 없으면 비록 무토(戊土)가 제압하여도 늙도록 가난하다.
이때 운이 남방으로 흐르면 약간의 의식은 있지만 정화(丁火)는
있어도 없는 것과 같다. 정화(丁火)는 등불과 같으니 엄동의 한파
를 어찌 녹이겠는가. 가령 정화(丁火)나 병화(丙火)가 없는데 무기

토(戊己土)가 많으면 금수(金水)가 분주하게 흐르니 하천하다.

만일 무기(戊己)가 있는데 화(火)가 없으면 평상인에 불과하나 하천한 데까지는 이르지 않고, 정화(丁火)가 일파만 있어도 매우 간악한 무리가 되고, 갑목(甲木)이 없어 정화(丁火)를 끌지 못하면 늙도록 고독한 홀아비로 살고, 정화(丁火)가 갑목(甲木)을 보면 덕망을 널리 떨치며 슬하에 자손이 가득하고, 수국(水局)을 이루었는데 임계수(壬癸水)가 모두 투출(透出)하면 부목(浮木)이 되어 빈천하며 요절하는데 무토(戊土)를 얻으면 구제된다.

겨울 을목(乙木)은 무토(戊土)를 용신(用神)으로 삼아도 작용은 하지 못하니 반드시 병화(丙火)로 용신(用神)을 삼아야 좋다. 화(火)가 용신(用神)이면 목(木)이 아내이며 화(火)는 자식이고, 토(土)가 용신(用神)이면 화(火)가 아내이며 토(土)는 자식이다.

년	월	일	시	■ 인수격(印綬格)
庚	戊	乙	丙	己 庚 辛 壬 癸 甲 乙 丙
申	子	巳	子	丑 寅 卯 辰 巳 午 未 申

【원 문】차팔자서낙오선현평도(此八字徐樂吾先賢評道)

丙戊兩透 詞林 丙戊得祿於巳 喜用有神 惜乙木無根 否則
병무양투 사림 병무득록어사 희용유신 석을목무근 부즉

當不止詞林也 乙木生於冬至之後 坐下木局 得丙透干
당불지사림야 을목생어동지지후 좌하목국 득병투간

富貴之造 卽丁出干 亦有衣食 須忌癸制丁 乙木生於冬月
부귀지조 즉정출간 역유의식 수기계제정 을목생어동월
己土透干 又有丙透 大富大貴之造
기토투간 우유병투 대부대귀지조

【해 설】

　자(子)월은 임계(壬癸)가 암장(暗藏)되어 수기(水氣)만이 강하니
병정화(丙丁火)로 용신(用神)을 삼은 후 무기토(戊己土)를 써야 하
나 목(木)이 많으면 토(土)를 먼저 쓴다. 그런데 본명은 시간(時
干)에 병화(丙火)가 투출(透出)했는데 월(月)에 무토(戊土)가 투출
(透出)했으니 병무(丙戊)가 모두 투출(透出)하여 사림(詞林)이라는
벼슬을 하였다. 병무(丙戊)는 일지(日支) 사(巳)에서 득록(得祿)하
여 용신(用神)과 희신(喜神)이다. 그러나 아쉬운 것은 을목(乙木)
일주(日主)가 무근(無根)인 것이다. 그렇지 않았다면 사림(詞林)에
머물지는 않았을 것이다.

　을목(乙木) 일주(日主)가 동지(冬至) 이후에 태어났고, 해묘미(亥
卯未) 목국(木局)을 이루고, 병화(丙火)가 투간(透干)하면 부귀하
다. 이때 정화(丁火)가 출간(出干)하여도 의식주가 넉넉하다. 그러
나 계수(癸水)가 용신(用神) 정화(丁火)를 제극(制剋)하면 흉하다.
을목(乙木) 일주(日主)가 겨울에 태어나고, 기토(己土)가 투간(透
干)하고, 병화(丙火)가 투출(透出)하면 대부대귀한 명조가 된다.

【원 문】

丑月乙木 木寒宜丙 有寒谷回春之象 得一丙透 無癸出破格

축월을목 목한의병 유한곡회춘지상 득일병투 무계출파격

不特科甲 定主名臣顯官 丙火藏支 食饎而巳 干支無丙

불특과갑 정주명신현환 병화장지 식희이사 간지무병

一介寒儒 或四柱多己 不逢比劫 乃爲從財 富比王侯 若見比劫

일개한유 혹사주다기 불봉비겁 내위종재 부비왕후 약견비겁

貧無立錐 雖或一派戊己 見甲頗有衣祿 豈以丙火爲用 方妙

빈무입추 수혹일파무기 견갑파유의록 기이병화위용 방묘

【해 설】

축(丑)월 을목(乙木)이 한기를 해소하려면 병화(丙火)가 필요하니 병화(丙火)가 투출(透出)하면 찬 골짜기에 봄이 돌아온 형상이다. 만일 병화(丙火)가 1개 있는데 계수(癸水)가 파극(破剋)하지 않으면 등과급제하고, 설사 과갑을 하지 못해도 군왕을 보좌하는 명신이 된다. 만일 병화(丙火)가 암장(暗藏)되면 사화(巳火)가 그 양식이 되고, 간지(干支)에서 만나지 못하면 초라한 선비에 불과하다. 만일 사주에 기토(己土)가 많은데 비겁(比劫)을 만나지 못하면 종재격(從財格)이 되어 왕후의 부귀에 비교할 만하나, 비겁(比劫)을 보면 가난하기 짝이 없다. 비록 무기토(戊己土) 일파가 갑목(甲木)을 보면 의식과 복록이 있지만 반드시 병화(丙火)를 써야 신묘함이 있다.

년	월	일	시	■ 편인격(偏印格)
壬	癸	乙	辛	甲乙丙丁戊己庚辛
午	丑	卯	巳	寅卯辰巳午未申酉

【원 문】차팔자서낙오선현평도(此八字徐樂吾先賢評道)

巳中丙戊得所 一榜 官至太守 此造乙木專祿 丙戊巳宮得祿

사중병무득소 일방 관지태수 차조을목전록 병무사궁득록

運行南方 必得意也

운행남방 필득의야

【해 설】

을목(乙木) 일주(日主)가 축(丑)월 엄동설한에 태어났다. 조후(調候)하려면 태양인 병화(丙火)가 필요한데 시지(時支) 사(巳)에 병화(丙火)와 무토(戊土)가 있으니 한 번에 등과급제하였고, 계속 승진하여 태수(太守)라는 높은 벼슬에 올랐다. 이 명조는 오직 을목(乙木)만이 득록(得祿)하였다. 즉 병화(丙火)와 무토(戊土)가 사(巳)에 득록(得祿)하였고, 대운이 사오미(巳午未) 병정무(丙丁戊)의 남방으로 흘러 뜻을 이룬 것이다.

년	월	일	시	■ 편인격(偏印格)
壬	癸	乙	辛	甲乙丙丁戊己庚辛
午	丑	酉	巳	寅卯辰巳午未申酉

【원 문】 차팔자서낙오선현평도(此八字徐樂吾先賢評道)

巳酉丑三合金局 丙火被其合住 逢辛反怯 丙火減其力量
사유축삼합금국 병화피기합주 봉신반겁 병화감기역량

巳宮化爲金之生地 故云帶丙不得祿 究之丙火力量猶存
사궁화위금지생지 고운대병불득록 구지병화역량유존

惟用神拘絆 不能顯達 一富而巳 若巳丑合無酉 則不致拘絆也
유용신구반 불능현달 일부이사 약사축합무유 즉불치구반야

【해 설】

　본명은 사유축(巳酉丑)이 삼합(三合)하여 금국(金局)을 이루었다. 사병화(巳丙火)가 합되니 신금(辛金)을 두려워하여 병화(丙火)의 역량이 많이 줄어들었다. 사궁(巳宮)이 금(金)의 생지(生地)로 변하면 병불득록(丙不得祿)이 되는데, 병화(丙火)의 기력이 조금은 남아 있어 용신(用神)을 묶어버리니 현달하기는 어려우나 부는 이루었다. 만일 사유축(巳酉丑) 금국(金局)을 이루어도 유금(酉金)이 없으면 기반(羈絆)으로 보지 않는다. 어떤 삼합(三合)이든 자오묘유(子午卯酉)의 왕지(旺地)가 빠지면 삼합(三合)의 역량이 약해지므로 삼합(三合)으로 보지 않는다.

년	월	일	시	■ 편재격(偏財格)
庚	己	乙	庚	庚辛壬癸甲乙丙丁
子	丑	巳	辰	寅卯辰巳午未申酉

【원 문】차팔자서낙오선현평도(此八字徐樂吾先賢評道)

此命殺重身輕 貧而且夭 庚金兩透 官多化殺 乙木坐巳

차명살중신경 빈이차요 경금양투 관다화살 을목좌사

暗藏丙戊 時逢辰 木亦通根 壞在己土透出 黨殺剋身也

암장병무 시봉진 목역통근 괴재기토투출 당살극신야

【해 설】

이 사주는 칠살(七殺)은 무거운데 일주(日主)는 가벼우니 가난하거나 요절할 명조다. 년간(年干)과 시간(時干)에 경금(庚金)이 모두 투출(透出)하여 정관(正官)이 많으니 칠살(七殺)로 변하였다. 을목(乙木)은 사(巳)에 앉아 병무(丙戊)가 암장(暗藏)되고, 시지(時支)에 진토(辰土)가 있으니 목(木)이 통근(通根)되었다. 월(月)에 기토(己土)가 투출(透出)하여 토생금(土生金)으로 칠살(七殺)을 더 왕강하게 만드니 단명한 것이다. 축(丑)월은 계신기(癸辛己)가 암장(暗藏)되어 수기(水氣)와 토기(土氣)가 강하니 병정화(丙丁火)와 경신금(庚辛金)으로 용신(用神)을 삼아야 하나 토(土)가 많으면 목(木)이 용신(用神)이다.

제 II 부. 화론(火論)

제1장. 화론(火論)

【원 문】

炎炎眞火 位鎭南方 故火不明之理 輝光不久 全要伏藏

염염진화 위진남방 고화불명지리 휘광불구 전요복장

故明無不滅之象 火以木爲體無木 則火不長焰 火以水爲用

고명무불멸지상 화이목위체무목 즉화불장염 화이수위용

無水則火太酷烈 故火多則不實 火烈則傷物 木能藏火

무수즉화태혹열 고화다즉부실 화열즉상물 목능장화

到寅卯方而生火 不利於西 遇申酉而必死 生居離位

도인묘방이생화 불리어서 우신유이필사 생거이위

果斷有爲 若居坎宮 謹畏守禮

과단유위 약거감궁 근외수예

【해 설】

화(火)가 불길이 있으면 진화(眞火)이고 남방(南方)에 위치하니 불명(不明)할 원리가 없다. 휘광(輝光)은 오래가지 못하니 반드시 복장되어야 불멸하는 형상이 된다. 화(火)는 목(木)으로 체(體)를 삼으니 목(木)이 없으면 불길이 오래 가지 못하고, 수(水)를 쓰는데 물이 없으면 불이 너무 맹렬하다. 따라서 화(火)가 너무 많으면 건강하거나 충실하지 못하고, 화(火)가 맹렬하면 물건이 상한다. 목(木)은 능히 화(火)를 감추니 인묘방(寅卯方)에 오면 불이 생하고, 서방(西方)에 오면 불리하고, 신유(申酉)를 만나면 죽고, 이궁(離宮)에 있으면 과단성이 있고, 감궁(坎宮)에 있으면 조심하고 두려워하며 예의를 지킨다.

년	월	일	시	■남명
庚	壬	丙	癸	癸甲乙丙丁戊己庚
寅	午	申	巳	未申酉戌亥子丑寅

병화(丙火) 일주(日主)가 오(午)월에 태어났다. 오(午)월은 병기정(丙己丁)이 암장(暗藏)되어 화기(火氣)만이 강하니 반드시 임계수(壬癸水)로 용신(用神)을 삼아야 한다. 본명은 화염이 매우 강한데 년지(年支)에 인목(寅木)이 들어 목생화(木生火)하고, 시지(時支)에 사화(巳火)가 들어 불길을 보태니 열기가 대단하다. 따라서 무엇보다 임계수(壬癸水)가 시급한데 월상(月上)에 임수(壬水)가

투출(透出)하고, 시상(時上)에 계수(癸水)가 투출(透出)하고, 일지(日支)에 신금(申金)이 들어 임계수(壬癸水) 용신(用神)이 신금(申金)에 통근(通根)하여 충분히 능력을 발휘할 수 있다.

본명은 관운이 좋아 일찍 등과급제하여 승승장구하더니 고관이 되었다. 신왕(身旺) 관왕(官旺) 재왕(財旺)하면 당연히 고관대작이 된다. 그리고 일지(日支) 신금(申金)이 희신(喜神)이라 아내복도 많았고, 재물복도 많아 부귀영화를 누렸다. 인간으로 태어나 원도 한도 없는 삶을 살았다.

【원 문】

金得火和 而能鎔鑄 水得火和 則成旣濟 遇土不明 多主寒塞
금득화화 이능용주 수득화화 즉성기제 우토불명 다주건색

逢木旺處 決定爲榮 木死火虛 難得永久 縱有功名 必不長久
봉목왕처 결정위영 목사화허 난득영구 종유공명 필불장구

春忌見木 惡其焚也 夏忌見土 惡其暗也 秋忌見金 金難剋制
춘기견목 악기분야 하기견토 악기암야 추기견금 금난극제

冬忌見水 水旺則滅 故春火欲明 不欲炎 炎則不實 秋火欲藏
동기견수 수왕즉멸 고춘화욕명 불욕염 염즉부실 추화욕장

不欲明 明則太燥 冬火欲生 不欲殺 殺則歇滅
불욕명 명즉태조 동화욕생 불욕살 살즉헐멸

【해 설】

금(金)을 얻어 조화를 이루면 녹여서 그릇을 만들고, 수(水)가 화 (火)와 조화를 이루면 기제(旣濟)의 공이 있고, 토(土)를 만나면 밝지 못하고, 토(土)가 많으면 움추러들고, 왕성한 목(木)을 만나면 영화가 결정되고, 목(木)이 죽으면 화(火)가 허약해져 불길이 오래 가지 못하니 공명이 있어도 오래 가지 못한다.

봄철에는 목(木)을 꺼리는데 타는 것이 악하고, 여름철에는 토 (土)를 꺼리는데 어두워짐을 악하게 여기고, 가을철에는 금(金)을 꺼리는데 금(金)을 제극(制剋)하기 어렵고, 겨울철에는 수(水)를 꺼리는데 수(水)가 왕하면 멸한다. 따라서 봄의 불은 밝기를 바라지만 너무 왕하면 좋지 않고, 가을의 불은 감추기를 바라지만 너무 밝으면 좋지 않고, 겨울의 불은 생하기를 바라지만 죽는 것을 원하지 않는다.

년 월 일 시	■ 여명
辛 丁 丙 丁	戊己庚辛壬癸甲乙
卯 酉 辰 酉	戌亥子丑寅卯辰巳

유(酉)월은 경신(庚辛)이 암장(暗藏)되어 금기(金氣)만이 강하니 갑을목(甲乙木)을 용신(用神)으로 삼은 후 병정화(丙丁火)를 써야 한다. 유(酉)월은 금(金)이 왕성하고, 정화(丁火)는 용광로에 해당하니, 월상(月上)에 정화(丁火)가 투출(透出)하면 유금(酉金)을 녹

여 충분히 기물을 만들 수 있다. 본명은 년지(年支)에 묘목(卯木)이 들어 정화(丁火)를 계속 도와주니 정화(丁火)가 용신(用神) 역할을 잘하여 명예운과 재물운이 좋았다.

일지(日支)에 진토(辰土)가 들고, 진(辰)에 을계무(乙癸戊)가 들어 을목(乙木)이 병화(丙火)를 생조(生助)하니 남편복이 많아 인자하며 관대한 군자를 만나 사랑을 많이 받았다. 그리고 진(辰) 무토(戊土)는 토생금(土生金)하여 금기(金氣)도 강하니 신왕(身旺) 재왕(財旺)하여 재물복과 남편복이 많은 매우 좋은 명조가 되었다. 인간의 오복을 모두 갖추어 부귀영화가 끝없이 이어진 것이다.

【원 문】

生於春月 母旺子相 勢力竝行 喜木生扶 不宜過旺 旺則火炎
생어춘월 모왕자상 세력병행 희목생부 불의과왕 왕즉화염

欲水旣濟 不愁興盛 盛則沾恩 土多則蹇塞埋光 火盛則傷多熱燥
욕수기제 불수흥성 성즉첨은 토다즉건색매광 화성즉상다열조

見金可以施功 縱重見用財尤逐 夏月之火 秉令乘權
견금가이시공 종중견용재우축 하월지화 병령승권

逢水制則免自焚之咎 見木助必招夭折之患 遇金必作良工
봉수제즉면자분지구 견목조필초요절지환 우금필작양공

得土逐成稼穡 金土雖爲美利 無水則金燥土焦 再加木助 太過傾危
득토수성가색 금토수위미리 무수즉금조토초 재가목조 태과경위

【해 설】

봄철에 태어나면 어머니가 왕성하고 자식이 기상한 형상이니 세력이 병행한다. 목(木)으로 부조(扶助)하면 좋으나 지나치게 왕성하면 좋지 않고, 목(木)이 왕성하면 수(水)로 기제(旣濟)하여 자윤하는 은공은 있고, 토(土)가 많으면 화기(火氣)가 움추러들며 빛이 묻히고, 화(火)가 왕성하면 열조하고, 금(金)을 보면 베푸는 공이 있으니 중하더라도 재(財)를 보면 더 이루기가 쉽다.

여름철 화(火)는 때를 만나 세력을 부리니 수(水)가 제극(制剋)하면 스스로 타서 없어지는 허물을 면하고, 목(木)으로 도와주면 화(火)가 더 맹렬해지니 반드시 요절하고, 금(金)을 만나면 반드시 좋은 기물을 만들고, 토(土)를 만나면 곡식을 심어 거두어 들이는 공이 있다. 비록 토(土)와 금(金)이 아름답고 이로우나 수(水)가 없으면 금조토초(金燥土焦)가 되고, 다시 목(木)을 더하면 태과하여 위험하다.

년	월	일	시	■ 남명
丙	辛	丙	庚	壬 癸 甲 乙 丙 丁 戊 己
申	卯	子	寅	辰 巳 午 未 申 酉 戌 亥

병화(丙火) 일주(日主)가 묘(卯)월에 태어났다. 묘(卯)월은 갑을(甲乙)이 암장(暗藏)되어 목기(木氣)만이 강하니 반드시 경신금(庚辛金)으로 용신(用神)을 삼아야 한다. 묘(卯)월은 목기(木氣)가 강

한데 또 인(寅)시를 만났으니 인묘(寅卯)가 방합(方合)한다. 따라서 왕성한 목(木)을 제하려면 먼저 월상(月上) 신금(辛金)으로 용신(用神)을 삼은 후 시상(時上) 경금(庚金)을 써야 한다. 경신금(庚辛金) 용신(用神)은 년지(年支) 신금(申金)에 의지하여 강하다. 어떤 사주든 용신(用神)이 강하면 능력과 길복이 많다.

본명은 신왕(身旺)하고 재왕(財旺)하니 재물복이 많아 큰 재물을 모을 수 있었다. 그러나 일지(日支) 자수(子水)가 관살(官殺)인데 한신(閑神)에 해당하여 관운은 약하여 높이 오르지는 못하였다. 그리고 일지(日支) 자수(子水)가 한신(閑神)에 해당하여 부부운은 반길반흉으로 보통이었으나, 재성(財星)이 좋아 첩을 여럿 두었는데 재성(財星)이 또 용신(用神)이라 첩들이 모두 도움이 되었다. 재성(財星)이 기신(忌神)이면 흉한 첩이라 도움이 되지 않는다.

【원 문】

秋月之火 性息體休 得木生則有復明之慶 遇水剋雖免隕滅之炎
추월지화 성식체휴 득목생즉유복명지경 우수극수면운멸지염
土重而掩息其光 金多而損傷其勢 火見以光揮 縱疊而必利
토중이엄식기광 금다이손상기세 화견이광휘 종첩이필이
冬月之火 體絶形亡 喜木生而有救 遇水剋以爲殃 欲土制爲榮
동월지화 체절형망 희목생이유구 우수극이위앙 욕토제위영
愛火比爲利 見金爲難任財 無金而不遭害 天地雖傾 火水難成
애화비위이 견금위난임재 무금이불조해 천지수경 화수난성

【해 설】

가을 화(火)는 성질과 체상(體相)이 휴수(休囚)되니 목(木)을 얻
으면 다시 밝아지고, 수(水)가 극하면 재앙을 면하고, 토(土)가 중
하면 그 빛을 덮어버리고, 금(金)이 많으면 세력이 약해지고, 화
(火)를 보면 빛이 발하는데 거듭 보아도 이롭다. 겨울 화(火)는 체
형(體形)이 끊어져 멸하니 목(木)이 생조(生助)해주어야 길하다.
수(水)를 만나면 수극화(水剋火)하여 재앙이 되나, 토(土)가 토극
수(土剋水)하면 영화롭고, 금(金)을 보면 재물을 마음대로 하기 어
렵고, 천지가 기울면 수화(水火)의 조화를 이루기 어렵다.

년	월	일	시	■ 남명
庚	乙	丙	甲	丙丁戊己庚辛壬癸
戌	酉	申	午	戌亥子丑寅卯辰巳

병화(丙火) 일주(日主)가 유(酉)월에 태어났다. 유(酉)월은 금기
(金氣)가 왕성한데 지지(地支)에서 신유술(申酉戌)이 방합(方合)하
여 금기(金氣)가 태왕하니 갑을목(甲乙木)을 용신(用神)으로 삼아
야 한다. 그런데 월상(月上)에 을목(乙木)이 투출(透出)하고, 시상
(時上)에 갑목(甲木)이 투출(透出)하여 길하다. 병화(丙火) 일주
(日主)는 갑을목(甲乙木)의 도움을 받고, 또 시지(時支) 오화(午
火)에 의지하여 강하다. 따라서 본명은 신왕재왕(身旺財旺)하니 재
물복이 많아 수만 석의 대부가 되었다. 그러나 일지(日支) 신금(申

金)이 기신(忌神)에 해당하니 아내운은 좋지 않아 사별과 이별을 몇 차례 반복하였고, 첩도 여러 명 두었지만 모두 간사하여 도움이 되지 않았다. 재성(財星)이 기신(忌神)에 해당하면 간사한 첩들과 인연이 있어 결과가 좋지 않다.

1. 훈화(燻火) 사주

년 월 일 시	■ 남명, 편재격(偏財格)
甲 丁 丙 壬	戊己庚辛壬癸甲乙
申 卯 寅 辰	辰巳午未申酉戌亥

목기(木氣)가 많아 화(火)가 연기로 생화(生火)하기 어려운 사주를 훈화(燻火) 사주라고 한다. 병화(丙火) 일주(日主)가 묘(卯)월에 태어났다. 목(木)이 많아 신강(身强)해졌으니 목기(木氣)를 억제해야 중화를 이룬다. 따라서 금극목(金剋木)해야 하니 년지(年支) 신금(申金)이 용신(用神)이다. 금(金)이 용신(用神)이니 대길하고, 술토(戌土)는 토생금(土生金)하니 중길하고, 병화(丙火)가 강하니 임계수(壬癸水)도 소길하다. 그러나 다시 갑을목(甲乙木)을 만나면 대흉하고, 이미 신강(身强)한데 병정화(丙丁火)운을 또 만나면 역시 구신(仇神)에 해당하여 소흉하다. 이 사람은 편재(偏財)가 용신(用神)에 해당하니 사업으로 작은 재물이나마 모을 수 있

었고, 시상(時上) 임수(壬水)가 편관(偏官)에 해당하며 희신(喜神)
이라 관운도 중길하여 중간 정도의 벼슬을 하였다.

2 왕화(旺火) 사주

년	월	일	시	■ 남명, 편관격(偏官格)
壬	丙	丙	己	丁戊己庚辛壬癸甲
申	午	寅	丑	未申酉戌亥子丑寅

병화(丙火) 일주(日主)가 오(午)월에 태어났는데 월상(月上)에 병
화(丙火)가 투출(透出)하고, 일지(日支)에 인목(寅木)이 들어 목생
화(木生火)하니 화기(火氣)가 태과하여 왕화(旺火) 사주가 되었다.
화기(火氣)를 제극(制剋)해야 하므로 수극화(水剋火)하니 년상(年
上) 임수(壬水)가 용신(用神)인데 년지(年支) 신금(申金)과 시지
(時支) 축토(丑土)에 통근(通根)하여 강하니 귀한 사주가 되었다.
  본명은 편관(偏官)이 용신(用神)에 해당하니 당연히 관운이 따라
일찍 등과하여 상서(尙書)에 이르렀고, 재물도 많이 모아 의식주가
풍족하였다. 욕심을 부렸으면 충분히 큰 부자가 될 수도 있었지만
청렴결백하여 작은 부자에 만족했다. 따라서 평생 관직에 있으면서
도 누구에게도 원한을 사지 않았다.

3. 회화(晦火) 사주

년 월 일 시	■ 남명, 편인격(偏印格)
甲 甲 丙 戊	乙丙丁戊己庚辛壬
戌 戌 戌 戌	亥子丑寅卯辰巳午

병화(丙火) 일주(日主)가 술(戌)월에 태어났다. 지지(地支)에 토(土)가 많으면 설기(洩氣)가 심하여 회화(晦火)의 어두운 화기(火氣)로 변한다. 따라서 토기(土氣)를 제극(制剋)하고 화기(火氣)를 생조(生助)하는 갑을목(甲乙木)이 용신(用神)이고, 병정화(丙丁火)는 희신(喜神)이니 중길하다. 그러나 토기(土氣)를 보면 대흉하고, 갑을목(甲乙木) 용신(用神)을 파극(破剋)하는 경신금(庚辛金)을 만나도 구신(仇神)이니 중흉하고, 신약(身弱)한 병화(丙火)를 소화시키는 임계수(壬癸水)를 만나도 역시 구신(仇神)이라 중흉하다.

본명은 토기(土氣)가 너무 심하여 종아격(從兒格)으로 보이지만 년월(年月)에 갑목(甲木)이 투출(透出)하여 목생화(木生火)하고 목극토(木剋土)하여 정격(正格)이며 신약(身弱) 사주다. 편인(偏印)이 용신(用神)이니 학문과 인연이 깊어 학자가 되었다.

4. 식화(熄火) 사주

년 월 일 시	■남명, 인수격(印授格)
甲 癸 丁 己	戊己庚辛壬癸甲乙
申 酉 卯 酉	寅卯辰巳午未申酉

정화(丁火) 일주(日主)가 유(酉)월에 태어났다. 사주에 금기(金氣)가 태과하면 화기(火氣)의 힘이 흩어져 역량이 줄어든다. 따라서 신약(身弱)한 일간(日干)을 돕는 인성(印星)과 비겁(比劫)이 길하다. 일지(日支)에 묘목(卯木)이 들어 목생화(木生火)로 신약(身弱)을 면하였다. 본명은 갑을목(甲乙木)을 만나면 대길하고, 일주(日主)가 신약(身弱)하니 병정화(丙丁火)를 만나면 희신(喜神)이니 중길하고, 다시 경신금(庚辛金)을 만나면 대흉하고, 신약(身弱)한 일주(日主)를 파극(破剋)하는 임계수(壬癸水)를 만나도 구신(仇神)에 해당하니 중흉하다.

이 사람은 년상(年上)에 갑목(甲木)이 투출(透出)했는데 일지(日支)에 묘목(卯木)이 들어 신약(身弱)을 면했지만, 정계(丁癸)가 상충(相沖)하여 관직에는 나가지 못하였고, 묘유(卯酉)가 상충(相沖)하여 허리와 관절에 고질병이 있었고, 아내는 순진하며 현모양처였지만 허약하였다. 간명할 때는 우선 자신을 보고, 그 다음에 가족과 주변을 보는 것이 적중률이 높다.

5. 멸화(滅火) 사주

년 월 일 시	■ 남명, 편관격(偏官格)
壬 壬 丙 庚	癸甲乙丙丁戊己庚
午 子 子 寅	丑寅卯辰巳午未申

병화(丙火) 일주(日主)가 자(子)월에 태어나 수기(水氣)가 태과하니 병화(丙火)가 소멸되어 멸화(滅火) 사주가 되었다. 수기(水氣)가 태왕하니 반드시 인성(印星)과 비겁(比劫)으로 용신(用神)을 삼아야 하고, 매우 신약(身弱)하니 재성(財星)과 관성(官星)과 식상(食傷)은 모두 흉하다. 따라서 본명에서는 병정화(丙丁火)가 가장 길하고, 기미토(己未土)와 무진토(戊辰土)는 토극수(土剋水)하니 그 다음으로 길하다. 그리고 갑을목(甲乙木)은 신약(身弱)한 병화(丙火)에서는 목생화(木生火)하니 소길하나, 임계수(壬癸水)를 다시 만나면 대흉하다. 그리고 경신금(庚辛金)도 금생수(金生水)하여 기신(忌神)을 더 강하게 도와주니 소흉하다.

본명은 년지(年支) 오화(午火)가 용신(用神)에 해당하니 예의범절이 있었으나, 수기(水氣)가 태왕하여 관재구설과 직업에 변동이 많았다. 또 일지(日支) 자수(子水)가 기신(忌神)에 해당하니 부부운이 없어 아내가 사악하며 불륜을 저질렀다. 그러나 대운이 목화(木火)운으로 흘러 의식주는 해결하고 살았다.

제2장. 병화론(丙火論)

1. 병화(丙火)의 희용제요(喜用提要)

1. 인(寅)월 병화(丙火)

【원문】

寅月丙火 先壬後庚 壬水爲用 庚金發水之源爲佐

인월병화 선임후경 임수위용 경금발수지원위좌

【해 설】

  인(寅)월은 삼음삼양(三陰三陽)의 계절이며 지천태(地天泰)다. 아직 차가운 기운이 많지만 병화(丙火) 자체가 태양이니 조후(調候)는 이미 이루어진 셈이다. 따라서 먼저 임수(壬水)로 용신(用神)을 삼은 후 경금(庚金)을 써야 한다. 만일 임수(壬水)가 용신(用神)이면 경금(庚金)을 수(水)의 발원처로 보좌해야 한다.

년 월 일 시	■남명
戊 甲 丙 庚	乙丙丁戊己庚辛壬
子 寅 申 寅	卯辰巳午未申酉戌

병화(丙火) 일주(日主)가 인(寅)월에 태어났다. 인(寅)월은 무병갑(戊丙甲)이 암장(暗藏)되어 목기(木氣)와 화기(火氣)가 강하니 경신금(庚辛金)과 병정화(丙丁火)로 용신(用神)을 삼아야 한다. 그리고 인(寅)월은 아직 한기가 남아 있으나 병화(丙火) 일주(日主) 자체가 태양이니 조후(調候)는 이미 이루어진 셈이다. 왕성한 목기(木氣)를 제극(制剋)하려면 시상(時上) 경금(庚金)이 용신(用神)이고 토(土)는 희신(喜神)이다.

본명은 시상(時上)에 용신(用神)이 투출(透出)하여 자식복이 많았고 노년이 평안하였다. 경금(庚金) 용신(用神)은 년상(年上) 무토(戊土)와 일지(日支) 신금(申金)에 통근(通根)하여 강하니 사업으로 성공하여 중부 이상의 재물을 모았고, 아리따운 아내와 첩을 여러 명 두고 부귀영화를 누렸다. 다만 인신(寅申)이 상충(相沖)하여 재물을 얻는데 충돌이 많았다. 그리고 년지(年支) 자수(子水)가 구신(仇神)에 해당하니 관운은 없어 몇 차례 과거를 보았지만 모두 낙방하였다.

2. 묘(卯)월 병화(丙火)

【원문】

卯月丙火 先壬後己 專用壬水 水多用戊制之

묘월병화 선임후기 전용임수 수다용무제지

身弱用印化之 無壬用己

신약용인화지 무임용기

【해설】

묘(卯)월 병화(丙火)는 먼저 임수(壬水)로 용신(用神)을 삼은 후 기토(己土)를 써야 한다. 그러나 신강(身强)하면 반드시 임수(壬水)로 용신(用神)을 삼고, 목(水)이 많으면 무토(戊土)를 용신(用神)으로 삼아 제극(制剋)하고, 신약(身弱)하면 인성(印星)을 용신(用神)으로 삼아 관인상생(官印相生)시키고, 임수(壬水)가 없으면 기토(己土)를 용신(用神)으로 삼는다.

년	월	일	시	■여명						
辛	辛	丙	乙	壬	癸	甲	乙	丙	丁	戊	己
卯	卯	戌	未	辰	巳	午	未	申	酉	戌	亥

병화(丙火) 일주(日主)가 묘(卯)월에 태어났다. 묘(卯)월은 갑을목(甲乙木)이 암장(暗藏)되어 목기(木氣)만이 강하니 반드시 경신

금(庚辛金)으로 용신(用神)을 삼은 후 무기토(戊己土)를 써야 한다. 그런데 년월(年月)에 신금(辛金)이 투출(透出)하여 길명이 되었고, 일지(日支)와 시지(時支)에 술토(戌土)와 미토(未土)가 들어 통근(通根)하여 강하다. 정재(正財)가 용신(用神)이니 현모양처이며 정당한 사업으로 성공하였고, 신금(辛金) 정재(正財)가 용신(用神)이니 정직하며 정의감이 강하였다. 그러나 월지(月支) 묘목(卯木)이 정인(正印)이며 기신(忌神)에 해당하니 질투심과 잔인한 면이 많았다. 일지(日支) 술토(戌土)는 식신(食神)이며 용신(用神)에 해당하니 식성이 좋고 관대하며 애처가 남편을 만났다.

3. 진(辰)월 병화(丙火)

【원 문】

辰月丙火 先壬後甲 專用壬水 土重以甲爲佐
진월병화 선임후갑 전용임수 토중이갑위좌

【해 설】

진(辰)월 병화(丙火)는 먼저 임수(壬水)로 용신(用神)을 삼은 후 갑목(甲木)을 써야 한다. 신강(身强)하면 반드시 임수(壬水)로 용신(用神)을 삼고, 토(土)가 중하면 갑목(甲木)으로 용신(用神)을 삼는다.

년	월	일	시	■남명
己	戊	丙	壬	丁丙乙甲癸壬辛庚
酉	辰	寅	辰	卯寅丑子亥戌酉申

병화(丙火) 일주(日主)가 진(辰)월에 태어났다. 진(辰)월은 을계무(乙癸戊)가 암장(暗藏)되어 토기(土氣)와 목기(木氣)가 강하니 경신금(庚辛金)과 임계수(壬癸水)로 용신(用神)을 삼아야 한다. 그리고 진(辰)월은 토(土)와 목(木)이 왕성하고, 일지(日支)에 인목(寅木)이 들어 화기(火氣)도 왕성하니, 강한 토기(土氣)를 설기(洩氣)하려면 년지(年支) 유금(酉金)이 필요하고, 또 달아오르는 열기를 억제하려면 시상(時上) 임수(壬水)도 필요하다. 따라서 금수(金水)운이 길하고 목화토(木火土)운은 흉하다.

본명은 시상(時上) 임수(壬水)가 용신(用神)이니 관운이 있어 등과급제하였고, 년지(年支) 유금(酉金)이 재성(財星)이니 재물운도 좋아 중간 부자 이상을 이루었다. 그리고 임수(壬水)와 유금(酉金)이 용신(用神)인데 임수(壬水)는 조금 부족하나 유금(酉金)이 강하여 정의감이 있고 총명하였다. 그러나 월상(月上) 무토(戊土)가 기신(忌神)에 해당하며 식신(食神)이니 고집이 세고 종종 사기성이 나타나기도 하였다. 식상(食傷)이 기신(忌神)이면 대개 사기성이 많다.

4. 사(巳)월 병화(丙火)

【원 문】

巳月丙火 用壬癸庚 以庚爲佐 忌戊制壬 無壬用癸

사월병화 용임계경 이경위좌 기무제임 무임용계

【해 설】

사(巳)월 병화(丙火)는 임계수(壬癸水)로 용신(用神)을 삼은 후 경금(庚金)을 써야 하나, 무토(戊土)가 들어 임수(壬水)를 제극(制剋)하면 흉하다. 만일 임수(壬水)가 없으면 계수(癸水)를 쓴다.

년	월	일	시	■남명
壬	乙	丙	庚	丙丁戊己庚辛壬癸
申	巳	午	寅	午未申酉戌亥子丑

병화(丙火) 일주(日主)가 사(巳)월에 태어났다. 사(巳)월은 무경병(戊庚丙)이 암장(暗藏)되어 화기(火氣)와 금기(金氣)가 강하니 임계수(壬癸水)로 용신(用神)을 삼은 후 경신금(庚辛金)을 써야 한다. 그리고 사(巳)월과 오(午)월은 화기(火氣)가 태왕하니 먼저 임계수(壬癸水)로 용신(用神)을 삼은 후 수(水)의 근원인 금(金)으로 보좌해야 한다.

본명은 년상(年上)에 임수(壬水)가 투출(透出)하여 길명이 되었고, 시상(時上)에 경금(庚金)과 년지(年支)에 신금(申金)이 들었으니 임수(壬水)가 통근(通根)되어 상격을 이루었다. 그리고 관성(官星)이 용신(用神)에 해당하니 관운이 좋아 고관이 되었고, 병화(丙火) 일주(日主)가 신왕한데 경신금(庚辛金)이 왕하니 재물운도 많아 중부 이상의 재물을 지니고 살았다. 그러나 일지(日支) 오화(午火)가 기신(忌神)에 해당하니 부부궁은 불리하여 갈등이 많았으나, 편재(偏財)가 길하여 밖에서 만난 첩과는 애정이 넘쳤다.

5. 오(午)월 병화(丙火)

【원 문】

午月丙火 先壬後庚 壬庚以通根 申宮爲妙

오월병화 선임후경 임경이통근 신궁위묘

【해 설】

　오(午)월 병화(丙火)는 먼저 임수(壬水)로 용신(用神)을 삼은 후 경금(庚金)을 써야 한다. 만일 임수(壬水)와 경금(庚金)이 지지(地支) 신금(申金)에 통근(通根)되면 묘함이 있다.

년	월	일	시	■ 여명						
丁	丙	丙	戊	丁	戊	己	庚	辛	壬	癸 甲
卯	午	午	戌	未	申	酉	戌	亥	子	丑 寅

병화(丙火) 일주(日主)가 오(午)월에 태어났다. 오(午)월은 병기정(丙己丁)이 암장(暗藏)되어 화기(火氣)만이 강하니 반드시 임계수(壬癸水)로 용신(用神)을 삼아야 한다. 그런데 본명은 월상(月上)에 병화(丙火)가 투출(透出)했는데 일지(日支)에 오화(午火)가 들었으니 천지에 화염이 가득하니, 임계수(壬癸水)가 절실하게 필요한데 수기(水氣)가 하나도 없다. 할 수 없이 시상(時上) 무토(戊土)를 용신(用神)으로 삼아 태왕한 화기(火氣)를 설기(洩氣)해야 한다.

본명은 일지(日支) 오화(午火)가 기신(忌神)에 해당하고, 사주에 관살(官殺)이 전혀 없으니 남편이 없는 사주가 되었다. 첫 남편에게 소박맞고 쫓겨나 근본도 모르는 남자를 만나 딸 하나를 얻었으나 남자가 온다간다 말도 없이 사라졌다. 딸 하나를 키우면서 걸인에 가까운 생활을 하면서 파란만장하게 살았다. 용신(用神)이 없고 남편복이 전혀 없는 사주였기 때문이다. 무운무득(無運無得)이라는 말이 있다. 운이 없으면 길복을 얻지 못한다는 말이다.

6. 미(未)월 병화(丙火)

【원문】

未月丙火 先壬後庚 以庚爲佐
미월병화 선임후경 이경위좌

【해 설】

 미(未)월 병화(丙火)는 먼저 임수(壬水)로 용신(用神)을 삼은 후 경금(庚金)으로 보좌해야 한다.

년	월	일	시	■남명
乙	癸	丙	甲	壬辛庚己戊丁丙乙
巳	未	子	午	午巳辰卯寅丑子亥

 미(未)월은 정을기(丁乙己)가 암장(暗藏)되어 토기(土氣)와 화기(火氣)가 강하니 임계수(壬癸水)와 갑을목(甲乙木)으로 용신(用神)을 삼아야 한다. 그런데 병화(丙火) 일주(日主)가 미(未)월에 태어나 지지(地支)에서 사오미(巳午未)가 방합(方合)하여 화국(火局)을 이루었다. 화염이 태과하니 우선 물이 급하므로 월상(月上) 계수(癸水)가 용신(用神)이다. 계수(癸水)는 비와 이슬인데 한줄기의 비가 내리면 뜨거운 미토(未土) 땅은 다소 해소된다. 그리고 미토(未土)는 토기(土氣)도 강하니 시상(時上) 갑목(甲木)을 용신(用神)으로 삼아 목극토(木剋土)해야 한다. 계수(癸水) 용신(用神)은 일지(日支) 자수(子水)에 통근(通根)하여 안전하니 길하다.

 본명은 정관(正官)이 용신(用神)이니 관운이 좋아 시랑(侍郞)까지 올랐고, 일지(日支) 자수(子水)가 용신(用神)이니 아내복이 많아 명문가 규수를 아내로 맞아 금실이 좋았다. 본명은 계자(癸子)가 용신(用神)이고 갑목(甲木)은 희신(喜神)이다.

7. 신(申)월 병화(丙火)

【원문】

申月丙火 先壬後戊 壬水通根申宮 壬多必戊制

신월병화 선임후무 임수통근신궁 임다필무제

【해설】

신(申)월 병화(丙火)는 먼저 임수(壬水)로 용신(用神)을 삼은 후 무토(戊土)를 써야 한다. 신궁(申宮)은 임수(壬水)의 통근지(通根地)다. 만일 임수(壬水)가 많으면 반드시 무토(戊土)를 용신(用神)으로 삼아 제극(制剋)해야 한다.

년	월	일	시	■남명
庚	甲	丙	戊	乙丙丁戊己庚辛壬
戌	申	寅	子	酉戌亥子丑寅卯辰

병화(丙火) 일주(日主)가 신(申)월에 태어났다. 신(申)월은 기무임경(己戊壬庚)이 암장(暗藏)되어 금기(金氣)와 수기(水氣)가 강하니 갑을목(甲乙木)으로 용신(用神)을 삼은 후 임계수(壬癸水)를 쓴다. 본명은 월상(月上)에 갑목(甲木)이 투출(透出)했으니 용신(用神)으로 삼는데 일지(日支) 인목(寅木)에 통근(通根)하여 강하다. 그리고 열기가 아직 많이 남아 있으므로 시지(時支) 자수(子水)를

쓴다. 즉 목(木)운이 가장 길하고 그 다음은 수(水)운이 길하다.

　본명은 편인(偏印)이 용신(用神)이라 의사가 되어 많은 사람을 살렸고, 갑목(甲木)이 용신(用神)이니 인자하며 자비심이 많았다. 그러나 신금(申金)이 기신(忌神)이라 다소 혈기가 넘쳤고 난폭하기도 하였다. 본명은 목(木)이 용신(用神), 수(水)가 희신(喜神), 화(火)가 한신(閑神), 금(金)이 기신(忌神), 토(土)는 구신(仇神)이다.

8. 유(酉)월 병화(丙火)

【원 문】

酉月丙火 先壬後癸 四柱多丙 一壬高透爲奇 無壬用癸
유월병화 선임후계 사주다병 일임고투위기 무임용계

【해 설】

　유(酉)월 병화(丙火)는 먼저 임수(壬水)로 용신(用神)을 삼은 후 계수(癸水)를 써야 한다. 만일 사주에 병화(丙火)가 많은데 임(壬)이 1개 천간(天干)에 투출(透出)하면 기이함이 있는데, 임수(壬水)가 없으면 계수(癸水)를 쓴다.

년	월	일	시	■여명
辛	丁	丙	丙	戊己庚辛壬癸甲乙
酉	酉	申	申	戌亥子丑寅卯辰巳

유(酉)월은 경신(庚辛)이 암장(暗藏)되어 금기(金氣)만이 강하니 갑을목(甲乙木)으로 용신(用神)을 삼은 후 병정화(丙丁火)를 써야 한다. 본명은 지지(地支)가 모두 금기(金氣)이나 종격(從格)은 아니다. 왜냐하면 병화(丙火) 일주(日主)는 양화(陽火)이며 강하고, 월상(月上)에 정화(丁火)와 시상(時上)에 병화(丙火)가 들어 비겁(比劫)이 생조(生助)하니 정격(正格)이며 신약(身弱) 사주다.

본명은 금(金)과 화(火) 2가지 오행으로만 구성되어 다른 어떤 것을 쓸 수 없으니 시상(時上) 병화(丙火)가 용신(用神)이고, 정화(丁火)도 길하다. 그리고 재다신약(財多身弱)이니 부옥빈인(富屋貧人)의 명이다. 일지(日支) 신금(申金)이 기신(忌神)이라 남편복이 없어 돈 많은 사람의 첩이 되었다. 그러나 관살(官殺)이 구신(仇神)이라 사랑을 받지 못하고 천대받으며 서러운 첩살이를 하였다.

9. 술(戌)월 병화(丙火)

【원 문】

戌月丙火 先甲後壬 己土晦光 先取甲疏土 次用壬水
술월병화 선갑후임 기토회광 선취갑소토 차용임수

【해 설】

술(戌)월 병화(丙火)는 갑목(甲木)으로 용신(用神)을 삼은 후 임수(壬水)를 써야 한다. 기토(己土)는 회광(晦光)하므로 갑목(甲木)

으로 소토(疏土)한 후 임수(壬水)를 쓰는 것이다.

```
년 월 일 시        ■ 여명
乙 丙 丙 戊        丁戊己庚辛壬癸甲
酉 戌 戌 戌        亥子丑寅卯辰巳午
```

본명은 앞에서 본 신유(辛酉)생의 어머니 사주인데 딸의 사주와
비슷하다. 어머니도 역시 화류계에 있다가 첩이 되었다. 병화(丙火)
일주(日主)가 술(戌)월에 태어났다. 술(戌)월은 신정무(辛丁戊)가
암장(暗藏)되어 금기(金氣)와 토기(土氣)가 강하니 갑을목(甲乙木)
과 병정화(丙丁火)로 용신(用神)을 삼아야 한다. 그런데 지지(地
支)가 온통 토(土)판이고, 년지(年支)에 유금(酉金)이 1개 들어 금
국(金局)을 이루었다. 술(戌)월은 토(土)와 금(金)이 왕성하니 목
화(木火)운이 길하고 토금수(土金水)운은 흉하다. 년상(年上)에 을
목(乙木)이 들고 월상(月上)에 병화(丙火)가 들어 용신(用神)이다.
그러나 술토(戌土)가 많아 허약한 병화(丙火)를 심하게 설기(洩氣)
하니 불행한 사주가 되었다. 일지(日支)에 기신(忌神)이 들고 관살
(官殺)이 없으니 남편이 없다. 따라서 화류계에 있다가 첩이 된 것
이다. 모전여전이다.

10. 해(亥)월 병화(丙火)

【원 문】

亥月丙火 取用甲戊庚壬 月垣壬水得令 水旺用甲木化之
해월병화 취용갑무경임 월원임수득령 수왕용갑목화지
身殺兩旺 用戊制之 火旺用壬 木旺宜庚
신살양왕 용무제지 화왕용임 목왕의경

【해 설】

해(亥)월 병화(丙火)는 먼저 갑목(甲木)으로 용신(用神)을 삼은 후 무토(戊土)를 쓰고, 그 다음에 경금(庚金)과 임수(壬水)를 써야 한다. 그리고 월령(月令)에 임수(壬水)가 득령(得令)했으니 수(水)가 왕하므로 갑목(甲木)으로 용신(用神)을 삼아 설기(洩氣)시켜야 길하다. 만일 일주(日主)와 관살(官殺)이 모두 왕하면 무토(戊土)를 용신(用神)으로 삼아 제극(制剋)하고, 화(火)가 왕하면 임수(壬水)를 쓰고, 목(木)이 왕하면 경금(庚金)을 쓴다.

년	월	일	시	■남명
乙	丁	丙	戊	丙 乙 甲 癸 壬 辛 庚 己
亥	亥	寅	子	戌 酉 申 未 午 巳 辰 卯

병화(丙火) 일주(日主)가 해(亥)월에 태어났다. 해(亥)월은 무갑

임(戊甲壬)이 암장(暗藏)되어 수기(水氣)와 목기(木氣)가 강하니 병정화(丙丁火)로 용신(用神)을 삼은 후 무기토(戊己土)를 써야 한다. 그런데 해자축(亥子丑)이 방합(方合)하여 수국(水局)을 이루어 홍수가 난 형상이니, 우선 조후(調候)하려면 병정화(丙丁火)가 필요하고, 넘치는 물을 막으려면 무기토(戊己土)가 필요하다. 다행히 월상(月上)과 일주(日主)에 병정화(丙丁火)가 있으니 용신(用神)으로 삼고, 시상(時上) 무토(戊土)는 희신(喜神)으로 삼는다. 즉 화토(火土)운이 길하다. 그리고 일지(日支) 인목(寅木)은 용신(用神)을 생조(生助)하니 역시 희신(喜神)이다. 그러나 임계수(壬癸水)는 기신(忌神)이고 금(金)운도 불리하다.

본명은 겁재(劫財)가 용신(用神)에 해당하니 독립심이 강하여 자수성가하였고, 인성(印星)이 희신(喜神)에 해당하니 교육계에서 유명인사가 되었고, 일지(日支) 인목(寅木)이 희신(喜神)이니 아내와의 인연이 좋아 현모양처이며 후덕한 배우자를 만났다. 그러나 사주에 재성(財星)이 없으니 재물운은 없어 청빈한 교육자로 후학을 양성하는 것을 낙으로 삼았고, 병정화(丙丁火)가 용신(用神)이니 예의범절을 잘 알았고, 목기(木氣)가 길하니 인자하며 자비심이 있었다. 이 사람은 주사친(主師親)의 3덕을 모두 갖춘 훌륭한 군자였다. 주덕(主德)은 주인의식을 갖는 덕을 말하고, 사덕(師德)은 스승의 덕을 지니는 것을 말하고, 친덕(親德)은 부모와 같은 마음으로 지도하는 덕을 말한다.

11. 자(子)월 병화(丙火)

【원 문】

子月丙火 取用壬戊己 氣進二陽 丙火弱中復强
자월병화 취용임무기 기진이양 병화약중복강
用壬水 取戊制之 無戊用己
용임수 취무제지 무무용기

【해 설】

　자(子)월 병화(丙火)는 임수(壬水)로 용신(用神)을 삼은 후 무기
토(戊己土)를 써야 한다. 자(子)월은 2양의 기운이 전진하고, 병화
(丙火)가 약한 가운데 다시 강해지는 때다. 따라서 임수(壬水)로
용신(用神)을 삼고, 목(水)이 많으면 무토(戊土)로 제지한다. 만일
무토(戊土)가 없으면 기토(己土)를 쓴다.

　　년　월　일　시　　　■남명
　　甲　丙　丙　己　　　丁戊己庚辛壬癸甲
　　申　子　午　亥　　　丑寅卯辰巳午未申

　병화(丙火) 일주(日主)가 자(子)월에 태어났다. 자(子)월은 임계
(壬癸)가 암장(暗藏)되어 수기(水氣)만이 강하니 병정화(丙丁火)로
용신(用神)을 삼은 후 무기토(戊己土)를 써야 한다. 그리고 자(子)

월은 중동(中冬)이며 대설(大雪)의 절기이니 한기가 극심하므로 우선 불이 필요하다. 그런데 본명은 월상(月上)에 병화(丙火)가 들고 일지(日支) 오화(午火)에 통근(通根)하여 동사를 면하였으나, 넘치는 홍수를 제방해야 하는데 시상(時上) 기토(己土)가 미약하다. 만일 무토(戊土)가 들었으면 더 안전하였을 것이다. 그리고 년상(年上)에 갑목(甲木)이 들어 태왕한 수기(水氣)를 설기(洩氣)하여 관인상생(官印相生)을 시키니 역시 길하다.

본명은 비겁(比劫)이 용신(用神)이며 병화(丙火)이니 예의범절이 바르며 명랑하였고, 명예운이 좋아 명진사해하였다. 그러나 재성(財星)이 왕하지 못하여 중간 부자 정도에 머물렀고, 자오(子午)가 상충(相沖)하여 허릿병 때문에 몇 년 동안 고생하였다. 용신(用神)이 모두 천간(天干)에 투출(透出)하여 인물이 수려하며 만인이 부러워하는 호남이었다.

12. 축(丑)월 병화(丙火)

【원 문】

丑月丙火 先壬後甲 喜壬爲用 土多不可少甲
축월병화 선임후갑 희임위용 토다불가소갑

【해 설】

축(丑)월 병화(丙火)는 임수(壬水)로 용신(用神)을 삼은 후 갑목

(甲木)을 써야 한다. 만일 임수(壬水)가 용신(用神)이면 길하고, 토
(土)가 많은데 갑목(甲木)이 적으면 흉하다.

```
년  월  일  시        ■ 남명
丁  癸  丙  乙        壬辛庚己戊丁丙乙
亥  丑  子  未        子亥戌酉申未午巳
```

축(丑)월은 계신기(癸辛己)가 암장(暗藏)되어 수기(水氣)와 토기
(土氣)가 강하니 병정화(丙丁火)와 경신금(庚辛金)으로 용신(用神)
을 삼아야 한다. 본명은 병화(丙火) 일주(日主)가 축(丑)월에 태어
났다. 축(丑)월은 소한(小寒)의 엄동설한인데 지지(地支)에서 해자
축(亥子丑)이 방합(方合)하여 수국(水局)까지 이루었으니 천지가
매우 차가워 얼어죽을 지경이다. 그러나 병화(丙火) 일주(日主)이
니 조사(照射)하고, 년상(年上) 정화(丁火)가 난로 역할을 하고, 시
상(時上) 을목(乙木)이 목생화(木生火)하여 허약한 일간(日干)을
돕고, 미(未)시생이니 미(未)에 정을기(丁乙己)가 암장(暗藏)되어
역시 도와주니 종격(從格)을 면하고 생명을 유지할 수 있었다.

본명은 일지(日支) 자수(子水)가 기신(忌神)에 해당하니 아내복이
없고, 재성(財星)이 미약하니 의식주를 해결하기에 급급하였고, 관
살(官殺)이 기신(忌神)에 해당하며 혼잡하니 관재구설과 법문제로
고통을 많이 당하였다. 그리고 동상과 요도기에 병을 얻어 몇 년
동안 고생하기도 하였다. 초년과 청년기에는 많이 고전했으나 정미

(丁未) 대운부터 용신(用神)운이라 의식주가 넉넉해졌고, 말년에는 평안하게 살다가 평안하게 임종하였다.

2. 삼춘(三春) 병화(丙火)

【원 문】

三春丙火 秉象至威 陽回大地 侮雪欺霜 耑用壬水 爲扶陽
삼춘병화 병상지위 양회대지 모설기상 단용임수 위부양

名曰天和地潤 旣濟功成 寅月用壬 庚辛爲佐 卯月耑用壬水
명왈천화지윤 기제공성 인월용임 경신위좌 묘월단용임수

辰月土重晦光 取甲佐之爲妙 癸丙春生 不晴不雨之天
진월토중회광 취갑좌지위묘 계병춘생 불청불우지천

丙日春生 時月出癸 雲霧迷濛 不顯不達 若非壬水輔丙也
병일춘생 시월출계 운무미몽 불현불달 약비임수보병야

【해 설】

봄철의 병화(丙火)는 승상(秉象)이 지위(至威)하여 양기(陽氣)가 대지에 돌아왔으니 눈과 서리를 무서워하지 않고, 오직 임수(壬水)로 부조(扶助)해야 한다. 이름하여 천화지윤(天和地潤)이라 하니 기제(旣濟)의 공을 이룬다. 인(寅)월에는 먼저 임수(壬水)로 용신(用神)을 삼은 후 신금(庚辛金)으로 보좌해야 한다. 묘(卯)월은 반드시 임수(壬水)만을 쓰고, 진(辰)월은 토(土)가 중하면 빛을 가리니 갑목(甲木)으로 도우면 묘함이 있다. 계수(癸水)와 병화(丙火)가 봄철에 태어나면 맑지도 않고 비가 내리지도 않는 때이니 시간(時干)이나 월간(月干)에 계수(癸水)가 투출(透出)하면 구름과 안개가 자욱한 형상이 되어 현달하지 못한다. 만일 임수(壬水)가 없으면 병화(丙火)를 돕지 못한다.

년 월 일 시　　　■남명

己 戊 丙 甲　　　丁丙乙甲癸壬辛庚

丑 辰 寅 午　　　卯寅丑子亥戌酉申

진(辰)월은 을계무(乙癸戊)가 암장(暗藏)되어 토(土)와 목(木)이 강하니 경신금(庚辛金)과 임계수(壬癸水)로 용신(用神)을 삼아야 한다. 본명은 병화(丙火) 일주(日主)가 진(辰)월에 태어나 토(土)가 많으니 화토상관격(火土傷官格)이다. 그리고 진(辰)월은 토기(土氣)와 목기(木氣)가 왕하니 토(土)를 제하려면 갑목(甲木)이 필요하고, 열기를 제하려면 임계수(壬癸水)가 필요하다. 즉 수목(水木)이 필요한 사주다. 그런데 목(木)이 시(時) 갑목(甲木)에 투출(透出)하고, 일지(日支) 인목(寅木)에 통근(通根)하여 용신(用神)이 강하다. 그리고 수(水)는 년지(年支)의 축(丑)에 계수(癸水)와 진(辰)의 계수(癸水)를 취하여 열기를 제하는데 충분하다. 대운이 수목(水木)운으로 흘러 권세를 잡고 천하를 호령했던 것이다.

【원 문】

寅月丙火 三陽開泰 火氣漸炎 取壬爲尊 庚金佐之

인월병화 삼양개태 화기점염 취임위존 경금좌지

壬庚兩透 科甲定然 卽壬透庚藏 亦有異道顯達

임경양투 과갑정연 즉임투경장 역유이도현달

若一庚金高透 地藏一二丙火 納粟奏名 主偉人慷慨英雄

약일경금고투 지장일이병화 납속진명 주위인강개영웅

有才邁衆 或一派庚辛混雜 常人 得時月兩透庚金 無辛者

유재매중 혹일파경신혼잡 상인 득시월양투경금 무신자

定主清貴 或辛年辛時 名爲貪合 酒色之徒 女命一理

정주청귀 혹신년신시 명위탐합 주색지도 여명일리

【해 설】

　인(寅)월 병화(丙火)는 3양의 지천태(地天泰)가 열리는 때이므로
화기(火氣)가 점점 더 올라가니 임수(壬水)로 용신(用神)을 삼은
후 경금(庚金)으로 보좌하면 길복이 많다. 만일 임수(壬水)와 경금
(庚金)이 모두 투출(透出)하면 반드시 등과급제하고, 임수(壬水)가
투출(透出)했는데 경금(庚金)이 암장(暗藏)되면 이로에서 현달하
고, 경금(庚金) 1개가 천간(天干)에 투출(透出)했는데 지지(地支)
에 1~2개의 병화(丙火)가 암장(暗藏)되면 재물로 공명을 얻고 강
개한 영웅이 되어 민중을 지도한다. 그러나 일파의 경신금(庚辛金)
이 혼잡하면 평상인에 불과하고, 월간(月干)과 시간(時干)에 경금

(庚金)이 모두 투출(透出)했는데 신금(辛金)이 없으면 청귀하고, 신금(辛金)이 년간(年干)에 있는데 시간(時干)에도 있으면 탐합(貪合)이 되어 주색을 즐긴다.

년 월 일 시	■남명
辛 庚 丙 辛	己 戊 丁 丙 乙 甲 癸 壬
未 寅 辰 卯	丑 子 亥 戌 酉 申 未 午

병화(丙火) 일주(日主)가 인(寅)월에 태어나 편인격(偏印格)이 되었다. 인(寅)월은 무병갑(戊丙甲)이 암장(暗藏)되어 목기(木氣)와 화기(火氣)가 강하니 경신금(庚辛金)과 병정화(丙丁火)로 용신(用神)을 삼아야 한다. 본명은 지지(地支)에서 인묘진(寅卯辰)이 방합(方合)하여 목기(木氣)가 태왕하니, 왕한 목(木)을 제하려면 금(金)이 필요하다. 따라서 월상(月上) 경금(庚金)과 년상(年上)과 시상(時上) 신금(辛金)이 모두 용신(用神)인데, 용신(用神)이 천간(天干)에 3개나 투출(透出)하여 강하니 큰 인물이 된다.

경신금(庚辛金) 용신(用神)은 일지(日支) 진토(辰土)와 년지(年支) 미토(未土)에 의지하여 통근(通根)하니 매우 강하여 우두머리가 된 것이다. 본명은 토금(土金)운은 길하고, 수목(水木)운은 흉하며, 화(火)운은 한신(閑神)에 해당한다. 원래 금기(金氣)는 숙살의 기운이 있어 권세를 잡는데 편관(偏官)에 가까운 성질이 있다. 따라서 금(金)이 용신(用神)이니 정의감이 강하며 만인을 제압하는 능력이 있어 천하를 호령한 것이다.

【원 문】

或丙少壬多 而無戊制 名殺重身輕 斯人笑裏藏刀
혹병소임다 이무무제 명살중신경 사인소이장도
尋非痞棍 或見一戊制壬 反成富貴宜 見一二肩方妙
심비비곤 혹견일무제임 반성부귀의 견일이견방묘
或一片戊土 甲木出干 終非大器 且恐孤貧 寅月之丙
혹일편무토 갑목출간 종비대기 차공고빈 인월지병
忌戊晦光 或支成火局 崇取壬水爲貴 無壬癸亦姑用
기무회광 혹지성화국 단취임수위귀 무임계역고용
若壬癸俱無 取戊以洩火氣 但屬平人
약임계구무 취무이설화기 단속평인

【해 설】

만일 병화(丙火)가 적고 임수(壬水)가 많은데 무토(戊土)가 제극(制剋)하지 않으면 살중신경(殺重身輕)이라 한다. 이런 사람은 겉으로는 웃어도 속에는 칼을 감추고 있다. 만일 무토(戊土) 1개가 임수(壬水)를 제극(制剋)하면 부귀영화를 이루고, 비견(比肩)을 1~2개 보면 명조가 묘해지고, 무토(戊土)가 1개 있는데 갑목(甲木)이 출간(出干)하면 큰 그릇이 될 수 없고 고독하며 가난하다.

인(寅)월 병화(丙火)는 무토(戊土)가 어둡게 하면 매우 흉하고,

지지(地支)에 화국(火局)이 있는데 임수(壬水)가 있으면 귀하게 된다. 만일 임계수(壬癸水)가 투간(透干)하지 않았으면 암장(暗藏)된 것을 쓰는데 임계수(壬癸水)가 1개도 없으면 무토(戊土)를 용신(用神)으로 삼아 화기(火氣)를 설기(洩氣)하나 평상인에 불과하다.

년	월	일	시	■여명
丁	壬	丙	壬	癸甲乙丙丁戊己庚
酉	寅	寅	辰	卯辰巳午未申酉戌

병화(丙火) 일주(日主)가 인(寅)월에 태어나 편인격(偏印格)이 되었고, 목기(木氣)와 화기(火氣)가 강하니 년지(年支) 유금(酉金)이 용신(用神)이다. 년지(年支)에 용신(用神)이 들어 선조덕이 많아 유산을 많이 받았다. 그러나 남편궁인 일지(日支)의 인목(寅木)이 기신(忌神)에 해당하니 불리하다. 본명은 무남독녀라 데릴사위를 맞았으나 남편이 괴팍하고 도박과 주색잡기를 좋아하여 많은 재산을 모두 탕진하고 말았다. 옛말에 남편복이 없으면 자식복도 없다는 말이 있는데 이런 사람을 두고 하는 말이다. 슬하에 자식을 3명 두었지만 모두 불효가 막심하여 눈물로 세월을 보냈다.

【원문】

或支成火局 又作炎上而推 但不逢時期 若不見東南歲運
혹지성화국 우작염상이추 단불봉시기 약불견동남세운

反到孤貧 或四柱有甲木 得庚金暗制 可作秀才 無壬用癸者
반도고빈 혹사주유갑목 득경금암제 가작수재 무임용계자

略富貴 且官殺亦要旺相有根 丙火無壬 多主貧賤 屢徵屢驗
약부귀 차관살역요왕상유근 병화무임 다주빈천 누징누험

或火多無水 一至水鄕必死 不然 定有災咎 唯午月丙火
혹화다무수 일지수향필사 불연 정유재구 유오월병화

合炎上格 則不喜水破格 用癸無根 定主目疾 用壬者
합염상격 즉불희수파격 용계무근정주목질 용임자

金妻水子 用庚者 土妻金子
금처수자 용경자 토처금자

【해 설】

 지지(地支)에 화국(火局)을 이루어 화염이 맹렬한데 때를 만나지
못하거나 동남운으로 흐르지 않으면 고독하며 가난하다. 만일 갑목
(甲木)과 경금(庚金)을 얻어 암장(暗藏)에서 제극(制剋)하면 수재
를 이루고, 임수(壬水)가 없어 계수(癸水)를 쓰면 약간의 부귀를
이룬다. 그러나 관살(官殺)이 유근(有根)하며 왕상해야 한다. 병화
(丙火)가 임수(壬水)가 없으면 빈천하고, 화(火)는 많은데 수(水)
가 없으면 수(水)의 고향에 이를 때 반드시 죽거나 재앙이 따른다.
 오(午)월 병화(丙火)는 염상격(炎上格)이니 다시 수(水)가 와서
격을 깨트리면 흉하고, 계수(癸水)가 용신(用神)인데 무근(無根)이
면 반드시 눈병이 생긴다. 임수(壬水)가 용신(用神)이면 금(金)이

아내이며 수(水)는 자식이고, 경금(庚金)이 용신(用神)이면 토(土)
는 아내이며 금(金)은 자식이다.

년 월 일 시   ■ 식신생재격(食神生財格)

丙 庚 丙 庚   辛壬癸甲乙丙丁戊

午 寅 午 寅   卯辰巳午未申酉戌

【원 문】차팔자서낙오선현평도(此八字徐樂吾先賢評道)

兩干不雜 按察 兩干不雜 格局取淸而已

양간불잡 안찰 양간불잡 격국취청이이

庚金無根 喜得寅中藏土 爲食神生財也

경금무근 희득인중장토 위식신생재야

【해 설】

　본명은 년주(年柱)와 일주(日柱)가 병오(丙午)이고, 월주(月柱)와
시주(時柱)가 경인(庚寅)이니 혼잡하지 않아 안찰사(按察使)에 오
른 것이다. 그리고 월간(月干)과 시간(時干) 경금(庚金)이 투출(透
出)했으나 무근(無根)하고, 인(寅)에 무토(戊土)가 암장(暗藏)되어
토생금(土生金)하니 식신생재격(食神生財格)이 되었다. 중년과 말
년에 토금(土金)운으로 흘러 안찰사(按察使)가 된 것이다.

년	월	일	시	■ 식신격(食神格)
庚	戊	丙	壬	己庚辛壬癸甲乙丙
寅	寅	寅	辰	卯辰巳午未申酉戌

【원 문】 차팔자서낙오선현평도(此八字徐樂吾先賢評道)

庚壬兩透 詞林 喜得丙火坐寅 木火向旺

경임양투 사림 희득병화좌인 목화향왕

財生殺而得戊制 安得不貴

재생살이득무제 안득불귀

【해 설】

본명은 년상(年上)에 경금(庚金)이 투출(透出)하고, 시상(時上)에
임수(壬水)가 투출(透出)했으니 경임(庚壬)이 모두 투출(透出)하여
사림(詞林)이라는 벼슬을 하였다. 본명에서 좋은 것은 병화(丙火)
일주(日主)가 인(寅)에 앉은 것이다. 따라서 목(木)운과 화(火)운
이 모두 왕하니, 재성(財星)인 경금(庚金)이 칠살(七殺)인 임수(壬
水)를 생조(生助)하고, 무토(戊土)가 제극(制剋)하니 평안하고 귀
하다. 용신(用神)은 년상(年上) 경금(庚金)인데 월상(月上) 무토
(戊土)가 생조(生助)하고, 또 무토(戊土)는 일주(日主) 병화(丙火)
가 생조(生助)하여 묘하게도 길명이 되었다.

년	월	일	시	■ 삼기격(三奇格)
辛	庚	丙	丁	己戊丁丙乙甲癸壬
亥	寅	子	酉	丑子亥戌酉申未午

【원 문】차팔자서낙오선현평도(此八字徐樂吾先賢評道)

壯元 庚辛竝透 而日元坐官 寅亥合印 財官印相生不礙爲貴也

장원 경신병투 이일원좌관 인해합인 재관인상생불애위귀야

【해 설】

 본명은 장원한 사람의 사주다. 월상(月上) 경금(庚金)과 년상(年上) 신금(辛金)이 함께 투출(透出)하고, 병화(丙火) 일주(日主)는 관살(官殺) 위에 앉아 좋다. 인해(寅亥)가 합목(合木)하여 인성(印星)을 회국(會局)하니 재관인(財官印)이 서로 꺼리낌 없어 귀를 이룬 것이다.

년	월	일	시	■ 용살격(用殺格)
丁	壬	丙	戊	辛庚己戊丁丙乙甲
酉	寅	子	戌	丑子亥戌酉申未午

【원 문】차팔자서낙오선현평도(此八字徐樂吾先賢評道)

假借斯文 先貧後富 但子息艱難 丁壬合殺

가차사문 선빈후부 단자식간난 정임합살

戊土制殺 子水官星被制 故子息艱難也

무토제살 자수관성피제 고자식간난야

【해설】

병화(丙火) 일주(日主)가 인(寅)월에 태어나 득령(得令)했으나, 년지(年支)에 유금(酉金)과 일지(日支)에 자수(子水)와 시지(時支)에 술토(戌土)가 들어 신약(身弱)하니 목화(木火)운이 길하다. 시주(時柱) 무술(戊戌)은 기신(忌神)이라 자식운이 흉하다. 가차사문(假借斯文)이니 선빈후부형(先貧後富形)이나 다만 자식을 두기 어렵다. 정임(丁壬)이 합살(合殺)하니 무토(戊土)가 제살(制殺)한다. 대운이 금수(金水)로 흘러 초년과 중년에는 고생이 많았다. 자수(子水) 관성(官星)이 피제(被制)되어 자식이 어렵게 되었다.

【원문】

卯月丙火 陽氣舒升 耑用壬水 壬透天干 不見丁化

묘월병화 양기서승 단용임수 임투천간 불견정화

可以庚辛己亦透 壬水有根 定主科甲 或無壬水 己土姑用

가이경신기역투 임수유근 정주과갑 혹무임수 기토고용

主有才學 雖不成名 衣食充足 或一派壬水 見一戊制

주유재학 수불성명 의식충족 혹일파임수 견일무제

雖不科甲 亦有恩庇 或無戊透 則有辰戌丑未之戊

수불과갑 역유은비 혹무무투 즉유진술축미지무

但辰官癸水 貪合成火 不能制壬 此平常衣祿

단진관계수 탐합성화 불능제임 차평상의록

若支下全無一戊 此係奔流之人 加以金多生水 下賤之命

약지하전무일무 차계분류지인 가이금다생수 하천지명

或一派戊土 亦用壬水 運喜行木 見土不祥 行火亦不利

혹일파무토 역용임수 운희행목 견토불상 행화역불리

或丙子日辛卯時 乃從化格 但不逢時 貪財壞印 難招祖業

혹병자일신묘시 내종화격 단불봉시 탐재괴인 난초조업

若得一二重丁火破辛 壬水得位 亦主富貴 雖不科甲 亦有異道

약득일이중정화파신 임수득위 역주부귀 수불과갑 역유이도

名傳郡邑 合此格 主妻妾多子 或月時二辛卯 日乃丙子

명전군읍 합차격 주처첩다자 혹월시이신묘 일내병자

名爲爭合 年不透丁制辛 此人昏迷酒色 年透丁火 反吉

명위쟁합 년불투정제신 차인혼미주색 년투정화 반길

或支成木局 反因奸得財 因酒得名 凡用壬者 金妻水子

혹지성목국 반인간득재 인주득명 범용임자 금처수자

【해 설】

묘(卯)월은 양기(陽氣)가 뻗어오르는 때이니 묘(卯)월 병화(丙火)는 임수(壬水)로 용신(用神)을 삼아야 한다. 만일 임수(壬水)가 천간(天干)에 투출(透出)하면 정임(丁壬)과 합목(合木)하여 목(木)으로 변하지 않는다. 따라서 경금(庚金)과 신금(辛金)과 기토(己土)

가 투출(透出)하면 임수(壬水)의 뿌리가 되니 과갑하고, 임수(壬水)가 없어 기토(己土)를 쓰면 공명을 이루지는 못해도 재주와 학식이 있어 의식주는 풍족하다.

만일 임수(壬水) 일파를 무토(戊土) 1개가 제극(制剋)하면 과갑은 어려워도 은덕이 있고, 무토(戊土)가 투출(透出)하지 않으면 지지(地支)에 진술축미(辰戌丑未)가 들어 무토(戊土)를 대신해야 한다. 다만 진토(辰土)는 진(辰) 계수(癸水)가 들어 무계합화(戊癸合火)로 탐합(貪合)하여 화국(火局)을 이루면 임수(壬水)를 제극(制剋)하지 못하니 평범한 사람에 불과하고, 지지(地支)에 무토(戊土)가 하나도 없으면 분주하게 유랑하고, 여기에 금(金)이 많고 수(水)가 생조(生助)하면 하천한 명조가 된다. 만일 무토(戊土) 일파가 있으면 임수(壬水)가 용신(用神)이니 운이 목(木)운으로 흐르면 길하나, 토(土)를 보면 흉하고, 화(火)운으로 흘러도 역시 불리하다.

만일 병자(丙子)일 병자(丙子)시생이면 종화격(從化格)이니 다만 길시(吉時)를 만나지 못하고 탐재괴인(貪財壞印)이 되면 조상의 업을 이어받기 어렵다. 만일 1~2개의 화(火)가 신금(辛金)을 파극(破剋)하고 임수(壬水)가 득위(得位)하면 부귀하여 비록 과갑은 아니라도 이로에서 공명을 이루어 군읍에서 이름을 날린다. 이와 같은 격은 처첩과 자식이 많다.

만일 월(月)과 시(時)에 신묘(辛卯)가 있고, 일주(日柱)가 병자(丙子)이면 쟁합(爭合)이 된다. 년(年)에 정화(丁火)가 투출(透出)하지 않아 신금(辛金)을 제극(制剋)하지 않으면 주색에 빠지고, 년

(年)에 정화(丁火)가 투출(透出)하면 길하고, 지지(地支)에 목국(木局)을 이루면 간사함으로 재물을 얻고 술로 이름을 얻는다. 임수(壬水)가 용신(用神)이면 금(金)은 아내이고 수(水)는 자식이다.

년 월 일 시	■ 여명
癸 乙 丙 辛	丙 丁 戊 己 庚 辛 壬
亥 卯 戌 卯	辰 巳 午 未 申 酉 戌

　병화(丙火) 일주(日主)가 묘(卯)월생이라 득령(得令)하여 신강(身强)하다. 월간(月干)에 을목(乙木)과 시지(時支)에 묘목(卯木)이 들고, 년주(年柱) 계해수(癸亥水)는 을묘목(乙卯木)을 생하여 목기(木氣)가 더 왕성하다. 많은 목(木)을 제극(制剋)해야 중화되니 시간(時干) 신금(辛金)으로 용신(用神)을 삼은 후 경금(庚金)과 무토(戊土)를 쓴다. 대개 시(時)에 용신(用神)이 들면 자녀운과 말년운이 좋고, 일지(日支) 술토(戌土)는 희신(喜神)이니 남편운도 좋다.

　수생목(水生木) 목생화(木生火) 화생토(火生土) 토생금(土生金)으로 사주가 마치 물 흐르듯 잘 유통되니 복록이 많아 평민의 딸로 태어나 고관의 부인이 되었다. 여명에서는 남편궁인 일지(日支)가 중요하고, 용신(用神)에 해당하면 남편에 의한 길복이 많다. 그러나 일지(日支)가 기신(忌神)에 해당하면 부부사이에 갈등이 많아 불행하다. 여자는 남편에 따라서 행복과 불행이 좌우되는 경우가 많기 때문이다. 속궁합이란 일지(日支)를 두고 하는 말이다.

```
년 월 일 시      ■ 용인격(用印格)

乙 己 丙 己      戊丁丙乙甲癸壬辛

亥 卯 申 亥      寅丑子亥戌酉申未
```

【원 문】 차팔자서낙오선현평도(此八字徐樂吾先賢評道)

用申中庚壬 孝廉 丙臨申位 亥卯會局 當以卯木正印爲用

용신중경임 효염 병임신위 해묘회국 당이묘목정인위용

【해 설】

　묘(卯)월은 갑을(甲乙)이 암장(暗藏)되어 목기(木氣)만이 강하니
오직 경신금(庚辛金)으로 용신(用神)을 삼아야 한다. 병화(丙火)
일주(日主)가 묘(卯)월에 태어나 득령(得令)하였고, 년지(年支)와
시지(時支)에 해수(亥水)가 들고, 일지(日支)에 신금(申金)이 들어
재관(財官)이 강하나, 년상(年上) 을목(乙木)과 월지(月支) 묘목
(卯木)이 관인상생(官印相生)하여 좋은 사주가 되었다. 본명은 일
지(日支) 신(申)에 경금(庚金)과 임수(壬水)가 들어 재물운과 관운
이 있어 효염(孝廉)에 올랐다. 병화(丙火) 일주(日主)가 신금(申
金)에 임하고, 해묘(亥卯)가 회국(會局)하여 목기(木氣)가 강하니
용신(用神)이 강한 사주가 되어 길복이 많았다.

```
년 월 일 시      ■ 용인격(用印格)

己 丁 丙 己      丙乙甲癸壬辛庚己

亥 卯 申 亥      寅丑子亥戌酉申未
```

【원 문】차팔자서낙오선현평도(此八字徐樂吾先賢評道)

武擧但子息惟艱 此兩造丙臨申位 庚壬藏支

무거단자식유간 차양조병임신위 경임장지

亥卯會局 當以卯木正印爲用

해묘회국 당이묘목정인위용

【해 설】

본명은 무관 벼슬을 하였으나 시주(時柱) 기해(己亥)가 기신(忌神)에 해당하여 자식이 없었다. 앞의 사주와 비슷한데 병화(丙火) 일주(日主)가 묘(卯)월에 태어나 득령(得令)했으나, 일지(日支)에 신금(申金)이 들고, 년지(年支)와 시지(時支)에 해수(亥水)가 들어 재성(財星)과 관성(官星)이 많으니 오히려 인성(印星)을 써야 한다. 신(申)에 경임(庚壬)이 장지(藏支)하여 재물운과 관운이 따랐다. 해묘(亥卯)가 합하여 회국(會局)했으니 당연히 묘목(卯木)의 정인(正印)을 쓰는데 용신(用神)이 강하여 고관이 된 것이다. 그러나 아내궁과 자식궁이 불리하여 가정이 평안하지 못하였다.

【원 문】

辰月丙火 氣漸炎升 用壬水 或成土局 取甲木爲輔 壬不可離

진월병화 기점염승 용임수 혹성토국 취갑목위보 임불가이

壬甲兩透 科甲定宜 惟忌庚出制甲 則秀才而已 無甲用庚

임갑양투 과갑정의 유기경출제갑 즉수재이이 무갑용경

助壬水洩土氣 壬透甲藏 富大貴小 有甲無壬 勞碌濁富

조임수설토기 임투갑장 부대귀소 유갑무임 노록탁부

壬藏無甲 一介寒儒 壬甲兩透 愚賤之輩 乙丁雜亂

임장무갑 일개한유 임갑양투 우천지배 을정잡난

定必屬凡夫 用壬若 金妻水子 用甲若 水妻木子

정필속범부 용임약 금처수자 용갑약 수처목자

【해 설】

　진(辰)월은 병화(丙火)의 기가 점점 뜨겁게 솟아오르는 때이니 임수(壬水)로 용신(用神)을 삼아야 한다. 만일 지지(地支)에 토국(土局)이 있으면 갑목(甲木)으로 용신(用神)을 삼아 보강하나, 임수(壬水)가 없으면 불가하다. 임수(壬水)와 갑목(甲木)이 모두 투출(透出)하면 대길하여 반드시 등과급제하나, 경금(庚金)이 출간(出干)하여 갑목(甲木)을 제극(制剋)하면 수재에 불과하다. 만일 갑목(甲木)이 없으면 경금(庚金)으로 임수(壬水)를 돕고, 토기(土氣)를 설기(洩氣)해야 한다.

　만일 임수(壬水)가 투출(透出)했는데 갑목(甲木)이 암장(暗藏)되면 부는 크나 귀는 작고, 갑목(甲木)이 있는데 임수(壬水)가 없으면 고통이 많고 덕망이 없는 소인배 부자이고, 임수(壬水)가 암장(暗藏)되었는데 갑목(甲木)이 없으면 가난한 선비에 불과하고, 임수(壬水)와 갑목(甲木)이 모두 투출(透出)하면 천하며 어리석고, 을목(乙木)과 정화(丁火)가 난잡하면 평상인에 지나지 않는다. 만일 임수(壬水)가 용신(用神)이면 금(金)이 아내이며 수(水)는 자식이고, 갑목(甲木)이 용신(用神)이면 수(水)는 아내이며 목(木)은 자식이다.

년 월 일 시	■ 용살격(用殺格)
癸 丙 丙 壬	乙甲癸壬辛庚己戊
丑 辰 午 辰	卯寅丑子亥戌酉申

【원 문】차팔자서낙오선현평도(此八字徐樂吾先賢評道)

壬出天干 太守 壬透而無甲 日元雖旺

임출천간 태수 임투이무갑 일원수왕

當以辰中乙木餘氣化殺爲用也

당이진중을목여기화살위용야

【해 설】

진(辰)월은 을계무(乙癸戊)가 암장(暗藏)되어 토기(土氣)와 목기(木氣)가 강하니 경신금(庚辛金)과 임계수(壬癸水)로 용신(用神)을 삼아야 한다. 본명은 시상(時上) 임수(壬水)가 천간(天干)에 출간(出干)하여 길복이 따라 태수(太守)라는 높은 벼슬을 하였다. 시상(時上)에 임수(壬水)가 투출(透出)하고 갑목(甲木)이 없으나, 병화(丙火) 일주(日主)는 일지(日支)에 오화(午火)를 얻고, 월상(月上)에 병화(丙火)가 투출(透出)하고, 진(辰)에 을목(乙木)이 들어 강하다. 따라서 용신(用神)은 시상(時上) 임수(壬水)와 년상(年上) 계수(癸水)다. 임계수(壬癸水) 용신(用神)은 년지(年支) 축토(丑土)에 의지하고, 진(辰) 계수(癸水)에 통근(通根)하여 약하지 않다. 대운이 금수(金水)운으로 흘러 태수(太守)라는 고관이 된 것이다.

	년	월	일	시	■ 정관격(正官格)
	辛	壬	丙	癸	辛庚己戊丁丙乙甲
	卯	辰	戌	巳	卯寅丑子亥戌酉申

【원 문】 차팔자서낙오선현평도(此八字徐樂吾先賢評道)

明經 此兩造皆壬透而無甲 日元雖旺

명경 차양조개임투이무갑 일원수왕

仍當以辰中乙木餘氣化殺爲用也

잉당이진중을목여기화살위용야

【해 설】

본명은 명경(明經)이라는 벼슬을 한 사람의 사주다. 신금(辛金)과 임수(壬水)와 계수(癸水)가 모두 투출(透出)했는데 갑목(甲木)이 없다. 병화(丙火) 일주(日主)가 년지(年支)에 을목(乙木)이 있고, 진(辰)월에 태어났고, 시지(時支)에 계수(癸水)가 들어 신강(身强)하니 월상(月上) 임수(壬水)가 용신(用神)이다. 역시 대운이 금수(金水)운으로 흘러 명경(明經)이라는 높은 벼슬을 한 것이다.

3. 삼하(三夏) 병화(丙火)

【원 문】

三夏丙火 陽威性烈 專用壬水 若亥宮壬水無力
삼하병화 양위성열 전용임수 약해궁임수무력

回剋洩氣故也 仍用申宮長生之水 方云富貴 巳月耑用壬水
회극설기고야 잉용신궁장생지수 방운부귀 사월단용임수

金爲佐 午月亦耑用壬 巳午月壬透者富貴 丁火多兼看癸水
금위좌 오월역단용임 사오월임투자부귀 정화다겸간계수

未月用壬 但借庚金爲佐 陽刃合殺 威權萬里 丁火陽刃太旺
미월용임 단차경금위좌 양인합살 위권만리 정화양인태왕

正謂陽刃倒戈 無頭之鬼 丙火用壬 生旺坐實方妙 忌壬水太多
정위양인도과 무두지귀 병화용임 생왕좌실방묘 기임수태다

名殺重身輕
명살중신경

【해 설】

사오미(巳午未)월의 여름에는 양기(陽氣)가 왕하다. 진(辰)월 병화(丙火)는 양기(陽氣)의 위세와 성질이 맹렬하니 반드시 임수(壬水)로 용신(用神)을 삼아야 한다. 만일 해(亥) 임수(壬水)를 쓰면 무력하며 회극(回剋)되고 설기(洩氣)되니 신(申) 장생(長生)의 수(水)를 쓰면 부귀를 이룬다. 사(巳)월은 임수(壬水)가 용신(用神)

이니 금(金)은 금생수(金生水)로 도와주고, 오(午)월도 역시 임수(壬水)가 용신(用神)이니, 사(巳)월과 오(午)월은 임수(壬水)가 투출(透出)하면 부귀를 이룬다. 정화(丁火)가 많으면 계수(癸水)를 쓰기도 하니, 미(未)월에도 임수(壬水)를 쓰려면 반드시 경금(庚金)의 도움을 받아야 한다.

양인(陽刃)이 합살(合殺)하면 위엄과 권세를 만 리에 떨치고, 정화(丁火) 양인(陽刃)이 태왕하면 양인도과(陽刃倒戈)라 하여 머리가 없는 귀신이 된다. 병화(丙火)는 임수(壬水)로 용신(用神)을 삼아 생왕방(生旺方)에 앉으면 매우 좋다. 그러나 임수(壬水)가 강하고 많으면 살중신경(殺重身輕)이 되어 꺼린다. 사오미(巳午未)월생은 무조건 임계수(壬癸水)가 들어야 길명이 된다.

【원문】

巳月丙火 建祿於巳 火勢炎炎 宜專用壬水 解炎威之力
사월병화 건록어사 화세염염 의전용임수 해염위지력

成旣濟之功 若無壬水 孤陽失輔 難透淸光 得庚發水源
성기제지공 약무임수 고양실보 난투청광 득경발수원

方爲有根之水 壬庚兩透 不見戊土 號曰湖水汪洋 廣暎太陽
방위유근지수 임경양투 불견무토 호왈호수왕양 광영태양

光輝顯著 文明之象 人合此格 不但科甲崢嶸 必有恩諡封榮
광휘현저 문명지상 인합차격 불단과갑쟁영 필유은익봉영

若不驗 必暗損陰德 或壬癸俱無 愚頑之輩 火炎無制 僧道之流
약불험 필암손음덕 혹임계구무 우완지배 화염무제 승도지류

不然 須防夭折 或無壬水 癸亦姑用 見庚透癸 不富必貴
불연 수방요절 혹무임수 계역고용 견경투계 불부필귀

但心性乖僻 巧謀善辯 或一派庚金 不見比劫 有富無貴
단심성괴벽 교모선변 혹일파경금 불견비겁 유부무귀

或丙午日干 四柱多壬 不見戊制 名曰陰刑殺重 光棍之流
혹병오일간 사주다임 불견무제 명왈음형살중 광곤지류

或支成水局 加之重重壬透 一無制伏 盜賊之命 如見己土
혹지성수국 가지중중임투 일무제복 도적지명 여견기토

下賤鄙夫 用壬者 金妻水子
하천비부 용임자 금처수자

【해 설】

사(巳)월 병화(丙火)는 사화(巳火)에 건록(建祿)하고 화(火)의 세력이 강하므로 임수(壬水)로 용신(用神)을 삼으면 기제(旣濟)의 공을 이룬다. 만일 임수(壬水)가 없으면 고독한 태양이 도움을 잃으니 청광(淸光)을 발하기 어렵다. 경금(庚金)이 발동하여 수(水)의 근원을 얻으면 유근(有根)한 수(水)가 된다. 임수(壬水)와 경금(庚金)이 모두 투출(透出)하였는데 무토(戊土)를 보지 않으면 호수왕양(湖水汪洋)이라 하고, 널리 태양이 비추면 광휘현저(光輝顯著)하니 문명할 형상이다. 이런 사주는 등과하여 높은 관직에 오르고, 죽

은 뒤에는 반드시 시호(諡號)를 받는 영광이 있다. 만일 그렇지 않으면 음덕이 손상된 것이다.

만일 임계수(壬癸水)가 모두 없으면 완고하며 어리석고, 화염을 제극(制剋)하지 못하면 승도가 되거나 요절한다. 만일 임수(壬水)가 없어 계수(癸水)를 쓰고 경금(庚金)을 보고 계수(癸水)가 투출(透出)하면 부는 없어도 귀는 이루나, 괴팍하며 모사가 교묘하며 말을 잘한다. 만일 경금(庚金) 일파가 있는데 비겁(比劫)을 보지 않으면 부는 있으나 귀는 없다.

만일 병오(丙午)일생이 임수(壬水)가 많은데 무토(戊土)가 제극(制剋)하지 않으면 음형살중(陰刑殺重)이라 하여 곤장에 맞아죽는다. 만일 지지(地支)에서 수국(水局)을 이루고 임수(壬水)의 투간(透干)이 중중한데 전혀 제복(制伏)시키지 못하면 도적의 명조이고, 여기다 기토(己土)를 보면 하천하다. 임수(壬水)가 용신(用神)이면 금(金)이 아내이고 수(水)는 자식이다.

년	월	일	시	■남명
戊	丁	丙	壬	己 庚 辛 壬 癸 甲 乙
午	巳	申	辰	午 未 申 酉 戌 亥 子

병화(丙火) 일주(日主)가 사(巳)월에 태어나 득령(得令)하여 신강(身强)하다. 월간(月干)에 정화(丁火)가 들고 년지(年支)에 오화(午火)가 들어 화(火)가 태왕하니, 강한 불길을 잡아야 중화되므로

시간(時干) 임수(壬水)가 용신(用神)이다. 그리고 천간(天干)에서는 계수(癸水)와 신금(申金)이 유리하고, 지지(地支)에서는 자수(子水)와 해수(亥水)와 유금(酉金)이 유리하다. 그러나 병화(丙火)·정화(丁火)·사화(巳火)·오화(午火)·진토(辰土)는 흉하다.

병화(丙火) 일주(日主)가 사(巳)월생이면 사주에 임계수(壬癸水)가 투출(透出)해야 길명이 된다. 그렇지 않으면 지지(地支)에 해자축(亥子丑)이라도 있어야 한다. 만일 신금(辛金)이 들면 그 다음으로 길하고, 경금(庚金)은 한신(閑神)이다.

본명은 초년에는 고생하며 자랐으나 열심히 노력하여 자수성가하였다. 그러나 병화(丙火) 일주(日主)가 화기(火氣)가 태과하니 예의가 없어 책망을 많이 들었다. 임수(壬水)가 용신(用神)이며 길하여 총명하며 다재다능하였고, 무토(戊土)가 투출(透出)하고 중화되어 신용이 있고 성실하며 책임감이 강하였고, 금기(金氣)가 중화되어 정의와 용기가 있었다.

년	월	일	시	■남명
丙	癸	丙	壬	甲 乙 丙 丁 戊 己 庚 辛
寅	巳	申	辰	午 未 申 酉 戌 亥 子 丑

병화(丙火) 일주(日主)가 사(巳)월에 태어났다. 사(巳)월은 무경병(戊庚丙)이 암장(暗藏)되어 화(火)와 금(金)이 강하니 임계수(壬癸水)로 용신(用神)을 삼은 후 경신금(庚辛金)을 써야 한다. 본명

은 년상(年上)에 병화(丙火)가 투출(透出)하여 화(火)가 태왕하니, 월상(月上)에 계수(癸水)와 시상(時上) 임수(壬水)가 용신(用神)인데 일지(日支) 신금(申金)에 통근(通根)하여 강하며 안전하다.

지지(地支)에는 인사신(寅巳申) 삼형살(三刑殺)이 들어 살벌한 기운이 감돌아 형부상서(刑部尙書)가 되었다. 일지(日支) 신금(申金)은 한신(閑神)에 해당하니 아내는 반길반흉이지만 희신(喜神)에 가깝다. 비겁(比劫)이 병정사화(丙丁巳火)이며 기신(忌神)에 해당하니 다소 무례하며 말 실수가 있었다. 그러나 임계수(壬癸水)가 관살(官殺)이며 용신(用神)에 해당하니 총명하며 판단력이 뛰어났고, 재물도 중부 이상을 이루었고, 지지(地支)에 역마살(驛馬殺)이 중중하여 항상 바빴다.

【원문】

午月丙火愈炎 得壬庚高透 方爲上命 或一壬無庚 亦主貢監

오월병화유염 득임경고투 방위상명 혹일임무경 역주공감

猶防戊己出干 丁壬化合 則爲平人 卽不透庚壬 或有申宮長生之水

유방무기출간 정임화합 즉위평인 즉불투경임 혹유신궁장생지수

濟之坐祿之金 至妙 必入詞林 又怕戊己雜亂 則爲異路 或成火局

제지좌록지금 지묘 필입사림 우파무기잡난 즉위이로 혹성화국

不見滴水者 乃僧道鰥獨之命 卽一二癸水 多愚火土 用之無力

불견적수자 내승도환독지명 즉일이계수 다우화토 용지무력

瞽目之人 得戊己透洩火氣 亦主刑剋孤寡 行北運多凶 何也

고목지인 득무기투설화기 역주형극고과 행북운다흉 하야

所謂燥烈水激反凶 或成炎上格 柱運不見庚辛 多見甲乙者

소위조열수격반흉 혹성염상격 주운불견경신 다견갑을자

反主大富貴 然亦不可見水運 或有庚癸透者 衣祿充足 支火輕

반주대부귀 연역불가견수운 혹유경계투자 의록충족 지화경

無目疾 支見水者 異道 或成土局 又爲洩太過得壬滋甲出干

무목질 지견수자 이도 혹성토국 우위설태과득임자갑출간

土被制而火得生扶 此必富貴壽考之格也

토피제이화득생부 차필부귀수고지격야

【해 설】

오(午)월 병화(丙火)는 불꽃이 강렬하니 임수(壬水)와 경금(庚金)이 투출(透出)하면 상격이 된다. 만일 임수(壬水)가 1개 있으면 경금(庚金)이 없어도 관록이 있으나, 무기토(戊己土)가 출간(出干)하여 막거나 정임(丁壬)이 합하여 목(木)으로 변하면 평상인에 불과하다. 즉 경금(庚金)과 임수(壬水)가 투출(透出)하지 않고, 신궁(申宮) 장생지(長生地)에 수(水)가 있으면 매우 묘해진다. 이런 사주는 반드시 사림(詞林)에 들어가나, 무기토(戊己土)가 난잡하면 정도를 밟지 못하고 이도로 나간다.

만일 지지(地支)에 화국(火局)을 이루었는데 수(水)가 1개도 없으면 승려가 되거나 고독한 홀아비로 늙어가고, 계수(癸水)가 1~2개 있는데 많은 화토(火土)를 만나면 용신(用神)이 무력해져 앞을 못 보는 소경이 되고, 무기토(戊己土)가 투출(透出)했는데 화기(火氣)가 설기(洩氣)하면 형극고과(刑剋孤寡)를 면하지 못한다. 여기다 운까지 북으로 향하면 매우 흉하다.

만일 염상격(炎上格) 사주가 경신금(庚辛金)이 없는데 갑을목(甲乙木)이 많으면 대부귀를 이루나, 수(水)운을 만나면 불가하다. 만일 경금(庚金)과 계수(癸水)가 투출(透出)하면 의식주가 풍족하고, 지지(地支)에 화기(火氣)가 가벼우면 눈병이 없다. 지지(地支)에서 수(水)를 보면 이로에서 성공하고, 토국(土局)을 이루었는데 설기(洩氣)가 태과하면 임수(壬水)로 자양하고 갑목(甲木)이 출간(出干)하면 토(土)가 제극(制剋)을 당하고 화(火)가 생조(生助)하니 반드시 부귀영화를 누리며 장수한다.

년 월 일 시	■남명
庚 壬 丙 甲	癸甲乙丙丁戊己
辰 午 午 午	未申酉戌亥子丑

병화(丙火) 일주(日主)가 오(午)월에 태어났고, 일지(日支)와 시지(時支)에 오화(午火)가 들어 화기(火氣)가 태왕하다. 태왕한 화기(火氣)를 제극(制剋)해야 중화되니 월(月) 임수(壬水)가 용신(用神)이고, 금(金)은 희신(喜神)이다. 오행이 화기(火氣)로 편중되어 항상 호흡기 질환과 고혈압으로 약사발이 떠날 날이 없었다. 그리

고 일지(日支) 오화(午火)가 기신(忌神)에 해당하니 부부운도 없어 무례하며 천박한 아내를 만났고, 재물운도 없어 궁색하게 살았다.

본명은 간지(干支)가 모두 양기(陽氣)로만 되어 어려움이 많았다. 용신(用神)은 월간(月干) 임수(壬水)인데 지지(地支)에 통근(通根) 하지 못하고, 년간(年干) 경금(庚金)도 희신(喜神)이나 통근(通根) 하지 못하였다. 용신(用神)과 희신(喜神)이 모두 허약하니 흉명이 되어 여러 번 결혼에 실패하고 사업에도 실패하여 파란만장하였다. 대운이 금수(金水)운으로 흘러 좋을 것 같으나 원국이 워낙 흉하니 별 수 없었던 것이다. 거지에게는 대운이 와도 밥이나 조금 더 얻어 먹을 뿐이다.

년	월	일	시	■남명
戊	戊	丙	丙	己庚辛壬癸甲乙
子	午	寅	申	未申酉戌亥子丑

병화(丙火) 일주(日主)가 오(午)월에 태어나고, 시간(時干)에 병화(丙火)가 투간(透干)하여 생조(生助)하고, 일지(日支) 인목(寅木)이 또 생조(生助)하니 신강(身强) 사주가 되었다. 년지(年支) 자수(子水)가 용신(用神)이고, 금(金)은 희신(喜神)이다. 길복이 많으려면 용신(用神)과 희신(喜神)이 가까이 있어야 하는데 너무 멀고, 간지(干支)가 모두 양기(陽氣)로만 구성되었다. 사주가 모두 양간지(陽干支)이면 동적이라 작용이 매우 강하며 길흉화복도 빨리

나타나기 때문에 속성속패하는 경향이 있다.

본명은 초년에는 부모덕으로 호의호식하며 자랐으나 중년에 크게 실패하여 걸인이 되었다. 그후 악전고투하면서 과거의 명성을 회복하였다. 자오(子午)가 상충(相沖)하고 인신(寅申)이 상충(相沖)하여 지지(地支)가 온통 전쟁판이니, 어려서부터 사고와 싸움으로 상처가 떠날 날이 없었다. 그리고 건강도 좋지 않아 호흡기와 피부와 소장에 병을 달고 살았다.

년	월	일	시	■남명
庚	壬	丙	丙	癸甲乙丙丁戊己
寅	午	子	申	未申酉戌亥子丑

병화(丙火) 일주(日主)가 오(午)월에 태어나 득령(得令)하였고, 시간(時干)에 병화(丙火)와 년지(年支)에 인목(寅木)이 들어 목화(木火)가 대단하다. 용신(用神)은 월(月) 임수(壬水)이고, 희신(喜神)은 금(金)이다. 지지(地支)가 인목(寅木) 오화(午火) 신금(申金) 자수(子水)로 모두 양지(陽支)이니 작용이 매우 강하며 빠르다.

이 사람은 성공과 실패를 몇 차례 반복하였다. 편관(偏官)이 용신(用神)에 해당하니 관운이 좋아 일찍 등과하여 고관이 되었고, 일지(日支)는 아내궁인데 자수(子水)가 용신(用神)의 통근지(通根地)이니 아내복도 많아 총명하며 아름다운 현모양처를 만났고, 재물복도 많아 중부 이상을 이루었다. 그러나 자오(子午)가 상충(相沖)하

여 허릿병으로 고생하였다. 월주(月柱)와 일주(日柱)가 상충(相沖)
되면 대개 허리에 질병이 따른다.

년	월	일	시	■ 재관격(財官格)
庚	壬	丙	己	癸甲乙丙丁戊己庚
寅	午	戌	亥	未申酉戌亥子丑寅

【원 문】차팔자서낙오선현평도(此八字徐樂吾先賢評道)

此命水土破格 難作炎上 取壬水庚金

차명수토파격 난작염상 취임수경금

亦主爲貴 此庚壬丙透也 壬爲用 庚爲佐

역주위귀 차경임병투야 임위용 경위좌

【해 설】

　본명은 월(月)에 임수(壬水)가 투출(透出)하여 격이 깨졌으니 염
상격(炎上格)을 이루기 어렵다. 정격(正格)으로 보아 월상(月上)
임수(壬水)로 용신(用神)을 삼은 후 경금(庚金)을 쓰면 귀를 이룬
다. 오(午)월은 병기정(丙己丁)이 암장(暗藏)되어 화기(火氣)만이
강하니 임계수(壬癸水)로 용신(用神)을 삼아야 한다. 그런데 월상
(月上)에 임수(壬水)와 년상(年上)에 경금(庚金)이 투출(透出)하
고, 지지(地支)에서는 술토(戌土)가 경금(庚金)을 생조(生助)하고,
시지(時支) 해수(亥水)는 임수(壬水)를 생조(生助)하니 천간(天干)

과 지지(地支)의 거리가 멀어 무정하나 그래도 귀한 명조가 되었다. 그리고 대운이 금수(金水)운으로 흘러 등과급제하고 부귀를 누렸다. 만일 목화(木火)운으로 흘렀다면 파란만장했을 것이다.

년	월	일	시	■ 토회무광격(土晦無光格)
戊	戊	丙	己	己庚辛壬癸甲乙丙
戌	午	午	丑	未申酉戌亥子丑寅

【원 문】 차팔자서낙오선현평도(此八字徐樂吾先賢評道)

土晦無光 奴僕 火炎土燥 偏枯之局不作炎上論
토회무광 노복 화염토조 편고지국불작염상론

【해 설】

본명은 많은 토(土)가 화(火)를 어둡게 만들어 노복의 운명이 되었다. 병화(丙火) 일주(日主)가 오(午)월에 태어나 화기(火氣)가 태왕하나, 많은 토(土)가 설기(洩氣)하니 염상격(炎上格)이 아니라 정격(正格)이다. 화기(火氣)가 태왕하니 수기(水氣)가 많이 필요한데 시지(時支) 축토(丑土)만이 도움을 주니 겨우 명맥만 유지할 뿐이다. 따라서 노복이 되어 하천하게 살아간 것이다.

년	월	일	시	■ 용인격(用印格)
戊	戊	丙	甲	己庚辛壬癸甲乙丙
申	午	辰	午	未申酉戌亥子丑寅

【원 문】차팔자서낙오선현평도(此八字徐樂吾先賢評道)

火土混雜 取甲木制土 壬水制火楊縣令 丙火坐辰

화토혼잡 취갑목제토 임수제화양현령 병화좌진

土厚而不燥 甲木方能制土 否則 火旺木焚 木化成灰

토후이불조 갑목방능제토 부즉 화왕목분 목화성회

無能爲力 申辰之會 雖不能成水局得力非賤也

무능위력 신진지회 수불능성수국득력비천야

【해 설】

　화토(火土)가 혼잡한데 갑목(甲木)으로 제토(制土)하고, 임수(壬水)로 제화(制火)하여 현령(縣令)을 지냈다. 병화(丙火) 일주(日主)가 오(午)월에 태어났고, 병화(丙火)가 진(辰)에 앉아 있다. 사주에 무토(戊土)가 2개나 투출(透出)하여 토(土)가 많아 화(火)를 설기(洩氣)하니 열조하지 않다. 시상(時上) 갑목(甲木)이 무토(戊土)를 제극(制剋)하면 좋지 않다. 화(火)가 왕하면 목(木)이 불에 타서 재가 되니 무능하다. 년지(年支) 신금(申金)과 일지(日支) 진토(辰土)가 있으나 자수(子水)가 없어 수국(水局)을 이루지 못한다. 그러나 능력이 있어 천하지는 않았다.

【원 문】

未月丙火退氣 三伏生寒 壬水爲用 取庚補佐 庚壬兩透

미월병화퇴기 삼복생한 임수위용 취경보좌 경임양투

貼身相生 可云科甲名宦 若無庚有壬 不見戊出 小富小貴
첩신상생 가운과갑명환 약무경유임 불견무출 소부소귀

見戊制壬則爲鄕賢而已 或己土出干混雜 此必庸夫谷子
견무제임즉위향현이이 혹기토출간혼잡 차필용부곡자

或壬水淺 己土出干 其人貧困 無壬下格 賤而且頑 男女一理
혹임수천 기토출간 기인빈곤 무임하격 천이차완 남녀일리

或天干一派丙火 陽極生陰 干支兩見庚壬 登科及第
혹천간일파병화 양극생음 간지양견경임 등과급제

總之未月丙火用壬 不同餘月用壬 喜運行西北 未月用壬
총지미월병화용임 불동여월용임 희운행서북 미월용임

喜運行西南
희운행서남

【해 설】

미(未)월은 화기(火氣)가 물러가는 때이니 미(未)월 병화(丙火)는
먼저 임수(壬水)로 용신(用神)을 삼은 후 경금(庚金)으로 보좌해야
한다. 따라서 경금(庚金)과 임수(壬水)가 모두 투출(透出)하여 접
신상생(貼身相生)하면 등과급제하여 명신이 된다. 그러나 경금(庚
金)이 없는데 임수(壬水)가 있고 무토(戊土)가 출간(出干)하지 않
으면 작은 부귀를 이루고, 무토(戊土)가 임수(壬水)를 제극(制剋)
하면 마을에서 현자가 되고, 기토(己土)가 출간(出干)했는데 혼잡
하면 소인배가 되고, 임수(壬水)가 얕은데 기토(己土)가 출간(出

干)하면 빈곤하고, 임수(壬水)가 없으면 하격이 되어 천박하다.

만일 천간(天干)에 일파의 병화(丙火)가 있으면 양기(陽氣)가 극도에 이르러 음기(陰氣)를 생하니 천간(天干)과 지지(地支)에 경금(庚金)과 임수(壬水)가 모두 투출(透出)하면 과갑한다. 다시 말해, 미(未)월 병화(丙火)는 먼저 임수(壬水)로 용신(用神)을 삼지만 나머지 달은 그렇지 않다. 운이 서북으로 흐르면 길하고, 미(未)월생이 임수(壬水)가 용신(用神)이면 서남운으로 흐르는 것이 길하다.

```
년  월  일  시      ■용살격(用殺格)
壬  丁  丙  壬      戊己庚辛壬癸甲乙
寅  未  申  辰      申酉戌亥子丑寅卯
```

【원 문】차팔자서낙오선현평도(此八字徐樂吾先賢評道)

一丁見柱 二壬出干 位至尚書 丁壬合去一殺

일정견주 이임출간 위지상서 정임합거일살

而用時上獨殺 通根申宮 財藏殺露 源遠流長

이용시상독살 통근신궁 재장살로 원원유장

富貴宜也 此明代夏言命造也

부귀의야 차명대하언명조야

【해 설】

월상(月上)에 정(丁)이 1개 있는데 년상(年上)과 시상(時上)에 임

(壬)이 2개 출간(出干)하니 길복이 따라 상서(尙書)에 이르렀다. 정임(丁壬)이 합목(合木)하여 년상(年上) 임수(壬水)의 관살(官殺) 1개를 제거하였다. 따라서 용신(用神)은 시상(時上) 임수(壬水)인데 일지(日支) 신금(申金)에 통근(通根)하고, 진토(辰土) 계수(癸水)에 의지하여 강하다. 어떤 사주든 용신(用神)이 강해야 길복이 많다. 재성(財星)인 신(申)에 경금(庚金)이 암장(暗藏)되었고, 임수(壬水) 관살(官殺)은 투출(透出)하였다. 신금(申金)은 임수(壬水)의 근원을 이루니 멀고 길게 흘러 부귀영화를 누리는 것은 당연하다. 이 사주는 명나라의 명신 하언(夏言)의 명조다.

년	월	일	시	■ 살인상생격(殺印相生格)						
戊	己	丙	己	庚	辛	壬	癸	甲	乙	丙	丁
午	未	戌	亥	申	酉	戌	亥	子	丑	寅	卯

【원 문】차팔자서낙오선현평도(此八字徐樂吾先賢評道)
名火土傷官用印格也 先貧後富 死於寅運 火土傷官 洩氣太重
명화토상관용인격야 선빈후부 사어인운 화토상관 설기태중
喜得亥宮壬滋甲木制土 生扶丙火 須殺印相生也
희득해궁임자갑목제토 생부병화 수살인상생야

【해 설】
 병화(丙火) 일주(日主)가 미(未)월에 태어나 화토상관격(火土傷官

格)을 이루었으니 인성(印星)이 용신(用神)이다. 미(未)월은 정을
기(丁乙己)가 암장(暗藏)되어 토기(土氣)와 화기(火氣)가 강하니
임계수(壬癸水)와 갑을목(甲乙木)으로 용신(用神)을 삼아야 한다.
이 사람은 선빈후부(先貧後富)하였고, 인(寅) 대운에 사망하였다.
화토상관격(火土傷官格)이 설기(洩氣)가 심한 것이 문제였으나, 시
지(時支) 해(亥) 중에 갑목(甲木)과 임수(壬水)가 들어 임수(壬水)
는 갑목(甲木)을 자양하고, 갑목(甲木)은 토기(土氣)를 제하여 기
쁘다. 그리고 갑목(甲木)은 병화(丙火)를 생부(生扶)하니 살인상생
격(殺印相生格)이 된 것이다.

년	월	일	시	■ 겁재격(劫財格)							
壬	丁	丙	戊	戊	己	庚	辛	壬	癸	甲	乙
寅	未	申	戌	申	酉	戌	亥	子	丑	寅	卯

【원 문】차팔자서낙오선현평도(此八字徐樂吾先賢評道)

土重身輕 爲奇丙而死 此亦火土傷官 洩氣太重 無木制土
토중신경 위기개이사 차역화토상관 설기태중 무목제토

申宮壬水 反爲土所塞 不能透出 故無可用也
신궁임수 반위토소색 불능투출 고무가용야

【해 설】

본명은 토중신경(土重身輕)하며 편고하여 걸인이 되었다. 화토상

관격(火土傷官格)인데 토기(土氣)가 많아 병화(丙火) 일주(日主)의 기운을 너무 많이 설기(洩氣)하는 것이 문제인데 목기(木氣)가 없어 토기(土氣)를 막지 못하니 더 흉해졌다. 일지(日支)에 신금(申金)이 들고, 신(申)에 임수(壬水)가 있어 토기(土氣)를 습하게 만들어 오히려 화기(火氣)를 설기(洩氣)하는데 도움을 주니 화기(火氣)가 빛을 잃어 어두워진 것이다. 목(木)운이 필요하나 없으니 용신(用神)이 없는 최하격 사주가 된 것이다.

4. 삼추(三秋) 병화(丙火)

【원문】

申月丙火 太陽轉西 陽氣衰矣 日近西山 見土皆晦 惟日照湖海
신월병화 태양전서 양기쇠의 일근서산 견토개회 유일조호해

暮夜光天 故仍用壬水 輔暎光揮 如壬多 取戊制方妙 有壬透干
모야광천 고잉용임수 보영광휘 여임다 취무제방묘 유임투간

又見戊土出干 可云科甲 如戊藏支内 不過生員 多壬無戊
우견무토출간 가운과갑 여무장지내 불과생원 다임무무

平常人也 或無戊多壬少 亦屬常人 或多壬 一戊出制
평상인야 혹무무다임소 역속상인 혹다임 일무출제

所謂衆殺猖狂 一仁可化 必主顯達 有權職 一派辛金
소위중살창광 일인가화 필주현달 유권직 일파신금

又爲棄命從財 奇特之造 雖不科甲 亦得恩榮

우위기명종재 기특지조 수불과갑 역득은영

但多依親戚而爲進身之階 從財者以 水妻木子

단다의친척이위진신지계 종재자이 수처목자

【해 설】

신(申)월 병화(丙火)는 태양이 서쪽으로 기울었으니 양기(陽氣)가
쇠약하고, 토(土)가 있으면 어두워진다. 오직 빛이 호수와 바다를
비추니 저문 밤하늘에 밝게 빛나고, 임수(壬水)로 광휘를 돕는다.
만일 임수(壬水)가 많으면 무토(戊土)를 용신(用神)으로 삼아 제극
(制剋)하면 묘해지고, 임수(壬水)가 투간(透干)했는데 무토(戊土)
가 출간(出干)하면 반드시 과갑하고, 무토(戊土)가 지지(地支)에
암장(暗藏)되면 생원(生員)에 불과하고, 임수(壬水)가 많은데 무토
(戊土)가 없으면 평범하고, 무토(戊土)가 없는데 임수(壬水)가 많
으면 묘하나 평상인에 불과하고, 임수(壬水)가 많은데 무토(戊土)
가 1개 출간(出干)하면 중살창광(衆殺猖狂)이 되어 인(仁)으로 변
하니 반드시 현달하여 권세 있는 직책에 오른다.

만일 일파 신금(辛金)이 있어 기명종재격(棄命從財格)을 이루면
기이하고 특별한 명조가 되어 등과급제는 못해도 은혜와 영화를
얻는다. 다만 친척에 의지하는 부류가 많다. 종재격(從財格)은 수
(水)는 아내이고 목(木)은 자식이다.

년	월	일	시	■여명
乙	甲	丙	戊	乙丙丁戊己庚辛
未	申	戌	戌	酉戌亥子丑寅卯

병화(丙火) 일주(日主)가 신(申)월에 태어났으니 실령(失令)하여 신약(身弱)하다. 시간(時干)에 무토(戊土)가 들고 일지(日支)와 시지(時支)에 술토(戌土)가 들어 토(土)가 너무 많으니 신약(身弱)하다. 따라서 토(土)를 제극(制剋)해야 중화되니 월간(月干) 갑목(甲木)이 용신(用神)이고, 수(水)는 희신(喜神)이다. 즉 수목(水木)은 길하고 토금(土金)은 흉하다. 화(火)는 처음에는 길하나 왕한 토(土)를 생조(生助)하니 결과적으로는 흉해져 화(火)는 한신(閑神)에 해당한다.

재물복은 작은 부는 있어 의식주 걱정은 없었다. 그러나 일지(日支)에 술토(戌土)인 구신(仇神)이 자리하여 부부운이 없어 고집이 세며 욕심이 많고 난폭한 남편을 만났다. 또 시주(時柱) 무술(戊戌)이 구신(仇神)이라 말년에는 자녀 근심이 많았다. 어떤 사주든 식상(食傷)이 태과하면 설기(洩氣)가 심하여 정조관념이 없는데 이 사람도 남편 몰래 외간 남자와 야합을 많이 하였다.

년	월	일	시	■종살격(從殺格)
壬	戊	丙	壬	己庚辛壬癸甲乙丙
戌	申	申	辰	酉戌亥子丑寅卯辰

【원 문】차팔자서낙오선현평도(此八字徐樂吾先賢評道)

二壬出干 有戊出制 太史 此造有待考量 雖云七殺有制

이임출간 유무출제 태사 차조유대고량 수운칠살유제

而丙臨申位 生於申月 身弱極矣 能否用戊 爲一문제

이병임신위 생어신월 신약극의 능부용무 위일문제

行運一派金水 恐是從殺格 戊戌之土 雖逆氣勢 而有申金

행운일파금수 공시종살격 무술지토 수역기세 이유신금

土金水三象順序 無礙於從

토금수삼상순서 무애어종

【해 설】

년시(年時)에 임수(壬水)가 2개 출간(出干)했는데 무토(戊土)가 출제(出制)하여 태사(太史)에 올랐다. 비록 칠살(七殺)이 유제(有制)하나, 병화(丙火)가 중위에 이르고, 신(申)월에 태어났으니 병화(丙火) 일주(日主)가 매우 약하여 무토(戊土)를 용신(用神)으로 쓸 수 없는 것이 문제다. 행운이 일파 금수(金水)로 가니 종살격(從殺格)이다. 무술토(戊戌土)가 왕기를 극하나 신금(申金)이 있으니 토금수(土金水)의 삼상순서(三象順序)가 되어 종격(從格)이다.

년	월	일	시	■ 재자칠살격(財資七殺格)
乙	甲	丙	庚	癸 壬 辛 庚 己 戊 丁 丙
未	申	申	寅	未 午 巳 辰 卯 寅 丑 子

【원 문】 차팔자서낙오선현평도(此八字徐樂吾先賢評道)

財資七殺格 參政 此爲申月丙火之正格 雖兩申冲寅

재자칠살격 참정 차위신월병화지정격 수양신충인

而干透甲乙 有印相生 日元不弱 以財生殺爲用

이간투갑을 유인상생 일원불약 이재생살위용

【해 설】

　신(申)월은 기무임경(己戊壬庚)이 암장(暗藏)되어 금기(金氣)와
수기(水氣)가 강하니 갑을목(甲乙木)을 용신(用神)으로 삼은 후 임
계수(壬癸水)를 써야 한다. 본명은 월지(月支)와 일지(日支) 재성
(財星)이 임수(壬水) 관살(官殺)을 자양하여 참정(參政) 벼슬을 하
였다. 비록 신금(申金) 2개가 인신상충(寅申相沖)하지만, 천간(天
干)에 갑을목(甲乙木)이 투출(透出)하여 병화(丙火) 일주(日主)를
상생(相生)하니 약하지 않아 재생살(財生殺)이 용신(用神)이다.

【원 문】

酉月丙火 日近黃昏 丙之餘光 存於湖海 仍用壬水輔映

유월병화 일근황혼 병지여광 존어호해 잉용임수보영

四柱多丙 一壬高透爲奇 定主登科及第 富貴雙全 一壬藏支

사주다병 일임고투위기 정주등과급제 부귀쌍전 일임장지

主秀才 或戊多困水 則假作斯文 若無壬水 癸亦可用

주수재 혹무다곤수 즉가작사문 약무임수 계역가용

但功名不久 或見辛透 不能從化 貧苦到老 或見一丁制辛

단공명불구 혹견신투 불능종화 빈고도노 혹견일정제신

爲人奸詐 不識高低 女命合此 長舌淫賤 或成金局 無辛出干

위인간사 불식고저 여명합차 장설음천 혹성금국 무신출간

此非從財 乃朱門餓孚 如辛出干 不見比劫 此從才格 反主富貴

차비종재 내주문아부 여신출간 불견비겁 차종재격 반주부귀

親戚提援 妻賢來助 用水者 金妻水子 從財者 水妻木子

친척제원 처현내조 용수자 금처수자 종재자 수처목자

【해 설】

유(酉)월은 황혼에 가까워 병화(丙火)의 여광이 호수와 바다에 있
으니 임수(壬水)로 용신(用神)을 삼아야 한다. 사주에 병화(丙火)
가 많은데 임수(壬水) 1개가 천간(天干)에 투출(透出)하면 기이해
져 등과급제하며 부귀를 모두 이룬다. 지지(地支)에 임수(壬水)가
1개 암장(暗藏)되면 임수(壬水)가 용신(用神)이라 수재를 이루나,
무토(戊土)가 많아 토극수(土剋水)하면 수(水)가 곤고해진다. 즉
가작사문(假作斯文)이라 임수(壬水)가 없으면 계수(癸水)로 용신
(用神)을 삼으나 공명이 오래 가지 못한다.

만일 신금(辛金)이 투간(透干)하면 종화격(從化格)이 될 수 없으
니 늙도록 빈천하고, 정화(丁火) 1개가 신금(辛金)을 제극(制剋)하
면 간사하며 고저를 분별하지 못하고, 여명은 말이 많고 음천하다.
만일 금국(金局)을 이루었는데 신금(辛金)이 출간(出干)하지 않으

면 굶어죽고, 신금(辛金)이 출간(出干)했는데 비견(比肩)과 겁재 (劫財)를 보지 않으면 종재격(從財格)이 되어 부귀를 이루고, 친척 의 도움과 현명한 아내의 내조를 받는다. 수(水)가 용신(用神)이면 금(金)이 아내이고 수(水)는 자식이다. 종재격(從財格)이면 수(水) 가 아내이고 목(木)은 자식이다.

년 월 일 시	■남명
甲 癸 丙 丙	甲乙丙丁戊己庚
子 酉 寅 申	戌亥子丑寅卯辰

병화(丙火) 일주(日主)가 유(酉)월에 태어나 신유(申酉)가 방합 (方合)하여 반금국(半金局)을 이루었다. 그러나 병화(丙火) 용신 (用神)이 년상(年上)에 갑목(甲木)과 일지(日支)에 인목(寅木)이 들어 강하니 대귀격을 이루었다. 이 사주는 음양이 조화를 잘 이루 었다. 병화(丙火) 일주(日主)가 유(酉)월에 태어나 실령(失令)하였 고, 용신(用神)은 시간(時干) 병화(丙火)이니 목(木)은 희신(喜神) 이다. 병화(丙火) 용신(用神)은 일지(日支) 인목(寅木)이 생조(生 助)하여 희신(喜神)과 함께 강하다. 따라서 현모양처를 만났고 만 석꾼이 되었다. 그러나 월간(月干)에 투출(透出)한 정관(正官)은 한신(閑神)이라 등과했으나 중간 관리에 머물렀다. 아내복과 재물 복이 많은 좋은 사주가 되었다. 비록 인신(寅申)이 상충(相沖)하지 만 병화(丙火)가 신금(申金)을 억제하여 말리고 있다. 우주는 무궁

무진하니 오행으로만 모두 판단하려 들지 말아야 한다.

년	월	일	시		■ 재 자 칠 살 격 (財滋弱殺格)
丙	丁	丙	丁		戊 己 庚 辛 壬 癸 甲 乙
子	酉	午	酉		戌 亥 子 丑 寅 卯 辰 巳

【원 문】차팔자서낙오선현평도(此八字徐樂吾先賢評道)

兩干不雜 財資七殺格 出將入相 生子時不貴

양간불잡 재자칠살격 출장입상 생자시불귀

八月酉金秉令 財資子水官星 以官制刃護財 官刃爲用

팔월유금병령 재자자수관성 이관제인호재 관인위용

出將入相 爲富貴雙全之造 八月丙火退氣 所恃全在午火

출장입상 위부귀쌍전지조 팔월병화퇴기 소시전재오화

如子時生 冲破午刃 不僅貴氣消失 並恐不得善終

여자시생 충파오인 불근귀기소실 병공불득선종

【해 설】

양간(兩干)이 혼잡하지 않고 재(財)가 칠살(七殺)을 자양하니 상격이 되었다. 병화(丙火) 일주(日主)가 유(酉)월에 태어나 약한 것 같으나, 일지(日支)가 오화(午火)의 양인(陽刃)에 앉았고, 월시간(月時干)에 정화(丁火) 겁재(劫財)가 있으니 왕하다. 년지(年支)에 자수(子水) 관살(官殺)이 있어 유금(酉金)의 생조(生助)를 받으니

양인(陽刃)이 가살(架殺)하여 출장입상격(出將入相格)이 되어 부
귀를 이루었다. 만일 자(子)시생이었으면 귀한 기운이 소멸되어 유
종의 미를 거두지 못하였을 것이다.

년 월 일 시   ■용재격(用財格)

丙 丁 丙 丁   戊己庚辛壬癸甲乙

寅 酉 辰 酉   戌亥子丑寅卯辰巳

【원 문】차팔자서낙오선현평도(此八字徐樂吾先賢評道)
兩干不雜 位至尙書 此造專用財星 好材坐辰 食神通刃之氣
양간불잡 위지상서 차조전용재성 호재좌진 식신통인지기
更喜年逢丙寅 丙火長生 日元有根也
갱희년봉병인 병화장생 일원유근야

【해 설】
  천간(天干)이 모두 병정화(丙丁火)로 구성되어 혼잡하지 않으니
상서(尙書)라는 높은 벼슬에 올랐다. 병화(丙火) 일주(日主)가 유
(酉)월에 태어났으나 비겁(比劫)이 많고, 년지(年支) 인목(寅木)에
서 장생(長生)을 얻어 왕하다. 또 일지(日支)에 진토(辰土)가 있어
병화(丙火)의 기운을 설기(洩氣)하고 유금(酉金)을 생재(生財)하니
사주가 청순하여 비록 관성(官星)은 없으나 귀하여 임인(壬寅) 계
묘(癸卯) 대운에 상서(尙書)에 올랐다.

년 월 일 시　　■ 상관생재격(傷官生財格)

己 癸 丙 戊　　壬辛庚己戊丁丙乙

卯 酉 子 子　　申未午巳辰卯寅丑

【원 문】 차팔자서낙오선현평도(此八字徐樂吾先賢評道)

傷官生財格 參政 但陰刑殺重 卯運陣亡 癸水官星

상관생재격 참정 단음형살중 묘운진망 계수관성

爲己土傷官所剋 故用傷官生財 而不用財官也 子午卯酉四冲

위기토상관소극 고용상관생재 이불용재관야 자오묘유사충

柱備子卯酉 而運逢午卯 皆有生命之危 原有卯酉冲 印綬被傷

주비자묘유 이운봉오묘 개유생명지위 원유묘유충 인수피상

再逢卯運 衰神冲旺 財破印顯然矣

재봉묘운 쇠신충왕 재파인현연의

【해 설】

　본명은 참정(參政)을 지냈으나 음형살(陰刑殺)이 중하여 묘(卯)운
에 군대에서 죽었다. 유(酉)월은 경신(庚辛)이 암장(暗藏)되어 금
기(金氣)만이 강하니 갑을목(甲乙木)으로 용신(用神)을 삼은 후 병
정화(丙丁火)를 써야 하나, 수(水) 관성(官星)을 기토(己土) 상관
(傷官)이 파극(破剋)하여 상관생재격(傷官生財格)이나 재관(財官)
을 쓸 수 없다. 상충(相冲)에는 자오묘유(子午卯酉) 4가지가 있는
데 자묘유(子卯酉)가 들어 오묘(午卯)운에 자오상충(子午相冲) 묘

유상충(卯酉相沖)하면 생명이 위태롭다. 원래 묘유상충(卯酉相沖)
하여 인수(印綬)가 상했는데 묘(卯)운에 쇠약한 신이 왕한 신을 상
충(相沖)하니 재성(財星)과 인성(印星)이 모두 깨져 죽은 것이다.

【원 문】

戌月丙火 火氣愈退 所忌土晦光 必須先用甲木 次取壬水

술월병화 화기유퇴 소기토회광 필수선용갑목 차취임수

甲壬兩透 富貴非凡 若無壬水 得癸透干 亦可 雖不科甲

갑임양투 부귀비범 약무임수 득계투간 역가 수불과갑

異路功名 壬癸藏支 貢監而已甲藏壬透 無庚破甲 可許秀才

이로공명 임계장지 공감이이갑장임투 무경파갑 가허수재

或庚戌困了水木 定是庸才 無甲壬癸者 下格 或一派火土

혹경무곤료수목 정시용재 무갑임계자 하격 혹일파화토

雖不太旺 亦自燥矣 如不離鄉過繼 亦主奔流

수불태왕 역자조의 여불이향과계 역주분류

可以無庚辛壬癸出干 必爲夭命 或支成火局 炎上失時

가이무경신임계출간 필위요명 혹지성화국 염상실시

若運入南方 一貧徹骨 用甲者 水妻木子 用壬者 金妻水子

약운입남방 일빈철골 용갑자 수처목자 용임자 금처수자

【해 설】

술(戌)월은 화기(火氣)가 물러가는 때이니 토(土)가 빛을 가리면

흉하다. 따라서 술(戌)월 병화(丙火)는 반드시 갑목(甲木)으로 용신(用神)을 삼은 후 임수(壬水)를 써야 한다. 만일 갑목(甲木)과 임수(壬水)가 모두 투출(透出)하면 부귀영화가 비범하고, 임수(壬水)가 없는데 계수(癸水)가 투간(透干)하면 비록 등과급제는 못하더라도 이로에서 공명을 이루고, 임수(壬水)와 계수(癸水)가 지지(地支)에 암장(暗藏)되면 관록(官祿)을 얻고, 갑목(甲木)이 암장(暗藏)되었는데 임수(壬水)가 투출(透出)하고 경금(庚金)이 없고 갑목(甲木)이 파격(破格)되면 가히 수재를 이룬다.

만일 경금(庚金)과 무토(戊土)가 수(水)와 목(木)을 곤료(困了)하면 용렬하고, 갑목(甲木)과 임수(壬水)와 계수(癸水)가 없으면 하격이고, 화토(火土) 일파가 있으면 태왕하지 않아도 스스로 열조하니 고향을 떠나거나 양자로 가거나 유리방황하고, 경신금(庚辛金)과 임계수(壬癸水)가 출간(出干)하지 않으면 반드시 요절하고, 지지(地支)에서 화국(火局)을 이루면 염상격(炎上格)이 실시(失時)한 것이니 남방운으로 흐르면 매우 가난하다. 갑목(甲木)이 용신(用神)이면 수(水)는 아내이며 목(木)은 자식이고, 임수(壬水)가 용신(用神)이면 금(金)은 아내이며 수(水)는 자식이다.

년	월	일	시	■ 관인상생격(官印相生格)
己	甲	丙	戊	癸壬辛庚己戊丁丙
亥	戌	子	子	酉申未午巳辰卯寅

【원 문】차팔자서낙오선현평도(此八字徐樂吾先賢評道)

甲出天干 又逢生地 孝廉 用印制傷存官爲用

갑출천간 우봉생지 효염 용인제상존관위용

【해 설】

 본명은 월(月) 갑목(甲木)이 천간(天干)에 투출(透出)했는데 생지(生地)를 만나 길하니 효염(孝廉)이라는 벼슬을 하였다. 병화(丙火) 일주(日主)가 술(戌)월에 태어났고, 년지(年支)에 해수(亥水)가 들고 일지(日支)와 시지(時支)에 자수(子水)가 들어 관살(官殺)이 태왕하다. 그러나 년상(年上) 기토(己土)와 시상(時上) 무토(戊土)가 관살(官殺)을 억제하고, 월상(月上) 갑목(甲木)은 왕한 수기(水氣)를 관인상생(官印相生)시키니 길복이 많은 사주가 되었는데 대운이 목화(木火)운으로 흘러 효염(孝廉)까지 오른 것이다.

년	월	일	시	■용살격(用殺格)							
丙	戊	丙	戊	己	庚	辛	壬	癸	甲	乙	丙
申	戌	午	戌	亥	子	丑	寅	卯	辰	巳	午

【원 문】차팔자서낙오선현평도(此八字徐樂吾先賢評道)

兩干不雜 支成火局 尙用壬水 先貧後富

양간불잡 지성화국 단용임수 선빈후부

午戌會局 戊土出干 用申金水

오술회국 무토출간 용신금수

【해 설】

천간(天干)에 무(戊)와 병(丙)이 2개씩 들어 혼잡하지 않고, 지지(地支)에서는 오술(午戌)이 화국(火局)을 이루었다. 술(戌)월은 만추인데 수기(水氣)가 투출(透出)하지 않았으니 늦가을에 가뭄을 만난 형상이다. 따라서 임수(壬水)가 용신(用神)이니 선빈후부(先貧後富)하였다. 오술(午戌)이 회국(會局)했는데 무토(戊土)가 출간(出干)했으니 용신(用神)은 년지(年支) 신(申)의 금수(金水)다. 만일 년지(年支)에 신금(申金) 대신 인오술(寅午戌)이 들었으면 종격(從格)이 되었을 것이다.

년	월	일	시	■용인격(用印格)
戊	壬	丙	壬	癸甲乙丙丁戊己庚
戌	戌	寅	辰	亥子丑寅卯辰巳午

【원 문】 차팔자서낙오선현평도(此八字徐樂吾先賢評道)

富大貴小 因甲藏壬透故也 壬水出干 用印化殺爲用
부대귀소 인갑장임투고야 임수출간 용인화살위용

【해 설】

본명은 술(戌)월에 태어났는데 년지(年支)에 술토(戌土)가 들고 년상(年上)에 또 무토(戊土)가 들었으니 토기(土氣)가 넘친다. 술(戌)월은 신정무(辛丁戊)가 암장(暗藏)되어 금기(金氣)와 토기(土

氣)가 강하니 갑을목(甲乙木)과 병정화(丙丁火)로 용신(用神)을 삼아야 한다. 본명은 일지(日支) 인목(寅木)이 유일한 의지처인데 술(戌)에 신금(申金)이 들고 신왕(身旺)하니 부는 이루나, 월상(月上)과 시상(時上)에 임수(壬水)가 투출(透出)하여 귀는 작다. 갑목(甲木)이 암장(暗藏)되고 임수(壬水)가 투출(透出)하였기 때문이다. 대운이 목화(木火)운으로 흘러 부자가 되었다.

5. 삼동(三冬) 병화(丙火)

【원문】

亥月丙火 太陽失令 得見甲戊庚出干 可云科甲
해월병화 태양실령 득견갑무경출간 가운과갑

主爲人性好淸高 斯文領袖 如辛透見辰 名化合逢時
주위인성호청고 사문영수 여신투견진 명화합봉시

主大貴 或壬多無甲 乃作棄命從殺 卽不科甲 亦是官僚
주대귀 혹임다무갑 내작기명종살 즉불과갑 역시환료

或壬多有甲無戊 却非從殺 宜用己土混壬 總之亥月丙火
혹임다유갑무무 각비종살 의용기토혼임 총지해월병화

木旺宜庚 水旺宜戊 火旺用壬 隨宜酌用可也
목왕의경 수왕의무 화왕용임 수의작용가야

【해 설】

해(亥)월은 태양이 실령(失令)한 때이니 해(亥)월 병화(丙火)는 갑목(甲木)과 무토(戊土)와 정화(丁火)가 출간(出干)하면 과갑하고, 청고하며 지도자적인 유학자가 된다. 만일 신금(辛金)이 투출(透出)했는데 진토(辰土)를 보면 화합이 때를 만난 것이니 대귀를 이루고, 임수(壬水)가 많은데 갑목(甲木)이 없으면 기명종살격(棄命從殺格)이 되어 과갑은 아니더라도 환료(官僚)가 된다.

만일 임수(壬水)가 많고 갑목(甲木)이 있는데 무토(戊土)가 없으면 종관살격(從官殺格)이 아니니 기토(己土)와 임수(壬水)를 함께 쓰는 것이 좋다. 다시 말해, 해(亥)월 병화(丙火)는 목왕(木旺)하면 경금(庚金)이 길하고, 수왕(水旺)하면 무토(戊土)가 길하고, 화왕(火旺)하면 임수(壬水)가 길하나, 적당한 용신(用神)이 있어야 길명을 이룬다.

년	월	일	시	■남명
戊	癸	丙	己	甲 乙 丙 丁 戊 己 庚
子	亥	午	丑	子 丑 寅 卯 辰 巳 午

병화(丙火) 일주(日主)가 해(亥)월에 태어났으니 실령(失令)하여 신약(身弱)하다. 지지(地支)에서 해자축(亥子丑)이 방합(方合)하여 수(水)가 대단하여 사주가 꽁꽁 얼어붙었다. 따라서 일지(日支) 오병화(午丙火)로 용신(用神)을 삼은 후 정화(丁火)와 무토(戊土) 순

으로 보좌해야 한다. 관살(官殺)이 혼잡하여 관재구설이 많았으나,
투간(透干)한 것이 계수(癸水) 정관(正官) 뿐이라 다행이고, 또 무
계(戊癸)가 합하여 화(火)로 변하니 모든 말썽이 무마되었다.

본명에서 특히 좋은 것은 일지(日支)에 오화(午火)가 든 것이다.
아내의 내조로 많은 이익을 보았고 가정이 화목하였다. 성격운은
병화(丙火) 일주(日主)가 안정되어 예의범절이 바르며 명랑하였으
나, 임계수(壬癸水)가 태과하여 사악한 지혜가 많고 호색적이었다.
그리고 관살(官殺)이 기신(忌神)에 해당하니 관운이 없어 국록을
먹지 못하였고 관재구설이 많았다. 재물운은 불리하여 겨우 의식주
만 해결하면서 살았다.

년 월 일 시	■ 용관격(用官格)
甲 乙 丙 庚	丙 丁 戊 己 庚 辛 壬 癸
申 亥 戌 寅	子 丑 寅 卯 辰 巳 午 未

【원 문】차팔자서낙오선현평도(此八字徐樂吾先賢評道)
庚甲兩透 廉使 雖生於十月 印旺身强 以庚金財滋官爲用
경갑양투 염사 수생어십월 인왕신강 이경금재자관위용

【해 설】
해(亥)월은 무갑임(戊甲壬)이 암장(暗藏)되어 수기(水氣)와 목기
(木氣)가 강하니, 먼저 병정화(丙丁火)로 용신(用神)을 삼은 후 무

기토(戊己土)를 써야 한다. 그런데 시상(時上) 경금(庚金)과 년상(年上) 갑목(甲木)이 모두 투출(透出)하여 염사(廉使)라는 벼슬을 하였다. 비록 해(亥)월에 태어났으나 관인상생(官印相生)이 되어 인성(印星)이 왕하고 신강(身强)해졌으니 경금(庚金) 재(財)가 용신(用神)이다.

년	월	일	시	■ 용인격(用印格)
壬	辛	丙	戊	壬 癸 甲 乙 丙 丁 戊 己
辰	亥	戌	子	子 丑 寅 卯 辰 巳 午 未

【원 문】차팔자서낙오선현평도(此八字徐樂吾先賢評道)

孝廉 此造身弱 以戊土制水爲用 丙火通根身庫
효염 차조신약 이무토제수위용 병화통근신고
喜用均不令 平常格局也
희용균불령 평상격국야

【해 설】

본명은 효염(孝廉) 벼슬을 하였다. 신약(身弱)하니 무토(戊土)로 용신(用神)을 삼아 제수(制水)해야 한다. 병화(丙火)가 신고(身庫)에 통근(通根)하나 희용(喜用)이 고르지 못하여 평범한 격국(格局)이 되었다. 병화(丙火) 일주(日主)가 해(亥)월에 태어나 실령(失令)하여 신약(身弱)하니 인성(印星)과 비겁(比劫)이 유리하다. 식상(食傷)이 제살(制殺)하나 그것도 일주(日柱)가 강해야 한다. 병화(丙火) 일주(日主)는 해(亥) 중 갑목(甲木)에 의지하는데 대운이 목화(木火)운으로 흘러 효염(孝廉)을 지낸 것이다. 격국(格局)은 별로 자랑할 것이 없으나 대운이 좋아 길복을 누렸다.

년	월	일	시	■용인격(用印格)
辛	己	丙	壬	戊丁丙乙甲癸壬辛
巳	亥	子	辰	戌酉申未午巳辰卯

【원 문】차팔자서낙오선현평도(此八字徐樂吾先賢評道)

此命水多 取己土 大富貴 亦壽考

차명수다 취기토 대부귀 역수고

【해 설】

이 사주는 수(水)가 많으니 기토(己土)가 용신(用神)이 되어 대부귀를 이루고 수명도 길었다. 병화(丙火) 일주(日主)가 해(亥)월에 태어났으니 실령(失令)하여 신약(身弱)하다. 따라서 인성(印星)과 비겁(比劫)이 용신(用神)이나 년지(年支)에 사화(巳火)가 들어 신약(身弱)하지 않으니 월상(月上) 기토(己土)가 용신(用神)이 되어 길복이 많았고, 대운도 목화토(木火土)운으로 흘러 복을 누린 것이다. 목화토(木火土)가 모두 좋다.

子月丙火 冬至一陽生 弱中復强 壬水爲最 戊土佐之 壬戊兩透

자월병화 동지일양생 약중복강 임수위최 무토좌지 임무양투

科甲可許 無戊見己 異路功名 或無壬水 有癸出干 得金滋無傷

과갑가허 무무견기 이로공명 혹무임수 유계출간 득금자무상

又有丙透以解凍 可許衣衿 或一派壬 則崇用戊土 此人雖不成名

우유병투이해동 가허의금 혹일파임 즉단용무토 차인수불성명

文章邁衆 但名利虛浮 何也 因戊晦光 又須甲木 爲藥也

문장매중 단명리허부 하야 인무회광 우수갑목 위약야

或無壬水 癸亦可用但不甚顯 或四柱多壬無甲 乃作棄命從殺

혹무임수 계역가용단불심전 혹사주다임무갑 내작기명종살

亦有雲路 或水多 有甲無戊 劫非從殺 宜用己土濁壬

역유운로 혹수다 유갑무무 겁비종살 의용기토탁임

子月丙火 與亥月頗同

자월병화 여해월파동

【해 설】

자(子)월은 동지(冬至)이며 1양이 생하는 때이니 자(子)월 병화 (丙火)는 약한 가운데 강하게 되므로 임수(壬水)로 용신(用神)을 삼은 후 무토(戊土)로 보좌해야 한다. 따라서 임수(壬水)와 무토 (戊土)가 모두 투출(透出)하면 과갑하고, 무토(戊土)가 없는데 기 토(己土)가 있으면 이로에서 공명을 이루고, 임수(壬水)가 없는데

계수(癸水)가 출간(出干)하면 금(金)을 얻어 자양하고, 병화(丙火)가 투출(透出)하면 해동되니 의식은 있다.

만일 임수(壬水)가 1개 있으면 무토(戊土)로 용신(用神)을 삼아야 하는데, 이런 사주는 명성은 얻지 못해도 문장이 뛰어나나 명리는 무실하다. 무토(戊土)가 병화(丙火)의 빛을 가리고, 갑목(甲木)이 약이 되어야 하기 때문이다. 만일 임수(壬水) 대신 계수(癸水)가 있어도 발달하지 못하고, 임수(壬水)가 많은데 갑목(甲木)이 없으면 기명종살격(棄命從殺格)이 되어 벼슬길에 나간다. 만일 수(水)가 많고 갑목(甲木)이 있는데 무토(戊土)가 없으면 종살격(從殺格)이 되지 않는다. 기토(己土)로 임수(壬水)를 탁하게 하면 길하다. 자(子)월 병화(丙火)는 해(亥)월과 비슷하다.

년 월 일 시	■ 용인격(用印格)
辛 庚 丙 庚	己戊丁丙乙甲癸壬
亥 子 寅 寅	亥戌酉申未午巳辰

【원문】차팔자서낙오선현평도(此八字徐樂吾先賢評道)

布政 年月金水氣旺 喜得日時兩寅 寅中暗藏甲木
포정 년월금수기왕 희득일시양인 인중암장갑목

更有丙火助之 運行南方 宜乎貴矣
갱유병화조지 운행남방 의호귀의

【해 설】

　본명은 포정(布政)이라는 벼슬을 지낸 사람의 사주다. 년주(年柱)
에 신해(辛亥)가 들고 월주(月柱)에 경자(庚子)가 들어 금수(金水)
가 왕하다. 쇠한 것은 일지(日支)와 시지(時支)의 가운데서 양 인
목(寅木)을 얻으니 인(寅)에 갑목(甲木)이 암장(暗藏)되고, 다시
병화(丙火)를 부조(扶助)하니 남방운으로 흐르면 귀를 이룬다.

년	월	일	시	■ 귀록격(歸祿格)
辛	庚	丙	癸	己 戊 丁 丙 乙 甲 癸 壬
丑	子	子	巳	亥 戌 酉 申 未 午 巳 辰

【원 문】 차팔자서낙오선현평도(此八字徐樂吾先賢評道)

丙癸見干 小富貴 喜得日祿歸時 日元有根 而運程中年之後
병계견간 소부귀 희득일록귀시 일원유근 이운정중년지후

乙未甲午木火生 宜得喜善其終矣
을미갑오목화생 의득희선기종의

【해 설】

　천간(天干)에 병화(丙火)와 계수(癸水)가 들어 작은 부귀를 이루
었다. 병화(丙火) 일주(日主)가 자(子)월 수왕절(水旺節)에 태어났
으니 수(水)가 권력을 잡았고, 시상(時上)에 계수(癸水)가 투출(透
出)했는데 경신금(庚辛金)이 도와주니 수(水)가 더욱 왕하다. 그러

나 사병화(巳丙火)가 녹(祿)을 얻고, 사(巳) 무토(戊土)가 수(水)를 막고, 또 중년 후 대운이 사오미(巳午未) 남방으로 흘러 파재생신(破財生身)하여 작은 부귀를 이룬 것이다. 이 사주는 부귀를 이루었으나 미(未)운이 부족하여 발전이 작았던 것이다.

년 월 일 시	■ 회천무광격(晦天無光格)
辛 庚 丙 戊	己 戊 丁 丙 乙 甲 癸 壬
酉 子 戌 子	亥 戌 酉 申 未 午 巳 辰

【원 문】 차팔자서낙오선현평도(此八字徐樂吾先賢評道)

金寒水凍 戊晦丙光 貧而且夭 上造日元得祿於巳

금한수동 무회병광 빈이차요 상조일원득록어사

此造通根於戌 較爲弱矣 上造癸水透干 此造癸水藏子

차조통근어술 교위약의 상조계수투간 차조계수장자

相等也 總之水火相持之局 非用甲木不可 無木相生

상등야 총지수화상지지국 비용갑목불가 무목상생

而運行西北 木火死絶之地 決無善況也

이운행서북 목화사절지지 결무선황야

【해 설】

자(子)월은 임계(壬癸)가 암장(暗藏)되어 수기(水氣)만이 강하니 병정화(丙丁火)로 용신(用神)을 삼은 후 무기토(戊己土)를 써야 한다. 본명은 년상(年上)과 월상(月上)의 금(金)이 차갑고, 월지(月支)와 시지(時支)의 수(水)도 차가운데 시상(時上) 무토(戊土)가 병화(丙火)의 빛을 가렸으니 가난하게 살다 요절하였다. 앞의 명조는 일원(日元)이 시지(時支) 사(巳)에서 득록(得祿)하였는데 이 명조는 술(戌)에 통근(通根)하여 약한 것이고, 앞의 명조는 계수(癸水)가 투간(透干)하였는데 이 명조는 계수(癸水)가 자수(子水)에 암장(暗藏)되었으니 비슷하다.

다시 말해, 서로 수화(水火)를 간직하는 격국(格局)이다. 갑목(甲木)을 용신(用神)으로 삼지 못하면 불가하고, 목(木)이 없어도 상생(相生)이다. 초년에는 대운이 기해(己亥) 무술(戊戌) 정유(丁酉)의 서북운으로 흐르니, 목화(木火)가 용신(用神)이면 사절지(死絶地)이니 결코 좋을 수 없다. 따라서 빈천하게 살다 요절한 것이다.

년 월 일 시　　■여명

丁 壬 丙 己　　癸甲乙丙丁戊己

亥 子 辰 丑　　丑寅卯辰巳午未

병화(丙火) 일주(日主)가 자(子)월에 태어났으니 실령(失令)하여 신약(身弱)하다. 월간(月干)에 임수(壬水)가 투간(透干)하고, 년지(年支)에 해수(亥水)가 들고, 일지(日支)에 자수(子水)가 들고, 시지(時支)에 축토(丑土)가 들었으니 해자축(亥子丑水)이 방합(方合)하여 수(水)가 태왕하다. 병화(丙火) 일주(日主)가 태약하여 종격

(從格)처럼 보이지만 일주(日主) 병화(丙火)는 양화(陽火)이고, 또 일지(日支) 진(辰)에 을목(乙木)이 생조(生助)하고, 해(亥) 중에 갑목(甲木)이 암장(暗藏)되어 종하지 않는다. 병화(丙火) 일주(日主)는 태양인데 홀로 외롭게 바다를 비춘다. 신약(身弱) 사주이니 목화(木火)운은 길하고 금수(金水)운은 흉하다.

이 사람은 대운이 목화(木火)운으로 흘러 여러 번 결혼하며 파란이 많았지만 장수하며 평안하게 임종하였다. 그리고 오행이 중화되어야 성격도 원만한데 수기(水氣)가 태과한데다가 다른 오행은 모두 부족하여 문제가 많았다. 색정이 강하여 불륜이 많았고, 사악한 지혜도 많았고, 정의감은 전혀 없으며 이기심이 많았고, 예절이나 인자함도 모두 부족하였다. 그러나 토기(土氣)가 안정되어 신용과 약속은 중요하게 여겼다.

【원문】

丑月丙火 氣進二陽 侮雪欺霜 喜壬爲用 己土司令
축월병화 기진이양 모설기상 희임위용 기토사령

土多又不可少甲 壬甲兩透 科甲堪宜 甲藏則秀才而己
토다우불가소갑 임갑양투 과갑감의 갑장즉수재이기

或無甲得一壬透 富中取貴 如見一派己土 不見甲乙
혹무갑득일임투 부중취귀 여견일파기토 불견갑을

名假傷官 聰明性傲 名利虛浮 或一派癸水 得己出干
명가상관 총명성오 명리허부 혹일파계수 득기출간

必主自創基業 若制伏太過 又取辛金作用 得見癸透
필주자창기업 약제복태과 우취신금작용 득견계투
此人卽不成名 必淸雅文墨之人
차인즉불성명 필청아문묵지인

【해 설】

 축(丑)월은 2양이 진기하는 때이니 축(丑)월 병화(丙火)는 임수
(壬水)로 용신(用神)을 삼아야 하는데 기토(己土)가 사령(司令)했
으니 토(土)가 많고 갑목(甲木)이 적으면 안된다. 만일 임수(壬水)
와 갑목(甲木)이 모두 투출(透出)하면 등과하고, 갑목(甲木)이 암
장(暗藏)되면 수재에 불과하고, 갑목(甲木)이 없는데 임수(壬水)가
1개 투출(透出)하면 부한 가운데 귀를 이룬다.
 만일 기토(己土) 일파가 갑을목(甲乙木)을 보지 않으면 가상관격
(假傷官格)이 되어 총명하나 오만하며 명리는 없고, 계수(癸水)가
1개 있는데 기토(己土)가 출간(出干)하면 사업체를 세우고, 제복
(制伏)이 태과하면 신금(辛金)이 있거나 계수(癸水)가 투출(透出)
하면 이름을 날리지는 못해도 청아한 문필가가 된다.

년	월	일	시	■ 살인상생격(殺印相生格)
癸	乙	丙	壬	甲癸壬辛庚己戊丁
卯	丑	午	辰	子亥戌酉申未午巳

【원 문】차팔자서낙오선현평도(此八字徐樂吾先賢評道)

總河 日元坐刃 七殺透干 殺印格也 妙在乙木正印透干得祿

총하 일원좌인 칠살투간 살인격야 묘재을목정인투간득록

行金水之運 有印化之 宜爲大貴之格

행금수지운 유인화지 의위대귀지격

【해 설】

　본명은 총하(總河)라는 벼슬을 지낸 사람의 사주다. 병화(丙火)
일원(日元)이 일지(日支) 오화(午火)의 양인(陽刃)에 앉아 있고,
시상(時上)에는 임수(壬水) 칠살(七殺)이 투간(透干)하여 살인상생
격(殺印相生格)이 되었다. 묘한 것은 월상(月上)에 을목(乙木) 정
인(正印)이 투간(透干)하여 년상(年上) 계수(癸水)와 시상(時上)
임수(壬水)를 살인상생(殺印相生)시키는 것이다. 대운이 금수(金
水)운으로 흘러 금생수(金生水) 수생목(水生木)하여 인성(印星)으
로 관인상생(官印相生)을 시키니 대귀격이 되었다.

년	월	일	시	■ 용인격(用印格)
己	丁	丙	庚	丙 乙 甲 癸 壬 辛 庚 己
丑	丑	寅	寅	子 亥 戌 酉 申 未 午 巳

【원 문】차팔자서낙오선현평도(此八字徐樂吾先賢評道)

二甲制土 按察 火土傷官佩印也 非印何以取貴

이갑제토 안찰 화토상관패인야 비인하이취귀

【해 설】

병화(丙火) 일주(日主)가 엄동설한인 축(丑)월에 태어났다. 일지(日支)와 시지(時支)에 인목(寅木)이 2개 들고, 인(寅) 갑목(甲木)이 목극토(木剋土)로 제토(制土)하니 길하여 안찰사(按察使)가 되었다. 화토상관격(火土傷官格)이 인성(印星)을 차고 있으니 대길하다. 인성(印星)이 없으면 어떻게 귀함을 취하겠는가.

년	월	일	시	■ 용재격(用財格)
乙	己	丙	癸	戊丁丙乙甲癸壬辛
巳	丑	申	巳	子亥戌酉申未午巳

【원 문】 차팔자서낙오선현평도(此八字徐樂吾先賢評道)

用辛得金局 白手成家 丙臨申位 氣勢不足
용신득금국 백수성가 병임신위 기세부족

辛年時兩巳得祿 火土傷官用財 商界人物
행년시양사득록 화토상관용재 상계인물

【해 설】

신금(申金)이 용신(用神)인데 금국(金局)을 이루어 자수성가하였다. 병화(丙火) 일주(日主)가 신금(申金)에 임하니 기세가 약하나, 년시지(年時支)에 사(巳)가 있어 득록(得祿)하였다. 화토상관격(火土傷官格)이고 재성(財星)이 용신(用神)이라 상업으로 성공하였다.

년	월	일	시	■ 용인격(用印格)
乙	己	丙	庚	戊丁丙乙甲癸壬辛
丑	丑	午	寅	子亥戌酉申未午巳

【원 문】차팔자서낙오선현평도(此八字徐樂吾先賢評道)

用甲制己 又庚制甲 拾芥而已

용갑제기 우경제갑 습개이사

火土傷官而寅午會局 亦是傷官用財

화토상관이인오회국 역시상관용재

【해 설】

축(丑)월은 계신기(癸辛己)가 암장(暗藏)되어 수기(水氣)와 토기(土氣)가 강하니, 병정화(丙丁火)와 경신금(庚辛金)으로 용신(用神)을 삼아야 한다. 그런데 시지(時支)의 인(寅) 갑목(甲木)을 용신(用神)으로 삼아 기토(己土)를 제극(制剋)하고, 시상(時上) 경금(庚金)으로 갑목(甲木)을 제극(制剋)하니 농부의 팔자가 되었다. 화토상관격(火土傷官格)이 인오(寅午)가 회국(會局)하니 상관용재격(傷官用財格)이 되었다.

제3장. 정화론(丁火論)

1. 정화(丁火)의 희용제요(喜用提要)

1. 인(寅)월 정화(丁火)

【원 문】

寅月丁火 先甲後庚 用庚金劈甲引火

인월정화 선갑후경 용경금벽갑인화

【해 설】

　인(寅)월 정화(丁火)는 갑목(甲木)으로 용신(用神)을 삼은 후 경금(庚金)을 써야 한다. 경금(庚金)은 금극목(金剋木)으로 벽갑(劈甲)하여 인화(引火)할 때 필요하다. 인(寅)월은 삼음삼양(三陰三陽)이지만 아직 찬기운이 많으니 조후(調候)가 필요하다.

| 년 | 월 | 일 | 시 | ■남명 |

| 壬 | 壬 | 丁 | 癸 | 癸甲乙丙丁戊己庚 |
| 子 | 寅 | 卯 | 卯 | 卯辰巳午未申酉戌 |

정화(丁火) 일주(日主)가 인(寅)월에 태어났다. 인(寅)월은 무병갑(戊丙甲)이 암장(暗藏)되어 목기(木氣)와 화기(火氣)가 강하니, 경신금(庚辛金)과 병정화(丙丁火)로 용신(用神)을 삼아야 한다. 만일 목기(木氣)가 왕하면 경신금(庚辛金)을 먼저 쓰고, 수기(水氣)가 많으면 병정화(丙丁火)를 먼저 쓴다. 인(寅)월은 목기(木氣)와 화기(火氣)가 왕성하나 한기가 남아 있고, 지지(地支)에서 인묘(寅卯)가 방합(方合)하니 목기(木氣)가 태왕하다. 따라서 목기(木氣)를 제하려면 경신금(庚辛金)이 필요하나 없고, 식상(食傷)에 해당하는 토기(土氣)도 없다. 할 수 없이 년월(年月)에 투출(透出)한 임수(壬水)로 용신(用神)을 삼는다. 그러나 임수(壬水)는 왕성한 목기(木氣)를 더 왕성하게 만들어 평생 한 번도 발복하지 못하고 빈천하게 살았다. 역시 운이 없으니 복을 받지 못한 것이다.

2. 묘(卯)월 정화(丁火)

【원문】
卯月丁火 先庚後甲 以庚去乙以甲引丁
묘월정화 선경후갑 이경거을이갑인정

【해 설】

묘(卯)월 정화(丁火)는 경금(庚金)으로 용신(用神)을 삼은 후 갑목(甲木)을 써야 한다. 을목(乙木)이 투출(透出)하면 을경합금(乙庚合金)하고, 갑목(甲木)은 정화(丁火)를 인도한다. 묘(卯)월은 이음사양(二陰四陽)이라 조후(調候)보다는 강약으로 용신(用神)을 찾아야 한다.

```
년  월  일  시       ■ 여 명
辛  辛  丁  庚       壬癸甲乙丙丁戊己
卯  卯  巳  戌       辰巳午未申酉戌亥
```

정화(丁火) 일주(日主)가 묘(卯)월에 태어났다. 묘(卯)월은 갑을(甲乙)이 암장(暗藏)되어 목기(木氣)만이 강하니 경신금(庚辛金)으로 용신(用神)을 삼아야 하는데 수기(水氣)가 왕성하면 무기토(戊己土)를 먼저 쓴다. 묘(卯)월은 목기(木氣)가 왕성하니 목기(木氣)를 억제해야 중화되므로 년월(年月) 신금(辛金)과 시상(時上) 경금(庚金)이 용신(用神)이다. 경신금(庚辛金) 용신(用神)은 시지(時支) 술토(戌土)와 일지(日支) 사(巳) 경금(庚金)에 통근(通根)되어 강하니 길한 명조가 되었다.

정화(丁火) 일주(日主)가 묘(卯)월에 태어났고, 일지(日支)에 사화(巳火)가 들어 신강(身强)한데 재성(財星)도 왕성하니 중부 이상을 이루었다. 그러나 일지(日支) 사화(巳火)가 구신(仇神)이라 부부운은 좋지 않아 별거하다가 결국은 이별하였다.

3. 진(辰)월 정화(丁火)

【원 문】

辰月丁火 先甲後庚 用甲木引丁除土

진월정화 선갑후경 용갑목인정제토

次看庚金 木盛用庚 水盛用戊

차간경금 목성용경 수성용무

【해 설】

　진(辰)월 정화(丁火)는 갑목(甲木)으로 용신(用神)을 삼은 후 경금(庚金)을 써야 한다. 갑목(甲木)을 용신(用神)으로 삼아 인정(引丁)하고 제토(除土)해야 한다. 목(木)이 왕성하면 경금(庚金)이 용신(用神)이고, 수(水)가 왕성하면 무토(戊土)가 용신(用神)이다. 진(辰)월은 일음오양(一陰五陽)의 계절이니 당연히 양기(陽氣)가 많다. 만일 토기(土氣)가 많으면 갑목(甲木)을 먼저 쓰고, 화기(火氣)가 많으면 임계수(壬癸水)를 먼저 쓴 후 경금(庚金)을 쓴다.

년	월	일	시	■남명						
辛	壬	丁	辛	辛	庚	己	戊	丁	丙	乙	甲
未	辰	巳	丑	卯	寅	丑	子	亥	戌	酉	申

진(辰)월은 을계무(乙癸戊)가 암장(暗藏)되어 토기(土氣)와 목기 (木氣)가 강하니, 경신금(庚辛金)과 임계수(壬癸水)로 용신(用神) 을 삼아야 한다. 만일 목(木)이 왕하면 경신금(庚辛金)을 먼저 쓰 고, 화(火)가 왕하면 임계수(壬癸水)를 먼저 쓴다. 진(辰)월은 토 (土)와 목(木)이 왕하고, 년지(年支)에 미토(未土)와 일지(日支)에 사화(巳火)가 들어 신강(身强)하니 금수(金水)운이 필요한데 월상 (月上)에 임수(壬水)와 년상(年上)과 시상(時上)에 신금(辛金)이 들어 용신(用神)에 해당한다. 임수(壬水) 정관(正官)이 용신(用神) 이니 관운이 좋아 중격 이상의 관직에 올랐고, 재물운도 좋아 중부 이상을 이루었다. 그러나 일지(日支) 사화(巳火)가 기신(忌神)에 해당하니 부부운은 흉하여 재혼했으며 첩을 두었다.

4. 사(巳)월 정화(丁火)

【원 문】

巳月丁火 先甲後庚 取甲引丁甲多 又取庚爲先
사월정화 선갑후경 취갑인정갑다 우취경위선

【해 설】

사(巳)월 정화(丁火)는 갑목(甲木)으로 용신(用神)을 삼은 후 경 금(庚金)을 써야 한다. 갑목(甲木)을 용신(用神)으로 삼는 것은 인 정(引丁)하기 위해서인데 갑목(甲木)이 많으면 경금(庚金)을 먼저 쓴다. 사(巳)월은 무음육양(無陰六陽)의 계절이니 양기(陽氣)는 하나도 없고 음기(陰氣)만 가득하니 금수(金水)운으로 흘러야 좋다.

```
년  월  일  시      ■남명
壬  乙  丁  癸      丙丁戊己庚辛壬癸
午  巳  酉  卯      午未申酉戌亥子丑
```

사(巳)월은 무경병(戊庚丙)이 암장(暗藏)되어 화기(火氣)와 금기(金氣)가 강하니 임계수(壬癸水)로 용신(用神)을 삼은 후 경신금(庚辛金)을 써야 하나 목기(木氣)가 왕하면 경신금(庚辛金)을 먼저 쓴다. 사(巳)월은 입하(立夏)이며 무음육양(無陰六陽)의 계절이라 화염이 대단한데 년지(年支)에 오화(午火)와 시지(時支)에 묘목(卯木)이 들어 태왕하다. 따라서 임계수(壬癸水)가 필요한데 년상(年上)에 임수(壬水)와 시상(時上)에 계수(癸水)가 들어 길하다. 임계수(壬癸水) 용신(用神)은 일지(日支) 유금(酉金)에 통근(通根)하여 강하니 상서(尙書)에 올랐고, 재물운도 좋아 큰 부자가 되었다.

5. 오(午)월 정화(丁火)

【원문】

午月丁火 用壬庚癸 火多以庚壬兩透爲貴 無壬用癸 爲獨殺當權
오월정화 용임경계 화다이경임양투위귀 무임용계 위독살당권

【해 설】

오(午)월 정화(丁火)는 임수(壬水)로 용신(用神)을 삼은 후 경금(庚金)과 계수(癸水)를 써야 한다. 만일 화(火)가 많은데 경금(庚金)과 임수(壬水)가 모두 투출(透出)하면 귀격을 이루고, 임수(壬水)가 없으면 계수(癸水)를 쓰는데 관살(官殺)이 혼자 권력을 잡는다. 오(午)월은 일음오양(一陰五陽)의 계절이니 조후(調候)하려면 금수(金水)가 있어야 한다.

```
년  월  일  시      ■ 여명
戊  戊  丁  丁      己庚辛壬癸甲乙丙
寅  午  巳  未      未申酉戌亥子丑寅
```

오(午)월은 병기정(丙己丁)이 암장(暗藏)되어 화기(火氣)만이 강하니, 임계수(壬癸水)로 용신(用神)을 삼아야 하나, 목기(木氣)가 왕성하면 금기(金氣)를 먼저 쓴다. 본명은 년지(年支)에 인목(寅木)과 일지(日支)에 사화(巳火)가 들고, 미(未)시에 태어나 사오미(巳午未)가 방합(方合)하여 화국(火局)을 이루어 화염이 태과하다. 따라서 임계수(壬癸水)를 먼저 쓴 후 경신금(庚辛金)을 쓴다. 그런데 용신(用神)인 임계수(壬癸水)가 전혀 투출(透出)하지 않았고, 희신(喜神)인 경신금(庚辛金)도 전혀 없으니 대흉한 사주가 되었다. 그러나 다행히 년월(年月)에 무토(戊土)가 들어 왕성한 화기(火氣)를 설기(洩氣)하여 탁한 기운을 조금은 제거하였다.

여명에서 일지(日支)는 남편이고 관살(官殺)은 남자인데 일지(日 支)가 기신(忌神)이고 관살(官殺)이 전혀 없으니 남편이 없는 사주가 되어 독신이나 과부가 될 팔자다. 더구나 건강운도 불리하고 재물운도 없으니 참으로 답답한 사주다.

6. 미(未)월 정화(丁火)

【원 문】

未月丁火 先甲後壬 丁壬化合引丁爲用 用甲不能無庚 以庚爲佐

미월정화 선갑후임 정임화합인정위용 용갑불능무경 이경위좌

【해 설】

미(未)월 정화(丁火)는 갑목(甲木)으로 용신(用神)을 삼은 후 임수(壬水)를 써야 한다. 임수(壬水)는 정임합목(丁壬合木)하여 정화(丁火)를 인도하고, 갑목(甲木)을 쓰는데 경금(庚金)이 없으면 무능하다. 경금(庚金)은 보좌하는 역할을 하기 때문이다. 미(未)월은 이음사양(二陰四陽)의 계절로 양기(陽氣)가 훨씬 많으니 수기(水氣)가 있어야 하고, 토(土)가 많으면 목(木)이 용신(用神)이다.

```
년 월 일 시      ■남명
丁 丁 丁 庚      丙乙甲癸壬辛庚己
酉 未 巳 戌      午巳辰卯寅丑子亥
```

미(未)월은 화(火)의 고지(庫地)이니 화기(火氣)와 토기(土氣)가 왕성하므로 임계수(壬癸水)와 갑을목(甲乙木)으로 용신(用神)을 삼아야 한다. 그러나 토(土)가 왕성하면 목(木)이 용신(用神)이고, 화(火)가 왕성하면 수(水)가 용신(用神)이다. 본명은 지지(地支)에서 사미(巳未)가 방합(方合)하여 화국(火局)을 이루니 열기가 태과하다. 임계수(壬癸水)가 시급하지만 전혀 없으니 시상(時上) 경금(庚金)이 용신(用神)인데 년지(年支) 유금(酉金)에 통근(通根)하여 강하니 재물복이 매우 많다. 그러나 일지(日支) 사화(巳火)가 구신(仇神)에 해당하여 아내궁이 불리하니 아내와 이별하고 첩과 살았다. 이 사람은 재물은 조금 모았지만 졸부였고 가정이 불행하여 고민이 많았다. 그리고 비겁(比劫)이 기신(忌神)에 해당하니 화(火)운을 만날 때마다 친구 때문에 금전 손실과 고통이 많았다. 친구가 많았지만 대개 나쁜 사람들이었다.

7. 신(申)월 정화(丁火)

【원문】

申月丁火 用甲庚丙戊 庚取劈甲 無甲用乙 用丙暖金晒甲
신월정화 용갑경병무 경취벽갑 무갑용을 용병난금쇄갑

見丙爲枯草引丁 水旺用戊
견병위고초인정 수왕용무

【해 설】

신(申)월 정화(丁火)는 갑목(甲木)으로 용신(用神)을 삼은 후 경병무(庚丙戊)를 써야 한다. 경금(庚金)이 용신(用神)이면 벽갑(劈甲)하고, 갑목(甲木)이 없으면 을목(乙木)을 쓰고, 병화(丙火)는 금(金)을 따뜻하게 해주고 목(木)에게 햇볕을 비춰줄 때 필요하다. 병화(丙火)를 만나면 마른 풀이 인정(引丁)하고, 수왕(水旺)하면 무(戊)를 쓴다. 신(申)월은 삼음삼양(三陰三陽)의 계절로 양기(陽氣)와 음기(陰氣)가 반반이니 화기(火氣)가 많으면 수(水)가 용신(用神)이고, 수기(水氣)가 많으면 화(火)가 용신(用神)이다.

년	월	일	시	■남명
庚	甲	丁	庚	乙丙丁戊己庚辛壬
戌	申	卯	子	酉戌亥子丑寅卯辰

신(申)월은 기무임경(己戊壬庚)이 암장(暗藏)되어 금기(金氣)와 수기(水氣)가 강하니, 갑을목(甲乙木)으로 용신(用神)을 삼은 후 임계수(壬癸水)를 쓰는데 금기(金氣)가 많으면 화(火)를 먼저 쓴다. 본명은 년상(年上)과 시상(時上)에 경금(庚金)이 투출(透出)하고, 년지(年支)에 술토(戌土)가 들어 금기(金氣)가 태왕하니 월상(月上) 갑목(甲木)이 용신(用神)인데 일지(日支) 묘목(卯木)에 통근(通根)하여 강하다. 그런데 시지(時支) 자수(子水)가 수생목(水生木)하여 목(木)을 생조(生助)하니 더 강해졌다. 즉 갑을목(甲乙

木)이 용신(用神), 임계수(壬癸水)는 희신(喜神), 병정화(丙丁火)는 한신(閑神), 경신금(庚辛金)은 기신(忌神), 무술기미토(戊戌己未土)는 구신(仇神)이다.

본명은 일지(日支) 묘목(卯木)이 용신(用神)이니 아내복이 많아 현모양처를 만났고, 편인(偏印)이 용신(用神)이니 교육자가 되었다. 일찍 등과했으나 혼탁하고 어지러운 정치권을 떠나 낙향하여 후학을 양성하였다. 인성(印星)이 용신(用神)이면 교육계나 의사나 약사 등으로 나가는 경우가 많다.

8. 유(酉)월 정화(丁火)

【원 문】

酉月丁火 用甲庚丙戊 庚取劈甲 無甲用乙 用丙暖金晒甲
유월정화 용갑경병무 경취벽갑 무갑용을 용병난금쇄갑

見丙爲枯草引丁 水旺用戊
견병위고초인정 수왕용무

【해 설】

유(酉)월 정화(丁火)는 갑목(甲木)으로 용신(用神)을 삼은 후 경금(庚金) 병화(丙火) 무토(戊土) 순으로 써야 한다. 경금(庚金)은 벽갑(劈甲)을 위해 필요한데 갑목(甲木)이 없으면 을목(乙木)을 쓴다. 병화(丙火)는 금(金)을 따뜻하게 쇄갑(晒甲)하기 위해 필요한

데 병화(丙火)를 보면 마른 풀이 인정(引丁)한다. 만일 수(水)가
왕하면 무토(戊土)가 용신(用神)이고, 유(酉)월은 사음이양(四陰二
陽)의 계절이니 목화(木火)가 용신(用神)이다.

년	월	일	시	■여명
癸	辛	丁	甲	壬癸甲乙丙丁戊己
卯	酉	酉	辰	戌亥子丑寅卯辰巳

정화(丁火) 일주(日主)가 유(酉)월에 태어났다. 유(酉)월은 경신
(庚辛)이 암장(暗藏)되어 금기(金氣)만이 강하니 갑을목(甲乙木)으
로 용신(用神)을 삼은 후 병정화(丙丁火)를 써야 하나 수(水)가 많
으면 토(土)를 먼저 쓴다. 본명은 정화(丁火) 일주(日主)가 유(酉)
월에 태어나 신약(身弱)한데 일지(日支)에 유금(酉金)이 들어 진유
합금(辰酉合金)하니 금기(金氣)가 더 강해졌고, 목화(木火)운이 좋
아 년지(年支) 묘목(卯木)이 길하지만 묘유(卯酉)가 상충(相沖)하
여 용신(用神)이 약해졌다.

본명은 용신(用神)이 허약하니 무능하였고, 일지(日支) 유금(酉
金)이 기신(忌神)에 해당하니 남편복이 없었다. 남편은 바람둥이에
다 난폭하여 헤어지고 아들 하나를 키우며 혼자 살았다. 그러나 다
행히 시지(時支) 진토(辰土)가 길하여 아들이 효심이 깊었다. 이
사람은 부부궁이 흉하여 과부가 된 것이다.

9. 술(戌)월 정화(丁火)

【원 문】

戌月丁火 用甲庚戊 一派戊土無甲 爲傷官傷盡

술월정화 용갑경무 일파무토무갑 위상관상진

【해 설】

술(戌)월 정화(丁火)는 갑목(甲木)으로 용신(用神)을 삼은 후 경금(庚金)과 무토(戊土)를 써야 한다. 무토(戊土) 일파가 있는데 갑목(甲木)이 없으면 상관(傷官)이 상진(傷盡)한 것이다. 술(戌)월은 일양오음(一陽五陰)의 계절이니 양기(陽氣)보다 음기(陰氣)가 더 많아 목화(木火)가 필요하다. 조후(調候)로 보면 화(火)가 우선이고, 강약으로 보면 갑목(甲木)이 우선이다.

년	월	일	시	■남명						
乙	丙	丁	己	乙	甲	癸	壬	辛	庚	己	戊
巳	戌	酉	酉	酉	申	未	午	巳	辰	卯	寅

정화(丁火) 일주(日主)가 술(戌)월에 태어났다. 술(戌)월은 신정무(辛丁戊)가 암장(暗藏)되어 금기(金氣)와 토기(土氣)가 강하니 갑을목(甲乙木)과 병정화(丙丁火)로 용신(用神)을 삼아야 하는데 수(水)가 많으면 토(土)를 먼저 쓴다. 본명은 일지(日支)에 유금

(酉金)이 들었는데 유(酉)시생이니 금기(金氣)가 태왕하므로 월상
(月上) 병화(丙火)가 용신(用神)이고, 년상(年上) 을목(乙木)이 희
신(喜神)이다. 목화(木火)운이 길하고 토금수(土金水)운은 흉하다.

이 사람은 인성(印星)과 비겁(比劫)운이 좋아 상사와 선배덕을 많
이 보았고, 년상(年上) 을목(乙木)과 월상(月上) 병화(丙火)와 년
지(年支) 사화(巳火)의 도움을 받아 강하므로 큰 부자가 되었다.
그러나 관살(官殺)이 없으니 관직은 얻지 못하였다. 부는 있으나
귀는 이루지 못한 팔자다.

10. 해(亥)월 정화(丁火)

【원 문】

亥月丁火 先甲後庚 丁火劈甲引丁
해월정화 선갑후경 정화벽갑인정
甲木爲尊 庚金佐之 戊癸權宜酌用
갑목위존 경금좌지 무계권의작용

【해 설】

해(亥)월 정화(丁火)는 갑목(甲木)으로 용신(用神)을 삼은 후 경
금(庚金)을 써야 한다. 경금(庚金)은 벽갑(劈甲)하여 정화(丁火)를
인도할 때 필요하고, 무토(戊土)와 계수(癸水)는 작용하는 권세가
있다. 해(亥)월은 무양육음(無陽六陰)의 계절로 양기(陽氣)는 전혀

없고 모두 음기(陰氣)뿐이니 불이 필요하므로 병정화(丙丁火)가 있으면 먼저 용신(用神)으로 삼고, 다음은 수(水)가 많으니 무토(戊土)로 수(水)를 제해야 한다.

년 월 일 시	■남명
丙 己 丁 乙	庚辛壬癸甲乙丙丁
子 亥 酉 巳	子丑寅卯辰巳午未

정화(丁火) 일주(日主)가 해(亥)월에 태어났다. 해(亥)월은 무갑임(戊甲壬)이 암장(暗藏)되어 수기(水氣)와 목기(木氣)가 강하니, 병정화(丙丁火)로 용신(用神)을 삼은 후 무기토(戊己土)를 써야 하나 목(木)이 많으면 금(金)을 먼저 쓴다. 본명은 년지(年支)에 자수(子水)가 들고 일지(日支)에 유금(酉金)이 들어 금수(金水)가 왕성하다. 따라서 조후(調候)하려면 병정화(丙丁火)가 필요하고, 홍수를 막으려면 무기토(戊己土)가 필요하고, 태왕한 수기(水氣)를 설기(洩氣)하려면 갑을목(甲乙木)이 필요하다.

본명은 병정화(丙丁火)가 투출(透出)했는데 사(巳)시에 태어났으니 화기(火氣)가 왕성하여 재물을 감당할 수 있으니 많은 재물을 모았다. 그러나 일지(日支) 유금(酉金)이 구신(仇神)에 해당하여 부부운은 좋지 않았다. 첩을 둘이나 두었는데 처첩간에 싸움이 많았다. 또 관살(官殺)이 기신(忌神)에 해당하여 관재구설과 법문제로 경찰서와 법원을 자주 드나들었다. 이 사람은 사업은 성공했지만 가정은 평안하지 못하였다.

11. 자(子)월 정화(丁火)

【원 문】

子月丁火 先甲後庚 庚金劈甲引丁
자월정화 선갑후경 경금벽갑인정
甲木爲尊 庚金佐之 戊癸權宜酌用
갑목위존 경금좌지 무계권의작용

【해 설】

　자(子)월 정화(丁火)는 갑목(甲木)으로 용신(用神)을 삼은 후 경금(庚金)을 써야 한다. 경금(庚金)은 벽갑(劈甲)하여 정화(丁火)를 인도하니 갑목(甲木)을 먼저 쓰고 경금(庚金)으로 보좌하는 것이다. 무토(戊土)와 계수(癸水)는 작용하는 권세가 있다. 자(子)월은 오음일양(五陰一陽)의 계절이니 음기(陰氣)는 많은데 양기(陽氣)는 하나밖에 없어 매우 약하다. 따라서 조후(調候)하려면 병화(丙火)가 있어야 하고, 많은 물을 막으려면 무토(戊土)가 있어야 한다.

년	월	일	시	■여명
辛	庚	丁	丙	辛壬癸甲乙丙丁戊
亥	子	亥	午	丑寅卯辰巳午未申

본명은 어느 기생의 사주다. 자(子)월은 임계(壬癸)가 암장(暗藏)되어 수기(水氣)만이 강하니, 병정화(丙丁火)로 용신(用神)을 삼은 후 무기토(戊己土)를 써야 하는데 목(木)이 많으면 토(土)를 먼저 쓴다. 본명은 지지(地支)에서 해자(亥子)가 수국(水局)을 이루었고, 일지(日支) 해수(亥水)가 기신(忌神)에 해당하며 관살(官殺)이 혼잡하니 남편복이 없고 남자문제가 복잡하였다. 팔자대로 일찍 기생이 되었는데 시주(時柱)가 병오(丙午)이고 병화(丙火)가 투출(透出)했으니 미녀이며 가무에 능하여 인기가 많았다. 중년 이후에는 큰 부자의 첩이 되어 사랑을 받으며 잘 살았다. 사람들은 대부분 타고난 팔자대로 살아가나 100명 중에 1명 정도는 예외가 있다. 수도인이나 신앙인들 중에 간혹 전화위복이 되는 사람들이 있다.

12. 축(丑)월 정화(丁火)

【원 문】

丑月丁火 先甲後庚 庚金劈甲引丁
축월정화 선갑후경 경금벽갑인정
甲木爲尊 庚金佐之 戊癸權宜酌用
갑목위존 경금좌지 무계권의작용

【해 설】

축(丑)월 경금(庚金)은 갑목(甲木)으로 용신(用神)을 삼은 후 경금(庚金)을 써야 한다. 경금(庚金)은 벽갑(劈甲)하여 정화(丁火)를 인도하니, 갑목(甲木)을 존중하며 경금(庚金)으로 보좌하는 것이다. 무토(戊土)와 계수(癸水)는 작용하는 권세가 있다. 축(丑)월은 사음이양(四陰二陽)의 계절로 엄동설한의 동장군이 활개를 치니 우선 태양인 병화(丙火)를 쓴 후 갑목(甲木)으로 토(土)를 제한다.

년	월	일	시	■ 남명
丁	癸	丁	癸	壬辛庚己戊丁丙乙
丑	丑	丑	卯	子亥戌酉申未午巳

본명은 신해(辛亥) 대운 계축(癸丑)년 겨울에 얼어죽은 사람의 사주다. 축(丑)월은 계신기(癸辛己)가 암장(暗藏)되어 수기(水氣)와 토기(土氣)가 강하니, 병정화(丙丁火)와 경신금(庚辛金)으로 용신(用神)을 삼아야 하나, 토(土)가 많으면 목(木)을 먼저 쓴다. 본명은 지지(地支)에서 축축축(丑丑丑)이 수국(水局)을 이루어 사주가 매우 춥다. 비록 년상(年上)과 일간(日干)에 정화(丁火) 난로가 있지만 동장군을 이길 수는 없었다. 이 사람은 어려서 부모를 잃고 문전걸식하다가 추운 겨울날 남의 집 대문 앞에서 얼어죽었다. 16세 때였다. 초년만 잘 넘겼다면 중년은 평탄하고 말년을 평안했을 것이다. 그러나 초년의 기신(忌神)운을 넘기지 못하였다.

2 삼춘(三春) 정화(丁火)

【원문】

寅月丁火 甲木當權 乃爲母旺 非庚不能劈甲 何以引丁
인월정화 갑목당권 내위모왕 비경불능벽갑 하이인정

姑用庚金 或一派甲木 無庚制之 非貧則夭 或只一甲木
고용경금 혹일파갑목 무경제지 비빈즉요 혹지일갑목

多見乙木者 必離鄕之客 焉問妻兒 或見甲乙 生庚子時
다견을목자 필이향지객 언문처아 혹견갑을 생경자시

又主妻早子早 且可採芹 得壬化木 弱極復生 合此必主大貴
우주처조자조 차가채근 득임화목 약극복생 합차필주대귀

但此化合 又以不見庚破格爲妙 或有庚金壬 癸得己出干制之
단차화합 우이불견경파격위묘 혹유경금임 계득기출간제지

此命不由科甲 亦有異道 或一派壬癸 不得寅時 又無庚金
차명불유과갑 역유이도 혹일파임계 불득인시 우무경금

必主窮困 或丁年壬月丁日壬時 男主大貴 女則不宜 此格以
필주궁곤 혹정년임월정일임시 남주대귀 여즉불의 차격이

土爲妻 金爲子 但子女艱難 女命合此淫賤 刑夫剋子 或支火局
토위처 금위자 단자녀간난 여명합차음천 형부극자 혹지화국

無滴水解炎 僧道之命 見甲出畧可 總不可無水 水多亦不宜
무적수해염 승도지명 견갑출략가 총불가무수 수다역불의

【해 설】

 인(寅)월 병화(丙火)는 갑목(甲木)이 권력을 잡았다. 정화(丁火)에서 보면 정인(正印)에 해당하니 어머니가 왕하여 경금(庚金)이 아니면 갑목(甲木)을 쪼개지 못하니 어찌 정화(丁火)를 인도하겠는가. 따라서 경금(庚金)을 쓰는데 갑목(甲木) 일파가 경금(庚金)의 제극(制剋)을 당하지 못하면 빈천하거나 요절하고, 갑목(甲木)이 1개 있느데 을목(乙木)이 많으면 반드시 고향을 떠나고, 처자식은 물을 것도 없이 처량하다.

 만일 경자(庚子)시생인데 갑을목(甲乙木)이 있으면 아내와 자식을 일찍 둘 수 있고, 임수(壬水)가 정임합목(丁壬合木)하면 매우 허약한 가운데 다시 살아나 반드시 대귀를 이루나, 경금(庚金)이 파격(破格)되지 않아야 한다. 만일 경금(庚金)과 임계수(壬癸水)가 있는데 기토(己土)가 출간(出干)하여 제지하면 과감하지 못하며 이로에서 성공하고, 임계수(壬癸水) 일파가 인(寅)시를 얻지 못했는데 정화(丁火)도 없으면 반드시 곤궁하고, 정(丁)년 임(壬)월 정(丁)일 임(壬)시생이면 남자는 대귀하나 여자는 좋지 않다. 이 격은 토(土)가 아내이며 금(金)은 자식인데 자녀가 고생하고, 여명은 음천하다. 만일 지지(地支)에 화국(火局)을 이루었는데 물로 다스리지 못하면 승도팔자가 된다. 갑목(甲木)이 출간(出干)하면 가하나 물이 없으면 불가하고, 수(水)가 너무 많은 것도 좋지 않다.

년	월	일	시	■ 곡직인수격(曲直仁壽格)
庚	戊	丁	壬	己庚辛壬癸甲乙丙
辰	寅	未	寅	卯辰巳午未申酉戌

【원 문】차팔자서낙오선현평도(此八字徐樂吾先賢評道)

庠生 酉運終 此造丁壬化木 得寅月寅時 又見辰

상생 유운종 차조정임화목 득인월인시 우견진

化木成象 惜庚金透出破格 僅爲庠生 不能取貴

화목성상 석경금투출파격 근위상생 불능취귀

木局仁壽 行運至酉 古稀之年矣

목국인수 행운지유 고희지년의

【해 설】

　본명은 어린 학생들을 가르치는 상생(庠生)의 사주다. 유(酉) 대
운에 사망한 것을 보아 금(金)운이 기신(忌神)이다. 정임(丁壬)이
합목(合木)하고, 인(寅)월 인(寅)시생이고, 진토(辰土)를 만났으니
종격(從格)에 해당하는 화목성상격(化木成象格)이다. 아쉬운 것은
경금(庚金)이 투출(透出)하여 격이 깨진 것이다. 따라서 귀를 이루
지는 못하고 상생(庠生)으로 근근이 살았다. 목국(木局)이니 곡직
인수격(曲直仁壽格)인데 유(酉) 대운에 명을 다하였다.

년	월	일	시	■ 인수격(印授格)
辛	庚	丁	癸	辛 壬 癸 甲 乙 丙 丁 戊
巳	寅	酉	卯	卯 辰 巳 午 未 申 酉 戌

【원 문】차팔자서낙오선현평도(此八字徐樂吾先賢評道)

女命 富貴 此造女命 財官有力 富貴之象

여명 부귀 차조여명 재관유력 부귀지상

【해 설】

　본명은 여명인데 재성(財星)과 관성(官星)이 유력하여 부귀를 모
두 이루었다.

【원 문】

卯月丁火 濕乙傷丁 先庚後甲 非庚不能去乙 非甲不能引丁

묘월정화 습을상정 선경후갑 비경불능거을 비갑불능인정

庚甲兩透 科甲定然 庚透甲藏 亦有生貢 甲透庚藏 異路功名

경갑양투 과갑정연 경투갑장 역유생공 갑투경장 이로공명

或庚乙俱透 庚必輸情於乙 未免貪合 運行金水 一貧徹骨

혹경을구투 경필수정어을 미면탐합 운행금수 일빈철골

或庚透乙藏 則不能貪合 乙反引丁 卽用乙亦無害

혹경투을장 즉불능탐합 을반인정 즉용을역무해

運入木火之鄕 自然富貴 用乙者 水妻木子 若盡是乙木

운입목화지향 자연부귀 용을자 수처목자 약진시을목

不見一甲 此人富貴不久 因貪致禍 弄巧反拙 且不能承先人之業

불견일갑 차인부귀불구 인탐치화 롱교반졸 차불능승선인지업

或支成木局 有庚透 主淸貴 不見庚者 常人 卯月乙木司權

혹지성목국 유경투 주청귀 불견경자 상인 묘월을목사권

必須有庚 有乙無庚 主貧苦無依 用庚者 土妻金子

필수유경 유을무경 주빈고무의 용경자 토처금자

得印旺殺高 大富大貴 或一派水 無一戊制 主貧苦無依

득인왕살고 대부대귀 혹일파수 무일무제 주빈고무의

或乙少癸多 有戊去制 反吉 用土者 火妻土子

혹을소계다 유무거제 반길 용토자 화처토자

【해 설】

묘(卯)월 정화(丁火)는 습한 을목(乙木)이 상하게 하니, 경금(庚金)으로 용신(用神)을 삼은 후 갑목(甲木)을 써야 한다. 경금(庚金)이 아니면 을목(乙木)을 제거하기 어렵고, 갑목(甲木)이 아니면 정화(丁火)를 인도하기 어렵다. 따라서 경금(庚金)과 갑목(甲木)이 모두 투출(透出)하면 반드시 과갑하고, 경금(庚金)이 투출(透出)했는데 갑목(甲木)이 암장(暗藏)되면 관운이 있고, 갑목(甲木)이 투출(透出)했는데 경금(庚金)이 암장(暗藏)되면 이로에서 공명을 얻고, 경금(庚金)과 을목(乙木)이 모두 투출(透出)하면 경금(庚金)은

반드시 을목(乙木)에게 정을 주니 탐합(貪合)이 되어 금수(金水) 서북운으로 흐르면 극빈을 면하지 못하고, 경금(庚金)이 투출(透出)했는데 을목(乙木)이 암장(暗藏)되면 탐합(貪合)하지 못한다.

반대로 을목(乙木)이 정화(丁火)를 인도하면 을목(乙木)을 써야 하는데 역시 무해하다. 운이 목화(木火)운으로 흐르면 부귀를 이룬다. 을목(乙木)이 용신(用神)이면 수(水)를 아내로 삼고 목(木)을 자식으로 삼는다. 만일 을목(乙木)이 다하고 갑목(甲木)이 1개도 없으면 부귀가 길지 못하다. 탐욕이 화근을 부르고, 공교하게 하려다 오히려 용렬해진다. 또 조상의 유업을 이어받기 어렵다. 만일 지지(地支)에 목국(木局)이 있는데 경금(庚金)이 투출(透出)하면 청귀하고, 경금(庚金)이 투출(透出)하지 않으면 평상인에 불과하다.

묘(卯)월은 을목(乙木)이 권력을 잡았으니 반드시 경금(庚金)이 있어야 한다. 을목(乙木)이 있는데 경금(庚金)이 없으면 가난하며 고독하여 의지할 곳이 없다. 경금(庚金)이 용신(用神)이면 토(土)가 아내이고 금(金)이 자식이다. 인성(印星)이 왕성하고 관살(官殺)이 높으면 대부대귀하나, 수(水)가 1개 있는데 무토(戊土)가 제극(制剋)하지 못하면 빈천하여 의지할 곳이 없고, 을목(乙木)은 적고 계수(癸水)가 많은데 무토(戊土)가 제극(制剋)하면 길하다. 토(土)가 용신(用神)이면 화(火)가 아내이고 토(土)는 자식이다.

년	월	일	시	■남명
丙	辛	丁	庚	壬癸甲乙丙丁戊
寅	卯	酉	子	辰巳午未申酉戌

정화(丁火) 일주(日主)가 묘(卯)월에 태어났으니 득령(得令)하여 신강(身强)하다. 목기(木氣)가 많아 신강(身强)해졌으니 금(金)이 용신(用神)이다. 그런데 월간(月干)에 신금(辛金)이 투간(透干)하고, 시간(時干)에 경금(庚金)이 투간(透干)하였다. 이럴 경우에는 어느 것을 써야 하는가. 월지(月支)에 달려 있는데 묘(卯)월이다. 묘(卯)월은 화초이니 가위로 다듬어야 한다. 따라서 용신(用神)은 월간(月干)의 신금(辛金)이다. 만일 인(寅)월에 태어났는데 사주에 갑인목(甲寅木)이 많아 대림목이라면 가위로는 어렵고 도끼로 찍어야 하니 경금(庚金)이 필요하다.

따라서 목(木)이 기신(忌神)에 해당하니 갑을인묘(甲乙寅卯)는 모두 흉하다. 신금(辛金) 용신(用神)은 일지(日支) 유금(酉金)에 통근(通根)하여 강하니 중부 이상의 재물을 소유할 수 있었다. 그리고 일지(日支) 유금(酉金)이 용신(用神)에 해당하니 아내복도 많아 정의롭고 용감하며 남편을 잘 내조하는 현모양처를 만났다. 그러나 사주에 토기(土氣)가 전혀 없으니 중심이 없어 우왕좌왕하였고, 약속을 잘 지키지 않아 신용이 없었다.

년	월	일	시	■용재파인격(用財破印格)
戊	乙	丁	丁	丙丁戊己庚辛壬癸
子	卯	巳	未	辰巳午未申酉戌亥

【원 문】차팔자서낙오선현평도(此八字徐樂吾先賢評道)

用巳中之庚制木 位至尚書 巳中庚金 似未可用

용사중지경제목 위지상서 사중경금 사미가용

此造水木火土 氣勢純粹 木星火塞 宜財損印

차조수목화토 기세순수 목성화색 의재손인

運至庚申辛酉 補其缺點 五行之氣流通 此爲特殊之法也

운지경신신유 보기결점 오행지기유통 차위특수지법야

【해 설】

정화(丁火) 일주(日主)가 묘(卯)월에 태어나 신강(身强)하니 경금
(庚金)이 용신(用神)이다. 그러나 투출(透出)한 경금(庚金)이 없으
니 일지(日支)의 사(巳) 경금(庚金)을 용신(用神)으로 삼아 금극목
(金剋木)하니 사주가 중화되어 상서(尚書)에 이르렀다. 사(巳) 경
금(庚金)은 미토(未土)를 쓰는 것과 같다. 수목화토(水木火土)의
기세가 순수하다. 목(木)은 왕성하고 화(火)는 궁색하여 재성(財
星)인 경금(庚金)으로 용신(用神)을 삼아 인성(印星)인 목(木)을
파극(破剋)하면 좋다. 경신(庚申) 신유(辛酉) 대운에 크게 발복하
였다. 보좌하는 결점이 오행의 기를 유통시키니 이것은 특별한 방

법이다. 귀격은 아니지만 대운이 발복시킨 것이다.

년	월	일	시	■ 재관격(財官格)
丁	癸	丁	庚	壬辛庚己戊丁丙乙
卯	卯	卯	戌	寅丑子亥戌酉申未

【원 문】차팔자서낙오선현평도(此八字徐樂吾先賢評道)

鼎甲 庚透乙藏 財印不相礙爲貴也

정갑 경투을장 재인불상애위귀야

【해 설】

본명은 정갑(鼎甲) 벼슬을 지낸 사람의 사주다. 시상(時上)에 경금(庚金)이 투출(透出)했는데 묘(卯)에 을목(乙木)이 암장(暗藏)되어 재성(財星)과 인성(印星)이 서로 거리낌이 없으니 귀격이다. 목기(木氣)와 화기(火氣)가 왕성하니 시상(時上) 경금(庚金)이 용신(用神)이다. 경금(庚金)으로 목기(木氣)를 제극(制剋)하고, 자수(子水)로 화기(火氣)를 억제하니 길하다. 대운이 계속 금수(金水)운으로 흘러 명진사해하였다.

년	월	일	시	■ 용재격(用財格)
庚	己	丁	甲	庚辛壬癸甲乙丙丁
辰	卯	丑	辰	辰巳午未申酉戌亥

【원 문】 차팔자서낙오선현평도(此八字徐樂吾先賢評道)

尚書 此兩造皆庚透乙藏 財印不相礙爲貴也

상서 차양조개경투을장 재인불상애위귀야

【해 설】

　본명은 상서(尚書)를 지낸 사람이다. 경투을장(庚透乙藏)이니　재
인(財印)이 서로 충파(沖破)가 없어 귀격을 이루었다. 정화(丁火)
일주(日主)가 묘(卯)월에 태어나 득령(得令)하였고, 년지(年支)와
시지(時支)에 진토(辰土)가 들고, 진(辰) 을목(乙木)이 정화(丁火)
를 생조(生助)하니 신강(身强)하다. 따라서 년상(年上) 경금(庚金)
이 용신(用神)인데 월상(月上) 기토(己土)와 년지(年支) 진토(辰
土)가 생조(生助)하니 강하다. 따라서 상서(尚書)가 된 것이다.

【원 문】

辰月丁火 戊土司令 淺弱丁氣 先用甲木 引丁制土 次看庚金

진월정화 무토사령 설약정기 선용갑목 인정제토 차간경금

庚甲兩透 定主科甲 或一藏一透 終非白丁 或支成水局

경갑양투 정주과갑 혹일장일투 종비백정 혹지성수국

可以壬透 名殺重身輕 必夭折天年 或遭凶死 或戊己兩透

가이임투 명살중신경 필요절천년 혹조흉사 혹무기양투

廊廟之客 若一甲破土 定是常人 或支成木局 取庚爲先 得庚透

낭묘지객 약일갑파토 정시상인 혹지성목국 취경위선 득경투

丁癸不透 亦有異路功名 用甲者 水妻木子 用金者 土妻金子
정계불투 역유이로공명 용갑자 수처목자 용금자 토처금자

【해 설】

진(辰)월 정화(丁火)는 무토(戊土)가 사령(司令)하여 정화(丁火)
를 설기(洩氣)하니 갑목(甲木)으로 용신(用神)을 삼은 후 정화(丁
火)와 경금(庚金)을 써야 한다. 만일 경금(庚金)과 갑목(甲木)이
모두 투출(透出)하면 과갑하고, 1개는 암장(暗藏)되었는데 1개는
투출(透出)하면 백정은 면하고, 지지(地支)에 수국(水局)이 있는데
임수(壬水)가 투출(透出)하면 살중신경(殺重身輕)이 되어 반드시
어려서 죽고, 무기토(戊己土)가 모두 투출(透出)하면 조정의 객이
되고, 갑목(甲木) 1개가 토(土)를 깨트리면 평상인에 불과하다.

만일 지지(地支)에 수국(水局)이 있으면 먼저 경금(庚金)으로 용
신(用神)을 삼는다. 이때 정화(丁火)가 투출(透出)했는데 정화(丁
火)와 계수(癸水)가 투출(透出)하지 않으면 이로에서 공명을 이룬
다. 갑목(甲木)이 용신(用神)이면 수(水)는 아내이며 목(木)은 자
식이고, 금(金)이 용신(用神)이면 토(土)는 아내이며 금(金)은 자
식이다.

년	월	일	시		■ 남명						
癸	丙	丁	壬		乙	甲	癸	壬	辛	庚	己	戊
卯	辰	酉	寅		卯	寅	丑	子	亥	戌	酉	申

정화(丁火) 일주(日主)가 진(辰)월에 태어나 목(木)과 토(土)가 왕성한데 년지(年支)에 묘목(卯木)과 시지(時支)에 인목(寅木)이 들고, 월상(月上)에 병화(丙火)가 투출(透出)했으니 신강(身强)하다. 더구나 인묘진(寅卯辰)이 방합(方合)하여 수국(水局)을 이루니 목기(木氣)가 더 태왕해졌다. 따라서 목기(木氣)를 억제하려면 일지(日支) 유금(酉金)이 용신(用神)이고, 솟아오르는 화염을 진정시키려면 년상(年上) 계수(癸水)와 시상(時上) 임수(壬水)를 써야 한다. 즉 금수(金水)운이 길하고 목화(木火)운은 흉하다.

본명은 일지(日支) 유금(酉金)이 용신(用神)이니 아내복이 많아 현모양처를 만났고, 재성(財星)이 용신(用神)이며 강하니 중부 이상의 부를 이루었다. 성격운은 목기(木氣)가 태과하니 질투심이 많고 자비심은 부족하였으나, 예의범절이 바르고 명랑하며 정의감이 있었고, 토기(土氣)가 안정되어 신용이 있고 성실하였다.

3. 삼하(三夏) 정화(丁火)

【원문】

巳月丁火乘旺 雖取甲引丁 必用庚劈甲 伐甲方云木火通明
사월정화승왕 수취갑인정 필용경벽갑 벌갑방운목화통명
甲多又取庚爲先 但四柱忌見癸水 癸水一見 洩庚濕甲傷丁
갑다우취경위선 단사주기견계수 계수일견 설경습갑상정

故以癸爲病 或癸水藏之 壬水出干制丙 不奪丁火 自是雁塔題名
고이계위병 혹계수장지 임수출간제병 불탈정화 자시안탑제명

玉堂淸貴 或有庚無甲 戊透天干 此爲傷官生財 又取戊爲用
옥당청귀 혹유경무갑 무투천간 차위상관생재 우취무위용

必主富貴 戊土出干 不見甲乙 又不見水 是傷官傷盡 八字淸高
필주부귀 무토출간 불견갑을 우불견수 시상관상진 팔자청고

但不大貴 亦不大富 見水多木多 定是常人 或四柱多丙 不見壬癸
단불대귀 역불대부 견수다목다 정시상인 혹사주다병 불견임계

奪了丁光 此人貧苦 或丁年巳月丁巳日丙午時 一丙不奪二丁
탈요정광 차인빈고 혹정년사월정사일병오시 일병불탈이정

卽不顯達 亦名播四隣 故書曰 丁火陰柔一燈燭
즉불현달 역명파사린 고서왈 정화음유일등촉

太陽相見奪光明 柱中若見甲木透 定許身安福自臨
태양상견탈광명 주중약견갑목투 정허신안복자임

【해 설】

사(巳)월 정화(丁火)는 왕하니 비록 갑목(甲木)으로 정화(丁火)를
인도하더라도 반드시 경금(庚金)으로 용신(用神)을 삼아 벽갑(劈
甲)해야 한다. 만일 갑목(甲木)이 용신(用神)이면 목화통명(木火通
明)이 되고, 갑목(甲木)이 많으면 경금(庚金)을 먼저 용신(用神)으
로 삼는데 사주에 계수(癸水)가 있으면 흉하다. 계수(癸水)가 1개
라도 있으면 경금(庚金)을 설기하며 갑목(甲木)을 습하게 하고 정

화(丁火)를 상하게 하니 병이 된다. 그러나 계수(癸水)가 암장(暗藏)되었는데 임수(壬水)가 출간(出干)하여 병화(丙火)를 제극(制剋)하면 정화(丁火)의 기를 빼앗지 않으니 등과하여 옥당의 청귀를 이룬다.

만일 경금(庚金)이 있고 갑목(甲木)이 없는데 무토(戊土)가 천간(天干)에 투출(透出)하면 상관생재(傷官生財)가 된다. 이때 무토(戊土)가 있으면 반드시 부귀를 이루고, 무토(戊土)가 출간(出干)했는데 갑을목(甲乙木)과 수(水)를 보지 않으면 상관상진(傷官傷盡)이 되어 청고하나 부귀는 크지 않고, 수(水)가 많은데 목(木)도 많으면 평상인에 지나지 않는다.

만일 사주에 병화(丙火)가 많은데 임계수(壬癸水)가 없으면 정화(丁火)의 빛을 빼앗기니 가난하며 고독하고, 정(丁)년 사(巳)월 정사(丁巳)일 병오(丙午)시생이 병(丙) 1개가 정(丁) 2개를 빼앗지 않으면 현달하지는 못해도 이름은 널리 떨친다. 고서에 정화(丁火)는 음유하며 하나의 등촉불이므로 태양을 만나면 광명을 잃는다고 하였다. 만일 사주에 갑목(甲木)이 투출(透出)하면 몸이 평안하고 복이 스스로 임한다.

년	월	일	시	■여명
辛	癸	丁	壬	甲 乙 丙 丁 戊 己 庚
卯	巳	酉	寅	午 未 申 酉 戌 亥 子

정화(丁火) 일주(日主)가 사(巳)월에 태어났는데 년지(年支)에 묘목(卯木)과 시지(時支)에 인목(寅木)이 들어 신강(身强)하다. 화(火)가 많아 신강(身强) 사주가 되었으니 월상(月上) 계수(癸水)가 용신(用神)이고 금(金)은 희신(喜神)이다. 시간(時干)에 임수(壬水)가 있지만 정임합목(丁壬合木)하여 기신(忌神)으로 변하여 용신(用神)으로 쓰기에는 부족하므로 월간(月干) 계수(癸水)로 용신(用神)을 삼는다. 남편에 해당하는 편관(偏官)이 용신(用神)인데 남편궁에 해당하는 일지(日支)에 희신(喜神)이 들었으니 남편복이 많았다. 남편은 일찍 등과하여 시랑(侍郎)이 되었고, 재물도 많아 귀부인의 대접을 받았다.

성격운은 정화(丁火) 일주(日主)가 사(巳)월에 태어나 태과한 것 같지만 중화되어 예의범절이 바르고 자존심이 강하였다. 그리고 오행이 비교적 중화되어 인자하며 자비심이 많았고, 총명하며 정의와 용기도 있었다. 초년 대운은 목화(木火)운이라 발복하지 못했으나, 병신(丙申) 대운부터 금(金)운이라 발복하기 시작하였고, 정유(丁酉) 대운에는 귀부인의 대우를 받았고, 기해(己亥) 대운에는 오복을 모두 갖추어 복을 많이 누렸다.

년	월	일	시	■ 남명						
丙	癸	丁	丁	甲	乙	丙	丁	戊	己	庚	辛
申	巳	亥	未	午	未	申	酉	戌	亥	子	丑

정화(丁火) 일주(日主)가 사(巳)월에 태어났다. 사(巳)월은 무경병(戊庚丙)이 암장(暗藏)되어 화기(火氣)와 금기(金氣)가 강하니, 임계수(壬癸水)로 용신(用神)을 삼은 후 경신금(庚辛金)을 써야 한다. 사(巳)월은 화기(火氣)가 왕한 달인데 년상(年上)에 병화(丙火)가 투출(透出)하고 시상(時上)에 정화(丁火)가 들어 화기(火氣)가 태왕하다. 화(火)가 태왕하면 반드시 수(水)가 있어야 하고, 수(水)가 태왕하면 반드시 화(火)가 있어야 한다.

본명은 화(火)가 태왕하므로 월상(月上) 계수(癸水)가 용신(用神)인데 년지(年支) 신금(申金)과 일지(日支) 해수(亥水)에 통근(通根)하여 강하니 길복이 많았다. 그러나 목(木)운이 약하여 인자함이 부족하였고, 화기(火氣)가 태과하여 예의범절이 부족하였다. 재물운은 년지(年支)에 신금(申金)이 들고 사(巳)에 경금(庚金)이 암장(暗藏)되어 중부 이상을 이루었다. 그리고 대운이 금수(金水)운으로 흘러 평생 무난하게 살았다.

【원 문】

午月丁火 時歸建祿 不宜亂用甲木 遇年透隔位之壬 不貪不合者
오월정화 시귀건록 불의난용갑목 우년투격위지임 불탐불합자

忠而且厚 或支成火局 干見火出 得庚壬兩透者 科甲定然
충이차후 혹지성화국 간견화출 득경임양투자 과갑정연

土透制壬 常人 卽壬藏支中 亦非白丁 但要運行西北 方可發達
토투제임 상인 즉임장지중 역비백정 단요운행서북 방가발달

得一癸透 名獨殺若權 出人頭地 若見寅辰亥卯字 化木生火

득일계투 명독살약권 출인두지 약견인진해묘자 화목생화

平常人物 豊衣足食 中年富 但刑剋子息 勞而無功 或丙午月丁

평상인물 풍의족식 중년부 단형극자식 노이무공 혹병오월정

未日辛亥時 亥中有壬制丙 不致貧苦 若丙午時 則滴水難救炎火

미일신해시 해중유임제병 불치빈고 약병오시 즉적수난구염화

必主僧道 若年支見子 雖不科甲 亦有衣食 若干支無火局

필주승도 약년지견자 수불과갑 역유의식 약간지무화국

有水透干 須用甲木 又要庚劈甲方明 木火通明 主大富貴

유수투간 수용갑목 우요경벽갑방명 목화통명 주대부귀

或木少火多焚其木性 不能光透九霄 榮華不久 或生月是祿

혹목소화다분기목성 불능광투구소 영화불구 혹생월시록

支皆生旺合局 加以火出 無滴水解炎 乃身旺無依 孤貧之格

지개생왕합국 가이화출 무적수해염 내신왕무의 고빈지격

女必爲尼 卽運北地 反主凶危 用壬者 金妻水子

여필위니 즉운북지 반주흉위 용임자 금처수자

用甲者 水妻木子

용갑자 수처목자

【해 설】

오(午)월 정화(丁火)는 건록(建祿)을 만나니 갑목(甲木)을 남용하는 것은 좋지 않다. 년간(年干)과 멀리 떨어진 임수(壬水)를 만나

되 정화(丁火)와의 합을 탐내지 않으면 중후하다. 만일 지지(地支)에 화국(火局)을 이루었는데 천간(天干)에 화(火)가 출간(出干)하고 경금(庚金)과 임수(壬水)가 모두 투출(透出)하면 반드시 과갑한다. 그러나 토(土)가 투출(透出)하여 임수(壬水)를 제극(制剋)하면 평상인에 불과하다. 즉 임수(壬水)가 지지(地支)에 암장(暗藏)되면 백정은 면한다. 이때 서북운으로 흐르면 신유술(申酉戌) 해자축(亥子丑)운에 발달한다.

만일 계수(癸水)가 1개 투출(透出)하면 우두머리가 되고, 인진해묘(寅辰亥卯)를 만나 목생화(木生火)하면 의식주가 풍족하며 중년부터 부를 이루나, 자식이 형극되면 노고가 많아도 공적이 없다. 병오(丙午)월 정미(丁未)일 신해(辛亥)시생은 해(亥) 중에 임수(壬水)가 들어 병화(丙火)를 제극(制剋)하면 가난하며 고독함에는 이르지 않으나, 병오(丙午)시생이면 염화에서 물을 구제하기 어려우니 반드시 승도팔자가 된다. 만일 년지(年支)에서 자수(子水)를 보면 비록 과갑은 못하더라도 의식주는 넉넉하다.

만일 화국(火局)이 없는데 수(水)가 투간(透干)하면 갑목(甲木)을 용신(用神)으로 삼고, 경금(庚金)으로 벽갑(劈甲)하여 밝게 하면 목화통명(木火通明)이 되어 대부귀를 이룬다. 그러나 목(木)이 적은데 화(火)가 많으면 하늘에 광채가 나타나기 어려우니 부귀영화를 이루지 못한다. 만일 월(月)이 건록(建祿)이고 지지(地支)가 모두 생왕(生旺)하여 합국(合局)을 이루면 화기(火氣)가 투출(透出)하니 물이 해소하지 못하여 신왕(身旺)하여도 의지처가 없는 격이니 고독하며 가난하다. 이런 사주는 여명은 반드시 승려가 되고, 행운이 북으로 흐르면 흉하고 위험하다. 임수(壬水)가 용신(用神)이면 금(金)이 아내이며 수(水)는 자식이고, 갑목(甲木)이 용신(用神)이면 수(水)는 아내이며 목(木)은 자식이다.

년	월	일	시	■ 건록격(建祿格)
庚	壬	丁	戊	癸甲乙丙丁戊己庚
午	午	亥	申	未申酉戌亥子丑寅

【원 문】 차팔자서낙오선현평도(此八字徐樂吾先賢評道)

此建祿會祿 化合不成 大富壽長 丁壬合而不化
차건록회록 화합불성 대부수장 정임합이불화

通根亥祿 濟之以申宮長生之水 坐祿之金
통근해록 제지이신궁장생지수 좌록지금

宜乎富貴壽考 月令建祿 丙午爲會祿
의호부귀수고 월령건록 병오위회록

【해 설】

이 사주는 건록(建祿)이 회록(會祿)하지 않아 큰 부자가 되었고 장수하였다. 정임(丁壬)이 화목(化木)하고 일주(日主)가 해수(亥水)를 만나 길하다. 년상(年上)에 경금(庚金)이 있으니 화목(化木)을 이룰 수 없다. 년간(年干)에 경금(庚金) 재성(財星)이 있는데

시지(時支)에 신금(申金) 재성(財星)이 또 있다. 정화(丁火) 일주
(日主)가 오(午)월 화왕절(火旺節)에 태어났는데 년지(年支)에서
또 오화(午火)를 만나니 건록(建祿)이 회록(會祿)하여 매우 왕하
고, 무토(戊土)가 화기(火氣)를 설기(洩氣)하며 경신금(庚辛金)을
생조(生助)하니 큰 부자가 되었고, 신왕(身旺)하여 장수한 것이다.

년	월	일	시	■ 건록격(建祿格)
辛	甲	丁	甲	癸壬辛庚己戊丁丙
巳	午	未	辰	巳辰卯寅丑子亥戌

【원 문】 차팔자서낙오선현평도(此八字徐樂吾先賢評道)

此建祿格 位至總兵 此亦用甲引丁 辰未土泄火氣

차건록격 위지총병 차역용갑인정 진미토설화기

但丁未火土炎燥 貴而就武

단정미화토염조 귀이취무

【해 설】

본명은 총병(總兵)을 지낸 사람의 사주다. 건록격(建祿格)이고 갑
목(甲木)이 정화(丁火)를 인도하고 진토(辰土)와 미토(未土)가 화
기(火氣)를 설기(洩氣)하여 염화를 다소 해소시킨다. 그러나 정미
(丁未) 일주(日主)이니 화토(火土)가 모두 염조하여 귀를 이루어
무관으로 취임하였다.

년	월	일	시	■ 용살격(用殺格)
癸	戊	丁	甲	丁丙乙甲癸壬辛庚
卯	午	丑	辰	巳辰卯寅丑子亥戌

【원 문】차팔자서낙오선현평도(此八字徐樂吾先賢評道)

用甲引丁 位至尚書 此造與上造相同 雖透癸水被戊合化 不能用
용갑인정 위지상서 차조여상조상동 수투계수피무합화 불능용

仍用甲引丁 辰丑之土洩秀 丁丑土潤 戊癸合化而淸 貴爲尚書
잉용갑인정 진축지토설수 정축토윤 무계합화이청 귀위상서

【해 설】

시상(時上) 갑목(甲木)으로 정화(丁火)를 인도하여 상서(尚書)에
이르렀다. 년상(年上)에 계수(癸水)가 투출(透出)하여 무계합화(戊
癸合化)를 이루니 계수(癸水) 용신(用神)이 피해를 입어 능력이 없
다. 그러나 갑목(甲木)이 정화(丁火)를 인도하고, 진축토(辰丑土)가
왕강(旺强)한 화기(火氣)를 설기(洩氣)하고, 또 정축(丁丑) 일주
(日柱)이니 일지(日支) 축토(丑土)가 윤택하여 길하다. 무계합화
(戊癸合火)하여도 청고한 사주가 되어 상서(尚書)에 오른 것이다.

년	월	일	시	■ 용재관격(用財官格)
丙	甲	丁	乙	乙丙丁戊己庚辛壬
寅	午	丑	巳	未申酉戌亥子丑寅

【원 문】 차팔자서낙오선현평도(此八字徐樂吾先賢評道)

甲透庚得所 富貴極品 巳丑相合 庚金暗藏也 亦以甲木引丁爲用

갑투경득소 부귀극품 사축상합 경금암장야 역이갑목인정위용

【해 설】

월(月)에 갑목(甲木)이 투출(透出)했는데 경금(庚金)이 있으니 부귀영화가 극품에 이르렀다. 사축(巳丑)이 합하고 경금(庚金)이 암장(暗藏)되고 갑목(甲木)이 정화(丁火)를 인도하였기 때문이다.

년	월	일	시	■ 용재관격(用財官格)
丙	甲	丁	癸	乙丙丁戊己庚辛壬
子	午	酉	卯	未申酉戌亥子丑寅

【원 문】 차팔자서낙오선현평도(此八字徐樂吾先賢評道)

殺印相生 大貴 己運盡節 此明代楊椒山命造也 殺印相生

살인상생 대귀 기운진절 차명대양초산명조야 살인상생

以甲印化殺爲用 己運合印化傷而制殺 盡節

이갑인화살위용 기운합인화상이제살 진절

【해 설】

계자(癸子) 관살(官殺)을 갑묘목(甲卯木)이 상생(相生)하여 대부귀를 이루었으나 기(己) 대운에 명을 다하였다. 이 사주는 명나라

때 유명했던 양초산(楊椒山)의 명조다. 갑목(甲木) 인성(印星)이
관살(官殺)을 살인상생(殺印相生)하여 귀한데, 기(己) 대운에 갑기
합토(甲己合土)하여 용신(用神) 계수(癸水)를 상해하며 제수(制水)
하니 운명을 다한 것이다.

【원문】

未月之丁火 陰柔退氣 但値三伏生寒 丁弱極矣 專取甲木
미월지정화 음유퇴기 단치삼복생한 정약극의 전취갑목

壬水次之 若得甲出天干 支成木局 見亥中之壬 爲木神有根
임수차지 약득갑출천간 지성목국 견해중지임 위목신유근

接引丁火 必然科甲 卽不見木局 支見壬水 雖不大貴
접인정화 필연과갑 즉불견목국 지견임수 수불대귀

亦有凌雲之氣 無庚不妙 或支成水局 見水透干 則濕木性
역유능운지기 무경불묘 혹지성수국 견수투간 즉습목성

不能引丁 必爲平人 有甲透 有才幹 有庚透 無刑傷 若無甲木
불능인정 필위평인 유갑투 유재간 유경투 무형상 약무갑목

假名假利 或年月日時 皆一派丁未之類 此爲純陰
가명가리 혹년월일시 개일파정미지류 차위순음

終無大用 用甲者 水妻木子
종무대용 용갑자 수처목자

【해 설】

미(未)월은 화기(火氣)가 물러가는 때이니 미(未)월 정화(丁火)는 극도로 약하다. 따라서 갑목(甲木)으로 용신(用神)을 삼은 후 임수(壬水)를 써야 한다. 만일 갑목(甲木)이 천간(天干)에 출간(出干)하고 지지(地支)에 목국(木局)을 이루었는데 해(亥) 중에 임수(壬水)가 있으면 목(木)이 유근(有根)하여 정화(丁火)를 이끄니 반드시 과갑한다. 즉 목국(木局)이 없는데 지지(地支)에 임수(壬水)가 있으면 비록 대귀는 아니지만 구름을 능가하는 기상이 있으나 경금(庚金)이 없으면 묘하지 않다.

만일 지지(地支)에 수국(水局)이 있는데 수(水)가 투간(透干)하면 목성(木性)이 습하여 정(丁)을 인도하기 어려우니 평범하고, 갑목(甲木)이 투출(透出)하면 재능과 우두머리가 될 능력이 있고, 정화(丁火)가 투출(透出)하면 형벌이나 상해를 입는 일이 없고, 갑목(甲木)이 없으면 명예와 이익이 가짜이고, 년월일시(年月日時)가 모두 정미(丁未)이면 순결하나 크게 등용되지는 못한다. 갑목(甲木)이 용신(用神)이면 수(水)는 아내이고 목(木)은 자식이다.

년	월	일	시	■염상격(炎上格)
丁	丁	丁	丙	丙乙甲癸壬辛庚己
卯	未	未	午	午巳辰卯寅丑子亥

武進士 四柱木火 格成炎上 究嫌火土偏燥 貴在武科

무진사 사주목화 격성염상 구혐화토편조 귀재무과

【해 설】

　본명은 무과에서 진사(進士)를 지낸 사람의 사주다. 정화(丁火) 일주(日主)가 미(未)월에 태어났고 사주에 수기(水氣)는 하나도 없고 목화(木火)와 미토(未土)로 구성되었으니 염상격(炎上格)이다. 화토(火土)가 편조(偏燥)하여 무과에 급제한 것이다. 염상격(炎上格)은 목화(木火)운과 미토(未土)운이 가장 길하고, 금수(金水)운과 축토(丑土)운이 가장 흉하다.

년	월	일	시	■ 편고격(偏枯格)						
壬	丁	丁	丁	戊	己	庚	辛	壬	癸	甲 乙
子	未	巳	未	申	酉	戌	亥	子	丑	寅 卯

【원 문】차팔자서낙오선현평도(此八字徐樂吾先賢評道)

丁壬合殺 合壞壬水 懦弱無能 妻子主事 壬水臨子 不能去之

정임합살 합괴임수 나약무능 처자주사 임수임자 불능거지

只能取以爲用 局無庚金相生 爲原局之病 加以丁壬一合

지능취이위용 국무경금상생 위원국지병 가이정임일합

用神拘絆 水爲妻 故主懦弱無能 妻子主事 由此觀之

용신구반 수위처 고주나약무능 처자주사 유차관지

雖四柱無木 仍以木爲用也 以木爲用 故水爲妻
수사주무목 잉이목위용야 이목위용 고수위처

丁壬一合 合壞妻星矣
정임일합 합괴처성의

【해 설】

정임(丁壬)이 합목(合木)하여 관살(官殺)과 합하니 임수(壬水) 정
관(正官)은 합목(合木)했으나 정관(正官)은 용신(用神)인데 용신
(用神)이 합거(合去)하니 용신(用神)이 파괴되어 유약하며 무능하
여 아내와 자식에게 가권을 빼앗겼다. 그러나 용신(用神)이 자수
(子水)에 앉아 있어 완전히 제거하기 어려워 그대로 쓰니 무능할
수밖에 없다. 그리고 원국에서 경금(庚金)이 상생(相生)하지 않으
니 병이 있고, 여기에다 정임합목(丁壬合木)까지 하니 임수(壬水)
용신(用神)이 기반(羈絆)되었다. 임수(壬水)는 아내인데 유약하며
무능하니 아내와 자식에게 가권을 빼앗겨도 그냥 바라볼 뿐이다.
비록 사주에 목(木)이 없지만 필요하므로 목(木)으로 용신(用神)을
삼는다. 따라서 수(水)가 아내이나 정임합목(丁壬合木)하여 아내의
자리도 파괴되었다.

4. 삼추(三秋) 정화(丁火)

【원 문】

三秋丁火 退氣柔弱 峀用甲木 金雖乘旺司權 無傷丁之理

삼추정화 퇴기유약 단용갑목 금수승왕사권 무상정지리

仍取庚劈甲 爲引火之物 或借丙暖金晒甲 不慮丙奪丁光

잉취경벽갑 위인화지물 혹차병난금쇄갑 불려병탈정광

凡兩丙來丁者 夏月忌之 餘月不忌 但此格少年困苦刑剋

범양병래정자 하월기지 여월불기 단차격소년곤고형극

中年富貴 必要地支見水制丙方妙

중년부귀 필요지지견수제병방묘

【해 설】

가을은 화기(火氣)가 물러가는 때이니 정화(丁火)가 유약하므로 먼저 갑목(甲木)으로 용신(用神)으로 삼는다. 비록 금기(金氣)가 권세를 잡고 있으나 정화(丁火)를 상해하지는 않으므로 경금(庚金)으로 벽갑(劈甲)하여 화(火)를 인도한다. 만일 병화(丙火)로 금(金)을 따뜻하게 하면서 갑목(甲木)을 말리면 정화(丁火)의 빛을 빼앗는 것을 근심하지 않아도 되고, 병화(丙火) 2개가 정화(丁火)를 끼고 있으면 여름에는 매우 꺼리나 나머지 달에는 무방하다. 이런 사주는 소년기에는 곤고하나 중년에는 부귀를 이룬다. 그리고 지지(地支)에서 병화(丙火)가 수(水)를 제극(制剋)하면 묘해진다.

년 월 일 시　　■남명

庚 甲 丁 庚　　乙丙丁戊己庚辛壬

戌 申 卯 子　　酉戌亥子丑寅卯辰

　신(申)월은 기무임경(己戊壬庚)이 암장(暗藏)되어 토(土)와 금
(金)이 왕성한데 수(水)도 강하다. 정화(丁火) 일주(日主)는 신약
(身弱)하니 월상(月上) 갑목(甲木)이 용신(用神)이고, 수생목(水生
木)하니 시지(時支) 자수(子水)가 희신(喜神)이고, 신(申)월은 아
직 열기가 남아 있는 달이니 병정화(丙丁火)를 쓴다.

　이 사람은 갑목(甲木) 정인(正印)이 용신(用神)이므로 교육계에
종사하였다. 그리고 일지(日支) 묘목(卯木)은 용신(用神)에 해당하
니 아내복이 많아 인자하며 자비심이 많은 현모양처를 만났다. 성
격운은 갑목(甲木)이 용신(用神)에 해당하니 자비심이 많고 인자
하였으나, 경금(庚金)이 기신(忌神)에 해당하니 다소 난폭한 면도
있었다. 금(金)이 기신(忌神)에 해당하는데 태과하면 성격이 난폭
하며 잔인하다. 본명은 청백리 명조라 평생 재물에 대한 욕심이 없
었다. 정화(丁火) 일주(日主)가 신약(身弱)한데 비겁(比劫)이 허약
하여 재물복은 많으나 그릇이 작기 때문이다. 재물운은 재성(財星)
과 비겁(比劫)이 조화를 이루어야 많이 따른다.

【원 문】

三秋甲庚丙並用 仍分優劣 何也 申月甲丙 申中有庚

삼추갑경병병용 잉분우열 하야 신월갑병 신중유경

酉月甲丙庚皆用 申酉月或無甲木 乙亦可用 爲枯草引燈

유월갑병경개용 신유월혹무갑목 을역가용 위고초인등

却不離丙晒也 戌月耑用甲庚 大抵甲木不離庚 乙不離丙

각불리병쇄야 술월단용갑경 대저갑목불리경 을불리병

其理極明 或見甲庚丙皆透 必主科甲 無甲用乙者

기리극명 혹견갑경병개투 필주과갑 무갑용을자

富貴皆小 且富而不貴者多

부귀개소 차부이불귀자다

【해 설】

가을철에는 갑목(甲木)과 경금(庚金)과 병화(丙火)로 용신(用神)
을 삼아야 하는데 선후를 가려야 한다. 신(申)월에는 갑목(甲木)과
병화(丙火)를 쓰고, 유(酉)월에는 신(申)에 경금(庚金)이 있으면
갑목(甲木)과 병화(丙火)와 경금(庚金)을 모두 쓸 수 있다. 신(申)
월과 유(酉)월에는 갑목(甲木)이 없으면 을목(乙木)을 써야 하나
병화(丙火)로 말려야 한다. 그리고 술(戌)월에는 갑목(甲木)과 경
금(庚金)을 먼저 쓰는데 갑목(甲木)은 경금(庚金)을 떠날 수 없고,
을목(乙木)은 병화(丙火)를 떠날 수 없다. 따라서 갑목(甲木)과 경
금(庚金)과 병화(丙火)가 모두 투출(透出)하면 반드시 과갑하고,

갑목(甲木)이 없어 을목(乙木)을 쓰면 부귀가 작거나 부는 이루어도 귀는 이루지 못하는 경우가 많다.

년	월	일	시	■남명
甲	癸	丁	甲	甲乙丙丁戊己庚
戌	酉	未	辰	戌亥子丑寅卯辰

정화(丁火) 일주(日主)가 유(酉)월에 태어나 실령(失令)하였고, 월간(月干)에 계수(癸水)와 년지(年支)에 술토(戌土)가 들어 신약(身弱)하다. 또 일지(日支)에 미토(未土)와 시지(時支)에 진토(辰土)가 들었으니 토(土)가 넘친다. 많은 토(土)를 억제하려면 목극토(木剋土)해야 하니 목(木)이 길하다. 년상(年上)과 시상(時上)에 투출(透出)한 갑목(甲木)이 용신(用神)이고, 유(酉)월에 태어나 금기(金氣)도 강하므로 화극금(火剋金)해야 하니 화(火)운은 한신(閑神)이다. 따라서 목화(木火)운은 길하고 금수(金水)운은 흉하다.

사주에 식상(食傷)이 태왕하면 설기(洩氣)가 많으니 자녀운과 부하운과 음식운이 불리하고, 식품 때문에 불리한 일을 당한다. 그리고 사주에 식상(食傷)이 너무 많으면 사기성이 많으나 인성(印星)으로 제압하면 억제할 수 있다. 재물운은 정화(丁火) 일주(日主)가 신약(身弱)하니 작은 부자에 불과하였고, 관운은 계수(癸水)가 투출(透出)했는데 한신(閑神)에 해당하니 보통이라 등과했으나 중관에 머물렀다.

년	월	일	시	■남명
庚	乙	丁	庚	丙丁戊己庚辛壬癸
寅	酉	酉	子	戌亥子丑寅卯辰巳

정화(丁火) 일주(日主)가 유(酉)월에 태어났으니 갑을목(甲乙木)과 병화(丙火)가 필요하다. 그런데 월상(月上)에 을목(乙木)이 투출(透出)했는데 년지(年支) 인(寅)에 갑목(甲木)이 들어 길하다. 그러나 을목(乙木) 용신(用神)이 을경합금(乙庚合金)하여 기신(忌神)으로 변하여 흉해졌다.

성격운은 을목(乙木) 용신(用神)이 중화되어 인자하며 자비심이 많았고, 시지(時支) 자수(子水)가 중화되어 총명하였다. 그러나 금기(金氣)가 태과하여 난폭하고 잔인하며 무모한 면이 있었고, 토기(土氣)가 1개도 없으니 중심이 없어 우왕좌왕하며 신용이 없었다. 부부운은 일지(日支) 유금(酉金)이 기신(忌神)이라 갈등이 심하였다. 본명은 재다신약(財多身弱)이니 부옥빈인(富屋貧人)의 명이고, 재성(財星)이 기신(忌神)에 해당하니 재물과 여자문제가 많았다.

【원 문】

或一重壬水 又多見癸水 必以戊土爲制 自然富貴光輝
혹일중임수 우다견계수 필이무토위제 자연부귀광휘
或一派庚金 名財多身弱 主富屋貧人 妻多主事 或壬多洩庚
혹일파경금 명재다신약 주부옥빈인 처다주사 혹임다설경

丁壬化殺 反成富貴 當庚多無壬 奔流下賤或酉月一派辛金

정임화살 반성부귀 당경다무임 분류하천 혹유월일파신금

不見庚金 又無比劫 此棄命從財 富而且貴 雖不科甲 亦有異道

불견경금 우무비겁 차기명종재 부이차귀 수불과갑 역유이도

從財者水爲妻不尅 有正偏木爲子不刑 或戌月一派戊土

종재자수위처불극 유정편목위자불형 혹술월일파무토

洩丁火之氣 不見甲木 爲傷官傷盡 非尋常可比 或甲木透出

설정화지기 불견갑목 위상관상진 비심상가비 혹갑목투출

爲文書淸貴 秋闈可奮 用甲者 庚不可少 水妻木子

위문서청귀 추위가분 용갑자 경불가소 수처목자

【해 설】

만일 임수(壬水)가 1개 있는데 무겁고 계수(癸水)가 많은데 무토(戊土)로 제극(制尅)하면 자연히 부귀를 이룬다. 정화(丁火) 일파가 있으면 재다신약(財多身弱)이 되어 부옥빈인(富屋貧人)의 명이며 아내가 많고 공처가다. 만일 임수(壬水)가 경금(庚金)을 많이 설기(洩氣)하는데 정임합목(丁壬合木)하여 관살(官殺)로 변하면 부귀를 이룬다. 그러나 경금(庚金)이 많은데 임수(壬水)가 없으면 하천한 명이 되어 파란이 많다.

만일 유(酉)월생이 신금(辛金) 일파가 있는데 경금(庚金)과 비겁(比劫)이 없으면 기명종재격(棄命從財格)이 되어 과갑은 아니라도 이로에서 공명한다. 종재격(從財格)이 수(水)가 아내이면 극하지

않고, 정재(正財)와 편재(偏財)가 있으면 목(木)이 자식인데 형살(刑殺)이 없다.

만일 술(戌)월생이 무토(戊土) 일파가 있으면 정화(丁火)의 기운을 많이 설기(洩氣)하는데 갑목(甲木)이 없으면 상관상진(傷官傷盡)이 되어 심상하다. 이때 갑목(甲木)이 투출(透出)하면 문서를 잡는 청귀한 명이 되어 과갑으로 이름을 떨친다. 갑목(甲木)이 용신(用神)인데 경금(庚金)이 적으면 수(水)가 아내이고 목(木)이 자식이다.

년 월 일 시	■ 용재격(用財格)
辛 丙 丁 丙	乙甲癸壬辛庚己戊
亥 申 丑 午	未午巳辰卯寅丑子

【원 문】차팔자서낙오선현평도(此八字徐樂吾先賢評道)

大富命 此爲火煉秋金 丁火陰干不怕弱 運行東南 宜爲大富
대부명 차위화련추금 정화음간불파약 운행동남 의위대부

【해 설】

본명은 큰 부자의 사주다. 정화(丁火) 일주(日主)가 가을철 금(金)을 단련시키는데 정화(丁火)는 음간(陰干)이므로 약함을 두려워하지 않는다. 대운이 동남으로 향하여 큰 부자가 된 것이다. 정화(丁火) 일주(日主)가 신(申)월에 태어났으니 실령(失令)하여 신약

(身弱)하나, 시주(時柱)에 병오(丙午)가 들어 강해졌다. 즉 신왕재
왕(身旺財旺)하여 큰 부자가 된 것이다.

년	월	일	시	■ 용인격(用印格)
辛	丙	丁	戊	乙甲癸壬辛庚己戊
亥	申	卯	申	未午巳辰卯寅丑子

【원 문】 차팔자서낙오선현평도(此八字徐樂吾先賢評道)
庚甲兩全 會元 亥卯會局 生起丁火 財旺用印也 亦喜運行東南
경갑양전 회원 해묘회국 생기정화 재왕용인야 역희운행동남

【해 설】
　신(申)에 경금(庚金)과 묘(卯)에 갑목(甲木)이 있으니 대길하여
회원(會元)이라는 벼슬을 하였다. 해묘(亥卯)가 반합(半合)하여 회
국(會局)하니 정화(丁火) 일주(日主)가 생기를 얻었다. 재성(財星)
이 왕한데 인성(印星)이 있으니 고관대작이 된 것이고, 대운이 동
남 용신(用神)운으로 흘러 부귀영화를 누린 것이다.

년	월	일	시	■ 용겁격(用劫格)
辛	丙	丁	丙	乙甲癸壬辛庚己戊
卯	申	酉	午	未午巳辰卯寅丑子

【원 문】차팔자서낙오선현평도(此八字徐樂吾先賢評道)

無甲用乙丙 富而不貴 日祿歸時 以財爲用 富格也

무갑용을병 부이불귀 일록귀시 이재위용 부격야

【해 설】

본명은 갑목(甲木)이 없어 을목(乙木)과 병화(丙火)로 용신(用神)을 삼으니 부는 있으나 귀는 없었다. 재성(財星)이 중중하니 일주(日主)를 도와주는 인성(印星)과 비겁(比劫)이 길성이고, 대운이 목화(木火)운으로 흘러 부자가 되었다. 정화(丁火) 일주(日主)가 신(申)월에 태어나 실령(失令)하였고, 사주에 재성(財星)이 중중하나 년지(年支)에 묘목(卯木)과 시주(時柱)에 병오(丙午)가 있어 신왕재왕(身旺財旺)하니 부자가 된 것이다.

년	월	일	시	■ 용살격(用殺格)
庚	甲	丁	丙	乙丙丁戊己庚辛壬
辰	申	未	午	酉戌亥子丑寅卯辰

【원 문】차팔자서낙오선현평도(此八字徐樂吾先賢評道)

甲庚丙皆透 位至尙書 印劫扶身 庚金透出 眞神得用 貴顯無疑

갑경병개투 위지상서 인겁부신 경금투출 진신득용 귀현무의

【해 설】

갑목(甲木)과 경금(庚金)과 병화(丙火)가 모두 투출(透出)하여 부
귀한 명조가 되어 상서(尙書)에 이르렀다. 인성(印星)과 비겁(比
劫)이 일주(日主)를 부조(扶助)하여 강한데 경금(庚金)이 투출(透
出)했으니 진신(眞神)을 얻었으니 귀를 의심할 것이 없는 사주다.

년	월	일	시	■ 용인격(用印格)
壬	己	丁	庚	庚辛壬癸甲乙丙丁
午	酉	亥	戌	戌亥子丑寅卯辰巳

【원 문】차팔자서낙오선현평도(此八字徐樂吾先賢評道)

此命申戌兩時主貴 酉時則不能 理外之理 洵可硏究
차명신술양시주귀 유시즉불능 리외지리 순가연구

【해 설】

신(申)과 술(戌)시생은 귀가 있으나 유(酉)시생은 불가하다. 원리
외의 원리인데 연구해 볼만하다. 정화(丁火) 일주(日主)가 유(酉)
월에 태어났는데 금(金)과 수(水)가 왕하니 인성(印星)과 비겁(比
劫)으로 도와야 한다. 년지(年支)에 오화(午火)와 일지(日支) 해
(亥) 중에 갑목(甲木)이 들어 약하지 않으니 재관(財官)을 충분히
감당할 수 있다. 초년과 청년운은 금수(金水)운이라 흉했지만 갑인
(甲寅) 대운부터 목화(木火)운 용신(用神)운이라 발복하였다.

년	월	일	시	■ 종재격(從財格)
丁	己	丁	辛	戊丁丙乙甲癸壬辛
未	酉	丑	亥	申未午巳辰卯寅丑

【원 문】차팔자서낙오선현평도(此八字徐樂吾先賢評道)

從財格 太守 丁火雖通根未宮 有丑冲而去之

종재격 태수 정화수통근미궁 유축충이거지

丁火無根 辛金透露 不能不從財也

정화무근 신금투로 불능불종재야

【해 설】

이 사주는 종재격(從財格)이며 태수(太守) 벼슬을 하였다. 정화 (丁火) 일주(日主)가 비록 년지(年支) 미(未)에 통근(通根)했으나 일지(日支)에 축토(丑土)가 들어 축미상충(丑未相沖)하여 화기(火 氣)를 제거하였다. 따라서 정화(丁火) 일주(日主)가 무근(無根)인 데 시상(時上)에 신금(辛金)이 투출(透出)하여 강하니 무능하지만 종재(從財)하여 가종재격(假從財格)이 되었다.

년	월	일	시	■ 여명, 용인격(用印格)
己	甲	丁	丙	乙丙丁戊己庚辛壬
亥	戌	卯	午	亥子丑寅卯辰巳午

【원 문】 차팔자서낙오선현평도(此八字徐樂吾先賢評道)

女命 甲丙高透 丁火得祿 大富 此造雖炎上失時

여명 갑병고투 정화득록 대부 차조수염상실시

喜得木火氣順 有土洩其秀

희득목화기순 유토설기수

【해 설】

월(月) 갑목(甲木)과 시상(時上) 병화(丙火)가 천간(天干)에 투출(透出)하였고, 정화(丁火) 일주(日主)가 득록(得祿)하여 대부의 사주가 되었다. 비록 염상격(炎上格)이 실시(失時)했으나 목화(木火)의 기가 순하니 길하고, 토(土)의 설기(洩氣)가 뛰어나니 길하다.

5. 삼동(三冬) 정화(丁火)

【원 문】

三冬丁火微寒 耑用庚甲 甲乃庚之良友 凡用甲木 庚不可少

삼동정화미한 단용경갑 갑내경지양우 범용갑목 경불가소

無庚無甲 何能引丁 難云木火通明 冬丁有甲 不畏水多金多

무경무갑 하능인정 난운목화통명 동정유갑 불외수다금다

可稱上格 甲庚兩透 科甲分明 見己則否 己多合甲 則爲常人

가칭상격 갑경양투 과갑분명 견기즉부 기다합갑 즉위상인

或一丙奪丁 必賴支內水救 若有支金發水之源 官拜烏臺有准

혹일병탈정 필뢰지내수구 약유지금발수지원 관배오대유준

全無發水制丙 無用之徒

전무발수제병 무용지도

【해 설】

겨울철 정화(丁火)는 차가운 기운이 물러가는 때이니 경금(庚金)
과 갑목(甲木)으로 용신(用神)을 삼아야 하는데 갑목(甲木)을 쓸
때는 경금(庚金)이 적으면 불가하다. 만일 정화(丁火)도 없고 갑목
(甲木)도 없으면 어떻게 정화(丁火)를 인도하겠는가. 어렵게 목화
통명(木火通明)을 이루었지만 겨울철 정화(丁火)는 갑목(甲木)이
있으면 수(水)와 금(金)이 많아도 두려워하지 않는다.

만일 갑목(甲木)과 경금(庚金)이 모두 투출(透出)하면 반드시 과
갑하나 기토(己土)를 만나면 좋지 않고, 기토(己土)가 많아 갑목
(甲木)과 갑기합토(甲己合土)하여도 평상인에 불과하다. 만일 병화
(丙火)가 1개 있는데 정화(丁火)의 기운을 빼앗으면 반드시 지지
(地支)에서 수(水)가 구조해야 한다. 이때 지지(地支)에 금(金)이
발동하여 수(水)의 근원이 되면 사헌부(司憲府)에 오른다. 그러나
발동한 수(水)가 병화(丙火)를 전혀 제극(制剋)하지 못하면 무용지
물이 된다.

```
년  월  일  시      ■ 여명
乙  丁  丁  己      戊己庚辛壬癸甲
巳  亥  酉  酉      子丑寅卯辰巳午
```

정화(丁火) 일주(日主)가 해(亥)월에 태어나 실령(失令)하였고, 일지(日支)와 시지(時支)에 모두 유금(酉金)이 있으니 금(金)이 강하다. 조후(調候)하려면 병화(丙火)가 있어야 하는데 없으니 정화(丁火)로 용신(用神)을 삼아 금(金)을 녹여 기물을 만드니 길하다. 아무리 꼭 필요한 오행이라도 사주에 없으면 용신(用神)으로 삼을 수 없으니 있는 것 중에서 가장 유력한 것을 써야 한다.

본명은 년상(年上) 을목(乙木)이 목생화(木生火)하여 정화(丁火) 용신(用神)이 강하므로 부귀영화가 많았고, 재물복이 많아 부자로 살았다. 그러나 관살(官殺)은 남편인데 해수(亥水)는 기신(忌神)이고, 일지(日支) 유금(酉金)은 구신(仇神)이라 부부운은 좋지 않았다. 남편은 바람을 많이 피우다 색난으로 횡사했는데 재산은 많이 남겨놓아 돈 많은 과부로 살았다.

```
년  월  일  시      ■ 남명
甲  乙  丁  丙      丙丁戊己庚辛壬癸
子  亥  酉  午      子丑寅卯辰巳午未
```

정화(丁火) 일주(日主)가 해(亥)월에 태어났고 년지(年支)에 자수

(자수(子水)가 들어 수기(水氣)가 왕하다. 해(亥)월은 무갑임(戊甲壬)이 암장(暗藏)되어 수기(水氣)와 목기(木氣)가 강하니 병정화(丙丁火) 로 용신(用神)을 삼은 후 무기토(戊己土)를 써야 한다. 그런데 시상(時上)에 병화(丙火)가 투출(透出)하고, 년상(年上)에 갑목(甲木)이 투출(透出)하고, 월상(月上)에 을목(乙木)이 투출(透出)하고, 시지(時支)에 오화(午火)가 들어 길복이 많은 사주가 되었다.

그리고 비겁(比劫)이 용신(用神)이니 독립심이 강하며 만인을 지도하는 능력이 있었고, 비겁(比劫)이 강하니 중부 이상의 재물을 모았고, 관인상생(官印相生)이 잘되었으니 관운도 좋아 재관(財官)을 모두 갖추었다. 그러나 일지(日支) 유금(酉金)이 구신(仇神)에 해당하니 부부운은 좋지 않아 난폭하며 잔인한 아내를 만났다. 성격운은 정화(丁火) 일주(日主)는 명월이니 예의범절이 바르며 온후했으나, 관살(官殺)이 기신(忌神)이라 관재구설이 많았고, 해자수(亥子水)가 기신(忌神)이라 물로 인한 재앙이 많았다.

년	월	일	시	■ 여명						
辛	己	丁	丙	庚	辛	壬	癸	甲	乙	丙
酉	亥	卯	午	子	丑	寅	卯	辰	巳	午

정화(丁火) 일주(日主)가 해(亥)월에 태어났으니 실령(失令)하여 신약(身弱)하다. 따라서 조후(調候)하려면 시간(時干) 병화(丙火)가 용신(用神)이고, 기토(己土)와 묘목(卯木)은 희신(喜神)이다. 이

사주의 좋은 점은 금생수(金生水) 수생목(水生木) 목생화(木生火) 화생토(火生土) 토생금(土生金)으로 사주가 물이 흐르듯이 잘 유통되는 것이다. 이런 사주는 평생 복록이 많다. 남편은 고관대작이었고, 자식들은 모두 출세 성공하였다. 더구나 시간(時干)의 병화(丙火) 용신(用神)은 시지(時支) 오화(午火)와 일지(日支) 묘목(卯木)에 통근(通根)하여 강하다. 용신(用神)이 강하면 길복이 많고 그릇이 크다. 재물운도 좋았고, 예의범절이 바르며 인정이 많았고, 현모양처이며 귀부인이었다.

【원 문】

或有金無水 貧寒之士 有水無金 又主淸高 或時月二壬爭合
혹유금무수 빈한지사 유수무금 우주청고 만일월이임쟁합
取戊破之 有戊稍有富貴 無戊常人 設戊藏得所 不失衣衿
취무파지 유무초유부귀 무무상인 설무장득소 불실의금
或二丙奪丁 得年干有癸 支下帶合 金水得所 亦必顯達 納粟奏名
혹이병탈정 득년간유계 지하대합 금수득소 역필현달 납속진명
必驗 或仲冬水多癸旺 全無比印 此作棄命從殺 亦有異道功名
필험 혹중동수다계왕 전무비인 차작기명종살 역유이도공명
見丁比出干 難合格局 常人 且主骨肉浮雲 六親流水 戊出破癸
견정비출간 난합격국 상인 차주골육부운 육친유수 무출파계
頗有兄弟妻兒 此格用戊 火妻土子 用甲 水妻木子 或四柱多丙丁
파유형제처아 차격용무 화처토자 용갑 수처목자 혹사주다병정

又用癸制火 用癸者 金妻水子 三冬丁火 甲木爲尊 丁火佐之
우용계제화 용계자 금처수자 삼동정화 갑목위존 경금좌지
戊癸權宜酌用可也
무계권의작용가야

【해 설】

사주에 금(金)이 있는데 수(水)가 없으면 가난한 선비에 불과하
고, 수(水)는 있는데 금(金)이 없으면 청고하다. 만일 시간(時干)과
월간(月干)에서 임수(壬水) 2개가 쟁합(爭合)하는데 무토(戊土)로
용신(用神)을 삼으면 약간의 부귀를 이루나 무토(戊土)가 없으면
평상인에 지나지 않는다. 이때 무토(戊土)가 암장(暗藏)되면 의식
주는 잃지 않는다.

만일 병화(丙火)가 2개 있어 정화(丁火)의 기를 빼앗는데 년간(年
干)에 계수(癸水)가 있고 지지(地支)에 합이 있으면 금수(金水)가
있는 것이니 반드시 현달하며 명진사해한다. 만일 중동(中冬)에 태
어났는데 수(水)가 많고 계수(癸水)가 왕하고 비겁(比劫)과 인성
(印星)이 전혀 없으면 기명종살격(棄命從殺格)이 되어 이로에서
공명을 이룬다. 그러나 정화(丁火)와 비견(比肩)이 출간(出干)하면
합이 어려우니 평상인에 불과하며 혈육이 뜬구름과 같다.

만일 무토(戊土)가 출간(出干)하여 계수(癸水)를 파극(破剋)하면
형제와 아내와 아이가 있다. 이런 사주는 무토(戊土)가 용신(用神)
이면 화(火)는 아내이며 토(土)는 자식이고, 갑목(甲木)이 용신(用

神)이면 수(水)는 아내이며 목(木)은 자식이다. 만일 사주에 병정
화(丙丁火)가 많으면 계수(癸水)로 용신(用神)을 삼아 화(火)를 제
극(制剋)해야 한다. 계수(癸水)가 용신(用神)이면 금(金)을 아내로
삼고 수(水)를 자식으로 삼는다. 겨울철 정화(丁火)는 갑목(甲木)
을 존중하며 경금(庚金)으로 보좌하고, 무토(戊土)와 계수(癸水)는
권세에 따라 적당하게 쓴다.

년	월	일	시	■ 종살격(從殺格)
癸	癸	丁	辛	壬辛庚己戊丁丙乙
亥	亥	亥	亥	戌酉申未午巳辰卯

【원 문】차팔자서낙오선현평도(此八字徐樂吾先賢評道)
從殺格 侍郎 亥中雖藏木 而水旺木微 濕木無焰 必從殺也
종살격 시랑 해중수장목 이수왕목미 습목무염 필종살야

【해 설】
 본명은 시랑(侍郎) 벼슬을 지낸 사람의 사주다. 비록 해(亥) 중에
갑목(甲木)이 암장(暗藏)되었지만 수기(水氣)는 왕하고 목기(木氣)
는 약하다. 물에 젖은 습한 목(木)은 불을 댕길 수가 없으니 종살
격(從殺格)이 되었다.

년	월	일	시
乙	丁	丁	庚
卯	亥	未	戌

■ 정관격(正官格)

丙 乙 甲 癸 壬 辛 庚 己
戌 酉 申 未 午 巳 辰 卯

【원 문】 차팔자서낙오선현평도(此八字徐樂吾先賢評道)

正官格 甲木逢生 庚透壬旺 壯元 亥卯未三合木局 乙木出干
정관격 갑목봉생 경투임왕 장원 해묘미三合목국 을목출간

官星氣洩 以庚金破印存官 亥宮壬水得祿 爲財官格也
관성기설 이경금파인존관 해궁임수득록 위재관격야

【해 설】

정화(丁火) 일주(日主)가 해(亥)월에 태어나 정관격(正官格)이 되었다. 묘(卯) 갑목(甲木)과 해(亥) 갑목(甲木)이 봉생(逢生)하고, 시상(時上)에 경금(庚金)이 투출(透出)하고, 임수(壬水)가 왕하여 장원하였다. 해묘미(亥卯未)가 삼합(三合)하여 목국(木局)을 이루어 관성(官星)의 기운을 설기(洩氣)하고, 시상(時上) 경금(庚金)은 인성(印星)을 파극(破剋)하고, 해궁(亥宮)에 임수(壬水)가 득록(得祿)했으니 재관(財官)을 용신(用神)으로 삼는다. 정화(丁火) 일주(日主)가 해(亥)월에 태어나 실령(失令)했으나 해묘미(亥卯未)가 삼합(三合)하여 오히려 신강(身强)해졌다. 그리고 년상(年上)에 을목(乙木)이 출간(出干)하여 목화(木火)가 강하여 신강(身强)하니 금수(金水)인 재관(財官)이 용신(用神)이다.

```
년 월 일 시        ■용인격(用印格)
癸 癸 丁 丁        壬辛庚己戊丁丙乙
丑 亥 丑 未        戌酉申未午巳辰卯
```

【원 문】 차팔자서낙오선현평도(此八字徐樂吾先賢評道)

支成木局 水多 必得誥封晉贈 亥未合局 用印化殺 水多殺旺

지성목국 수다 필득고봉진증 해미합국 용인화살 수다살왕

得印化之 印爲文書之貴 故云得誥封晉贈也

득인화지 인위문서지귀 고운득고봉진증야

【해 설】

　지지(地支)에 해미(亥未) 목국(木局)이 있는데 수(水)가 많으니 고봉진증(誥封晉贈)을 얻었고, 해미(亥未)가 합국(合局)하여 인성(印星)을 쓰니 살인상생(殺印相生)이 되었다. 수(水)가 많은데 관살(官殺)이 왕하니 관살(官殺)이 인성(印星)으로 변하여 등과하였으나, 정계(丁癸)가 상충(相沖)하여 관재구설과 법문제가 많았다.

```
년 월 일 시        ■남명
己 丙 丁 庚        乙甲癸壬辛庚己
丑 子 丑 子        亥戌酉申未午巳
```

　본명은 지지(地支)가 온통 물판이다. 정격(正格)으로 보면 당연히 월간(月干) 병화(丙火)가 용신(用神)이나 정격(正格)이 아니라 종격(從格)이다. 갑(甲) 대운에 목생화(木生火)하여 화(火)가 왕성하니 집안이 망하였다. 만일 화(火)가 용신(用神)이었으면 망하지는 않았을 것이다. 그런데 임신(壬申) 계유(癸酉) 대운이 금수(金水)운이라 발복하여 오만 금의 재물을 모았다. 이것을 보면 종관살격(從官殺格)이며 금수(金水)가 용신(用神)이다. 미(未) 대운에 화재로 재산의 절반을 잃었고, 오(午) 대운 무인(戊寅)년에 죽었다.

이 사람은 목화(木火)운은 흉하고 금수(金水)운은 길한 것으로 보아 종관살격(從官殺格)이다. 월간(月干)에 병화(丙火)가 투간(透干)했지만 지지(地支)에 통근(通根)하지 않았고, 년간(年干) 기토(己土)가 병화(丙火)를 설기(洩氣)하니 기명종살격(棄命從殺格)이다. 종격(從格)은 사람이 최악의 상황에 처하면 변하는 것과 같고, 친부모에게 버림받은 아이가 양부모를 만나 다시 살아나는 것과 같다. 만일 목(木)이 1개라도 있었다면 종격(從格)이 되지 않았으나 인성(印星)이 1개도 없어 종(從)하고 말았다.

년	월	일	시	■남명						
庚	戊	丁	庚	己	庚	辛	壬	癸	甲	乙	丙
子	子	亥	子	丑	寅	卯	辰	巳	午	未	申

정화(丁火) 일주(日主)가 자(子)월에 태어났으니 실령(失令)하여 신약(身弱)하니 사주가 너무 춥다. 년간(年干)에 경금(庚金)과 일

지(日支)에 해수(亥水)와 시지(時支)에 자수(子水)가 들었으니 수(水)가 태왕하다. 해(亥)에 갑목(甲木)이 있지만 많은 금수(金水)를 감당하지 못하니 관살(官殺)운을 따라갔다. 즉 수(水)는 용신(用神), 금(金)은 희신(喜神), 화(火)는 기신(忌神), 목(木)은 구신(仇神)이다. 이 사주는 종관살격(從官殺格)이다. 정화(丁火)는 명월이나 태양의 열기에는 미치지 못한다. 대운을 보니 천간(天干)은 금수(金水)운이나 지지(地支)가 목화(木火)운이라 흉이 더 많아 청운의 뜻을 다 펼칠 수 없었다. 그러나 관살(官殺)이 용신(用神)에 해당하여 이로서 명진사해하였다. 이 사람은 아내복이 없어 무례한 악처를 만났으나 재물운은 넉넉하여 중부 이상을 이루었고, 성격운도 좋아 비교적 예의범절이 바르며 약속을 중요하게 여겨 신용을 잃지 않았고, 인자하며 원만하였다.

년	월	일	시	■ 재자약살격(財滋弱殺格)
庚	己	丁	甲	庚辛壬癸甲乙丙丁
午	丑	酉	辰	寅卯辰巳午未申酉

【원 문】 차팔자서낙오선현평도(此八字徐樂吾先賢評道)

身强殺淺 假殺化權 將軍 此春芳將軍命造 丁火祿於午
신강살천 가살화권 장군 차춘방장군명조 정화록어오

酉丑會局 取辰中一點癸水 爲財滋弱殺格 甲木合破己土
유축회국 취진중일점계수 위재자약살격 갑목합파기토

故不用食神 三冬丁火 火旺用水也
고불용식신 삼동정화 화왕용수야

【해 설】

  본명은 이춘방(李春芳) 장군의 사주다. 정화(丁火) 일주(日主)가
축(丑)월에 태어나 실령(失令)했으나, 년지(年支)에 오화(午火)와
시지(時支) 진(辰)에 을목(乙木)이 들어 신강(身强)하다. 그러나
관살(官殺)이 약하니 가살(假殺)이 권력으로 변하여 장군이 되었
다. 정화(丁火)가 년지(年支) 오화(午火)에 득록(得祿)하였고, 유축
(酉丑)이 반합(半合)하여 회국(會局)하였으니 진(辰) 계수(癸水)가
용신(用神)이고, 재자약살격(財滋弱殺格)이라 갑기합(甲己合)을 깨
트리니 식신(食神)을 쓰기 어렵다. 겨울철이라도 정화(丁火)가 왕
하면 수(水)가 용신(用神)이다.

년	월	일	시	■ 용인격(用印格)							
庚	丁	丁	癸	戊	己	庚	辛	壬	癸	甲	乙
戌	亥	卯	卯	子	丑	寅	卯	辰	巳	午	未

【원 문】 차팔자서낙오선현평도(此八字徐樂吾先賢評道)

支成木局 年出庚金 甲運登第 庚金劈甲引丁 故甲運登第
지성목국 년출경금 갑운등제 경금벽갑인정 고갑운등제

【해 설】

 정화(丁火) 일주(日主)가 해(亥)월에 태어나 지지(地支)에 해묘미 (亥卯未) 목국(木局)을 이루어 신강(身强)한 것 같다. 그러나 년상 (年上)에 경금(庚金)이 출간(出干)하여 목기(木氣)를 파극(破剋)하 니 신약(身弱) 사주가 되었다. 따라서 목화(木火)운은 길하고 금수 (金水)운은 흉하다. 인(寅) 대운에 갑목(甲木)운이 들어 등과하였 다. 경금(庚金)이 벽갑(劈甲)하여 정화(丁火)를 인도하니 인묘(寅 卯) 대운에 등과한 것이다. 정화(丁火) 용신(用神)이 일지(日支)와 시지(時支) 묘목(卯木)에 의지하니 강하고, 대운도 목화(木火)운으 로 흘러 출세하며 성공한 것이다.

	년	월	일	시		■ 용인격(用印格)
	戊	乙	丁	甲		丙丁戊己庚辛壬癸
	子	丑	未	辰		寅卯辰巳午未申酉

【원 문】 차팔자서낙오선현평도(此八字徐樂吾先賢評道)

地支寒濕 得甲戊兩透 侍郎 食傷太旺 必取甲木爲用

지지한습 득갑무양투 시랑 식상태왕 필취갑목위용

【해 설】

 본명은 비록 지지(地支)가 한습하지만 갑목(甲木)과 무토(戊土)가 모두 투출(透出)하여 시랑(侍郞)에 올랐다. 식상(食傷)이 태왕하니

반드시 시상(時上) 갑목(甲木)으로 용신(用神)을 삼아야 한다. 축
(丑)월은 엄동설한이므로 어떤 사주든 목화(木火)운이 길하다. 정
화(丁火) 일주(日主)가 축(丑)월에 태어났으니 화기(火氣)와 목기
(木氣)가 필요하고, 정화(丁火)는 음화(陰火)라 화기(火氣)가 약한
데 시상(時上)에 갑목(甲木)이 있으니 좋아졌다. 그러나 병화(丙
火)가 없으니 조후(調候)하기는 힘들다.

년	월	일	시	■용인격(用印格)
壬	癸	丁	乙	甲 乙 丙 丁 戊 己 庚 辛
辰	丑	巳	巳	寅 卯 辰 巳 午 未 申 酉

【원문】차팔자서낙오선현평도(此八字徐樂吾先賢評道)

無甲用丙晒乙 爲枯草引燈 有能訟棍 壬癸水旺 必用印化之
무갑용병쇄을 위고초인등 유능송곤 임계수왕 필용인화지
無甲只能用乙 幸有丙火助之 不得已而思其次也
무갑지능용을 행유병화조지 부득이이사기차야

【해설】

정화(丁火) 일주(日主)가 엄동설한이며 토기(土氣)가 많은 축(丑)
월에 태어났다. 갑목(甲木)으로 파토(破土)해야 좋은데 갑목(甲木)
이 없으니 대신 을목(乙木)으로 용신(用神)을 삼는다. 을목(乙木)
은 사병화(巳丙火)로 조사(照射)하니 마른풀에 불을 댕기는 형상

이라 송사에 능하였다. 임계수(壬癸水)가 왕하니 반드시 인성(印星)으로 용신(用神)을 삼아 관인상생(官印相生)시켜야 좋아진다. 그러나 갑목(甲木)이 없으니 을목(乙木)을 쓰는데 다행히 사(巳) 병화(丙火)가 부조(扶助)해준다.

년	월	일	시	■ 편재격(偏財格)
辛	辛	丁	甲	庚己戊丁丙乙甲癸
卯	丑	卯	辰	子亥戌酉申未午巳

【원 문】 차팔자서낙오선현평도(此八字徐樂吾先賢評道)

柱無庚丙 乙木寒濕 至乙運身死 財運交差
주무경병 을목한습 지을운신사 재운교차
又不能用壬癸通其氣 貧困之造也
우불능용임계통기기 빈곤지조야

【해 설】

사주에 경금(庚金)과 병화(丙火)는 없는데 을목(乙木)은 한습하니 을(乙) 대운에 사망하였다. 임계수(壬癸水)가 용신(用神)인데 통근(通根)하지 않아 빈곤한 명조가 된 것이다.

년	월	일	시	■ 남명
庚	己	丁	丙	庚辛壬癸甲乙丙
子	丑	未	午	寅卯辰巳午未申

정화(丁火) 일주(日主)가 축(丑)월에 태어나 실령(失令)하였고, 년지(年支)에 자수(子水)가 들어 신약(身弱)하다. 축(丑)월은 엄동설한이니 무엇보다 태양과 난로가 필요하므로 시간(時干) 병화(丙火)가 용신(用神)이다. 월지(月支) 축토(丑土)는 고지(庫地)인데 일지(日支) 미토(未土)가 축미상충(丑未相沖)하여 개운되었다. 따라서 현모양처인 아내를 만나 재물이 많이 늘었고, 승진하여 현감(縣監)이 되었다.

진술축미(辰戌丑未)는 고지(庫地)인데 창고문을 열어야 안에 있는 보물을 꺼내 쓸 수 있다. 창고의 문을 여는 것이 곧 충이다. 즉 진(辰)월은 행운에서 술(戌)이 들어와 진술상충(辰戌相沖)해야 개운되고, 술(戌)월생은 진(辰)이 들어와 진술상충(辰戌相沖)해야 개운되고, 미(未)월생은 축(丑)이 들어와 축미상충(丑未相沖)해야 개운된다. 기신(忌神)이 용신(用神)을 상충(相沖)하면 대흉하나, 용신(用神)이 기신(忌神)을 상충(相沖)하면 대길하니 상충(相沖)이 무조건 흉한 것은 아니다.

제Ⅲ부. 토론(土論)

제1장. 토론(土論)

【원 문】

五行之土 散在四維 故木火金水 依而成象 是四時皆有用有忌者
오행지토 산재사유 고목화금수 의이성상 시사시개유용유기자

火死酉也 水旺子也 蓋土賴火運 火死則土囚 土喜水財
화사유야 수왕자야 개토뢰화운 화사즉토수 토희수재

水旺則土虛 土得金火 方成大器 土高無貴 空惹灰塵 土聚則滯
수왕즉토허 토득금화 방성대기 토고무귀 공야회진 토취즉체

土散則輕 辰戌丑未 土之正也 分陰分陽 主則不同 辰有伏水
토산즉경 진술축미 토지정야 분음분양 주즉불동 진유복수

未有匿木 滋養萬物 春夏爲功 戌有藏火 丑有隱金 秋火冬金
미유닉목 자양만물 춘하위공 술유장화 축유은금 추화동금

肅殺萬物
숙살만물

【해 설】

토(土)는 사방에 존재하니 목화금수(木火金水)가 토(土)에 의지하여 형상을 이루나 거리낌도 있다. 화(火)가 죽는 곳은 서궁(酉宮)이고, 수(水)가 왕한 곳은 자궁(子宮)이다. 토(土)가 의지하는 것은 화(火)운인데, 화(火)가 죽으면 토(土)는 수(囚)가 된다. 토(土)가 좋아하는 것은 수재(水財)이고, 수(水)가 왕하면 토(土)는 허하고, 토(土)가 금화(金火)를 얻으면 큰 기물을 이룬다.

토(土)가 많아 너무 높으면 귀가 없고, 토(土)가 너무 많이 모이면 막히고, 토(土)가 분산되면 가볍다. 진술축미(辰戌丑未)는 토(土)의 정기(正氣)이나 음양의 작용이 같지 않다. 진(辰)에는 수(水)가 있고 미(未)에는 목(木)이 있어 만물을 자양하니 봄과 여름에는 공이 있다. 술(戌)은 화(火)를 감추고 축(丑)은 금(金)을 감추니 가을철 화(火)와 겨울철 금(金)은 만물을 숙살시킨다.

년	월	일	시	■ 여명						
辛	壬	戊	辛	癸	甲	乙	丙	丁	戊	己	庚
卯	辰	午	酉	巳	午	未	申	酉	戌	亥	子

무토(戊土) 일주(日主)가 진(辰)월에 태어났고, 일지(日支)에 오화(午火)가 들어 신강(身强)하다. 따라서 임수(壬水)와 신금(申金)이 투출(透出)하면 길명이 된다. 그런데 월(月)에 임수(壬水)와 시상(時上)에 신금(辛金)이 투출(透出)하여 길복이 많았고, 편재(偏

財)와 상관(傷官)이 용신(用神)에 해당하여 식복과 재물복이 많았다. 목화(木火)운이 기신(忌神)이고 진토(辰土)운은 대흉하다.

본명은 상관(傷官)이 용신(用神)이니 전문기술이 있고 정의감이 강하며, 무토(戊土)가 기신(忌神)이니 고집이 세며 양보심이 부족하였고, 일지(日支) 오화(午火)가 구신(仇神)이니 남편의 사랑을 많이 받지 못하였다. 그러나 시주(時柱) 신유(辛酉)가 길하여 자식복은 많았다. 자식을 4명 두었는데 모두 착하며 효성이 깊었고 등과하여 출세하였다. 비록 남편복은 없었지만 자식복으로 중년과 노년을 평안하게 보낼 수 있었다.

【원문】

土聚辰未爲貴 聚丑戌不爲貴 是土愛辰未 而不愛丑戌也明矣
토취진미위귀 취축술불위귀 시토애진미 이불애축술야명의
若更五行有氣 人命逢之 田産無比 晚年富貴悠悠 若土太實無水
약경오행유기 인명봉지 전산무비 만년부귀유유 약토태실무수
燥則不和 無木則不疏通 土見火則焦 女命多不生長 土旺四季
조즉불화 무목즉불소통 토견화즉초 여명다불생장 토왕사계
惟戌土困弱 戌多爲人好鬪 多瞌睡 辰未人好食 丑人淸省
유술토곤약 술다위인호투 다갑수 진미인호식 축인청성

【해설】

진토(辰土)와 미토(未土)가 모이면 귀하고, 축토(丑土)와 술토(戌

土)가 모이면 귀하지 않다. 토(土)는 진토(辰土)와 미토(未土)를 사랑하고 축토(丑土)와 술토(戌土)는 사랑하지 않는다. 만일 오행의 기를 만나면 전답과 재산이 비교할 수 없을 정도로 많아 만년에 부귀를 이루고, 토(土)가 태강한데 수(水)가 없으면 열조하여 불화하고, 목(木)이 없으면 소통이 안되고, 토(土)가 화(火)를 만나면 초조하고 여명은 자식을 키우기 어렵다. 토(土)는 사계절에 모두 왕성하나 술토(戌土)는 쇠약하니 사주에 술(戌)이 많으면 싸움을 좋아하며 잠이 많다. 진(辰)월과 미(未)월생은 먹는 것을 좋아하고, 축(丑)월생은 성격이 맑고 주변을 잘 살필 줄 안다.

년	월	일	시	■남명
乙	丙	戊	乙	乙甲癸壬辛庚己戊
酉	戌	戌	卯	酉申未午巳辰卯寅

무토(戊土) 일주(日主)가 술(戌)월에 태어났고, 년지(年支)에 유금(酉金)과 일지(日支)에 술토(戌土)가 들었다. 술(戌)월은 신정무(辛丁戊)가 암장(暗藏)되어 금기(金氣)와 토기(土氣)가 강하니 을목(乙木)과 병화(丙火)로 용신(用神)을 삼아야 한다. 그런데 월(月)에 병화(丙火)와 시상(時上)에 을목(乙木)이 투출(透出)하여 길명이 되었다.

본명은 시상(時上)의 을목(乙木) 정관(正官)이 용신(用神)에 해당하니 관운이 좋아 등과급제하였고, 병화(丙火) 편인(偏印)이 좋아

착하며 예의범절이 밝았다. 그러나 토기(土氣)가 태과하니 고집이
세며 다소 무리하는 경향이 있었고 언행이 우둔하였다. 지지(地支)
에 술토(戌土)가 들었는데 왕성하면 싸움을 좋아하며 잠이 많다.
이 사람은 관성(官星)은 길하나 재성(財星)이 흉하니 유관무재(有
官無財)가 되어 관직은 상서(尙書)에 올랐으나 재물은 많지 않았
다. 물론 청백리였기 때문이지만 재성(財星)이 전혀 없어 재물복이
없었던 것이다.

【원 문】

丑爲艮土 有癸水能潤而膏 人命遇此 主能卓立 生於春月
축위간토 유계수능윤이고 인명우차 주능탁립 생어춘월

其勢虛浮 喜火生扶 惡木太過 忌水汎濫 喜土比助
기세허부 희화생부 악목태과 기수범람 희토비조

得金而制木爲祥 金太多仍盜土氣 夏月之土 其勢燥烈
득금이제목위상 금태다잉도토기 하월지토 기세조열

得盛水滋潤成功 忌旺火煅煉焦坼 木助火炎 水剋無碍
득성수자윤성공 기왕화단련초탁 목조화염 수극무애

金生水泛 妻財有益 見比肩蹇滯不通 如太過又宜木剋
금생수범 처재유익 견비견건체불통 여태과우의목극

【해 설】

축토(丑土)는 간방(艮方)의 토(土)이니 축(丑) 계수(癸水)가 윤택

하면 뛰어난 사람이 된다. 봄철에 태어나면 그 세력이 허무하니 화(火)로 생조(生助)해야 좋은데 목(木)이 태과하거나 수(水)가 범람하면 좋지 않다. 이때 토(土) 비견(比肩)이 도와주면 좋고, 금(金)이 목(木)을 제극(制剋)하면 좋다. 그러나 금(金)이 너무 많으면 토기(土氣)가 심하게 설기(洩氣)되니 흉하다.

여름철 토(土)는 열조하니 왕한 수(水)로 자윤하면 좋고, 왕성한 화(火)가 토(土)를 달구어 갈라지게 하면 흉하고, 목(木)이 목생화(木生火)하여 화염을 돕고 수(水)로 수극화(水剋火)하면 문제가 없고, 금생수(金生水)하면 아내운과 재물운이 좋다. 비견(比肩)을 만나면 막혀 통하지 못하고, 태과하면 목(木)으로 극하는 것이 좋다.

년	월	일	시	■남명
甲	丁	戊	壬	戊己庚辛壬癸甲乙
子	丑	午	子	寅卯辰巳午未申酉

무토(戊土) 일주(日主)가 축(丑)월에 태어났다. 축(丑)월은 계신기(癸辛己)가 암장(暗藏)되어 수기(水氣)와 토기(土氣)가 강하니 정화(丁火)와 경금(庚金)으로 용신(用神)을 삼아야 한다. 그런데 월(月)에 정화(丁火)가 투출(透出)하고, 일지(日支)에 오화(午火)가 통근(通根)하여 길하다. 축(丑)월은 동토(凍土)이니 해동하려면 정화(丁火) 난로가 필요하고, 자수(子水)가 많아 홍수가 났으니 무토(戊土)로 제방해야 길하다.

본명은 인수(印綬)가 용신(用神)에 해당하니 부모에게 많은 유산을 받아 잘 관리하였고, 일지(日支) 오화(午火)가 용신(用神)의 통근지(通根地)이니 아내복이 많아 예의범절이 바른 현모양처를 만났다. 그런데 다소 호색적이라 첩을 여럿 두었으나 아내는 가정을 지키며 자식들을 잘 키웠다. 나중에 아내에게 돌아왔으나 생식기에 중병이 들었다.

【원 문】

秋月之土 子旺母衰 金多而耗盜其氣 木盛須制伏純良

추월지토 자왕모쇠 금다이모도기기 목성수제복순양

火重重而不厭 水泛泛而不祥 得比肩則能助力 至霜降不比無妨

화중중이불염 수범범이불상 득비견즉능조력 지상강불비무방

冬月之土 外寒內溫 水旺財豊 金多子秀 火盛有榮 木多無咎

동월지토 외한내온 수왕재풍 금다자수 화성유영 목다무구

再加比肩 扶助爲佳 更喜身主康强足壽

재가비견 부조위가 갱희신주강강족수

【해 설】

가을철 토(土)는 자식은 왕한데 어머니는 쇠약한 형상이니 금(金)이 많으면 토기(土氣)를 설기(洩氣)하여 모도(耗盜)하고, 목(木)이 왕하면 제복(制伏)해야 하니 화(火)가 많아야 하고, 수(水)가 넘치면 상서롭지 못하나 비견(比肩)을 보면 좋다. 그러나 상강절에는

비견(比肩)이 없어도 무방하다. 겨울철 토(土)는 겉으로는 차가운
것 같으나 안으로는 따뜻하다. 따라서 수(水)가 왕하면 재물이 풍
부하고, 금(金)이 많으면 자식이 우수하고, 화(火)가 왕성하면 영화
가 있고, 목(木)이 많으면 허물이 없다. 여기다 비견(比肩)이 도와
주면 아름답기 그지없고, 신주(身主)가 왕강하면 장수한다.

```
 년  월  일  시      ■ 여명
 丁  丁  戊  戊      戊己庚辛壬癸甲乙
 巳  未  午  午      申酉戌亥子丑寅卯
```

본명은 사주가 모두 화토(火土)로 구성되어 종강격(從强格)이 되
었으니 화토(火土)운이 길하고 금수(金水)운은 흉하다. 재물운은
부모가 물려준 유산을 잘 관리하여 중부 이상을 유지하였고, 성격
운은 인덕이 없고 냉정하였다. 그리고 부부운도 좋지 않아 여러 차
례 이혼하며 불륜을 많이 범하였고, 마치 지갑에 구멍이 난 것 처
럼 손재수가 많았고, 색을 많이 탐한 탓에 생식기와 요도기관에 병
을 얻어 고생하였다. 종격(從格) 사주는 길흉의 기복이 매우 심하
여 항상 불안하다.

【원문】

辰戌丑未 四土之神 惟未土爲極旺 何也 辰土帶木氣剋之
진술축미 사토지신 유미토위극왕 하야 진토대목기극지

戌丑之土 帶金氣泄之 若未月土 則帶火氣也

슬축지토 대금기설지 약미월토 즉대화기야

帶火以生之所以爲極旺也 若土臨此旺未月 見四柱土重

대화이생지소이위극왕야 약토임차왕미월 견사주토중

多作火炎土燥 不作稼穡看 但臨此月之土 見金結局者

다작화염토조 불작가색간 단임차월지토 견금결국자

不貴則富也 書曰 土逢季月見金多 終爲貴論 而在未月尤甚

불귀즉부야 서왈 토봉계월견금다 종위귀론 이재미월우심

【해 설】

진토(辰土)와 술토(戌土)와 축토(丑土)는 수왕(水旺)하다고 하나 사실은 그렇지 않다. 따라서 이 3가지 토(土)가 있는데 금(金)이 많으면 가색격(稼穡格)이 되어 중화를 잃지 않는다. 진술축미(辰戌丑未) 중에서 미토(未土)가 가장 왕하고, 진토(辰土)는 진(辰) 을목(乙木)이 들어 목기(木氣)를 지녔으니 목극토(木剋土)하고, 술토(戌土)와 축토(丑土)는 금기(金氣)를 지녔으니 토생금(土生金)하여 설기(洩氣)되고, 미토(未土)는 화기(火氣)가 극왕하다. 만일 미(未)월생이 사주에 토(土)가 많으면 화염으로 토기(土氣)가 열조하니 가색격(稼穡格)을 이루지 못한다. 다만 토(土)가 결금(結金)을 만나면 귀나 부를 이룬다. 옛글에 토(土)가 진술축미(辰戌丑未)월을 만났는데 금(金)을 많이 보면 귀를 이루고, 미(未)월이면 더 좋다는 말이 있다.

년	월	일	시	■여명
辛	壬	戊	己	癸甲乙丙丁戊己庚
丑	辰	辰	未	巳午未申酉戌亥子

본명은 대부분 토(土)로 구성되었으나 월(月)에 임수(壬水)와 년주(年柱)에 신축(辛丑)이 들어 종격(從格)이 아니라 정격(正格)이며 신강(身强)하다. 월(月) 임수(壬水)가 용신(用神)이고 금(金)은 희신(喜神)이니 금수(金水)운은 길하고 목화(木火)운과 토(土)운은 흉하다. 무토(戊土) 일주(日主)가 태강하니 고집이 세며 욕심이 많고 언행이 어리석으며 둔하였고, 일지(日支) 진토(辰土)가 기신(忌神)에 해당하니 남편복이 없어 부부싸움을 많이 하였다. 지지(地支)에 진토(辰土)가 들면 남녀를 불문하고 색을 좋아한다. 또 비견(比肩)과 겁재(劫財)가 기신(忌神)에 해당하니 친구와 형제와도 불화가 잦았다. 사주가 토기(土氣)로 편중되었기 때문이다.

토(土)는 진술축미(辰戌丑未) 4가지가 있는데 각각 작용이 다르다. 진토(辰土)는 을계무(乙癸戊)가 암장(暗藏)되어 목기(木氣)와 토기(土氣)가 강한 춘토(春土)이고, 술토(戌土)는 술(戌)에 신정무(辛丁戊)가 암장(暗藏)되어 금기(金氣)와 토기(土氣)가 강한 추토(秋土)이고, 미토(未土)는 미(未)에 정을기(丁乙己)가 암장(暗藏)되어 화기(火氣)와 토기(土氣)가 강한 하토(夏土)이고, 축토(丑土)는 축(丑)에 계신기(癸辛己)가 암장(暗藏)되어 수기(水氣)와 토기(土氣)가 강한 동토(冬土)다.

1. 고토(苦土) 사주

년	월	일	시	■ 남명, 정관격(正官格)
甲	丁	己	丙	戊己庚辛壬癸甲乙
寅	卯	卯	寅	辰巳午未申酉戌亥

기토(己土) 일주(日主)가 묘(卯)월에 태어났으니 목기(木氣)가 많아 목극토(木剋土)하여 고토(苦土) 사주가 되었다. 그러나 태왕한 목기(木氣)를 월상(月上) 정화(丁火)와 시상(時上) 병화(丙火)가 유출시키니 길하다. 관인상생(官印相生)하여 전화위복이 된 것이다. 경신금(庚辛金)운을 만나면 금극목(金剋木)하여 길하나, 신약(身弱)한데 토(土)를 설기(洩氣)하면 흉하다. 따라서 금(金)운을 만나면 처음에는 길하나 나중에는 흉하고, 목(木)운을 만나면 대흉하다. 목기(木氣)가 태과하나 병정(丙丁)이 투출(透出)했으니 종격(從格)이 아니라 정격(正格)이며 신약(身弱) 사주다. 기토(己土) 일주(日主)가 병정(丙丁)의 생조(生助)로 살지만 고통이 많다.

2. 열토(熱土) 사주

년	월	일	시	■ 남명, 편인격(偏印格)
壬	丙	戊	壬	丁戊己庚辛壬癸甲
午	午	午	子	未申酉戌亥子丑寅

무토(戊土) 일주(日主)가 오(午)월에 태어나 화기(火氣)가 태과하니 열토(熱土) 사주가 되었다. 년상(年上)에 임수(壬水)가 투출(透出)했는데 시주(時柱)에 임자(壬子)가 있으면 열기를 식혀준다. 따라서 임계수(壬癸水)를 만나면 대길하나 병정화(丙丁火)를 만나면 대흉하다. 인성(印星)은 태과하나 일간(日干)이 너무 약하여 재물이 들어와도 감당하지 못하니 빈천하였다. 화기(火氣)만 태왕하니 오행이 균형을 이루지 못하여 만사가 고통스러웠던 것이다.

3. 왕토(旺土) 사주

년	월	일	시	■ 남명, 겁재격(劫財格)
戊	己	戊	乙	庚辛壬癸甲乙丙丁
辰	未	子	卯	申酉戌亥子丑寅卯

무토(戊土) 일주(日主)가 미(未)월에 태어나 토기(土氣)가 태과하니 왕토(旺土) 사주가 되었다. 따라서 갑을목(甲乙木)으로 목극토(木剋土)해야 길한데 시주(時柱)에 을묘(乙卯)가 들어 충분히 제토(制土)할 수 있으니 길하다. 그리고 미(未)월이라 열기가 많으니 임계수(壬癸水)가 필요하므로 수목(水木)운도 모두 길하다. 본명은 무토(戊土)가 왕성한데 일지(日支) 자수(子水)가 강하니 재물복이 많아 중부 이상으로 살았고, 정관(正官)이 용신(用神)이니 등과하여 고관이 되었다. 성격은 을묘(乙卯)가 중화되어 인자하며 자비심

이 많았고, 자수(子水)가 왕성하니 총명하며 지혜가 있었다. 그러나 토기(土氣)가 태과하여 고집이 세며 욕심이 많았다.

4. 설토(洩土) 사주

년 월 일 시　　■남명, 상관격(傷官格)
戊 辛 戊 辛　　壬癸甲乙丙丁戊己
午 酉 申 酉　　戌亥子丑寅卯辰巳

무토(戊土) 일주(日主)가 유(酉)월에 태어나 금기(金氣)가 태왕하니 설기(洩氣)가 매우 심하여 설토(洩土) 사주가 되었다. 화극금(火剋金)해야 하니 병정화(丙丁火)를 만나면 대길하고, 병정화(丙丁火)를 생조(生助)하는 갑을목(甲乙木)을 만나면 목생화(木生火)하니 목(木)운도 길하다. 그러나 토(土)운은 처음에는 길하나 토생금(土生金)하므로 나중에는 흉하다. 이처럼 설토(洩土) 사주는 수입보다 지출이 많으므로 가난뱅이 신세를 면하지 못한다.

5. 유토(流土) 사주

년 월 일 시　　■남명, 편재격(偏財格)
庚 戊 戊 壬　　己庚辛壬癸甲乙丙
子 子 午 子　　丑寅卯辰巳午未申

무토(戊土) 일주(日主)가 자(子)월에 태어나 수기(水氣)기 태왕하니 토(土)가 유실되어 유토(流土) 사주가 된다. 재다신약(財多身弱)이니 비겁(比劫)을 만나야 하고, 홍수가 났으니 제방이 시급하다. 따라서 무기토(戊己土)운을 만나면 대길하고 화(火)운도 길하나 임계수(壬癸水)를 만나면 대흉하다. 본명은 일지(日支)에 오화(午火)가 들어 대흉을 면하였다. 오화(午火)는 신약(身弱)한 무토(戊土) 일주(日主)를 생조(生助)하면서 조후(調候)시키기 때문이다. 만일 재성(財星)이 태왕한데 비겁(比劫)이 허약하면 부잣집의 하인 명조가 된다.

제2장. 무토론(戊土論)

1. 무토(戊土)의 희용제요(喜用提要)

1. 인(寅)월 무토(戊土)

【원 문】

寅月戊土 用丙甲癸 無丙暖照 戊土不生 無甲疏劈

인월무토 용병갑계 무병난조 무토불생 무갑소벽

戊土不靈 無癸滋潤 萬物不長 先丙次甲次癸

무토불령 무계자윤 만물불장 선병차갑차계

【해 설】

　인(寅)월 무토(戊土)는 병화(丙火)로 용신(用神)을 삼은 후 갑목(甲木)과 계수(癸水)를 써야 한다. 무토(戊土)는 병화(丙火)가 없으면 살지 못하고, 갑목(甲木)이 없으면 불령(不靈)하고, 계수(癸水)가 자윤해주지 않으면 자라지 못하기 때문이다.

년	월	일	시	■ 여명
辛	庚	戊	己	辛 壬 癸 甲 乙 丙 丁 戊
卯	寅	子	未	卯 辰 巳 午 未 申 酉 戌

본명은 인묘(寅卯)가 방합(方合)하여 목국(木局)을 이루었다. 태왕한 목기(木氣)를 제극(制剋)하려면 경신금(庚辛金)이 필요하고, 신약(身弱)한 일간(日干)을 부조(扶助)하려면 기토(己土)가 필요하다. 그런데 년상(年上)에 신금(辛金)이 투출(透出)하고, 월(月)에 경금(庚金)이 투출(透出)하고, 시상(時上)에 기토(己土)가 투출(透出)하여 길복이 많은 사주가 되었다.

본명은 무토(戊土) 일주(日主)가 시주(時柱)에서 기미(己未)를 만나 신강(身强)하니 중부 이상의 부를 누렸고, 경신금(庚辛金)이 용신(用神)에 해당하니 명예운이 좋아 명진사해하였다. 그러나 불행하게도 일지(日支) 자수(子水)가 구신(仇神)에 해당하니 남편복이 없었다. 첫 남편과는 3년만에 이별하고, 두 번째 남편은 병으로 죽고, 세 번째 남편은 비명횡사하였다. 그후로는 혼자 살았으나 인기도 많고 돈도 많았다.

2. 묘(卯)월 무토(戊土)

【원 문】

卯月戊土 用丙甲癸 無丙暖照 戊土不生 無甲疏闢

묘월무토 용병갑계 무병난조 무토불생 무갑소벽

戊土不靈 無癸滋潤 萬物不長 先丙次甲次癸

무토불령 무계자윤 만물불장 선병차갑차계

【해 설】

묘(卯)월 무토(戊土)는 병화(丙火)로 용신(用神)을 삼은 후 갑목(甲木)과 계수(癸水)를 쓰는 것이 인(寅)월 무토(戊土)와 같다. 무토(戊土)는 병화(丙火)의 빛이 없으면 살기 어렵고, 갑목(甲木)의 소벽(疏闢)이 없으면 불령(不靈)하고, 계수(癸水)가 윤택하게 해주지 않으면 자랄 수 없다. 따라서 병화(丙火)로 용신(用神)을 삼은 후 갑목(甲木)과 계수(癸水)를 쓰는 것이다.

년	월	일	시	■남명						
丁	癸	戊	庚	壬	辛	庚	己	戊	丁	丙	乙
卯	卯	戌	申	寅	丑	子	亥	戌	酉	申	未

묘(卯)월에 태어났는데 년지(年支)에 또 묘목(卯木)이 있으니 목(木)이 태왕하다. 따라서 목(木)을 제극(制剋)해야 하므로 월(月)

신금(辛金)이 용신(用神)이고, 경금(庚金)도 길하고, 일지(日支) 술토(戌土)도 신약(身弱)한 일주(日主)를 생조(生助)하니 길하다. 본명은 식상(食傷)이 용신(用神)이니 인기가 좋았고, 재성(財星)이 약하니 서민생활을 벗어나지 못하였고, 관살(官殺)이 기신(忌神)이니 관재구설과 법문제가 많았다. 만일 일지(日支) 술토(戌土)가 없으면 식상(食傷)을 쓸 수 없으나, 술토(戌土)가 들어 신약(身弱)하지 않으니 경신금(庚辛金)을 쓸 수 있다. 경신금(庚辛金)과 무기토(戊己土)가 길하다. 신약(身弱)하니 병정화(丙丁火)는 화생토(火生土)하여 좋은 면도 있지만 용신(用神)이 경신금(庚辛金)이니 화극금(火剋金)하여 흉한 면도 있다. 따라서 병정화(丙丁火)는 화토(火土)가 동행하면 길하나 목화(木火)가 동행하면 흉하다.

3. 진(辰)월 무토(戊土)

【원 문】

辰月戊土 用甲丙癸 戊土司令 先用甲疏 次丙次癸
진월무토 용갑병계 무토사령 선용갑소 차병차계

【해 설】

진(辰)월 무토(戊土)는 갑목(甲木)으로 용신(用神)을 삼은 후 병화(丙火)와 계수(癸水)를 써야 한다. 진(辰)월은 무토(戊土)가 사령(司令)하는 때이니 먼저 갑목(甲木)으로 소토(疏土)한 후 병화

(丙火)와 계수(癸水)를 쓰는 것이다.

```
년 월 일 시      ■남명
甲 戊 戊 壬      己庚辛壬癸甲乙丙
午 辰 申 子      巳午未申酉戌亥子
```

　본명은 큰 부자의 사주다. 무토(戊土) 일주(日主)가 진(辰)월에 태어났고, 월(月)에 무토(戊土)와 년지(年支)에 오화(午火)가 들어 신강(身强)하다. 진(辰)월은 을계무(乙癸戊)가 암장(暗藏)되어 토기(土氣)와 목기(木氣)가 강하다. 신금(辛金)과 임수(壬水)로 용신(用神)을 삼아야 하는데 시상(時上)에 임수(壬水)가 투출(透出)하여 길하다. 임수(壬水) 용신(用神)은 일지(日支) 신금(申金)과 시지(時支) 자수(子水)에 통근(通根)하여 태강하니 사업가로 크게 성공하였다. 일지(日支) 신금(申金)이 희신(喜神)이니 아내복이 많아 후덕하며 정의감이 강한 현모양처를 만났다. 그러나 토기(土氣)가 태과하니 고집이 세며 욕심이 많았고 다소 무리한 언행을 하였다.

4. 사(巳)월 무토(戊土)

【원문】
巳月戊土 用壬癸 戊己辛次用
사월무토 용임계 무기신차용

【해 설】

　사(巳)월 무토(戊土)는 임계수(壬癸水)로 용신(用神)을 삼은 후 무기토(戊己土)와 신금(辛金)을 써야 한다. 사(巳)월은 무음육양(無陰六陽)의 계절이니 양기(陽氣)가 사주 전체를 차지한다. 따라서 먼저 임계수(壬癸水)를 쓴 후 경신금(庚辛金)을 취하는 것이다. 그러나 사주에 목(水)이 많으면 무기토(戊己土)를 쓴다.

　년　월　일　시　　　■ 여명

　辛　癸　戊　壬　　　甲乙丙丁戊己庚辛

　未　巳　午　子　　　午未申酉戌亥子丑

　무토(戊土) 일주(日主)가 사(巳)월에 태어났다. 사(巳)월은 무경병(戊庚丙)이 암장(暗藏)되어 화기(火氣)와 금기(金氣)가 강하니 임계수(壬癸水)로 용신(用神)을 삼은 후 신금(辛金)을 써야 한다. 그런데 지지(地支)에 사오미(巳午未)가 방합(方合)하여 화국(火局)을 이루니 화기(火氣)가 태왕하다. 다행히 월(月)에 계수(癸水)가 들고 임자(壬子)시에 태어났으니 태왕한 화염을 진정시킬 수 있어 중부 이상을 이루었고, 재성(財星)이 길하니 사업가가 될 팔자다. 그러나 애석하게도 일지(日支) 오화(午火)가 기신(忌神)이라 남편 복이 없어 남편이 다른 여자와 살았다. 유재무관(有財無官)의 명조다. 옛글에 뿔이 강한 짐승에게는 강한 이빨을 주지 않는다는 말이 있는데 이런 경우를 두고 하는 말이다.

5. 오(午)월 무토(戊土)

【원 문】

午月戊土 用壬甲丙 調候爲急 先用壬水 次取甲木 丙火酌用

오월무토 용임갑병 조후위급 선용임수 차취갑목 병화작용

【해 설】

오(午)월 무토(戊土)는 임수(壬水)로 용신(用神)을 삼은 후 갑목(甲木)과 병화(丙火)를 써야 한다. 조후(調候)가 시급하니 먼저 임수(壬水)를 쓴 후 갑목(甲木)과 병화(丙火)를 참고하는 것이다.

년	월	일	시	■남명
乙	壬	戊	壬	辛庚己戊丁丙乙甲
亥	午	子	子	巳辰卯寅丑子亥戌

무토(戊土) 일주(日主)가 오(午)월에 태어났으나 월상(月上)과 시상(時上)에 임수(壬水)가 투출(透出)하고, 년지(年支)와 일지(日支)와 시지(時支)에 해자수(亥子水)가 가득하니 재다신약(財多身弱)이 되었다. 따라서 화토(火土)운이 길하고 금수(金水)운은 흉하다. 재성(財星)이 가장 흉작용을 하여 재다신약(財多身弱)이 된 것이다. 이런 사주를 부옥빈인(富屋貧人)의 명이라 한다. 즉 부잣집의 하인 팔자인데 십중팔구는 공처가다. 이런 사주는 여자가 많아도

감당하지 못하고, 서민생활을 벗어나지 못한다. 그리고 여름철에 태풍이 불어와 홍수가 난 형상이니 물을 조심해야 한다. 바다나 강이나 홍수를 조심하고, 산이나 지대가 약간 높은 곳에서 살아야 안전하며 수명을 보전할 수 있다.

6. 미(未)월 무토(戊土)

【원 문】

未月戊土 用癸甲丙 調候爲急 癸不可缺 丙火酌用 土重不能無甲
미월무토 용계갑병 조후위급 계불가결 병화작용 토중불능무갑

【해 설】

미(未)월 무토(戊土)는 계수(癸水)로 용신(用神)을 삼은 후 갑목(甲木)과 병화(丙火)를 써야 한다. 조후(調候)가 시급하니 반드시 계수(癸水)를 먼저 쓴 후 병화(丙火)는 참작하여 쓰는 것이다. 그러나 토(土)가 중한데 갑(甲)이 없으면 능력이 없다.

년 월 일 시	■남 명
庚 癸 戊 甲	甲乙丙丁戊己庚辛
子 未 午 寅	申酉戌亥子丑寅卯

무토(戊土) 일주(日主)가 미(未)월에 태어났다. 미(未)월은 정을

기(丁乙己)가 암장(暗藏)되어 토기(土氣)와 화기(火氣)가 강하니 계수(癸水)와 갑목(甲木)으로 용신(用神)을 삼아야 한다. 그런데 월상(月上) 계수(癸水)로 화염을 끄고 시상(時上) 갑목(甲木)으로 왕토(旺土)를 제하여 큰 부자가 되었고, 편관(偏官)이 투출(透出)하여 고관대작이 되었다. 즉 재관(財官)을 모두 얻은 것이다. 좋은 사주가 되려면 일간(日干)이 신강(身强)해야 하고, 일지(日支)에 용신(用神)이 들어 부부화합이 잘 되어야 하고, 재관(財官)을 충분히 감당할 수 있어야 하고, 대운이 용신(用神)운으로 흘러야 한다.

7. 신(申)월 무토(戊土)

【원 문】

申月戊土 用丙甲癸 寒氣漸增 先用丙火 水多用甲洩之
신월무토 용병갑계 한기점증 선용병화 수다용갑설지

【해 설】

신(申)월 무토(戊土)는 병화(丙火)로 용신(用神)을 삼은 후 갑목(甲木)과 계수(癸水)를 써야 한다. 신(申)월은 한기가 점점 올라가는 때이니 병화(丙火)로 용신(用神)을 삼고, 목(水)이 많으면 갑(甲)으로 설기(洩氣)하는 것이다.

년	월	일	시	■남명
甲	壬	戊	癸	癸甲乙丙丁戊己庚
戌	申	申	丑	酉戌亥子丑寅卯辰

무토(戊土) 일주(日主)가 신(申)월에 태어났는데 년지(年支)에 술토(戌土)와 일지(日支)에 신금(申金)이 들었으니 금기(金氣)가 태왕하다. 신(申)월은 기무임경(己戊壬庚)이 암장(暗藏)되어 금기(金氣)와 수기(水氣)가 강하니 갑을목(甲乙木)으로 용신(用神)을 삼은 후 계수(癸水)를 써야 한다. 그런데 년상(年上)에 갑목(甲木)이 투출(透出)하여 용신(用神)으로 삼으니 길하고, 시상(時上) 계수(癸水)도 좋다. 그러나 월(月) 임수(壬水)는 별로 좋지 않다. 왜냐하면 신(申)월은 입추절이라 열기가 조금 있는 때이니 계수(癸水)는 길하나 임수(壬水)처럼 큰 바다나 강물은 필요하지 않다.

무토(戊土) 일주(日主)가 년지(年支) 술토(戌土)와 시지(時支) 축토(丑土)에 의지하니 신왕(身旺)하여 큰 재물을 모을 수 있었고, 년상(年上) 갑목(甲木)이 용신(用神)에 해당하니 등과급제하여 승승장구하였다. 성격운은 무토(戊土) 일주(日主)가 왕성하니 신의와 약속을 중히 여겼으나, 금기(金氣)가 태과하니 난폭하며 잔인한 면이 있었다.

8. 유(酉)월 무토(戊土)

【원 문】

酉月戊土 先丙次癸 賴丙照暖 喜水滋潤

유월무토 선병차계 뢰병조난 희수자윤

【해 설】

유(酉)월 무토(戊土)는 병화(丙火)로 용신(用神)을 삼은 후 계수(癸水)를 써야 한다. 유(酉)월 무토(戊土)는 병화(丙火)의 빛에 의지해야 하고, 수기(水氣)로 자윤해주어야 하기 때문이다.

년	월	일	시	■ 여 명
辛	丁	戊	甲	戊己庚辛壬癸甲乙
酉	酉	辰	寅	戌亥子丑寅卯辰巳

무토(戊土) 일주(日主)가 유(酉)월에 태어났다. 유(酉)월은 경신(庚辛)이 암장(暗藏)되어 금기(金氣)만이 강하니 갑을목(甲乙木)으로 용신(用神)을 삼은 후 병화(丙火)를 써야 한다. 그런데 시상(時上)에 갑목(甲木)이 투출(透出)하여 용신(用神)으로 삼으니 길하고, 갑목(甲木) 용신(用神)은 일지(日支) 진토(辰土)와 시지(時支) 인목(寅木)에 통근(通根)하여 강하다. 일지(日支)에 진토(辰土)가 들고 편관(偏官)이 용신(用神)에 해당하니 부부운이 좋아 재관(財

官)을 모두 갖춘 고관대작이며 애처가 남편을 만났다.

성격운은 무토(戊土) 일주(日主)가 월(月) 정화(丁火)와 일지(日支) 진토(辰土)에 의지하여 왕성하니 신의와 약속을 중시하였고, 갑목(甲木)이 용신(用神)에 해당하니 인자하며 자비심이 많은 현모양처였으나, 금기(金氣)가 태과하니 잔인한 면도 있었다. 그러나 전체적으로 보면 길복이 많았다.

9. 술(戌)월 무토(戊土)

【원 문】

戌月戊土 用甲丙癸 戊土當權 先用甲木

술월무토 용갑병계 무토당권 선용갑목

次取丙火 見金先用癸水 後丙火

차취병화 견금선용계수 후병화

【해 설】

술(戌)월 무토(戊土)는 갑목(甲木)으로 용신(用神)을 삼은 후 병화(丙火)와 계수(癸水)를 써야 한다. 무토(戊土)가 권력을 잡았으니 갑목(甲木)으로 용신(用神)을 삼은 후 병화(丙火)를 쓰는 것이다. 만일 금(金)이 있으면 계수(癸水)로 용신(用神)을 삼은 후 병화(丙火)를 쓴다.

년 월 일 시　　■남명

乙 丙 戊 甲　　乙甲癸壬辛庚己戊

酉 戌 子 寅　　酉申未午巳辰卯寅

　무토(戊土) 일주(日主)가 술(戌)월에 태어났다. 술(戌)월은 신정무(辛丁戊)가 암장(暗藏)되어 금기(金氣)와 토기(土氣)가 강하니 을목(乙木)과 병화(丙火)로 용신(用神)을 삼아야 한다. 그런데 년상(年上)에 을목(乙木)과 시상(時上)에 갑목(甲木)과 월(月)에 병화(丙火)가 투출(透出)하여 길하다. 갑을목(甲乙木)이 길하고 관살(官殺)에 해당하니 등과급제하였고, 병화(丙火)가 월(月)에 투출(透出)하여 조후(調候)가 잘되어 무슨 일이든 결실이 있고 인내심이 많았으며 재물은 중부 이상을 이루었다. 재관(財官)을 모두 갖춘 좋은 사주다. 성격운은 갑을목(甲乙木)이 중화되어 인자하며 자비심이 많았고, 무토(戊土) 일주(日主)가 왕하니 신용과 약속을 중요하게 여겼고, 금기(金氣)가 안정되어 정의감이 강하였다. 오복을 모두 갖춘 명조로 목화(木火)운은 길하고 금수(金水)운은 흉하다.

10. 해(亥)월 무토(戊土)

【원문】

亥月戊土 先丙後甲 非甲不靈 非丙不暖

해월무토 선병후갑 비갑불령 비병불난

【해 설】

해(亥)월 무토(戊土)는 먼저 병화(丙火)로 용신(用神)을 삼은 후 갑목(甲木)을 써야 한다. 갑목(甲木)이 아니면 신령함이 없고, 병화(丙火)가 아니면 온난할 수 없다.

년	월	일	시	■ 남명
庚	丁	戊	丙	戊己庚辛壬癸甲乙
子	亥	辰	辰	子丑寅卯辰巳午未

무토(戊土) 일주(日主)가 해(亥)월에 태어났다. 해(亥)월은 무갑임(戊甲壬)이 암장(暗藏)되어 수기(水氣)와 목기(木氣)가 강하니 병정화(丙丁火)로 용신(用神)을 삼은 후 무토(戊土)를 써야 한다. 그런데 월(月)에 정화(丁火)가 투출(透出)하고, 시상(時上)에 병화(丙火)가 투출(透出)하고, 무토(戊土) 일주(日主)이니 부귀를 모두 갖춘 길명이 되었다.

무토(戊土) 일주(日主)가 일지(日支)와 시지(時支)에 진토(辰土)가 들어 신강(身强)하니 큰 재물을 모았고, 일지(日支) 진토(辰土)가 길하여 복이 많은 아내를 만나 행복한 가정을 이루었다. 화토(火土)운은 길하고, 금수(金水)운은 흉하고, 목(木)운은 한신(閑神)이다. 오복을 모두 구비한 좋은 사주다.

11. 자(子)월 무토(戊土)

【원 문】

子月戊土 先丙後甲 丙火爲尙 甲木爲佐

자월무토 선병후갑 병화위상 갑목위좌

【해 설】

자(子)월 무토(戊土)는 먼저 병화(丙火)로 용신(用神)을 삼은 후 갑목(甲木)을 써야 한다. 자(子)월 무토(戊土)는 병화(丙火)를 존중하고, 갑목(甲木)으로 보좌해야 한다.

년	월	일	시	■ 남명
壬	壬	戊	壬	癸甲乙丙丁戊己庚
戌	子	寅	子	丑寅卯辰巳午未申

무토(戊土) 일주(日主)가 자(子)월에 태어났다. 자(子)월은 임계(壬癸)가 암장(暗藏)되어 수기(水氣)만이 강하니 병정화(丙丁火)로 용신(用神)을 삼은 후 무기토(戊己土)를 써야 한다. 그러나 본명은 자(子)월생에게 꼭 필요한 오행이 하나도 보이지 않는다. 즉 병정화(丙丁火)가 없다. 그리고 자수(子水)가 태과하나 년지(年支)에 술토(戌土)와 일지(日支)에 인목(寅木)이 들어 종격(從格)도 될 수 없다. 무토(戊土) 일주(日主)가 양토(陽土)이며 년지(年支)에 술토

(戌土)가 들어 신약(身弱) 사주에 해당한다. 좋은 사주가 되려면
오행이 골고루 들어야 하는데 수기(水氣)만 태과하고 토기(土氣)
가 너무 약하니 균형을 잃어 빈천한 사주가 되었다.

12. 축(丑)월 무토(戊土)

【원 문】

丑月戊土 先丙後甲 丙火爲尙 甲木爲佐
축월무토 선병후갑 병화위상 갑목위좌

【해 설】

축(丑)월 무토(戊土)는 먼저 병화(丙火)로 용신(用神)을 삼은 후
갑목(甲木)을 써야 한다. 축(丑)월 무토(戊土)는 병화(丙火)를 존
중하며 갑목(甲木)으로 보좌해야 한다.

    년 월 일 시   ■남명
    壬 癸 戊 壬   甲乙丙丁戊己庚辛
    子 丑 午 戌   寅卯辰巳午未申酉

무토(戊土) 일주(日主)가 축(丑)월에 태어났다. 축(丑)월은 계신
기(癸辛己)가 암장(暗藏)되어 수기(水氣)와 토기(土氣)가 강하니
정화(丁火)와 경금(庚金)으로 용신(用神)을 삼아야 한다. 그런데

천간(天干)에는 정화(丁火)가 없지만 일지(日支)에 오화(午火)가 들어 흉은 면하였다. 귀한 것은 일지(日支) 오화(午火)가 용신(用神)에 해당하여 복이 많은 아내를 만난 것이다. 아내는 예의범절이 바르며 알뜰한 현모양처였다. 만일 일지(日支) 오화(午火)가 없었다면 파격(破格)되었을 것이다. 그러나 수기(水氣)가 태왕하여 하체와 요도에 질병이 많았으나 대운이 좋아 의식주는 풍족하였다.

2 삼춘(三春) 무토(戊土)

【원 문】

三春戊土 無丙照暖 戊土不生 無甲疏劈 戊土不靈 無癸滋潤
삼춘무토 무병조난 무토불생 무갑소벽 무토불령 무계자윤

萬物不長 正卯月先丙後甲 癸又次之 辰月先甲後丙 癸又次之
만물불장 정묘월선병후갑 계우차지 진월선갑후병 계우차지

因戊土司權故也 有甲丙癸 三者齊透 必主一品當朝 或二透一藏
인무토사권고야 유갑병계 삼자제투 필주일품당조 혹이투일장

亦登金榜 二藏一透 也可異道
역등금방 이장일투 야가이도

【해 설】

봄철의 무토(戊土)는 병화(丙火)의 빛이 없으면 생하지 못하고,

갑목(甲木)으로 쪼개 소통시키지 못하면 신령함이 없고, 계수(癸水)의 자유이 없으면 생장시키지 못한다. 인(寅)월과 묘(卯)월은 병화(丙火)로 용신(用神)을 삼은 후 갑목(甲木)과 계수(癸水)를 써야 하고, 진(辰)월은 갑목(甲木)으로 용신(用神)을 삼은 후 병화(丙火)와 계수(癸水)를 써야 한다. 왜냐하면 무토(戊土)가 권세를 잡았기 때문이다. 따라서 갑목(甲木)과 병화(丙火)와 계수(癸水)가 나란히 투출(透出)하면 반드시 일품 벼슬을 하고, 2개가 투출(透出)했는데 1개가 암장(暗藏)되면 등과하고, 2개가 암장(暗藏)되었는데 1개가 투출(透出)하면 이로에서 공명을 얻는다.

년 월 일 시　　■남명

庚 戊 戊 庚　　己庚辛壬癸甲乙丙

申 寅 寅 申　　卯辰巳午未申酉戌

2개의 관살(官殺)이 4개의 식신(食神)에게 제극(制剋)당하여 고전하는데 다행히 인목(寅木)이라 목(木)이 강하다. 신약(身弱)한데 일주(日主)를 파극(破剋)하는 관살(官殺)이 강하고, 또 일주(日主)의 기운을 빼는 식상(食傷)도 강하여 극루교가(剋漏交加)가 되어 불행한 명조가 되었다. 사오미(巳午未) 대운은 용신(用神)운이라 등과했으나, 신(申)운은 기신(忌神)운이라 전쟁 중에 전사하였다.

본명은 금목(金木)이 서로 싸우는 형상인데 일주(日主)가 신약(身弱)하다. 신약(身弱)한 일주(日主)에서는 관살(官殺)은 물론 식상

(食傷)도 일주(日主)의 기운을 빼앗으니 해롭다. 용신(用神)은 인(寅) 병화(丙火)이고, 정화(丁火)와 무기토(戊己土)와 을목(乙木)은 모두 희신(喜神)이고, 경신금(庚辛金)은 기신(忌神)이고, 임계수(壬癸水)는 구신(仇神)이다. 지지(地支) 2곳에서 인신(寅申)이 상충(相沖)하니 불행한 명조가 되었다.

【원 문】

正卯月卽有甲癸 若無丙制寒 如萬物生而不長 故無丙者
정묘월즉유갑계 약무병제한 여만물생이불장 고무병자

富貴艱辛 或有丙無甲癸者 名曰春旱 如萬物生而多厄
부귀간신 혹유병무갑계자 명왈춘한 여만물생이다액

無甲癸者 一生勤苦 勞而無功 或一派丙火 有甲欠癸
무갑계자 일생근고 노이무공 혹일파병화 유갑흠계

先泰後否 或支成火局 不見壬癸 僧道孤貧 癸透者貴
선태후부 혹지성화국 불견임계 승도고빈 계투자귀

壬透者富 用水者要審水之多少
임투자부 용수자요심수지다소

【해 설】

인(寅)월과 묘(卯)월생이 갑목(甲木)과 계수(癸水)가 있는데 병화(丙火)가 없으면 차가운 기운을 제극(制剋)하지 못하니 성장하지 못한다. 따라서 병화(丙火)가 없으면 부귀영화를 누리기 어렵다. 만

일 병화(丙火)가 있는데 갑목(甲木)과 계수(癸水)가 없으면 봄가뭄
이 되어 재앙이 많은 것과 같고, 갑목(甲木)과 계수(癸水)가 없으
면 노력해도 공이 없고, 병화(丙火) 일파에 갑목(甲木)이 있는데
계수(癸水)에 결함이 있으면 처음에는 평안하나 나중에는 곤란하
고, 지지(地支)에 화국(火局)이 있는데 임수(壬水)와 계수(癸水)가
없으면 고독하며 빈천한 승려가 된다. 그러나 계수(癸水)가 투출
(透出)하면 귀를 이루고, 임수(壬水)가 투출(透出)하면 부를 이룬
다. 수(水)를 쓸 때는 수(水)의 많고 적음을 살펴야 한다.

　년　월　일　시　　　■남명
　甲　丁　戊　庚　　　戊己庚辛壬癸甲乙
　寅　卯　辰　申　　　辰巳午未申酉戌亥

　무토(戊土) 일주(日主)가 묘(卯)월에 태어나 실령(失令)하였고,
목(木)이 강하니 신약(身弱) 사주가 되었다. 지지(地支)에서 인묘
진(寅卯辰)이 방합(方合)하고, 일지(日支)에 진토(辰土)가 들고, 시
지(時支)에 신금(申金)이 들어 신자진(申子辰) 삼합(三合)도 이루
었다. 무토(戊土) 일주(日主)는 월간(月干)에 정화(丁火)가 들고,
인(寅) 병화(丙火)가 들고, 일지(日支)에 진토(辰土)가 들어 종격
(從格)이 아니라 신약(身弱) 사주다. 목기(木氣)가 강하니 금(金)
운이 가장 길하고, 다음은 토(土)운, 그 다음은 화(火)운이 길하다.
가장 흉한 운은 목(木)운이고, 다음은 수(水)운이 흉하다.

초년과 청년운인 사오미(巳午未)운은 희신(喜神)운이라 일찍 등과하여 승승장구하였고, 중년운인 신유(申酉) 대운은 용신(用神)운이라 고관의 반열에 올랐다. 방합(方合)과 삼합(三合)이 혼잡하면 불리하다고 하나 본명은 예외였다. 신약(身弱)하면서도 극루교가(剋漏交加)가 되지 않은 것은 월(月)에 정화(丁火)가 투출(透出)하여 관인상생(官印相生)시켜 신강(身强)해졌기 때문이다. 즉 일간(日干)이 신강(身强)하니 경금(庚金)을 쓸 수 있었던 것이다. 신약(身弱)하면 식상(食傷)을 쓸 수 없다.

년	월	일	시	■남명
甲	丁	戊	庚	戊己庚辛壬癸甲
寅	卯	午	申	辰巳午未申酉戌

무토(戊土) 일주(日主)가 묘(卯)월에 태어났는데 지지(地支)에서 인묘목(寅卯木)이 방합(方合)하여 목(木)이 태왕하다. 많은 목(木)을 제극(制剋)해야 중화되는데 월(月)에 정화(丁火)가 투출(透出)하고, 일지(日支)에 오화(午火)가 들어 정오(丁午)가 관인상생(官印相生)시키니 신강(身强)해졌다. 따라서 시간(時干) 경금(庚金)이 용신(用神)이고, 토(土)는 토생금(土生金)하니 희신(喜神)이다. 이처럼 신강(身强)하면 식상(食傷)을 쓸 수 있지만 신약(身弱)하면 쓸 수 없다. 이것을 보면 일주(日主)의 강약에 따라 식상(食傷)의 길흉도 달라진다는 것을 알 수 있다.

본명은 관살(官殺)이 많은데 기신(忌神)에 해당하여 관재구설이 많았으나, 경금(庚金) 용신(用神)이 강하니 귀인의 도움을 받았다. 인생 전반기는 고통이 많았지만 후반기는 길복이 많은 명조였다. 시주(時柱) 경신금(庚申金)이 용신(用神)에 해당하여 자식운과 말년운이 좋아 다복하게 황혼을 즐기다가 평안하게 임종하였다.

【원 문】

或一派甲木 無丙常人 得一庚透方妙 或支成水局 甲又出干

혹일파갑목 무병상인 득일경투방묘 혹지성수국 갑우출간

又有庚透 富貴雙全 或無庚金 又無比印 難作從殺 定主遭凶

우유경투 부귀쌍전 혹무경금 우무비인 난작종살 정주조흉

不然 必爲盜賊 若日干坐午 不得善終 或一派乙木 爲官殺會黨

불연 필위도적 약일간좌오 불득선종 혹일파을목 위관살회당

卽有庚從 卻難制乙 此人內奸外直 口是心非 加一甲在內

즉유경종 각난제을 차인내간외직 구시심비 가일갑재내

無庚必懶惰自甘 好食無厭 或丙多甲多 宜以癸庚參用

무경필나타자감 호식무염 혹병다갑다 의이계경참용

【해 설】

갑목(甲木) 일파가 있는데 병화(丙火)가 없으면 평범하나, 정화(丁火)가 1개 투출(透出)하면 묘해진다. 만일 지지(地支)에 수국(水局)이 있고 갑목(甲木)이 출간(出干)했는데 경금(庚金)이 투출

(透出)하면 부귀를 이룬다. 그러나 경금(庚金)과 비겁(比劫)과 인성(印星)이 모두 없으면 종살격(從殺格)이 되기 어려우니 흉화를 만나거나 도적이 된다. 만일 일지(日支)에 오화(午火)가 있으면 유종의 미를 맺기 어렵고, 을목(乙木) 일파가 있으면 관살(官殺)이 무리를 짓는데 경금(庚金)이 있으면 을목(乙木)을 제극(制剋)하기 어렵다. 본명은 정직한 것처럼 보였으나 부정한 사람이었다. 갑목(甲木)이 1개 있는데 경금(庚金)이 없으면 반드시 게으르며 먹는 것을 좋아하고 염치가 없다. 만일 병화(丙火)와 갑목(甲木)이 모두 많으면 계수(癸水)와 경금(庚金)을 참작하여 쓰는 것이 좋다.

【원 문】

辰月戊土司令 不見丙甲癸者 愚而且賤 甲癸透者科甲
진월무토사령 불견병갑계자 우이차천 갑계투자과갑

丙癸透者生員 甲癸俱藏者 只可云富 有癸異道 若丙多無癸
병계투자생원 갑계구장자 지가운부 유계이도 약병다무계

旱田無水 不能種苗 舊穀已沒 新穀未登 此先富後貧之造
한전무수 불능종묘 구곡이몰 신곡미등 차선부후빈지조

或火多有壬透者 先貧後富 癸透先賤後榮 壬藏不過食足
혹화다유임투자 선빈후부 계투선천후영 임장불과식족

癸藏不過名傳 卽此亦須運美 或支成火局 得癸透者 富貴天然
계장불과명전 즉차역수운미 혹지성화국 득계투자 부귀천연

壬透富貴辛苦 何也 癸乃天上甘霖 壬乃江河波浪

임투부귀신고 하야 계내천상감림 임내강하파랑

所以有勞逸之殊

소이유노일지수

【해 설】

진(辰)월은 무토(戊土)가 사령(司令)하니 병화(丙火)와 갑목(甲木)과 계수(癸水)가 없으면 천하다. 갑목(甲木)과 계수(癸水)가 투출(透出)하면 등과하고, 병화(丙火)와 계수(癸水)가 투출(透出)하면 생원(生員)이 되고, 갑목(甲木)과 계수(癸水)가 암장(暗藏)되면 부만 이루고, 계수(癸水)가 있으면 이로에서 공명을 얻는다.

만일 병화(丙火)가 많은데 계수(癸水)가 없으면 밭이 가문 격이니 종자를 심을 수 없다. 구곡(舊穀)은 이미 없어졌고 신곡(新穀)은 아직 나오지 않았으니 선부후빈(先富後貧)이 된다. 만일 화(火)가 많은데 임수(壬水)가 투간(透干)하면 선빈후부(先貧後富)가 되고, 계수(癸水)가 투간(透干)하면 선천후영(先賤後榮)이 된다. 이때 임수(壬水)가 암장(暗藏)되면 의식주만 있고, 계수(癸水)가 암장(暗藏)되면 명예만 따른다. 그러나 이것도 행운이 좋아야 가능하다. 만일 지지(地支)에서 화국(火局)을 이루었는데 계수(癸水)가 투출(透出)하면 반드시 부귀영화를 이루나, 임수(壬水)가 투출(透出)하면 부귀하나 신고함이 따른다. 계수(癸水)는 천상의 감로수요 임수(壬水)는 강하의 물이니 편안하고 수고로움이 특별하게 나타난다.

【원 문】

支成木局 又甲乙出干 此命官殺會黨 官殺無去留之義 得一庚透
지성목국 우갑을출간 차명관살회당 관살무거류지의 득일경투

掃除官殺 亦主富貴 無庚乃 賤薄之人 宜用火洩木氣
소제관살 역주부귀 무경내 천박지인 의용화설목기

有一命丁未癸卯戊寅乙卯 癸丁透干 可以戊癸化火 將甲木暗焚
유일명정미계묘무인을묘 계정투간 가이무계화화 장갑목암분

反得武科探花 或木多無比印透 作從殺而論 亦富貴 或有比印
반득무과탐화 혹목다무비인투 작종살이론 역부귀 혹유비인

耑看癸透 取癸而成貴格 無癸無火無金 名爲土木自戰 主腹疾病
단간계투 취계이성귀격 무계무화무금 명위토목자전 주복질병

憂愁艱苦 用甲者 水妻木子 用丙者 木妻火子
우수간고 용갑자 수처목자 용병자 목처화자

【해 설】

지지(地支)에 목국(木局)이 있는데 갑목(甲木)과 을목(乙木)이 출
간(出干)하면 관살(官殺)이 회당(會黨)했다고 하여 관살(官殺)이
거류(去留)의 뜻이 없는 것으로 본다. 이때 경금(庚金)이 1개 투출
(透出)하면 관살(官殺)을 제거하니 부귀하고, 경금(庚金)이 없으면
천박하다. 화(火)를 쓰면 목(木)을 설기(洩氣)하니 좋다. 가령 정미
(丁未) 계묘(癸卯) 무인(戊寅) 을묘(乙卯)시이면 계수(癸水)와 정
화(丁火)가 투간(透干)하고 무계(戊癸)가 합화(合火)하니 장군 명

조이며, 갑목(甲木)을 암장(暗藏)에서 태워버리니 무과로 등과한다.

만일 목(木)이 많은데 비겁(比劫)과 인수(印綬)가 투간(透干)하지 않으면 종살(從殺)이 되니 부귀를 이루는데, 비겁(比劫)과 인수(印綬)가 있으면 반드시 계수(癸水)의 투출(透出) 여부를 살펴야 한다. 이때 계수(癸水)를 쓰면 귀격을 이루고, 계수(癸水)도 없고 화(火)도 없고 금(金)도 없으면 토목자전(土木自戰)이 되어 배에 질병이 있고 근심과 괴로움으로 고생한다. 갑목(甲木)이 용신(用神)이면 수(水)는 아내이며 목(木)은 자식이고, 병화(丙火)가 용신(用神)이면 목(木)이 아내이며 화(火)는 자식이다.

년	월	일	시	■ 용살격(用殺格)							
丙	庚	戊	庚	辛	壬	癸	甲	乙	丙	丁	戊
寅	寅	辰	申	卯	辰	巳	午	未	申	酉	戌

【원 문】 차팔자서낙오선현평도(此八字徐樂吾先賢評道)

癸甲會成七殺格 大將軍 辰中癸藏 戊土不燥 丙火暖照 戊土不寒
계갑회성칠살격 대장군 진중계장 무토불조 병화난조 무토불한

此言其配合 申辰會局 財滋殺旺 庚金制之 七殺有制 威握兵柄
차언기배합 신진회국 재자살왕 경금제지 칠살유제 위악병병

【해 설】

본명은 진(辰) 계수(癸水)와 인갑목(寅甲木)이 모여 칠살격(七殺

格)을 이루어 대장군이 되었다. 진(辰)에 계수(癸水)가 암장(暗藏)되어 열조하지 않고, 년상(年上)에 병화(丙火)가 투출(透出)하여 따뜻한 빛을 발하니 춥지 않다. 신진(申辰)이 회국(會局)하여 재자살왕(財滋殺旺)하고, 병화(丙火)는 경금(庚金)을 막고, 경금(庚金)은 칠살(七殺)을 제하니 조화를 잘 이루어 대장군이 된 것이다. 묘하게 배합이 좋은 사주다.

년	월	일	시		■용인격(用印格)							
癸	乙	戊	丙		甲	癸	壬	辛	庚	己	戊	丁
未	卯	寅	辰		辰	卯	寅	丑	子	亥	戌	酉

【원 문】 차팔자서낙오선현평도(此八字徐樂吾先賢評道)

丙癸兩透 甲藏 侍郞

병계양투 갑장 시랑

【해 설】

본명은 시상(時上)에 병화(丙火)와 년상(年上)에 계수(癸水)가 투출(透出)하고, 인묘(寅卯)가 중한데 갑목(甲木)이 암장(暗藏)되어 시랑(侍郞)에 올랐다. 무토(戊土) 일주(日主)가 묘(卯)월에 태어났으니 실시(失時)하여 신약(身弱)하나, 시상(時上)에 병화(丙火)가 투출(透出)하여 관인상생(官印相生)시키니 좋은 사주가 되었다. 시상(時上) 병화(丙火)가 용신(用神)이다.

년	월	일	시	■ 종살격(從殺格)
癸	乙	戊	壬	甲癸壬辛庚己戊丁
未	卯	寅	子	寅丑子亥戌酉申未

【원 문】차팔자서낙오선현평도(此八字徐樂吾先賢評道)

丙甲得所 壬癸透干 一榜 壬子時丙火不透 不及丙辰時丙透爲貴
병갑득소 임계투간 일방 임자시병화불투 불급병진시병투위귀

此亦言其配合 用神財官 喜行財地也
차역언기배합 용신재관 희행재지야

【해 설】

　병화(丙火)와 갑목(甲木)이 인(寅)에 암장(暗藏)되었는데 임계수(壬癸水)가 투출(透出)하여 등과하였다. 병화(丙火)가 투출(透出)하지 않아 배합이 약간 부족하니 부득이 종살(從殺)하여 임자(壬子) 대운에 등과급제한 것이다. 무토(戊土) 일주(日主)가 묘(卯)월에 태어나 실령(失令)하였고, 년지(年支)에 미토(未土)가 있지만 묘미(卯未)가 합목(合木)하여 목(木)으로 변하니 신약(身弱)한 일주(日柱)를 돕지 못한다. 따라서 무토(戊土) 일주(日主)가 비록 양토(陽土)이며 큰 산의 토(土)지만 종할 수밖에 없다.

년	월	일	시	■ 여명, 종살격(從殺格)
丁	癸	戊	壬	甲乙丙丁戊己庚辛
卯	卯	寅	子	辰巳午未申酉戌亥

【원문】 차팔자서낙오선현평도(此八字徐樂吾先賢評道)

女命 壬癸得所 年月日木旺 戊土日主 孤立無援 從殺命造

여명 임계득소 년월일목왕 무토일주 고립무원 종살명조

【해설】

시상(時上)에 임수(壬水)가 투출(透出)하고, 월(月)에 계수(癸水)가 투출(透出)하고, 시지(時支) 자수(子水)에 통근(通根)하였고, 년지(年支)와 월지(月支)와 일지(日支)에 목기(木氣)가 태왕하다. 무토(戊土) 일주(日主)는 비록 양토(陽土)이나 천지사방에 의지할 곳이 없으니 종살(從殺)하는 명조가 되었다.

년	월	일	시	■ 용살격(用殺格)
己	戊	戊	甲	丁丙乙甲癸壬辛庚
未	辰	寅	寅	卯寅丑子亥戌酉申

【원문】 차팔자서낙오선현평도(此八字徐樂吾先賢評道)

身旺殺旺 戊日得令 時甲旺强 高官命造 水木吉方

신왕살왕 무일득령 시갑왕강 고관명조 수목길방

【해설】

무토(戊土) 일주(日主)가 진(辰)월에 태어났으니 득령(得令)하여 신강(身强)하다. 시상(時上)에 갑목(甲木)이 투출(透出)하고, 일지

(日支)와 시지(時支) 인목(寅木)에 통근(通根)하여 강하니 고관이
되었다. 수목(水木)운이 길한데 대운이 수목(水木)으로 흐르니 입
신양명하였다. 목(木)이 용신(用神)이고 수(水)는 희신(喜神)이다.

3. 삼하(三夏) 무토(戊土)

【원 문】

巳月戊土 陽氣發升 寒氣內藏 外實內虛 不畏火炎 無氣相催
사월무토 양기발승 한기내장 외실내허 불외화염 무기상최

萬物不長 故先用甲疏劈 次取丙癸爲佐 丙透甲出 廊廟之材
만물불장 고선용갑소벽 차취병계위좌 병투갑출 낭묘지재

丙癸俱透 科甲之士 卽透一位 支藏得所 終非白丁 若一派丙火
병계구투 과갑지사 즉투일위 지장득소 종비백정 약일파병화

爲火炎土燥 僧道之流 得一癸透壬藏 功名有准 或支藏癸
위화염토조 승도지류 득일계투임장 공명유준 혹지장계

衣食充足 但骨肉多刑 化合成局無破 富貴非輕 或支成金局
의식충족 단골육다형 화합성국무파 부귀비경 혹지성금국

干出癸水 此爲奇格 正是土潤金生 卽不爲桃浪之客
간출계수 차위기격 정시토윤금생 즉불위도랑지객

定有異路恩榮 此用癸水 金妻水子
정유이로은영 차용계수 금처수자

【해 설】

　사(巳)월은 양기(陽氣)가 올라가는 때이나 무토(戊土)는 한기가 내장되어 화염을 두려워하지 않는다. 기가 조화되지 않으면 만물이 자라지 못하니 먼저 갑목(甲木)으로 용신(用神)을 삼은 후 병화(丙火)와 계수(癸水)를 써야 한다. 만일 병화(丙火)와 갑목(甲木)이 함께투출(透出)하면 등과하여 중신이 되고, 병화(丙火)와 계수(癸水)가 함께 투출(透出)하면 등과할 뿐이고, 1가지만 투출(透出)했는데 지지(地支)에 암장(暗藏)되면 백정은 되지 않는다.

　만일 병화(丙火) 일파가 있으면 토기(土氣)가 마르니 승도가 되고, 계수(癸水)가 1개 투출(透出)했는데 임수(壬水)가 암장(暗藏)되면 공명이 상당하고, 지지(地支)에 계수(癸水)가 암장(暗藏)되면 의식주는 풍족하나 혈육의 형살(刑殺)이 많고, 무토(戊土)가 화국(火局)을 이루었는데 파극(破剋)하지 않으면 부귀가 가볍지 않고, 지지(地支)에 금국(金局)을 이루었는데 계수(癸水)가 출간(出干)하면 기격(奇格)이 된다. 이런 사주는 토(土)가 윤택하여 금(金)을 생하니 이로에서 영화를 누린다. 계수(癸水)가 용신(用神)이고, 금(金)은 아내이며 수(水)는 자식이다.

년　월　일　시　　　　■남명

丙　癸　戊　甲　　　甲乙丙丁戊己庚

子　巳　午　寅　　　午未申酉戌亥子

무토(戊土) 일주(日主)가 사(巳)월에 태어났는데 년간(年干)에 병화(丙火)와 일지(日支)에 오화(午火)가 들었으니 신강(身强)하다. 용신(用神)은 월간(月干) 계수(癸水)이나 무계(戊癸)가 합화(合火)하여 기신(忌神)으로 변하니 년지(年支) 자수(子水)로 용신(用神)을 삼는다. 용신(用神)은 천간(天干)에 투간(透干)해야 길복이 많은데 투간(透干)하지 못하여 아쉽다.

본명은 재물복이 매우 많아 읍내에서 제일 큰 부자라는 소리를 들었으나 일지(日支) 오화(午火)가 기신(忌神)에 해당하니 아내와는 원수처럼 지냈다. 그러나 첩들은 모두 양귀비처럼 미인이며 출세하는데 도움이 많이 되었다. 만일 일지(日支)에 자수(子水)가 들고 년지(年支)에 오화(午火)가 들었으면 아내는 이로움이 많고 첩은 해로움이 많았을 것이다. 그리고 금기(金氣)가 1개도 없으니 희신(喜神)이 없는 사주가 되어 인내심과 정의감이 부족하였다. 희신(喜神)이 없는 사주는 대개 인덕이 없고 외롭다.

년	월	일	시	■ 용재관격(用財官格)
辛	癸	戊	丙	壬辛庚己戊丁丙乙
亥	巳	午	辰	辰卯寅丑子亥戌酉

【원 문】차팔자서낙오선현평도(此八字徐樂吾先賢評道)
巳月戊日 戊土得令 地支熱燥 調候時急
사월무일 무토득령 지지열조 조후시급

癸亥先用 庚辛次用 財官兩得

계해선용 경신차용 재관양득

【해 설】

무토(戊土) 일주(日主)가 사(巳)월에 태어나 득령(得令)하였고,
일지(日支)에 오화(午火)와 시상(時上)에 병화(丙火)가 들어 신강
(身强)하다. 사주가 열조하여 조후(調候)가 시급하니 월(月) 계수
(癸水)가 용신(用神)이고 금(金)은 희신(喜神)이다. 계수(癸水) 용
신(用神)은 년지(年支) 해수(亥水)에 통근(通根)하고 신금(辛金)에
의존하여 강하니 재물운과 관운이 모두 좋았다.

년	월	일	시	■남명
癸	丁	戊	丁	丙乙甲癸壬辛庚己
丑	巳	午	巳	辰卯寅丑子亥戌酉

【원 문】 차팔자서낙오선현평도(此八字徐樂吾先賢評道)

癸水雖透出年干 乏甲疏土 秀才而已

계수수투출년간 핍갑소토 수재이이

【해 설】

계수(癸水)가 년간(年干)에 투출(透出)했으나 갑목(甲木)이 없으
니 소토(疏土)하지 못하여 수재에 불과하다. 무토(戊土) 일주(日

主)가 사(巳)월에 태어나 득령(得令)하였고, 사주에 화기(火氣)가 많으니 열조하다. 조후(調候)하려면 년상(年上) 계수(癸水)가 용신(用神)인데 축토(丑土)에 의지하나 정계(丁癸)가 상충(相冲)하고 무계(戊癸)가 합화(合火)하여 매우 약하다. 따라서 수재에 머문 것이다.

【원문】

午月戊土 仲夏火炎 先看壬水 次取甲木 丙火酌用 用癸力微
오월무토 중하화염 선간임수 차취갑목 병화작용 용계역미

壬甲兩透 名君臣慶會 自然桃浪先聲 權高位顯 又得辛透年干
임갑양투 명군신경회 자연도랑선성 권고위현 우득신투년간

官居一品 一命 辛未 甲午 戊寅壬子 壬甲兩透 印旺殺高
관거일품 일명 신미갑오 무인임자 임갑양투 인왕살고

出將入相 名播四夷 若支成火局 卽透癸水 不能大濟
출장입상 명파사이 약지성화국 즉투계수 불능대제

是一杯難濟車薪火也 人合此命 卽好學不倦 亦不能成名
시일배난제차신화야 인합차명 즉호학불권 역불능성명

且主目疾 若得壬水出干 卽此非比 又或土木重重 全無滴水
차주목질 약득임수출간 즉차비비 우혹토목중중 전무적수

僧道孤貧之輩 用壬者 金妻水子
승도고빈지배 용임자 금처수자

【해 설】

오(午)월은 중하(仲夏)이니 오(午)월 무토(戊土)는 먼저 임수(壬水)로 용신(用神)을 삼은 후 갑목(甲木)을 써야 한다. 만일 임수(壬水)와 갑목(甲木)이 모두 투출(透出)하면 도랑(桃浪)의 소리를 들으니 고관에 오르고, 신금(辛金)이 년간(年干)에 투출(透出)하면 일품 관직에 오른다.

만일 신미(辛未) 갑오(甲午) 무인(戊寅) 임자(壬子)시생이 임수(壬水)와 갑목(甲木)이 모두 투출(透出)하여 인성(印星)이 왕성하면 관살(官殺)이 높은 것이니 장상(將相)의 자리에 출입하며 이름을 떨친다. 그러나 지지(地支)에 화국(火局)을 이루면 계수(癸水)가 투출(透出)하여도 태왕한 불길을 다스리지 못하니 학문을 좋아하며 게으르지는 않으나 이름을 떨치기는 어렵고 눈병이 따른다. 임수(壬水)가 출간(出干)하면 이것에 비할 수가 없다. 만일 토목(土木)이 중중한데 수(水)가 전혀 없으면 승도팔자가 된다. 임수(壬水)가 용신(用神)이면 금(金)은 아내이고 수(水)는 자식이다.

년	월	일	시	■남명
戊	戊	戊	戊	己 庚 辛 壬 癸 甲 乙
子	午	戌	午	未 申 酉 戌 亥 子 丑

본명은 화토(火土)는 가득한데 자수(子水)는 쇠약하고 오화(午火)는 왕성하니 천지가 불길이고 큰 산이 중첩하였다. 자오(子午)가

상충(相沖)하니 오화(午火)가 더 강렬하여 자수(子水)를 고사시킨
다. 이런 사주는 천간(天干)에 희신(喜神)이 없으니 지지(地支)의
자수(子水) 용신(用神)을 보호하지 못한다.

  초년 기미(己未)운에서는 온갖 고통을 당했으나, 금수(金水)운이
용신(用神)운이라 결혼도 하고 자식도 낳았다. 그러나 술(戌) 대운
에 접어 들면서 인오술(寅午戌)이 화국(火局)을 이루자 큰 화재를
당하여 다섯 식구가 모두 죽었다. 만일 천간(天干)에 희신(喜神)인
금수(金水)운이 1개라도 투간(透干)하여 지지(地支)의 용신(用神)
을 보호했다면 이런 화는 면했을 것이다.

  다시 말해, 용신(用神)이 천간(天干)에 투간(透干)하면 지지(地
支)에서 보호해야 길하고, 용신(用神)이 지지(地支)에 들면 천간
(天干)에서 희신(喜神)이 투간(透干)하여 보호해야 길하다. 본명은
년지(年支) 자수(子水)가 용신(用神)인데 경신(庚辛)과 신유(申酉)
가 없으니 희신(喜神)이 없어 불행하였던 것이다.

    년 월 일 시   ■남명
    戊 戊 戊 戊   己庚辛壬癸甲乙
    子 午 子 午   未申酉戌亥子丑

  본명은 앞 사주와 비슷하나 일지(日支)에 자수(子水)가 있다. 년
지(年支)와 일지(日支) 자수(子水)가 용신(用神)이고, 금(金)은 희
신(喜神)이다. 희신(喜神)이 없는 것이 단점이나 자수(子水)가 2곳

에 들어 앞 사주보다는 좋다. 자수(子水) 용신(用神)은 천간(天干)에 있는 많은 무토(戊土)가 토극수(土剋水)하여 파극(破剋)되고, 또 좌우의 오화(午火)가 자오상충(子午相沖)하여 상처를 많이 받았다. 비록 년지(年支)에 자수(子水)가 있지만 오화(午火)가 중간에서 방해하여 기복이 심하였다. 특히 술(戌) 대운에 인오술(寅午戌)이 삼합(三合)하여 불길이 더 강해지자 사고와 배신을 당하며 고통이 많았다.

용신(用神)이 천간(天干)에 투간(透干)하지 못하면 마치 열매없는 나무가 되어 출세하지 못한다. 천간(天干)은 눈에 보이는 나무로 보고, 지지(地支)는 보이지 않는 뿌리로 보면 이해가 빠를 것이다. 좋은 사주가 되려면 용신(用神)은 반드시 천간(天干)에 투간(透干)해야 하고, 투간(透干)한 용신(用神)은 지지(地支)에 통근(通根)해야 하고, 대운은 용신(用神)운으로 잘 흘러야 한다. 이렇게 3박자가 맞으면 부귀영화가 많이 따른다. 그래도 일지(日支) 자수(子水)가 용신(用神)에 해당하니 아내복과 재물복은 많았다. 다만 지지(地支)에서 자오(子午)가 많이 상충(相沖)하여 사고와 질병이 많이 따랐던 것이다.

년	월	일	시	■ 여명					
丁	丙	戊	辛	丁戊己庚辛壬癸					
卯	午	子	酉	未申酉戌亥子丑					

무토(戊土) 일주(日主)가 오(午)월에 태어났고, 사주에 화(火)가 많으니 신강(身强)하다. 용신(用神)은 일지(日支) 자수(子水)인데, 시지(時支) 신유금(辛酉金)이 생조(生助)하니 강하다. 물론 기신(忌神)인 오화(午火)보다는 약하다. 오화(午火)는 년간(年干) 정화(丁火), 월간(月干) 병화(丙火), 년지(年支) 묘목(卯木)이 모두 도와주니 매우 강하다.

반대로 일지(日支) 자수(子水)는 약하나 용신(用神)이 기신(忌神)을 상충(相沖)하여 길한 사주가 되었다. 즉 용신(用神)이 기신(忌神)을 상충(相沖)하면 길하고, 기신(忌神)이 용신(用神)을 상충(相沖)하면 흉하다. 일지(日支)에 용신(用神)이 들어 남편이 등과하며 부부금실이 좋았고, 재물운도 많아 부러움을 받는 귀부인이 되었다. 자(子) 대운에 자오(子午)가 상충(相沖)하자 크게 발복하여 부귀영화를 많이 누린 것이다.

년	월	일	시	■남명
壬	丙	戊	戊	丁戊己庚辛壬癸
子	午	午	午	未申酉戌亥子丑

무토(戊土) 일주(日主)가 오(午)월에 태어나 득령(得令)하였고, 일지(日支)와 시지(時支)에 오화(午火)가 들어 신강(身强)하다. 용신(用神)은 년간(年干) 임수(壬水)인데 자오상충(子午相沖)을 당하여 위험하다. 술(戌) 대운 갑오(甲午)년에 크게 패망했는데 기신

(忌神)이 용신(用神)을 상충(相沖)하면 크게 실패한다. 그 이후 다시는 회복하지 못하고 고생하다가 병으로 죽었다. 여기서 보더라도 태왕한 기신(忌神)이 허약한 용신(用神)을 상충(相沖)하면 크게 실패한다는 것을 알 수 있다. 그리고 화기(火氣)가 태과하니 무례하여 주위 사람들과 충돌이 많았다. 이처럼 1~2가지의 오행이 태과하면 여러 가지 흉화가 나타난다.

【원 문】

未月戊土 遇夏乾枯 先看癸水 次用丙火甲木 癸丙兩透
미월무토 우하건고 선간계수 차용병화갑목 계병양투

科甲中人 或有癸無丙 見甲可許秀才 無甲畧富 或有丙無癸
과갑중인 혹유계무병 견갑가허수재 무갑략부 혹유병무계

假道斯文 衣食頗足 或癸透辛出 以刀筆之才 可謀異路
가도사문 의식파족 혹계투신출 이도필지재 가모이로

無癸丙者常人 若又無甲 下賤之輩 或土多得一甲出 不見庚辛
무계병자상인 약우무갑 하천지배 혹토다득일갑출 불견경신

爲人作事軒昂 性情勤愼 卽不顯揚 亦文章驚世 用癸者
위인작사헌앙 성정근신 즉불현양 역문장경세 용계자

金妻水子 用丙者 木妻火子 用甲子 水妻木子
금처수자 용병자 목처화자 용갑자 수처목자

【해 설】

미(未)월은 건조한 여름이니 미(未)월 무토(戊土)는 계수(癸水)로 용신(用神)을 삼은 후 병화(丙火)와 갑목(甲木)을 써야 한다. 만일 계수(癸水)와 병화(丙火)가 모두 투출(透出)하면 과감하고, 계수(癸水)는 있는데 병화(丙火)가 없으면 갑목(甲木)을 만나야 수재가 되고, 갑목(甲木)이 없으면 작은 부자이고, 병화(丙火)가 있는데 계수(癸水)가 없으면 의식주만 있고, 계수(癸水)와 신금(辛金)이 투출(透出)하면 도필(刀筆)의 재주가 있으니 이로에서 도모하고, 계수(癸水)와 병화(丙火)가 없으면 평상인이나 갑목(甲木)이 없으면 하천한 무리가 된다.

만일 토(土)가 많고 갑목(甲木)이 1개 투출(透出)했는데 경신금(庚辛金)을 만나지 않으면 크게 발전하지는 못하나 문장으로 세상을 놀라게 한다. 계수(癸水)가 용신(用神)이면 금(金)이 아내, 수(水)가 자식이다. 병화(丙火)가 용신(用神)이면 목(木)이 아내, 수(水)가 자식이다. 갑목(甲木)이 용신(用神)이면 수(水)가 아내, 목(木)이 자식이다.

년	월	일	시	■ 가색 격(稼穡格)
戊	己	戊	癸	庚辛壬癸甲乙丙丁
戌	未	辰	丑	申酉戌亥子丑寅卯

【원 문】차팔자서낙오선현평도(此八字徐樂吾先賢評道)

稼穡格 有道全眞 癸水通根辰丑 雖無丙甲及辛金 然土旺而潤

가색격 유도전진 계수통근진축 수무병갑급신금 연토왕이윤

萬物茂盛 稼穡格成也 丑宮辛金入庫 故僅有道全眞 僧道命造

만물무성 가색격성야 축궁신금입고 고근유도전진 승도명조

空山修養 不求利祿 則可不問命運 如欲度世 仍不能出五行之外

공산수양 불구이록 즉가불문명운 여욕도세 잉불능출오행지외

【해 설】

가색격(稼穡格)이니 유도전진(有道全眞)이라 할 수 있다. 계수(癸
水)가 진축(辰丑)에 통근(通根)했으니 비록 병화(丙火)와 갑목(甲
木)과 신금(辛金)이 없어도 토(土)가 왕하며 윤택하니 만물이 무성
하여 가색격(稼穡格)을 이루었다. 축궁(丑宮)에 신금(辛金)이 입고
(入庫)했으니 간신히 유도전진(有道全眞)하지만 승도의 명조나 이
록(利祿)이 구해지지 않는다. 이 사람은 운명이 파란만장하니 차라
리 묻지 않는 것이 좋다. 중생을 제도하고 싶으나 오행이 부족하니
생각뿐이다.

년	월	일	시	■ 식상생재격(食傷生財格)
戊	己	戊	辛	庚 辛 壬 癸 甲 乙 丙 丁
申	未	午	酉	申 酉 戌 亥 子 丑 寅 卯

【원 문】 차팔자서낙오선현평도(此八字徐樂吾先賢評道)

火爲病 水爲藥 壯元 冬子 土金傷官 午火破酉 無子也

화위병 수위약 장원 핍자 토금상관 오화파유 무자야

【해 설】

 화토(火土)가 병이나 금수(金水)가 약이니 장원(壯元)하였으나 자식이 없었다. 토(土)가 왕하여 금(金) 식상(食傷)으로 설기(洩氣)해야 하는데 년지(年支)와 시주(時柱)에 식상(食傷)이 들어 왕토(旺土)의 기운을 빼니 출세할 팔자가 되었다. 그러나 아쉽게도 신궁(申宮) 임수(壬水)가 년지(年支)에 있고, 중간에 열조한 미토(未土)가 가로막아 기세가 돌지 못하니 자식을 두지 못하였다. 만일 무신(戊申)시생이었으면 괜찮았을 것이다. 본명은 일지(日支) 오화(午火)가 유금(酉金)을 파극(破剋)하여 무자식 팔자가 된 것이다. 금(金) 대운에 조금 발전하다가 수(水) 대운에 크게 발복하였다.

년	월	일	시	■ 가상관격(假傷官格)
庚	癸	戊	丁	甲乙丙丁戊己庚辛
子	未	子	巳	申酉戌亥子丑寅卯

【원 문】 차팔자서낙오선현평도(此八字徐樂吾先賢評道)

假傷官格 學博 子大貴 假傷官格 食神生財而財旺

가상관격 학박 자대귀 가상관격 식신생재이재왕

宜用印劫 日祿歸時 幇身爲善 時爲子位 故子貴
의용인겁 일록귀시 방신위선 시위자위 고자귀

【해 설】

가상관격(假傷官格)이니 학문에 능하고 자식이 대귀하였다. 가상
관격(假傷官格)은 사(巳) 경금(庚金)이 있는 것을 말한다. 경금(庚
金) 식신(食神)이 왕토(旺土)를 설기(洩氣)하여 학문을 잘한 것이
다. 무토(戊土) 일주(日主)가 미(未)월에 태어났으니 득령(得令)하
여 신강(身强)하다. 계자수(癸子水)가 용신(用神)이고 금(金)은 희
신(喜神)이니 재물복과 자식복이 좋았고, 대운이 금수(金水)운으로
흘러 길복이 많았다.

4. 삼추(三秋) 무토(戊土)

【원 문】

申月戊土 寒氣漸入 陽氣漸出 先丙後癸甲木次 丙癸甲透者
신월무토 한기점입 양기점출 선병후계갑목차 병계갑투자
富貴極品 癸藏丙透 不僅秀才 丙甲兩透 癸水會局藏辰
부귀극품 계장병투 불근수재 병갑양투 계수회국장진
亦不失富貴 無丙得癸甲 此人淸雅 家富千金 無甲癸者常人
역부실부귀 무병득계갑 차인청아 가부천금 무갑계자상인

有丙火妻賢子肖 若丙癸甲三者俱無 下流之命 或支成水局
유병화처현자초 약병계갑삼자구무 하류지명 혹지성수국
休作棄命從財 宜取甲洩之 甲透者 稍有富貴 用神妻子論同前
휴작기명종재 의취갑설지 갑투자 초유부귀 용신처자논동전

【해 설】

신(申)월은 한기는 점점 들어오고 양기(陽氣)는 나가는 때이니 신
(申)월 무토(戊土)는 병화(丙火)로 용신(用神)을 삼은 후 계수(癸
水)와 갑목(甲木)을 써야 한다. 따라서 병화(丙火)와 계수(癸水)와
갑목(甲木)이 투출(透出)하면 부귀가 극품에 이르나 계수(癸水)가
암장(暗藏)되었는데 병화(丙火)가 투출(透出)하면 수재에 지나지
않고, 병화(丙火)와 갑목(甲木)이 모두 투출(透出)했는데 계수(癸
水)가 회국(會局)하고 진(辰)에 암장(暗藏)되어도 역시 부귀를 잃
지 않는다.

만일 병화(丙火)가 없는데 계수(癸水)와 갑목(甲木)이 있으면 청
아하며 천금을 지니고, 갑목(甲木)과 계수(癸水)가 없으면 평상인
에 불과하고, 병화(丙火)가 있으면 아내는 어질며 자식은 착하고,
병화(丙火)와 계수(癸水)와 갑목(甲木) 중에서 3가지가 하나도 없
으면 빈천하다. 만일 지지(地支)에 수국(水局)이 있으면 기명종재
격(棄命從財格)으로 보지 않는다. 갑목(甲木)을 설기(洩氣)하는 것
으로 용신(用神)을 삼아야 하고, 갑목(甲木)이 투출(透出)하면 부
귀가 작다.

년	월	일	시	■여명
丙	丙	戊	庚	乙甲癸壬辛庚己
申	申	申	申	未午巳辰卯寅丑

무토(戊土) 일주(日主)가 신(申)월에 태어났으니 실령(失令)하여 신약(身弱)하다. 용신(用神)은 월간(月干) 병화(丙火)인데 지지(地支)에 통근(通根)하지 않아 흉하다. 지지(地支)가 모두 신금(申金)이고, 가을의 생지(生地)인 신(申)월생이라 설기(洩氣)가 너무 심하다. 대운이나 년운에서 신(申)운을 만나면 크게 패한다.

초년에는 제법 총명하여 앞서가는 것 같더니 중년부터 기울기 시작하여 신(辛) 대운 임자(壬申)년에 크게 망하였고, 식신(食神)이 태과하여 설기(洩氣)가 너무 심하니 항상 병을 달고 살았다. 그리고 일지(日支) 신금(申金)이 기신(忌神)에 해당하니 남편복도 없었다. 40세가 넘어 홀아비를 만나 결혼했지만 3년도 못살고 깨졌다. 평생 한 번도 발복하지 못하고 절망 속에서 살다가 경(庚) 대운을 만나자 최악의 기신(忌神)운이라 난리통에 죽었다.

년	월	일	시	■용살인격(用殺印格)
壬	戊	戊	戊	己庚辛壬癸甲乙丙
寅	申	辰	午	酉戌亥子丑寅卯辰

【원 문】차팔자서낙오선현평도(此八字徐樂吾先賢評道)

太守 申月戊日 土金太旺 木火吉星 甲寅大運 位至太守

태수 신월무일 토금태왕 목화길성 갑인대운 위지태수

【해 설】

본명은 태수(太守) 벼슬을 지낸 사람의 사주다. 무토(戊土) 일주
(日主)가 신(申)월에 태어났으니 토기(土氣)와 금기(金氣)가 태왕
하다. 왕금(旺金)을 제하려면 화(火)가 필요하고, 왕토(旺土)를 제
하려면 목(木)이 필요하니 목화(木火)가 길성이다. 금수(金水)운에
는 관직에 나가 어려움이 많았으나 갑인(甲寅) 대운 용신(用神)운
에 태수(太守)에 올랐다.

년	월	일	시	■ 용인격(用印格)						
庚	甲	戊	癸	乙	丙	丁	戊	己	庚	辛	壬
寅	申	寅	丑	酉	戌	亥	子	丑	寅	卯	辰

【원 문】차팔자서낙오선현평도(此八字徐樂吾先賢評道)

申月戊日 寅中丙火取用 寅申相冲

신월무일 인중병화취용 인신상충

【해 설】

무토(戊土) 일주(日主)가 신(申)월에 태어나 설기(洩氣)가 심하니

신약(身弱)하다. 인(寅) 병화(丙火)가 용신(用神)이니 목화(木火)운은 길하고 금수(金水)운은 흉하다. 무토(戊土) 일주(日主)가 신약(身弱)하여 재관(財官)을 감당하지 못하고, 인신(寅申)이 상충(相沖)하여 사고와 질병이 많았다. 만일 천간(天干)에 병화(丙火)가 투출(透出)했으면 흉이 적고 길복이 많았을 것이다.

년	월	일	시	■ 용인격(用印格)
辛	丙	戊	丙	乙甲癸壬辛庚己戊
酉	申	子	辰	未午巳辰卯寅丑子

【원 문】 차팔자서낙오선현평도(此八字徐樂吾先賢評道)

用時上丙火 天師 申子辰水局 財旺用印

용시상병화 천사 신자진수국 재왕용인

【해 설】

시상(時上) 병화(丙火)가 용신(用神)이라 천자를 가르치는 큰 선생이 되었다. 신자진(申子辰)이 삼합(三合)하여 수국(水局)을 이루어 재성(財星)이 태왕하나 시상(時上)에 병화(丙火)가 투출(透出)하고 월(月)에도 병화(丙火)가 들고 시지(時支)에 진토(辰土)가 들어 목화(木火)운이 대길하다. 대운이 목화토(木火土)운으로 흘러 천자를 가르치는 선생이 된 것이다.

【원문】

酉月戊土 金洩身寒 賴丙照暖 喜水滋潤 先丙後癸 不必木疏

유월무토 금설신한 뢰병조난 희수자윤 선병후계 불필목소

丙癸兩透 科甲中人 丙透癸藏 可許入泮 癸透丙藏 納資得官

병계양투 과갑중인 병투계장 가허입반 계투병장 납자득관

若丙藏又無癸 卽多不透 此皆常人 癸丙全無 奔流之客

약병장우무계 즉다불투 차개상인 계병전무 분류지객

或四柱皆辛 無丙丁 此命傷官格爲人淸秀 卽不能拾芥

혹사주개신 무병정 차명상관격위인청수 즉불능습개

亦可武庠 一見癸水 富而且貴 或支成水局 壬癸出干

역가무상 일견계수 부이차귀 혹지성수국 임계출간

此命財多身弱 愚懦無能 若天干有比劫分散財神 頗言衣食

차명재다신약 우나무능 약천간유비겁분산재신 파언의식

秋土生金極弱 須丙丁火出干方妙

추토생금극약 수병정화출간방묘

【해설】

  유(酉)월 무토(戊土)는 금(金)이 설기(洩氣)하여 한냉하다. 병화
(丙火)로 따뜻하게 하고 수(水)로 윤택하게 해야 하니 병화(丙火)
로 용신(用神)을 삼은 후 계수(癸水)를 쓰는데 목(木)으로 소토(疏
土)할 필요는 없다. 만일 병화(丙火)와 계수(癸水)가 모두 투출(透
出)하면 과갑하는 중인이고, 병화(丙火)가 투출(透出)했는데 계수

(癸水)가 암장(暗藏)되면 명문학교에 들어가고, 계수(癸水)가 투출(透出)했는데 병화(丙火)가 암장(暗藏)되면 재산을 출납하는 관리가 되고, 병화(丙火)가 암장(暗藏)되었는데 계수(癸水)가 없어 길성이 모두 투출(透出)하지 않았으면 평상인에 불과하고, 계수(癸水)와 병화(丙火)가 전혀 없으면 실속없이 분주하다.

만일 사주가 모두 신금(辛金)인데 병정화(丙丁火)가 없으면 상관격(傷官格)이 되어 청수하고, 이때 계수(癸水)를 만나면 부귀를 이룬다. 만일 지지(地支)에 수국(水局)이 있는데 임수(壬水)와 계수(癸水)가 출간(出干)하면 재다신약(財多身弱)이 되어 어리석고 나약하며 무능하다. 만일 천간(天干)에 비겁(比劫)이 있어 재신(財神)을 분산하면 의식주만 있다. 토(土)는 생금(生金)하므로 설기(洩氣)가 심하여 매우 약한데 병정화(丙丁火)가 천간(天干)에 투출(透出)하면 묘해진다.

년	월	일	시	■ 남명
戊	辛	戊	辛	壬癸甲乙丙丁戊
辰	酉	辰	酉	戌亥子丑寅卯辰

무토(戊土) 일주(日主)가 유(酉)월에 태어났다. 진유합금(辰酉合金)하여 금기(金氣)가 태과하니 신약(身弱)하다. 인성(印星)과 비겁(比劫)을 용신(用神)으로 삼아야 하는데 인성(印星)이 없으니 비겁(比劫)을 쓴다. 식상(食傷)이 태과하면 비겁(比劫)보다 인성(印

星)이 좋은데 인성(印星)이 전혀 없으니 불리한 사주가 되었다. 본
명은 토(土)와 금(金)이 반반이니 토금상관격(土金傷官格)이다. 그
러나 무토(戊土)는 양토(陽土)라 강하고, 년주(年柱)에 무진(戊辰)
과 일지(日支)에 진토(辰土)가 들어 강하니 종아격(從兒格)이 아니
라 신약(身弱) 사주가 되었다.

본명은 금기(金氣)가 많아 설기(洩氣)가 심하니 진묘목(辰卯木)으
로 용신(用神)을 삼아야 한다. 즉 목화토(木火土)운은 길하고 금수
(金水)운은 흉하다. 초년은 수(水)운이라 발복하지 못하다가 병인
(丙寅) 대운에 병화(丙火)가 용신(用神)이라 승진하였다. 종아격
(從兒格)이 되려면 일주(日主)가 매우 약해야 하는데 일주(日主)가
강하니 정격(正格)으로 보아 신약(身弱) 사주로 판단해야 한다.

【원문】

戌月戊土當權 不可專用丙火 先看甲木 次取癸水 切忌化合
술월무토당권 불가전용병화 선간갑목 차취계수 절기화합
見金先用癸水 後取丙火 配合干支 方成有生之土 定發雲程
견금선용계수 후취병화 배합간지 방성유생지토 정발운정
或無丙有癸 不見甲透者 衣衿小富 無癸丙 有甲者 衣食而已
혹무병유계 불견갑투자 의금소부 무계병 유갑자 의식이이
若癸甲全無 雖有丙火 亦屬平常 或爲僧道 或支成水局
약계갑전무 수유병화 역속평상 혹위승도 혹지성수국
壬癸透干 用戊止流 有比透反主富 支成火局 名土燥不發

임계투간 용무지류 유비투반주부 지성화국 명토조불발
得金水兩透 此人淸高 畧可富貴 無水一生困苦
득금수양투 차인청고 략가부귀 무수일생곤고

【해 설】

술(戌)월은 무토(戊土)가 권력을 잡았으니 병화(丙火)는 용신(用神)이 되기 어렵다. 따라서 갑목(甲木)으로 용신(用神)을 삼은 후 계수(癸水)를 쓰는데 무계합화(戊癸合火)하면 흉하다. 금(金)이 있으면 계수(癸水)로 용신(用神)을 삼은 후 병화(丙火)로 간지(干支)와 배합하면 생하는 토(土)가 되니 등과하여 출세한다.

만일 병화(丙火)가 없고 계수(癸水)가 있는데 갑목(甲木)이 투출(透出)하지 않으면 작은 부를 이루고, 계수(癸水)와 병화(丙火)는 없는데 갑목(甲木)이 있으면 의식주만 해결할 뿐이고, 계수(癸水)와 갑목(甲木)이 전혀 없으면 병화(丙火)가 있어도 평상인이거나 승도의 길을 간다.

만일 지지(地支)에 수국(水局)이 있는데 임계수(壬癸水)가 투간(透干)하면 무토(戊土)로 수(水)의 흐름을 막아야 하는데 비견(比肩)이 투출(透出)하면 부를 이루고, 지지(地支)에 화국(火局)이 있는데 토기(土氣)가 열조하면 발복하지 못하고, 금(金)과 수(水)가 모두 투출(透出)하면 청고하나 부귀는 작다. 그러나 수(水)가 없으면 일생이 곤고하다.

년	월	일	시	■남명
丙	戊	戊	甲	己庚辛壬癸甲乙
子	戌	戌	寅	亥子丑寅卯辰巳

무토(戊土) 일주(日主)가 술(戌)월에 태어났는데 년간(年干)에 병화(丙火)와 월간(月干)에 무토(戊土)가 투출(透出)하고, 일지(日支)에 술토(戌土)가 들어 신강(身强)하다. 토(土)가 많아 신강(身强)해졌으니 토(土)를 제압할 시간(時干) 갑목(甲木)이 용신(用神)인데 시지(時支)에 인목(寅木)과 년지(年支)에 자수(子水)가 들어 길하다. 토금(土金)운과 수(水)운은 흥하고, 조후(調候)로 보아서는 화기(火氣)가 이롭다. 년지(年支)에 자수(子水)가 들어 초년부터 유산으로 재물이 많았고, 편관(偏官)이 용신(用神)이니 늦게 벼슬을 샀다. 부부궁은 흥하여 고집이 세고 무지한 아내를 만났다가 이별하고 중년부터 첩과 행복하게 살았다.

년	월	일	시	■용인살격(用印殺格)
己	甲	戊	丙	癸壬辛庚己戊丁丙
酉	戌	辰	辰	酉申未午巳辰卯寅

【원문】 차팔자서낙오선현평도(此八字徐樂吾先賢評道)
丙甲出干 孝廉 取用印殺
병갑출간 효염 취용인살

【해 설】

　무토(戊土) 일주(日主)가 술(戌)월에 태어나 득령(得令)하였고,
일지(日支)와 시지(時支)에 진토(辰土)가 들어 신강(身强)하다. 왕
토(旺土)를 제하려면 목극토(木剋土)해야 하니 월(月) 갑목(甲木)
이 용신(用神)이다. 그리고 술(戌)월은 냉기가 많고 결실을 거두어
야 하니 병화(丙火)가 필요하므로 목화(木火)가 용신(用神)이다.
대운이 목화(木火)운으로 흘러 효염(孝廉) 벼슬을 하였다.


```
년  월  일  시      ■ 용살인격(用殺印格)
丁  庚  戊  癸      己 戊 丁 丙 乙 甲 癸 壬
亥  戌  戌  亥      酉 申 未 午 巳 辰 卯 寅
```

【원 문】 차팔자서낙오선현평도(此八字徐樂吾先賢評道)

庠生　殺印不足　大富不貴　守錢奴命造
상생　살인부족　대부불귀　수전노명조

【해 설】

　무토(戊土) 일주(日主)가 술(戌)월에 태어났는데 일지(日支)에 술
토(戌土)가 들어 신강(身强)하다. 시주(時柱)에 계해(癸亥)와 년지
(年支)에 해수(亥水)가 들어 재성(財星)이 강하니 신왕재왕(身旺財
旺)하여 상생(庠生)에 올랐다. 그러나 갑을목(甲乙木) 관살(官殺)
이 해(亥)에 암장(暗藏)되고, 병정화(丙丁火) 인성(印星)이 매우

약하니 고귀한 명조는 아니다. 즉 큰 부자였지만 수전노였다.

년	월	일	시	■ 용살인격(用殺印格)
丙	戊	戊	壬	己庚辛壬癸甲乙丙
戌	戌	寅	子	亥子丑寅卯辰巳午

【원 문】 차팔자서낙오선현평도(此八字徐樂吾先賢評道)

用殺印格 身旺財旺 富貴雙全 此造富格 七殺爲用

용살인격 신왕재왕 부귀쌍전 차조부격 칠살위용

【해 설】

무토(戊土) 일주(日主)가 술(戌)월에 태어났으니 득령(得令)하여 신강(身强)하다. 토기(土氣)가 태왕하니 목극토(木剋土)해야 하므로 일지(日支) 인목(寅木)이 용신(用神)이다. 또 술(戌)월은 냉기가 많으니 병화(丙火)로 조후(調候)해야 하므로 관살(官殺)과 인성(印星)이 용신(用神)이다. 본명은 신왕(身旺)하고 재왕(財旺)하니 부귀를 모두 이루었다. 재성(財星)이 왕하여 부격(富格)이지만 일지(日支)에 칠살(七殺)이 있어 귀도 함께 이룬 것이다.

년	월	일	시	■ 용인살격(用印殺格)
丁	庚	戊	乙	己戊丁丙乙甲癸壬
酉	戌	寅	卯	酉申未午巳辰卯寅

【원 문】차팔자서낙오선현평도(此八字徐樂吾先賢評道)
身旺官旺無財 丙丁火先用 甲乙木次用 有貴無富
신왕관왕무재 병정화선용 갑을목차용 유귀무부

【해 설】
　무토(戊土) 일주(日主)가 술(戌)월에 태어나 신왕(身旺)하고, 일지(日支)와 시주(時柱)에 을인묘(乙寅卯)가 들어 관왕(官旺)하나 재성(財星)은 1개도 없으니 병정화(丙丁火)로 용신(用神)을 삼은 후 갑을목(甲乙木)을 쓴다. 귀는 있으나 부는 없는 청빈한 명조다.

년	월	일	시	■ 용살인격(用殺印格)
丙	戊	戊	己	己庚辛壬癸甲乙丙
寅	戌	辰	未	亥子丑寅卯辰巳午

【원 문】차팔자서낙오선현평도(此八字徐樂吾先賢評道)
戊戌戊辰魁罡 猛虎巡山格 官至少保 丙火透出
무술무진괴강 맹호순산격 관지소보 병화투출
殺印相生 貴格 非稼穡格也
살인상생 귀격 비가색격야

【해 설】
　월주(月柱) 무술(戊戌)과 일주(日柱) 무진(戊辰)이 모두 괴강살

(魁罡殺)이다. 괴강(魁罡)은 살벌하며 위엄이 있다는 뜻이다. 본명은 소보(少保)라는 벼슬을 하였다. 년상(年上)에 병화(丙火)가 투출(透出)하여 용신(用神)이고, 년지(年支)에 인목(寅木)이 제토(制土)하니 살인상생격(殺印相生格)이니 귀격을 이루었다. 어떤 사람은 가색격(稼穡格)으로 보나 정격(正格)이며 신강(身强) 사주다.

5. 삼동(三冬) 무토(戊土)

【원문】

亥月戊土 時値小陽 陽氣略出 先用甲木 次用丙火 非甲土不靈
해월무토 시치소양 양기약출 선용갑목 차용병화 비갑토불령

非丙土不暖 安能發生萬物 甲丙兩出 富貴中人 若甲得長生
비병토불난 안능발생만물 갑병양출 부귀중인 약갑득장생

遇支藏得地之水 一丙高透 亦主身貴揚名 支見庚金 入泮而已
우지장득지지수 일병고투 역주신귀양명 지견경금 입반이이

若不見庚金 甲木藏支 丙火高透 科甲有之 若有庚 丁出制
약불견경금 갑목장지 병화고투 과갑유지 약유경 정출제

必異路功名 或有典吏 卽庚丁不透 甲丙藏支 亦云富貴
필이로공명 혹유전리 즉경정불투 갑병장지 역운부귀

壬透得戊救丙 主富中取貴 丙甲俱無 必有僧道
임투득무구병 주부중취귀 병갑구무 필유승도

【해 설】

해(亥)월은 소양(小陽)의 계절로 양기(陽氣)가 오르는 때이니 해(亥)월 무토(戊土)는 갑목(甲木)으로 용신(用神)을 삼은 후 병화(丙火)를 써야 한다. 토(土)는 갑목(甲木)이 아니면 신령스럽지 못하고, 병화(丙火)가 아니면 따뜻해질 수 없으니 어찌 만물을 키우겠는가. 만일 갑목(甲木)과 병화(丙火)가 모두 투출(透出)하면 부귀영화를 누리고, 갑목(甲木)이 장생(長生)을 얻었는데 지지(地支)에 암장(暗藏)되어 수(水)운을 만나고 병화(丙火) 1개가 천간(天干)에 투출(透出)하면 입신양명하고, 지지(地支)에서 경금(庚金)을 보면 높이 도약하고, 경금(庚金)이 없는데 갑목(甲木)이 암장(暗藏)되고 병화(丙火)가 천간(天干)에 투출(透出)하면 과갑한다.

만일 경금(庚金)이 있는데 정화(丁火)가 투출(透出)하여 경금(庚金)을 제극(制剋)하면 반드시 이로에서 공명을 이루거나 아전이 된다. 즉 경금(庚金)과 정화(丁火)가 투출(透出)하지 않았는데 갑목(甲木)과 병화(丙火)가 암장(暗藏)되면 부귀를 이룬다. 임수(壬水)가 투출(透出)했는데 무토(戊土)로 병화(丙火)를 구하면 부유한 가운데 귀를 얻고, 병화(丙火)와 갑목(甲木)이 모두 없으면 반드시 승도팔자가 된다.

년	월	일	시	■남명						
戊	癸	戊	癸	甲	乙	丙	丁	戊	己	庚
辰	亥	辰	亥	子	丑	寅	卯	辰	巳	午

무토(戊土) 일주(日主)가 해(亥)월에 태어나 수(水)가 많다. 따라서 제방려면 무토(戊土)가 용신(用神)이고 화(火)는 희신(喜神)이다. 신왕(身旺)하고 재왕(財旺)하니 재물운이 좋아 큰 재물을 지닐수 있었고, 일지(日支) 진토(辰土)가 길신에 해당하니 아내복도 많아 책임감이 강하며 신용 있는 현모양처를 만났다. 갑자(甲子) 을축(乙丑) 대운에는 발복하지 못하다가 병인(丙寅) 정묘(丁卯) 대운부터 발복하여 무진(戊辰) 기사(己巳) 대운에는 재물을 산처럼 쌓았다. 즉 목화토(木火土)운은 길하고 금수(金水)운은 흉하다.

본명은 토(土)와 수(水)만으로 구성되어 양신성상격(兩神成象格)으로 보이지만 정격(正格)이며 신약(身弱) 사주다. 이처럼 2가지 오행만으로 구성된 사주는 기복이 심하므로 일생이 평안할 수만은 없다. 그리고 건강운은 신장과 방광과 하체에 고질병이 있었고 심장도 허약하였다. 사주는 오행이 골고루 들어 균형을 이루어야 길복이 많다.

년	월	일	시	■ 용양인격(用羊刃格)
癸	癸	戊	戊	壬 辛 庚 己 戊 丁 丙 乙
卯	亥	辰	午	戌 酉 申 未 午 巳 辰 卯

【원 문】 차팔자서낙오선현평도(此八字徐樂吾先賢評道)
身旺財旺 取用陽刃 官至府尹 小官大富
신왕재왕 취용양인 관지부윤 소관대부

【해 설】

무토(戊土) 일주(日主)가 해(亥)월에 태어나 실령(失令)했으나 시상(時上)에 무토(戊土)와 일지(日支)에 진토(辰土)와 시지(時支)에 오화(午火)가 들어 신강(身强)하다. 그리고 월주(月柱)가 계해수(癸亥水)이니 재성(財星)도 태강하다. 따라서 홍수가 난 형상이지만 시지(時支)에 오화(午火) 양인(陽刃)이 있으니 충분히 제방할 수 있다. 즉 화토(火土)운은 길하고 금수(金水)운은 흉하다. 그리고 관운은 한신(閑神)에 해당하니 부윤(府尹)에 머물렀지만 재물운은 매우 좋아 대부를 이루었다.

년	월	일	시	■ 합록격(合祿格)
壬	辛	戊	庚	壬癸甲乙丙丁戊己
申	亥	寅	申	子丑寅卯辰巳午未

【원 문】 차팔자서낙오선현평도(此八字徐樂吾先賢評道)

此命合祿格 火運大發 庚金太旺 寅中丙火取用 大運大吉
차명합록격 화운대발 경금태왕 인중병화취용 대운대길

【해 설】

본명은 무토(戊土) 일주(日主)가 해(亥)월에 태어났으니 실령(失令)하여 신약(身弱)하다. 사주에 금기(金氣)와 수기(水氣)가 태왕하니 병정화(丙丁火)운에 크게 발복하였다. 경신금(庚辛金)과 임해수(壬亥水)가 태왕하니 일지(日支)의 인(寅) 병화(丙火)가 용신(用神)이다. 그러나 다행히 대운이 목화(木火)운으로 흘러 대길하였다. 별로 자랑할 것 없는 사주였지만 대운이 좋아 살아난 것이다.

년	월	일	시	■ 용인살격(用印殺格)
乙	丁	戊	丙	丁丙乙甲癸壬辛庚
卯	亥	戌	辰	戌酉申未午巳辰卯

【원 문】 차팔자서낙오선현평도(此八字徐樂吾先賢評道)

用印殺格 文武兩科科甲 丙乙兩透大吉 木火取用

용인살격 문무양과과갑 병을양투대길 목화취용

【해 설】

무토(戊土) 일주(日主)가 해(亥)월에 태어났으니 실령(失令)하여 신약(身弱)하다. 그러나 시상(時上)에 병화(丙火)가 들고, 일지(日支)에 술토(戌土)가 들고, 시지(時支)에 진토(辰土)가 들어 신강(身强)해졌다. 시상(時上) 병화(丙火)로 용신(用神)을 삼은 후 목(木)을 희신(喜神)으로 삼는다. 즉 용인살격(用印殺格)이다. 병화(丙火) 용신(用神)은 을목(乙木)과 정화(丁火)와 묘목(卯木)에 통근(通根)하여 강하니 문과와 무과에 모두 급제하였다. 시상(時上)에 병화(丙火)가 투출(透出)하고, 년상(年上)에 을목(乙木)이 투출(透出)하여 용신(用神)과 희신(喜神)이 모두 투출(透出)했으니 대길하고, 대운이 목화(木火)운으로 흘러 명진사해한 것이다.

【원문】

子丑月 嚴寒氷凍 丙火爲尊 甲木爲佐 丙甲兩透 桃浪之人
자축월 엄한빙동 병화위존 갑목위좌 병갑양투 도랑지인

丙出甲藏 探芹食饌 丙藏甲出 佐難前程 有丙戊甲者 豪富
병출갑장 채근식희 병장갑출 좌난전정 유병무갑자 호부

有甲無丙者 淸貧 丙甲全無 下流之造 或一派丙火 加以丙透
유갑무병자 청빈 병갑전무 하류지조 혹일파병화 가이병투

運値火土 弱中復强 又一壬透干 主淸高榮祿 乏壬僧道孤貧
운치화토 약중복강 우일임투간 주청고영록 핍임승도고빈

或一派水土寒滯 不見一丙 得一癸月時 亦不失儒雅風流
혹일파수토한체 불견일병 득일계월시 역불실유아풍류

若一派壬水 不見比劫 可作從財而論 卽有比劫 得甲出干
약일파임수 불견비겁 가작종재이론 즉유비겁 득갑출간

又主富貴 若寒土無丙 雖有甲木 亦是內虛外實之人
우주부귀 약한토무병 수유갑목 역시내허외실지인

或一癸透月時 各爲爭合 終屬勞碌之人 得己出干制癸
혹일계투월시 각위쟁합 종속노록지인 득기출간제계

反爲忠義之士 捨己從人而論 年月透辛金者 又屬土金傷官
반위충의지사 사기종인이론 년월투신금자 우속토금상관

異路功名可許
이로공명가허

【해 설】

자(子)월과 축(丑)월의 엄동설한에는 병화(丙火)로 용신(用神)을 삼은 후 갑목(甲木)으로 보좌해야 한다. 따라서 병화(丙火)와 갑목(甲木)이 모두 투출(透出)하면 벼슬길에 오르고, 병화(丙火)가 투출(透出)했는데 갑목(甲木)이 암장(暗藏)되면 청빈하고, 병화(丙火)가 암장(暗藏)되었는데 갑목(甲木)이 투출(透出)하면 고난이 많고, 병화(丙火)와 무토(戊土)와 갑목(甲木)이 모두 있으면 부를 이루고, 갑목(甲木)이 있는데 병화(丙火)가 없으면 청빈하고, 병화(丙火)와 갑목(甲木)이 전혀 없으면 하천한 명조가 된다.

만일 병화(丙火) 일파가 있는데 병화(丙火)가 또 투출(透出)하고 화토(火土)운을 만나면 다시 강해지고, 여기다 임수(壬水) 1개가 투간(透干)하면 청고하며 영화로우나 임수(壬水)가 끊어지면 승도 팔자가 된다. 만일 일파 수토(水土)가 차가운데 병화(丙火)가 1개도 없고 계수(癸水) 1개가 월간(月干)과 시간(時干)에 투출(透出)하면 역시 유림의 풍모를 잃지 않는다.

만일 일파의 임수(壬水)가 비겁(比劫)을 만나지 못하면 종재격(從財格)이 된다. 즉 비겁(比劫)이 있는데 갑목(甲木)이 출간(出干)하면 부귀를 이루고, 한토(寒土)에 병화(丙火)가 없으면 갑목(甲木)이 있어도 내허외실하고, 계수(癸水)가 월간(月干)과 시간(時干)에 투출(透出)하면 쟁합(爭合)이 되어 고생을 면하지 못하고, 기토(己土)가 출간(出干)하여 계수(癸水)를 제극(制剋)하면 자기를 희생시키며 대의를 따르고, 년간(年干)과 월간(月干)에 신금(辛金)이 투출(透出)하면 토금상관(土金傷官)이 되어 이로에서 공명을 이룬다.

년	월	일	시	■ 여명
壬	壬	戊	壬	辛庚己戊丁丙乙
午	子	子	子	亥戌酉申未午巳

무토(戊土) 일주(日主)가 자(子)월에 태어나 수(水)가 넘치니 신약(身弱)하다. 홍수가 났으니 우선 제방해야 하므로 용신(用神)은 일간(日干) 무토(戊土)인데 년지(年支) 오화(午火)가 도와주니 대흉을 면하였다. 그러나 용신(用神)의 통근지(通根地)인 오화(午火)가 자오상충(子午相沖)을 당하여 고전하였다.

본명은 수기(水氣)가 태과하여 종재격(從財格)으로 보인다. 어떤 사주든 기신(忌神)이 용신(用神)을 상충(相沖)하면 매우 흉하다. 이 사주 역시 년지(年支) 오화(午火)는 용신(用神)의 통근지(通根地)이고, 월지(月支) 자수(子水)는 기신(忌神)이다. 그리고 일지(日支) 자수(子水)가 기신(忌神)에 해당하니 남편복이 없어 바람둥이를 만나 얼마 살지 못하고 쫓겨나 재혼했지만 또 이별하였다. 여러 번 재혼했지만 모두 실패하고 독수공방하였다. 남편인 관살(官殺)이 없고, 일지(日支)에 기신(忌神)이 있으니 남편복이 없었던 것이다. 그러다 신(申) 대운에 신자진(申子辰)이 삼합(三合)하여 수국(水局)을 이루니 홍수가 일어나 익사하였다. 수(水)가 태과하고 기신(忌神)이면 물을 조심해야 한다.

년	월	일	시		■남명
壬	壬	戊	戊		癸甲乙丙丁戊己
申	子	寅	午		丑寅卯辰巳午未

무토(戊土) 일주(日主)가 자(子)월에 태어나 실령(失令)하였고, 년월간(年月干)에 임수(壬水)가 투간(透干)했는데 년지(年支)에 신금(申金)이 들었으니 신약(身弱)하다. 용신(用神)은 시간(時干) 무토(戊土)이고 화(火)는 희신(喜神)이다. 그러나 조후(調候)로 보면 오화(午火)가 거의 용신(用神) 역할을 한다. 화토(火土)운은 길하고 금수(金水)운은 흉하다.

월지(月支) 자수(子水)와 시지(時支) 오화(午火)는 일지(日支) 인목(寅木)이 화해시켜 상충(相沖)하지 않으나 대운에서 오화(午火)를 만나면 상충(相沖)한다. 용신(用神)이 기신(忌神)을 상충(相沖)하면 대길하나 기신(忌神)이 용신(用神)을 상충(相沖)하면 대흉하다. 본명은 오(午) 대운에 자오(子午)가 상충(相沖)하자 발복하여 비록 작은 마을이지만 제일 가는 부자가 되었다. 그리고 일지(日支)는 아내궁인데 인목(寅木)이 구신(仇神)에 해당하니 아내와 사이가 좋지 않았다. 첩을 두었는데 모두 사악하고 간사하여 재물손해를 많이 보았다. 그러나 시주(時柱)에 용신(用神)이 있으니 자식복은 많아 자식을 여럿 두었는데 효심이 깊었고 총명하였다.

년 월 일 시　　■여명

己 丙 戊 乙　　丁戊己庚辛壬癸

丑 子 子 卯　　丑寅卯辰巳午未

　본명은 어느 돈 많은 과부의 팔자다. 무토(戊土) 일주(日主)가 자(子)월에 태어났는데 일지(日支)에 자수(子水)와 년지(年支)에 축토(丑土)가 들어 신약(身弱)하다. 조후(調候)하려면 월간(月干) 병화(丙火)가 용신(用神)이다. 을목(乙木)과 정화(丁火)와 무토(戊土)는 길하나 임수(壬水)와 계수(癸水)와 신금(辛金)은 흉하다.

　본명은 일지(日支) 자수(子水)가 기신(忌神)에 해당하니 남편복이 없었다. 남편은 사업으로 많은 돈을 벌어놓고는 사고로 죽었다. 돈 많은 과부가 되었으니 남자들이 많이 따랐고, 호색적이라 불륜한 생활을 많이 하였다. 그러나 올바른 남자는 한 번도 만나지 못하였다. 비겁(比劫)과 재성(財星)이 강하면 재물이 많고, 지지(地支)에 수기(水氣)가 많으면 색을 좋아한다. 그러나 시주(時柱)에 을묘(乙卯)가 들고 한신(閑神)에 해당하니 자식운은 좋아 말년에 자식들이 성공하여 복을 누렸다.

년 월 일 시　　■종재격(從財格)

壬 壬 戊 壬　　癸甲乙丙丁戊己庚

子 子 子 子　　丑寅卯辰巳午未申

【원 문】 차팔자서낙오선현평도(此八字徐樂吾先賢評道)

從財格 太師 水多土蕩 從財無疑

종재격 태사 수다토탕 종재무의

【해 설】

　본명은 태사(太師) 벼슬을 지낸 사람의 사주다. 무토(戊土) 일주(日主)가 자(子)월에 태어나 사주가 임수(壬水)와 자수(子水)로만 구성되어 종재격(從財格)이 되었으니 금수(金水)운이 길하다. 사주에 수기(水氣)가 태왕한데 무토(戊土) 일주(日主)가 태약하니 종재격(從財格)이 된 것이다.

	년	월	일	시	■용인살격(用印殺格)							
	癸	乙	戊	癸	甲	癸	壬	辛	庚	己	戊	丁
	卯	丑	申	丑	子	亥	戌	酉	申	未	午	巳

【원 문】 차팔자서낙오선현평도(此八字徐樂吾先賢評道)

丑月戊日 取用丙丁先用 己未次用 庚辛後用 皆得妻福財福官福

축월무일 취용병정선용 기미차용 경신후용 개득처복재복관복

【해 설】

　무토(戊土) 일주(日主)가 축(丑)월에 태어나 득령(得令)하였다. 비록 신강(身强)하나 사주가 한습하니 조후(調候)하려면 병정화

(丙丁火)로 용신(用神)을 삼은 후 기미토(己未土)와 경신금(庚辛金)을 쓴다. 일지(日支) 신금(申金)이 길작용을 하니 아내복이 많았고, 월(月)의 을목(乙木) 정관(正官)이 투출(透出)하니 등과급제하여 안찰사(按察使)가 되었다. 신유(辛酉) 대운부터 발복하여 경신(庚申) 기미(己未) 무오(戊午) 정사(丁巳)로 이어졌다. 계속 용신(用神)운으로 이어져 안찰사(按察使)에 오른 것이다.

년 월 일 시	■ 용인겁격(用印劫格)
戊 甲 戊 戊	乙丙丁戊己庚辛壬
寅 子 辰 午	丑寅卯辰巳午未申

【원 문】차팔자서낙오선현평도(此八字徐樂吾先賢評道)
子月戊日 身旺財旺官旺 取用印比 五福具備
자월무일 신왕재왕관왕 취용인비 오복구비

【해 설】
무토(戊土) 일주(日主)가 자(子)월에 태어났으니 실령(失令)하여 신약(身弱)하다. 그러나 년상(年上)과 시상(時上)에 무토(戊土)가 투출(透出)하고, 일지(日支)에 진토(辰土)와 시지(時支)에 오화(午火)가 들어 신강(身强)해졌다. 월(月) 갑목(甲木)은 편관(偏官)인데 년지(年支) 인목(寅木)에 통근(通根)하고, 자수(子水)의 생조(生助)를 받아 왕강하니 신왕(身旺) 재왕(財旺) 관왕(官旺)하여 대

길한 사주가 되었다. 병정화(丙丁火) 인성(印星)으로 용신(用神)을
삼은 후 무기토(戊己土)인 비겁(比劫)을 쓰니 용신(用神)과 희신
(喜神)이 모두 좋아 길한 사주가 되었다.


```
년  월  일  시      ■남명
壬  癸  戊  壬      甲乙丙丁戊己庚辛
戌  丑  子  子      寅卯辰巳午未申酉
```


　무토(戊土) 일주(日主)가 축(丑)월에 태어났으니 동토(凍土)의 큰
산이 되었다. 년간(年干)에 임수(壬水)와 월간(月干)에 계수(癸水)
와 일지(日支)에 자수(子水)가 있으니 재성(財星)이 강하다. 동토
(凍土)라 매우 차가우니 음일간(陰日干)이라면 분명히 금수(金水)
운에 종(從)했을 것이다. 그러나 무토(戊土)이며 양일간(陽日干)이
고 년지(年支)에 술토(戌土)가 들어 종(從)하지 않았다. 사주가 매
우 춥지만 무토(戊土)는 변하지 않고 자기의 사명을 지킨다.
　본명은 년지(年支)의 술(戌) 정화(丁火)가 유일한 용신(用神)이니
화토(火土)운이 길하고 금수(金水)운은 흉하다. 일주(日主)가 태약
한데 종격(從格)이 아니니 일주(日柱)와 용신(用神)이 너무 약하
다. 년지(年支) 술토(戌土)가 용신(用神)인데 겨우 명맥만 이어갈
정도이니 발복하지 못하여 파란이 많았다. 차라리 종격(從格)이 되
었으면 유리했을 것이다. 그래도 재물복은 따라 의식주는 풍족하였
으나, 아내복이 없어 첫 결혼에 실패하고는 계속 혼자 살았다. 이런

사주는 대부분 돈 많은 과부나 홀아비가 된다. 여기서도 보다시피
양간(陽干)은 좀처럼 종하지 않으나 음간(陰干)은 쉽게 종한다. 의
지가 굳은 사람은 어려움을 잘 견디지만 그렇지 않은 사람은 주변
의 세력을 쉽게 따르는 것과 같은 이치다.

년 월 일 시	■남명
己 丁 戊 壬	丙 乙 甲 癸 壬 辛 庚
未 丑 子 子	子 亥 戌 酉 申 未 午

무토(戊土) 일주(日主)가 축(丑)월에 태어났으니 신강(身强)하다.
억부법(抑扶法)으로는 어렵고 조후법(調候法)으로 용신(用神)을
찾아야 한다. 즉 축(丑)월이라 사주가 너무 차가우니 월(月) 정화
(丁火)가 용신(用神)이고 목(木)은 희신(喜神)이다. 목화(木火)운
은 길하고 금수(金水)운은 흉하다.

 본명은 년주(年柱)의 기미(己未)가 길하여 조상덕이 많았고, 월
(月)에 용신(用神)이 있어 부모덕도 많았다. 그러나 일지(日支) 자
수(子水)가 기신(忌神)이라 아내덕이 없어 이혼하고 재혼했으나
행복하지 못하였다. 그리고 시주(時柱) 임자(壬子)가 기신(忌神)이
라 자식도 효성이 없었다. 그러나 재물복은 따라 읍내에서 알아주
는 부자로 살았다. 이런 사주는 대부분 처자식복은 없으나 재물복
은 많다. 용신(用神)은 사주에 있는 오행 중에서 찾아야 한다. 아무
리 필요해도 사주에 없으면 용신(用神)으로 쓸 수 없다.

제3장. 기토론(己土論)

1. 기토(己土) 희용제요(喜用提要)

1. 인(寅)월 기토(己土)

【원 문】

寅月己土 用丙庚甲 取丙解寒 忌見壬水

인월기토 용병경갑 취병해한 기견임수

如水多須以戊土爲佐 土多用甲 甲多用庚

여수다수이무토위좌 토다용갑 갑다용경

【해 설】

　인(寅)월 기토(己土)는 병화(丙火)로 용신(用神)을 삼고, 경금(庚金)과 갑목(甲木)을 쓴다. 병화(丙火)는 해동해주나 임수(壬水)는 흉하다. 수(水)가 많으면 무토(戊土)를 보좌하고, 토(土)가 많으면 갑목(甲木)을 쓰고, 갑목(甲木)이 많으면 경금(庚金)을 쓴다.

년	월	일	시	■남명							
丙	庚	己	丁	辛	壬	癸	甲	乙	丙	丁	戊
子	寅	戌	卯	卯	辰	巳	午	未	申	酉	戌

기토(己土) 일주(日主)가 인(寅)월에 태어났다. 인(寅)월은 무병
갑(戊丙甲)이 암장(暗藏)되어 목기(木氣)와 화기(火氣)가 강하니
경금(庚金)과 정화(丁火)로 용신(用神)을 삼아야 한다. 본명은 월
(月)에 경금(庚金)이 투출(透出)하고 시(時)에 정화(丁火)가 투출
(透出)하여 길명이 되었다. 상관(傷官)이 용신(用神)이라 판단력과
재능이 많았고, 일지(日支) 술토(戌土)가 희신(喜神)에 해당하니
아내는 인자하며 책임감이 강하고 신용이 있었다. 그리고 기토(己
土) 일주(日主)가 왕성하니 중부 정도의 재물을 소유하였다. 그러
나 관살(官殺)이 기신(忌神)에 해당하여 종종 관재구설이 따랐고,
갑을목(甲乙木)이 기신(忌神)에 해당하여 질투심이 많았다.

2. 묘(卯)월 기토(己土)

【원문】
卯月己土 用甲癸丙 用甲忌見 己土合化 次用癸水潤之
묘월기토 용갑계병 용갑기견 기토합화 차용계수윤지

【해 설】

묘(卯)월 기토(己土)는 갑목(甲木)으로 용신(用神)을 삼은 후 계수(癸水)와 병화(丙火)를 써야 한다. 갑목(甲木)이 용신(用神)인데 갑기합토(甲己合土)하면 흉하고, 계수(癸水)를 쓰면 자윤해준다.

```
년  월  일  시        ■남명
辛  辛  己  戊        庚己戊丁丙乙甲癸
卯  卯  亥  辰        寅丑子亥戌酉申未
```

기토(己土) 일주(日主)가 묘(卯)월에 태어났다. 묘(卯)월은 갑을(甲乙)이 암장(暗藏)되어 목기(木氣)만이 강하니 경신금(庚辛金)과 무토(戊土)로 용신(用神)을 삼아야 한다. 그런데 년월(年月)에 신금(辛金)이 투출(透出)했는데 시상(時上)에 무토(戊土)가 투출(透出)하여 길하다. 식신(食神)이 용신(用神)이니 명예운과 인기운이 많았고, 기토(己土) 일주(日主)가 왕하니 작은 부를 이루었다. 성격운은 신의가 있고 후덕했으나 질투심이 많았고 관재구설도 종종 따랐다. 어떤 사주든 용신(用神)이 투출(透出)하면 길하다.

3. 진(辰)월 기토(己土)

【원 문】

辰月己土 用丙癸甲 土暖而潤 隨用甲疏

진월기토 용병계갑 토난이윤 수용갑소

【해 설】

진(辰)월 기토(己土)는 병화(丙火)로 용신(用神)을 삼은 후 계수 (癸水)와 갑목(甲木)을 쓴다. 병화(丙火)는 토(土)를 따뜻하게 하고, 계수(癸水)는 토(土)를 윤택하게 하고, 갑목(甲木)은 소토(疏土)해주니 길하다.

년	월	일	시	■ 여명
辛	壬	己	壬	癸甲乙丙丁戊己
亥	辰	巳	申	巳午未申酉戌亥

기토(己土) 일주(日主)가 진(辰)월에 태어났다. 진(辰)월은 을계무(乙癸戊)가 암장(暗藏)되어 토기(土氣)와 목기(木氣)가 강하니 신금(辛金)과 임수(壬水)로 용신(用神)을 삼아야 한다. 그런데 년상(年上)에 신금(辛金)이 투출(透出)했는데 월상(月上)과 시상(時上)에 임수(壬水)가 투출(透出)하여 길하다. 기토(己土) 일주(日主)가 왕성한데 재성(財星)도 왕성하니 큰 재물을 모았다. 그러나 관살(官殺)이 기신(忌神)에 해당하여 관운은 없었다. 즉 유재무관(有財無官)의 명조다. 건강복 재물복 자식복은 많았으나 일지(日支)가 기신(忌神)에 해당하여 부부운은 불리하였다.

4. 사(巳)월 기토(己土)

【원 문】

巳月己土 先癸次丙 調候不能無癸 土潤不能無丙

사월기토 선계차병 조후불능무계 토윤불능무병

【해 설】

사(巳)월 기토(己土)는 먼저 계수(癸水)로 용신(用神)을 삼은 후 병화(丙火)를 써야 한다. 계수(癸水)가 없으면 조후(調候)하기 어렵고, 병화(丙火)가 없으면 토(土)를 윤택하게 하기 어렵다.

년	월	일	시	■남명
壬	乙	己	乙	丙丁戊己庚辛壬癸
子	巳	亥	亥	午未申酉戌亥子丑

기토(己土) 일주(日主)가 사(巳)월에 태어났다. 사(巳)월은 무경병(戊庚丙)이 암장(暗藏)되어 화기(火氣)와 금기(金氣)가 강하니 임계수(壬癸水)로 용신(用神)을 삼은 후 신금(辛金)을 써야 한다. 그런데 년주(年柱)에 임자(壬子)와 시지(時支)에 해수(亥水)가 들어 신약(身弱)하다. 화토(火土)운이 길하고 금수(金水)운은 흉하다.

본명은 재다신약(財多身弱)하니 부옥빈인(富屋貧人)의 명이 되어 의식주만 해결하는 정도였고, 일지(日支) 해수(亥水)가 기신(忌神)

에 해당하니 부부간에 대립이 많았고, 재성(財星)이 기신(忌神)에 해당하니 재물난을 자주 당하였고, 수(水)가 재성(財星)에 해당하니 물로 인한 고통이 많았다. 즉 홍수가 나서 전답이 유실되기도 하고, 수영하다가 여러 번 빠져죽을뻔 하였다.

5. 오(午)월 기토(己土)

【원 문】

午月己土 先癸次丙 調候不能無癸 土潤不能無丙
오월기토 선계차병 조후불능무계 토윤불능무병

【해 설】

오(午)월 기토(己土)는 먼저 계수(癸水)로 용신(用神)을 삼은 후 병화(丙火)를 쓰는 것이 사(巳)월과 같다. 계수(癸水)가 없으면 조후(調候)하기 어렵고, 병화(丙火)가 없으면 토윤(土潤)하기 어렵다.

년	월	일	시	■남명
丁	丙	己	壬	乙甲癸壬辛庚己戊
未	午	丑	申	巳辰卯寅丑子亥戌

기토(己土) 일주(日主)가 오(午)월에 태어났다. 오(午)월은 병기정(丙己丁)이 암장(暗藏)되어 화기(火氣)만이 강하니 반드시 임계

수(壬癸水)로 용신(用神)을 삼아야 한다. 그런데 시상(時上)에 임
수(壬水)가 투출(透出)하여 길하고, 임수(壬水) 용신(用神)은 일지
(日支)의 축토(丑土)와 시지(時支)의 신금(申金)에 통근(通根)하여
강하다. 따라서 사업가로 나가 중부 이상의 재물을 모았다. 용신(用
神)이 재성(財星)에 해당하면 재물운이 좋으니 사업가로 성공한다.
그리고 일지(日支)에 축토(丑土)가 들고 축(丑) 계수(癸水)가 용신
(用神)에 해당하여 부부운이 좋았다. 아내는 지혜롭고 신용이 있으
며 남편을 사랑하였다. 성격운은 임수(壬水)가 용신(用神)에 해당
하여 총명했으나, 오화(午火)가 기신(忌神)에 해당하여 다소 무례
하며 말실수를 하였다. 사람은 누구나 일장일단이 있는 법이다.

6. 미(未)월 기토(己土)

【원 문】

未月己土 先癸次丙 調候不能無癸 土潤不能無丙
미월기토 선계차병 조후불능무계 토윤불능무병

【해 설】

　미(未)월 기토(己土)는 먼저 계수(癸水)로 용신(用神)을 삼은 후
병화(丙火)를 쓰는 것이 오(午)월과 같다. 계수(癸水)가 없으면 조
후(調候)하기 어렵고, 병화(丙火)가 없으면 토윤(土潤)하기 어렵다.

년	월	일	시	■ 여명
丁	丁	己	庚	戊己庚辛壬癸甲乙
丑	未	巳	午	申酉戌亥子丑寅卯

기토(己土) 일주(日主)가 미(未)월에 태어났다. 미(未)월은 정을기(丁乙己)가 암장(暗藏)되어 토기(土氣)와 화기(火氣)가 강하니 계수(癸水)와 갑목(甲木)으로 용신(用神)을 삼아야 한다. 그런데 천간(天干)에 계수(癸水)와 갑목(甲木)이 출간(出干)하지 않아 길명이 되지 못하였다. 그리고 지지(地支)에 사오미(巳午未)가 방합(方合)하여 화국(火局)을 이루어 화기(火氣)가 태과하다.

년지(年支)의 축(丑) 계수(癸水)가 용신(用神)인데 암장(暗藏)되어 매우 약하니 종격(從格)에 가까운 정격(正格) 사주다. 어떤 사주든 종격(從格)에 가까우면 흉한데 이 사람 역시 의식주조차 해결하지 못하였다. 일지(日支) 사화(巳火)가 구신(仇神)에 해당하고, 관살(官殺)이 없으니 남편복도 없어 결혼 후 얼마 살지 못하고 쫓겨났다. 소설을 몇 권 써도 될만큼 파란만장한 인생이었다.

7. 신(申)월 기토(己土)

【원문】
申月己土 先丙次癸 丙火溫土 癸水潤土
신월기토 선병차계 병화온토 계수윤토

申月庚金司權 丙能制金 癸能洩金
신월경금사권 병능제금 계능설금

【해 설】

신(申)월 기토(己土)는 먼저 병화(丙火)로 용신(用神)을 삼은 후
계수(癸水)를 써야 한다. 병화(丙火)는 토(土)를 따뜻하게 해주고,
계수(癸水)는 토(土)를 윤택하게 해준다. 신(申)월은 경금(庚金)이
권력을 잡았으니 병화(丙火)는 충분히 금(金)을 다스리고, 계수(癸
水)는 충분히 금(金)을 설기(洩氣)할 수 있다.

```
년 월 일 시      ■남명
庚 甲 己 乙      乙丙丁戊己庚辛壬
戌 申 丑 亥      酉戌亥子丑寅卯辰
```

기토(己土) 일주(日主)가 신(申)월에 태어났다. 신(申)월은 기무
임경(己戊壬庚)이 암장(暗藏)되어 금기(金氣)와 수기(水氣)가 강하
니 갑을목(甲乙木)으로 용신(用神)을 삼은 후 계수(癸水)를 써야
한다. 그런데 기토(己土) 일주(日主)가 신(申)월에 태어나 설기(洩
氣)가 심하나 년지(年支)에 술토(戌土)와 일지(日支)에 축토(丑土)
가 들어 생조(生助)하고, 또 갑기합토(甲己合土)하여 약하지 않다.
그리고 월(月)에 갑목(甲木)이 투출(透出)했는데 시상(時上)에 을
목(乙木)이 투출(透出)하여 길하다.

본명은 관살(官殺)이 용신(用神)이니 관운이 있어 등과하여 시랑(侍郎)에 올랐고, 일지(日支) 축토(丑土)는 용신(用神)의 통근지(通根地)이니 인자하며 신용이 있고 후덕한 현모양처를 만났다. 그리고 자녀궁인 시주(時柱) 을해(乙亥)가 길신에 해당하여 자식들도 모두 효심이 깊었고, 재물운도 좋아 중부 이상의 재물을 모았다. 실로 인간이 누릴 수 있는 부귀영화를 모두 누리며 산 셈이다.

8. 유(酉)월 기토(己土)

【원 문】

酉月己土 先丙次癸 取辛輔癸

유월기토 선병차계 취신보계

【해 설】

유(酉)월 기토(己土)는 먼저 병화(丙火)로 용신(用神)을 삼은 후 계수(癸水)를 써야 한다. 신금(辛金)과 계수(癸水)로 보좌한다.

년	월	일	시	■ 남명
癸	辛	己	壬	庚 己 戊 丁 丙 乙 甲 癸
巳	酉	亥	申	申 未 午 巳 辰 卯 寅 丑

기토(己土) 일주(日主)가 유(酉)월에 태어났다. 유(酉)월은 경신

(庚辛)이 암장(暗藏)되어 금기(金氣)만이 강하니 갑을목(甲乙木)으로 용신(用神)을 삼은 후 병화(丙火)를 써야 한다. 그런데 기토(己土) 일주(日主)는 유신금(酉申金)이 심하게 설기(洩氣)하여 신약(身弱)하니 재관(財官)을 감당할 수 없고, 너무 허약하여 일지(日支) 해수(亥水)의 재성(財星)도 쓸 수 없다. 금수(金水)운은 흉하고 화토(火土)운만이 길하니 불행한 사주가 되었다.

본명은 년지(年支) 사화(巳火)가 유일한 길신인데 사유(巳酉)가 반합(半合)하여 금(金)으로 변하니 의식주를 해결하기 어려울 정도로 가난하였다. 인성(印星)보다 식상(食傷)이 태과하면 대개 가난하다. 인성(印星)은 수입을 의미하고 식상(食傷)은 지출을 의미하는데, 수입보다 지출이 많으면 당연히 가난할 수밖에 없기 때문이다. 그리고 금(金)이 기신(忌神)에 해당하여 호흡기·대장·근골 등에 질병이 많았고, 또 금극목(金剋木)하니 머리·간담·신경 등에도 질병이 따랐다. 종격(從格)에 가깝고 재다신약(財多身弱)하고 식다신약(食多身弱)하여 매우 가난한 사주가 된 것이다.

9. 술(戌)월 기토(己土)

【원문】

戌月己土 用甲丙癸 戌月土盛 宜甲木疏之 次用丙癸
술월기토 용갑병계 술월토성 의갑목소지 차용병계

【해 설】

술(戌)월 기토(己土)는 갑목(甲木)으로 용신(用神)을 삼은 후 병화(丙火)와 계수(癸水)를 써야 한다. 술(戌)월은 토(土)가 성하니 갑목(甲木)으로 소토(疏土)한 다음 병화(丙火)와 계수(癸水)를 쓰면 길하다.

```
년  월  일  시        ■여명
丁  庚  己  戊        辛壬癸甲乙丙丁戊
酉  戌  卯  辰        亥子丑寅卯辰巳午
```

기토(己土) 일주(日主)가 술(戌)월에 태어났다. 술(戌)월은 신정무(辛丁戊)가 암장(暗藏)되어 금기(金氣)와 토기(土氣)가 강하니 을목(乙木)과 병화(丙火)로 용신(用神)을 삼아야 한다. 그러나 천간(天干)에 을목(乙木)과 병화(丙火)가 투출(透出)하지 않았으니 길명이 아니다. 가장 좋은 것은 일지(日支)에 묘목(卯木)이 든 것이다. 사주에 토기(土氣)가 왕성하여 목극토(木剋土)해야 하니 묘목(卯木)이 용신(用神)이다. 일지(日支)에 용신(用神)이 들어 남편복이 많아 인자하며 애처가인 남편을 만났다. 이 사람은 남편복이 많은 것 외에는 볼 것이 없다. 건강도 좋지 않았고 명예도 없었고 재물도 넉넉하지 못하였다. 평범한 가정주부로 남편한테만 의지하면서 살았다.

10. 해(亥)월 기토(己土)

【원 문】

亥月己土 用丙甲戊 三冬己土 非丙暖不生
해월기토 용병갑무 삼동기토 비병난불생

初冬壬旺 取戊土制之 土多取甲木疏之
초동임왕 취무토제지 토다취갑목소지

【해 설】

해(亥)월 기토(己土)는 병화(丙火)로 용신(用神)을 삼은 후 갑목(甲木)과 무토(戊土)를 써야 한다. 겨울 기토(己土)는 병화(丙火)가 아니면 따뜻하게 할 수 없고, 초겨울은 임수(壬水)가 왕하니 무토(戊土)로 다스려야 좋고, 토(土)가 많으면 갑목(甲木)으로 소토(疏土)하는 것이 좋다.

년	월	일	시	■여명							
癸	癸	己	甲	甲	乙	丙	丁	戊	己	庚	辛
巳	亥	酉	子	子	丑	寅	卯	辰	巳	午	未

기토(己土) 일주(日主)가 해(亥)월에 태어났다. 해(亥)월은 무갑임(戊甲壬)이 암장(暗藏)되어 수기(水氣)와 목기(木氣)가 강하니 병정화(丙丁火)로 용신(用神)을 삼은 후 무토(戊土)를 써야 한다.

그런데 천간(天干)에 병화(丙火)나 정화(丁火)가 투출(透出)하지
않았으니 상격은 될 수 없다. 본명은 재다신약(財多身弱)하여 부옥
빈인(富屋貧人)의 명이니 인성(印星)과 비겁(比劫)으로 도울 수밖
에 없다. 따라서 년지(年支) 사화(巳火)가 용신(用神)이고 토(土)
는 희신(喜神)이나, 계해수(癸亥水)가 용신(用神)을 상충(相沖)하
여 허약하니 하격 사주가 되었다. 화토(火土)운이 길하고 금수(金
水)운은 흉하다. 목(木)운은 왕한 수(水)를 설기(洩氣)하나 신약
(身弱)하면 관살(官殺)의 도움도 소용이 없다. 건강운도 불리하여
성병·입·기관지·귀 등에 질병이 많았고 식은땀을 많이 흘렸다.
부부운도 흉하여 남편을 첩에게 빼앗기고 독수공방하였다.

11. 자(子)월 기토(己土)

【원 문】

子月己土 用丙甲戊 三冬己土 非丙暖不生
자월기토 용병갑무 삼동기토 비병난불생
壬水太旺 取戊土制之 土多取甲木疏之
임수태왕 취무토제지 토다취갑목소지

【해 설】

　자(子)월 기토(己土)는 먼저 병화(丙火)로 용신(用神)을 삼은 후
갑목(甲木)과 무토(戊土)를 써야 한다. 겨울철 기토(己土)는 병화

(丙火)가 아니면 따뜻하게 하기 어렵다. 임수(壬水)가 태왕하면 무토(戊土)로 수(水)를 제하고, 토(土)가 많으면 갑목(甲木)으로 소토(疏土)해야 한다.

년	월	일	시	■남명
辛	庚	己	庚	己戊丁丙乙甲癸壬
亥	子	丑	午	亥戌酉申未午巳辰

기토(己土) 일주(日主)가 자(子)월에 태어났다. 자(子)월은 임계(壬癸)가 암장(暗藏)되어 수기(水氣)만이 강하니 병정화(丙丁火)로 용신(用神)을 삼은 후 무기토(戊己土)를 써야 한다. 그런데 기토(己土) 일주(日主)가 왕하여 재성(財星)을 감당할 수 있으니 큰 재물은 모았으나, 관살(官殺)이 출간(出干)하지 않아 귀는 이루지 못하였다. 즉 유재무관(有財無官)이라 재물만 모을 줄 아는 소인배였다. 그리고 사주에 목기(木氣)가 1개도 없으니 인자하지 못하고 색을 좋아하며 사악한 지혜가 많은 사람이었다.

12. 축(丑)월 기토(己土)

【원문】
丑月己土 用丙甲戊 三冬己土 非丙暖不生
축월기토 용병갑무 삼동기토 비병난불생

壬水太旺 取戊土制之 土多取甲木疏之
임수태왕 취무토제지 토다취갑목소지

【해 설】

축(丑)월 기토(己土)는 먼저 병화(丙火)로 용신(用神)을 삼은 후 갑목(甲木)과 무토(戊土)를 쓴다. 겨울철 기토(己土)는 병화(丙火)가 아니면 따뜻하게 할 수 없다. 임수(壬水)가 태왕하면 무토(戊土)로 다스리고, 토(土)가 많으면 갑목(甲木)으로 소토(疏土)해야 길하다.

년	월	일	시	■남명
壬	癸	己	甲	甲 乙 丙 丁 戊 己 庚 辛
辰	丑	丑	子	寅 卯 辰 巳 午 未 申 酉

기토(己土) 일주(日主)가 축(丑)월 엄동설한에 태어났다. 축(丑)월은 계신기(癸辛己)가 암장(暗藏)되어 수기(水氣)와 토기(土氣)가 강하니 정화(丁火)와 경금(庚金)으로 용신(用神)을 삼아야 한다. 그런데 천간(天干)에는 임계수(壬癸水)가 투출(透出)하여 장대 같은 비와 눈이 내리고, 엄동설한에 병화(丙火) 태양과 정화(丁火) 난로가 없으니 하격 사주가 되었다. 팔자 중에 쓸만한 글자가 하나도 없으니 하인생활을 하는 등 일생이 빈천하였다.

2. 삼춘(三春) 기토(己土)

【원 문】

寅月己土 田園猶凍 蓋因臘氣未除 餘寒未退 故丙爲尊

인월기토 전원유동 개인납기미제 여한미퇴 고병위존

得丙照暖 萬物自生 忌見壬水 反爲己病 何也 壬乃江湖之水

득병조난 만물자생 기견임수 반위기병 하야 임내강호지수

湖水一發 則田園洗蕩 變爲沙土 而根苗盡沒矣 須戊作堤

호수일발 즉전원세탕 변위사토 이근묘진몰의 수무작제

以保園圃 壬多要見戊制 有戊出干者 定主玉堂金馬 若乏戊制

이보원포 임다요견무제 유무출간자 정주옥당금마 약핍무제

必屬平常 或一派甲木 有庚出干 加以癸丙齊透配得中和

필속평상 혹일파갑목 유경출간 가이계병제투배득중화

亦名利雙全 卽丙生寅月 庚透天干 亦有俊秀 若甲多無庚

역명리쌍전 즉병생인월 경투천간 역유준수 약갑다무경

殘疾廢人 宜用丁洩 或一派火 卽不見水無礙 何也 寅月己土寒濕

잔질폐인 의용정설 혹일파화 즉불견수무애 하야 인월기토한습

必丙照暖 反主得祿 加一癸透 科甲自然 戊透 反作常人

필병조난 반주득록 가일계투 과갑자연 무투 반작상인

【해 설】

인(寅)월은 한기가 남아 있는 때이니 인(寅)월 기토(己土)는 병화

(丙火)로 따뜻하게 해야 만물이 소생할 수 있으나 임수(壬水)를 보면 병을 얻는다. 임수(壬水)는 강호의 물이라 호수가 한 번 발동하면 전원이 세탕(洗蕩)하여 사토(沙土)가 되니 뿌리와 싹이 모두 망가지기 때문이다. 따라서 수(水)가 많으면 무토(戊土)로 제방해야 하니 무토(戊土)가 출간(出干)하면 옥당금마(玉堂金馬)를 이루나, 무토(戊土)가 제극(制剋)하지 않으면 평상인에 지나지 않는다.

만일 갑목(甲木) 일파가 있고 경금(庚金)이 출간(出干)했는데 계수(癸水)와 병화(丙火)가 나란히 투출(透出)하면 명리를 이룬다. 즉 병화(丙火)가 인(寅)월인데 경금(庚金)이 투간(透干)하면 준수하다. 만일 갑목(甲木)이 많고 경금(庚金)이 없으면 잔병으로 폐인이 되니 정화(丁火)로 용신(用神)을 삼아 설기(洩氣)하는 것이 좋다. 만일 화(火) 일파가 있는데 수(水)를 보지 않아도 흥하지 않다. 인(寅)월 기토(己土)는 한습하니 병화(丙火)로 따뜻하게 하면 복록이 두텁고, 여기다 계수(癸水)가 1개 투출(透出)하면 틀림없이 과갑하나 무토(戊土)가 투출(透出)하면 평범하다.

년	월	일	시	■남명
甲	丙	己	辛	丁戊己庚辛壬癸
子	寅	巳	未	卯辰巳午未申酉

기토(己土) 일주(日主)가 인(寅)월에 태어났고, 년지(年支) 자수(子水)가 갑인목(甲寅木)을 생조(生助)하고, 갑인목(甲寅木)은 병

사(丙巳)를 생조(生助)하고, 병사(丙巳)는 기미(己未)를 생조하고, 기미(己未)는 신금(辛金)을 생조한다. 생생불식(生生不息)이 되어 사주가 잘 흘러가니 인간이 누릴 오복을 모두 갖추었다.

본명은 일찍 등과하여 승진을 거듭하다 최고의 자리까지 올랐다. 또 부부금실도 매우 좋았고, 자식들도 많이 등과하여 출세하니 집안에 경사가 끊이지 않았다. 재물복도 많아 수백만 금의 큰 부자로 살았고, 수명도 90세까지 살았다. 이 사주의 용신(用神)은 시간(時干)의 신금(辛金)이고, 토(土)는 희신(喜神)이다. 그리고 병정화(丙丁火)는 일간(日干)을 생조하여 길하나, 한편으로는 용신(用神)을 파극(破剋)하여 한신(閑神)에 해당한다.

년	월	일	시	■남명
甲	丙	己	庚	丁戊己庚辛壬癸甲
寅	寅	戌	午	卯辰巳午未申酉戌

기토(己土) 일주(日主)가 인(寅)월에 태어났다. 인(寅)월은 무병갑(戊丙甲)이 암장(暗藏)되어 목기(木氣)와 화기(火氣)가 강하니 경금(庚金)과 정화(丁火)로 용신(用神)을 삼아야 한다. 인(寅)월은 아직 한기가 남아 있는 때이나 월(月)에 병화(丙火)가 투출(透出)하고, 시지(時支)에 오화(午火)가 들고, 인오술(寅午戌)이 삼합(三合)하여 화국(火局)을 이루어 화기(火氣)가 충분하다. 따라서 넘치는 목기(木氣)를 억제해야 하니 시상(時上) 경금(庚金)이 용신(用

神)이고, 토(土)는 희신(喜神)이다. 토금(土金)운은 길하고 수목(水木)운은 흉하다. 병정화(丙丁火)운은 조후(調候)할 때 필요하나 이 사주에서는 한신(閑神)이다. 식상(食傷)을 용신(用神)으로 쓰려면 일간(日干)이 어느 정도 왕해야 하는데, 월상(月上)에 병화(丙火)가 있고, 시지(時支)에 오화(午火)가 있고, 일지(日支)에 술토(戌土)가 있어 신강(身强)하니 식상(食傷)을 쓸 수 있다.

본명은 인(寅)월에 태어났고 목기(木氣)가 많아 종종 관재구설이 따랐고, 상관(傷官)이 용신(用神)이니 전문적인 재능과 기술이 있고, 인격도 좋고 성실하였다. 그러나 수(水)가 1개도 없으니 재물운이 없어 매우 가난하였다. 타고난 팔자는 피할 수 없는 것이다.

【원 문】

卯月己土 陽氣漸升 雖禾稼未成 萬物出土 田園未展
묘월기토 양기점승 수화가미성 만물출토 전원미전

先取甲木疏之 忌合 次取癸水潤之 甲癸出干 定主科甲
선취갑목소지 기합 차취계수윤지 갑계출간 정주과갑

加以一丙火出透 勢壓百僚 一見壬水 微末官職 或見庚制甲
가이일병화출투 세압백요 일견임수 미말관직 혹견경제갑

壬水出干 比肩重重 此必俗子 丙透猶有小富 丙藏衣祿無虧
임수출간 비견중중 차필속자 병투유유소부 병장의록무휴

或支成木局 庚透富貴 若柱多乙木 乙又屈庚 庚必輪情於乙
혹지성목국 경투부귀 약주다을목 을우굴경 경필수정어을

不能掃邪於正 此必狡詐之徒 運入東南 恐有不測 當用丁洩之

불능소사어정 차필교사지도 운입동남 공유불측 당용정설지

有丁者 小人而已 不致無良 無比印 從殺者貴

유정자 소인이이 불치무량 무비인 종살자귀

【해 설】

묘(卯)월은 양기(陽氣)가 올라오는 때이니 묘(卯)월 기토(己土)는
갑목(甲木)으로 용신(用神)을 삼아 소토(疏土)하고 계수(癸水)로
자윤해야 한다. 갑목(甲木)과 계수(癸水)가 출간(出干)하면 과감하
고, 여기에 병화(丙火)가 1개 투출(透出)하면 백관을 누르는 권세
를 얻으나, 임수(壬水)를 보면 미관말직에 머문다. 만일 경금(庚金)
이 갑목(甲木)을 제극(制剋)하면 임수(壬水)가 출간(出干)해야 한
다. 이때 비겁(比劫)이 많으면 평범하고, 병화(丙火)가 투출(透出)
하면 부가 작고, 병화(丙火)가 암장(暗藏)되면 의식주는 있다.

만일 지지(地支)에 목국(木局)이 있는데 경금(庚金)이 투출(透出)
하면 부귀를 이루고, 을목(乙木)이 많으면 경금(庚金)에게 굴복하
여 을경합금(乙庚合金)하여 을목(乙木)에게 정을 주므로 교활하며
사악한 무리가 된다. 이때 대운까지 남동운으로 흐르면 뜻밖의 재
앙이 온다. 따라서 반드시 정화(丁火)로 용신(用神)을 삼아 설기
(洩氣)해야 한다. 정화(丁火)가 있으면 소인배라도 불량하지는 않
다. 만일 비견(比肩) 겁재(劫財) 편인(偏印) 인수(印綬)가 없어 종
살격(從殺格)이 되면 귀를 이룬다.

년	월	일	시	■남명
癸	乙	己	甲	甲癸壬辛庚己戊丁
卯	卯	亥	子	寅丑子亥戌酉申未

기토(己土) 일주(日主)가 묘(卯)월에 태어났으니 실령(失令)하여 신약(身弱)하다. 월(月) 을목(乙木)은 묘(卯)월에 강하고, 계해수(癸亥水)가 목생화(木生火)하여 목(木)이 태왕하니 기명종살(棄命從殺)이 되었다. 따라서 목(木)이 용신(用神), 수(水)는 희신(喜神), 금(金)은 기신(忌神), 토(土)는 구신(仇神)이다.

초년운인 갑인(甲寅) 계축(癸丑) 대운은 용신(用神)과 희신(喜神)운에 해당하여 길하였고, 임자(壬子) 대운은 희신(喜神)운이라 등과하였고, 신해(辛亥) 대운은 금수(金水)운인데 금(金)은 흉하나 수(水)는 길하여 별 문제없이 관직을 지켰다. 그러나 경술(庚戌) 기유(己酉) 대운은 금(金)운이라 금극목(金剋木)하여 용신(用神)을 충극(沖剋)하니 큰 피해를 당하였다. 본명은 재물복이 많아 큰 재물을 지녔으나, 아내복이 없어 책임감과 신용이 없는 아내를 만났고, 자식을 여러 명 두었지만 별로 자랑할만한 자식은 없었다.

년	월	일	시	■여명
乙	己	己	庚	庚辛壬癸甲乙丙
未	卯	卯	午	辰巳午未申酉戌

기토(己土) 일주(日主)가 묘(卯)월에 태어났는데 일지(日支)에 또 묘목(卯木)이 들고, 년간(年干)에 을목(乙木)이 투간(透干)하여 신약(身弱)하다. 그러나 월간(月干)에 기토(己土)가 있고, 년지(年支)에 미토(未土)가 있고, 시지(時支)에 오화(午火)가 있어 약하지 않다. 따라서 시간(時干) 경금(庚金)이 용신(用神)이고, 토(土)는 희신(喜神)이다. 즉 식상(食傷)으로 관살(官殺)을 제압하여 중화시켜 식상제살격(食傷制殺格)이 되었다. 따라서 목(木)은 기신(忌神), 수(水)는 구신(仇神), 화(火)는 한신(閑神)이다.

본명은 관살(官殺)이 혼잡하며 기신(忌神)에 해당하고, 또 남편궁인 일지(日支)에 기신(忌神)이 들어 남편운이 좋지 않았다. 백수건달에 권위의식만 강한 남편을 만나 경제적인 고통을 많이 당하였고 관재구설도 많았다. 그러나 용신(用神)이 시상(時上)에 투출(透出)하여 자식이 총명하며 등과하여 자식덕에 말년이 충만하였고, 상관(傷官)이 용신(用神)이니 인기와 재능이 많았다.

년	월	일	시	■ 상 관 제 살 격 (傷官制殺格)						
癸	乙	己	庚	甲	癸	壬	辛	庚	己	戊	丁
卯	卯	巳	午	寅	丑	子	亥	戌	酉	申	未

【원문】차팔자서낙오선현평도(此八字徐樂吾先賢評道)
庚金隔位 乙難合庚 群邪自伏 撫軍
경금격위 을난합경 군사자복 무군

乙庚相隔 乙不合庚 傷官制殺也

을경상격 을불합경 상관제살야

【해 설】

월상(月上) 을목(乙木)과 시상(時上) 경금(庚金)이 기토(己土)가
가로막고 있으니 합을 하기 어렵다. 목기(木氣)가 태왕하니 금극목
(金剋木)해야 중화되므로 시상(時上) 경금(庚金)이 용신(用神)이
고, 토(土)는 희신(喜神)이다. 즉 상관(傷官)이 용신(用神)인데 경
금(庚金)은 기토(己土)의 생조(生助)를 받고, 사(巳) 경금(庚金)이
들어 용신(用神) 역할을 한다. 그러나 용신(用神)이 오화(午火)에
게 절각(折脚)당하여 무력해져 벼슬이 무군(撫軍)에 머물렀다.

년	월	일	시	■ 식상제살격〔食傷制殺格〕
癸	乙	己	乙	甲癸壬辛庚己戊丁
卯	卯	巳	丑	寅丑子亥戌酉申未

【원 문】 차팔자서낙오선현평도(此八字徐樂吾先賢評道)

卯月己日 官殺太旺 取用巳中庚金 壯元 金運發福

묘월기일 관살태왕 취용사중경금 장원 금운발복

【해 설】

기토(己土) 일주(日主)가 묘(卯)월에 태어나 관살(官殺)이 태왕하

나 일지(日支)에 사화(巳火)가 들고, 시지(時支)에 축토(丑土)가 들어 신약(身弱)하지 않다. 사축(巳丑)이 반회국(半會局)하니 사(巳) 경금(庚金)과 축(丑) 신금(辛金)이 용신(用神)이다. 비록 용신(用神)이 암장(暗藏)되었고 미약하지만 중년부터 금(金) 대운으로 흘러 작게나마 발복하여 장원(壯元) 벼슬을 한 것이다.

【원 문】

辰月己土 正栽培禾稼之時 先丙後癸 土暖而潤 隨用甲疏

진월기토 정재배화가지시 선병후계 토난이윤 수용갑소

三者俱透天干 必官居黃閣 或三者透一 科甲定然 但要得地

삼자구투천간 필관거황각 혹삼자투일 과갑정연 단요득지

却以庚金爲病 或有丙甲無癸 亦可致富 但不貴顯

각이경금위병 혹유병갑무계 역가치부 단불귀현

或有癸而無甲丙 亦有衣衿 或有丙癸無甲 亦係才人

혹유계이무갑병 역유의금 혹유병계무갑 역계재인

丙癸全無 流俗之輩 或一片乙木 無金制伏 貧而且夭也

병계전무 유속지배 혹일편을목 무금제복 빈이차요야

【해 설】

진(辰)월은 곡식을 재배하는 좋은 때이니 진(辰)월 기토(己土)는 먼저 병화(丙火)로 용신(用神)을 삼은 후 계수(癸水)를 쓴다. 토(土)가 따뜻하고 윤택하므로 갑목(甲木)이 소토(疏土)하면 좋아하므로 기토(己土)와 병화(丙火)와 계수(癸水)가 모두 천간(天干)에 투출(透出)하면 반드시 고관에 오르고, 1개만 투출(透出)하여도 반드시 과갑한다. 그러나 경금(庚金)은 병이 된다. 만일 병화(丙火)와 갑목(甲木)은 있는데 계수(癸水)가 없으면 부는 이루나 귀는 없고, 계수(癸水)는 있는데 갑목(甲木)과 병화(丙火)가 없으면 의식주만 있고, 병화(丙火)와 계수(癸水)는 있는데 갑목(甲木)이 없으면 재주 있는 사람에 불과하고, 병화(丙火)와 계수(癸水)가 전혀 없으면 세속적인 무리가 되고, 을목(乙木)이 1개 있는데 금(金)이 제복(制伏)하지 못하면 가난하게 살다 요절한다.

년 월 일 시	■ 관인상생격(官印相生格)
壬 甲 己 丙	乙 丙 丁 戊 己 庚 辛 壬
子 辰 卯 寅	巳 午 未 申 酉 戌 亥 子

【원 문】 차팔자서낙오선현평도(此八字徐樂吾先賢評道)

甲丙癸全 殺旺身强 一品 甲丙透而通根於寅

갑병계전 살왕신강 일품 갑병투이통근어인

長生 癸藏子得祿 三者皆得地也 以印化殺爲用

장생 계장자득록 삼자개득지야 이인화살위용

【해 설】

시상(時上)에 병화(丙火)가 투출(透出)하고, 월(月)에 갑목(甲木)

이 투출(透出)하고, 자(子)에 계수(癸水)가 있어 살왕(殺旺)하고 신강(身强)하여 일품 벼슬을 지냈다. 기토(己土) 일주(日主)가 진(辰)월에 태어나 신강(身强)하나 관살(官殺)이 매우 많으니 병화(丙火)로 관인상생(官印相生)시켜 일품에 오른 것이다.

년	월	일	시	■ 용재격(用財格)
辛	壬	己	甲	辛庚己戊丁丙乙甲
未	辰	巳	子	卯寅丑子亥戌酉申

【원 문】 차팔자서낙오선현평도(此八字徐樂吾先賢評道)
身旺任財 富翁 丙藏巳 癸藏子 日元坐印
신왕임재 부옹 병장사 계장자 일원좌인
身旺任財 而月令財透也
신왕임재 이월령재투야

【해 설】
기토(己土) 일주(日主)가 진(辰)월에 태어났으니 신왕(身旺)하여 큰 부자가 되었다. 병화(丙火)가 사(巳)에 암장(暗藏)되고, 계수(癸水)가 자(子)에 암장(暗藏)되고, 기토(己土) 일주(日主)는 인성(印星) 위에 앉아 길하다. 월(月)에 임수(壬水) 재성(財星)이 투출(透出)하고, 시지(時支) 자수(子水)에 통근(通根)하여 재물운이 왕하니 부자가 된 것이다.

년 월 일 시	■ 잡기재관격(雜氣財官格)
壬 甲 己 壬	乙丙丁戊己庚辛壬
子 辰 卯 申	巳午未申酉戌亥子

【원 문】차팔자서낙오선현평도(此八字徐樂吾先賢評道)

雜氣財官格 壯元 甲透癸藏 惜無丙火暖照 故主淸貴也

잡기재관격 장원 갑투계장 석무병화난조 고주청귀야

【해 설】

　잡기재관격(雜氣財官格)이며 장원(壯元) 벼슬을 하였다. 월(月)에 갑목(甲木)이 투출(透出)하고 계수(癸水)가 암장(暗藏)되었으나 병화(丙火)가 없어 따뜻하게 해주지 못하나 청귀는 이루었다. 기토(己土) 일주(日主)가 진(辰)월에 태어나 득령(得令)했으나, 목기(木氣)와 수기(水氣)가 많아 신약(身弱)하다. 따라서 시지(時支)신금(申金)은 용신(用神), 술토(戌土)는 희신(喜神), 갑을목(甲乙木)과 진토(辰土)는 기신(忌神)이다.

3. 삼하(三夏) 기토(己土)

【원 문】

三夏己土 雜氣財官 禾稼在田 最喜甘雨 取癸爲要

삼하기토 잡기재관 화가재전 최희감우 취계위요

次用丙火 夏無太陽 禾稼不長 故無癸曰旱田 無丙曰孤陰

차용병화 하무태양 화가불장 고무계왈한전 무병왈고음

或丙癸兩透 又加辛金生癸 此富貴之格 名水火旣濟

혹병계양투 우가신금생계 차부귀지격 명수화기제

鼎甲之人 邰忌戊癸化合 或有丙無癸 有壬亦可 但不大發

정갑지인 극기무계화합 혹유병무계 유임역가 단불대발

或一派丙火烈土 加以丁火制辛 癸水無根 如七酉月之間旱

혹일파병화열토 가이정화제신 계수무근 여칠유월지간한

則苗槁矣 此命孤苦零丁 或有甲木 又見丙火重重 無滴水解炎

즉묘고의 차명고고영정 혹유갑목 우견병화중중 무적수해염

亦孤貧到老 如有壬水 又見庚辛 此又不作孤看 但恐目疾

역고빈도노 여유임수 우견경신 차우불작고간 단공목질

心腎肝臟之炎 若壬水有根 辛金得地 又非此而論 或壬癸並出

심신간장지염 약임수유근 신금득지 우비차이론 혹임계병출

破火潤土 此人聰明特達 富中取貴 又轉禍爲福也

파화윤토 차인총명특달 부중취귀 우전화위복야

【해 설】

여름은 곡식이 밭에 있는 때이니 여름 기토(己土)는 단비를 가장
좋아한다. 따라서 계수(癸水)로 용신(用神)을 삼은 후 병화(丙火)
를 쓴다. 여름에는 태양이 없으면 곡식이 자라지 못하고, 계수(癸
水)가 없으면 가물고, 병화(丙火)가 없으면 고음(孤陰)이 된다. 만

일 병화(丙火)와 계수(癸水)가 모두 투출(透出)했는데 신금(辛金)이 계수(癸水)를 생조(生助)하면 부귀를 이룬다. 이런 사주는 수화기제(水火旣濟)라 하여 장원급제하나 무계(戊癸)가 합하면 흉하다.

만일 병화(丙火)가 있는데 계수(癸水)가 없으면 임수(壬水)로 대신해도 좋으나 크게 발전하지는 못한다. 만일 병화(丙火) 일파가 토(土)를 열조하게 하고, 신금(辛金)이 정화(丁火)를 제극(制剋)하면 계수(癸水)가 무근(無根)하니 신(申)월과 유(酉)월 사이에는 가물어 싹이 마른다. 이런 사주는 외롭고 고달프다. 만일 갑목(甲木)이 있는데 병화(丙火)가 많고 수(水)가 없으면 늙도록 가난하며 고독하다. 그러나 임수(壬水)와 경신금(庚辛金)이 있으면 가난하며 고독하지는 않으나 눈·심장·위장·간장에 염증이 따른다. 그러나 임수(壬水)가 유근(有根)하고 신금(辛金)이 득지(得地)하면 무방하다. 만일 임수(壬水)와 계수(癸水)가 투출(透出)하여 화국(火局)을 파하여 윤토(潤土)하면 부한 가운데 귀를 이룬다.

년	월	일	시	■ 종왕격(從旺格)						
己	己	己	戊	戊	丁	丙	乙	甲	癸	壬	辛
巳	巳	巳	辰	辰	卯	寅	丑	子	亥	戌	酉

【원 문】차팔자서낙오선현평도(此八字徐樂吾先賢評道)

火土全備 從旺格 雖有巳中庚金無力 火土吉福 水木凶禍

화토전비 종왕격 수유사중경금무력 화토길복 수목흉화

【해설】

기토(己土) 일주(日主)가 사(巳)월에 태어나 사주가 화토(火土)로 구성되어 종왕격(從旺格)이 되었다. 비록 사(巳)에 목화(木火)가 있지만 암장(暗藏)되어 세력을 나타낼 수 없으니 종왕격(從旺格)이다. 화토(火土)운은 길하고 수목(水木)운은 흉하다.

```
년  월  일  시        ■ 용식상격(用食傷格)
乙  辛  己  辛        庚己戊丁丙乙甲癸
巳  巳  巳  未        辰卯寅丑子亥戌酉
```

【원문】차팔자서낙오선현평도(此八字徐樂吾先賢評道)

月時上辛金透出 巳中庚金暗藏 非從格 金水吉運 木火土凶運
월시상신금투출 사중경금암장 비종격 금수길운 목화토흉운

【해설】

기토(己土) 일주(日主)가 사(巳)월에 태어나 신강(身强)하다. 지지(地支)가 모두 화토(火土)이지만 월상(月上)과 시상(時上)에 신금(辛金)이 투출(透出)하고, 사(巳)에 경금(庚金)이 암장(暗藏)되어 통근(通根)이 되니 종격(從格)이 아니라 정격(正格)이다. 즉 금수(金水)운은 길하고 목화토(木火土)운은 흉하다. 그러나 애석하게도 사주에 수기(水氣)가 1개도 없어 항상 의식주가 곤란하였다. 그러나 대운이 금수(金水)운으로 흘러 중년 이후에는 평안하였다.

년	월	일	시	■용재격(用財格)
乙	辛	己	庚	庚己戊丁丙乙甲癸
丑	巳	巳	午	辰卯寅丑子亥戌酉

【원 문】차팔자서낙오선현평도(此八字徐樂吾先賢評道)

辛金丑宮 不爲旱田 位至方伯 丑宮藏癸水 有水潤澤

신금축궁 불위조전 위지방백 축궁장계수 유수윤택

【해 설】

월(月) 신금(辛金)이 축궁(丑宮)에 암장(暗藏)되어 방백(方伯)에 이르렀다. 축궁(丑宮)에 계수(癸水)가 암장(暗藏)되어 길하나, 기토(己土) 일주(日主)가 사(巳)월생인데 일지(日支)와 시지(時支)에 사오화(巳午火)가 들어 열조하다. 그러나 년지(年支)에 축토(丑土)가 들어 조전(旱田)을 면하였고, 축(丑) 대운부터 발복하였다.

년	월	일	시	■용인살격(用印殺格)
丙	癸	己	乙	壬辛庚己戊丁丙乙
申	巳	亥	亥	辰卯寅丑子亥戌酉

【원 문】차팔자서낙오선현평도(此八字徐樂吾先賢評道)

女命 金水太旺 官印吉星 丙透巳通根 貞敬夫人

여명 금수태왕 관인길성 병투사통근 정경부인

【해 설】

기토(己土) 일주(日主)가 사(巳)월에 태어났으니 득령(得令)하여 신강(身强)하나, 일지(日支)와 시지(時支)에 해수(亥水)가 들고, 년지(年支)에 신금(申金)이 들어 신약(身弱)해졌다. 따라서 병화(丙火)가 용신(用神)이고 목(木)이 희신(喜神)이니, 목화(木火)운이 길하고 금수(金水)운은 흉하다. 병화(丙火) 용신(用神)은 월지(月支) 사화(巳火)에 통근(通根)하여 강하니 정숙한 부인이 되었다.

```
년 월 일 시        ■남명
庚 壬 己 戊        癸甲乙丙丁戊己庚
子 午 酉 辰        未申酉戌亥子丑寅
```

기토(己土) 일주(日主)가 오(午)월에 태어났는데 시간(時干)에 무토(戊土)와 시지(時支)에 진토(辰土)가 들어 신강(身强)하다. 화(火)가 많아 신강(身强)해졌으니 월간(月干) 임수(壬水)가 용신(用神)이다. 임수(壬水) 용신(用神)은 년간(年干)에 경금(庚金)이 들고, 년지(年支)에 자수(子水)가 들고, 일지(日支) 유금(酉金)이 부조(扶助)하여 강하니 큰 인물이 되고 복록이 많았다. 그리고 재성(財星)이 용신(用神)에 해당하니 재물운이 좋아 사업가로 성공하여 많은 재산을 모았고, 일지(日支) 유금(酉金)이 희신(喜神)이니 아내운도 좋아 정의감이 있고 남편을 잘 내조하는 현모양처를 만났다. 신왕(身旺)하고 재강(財强)하여 재물복이 많은데, 이런 명은

대개 부귀영화가 많이 따른다. 성격운은 오행이 균형을 이루어 원
만하며 특별한 어려움은 없었다. 다만 목기(木氣)가 부족하여 인정
미가 조금 부족하였다.

4. 삼추(三秋) 기토(己土)

【원 문】

三秋己土 萬物收藏之際 外虛內實 寒氣漸升 須丙火溫之
삼추기토 만물수장지제 외허내실 한기점승 수병화온지

癸水潤之 不特此也 且癸能洩金 丙能制金 補土精神
제수윤지 불특차야 차계능설금 병능제금 보토정신

則秋生之物咸茂矣 癸先丙後 丙癸兩透 雁塔題名
즉추생지물함무의 계선병후 병계양투 안탑제명

或無癸有兩丙透者 異道顯達 或武職權高 或有丙火 不見壬癸
혹무계유양병투자 이도현달 혹무직권고 혹유병화 불견임계

爲假道斯文 終無盛實 或有壬癸無丙者 衣食充足 才能而已
위가도사문 종무성실 혹유임계무병자 의식충족 재능이이

或支成金局 癸透有根 此人家蓄萬緡 富中取貴 或支四庫
혹지성금국 계투유근 차인가축만민 부중취귀 혹지사고

甲透者富 乏甲者孤貧 或甲出無癸乏金 積德可全科甲
갑투자부 핍갑자고빈 혹갑출무계핍금 적덕가전과갑

或會火局 無水救 乃大奸大惡之徒 或丙透癸藏 遇金頗有選拔

혹회화국 무수구 내대간대악지도 혹병투계장 우금파유선발

加一壬輔 富貴慷慨 有賢聲 見戊透者 主遭凶厄且貧

가일임보 부귀강개 유현성 견무투자 주조흉액차빈

酉月支成金局 無丙丁出救 此人零丁孤苦 如得丙透丁藏

유월지성금국 무병정출구 차인영정고고 여득병투정장

生己元神 此人名魁天下 五福完人

생기원신 차인명괴천하 오복완인

【해 설】

가을철은 한기는 점점 오르는 때이니 기토(己土)는 병화(丙火)로 따뜻하게 하고, 계수(癸水)로 자윤해야 한다. 이뿐 아니라 계수(癸水)가 능히 금기(金氣)를 설기(洩氣)하여 병화(丙火)가 금(金)을 제극(制剋)하고 토(土)를 돕는다. 따라서 계수(癸水)로 용신(用神)을 삼은 후 병화(丙火)를 써야 한다.

만일 병화(丙火)와 계수(癸水)가 모두 투출(透出)하면 등과하여 이름을 날리고, 계수(癸水)가 없고 병(丙)이 2개 투출(透出)하면 이로에서 현달하고, 무관으로 고관에 오르는데 병화(丙火)가 있고 임계수(壬癸水)가 없으면 가도산문(假道斯文)이니 끝에 가서는 무성실하다. 만일 임계수(壬癸水)가 있고 병화(丙火)가 없으면 의식이 풍족하며 재능이 있고, 지지(地支)에 금국(金局)을 이루고 계수(癸水)가 투출(透出)하여 유근(有根)하면 부유한 가운데 귀를 이루고, 지지(地支)에 사고지(四庫地)가 들고 갑목(甲木)이 투출(透出)하면 부자가 되나, 갑목(甲木)이 발복하지 않으면 고독하며 빈천하고, 갑목(甲木)이 출간(出干)하고 계수(癸水)가 없고 금(金)이 불발이면 덕을 쌓아야 과감한다.

만일 화국(火局)을 만났는데 수(水)가 구조하지 않으면 간악한 무리가 되고, 병화(丙火)가 투출(透出)하고 계수(癸水)가 암장(暗藏)되고 금(金)을 만나면 관직에 선출되고, 임수(壬水)가 1개 더 있어 보조하면 부귀하며 정의롭고 현철하다. 그러나 무토(戊土)가 투출(透出)하면 흉액이 있고 빈천하다.

유(酉)월생이 지지(地支)에 금국(金局)을 이루었는데 병정화(丙丁火)가 출간(出干)하여 구조하지 않으면 고독하며 곤고하다. 만일 병화(丙火)가 투출(透出)하고 정화(丁火)가 암장(暗藏)되면 기토(己土)를 생하는 격이니 이름을 날리며 오복을 완벽하게 누린다.

년	월	일	시	■ 남명
庚	乙	己	甲	丙丁戊己庚辛壬癸
戌	酉	未	戌	戌亥子丑寅卯辰巳

기토(己土) 일주(日主)가 유(酉)월에 태어나 실령(失令)했지만 년지(年支)에 무토(戊土)가 들고, 일지(日支)에 미토(未土)가 들고, 시지(時支)에 술토(戌土)가 들어 신강(身强)하다. 월간(月干)에 을목(乙木)이 있지만 을경합금(乙庚合金)하여 허약하니 시간(時干)

갑목(甲木)을 용신(用神)으로 삼는다.

 그러나 시간(時干) 갑목(甲木)이 갑기합토(甲己合土)하여 용신(用神)을 합거(合去)하니 사주가 혼탁해져 평생 무슨 일을 해도 성공하지 못하였다. 또 용신(用神)이 갑목(甲木)이면 용신(用神)을 도와주는 희신(喜神)인 수(水)라도 강해야 되는데 수(水)가 없다. 따라서 매사 용두사미격이라 실직하였다. 그리고 재성(財星)이 전혀 없으니 재물복이 없는 사주가 되어 송곳하나 꽂을 땅이 없을 정도로 가난하였고, 기토(己土) 일주(日主)가 태강하여 고집이 세며 언행이 우둔하고 미련하였다.

년	월	일	시	■ 용인살격(用印殺格)
甲	癸	己	壬	甲乙丙丁戊己庚辛
寅	酉	未	申	戌亥子丑寅卯辰巳

【원 문】차팔자서낙오선현평도(此八字徐樂吾先賢評道)

食傷太過 印比要求 日支未土 己土不弱 正官取用 木火吉福
식상태과 인비요구 일지미토 기토불약 정관취용 목화길복

【해 설】

 기토(己土) 일주(日主)가 유(酉)월에 태어나 식상(食傷)이 태과하니 인비(印比)가 필요하고, 일지(日支)에 미토(未土)가 들어 신약(身弱)하지 않다. 따라서 년주(年柱) 갑인목(甲寅木)이 용신(用神)

이고, 화(火)는 희신(喜神)이다. 즉 목화(木火)운이 길하고, 금수(金水)운은 흉하다. 아내복과 관운이 좋은 명조다.

년	월	일	시	■ 용인살격(用印殺格)
己	甲	己	壬	癸壬辛庚己戊丁丙
巳	戌	丑	申	酉申未午巳辰卯寅

【원 문】차팔자서낙오선현평도(此八字徐樂吾先賢評道)

甲丙取用 旺土制土 調候丙火 科甲長壽

갑병취용 왕토제토 조후병화 과갑장수

【해 설】

기토(己土) 일주(日主)가 술(戌)월에 태어났으니 득령(得令)하여 신강(身强)하다. 월(月) 갑목(甲木)이 용신(用神)이고, 년지(年支) 사화(巳火)는 희신(喜神)이다. 즉 목화(木火)운이 길하다. 갑목(甲木)은 왕토(旺土)를 다스릴 때 쓰고, 사(巳) 병화(丙火)는 조후(調候)할 때 쓴다. 관운이 길하고 수명이 길었다. 대운이 목화(木火)운이라 부귀영화를 누린 것이다.

5. 삼동(三冬) 기토(己土)

【원문】

三冬己土 濕泥寒凍 非丙暖不生 取丙爲尊 甲木參酌
삼동기토 습니한동 비병난불생 취병위존 갑목참작

戊土癸水不用 惟初冬壬旺 取戊制之餘皆用丙丁
무토계수불용 유초동임왕 취무제지여개용병정

但丁不能解凍除寒 不能大濟 或干透一丙 支藏一丙
단정불능해동제한 불능대제 혹간투일병 지장일병

加以甲透 科甲有准 卽藏丙無制 亦主衣衿 或多壬水
가이갑투 과갑유준 즉장병무제 역주의금 혹다임수

得戊透制之 此命安然富中取貴 不見戊土 富屋貧人
득무투제지 차명안연부중취귀 불견무토 부옥빈인

凡三冬己土 見壬水出干 爲水浸湖田 此人孤苦 或一派癸
범삼동기토 견임수출간 위수침호전 차인고고 혹일파계

不見比劫 此爲從財 反主富貴 雖不科甲 恩誥有之
불견비겁 차위종재 반주부귀 수불과갑 은고유지

若見比劫 平常人物 或一派戊己 取甲制之 甲透者富貴
약견비겁 평상인물 혹일파무기 취갑제지 갑투자부귀

或一片庚辛 須用丙火 還須丁火爲助 丙藏富貴奇特之命
혹일편경신 수용병화 환수정화위조 병장부귀기특지명

【해 설】

겨울 기토(己土)는 차가운 진흙이니 병화(丙火)가 따뜻하게 해주지 않으면 살기 어렵다. 따라서 병화(丙火)로 용신(用神)을 삼은 후 갑목(甲木)을 참작하여 쓴다. 만일 무토(戊土)와 계수(癸水)가 없으면 초겨울에는 임수(壬水)가 왕성하니 무토(戊土)를 용신(用神)으로 삼고, 나머지는 병정화(丙丁火)를 쓴다. 다만 정화(丁火)는 열기가 약하니 해동시킬 수 없어 동토(凍土)를 구제하지 못한다.

만일 병화(丙火)가 천간(天干)에 투출(透出)했는데 지지(地支)에도 암장(暗藏)되고 갑목(甲木)이 투출(透出)하면 과갑하여 고관이 되고, 암장(暗藏)된 병화(丙火)가 제극(制剋)당하지 않으면 의식주는 있다. 만일 임수(壬水)가 많으면 무토(戊土)가 투출(透出)하여 제극(制剋)해야 부유한 가운데 귀를 얻는다. 그러나 무토(戊土)가 보이지 않으면 부유한 집의 가난한 사람이 된다.

겨울철 기토(己土)는 임수(壬水)가 출간(出干)하면 침수당한 전답과 같으니 고독하며 곤고하고, 일파 계수(癸水)가 있는데 비겁(比劫)이 없으면 종재격(從財格)이니 재관(財官)운을 만나면 오히려 부귀를 이루며 비록 과갑은 못하더라도 은덕은 있고, 비겁(比劫)이 있으면 평상인에 불과하다.

만일 무기(戊己) 일파가 있으면 갑목(甲木)으로 제극(制剋)해야 하는데, 갑목(甲木)이 투출(透出)하면 부귀를 이루고, 경신금(庚辛金)이 있으면 병화(丙火)로 용신(用神)을 삼고, 정화(丁火)도 도움이 된다. 병화(丙火)가 암장(暗藏)되면 기이하게 부귀를 이룬다.

년	월	일	시	■ 여명
己	乙	己	乙	丙丁戊己庚辛壬
酉	亥	酉	亥	子丑寅卯辰巳午

기토(己土) 일주(日主)가 해(亥)월에 태어나 실령(失令)했는데 년지(年支)와 일지(日支)에 유금(酉金)이 득세하여 더 신약(身弱)해졌다. 년간(年干)에 기토(己土)가 있지만 금수(金水)의 강한 기세를 당하지 못하니 자기의 본래 명을 버리고 금수(金水)운을 종한다. 따라서 금수(金水)가 길하고 화토(火土)는 흉하다.

기토(己土)는 음간(陰干)이므로 자립심과 독립심이 약하여 자신의 명을 보존하지 못한다. 종재격(從財格)인데 대운이 목화(木火)운으로 흘러 장해가 많았다. 종격(從格)이 되려면 완벽한 종격(從格)이 되는 것이 좋다. 어떤 사주든 종격(從格)인지 정격(正格)인지를 구분하기 애매하면 별로 자랑할 것이 없다. 건강운은 소화기와 간장과 담에 고질병이 있었고, 남편복도 없어 무례하며 아내를 사랑할 줄 모르는 무정한 사람을 만났다. 그러나 재물운은 시골의 작은 마을에서 의식주가 넉넉한 정도는 되었고, 수명도 길어 80세까지 살았다.

년	월	일	시	■ 여명
己	丙	己	甲	丁戊己庚辛壬癸
卯	子	丑	子	丑寅卯辰巳午未

기토(己土) 일주(日主)가 자(子)월에 태어나 실령(失令)하여 신약(身弱)하다. 일지(日支)에 축토(丑土)와 시지(時支)에 자수(子水)가 들어 사주가 너무 차갑다. 따라서 조후(調候)하려면 월간(月干) 병화(丙火)가 용신(用神)이고, 목(木)은 희신(喜神)이고, 토(土)는 많은 물을 제방해야 하니 희신(喜神)이고, 금수(金水)운은 흉하다.

여명에서 관살(官殺)은 남편인데 시간(時干) 갑목(甲木)이 정관(正官)이며 남편이다. 남편복이 많은 것 같지만 남편궁인 일지(日支) 축토(丑土)가 기신(忌神)에 해당하여 좋지 않다. 따라서 부부 갈등이 많았고, 남편은 항상 첩을 찾아가 독수공방하는 생과부 신세였다. 월상(月上) 병화(丙火)가 용신(用神)에 해당하니 재능이 있고 총명하여 어려서는 큰 인물이 될 것으로 기대했지만 결혼하면서 운세가 꼬이기 시작하더니 중년과 말년에는 파란이 많았다.

년	월	일	시	■용인격(用印格)
壬	癸	己	甲	甲乙丙丁戊己庚辛
申	丑	丑	戌	寅卯辰巳午未申酉

【원문】 차팔자서낙오선현평도(此八字徐樂吾先賢評道)

木疏季土格 侍郞 水寒土凍 喜得甲戌時 戌爲火庫 寒谷藏春
목소계토격 시랑 수한토동 희득갑술시 술위화고 한곡장춘
更得甲木疏土 引生丁 運行東南 木火得地 宜乎貴顯矣
갱득갑목소토 인생정 운행동남 목화득지 의호귀현의

【해 설】

시상(時上) 갑목(甲木)이 소토(疏土)하여 시랑(侍郞)을 지냈다. 축(丑)월이라 수(水)는 차갑고 토(土)는 얼어 천지가 엄동설한이라 조후(調候)가 필요하다. 이 사주에서 좋은 것은 갑술(甲戌)시생인 것이다. 술(戌)은 화(火)의 고지(庫地)이니 화(火)의 창고다. 따라서 추운 계곡에 봄을 감추어 놓은 형상이다. 시상(時上) 갑목(甲木)이 다시 소토(疏土)하고 정화(丁火)를 인도하니 소생한 것이다. 행운이 동남 목화(木火)운으로 흘러 발복하여 귀를 이루었다.

년	월	일	시	■ 용인격(用印格)
壬	癸	己	己	甲乙丙丁戊己庚辛
子	丑	卯	巳	寅卯辰巳午未申酉

【원 문】차팔자서낙오선현평도(此八字徐樂吾先賢評道)

財旺生殺格 壯元 此造與上造相同 喜得時逢己巳 暗藏丙火

재왕생살격 장원 차조여상조상동 희득시봉기사 암장병화

寒谷回春 運行東南 自然貴顯 否則 雖財旺生殺 何能取貴乎

한곡회춘 운행동남 자연귀현 부즉 수재왕생살 하능취귀호

【해 설】

왕성한 재성(財星)이 관살(官殺)을 생조(生助)하는 격이라 장원(壯元)을 하였다. 본명은 앞 명조와 비슷한데 좋은 것은 기사(己

巳)시생인 것이다. 사(巳)에는 병화(丙火)가 암장(暗藏)되어 마치 추운 계곡에 봄이 돌아온 형상이고, 또 행운이 동남운으로 흘러 자연히 귀가 따른다. 그러나 재왕(財旺)하고 생살(生殺)하지만 병화(丙火)가 투출(透出)하지 못하여 조후(調候)가 부족하니 장원(壯元)에 그치고 만 것이다.

제Ⅳ부. 금론(金論)

제1장. 금론(金論)

【원 문】

金以至陰爲體 中含至陽之精 乃能堅剛 獨異衆物 若獨陰而不堅

금이지음위체 중함지양지정 내능견강 독이중물 약독음이불견

氷雪是也 遇火則消矣 故金無火煉 不能成器 金重火輕 執事繁難

빙설시야 우화즉소의 고금무화련 불능성기 금중화경 집사번난

金輕火重 煆煉消亡 金極火盛 爲格最精 金火全名曰鑄印 犯丑字

금경화중 단련소망 금극화성 위격최정 금화전명왈주인 범축자

卽爲損模 金火多名爲乘軒 遇死衰反爲不利 木火煉金

즉위손모 금화다명위승헌 우사쇠반위불리 목화연금

成名銳而退速 純金遇水 逢富顯而贏餘

성명예이퇴속 순금우수 봉부현이영여

【해 설】

금(金)은 음(陰)의 체(體)인데 그 가운데 양(陽)의 정(精)을 포함하여 견고하며 강하므로 다른 것과 다르다. 만일 독음(獨陰)이 불견(不堅)하면 빙설이고, 화(火)를 만나면 녹으므로 금(金)은 화(火)가 단련해주지 않으면 기물을 이루지 못한다. 따라서 금(金)이 중하고 화(火)가 가벼우면 어려움이 많고, 금(金)이 가볍고 화(火)가 중하면 녹아 없어진다. 만일 금(金)이 극하고 화(火)가 성하면 가장 정명(精明)한 격이 되어 금화(金火)가 모두 있으면 주인(鑄印)이라고 하여 축(丑)을 보면 손상되고, 금화(金火)가 많으면 승헌(乘軒)이라 하는데 사쇠지(死衰地)를 만나면 오히려 불리해진다. 그러나 목화(木火)가 금(金)을 단련해주면 이름을 얻고, 순금(純金)이 수(水)를 만나면 현달하며 부자가 된다.

【원 문】

金能生水 水旺則金沈 土能生金 金多則土賤 金無水乾枯
금능생수 수왕즉금침 토능생금 금다즉토천 금무수건고

水重則沈淪無用 金無土死絶 土重則埋沒不顯 兩金兩火最上
수중즉침윤무용 금무토사절 토중즉매몰불현 양금양화최상

兩金兩木 才足 一金生三水 力弱難勝 一金得三木 頑鈍自損
양금양목 재족 일금생삼수 역약난승 일금득삼목 완둔자손

金成則火滅 故金未成器 欲得見火 金已成器 不欲見火
금성즉화멸 고금미성기 욕득견화 금이성기 불욕견화

金到申酉巳丑 亦可謂之成也 運喜西北 不利南方 生於春月

금도신유사축 역가위지성야 운희서북 불리남방 생어춘월

餘寒未盡 貴乎火氣爲榮 性柔體弱 欲得厚土輔助

여한미진 귀호화기위영 성유체약 욕득후토보조

【해 설】

 금(金)이 수(水)를 생조(生助)하는데 수(水)가 태과하면 금(金)은 오히려 침몰하고, 토(土)가 생금(生金)하는데 금(金)이 태과하면 토(土)가 천해지고, 금(金)이 수(水)를 보지 못하면 건고하고, 금(金)이 토(土)를 보지 않으면 토(土)는 죽고, 토(土)가 매우 중하면 금(金)은 매몰되어 빛을 내지 못한다. 금(金)과 화(火)가 2개씩 있는데 중화를 이루면 최상격이 되고, 금(金)과 목(木)이 2개씩 있으면 재능이 많고, 금(金) 1개가 수(水) 3개를 생하면 힘이 약하여 곤란하고, 금(金) 1개와 목(木) 3개가 있으면 완고하며 우둔하고, 금(金)이 형상을 이루면 화(火)가 멸망하니 금(金)이 기물을 이루지 못하고, 적당한 화(火)를 얻으면 금(金)이 기물을 이루고, 적당한 화(火)를 보지 못하면 금(金)은 사유축신(巳酉丑申)운이 되어야 기물을 이룬다. 운이 서북운으로 흐르면 길하고, 남방운으로 흐르면 불리하다. 봄철에 태어나면 아직 한기가 남아 있는 때이니 화기(火氣)를 얻어야 영화를 이룬다. 이때는 금(金)이 부드럽고 허약하니 후토(厚土)가 도와주어야 한다.

【원 문】

水成增寒 難施鋒銳之勢 木旺損力 有剉鈍之危 金來比助

수성증한 난시봉예지세 목왕손력 유좌둔지위 금내비조

扶持最妙 比而無火 失類非良 夏月之金 尤爲柔弱 形質未具

부지최묘 비이무화 실유비양 하월지금 우위유약 형질미구

尤嫌死絶 火多而却爲不厭 水盛而滋潤呈祥 見木而助鬼傷身

우혐사절 화다이각위불염 수성이자윤정상 견목이조귀상신

遇金而扶持精壯 土薄而最爲有用 土厚而埋沒無光 秋月之金

우금이부지정장 토박이최위유용 토후이매몰무광 추월지금

當權得令 火來煅煉 遂成鐘鼎之材 土多培養 反惹頑濁之氣

당권득령 화래단련 수성종정지재 토다배양 반야완탁지기

見水則精神越秀 逢木則琢削施威

견수즉정신월수 봉목즉탁삭시위

【해 설】

 수(水)가 왕성하여 한기를 더하면 예리한 힘을 발휘하기 어렵고,
목(木)이 왕성하면 나무를 깎아 칼날이 무뎌질 염려가 있고, 금
(金)의 비견(比肩)이 부조(扶助)하면 가장 묘해진다. 비견(比肩)에
는 화(火)가 없으면 좋지 않다. 여름철 금(金)은 매우 유약하여 형
질이 갖추어지지 않았으므로 사절지(死絶地)를 매우 싫어한다. 화
(火)가 많아도 꺼리지 않는 것은 수(水)가 성하여 지나치게 자윤하
는 것을 막기 때문이다.

목(木)을 보면 귀신이 따르니 몸이 상하고, 금(金)을 만나면 정장(精壯)함을 부지하고, 토(土)가 박하면 가장 유용하지만 토(土)가 후하면 매몰되어 빛을 발하지 못한다. 가을철 금(金)은 당권(當權)하고 득령(得令)하니 화(火)가 와서 단련해주면 기물을 이루고, 토(土)가 많아 배양하면 오히려 완고하며 탁한 기로 돌아가고, 수(水)를 보면 정신이 뛰어나고, 목(木)을 보면 탁삭(琢削)하여 위세를 보여준다.

【원 문】

金助愈剛 剛過則決 氣重愈旺 旺極則衰 冬月之金 形寒性冷
금조유강 강과즉결 기중유왕 왕극즉쇠 동월지금 형한성냉

木多則難施 琢削之功 水盛而未免 沈潛之患 土能制水 金體不寒
목다즉난시 탁삭지공 수성이미면 침잠지환 토능제수 금체불한

火來助土 子母成功 喜比肩聚氣相扶 欲官印溫養爲利
화래조토 자모성공 희비견취기상부 욕관인온양위이

【해 설】

금(金)이 도와주면 강하나 지나치면 결단이 있다. 기가 중하면 더 왕하나 왕이 극하면 쇠한다. 겨울철 금(金)은 형상과 성질이 한냉하니 목(木)이 많으면 탁삭(琢削)의 공을 이루기 어렵고, 수(水)가 성하면 침몰할 근심을 면하기 어렵고, 토(土)가 능히 제수(制水)하면 금(金)의 체(體)가 차갑지 않으니 화(火)가 토(土)를 도와주면

모자가 성공한다. 비견(比肩)이 기를 모아 상부상조하면 기쁘고, 관인(官印)을 따뜻하게 해주면 이익이 있다.

1. 상금(傷金) 사주

년	월	일	시	■ 남명
庚	戊	庚	戊	己庚辛壬癸甲乙丙
寅	寅	寅	寅	卯辰巳午未申酉戌

경금(庚金) 일주(日主)가 인(寅)월에 태어났는데 목기(木氣)가 태왕하여 상금(傷金) 사주가 되었다. 경금(庚金) 일주(日主)가 년상(年上)에 경금(庚金)이 들고, 월상(月上)과 시상(時上)에 무토(戊土)가 들어 생조(生助)받는다. 그러나 지지(地支)가 전부 목기(木氣)이니 태왕한 목(木)을 제극(制剋)하니 많은 상처를 입었다.

종재격(從財格)으로 보이나 신약(身弱) 사주이고, 재다신약(財多身弱)이라 부옥빈인(富屋貧人)의 명이 되었다. 상금(傷金) 사주는 경신금(庚辛金)운은 만나면 금극목(金剋木)하여 대길하고, 무기토(戊己土)운을 만나도 토생금(土生金)하여 길하다. 그러나 갑을목(甲乙木)운을 만나면 목(木)을 더 태왕하게 하니 대흉하고, 임계수(壬癸水)를 만나면 신약(身弱)한 금기(金氣)를 설기(洩氣)시켜 목기(木氣)를 생조(生助)하니 역시 흉하다. 일지(日支) 인목(寅木)이 들고 기신(忌神)에 해당하니 부부운이 없어 질투심이 많고 인자하지 못한 아내를 만났고, 지지(地支)에 모두 인목(寅木)이 들고 기신(忌神)에 해당하여 여자와의 인연이 흉하여 마음고생을 많이 하였다. 그리고 재난도 계속 따라 항상 경제적인 문제로 고생하였다.

2 용금(鎔金) 사주

년	월	일	시	■ 남명						
戊	戊	辛	甲	己	庚	辛	壬	癸	甲	乙	丙
午	午	巳	午	未	申	酉	戌	亥	子	丑	寅

신금(辛金) 일주(日主)가 오(午)월에 태어났다. 지지(地支)가 모두 화(火)이니 신금(辛金) 일주(日主)가 녹아내릴 처지라 용금(鎔金) 사주가 되었다. 종관살격(從官殺格)처럼 보이나 년월(年月)에 무토(戊土)가 투출(透出)하고, 일지(日支) 사(巳)에 경금(庚金)이 들어 신약(身弱) 사주가 되었다. 태왕한 화(火)를 억제해야 하는데 임계수(壬癸水)가 1개도 없으니 병은 중한데 약이 없는 격이다.

본명은 임계수(壬癸水)운을 만나면 수극화(水剋火)하여 대길하고, 신약(身弱)하니 토금(土金)운을 만나도 길하다. 그러나 병정화(丙丁火)운은 만나면 대흉하고, 목(木)운을 만나도 역시 목생화(木生火)하여 흉하다. 화기(火氣)가 태과하여 혈액·심장·호흡기에 큰 병을 앓았고, 관살(官殺)이 기신(忌神)에 해당하니 관재구설이 잦았다. 그러나 년(年)과 월(月)에 무토(戊土)가 투출(透出)하여 관인상생(官印相生)이 되어 큰 위기를 면하고 전화위복이 되었다. 그리고 재물운이 불리하여 평생 의식주를 해결하지 못하고 궁핍하게 살았다. 중년부터는 고질병으로 고생하다 집에 화재가 나 불에 타 죽었다. 사주에 화기(火氣)가 태과하여 화재로 사망한 것이다.

3. 매금(埋金) 사주

년	월	일	시	■남명
戊	壬	庚	丙	癸甲乙丙丁戊己庚
寅	戌	戌	戌	亥子丑寅卯辰巳午

경금(庚金) 일주(日主)가 술(戌)월에 태어났다. 토(土)와 금(金)은 토생금(土生金)으로 상생(相生)하는 관계이나 토(土)가 너무 많아 금(金)을 매몰시키니 매금(埋金) 사주가 되었다. 많은 토기(土氣)를 다스리려면 갑을목(甲乙木)으로 목극토(木剋土)해야 하니 년지(年支) 인목(寅木)이 용신(用神)이고, 무기토(戊己土)는 대흉하다.

본명은 지지(地支)에 토기(土氣)가 많아 행동이 우둔하였고, 년지(年支)에 인목(寅木)이 들어 작은 재물은 지닐 수 있었고, 일지(日支)에 술토(戌土)가 들고 기신(忌神)에 해당하여 아내복이 없어 고집이 세고 미련한 아내를 만났다. 그러나 년지(年支)에 편재(偏財)가 들고 길하여 첩과는 사이가 좋았다. 경금(庚金) 일주(日主)는 토생금(土生金)하여 토(土)의 생조(生助)를 받지만 토(土)가 태과하여 매금(埋金)되고 만 것이다. 즉 어머니의 사랑이 지나치면 오히려 자식에게 해로운 것과 같다. 그러나 시상(時上)에 병화(丙火)가 투출(透出)하여 관운이 있으니 중관 정도를 지냈다.

4. 왕금(旺金) 사주

년	월	일	시	■ 남명
戊	辛	庚	辛	壬癸甲乙丙丁戊己
寅	酉	申	卯	戌亥子丑寅卯辰巳

경금(庚金) 일주(日主)가 유(酉)월에 태어나 금기(金氣)가 왕성하여 왕금(旺金) 사주가 되었다. 년지(年支) 인목(寅木)과 시지(時支) 묘목(卯木)이 용신(用神)이다. 신왕(身旺)한데 재성(財星)도 강하니 재관(財官)을 충분히 감당할 수 있어 목재소로 큰 부자가 되었다. 용신(用神)이 목(木)이며 재성(財星)이니 나무나 주택과 관계있는 목재소로 성공한 것이다.

좋은 사주가 되려면 오행을 갖추어야 하는데 목(木)은 안정되었으나 화(火)와 수(水)가 부족하고 토(土)도 미약하여 성격이 다소 난폭하며 잔인하였고, 금(金)이 태과하여 자동차와 기계에 큰 사고를 당하였다. 그리고 태과한 금기(金氣)가 기신(忌神)이며 비겁(比劫)에 해당하여 친구의 보증을 서주었다가 큰 손해를 보았다. 그리고 일지(日支) 신금(申金)이 기신(忌神)이니 아내복은 없었으나 재성(財星)이 용신(用神)에 해당하니 첩복은 많았다. 아내는 난폭했지만 첩은 인자하며 고상하였다.

5. 침금(沈金) 사주

년	월	일	시	■ 남명
壬	壬	辛	戊	癸甲乙丙丁戊己庚
戌	子	亥	子	丑寅卯辰巳午未申

신금(辛金) 일주(日主)가 자(子)월에 태어나고, 년상(年上)과 월(月)에 임수(壬水)가 투출(透出)하고, 일지(日支)와 시지(時支)에 해자수(亥子水)가 있으니 수기(水氣)가 태과하여 침금(沈金) 사주가 되었다. 종아격(從兒格)인 것 같지만 시상(時上)에 무토(戊土)가 투출(透出)하고, 년지(年支)에 술토(戌土)가 들었으니 종격(從格)이 아니라 신약(身弱) 사주다.

본명은 일주(日主)가 태약하고 식상(食傷)이 태과하여 재물이 모이지 않았고, 수기(水氣)가 태과하여 하체와 요도기에 만성적인 질병이 있었고, 재물운이 부족하여 부모에게 물려받은 재산을 중년에다 날리고, 말년에는 몸 하나 의지할 곳 없는 신세가 되었다. 그리고 일지(日支) 해수(亥水)가 기신(忌神)에 해당하니 아내복도 없어 심하게 싸우며 살다가 이별하였고, 자식운도 없어 자식들이 모두 떠나갔다.

제2장. 경금론(庚金論)

1. 경금(庚金)의 희용제요(喜用提要)

1. 인(寅)월 경금(庚金)

【원 문】

寅月庚金 用戊甲丙丁 用丙暖庚性 慮土厚埋金
인월경금 용무갑병정 용병난경성 려토후매금

須甲疏洩 火多用土 支成火局用土
수갑소설 화다용토 지성화국용토

【해 설】

　인(寅)월 경금(庚金)은 무토(戊土)와 갑목(甲木)과 병정화(丙丁
火)로 용신(用神)을 삼아야 한다. 병화(丙火)가 용신(用神)이면 경금(庚金)이 따뜻해지고, 토(土)가 많으면 금(金)이 묻힐 염려가 있다. 이때는 갑목(甲木)으로 소토(疏土)하고 설기(洩氣)해야 한다. 그리고 화(火)가 많으면 토(土)를 쓰고, 지지(地支)에 화국(火局)을 이루면 토(土)로 설기(洩氣)해야 한다.

년	월	일	시	■남명
壬	壬	庚	丙	癸甲乙丙丁戊己庚
子	寅	申	戌	卯辰巳午未申酉戌

경금(庚金) 일주(日主)가 인(寅)월에 태어났다. 인(寅)월은 무병갑(戊丙甲)이 암장(暗藏)되어 목기(木氣)와 화기(火氣)가 강하니 경금(庚金)과 정화(丁火)로 용신(用神)을 삼아야 한다. 인(寅)월은 한기가 남아 있는 때이니 수(水)와 목(木)으로 제방하고 조후(調候)해야 한다. 본명은 시지(時支) 술토(戌土)로 제방하고, 시상(時上) 병화(丙火)로 조후(調候)하니, 화토(火土)운은 길하나 수목(水木)운은 흉하다.

경금(庚金) 일주(日主)가 왕성하여 재물은 중부 이상을 이루었고, 일지(日支) 신금(申金)이 길하여 아내복이 많아 정의롭고 총명한 현모양처를 만났고, 자식궁인 시주(時柱) 병술(丙戌)이 길하여 자식들이 모두 효성이 깊었다. 그러나 월지(月支) 인목(寅木)이 편재(偏財)인데 기신(忌神)에 해당하여 재물과 여자문제가 여러 차례 있었다. 임자수(壬子水)가 구신(仇神)에 해당하여 종종 재물손실이 따랐고, 또 부하에게 배신도 몇 차례 당하였다.

　경금(庚金) 일주(日主)가 인(寅)월에 태어나 편재격(偏財格)이 되었다. 인신(寅申)이 상충(相沖)하여 아내와 어머니 사이에 갈등이 많았다. 사주는 자신을 중심으로 간명하는 것이 가장 적중률이 높고, 가족과 주변으로 보는 것은 다소 적중률이 떨어진다.

2. 묘(卯)월 경금(庚金)

【원 문】

卯月庚金 用庚辛戊己 庚金暗强 專用丁火

묘월경금 용경신무기 경금암강 전용정화

借甲引丁 用庚劈甲 無丁用丙

차갑인정 용경벽갑 무정용병

【해 설】

　묘(卯)월 경금(庚金)은 경신금(庚辛金)과 무기토(戊己土)를 용신(用神)으로 삼아야 한다. 경금(庚金)은 암강(暗强)이니 반드시 정화(丁火)로 용신(用神)으로 삼아야 하고, 갑목(甲木)으로 용신(用神)으로 삼는 것은 정화(丁火)를 인도하기 위해서고, 경금(庚金)으로 용신(用神)을 삼는 것은 벽갑(劈甲)하기 위해서다. 만일 정화(丁火)가 없으면 병화(丙火)를 쓴다.

년	월	일	시	■남명
甲	丁	庚	丁	戊己庚辛壬癸甲乙
寅	卯	辰	丑	辰巳午未申酉戌亥

경금(庚金) 일주(日主)가 묘(卯)월에 태어났다. 묘(卯)월은 갑을 (甲乙)이 암장(暗藏)되어 목기(木氣)만이 강하니 반드시 경신금(庚 辛金)과 무토(戊土)로 용신(用神)을 삼아야 한다. 그러나 본명은 신금(辛金)과 무토(戊土)가 투출(透出)하지 않아 하격 사주가 되었 고, 일지(日支) 진토(辰土)가 기신(忌神)에 해당하여 부부운이 흉 하여 고집이 세고 남편을 업신여기는 악처를 만났다. 만일 일지(日 支)가 술토(戌土)였으면 아내복이 많았을 것이다. 왜냐하면 진토 (辰土)는 인묘진(寅卯辰)이 방합(方合)하여 목국(木局)을 이루어 불리하나, 술토(戌土)는 신유술(申酉戌)과 방합(方合)하여 금국(金 局)을 이루기 때문이다.

그리고 재물운도 재다신약(財多身弱)이라 부옥빈인(富屋貧人)의 명이 되어 겨우 의식주만 해결할 정도였다. 성격운은 예의범절이 바르며 신용을 지킬 줄 알았으나, 경금(庚金) 일주(日主)이며 허약 하여 정의감이 부족하고, 목기(木氣)가 태과하여 질투심이 많았다. 본명에게 좋은 시기는 신유술(申酉戌)년과 7~9월이다.

3. 진(辰)월 경금(庚金)

【원 문】

辰月庚金 用甲丁壬癸 頑金宜丁 旺土用甲

진월경금 용갑정임계 완금의정 왕토용갑

不用庚劈 支火宜癸 干火宜壬

불용경벽 지화의계 간화의임

【해 설】

진(辰)월 경금(庚金)은 갑목(甲木)과 정화(丁火)와 임계수(壬癸水)로 용신(用神)을 삼아야 한다. 완금(頑金)에는 정화(丁火)를 써야 하고, 왕토(旺土)에는 갑목(甲木)을 써야 한다. 경금(庚金)으로는 목(木)을 쪼개기 어렵고, 지지(地支)에 화(火)가 많으면 계수(癸水)를 쓰고, 천간(天干)에 화(火)가 많으면 임수(壬水)를 쓴다.

년	월	일	시	■남명							
庚	庚	庚	壬	辛	壬	癸	甲	乙	丙	丁	戊
午	辰	寅	午	巳	午	未	申	酉	戌	亥	子

경금(庚金) 일주(日主)가 진(辰)월에 태어났다. 진(辰)월은 을계무(乙癸戊)가 암장(暗藏)되어 토기(土氣)와 목기(木氣)가 강하니 신금(辛金)과 임수(壬水)로 용신(用神)을 삼아야 한다. 그런데 본

명은 시상(時上)에 임수(壬水)가 투출(透出)하고, 년월(年月)에 경금(庚金)이 3개 투출(透出)했으니 길명이 되어 중부 이상의 재물을 지녔다. 그러나 일지(日支) 인목(寅木)이 구신(仇神)에 해당하여 부부사이는 좋지 않았고, 년지(年支)와 시지(時支) 오화(午火)가 구신(仇神)에 해당하여 종종 관재구설이 따랐다. 재물복은 넉넉했지만 가정은 불행하고 관운도 별로 없는 명조였다.

4. 사(巳)월 경금(庚金)

【원 문】

巳月庚金 用壬戊丙丁 丙不鎔金 惟喜壬制 次取戊土
사월경금 용임무병정 병불용금 유희임제 차취무토

丙火爲佐 支成金局 變弱爲强 須用丁火
병화위좌 지성금국 변약위강 수용정화

【해 설】

사(巳)월 경금(庚金)은 임수(壬水)와 무토(戊土)와 병정화(丙丁火)로 용신(用神)을 삼아야 한다. 그러나 병화(丙火)로는 용금(鎔金)하기 어려우니 임수(壬水)로 제극(制剋)하는 것이 좋다. 다음은 무토(戊土)를 취하고, 그 다음은 병화(丙火)로 조후(調候)해야 한다. 지지(地支)에 금국(金局)이 있으면 약이 강으로 변하니 정화(丁火)가 용신(用神)이다.

년 월 일 시　■남명

戊 丁 庚 壬　　戊己庚辛壬癸甲乙

戊 巳 子 午　　午未申酉戌亥子丑

경금(庚金) 일주(日主)가 사(巳)월에 태어났다. 사(巳)월은 무경병(戊庚丙)이 암장(暗藏)되어 화기(火氣)와 금기(金氣)가 강하니 임계수(壬癸水)로 용신(用神)을 삼은 후 신금(辛金)을 써야 한다. 그런데 시상(時上)에 임수(壬水)가 들고, 일지(日支)에 자수(子水)가 들어 용신(用神)이 되었고, 식신(食神)이 용신(用神)에 해당하여 의식주가 풍족하며 인기운과 명예운이 좋았고, 일지(日支) 자수(子水)가 용신(用神)에 해당하여 아내가 총명하며 현모양처였다.

그러나 월(月) 정화(丁火)가 기신(忌神)에 해당하니 관운이 없어 과거에 여러 번 낙방한 후 낙향하여 훈장노릇을 하며 살았고, 재성(財星)이 전혀 없으니 재물복도 없었다. 그러나 일주(日主)가 경금(庚金)이라 정의롭고 총명하여 교육자로서는 손색없는 군자였고, 대운이 금수(金水)운으로 흘러 의식주 걱정은 없이 살았다.

5. 오(午)월 경금(庚金)

【원문】

午月庚金 先壬次癸 專用壬水 癸水次之

오월경금 선임차계 전용임수 계수차지

須見庚辛爲助 無壬癸 用戊己洩火之氣
수견경신위조 무임계 용무기설화지기

【해 설】

오(午)월 경금(庚金)은 먼저 임수(壬水)로 용신(用神)을 삼은 후 계수(癸水)로 경신금(庚辛金)을 부조(扶助)해야 한다. 만일 임계수(壬癸水)가 없으면 무기토(戊己土)로 용신(用神)을 삼아 강한 화기(火氣)를 설기(洩氣)해야 길하다.

년	월	일	시	■ 여명
壬	丙	庚	壬	乙甲癸壬辛庚己戊
午	午	午	午	巳辰卯寅丑子亥戌

경금(庚金) 일주(日主)가 오(午)월에 태어났다. 오(午)월은 병기정(丙己丁)이 암장(暗藏)되어 화기(火氣)만이 강하니 반드시 임계수(壬癸水)로 용신(用神)을 삼아야 한다. 그런데 다행히 년상(年上)과 시상(時上)에 임수(壬水)가 들었다. 금수(金水)운이 길하고 목화(木火)운은 흉하다. 그러나 사주에 화기(火氣)가 너무 태과하여 파격(破格)되었다. 큰 가마솥 안에 물은 적은데 불을 많이 지피는 형상이라 하격 사주가 되었는데, 임수(壬水)가 2개나 투출(透出)하여 종격(從格)도 될 수 없다.

이 사람은 어려서는 비교적 넉넉하게 자랐지만 부모가 돌아가시

자 집안이 기울기 시작하였고, 기신(忌神)인 묘(卯) 대운에 사기를
당하여 알거지가 되었고, 관재구설로 몇 년간 감옥살이를 한 후 고
립무원이 되어 유리방황하다가 화재를 만나 불에 타죽었다.

6. 미(未)월 경금(庚金)

【원 문】
未月庚金 先丁次甲 若支會土局 先甲後丁
미월경금 선정차갑 약지회토국 선갑후정

【해 설】
　미(未)월 경금(庚金)은 먼저 정화(丁火)로 용신(用神)을 삼은 후
갑목(甲木)을 써야 한다. 지지(地支)에 토국(土局)이 있으면 먼저
갑목(甲木)으로 소토(疏土)한 후 정화(丁火)를 쓴다.

년	월	일	시	■ 여명
丁	丁	庚	丙	戊己庚辛壬癸甲乙
未	未	子	子	申酉戌亥子丑寅卯

　경금(庚金) 일주(日主)가 미(未)월에 태어났다. 미(未)월은 정을
기(丁乙己)가 암장(暗藏)되어 토기(土氣)와 화기(火氣)가 강하니
계수(癸水)와 갑목(甲木)을 용신(用神)으로 삼아야 한다. 그러나

천간(天干)에 투출(透出)하지 않아 상격은 될 수 없고, 재성(財星)이 약하여 재물복도 없는데 상관(傷官)이 용신(用神)이라 의식주는 있었고, 총명하나 화기(火氣)가 태과하여 무례하였고, 경금(庚金) 일주(日主)가 허약하여 의리가 없는 편이었다. 그러나 일지(日支)와 시지(時支) 자수(子水)가 용신(用神)이라 남편복과 자식복이 있었다. 남편은 애처가이며 속궁합을 잘 맞추는 전문가였다.

7. 신(申)월 경금(庚金)

【원 문】

申月庚金 先丁次甲 專用丁火 甲木引丁
신월경금 선정차갑 전용정화 갑목인정

【해 설】

신(申)월 경금(庚金)은 반드시 정화(丁火)로 용신(用神)을 삼은 후 정화(丁火)를 인도하기 위하여 갑목(甲木)을 써야 한다.

년	월	일	시	■남명							
戊	庚	庚	庚	辛	壬	癸	甲	乙	丙	丁	戊
戌	申	子	辰	酉	戌	亥	子	丑	寅	卯	辰

경금(庚金) 일주(日主)가 신(申)월에 태어났다. 신(申)월은 기무

임경(己戊壬庚)이 암장(暗藏)되어 금기(金氣)와 수기(水氣)가 강하니 갑을목(甲乙木)으로 용신(用神)을 삼은 후 계수(癸水)를 써야한다. 본명은 종격(從格)처럼 보이지만 자세히 보면 정격(正格)이며 신강(身强) 사주다. 시지(時支)의 진(辰) 을목(乙木)이 용신(用神)이고, 일지(日支)의 자(子) 계수(癸水)가 희신(喜神)이다. 용신(用神)과 희신(喜神)이 모두 암장(暗藏)되어 상격이 될 수 없다. 따라서 수목(水木)운은 길하고 토금(土金)운은 흉하다.

본명은 용신(用神)이 미약하여 하천한 명이 되었으나, 그나마 희신(喜神)은 왕하여 의식주는 만족하였다. 성격운은 경금(庚金) 일주(日主)가 태과하니 난폭하며 잔인하였고, 과욕을 부리다 사업에 실패한 후 산으로 들어가 산적이 되었다.

8. 유(酉)월 경금(庚金)

【원 문】

酉月庚金 用丁甲丙 用丁甲煆金 兼用丙火調候
유월경금 용정갑병 용정갑하금 겸용병화조후

【해 설】

유(酉)월 경금(庚金)은 정화(丁火)와 갑목(甲木)과 병화(丙火)로 용신(用神)을 삼아야 한다. 정화(丁火)와 갑목(甲木)은 경금(庚金)을 단련할 때 필요하고, 병화(丙火)는 조후(調候)할 때 필요하다.

년	월	일	시	■남명
己	癸	庚	乙	壬辛庚己戊丁丙乙
亥	酉	申	酉	申未午巳辰卯寅丑

경금(庚金) 일주(日主)가 유(酉)월에 태어났다. 유(酉)월은 경신(庚辛)이 암장(暗藏)되어 금기(金氣)만이 강하니 갑을목(甲乙木)으로 용신(用神)을 삼은 후 병화(丙火)를 써야 한다. 본명은 시상(時上)에 을목(乙木)이 출간(出干)하여 용신(用神)이고, 년지(年支)에 다시 해수(亥水)가 들어 재물복이 있었으나 을경합금(乙庚合金)하여 용신(用神)이 미약하니 작은 부자에 머물렀다.

그리고 일지(日支) 신금(申金)이 기신(忌神)에 해당하니 아내가 음란하였고, 본인도 난폭하며 무례하여 주위에 사람이 없었다. 비겁(比劫)이 태과하면 도적이 되는데 이 사람도 무서운 도적이었다. 그러나 대운이 좋아 잡히지 않고 숨어서 잘 살았다. 대운이 좋으면 죄를 저질러도 잘 잡히지 않는다.

9. 술(戌)월 경금(庚金)

【원 문】

戌月庚金 先甲後壬 土厚先用甲疏 次用壬洗 忌見己土濁壬

술월경금 선갑후임 토후선용갑소 차용임세 기견기토탁임

【해 설】

술(戌)월 경금(庚金)은 먼저 갑목(甲木)으로 용신(用神)을 삼은 후 임수(壬水)를 써야 한다. 토(土)가 후하면 먼저 갑목(甲木)으로 소토(疏土)한 후 임수(壬水)로 세금(洗金)한다. 이때 기토(己土)를 보면 임수(壬水)가 탁해지니 흉하다.

년 월 일 시	■남명
甲 甲 庚 丙	乙丙丁戊己庚辛壬
寅 戌 申 戌	亥子丑寅卯辰巳午

경금(庚金) 일주(日主)가 술(戌)월에 태어났다. 술(戌)월은 신정무(辛丁戊)가 암장(暗藏)되어 금기(金氣)와 토기(土氣)가 강하니 을목(乙木)과 병화(丙火)로 용신(用神)을 삼아야 한다. 본명은 월(月)에 갑목(甲木)이 투출(透出)하고, 시상(時上)에 병화(丙火)가 투출(透出)했으니 용신(用神)이다. 편관(偏官)이 용신(用神)에 해당하여 무관으로 등과하여 장군이 되었고, 재성(財星)도 왕성하니 중부 이상의 재물을 모았다. 그러나 일지(日支) 신금(申金)이 기신(忌神)에 해당하여 아내는 성격이 사나웠으나, 월(月) 갑목(甲木)이 편재(偏財)이며 희신(喜神)에 해당하여 첩은 인자하였다. 이 사람은 아내를 멀리하고 한 평생을 첩과 변방에서 살았다.

10. 해(亥)월 경금(庚金)

【원문】

亥月庚金 丙丁皆用 水冷金寒愛丙丁 甲木輔丁

해월경금 병정개용 수냉금한애병정 갑목보정

【해설】

해(亥)월 경금(庚金)은 병화(丙火)와 정화(丁火)를 모두 용신(用神)으로 삼아야 한다. 해(亥)월 경금(庚金)은 수냉금한(水冷金寒)하니 반드시 병화(丙火)와 정화(丁火)를 쓰고, 정화(丁火)를 인도하여 보좌하기 위하여 갑목(甲木)을 써야 한다.

```
년 월 일 시     ■ 남명
癸 癸 庚 乙     壬辛庚己戊丁丙乙
未 亥 子 酉     戌酉申未午巳辰卯
```

경금(庚金) 일주(日主)가 해(亥)월에 태어났다. 해(亥)월은 무갑임(戊甲壬)이 암장(暗藏)되어 수기(水氣)와 목기(木氣)가 강하니 병정화(丙丁火)로 용신(用神)을 삼은 후 무토(戊土)를 써야 한다. 그러나 투출(透出)한 정화(丁火)가 없으니 년지(年支)의 미(未) 정화(丁火)가 용신(用神)이고, 시상(時上) 을목(乙木)이 희신(喜神)이다. 원래 암장(暗藏)된 용신(用神)은 약하므로 중하격이 되었다.

사주에 수(水)가 태과하면 수다금침(水多金沈)이 되어 금(金)이 물에 가라앉는다. 성격운은 경금(庚金) 일주(日主)라 정의감이 있었지만 용신(用神)이 미약하여 꿈이 매번 물거품처럼 사라졌다. 일지(日支) 자수(子水)는 기신(忌神)에 해당하니 아내복이 없어 음탕한 아내를 만났으나, 재물운은 좋아 중부 이상을 이루었다.

11. 자(子)월 경금(庚金)

【원 문】

子月庚金 用丙丁甲 仍取丁甲 次取丙火照暖 一派金水
자월경금 용병정갑 잉취정갑 차취병화조난 일파금수

不入和暖之鄕 孤貧 丙丁須臨寅巳午未戌支 方爲有力
불입화난지향 고빈 병정수임인사오미술지 방위유력

【해 설】

　자(子)월 경금(庚金)은 병정화(丙丁火)로 용신(用神)을 삼은 후 갑목(甲木)을 써야 한다. 정화(丁火)와 갑목(甲木)은 경금(庚金)을 단련할 때 필요하고, 병화(丙火)는 조후(調候)할 때 필요하다. 일파금수(金水)이면 따뜻한 고향으로 들어가지 못하니 가난하며 고독한 명조가 되고, 병정화(丙丁火)는 지지(地支)의 인사오미술(寅巳午未戌)에 임하면 유력해진다.

년	월	일	시	■남명
壬	壬	庚	丙	己 戊 丁 丙 乙 甲 癸 壬
戌	子	子	子	亥 戌 酉 申 未 午 巳 辰

경금(庚金) 일주(日主)가 자(子)월에 태어났다. 수기(水氣)가 태과하여 종아격(從兒格)으로 보이나 시상(時上)에 병화(丙火)와 년지(年支)에 술토(戌土)가 들어 정격(正格)이며 신약(身弱) 사주다. 자(子)월은 임계(壬癸)가 암장(暗藏)되어 수기(水氣)만이 강하니 병정화(丙丁火)로 용신(用神)을 삼은 후 무기토(戊己土)를 쓴다.

그런데 일간(日干)이 태약하여 인성(印星)과 비겁(比劫)이 필요하니 시상(時上) 병화(丙火)가 용신(用神)이고, 술(戌) 무토(戊土)가 희신(喜神)이다. 그러나 용신(用神) 병화(丙火)가 무근(無根)하여 무력하고, 술토(戌土)는 제방하기에는 미약하다. 수다토붕(水多土崩)이니 물이 너무 많아 제방이 무너지는 격이 되었고, 경금(庚金)은 홍수에 잠기니 침금(沈金) 사주가 되어 하천한 팔자가 되었다. 몸하나 의지할 곳이 없어 유리방황하며 걸인으로 살았다.

12. 축(丑)월 경금(庚金)

【원문】

用丙丁甲 仍取丁甲 次取丙火照暖 一派金水 不入和暖之鄕
용병정갑 잉취정갑 차취병화조난 일파금수 불입화난지향

孤貧 丙丁須臨巳午未戌支 方爲有力

고빈 병정수임사오미술지 방위유력

【해 설】

축(丑)월 경금(庚金)은 자(子)월과 마찬가지로 병정화(丙丁火)와 갑목(甲木)으로 용신(用神)을 삼아야 한다. 정화(丁火)와 갑목(甲木)은 경금(庚金)을 단련할 때 필요하고, 병화(丙火)는 조후(調候)할 때 필요하다. 지지(地支)에 금수(金水) 일파가 있으면 따뜻한 고향으로 들어가지 못하니 고독하며 가난하다. 병정화(丙丁火)가 지지(地支)의 인사오미술(寅巳午未戌)에 임하면 유력해진다.

년	월	일	시	■남명
壬	癸	庚	丁	甲乙丙丁戊己庚辛
午	丑	申	亥	寅卯辰巳午未申酉

경금(庚金) 일주(日主)가 축(丑)월에 태어났다. 축(丑)월은 계신기(癸辛己)가 암장(暗藏)되어 수기(水氣)와 토기(土氣)가 강하니 정화(丁火)와 경금(庚金)으로 용신(用神)을 삼아야 한다. 본명은 시상(時上)에 정화(丁火)가 투출(透出)하고, 년지(年支)에 오화(午火)가 들어 조후(調候)가 길하니 용신(用神)이다. 따라서 정오(丁午)가 가장 길하고, 그 다음은 경신금(庚辛金)이 길하다. 아내운은 일지(日支) 신금(申金)이 길하니 의리와 결단력이 있는 현모양처

를 만났고, 정관(正官)이 용신(用神)에 해당하니 일찍 등과급제하여 오(午) 대운에는 상서(尚書)에까지 올랐다. 그러나 청렴하여 재물을 많이 모으지는 않고 의식주만 해결하며 청빈하게 살았다. 성격은 정의감이 강하고 예의범절을 아는 훌륭한 관리였다. 대운이 길하여 청운의 꿈을 펼칠 수 있었던 것이다.

2. 삼하(三春) 경금(庚金)

【원 문】

寅月庚金 木旺之際 有土皆死 不能生金 且金之寒氣未除
인월경금 목왕지제 유토개사 불능생금 차금지한기미제

先用丙暖庚性 又慮土厚埋金 須甲疏洩 丙甲兩透
선용병난경성 우려토후매금 수갑소설 병갑양투

科甲顯榮 二者透一 亦有生監 丙藏甲透 異路功名
과갑현영 이자투일 역유생감 병장갑투 이로공명

或柱中土多 甲透者貴 甲藏者富 庚出則否 或庚金出干
혹주중토다 갑투자귀 갑장자부 경출즉부 혹경금출간

加以戊己而無水者 又主富貴 何也 寅中甲木 引丁有根
가이무기이무수자 우주부귀 하야 인중갑목 인정유근

無水爲病 名官星有氣 財旺生扶 故以富貴推之 如火多則用土
무수위병 명관성유기 재왕생부 고이부귀추지 여화다즉용토

或支成火局 壬透 有根者大富貴 無根者小富貴 乏水者殘疾之人

혹지성화국 임투 유근자대부귀 무근자소부귀 핍수자잔질지인

或木被金傷 無丙丁出制 支無庚金 此係平人 或丙遭癸困

혹목피금상 무병정출제 지무경금 차계평인 혹병조계곤

無戊制者亦然 總之寅月庚金 丙甲爲上 庚金次之 春金多火

무무제자역연 총지인월경금 병갑위상 경금차지 춘금다화

不夭則貧 陽金最喜火煉 煆太過 反主奔流

불요즉빈 양금최희화련 하태과 반주분류

【해 설】

인(寅)월은 목(木)이 왕한 때이니 경금(庚金)은 토(土)가 있어도 모두 죽어 토생금(土生金)하지 못한다. 또 금(金)은 한기가 완전히 제거되지 않았으니 먼저 병화(丙火)로 따뜻하게 해야 하고, 토(土)가 후하여 매금(埋金)될 염려가 있으니 갑목(甲木)으로 소토(疏土)하며 설기(洩氣)해야 한다.

따라서 병화(丙火)와 갑목(甲木)이 모두 투출(透出)하면 과갑하여 발전하고, 2개 중에 하나만 투출(透出)하면 생감(生監)에 불과하고, 병(丙)이 암장(暗藏)되고 갑(甲)이 투출(透出)하면 이로에서 공명한다. 만일 사주에 토(土)가 많은데 갑목(甲木)이 투출(透出)하면 귀를 이루고, 갑목(甲木)이 암장(暗藏)되면 부를 이룬다. 그러나 경금(庚金)이 출간(出干)하면 불리하다.

만일 정화(丁火)가 출간(出干)하고 무기토(戊己土)가 있는데 수

(水)가 없으면 부귀를 이룬다. 인(寅) 갑목(甲木)이 정화(丁火)를 인도하여 유근(有根)하니 수(水)가 병이 되기 때문이다. 재(財)가 왕하여 생부(生扶)하면 부귀하다고 추리하는데, 만일 화(火)가 많으면 토(土)가 용신(用神)이다. 만일 지지(地支)에 화국(火局)이 있는데 임수(壬水)가 투출(透出)하면 유근(有根)하여 대부대귀를 이루고, 무근(無根)하면 소부소귀를 이룬다. 그러나 임수(壬水)가 끊어지면 질병이 생긴다.

만일 금(金)이 목(木)을 상하게 하고, 병정화(丙丁火)가 출간(出干)하여 다스리지 않고, 지지(地支)에 정화(丁火)가 없으면 평상인에 불과하다. 만일 병화(丙火)가 계수(癸水)를 만나면 곤하고, 무토(戊土)가 제극(制剋)하지 않아도 그렇다. 다시 말해, 인(寅)월 경금(庚金)은 병화(丙火)와 갑목(甲木)이 가장 좋고, 그 다음은 정화(丁火)가 좋다. 춘금(春金)이 화(火)가 많으면 요절하거나 빈천하고, 양금(陽金)은 화(火)가 단련해주면 가장 좋으나 지나치게 단련하면 오히려 흉하다.

년 월 일 시

壬 壬 庚 己   癸甲乙丙丁戊己庚

寅 寅 寅 卯   卯辰巳午未申酉戌

경금(庚金) 일주(日主)가 인(寅)월에 태어났다. 지지(地支)의 인묘(寅卯) 목국(木局)이 재성(財星)을 도우니 목기(木氣)가 왕강하

여 경금(庚金) 일주(日主)가 의지할 곳이 없고, 년간(年干)과 월
(月)에 임수(壬水)가 있지만 수생목(水生木)으로 목기(木氣)만 도
와줄 뿐 일주(日主)를 보호하지 못하니 기명종재격(棄命從財格)이
되었다. 목화(木火)운이 길하고 토금(土金)운은 흉하다.

병오(丙午) 정미(丁未) 대운은 용신(用神)운이라 지현(知縣)에 올
랐고, 유(酉) 대운은 기신(忌神)운이라 부모상을 당하였고, 병(丙)
대운은 용신(用神)운이라 승진하였고, 신(申) 대운은 기신(忌神)운
이라 파직된 후 낙향하였다. 이 사람은 관운이 좋아 지현(知縣)에
올랐지만 아내복이 없어 고집이 세고 잔인한 아내를 만나 갈등이
심하다가 중년부터 별거하였다. 그리고 재물복은 지방의 작은 부자
에 머물렀고, 말년은 흉하여 병으로 고생하다 70세에 병사하였다.


```
년 월 일 시
己 丙 庚 庚       乙甲癸壬辛庚己戊
酉 寅 申 辰       丑子亥戌酉申未午
```


본명은 월주(月柱)의 병인(丙寅)을 제외하고는 모두 토금(土金)이
니 월(月) 병화(丙火)가 용신(用神)이고 목(木)은 희신(喜神)이다.
따라서 병정화(丙丁火)는 용신(用神), 갑을목(甲乙木)은 희신(喜
神), 경신금(庚辛金)은 기신(忌神), 무기토(戊己土)는 구신(仇神),
임계수(壬癸水)는 한신(閑神)이다.

초년 을축(乙丑) 갑자(甲子) 대운은 수목(水木)운이라 한신(閑神)

과 희신(喜神)이 함께 들어 무해무덕하게 자랐고, 청년운인 계해(癸亥) 임술(壬戌) 대운은 대부분 수(水)운이라 역시 한신(閑神)에 해당하여 미관말직으로 등과하였다. 그러나 중년운인 신유(辛酉) 경신(庚申) 대운은 모두 금(金)운이라 기신(忌神)에 해당하여 부부 간에 불화하다 이별하였고, 재산이 모두 사라지는 등 말할 수 없는 시련을 겪었다. 본명은 용신(用神)과 희신(喜神)이 강건하지만 대운에서 응해주지 않아 빛좋은 개살구가 되었고, 기신(忌神)이 너무 강하여 평생 길보다 흉이 더 많았던 것이다.

년	월	일	시	■여명
乙	戊	庚	戊	己庚辛壬癸甲乙丙
卯	寅	寅	寅	卯辰巳午未申酉戌

경금(庚金) 일주(日主)가 인(寅)월에 태어나 실령(失令)하였고, 년주(年柱)에 을묘(乙卯)가 들고, 일지(日支)와 시지(時支)에 인목(寅木)이 들어 목기(木氣)가 너무 태왕하다. 종재격(從財格)으로 보이지만 정격(正格)이며 신약(身弱) 사주다. 왜냐하면 경금(庚金) 일주(日主)는 양금(陽金)이고, 월간(月干)과 시간(時干)에 무토(戊土)가 생조(生助)하여 종하지 않기 때문이다. 신약(身弱)하니 중화 시키려면 일주(日主)를 도와주고, 많은 인목(寅木)을 제극(制剋)해야 하니 경금(庚金)이 용신(用神)이고 토(土)는 희신(喜神)이다.

일지(日支)는 남편궁인데 인목(寅木)이 들고 기신(忌神)에 해당하

여 남편복이 없었다. 남편은 직장을 핑계로 아내에게 사랑을 주지
않았다. 그리고 일주(日主)가 태약하니 평생 재산과 관재구설과 남
자문제로 고통을 당하였다. 그러나 말년 신유금(申酉金)운에 발복
하여 편안하게 임종하였다. 즉 대운이 길하여 기사회생한 사주다.

년	월	일	시	■ 용인살격(用印殺格)
壬	壬	庚	庚	癸甲乙丙丁戊己庚
子	寅	申	辰	卯辰巳午未申酉戌

【원 문】차팔자서낙오선현평도(此八字徐樂吾先賢評道)

水盛金寒 專用丙戌 早年困苦 入東南運入泮 水盛金寒
수성금한 전용병무 조년곤고 입동남운입반 수성금한
用寅中丙戌 而丙戌俱不透 寒薄之命
용인중병무 이병무구불투 한박지명

【해 설】

수(水)는 왕성하고 금(金)은 한냉하니 반드시 병화(丙火)와 무토
(戊土)로 용신(用神)을 삼아야 한다. 초년은 곤고하였으나 동남운
으로 흘러 약간 풀렸다. 사주 원국이 수성금한(水盛金寒)하여 인
(寅) 병화(丙火)와 무토(戊土)가 용신(用神)이니 화토(火土)가 길
하다. 그러나 애석하게도 병화(丙火)와 무토(戊土)가 천간(天干)에
투출(透出)하지 않아 가난하며 박복하였다.

년	월	일	시	■ 용인격(用印格)
辛	庚	庚	丙	己 戊 丁 丙 乙 甲 癸 壬
巳	寅	戌	戌	丑 子 亥 戌 酉 申 未 午

【원 문】 차팔자서낙오선현평도(此八字徐樂吾先賢評道)

支成火局 僧道 寅戌會局而透丙 火局成也 年支逢巳 煅煉太過
지성화국 승도 인술회국이투병 화국성야 년지봉사 단련태과

必須壬水爲救 原局無救 而比劫重見 又不能從 宜爲孤窮之命也
필수임수위구 원국무구 이비겁중견 우불능종 의위고궁지명야

【해 설】

　지지(地支)에 화국(火局)이 있어 승도팔자가 되었다. 인술(寅戌)
이 회국(會局)하고 시상(時上)에 병화(丙火)가 투출(透出)하였다.
화국(火局)을 이루었는데 년지(年支)에 또 사화(巳火)가 있어 지나
치게 단련시키니 반드시 임수(壬水)로 구해야 하는데 임수(壬水)
가 없다. 또 년상(年上)에 신금(辛金)이 들고, 월상(月上)에 경금
(庚金)이 들어 비겁(比劫)이 중중하니 종격(從格)도 될 수 없다.
따라서 고독하며 가난하였다.

【원 문】

卯月庚金 柱中自然有乙 當令之乙 見庚必留情於乙
묘월경금 주중자연유을 당령지을 견경필유정어을

此金有暗强之勢 如秋金一理 故卯月庚金 專用庚金 借甲引丁

차금유암강지세 여추금일리 고묘월경금 전용경금 차갑인정

借庚劈甲 無丁用者 富貴多出於勉强 或丁在干 甲透引丁

차경벽갑 무정용자 부귀다출어면강 혹정재간 갑투인정

支下再見一庚制甲 配得中和 必然大貴 如不見庚合者

지하재견일경제갑 배득중화 필연대귀 여불견경합자

雖丁甲兩透 亦屬平人 春丁不旺不衰 故用甲爲佐丁之物

수정갑양투 역속평인 춘정불왕불쇠 고용갑위좌정지물

甲若無庚劈則不能引丁 乙木雖多 又忌濕乙傷丁 難爲丁母

갑약무경벽즉불능인정 을목수다 우기습을상정 난위정모

故有丁甲無庚者常人 有丁庚 甲不出干者常人 或丁透無庚甲者

고유정갑무경자상인 유정경 갑불출간자상인 혹정투무경갑자

可許貢監 無丁有丙者 異路功名 或一片甲乙 忌庚出干破財

가허공감 무정유병자 이로공명 혹일편갑을 기경출간파재

乃從財格 反主富貴 若見一比 又主孤貧 死金嫌蓋頂之泥

내종재격 반주부귀 약견일비 우주고빈 사금혐개정지니

重見戊己 如人厭伏之象 須甲透爲妙

중견무기 여인염복지상 수갑투위묘

【해 설】

  묘(卯)월 경금(庚金)은 을목(乙木)이 당령(當令)하면 반드시 을경
합(乙庚合)한다. 묘(卯)월 경금(庚金)은 암강(暗强)하며 가을철 금

(金)과 원리가 비슷하다. 따라서 반드시 정화(丁火)로 용신(用神)을 삼은 후 갑목(甲木)으로 정화(丁火)를 인도해야 한다. 그리고 경금(庚金)으로 벽갑(劈甲)해야 하니 경금(庚金)이 없으면 많이 노력해야 부귀를 이룬다. 만일 경금(庚金)이 투간(透干)하고, 갑목(甲木)이 투출(透出)하여 정화(丁火)를 인도하고, 지지(地支)에서 경금(庚金)이 갑목(甲木)을 제극(制剋)하면 중화되어 반드시 대귀를 이루고, 경금(庚金)을 보지 않으면 비록 정화(丁火)와 갑목(甲木)이 모두 투출(透出)하여도 평상인에 불과하다.

봄철 경금(庚金)은 왕하지도 쇠약하지도 않으니 먼저 갑목(甲木)을 쓰고, 정화(丁火)로 보좌해야 한다. 만일 경금(庚金)이 벽갑(劈甲)하지 않으면 정화(丁火)로 인도하기 어렵고, 을목(乙木)이 많아도 습하면 정화(丁火)를 상하게 하여 정화(丁火)가 어머니가 되기 어렵다. 따라서 정화(丁火)와 갑목(甲木)이 있는데 경금(庚金)이 없으면 평범하고, 정화(丁火)와 경금(庚金)이 있는데 갑목(甲木)이 출간(出干)하지 않아도 평범하다. 만일 경금(庚金)이 투간(透干)하고 경금(庚金)과 갑목(甲木)이 없으면 공감(貢監)은 허락하고, 정화(丁火)가 없는데 병화(丙火)가 있으면 이로에서 공명을 이룬다.

만일 갑을목(甲乙木)이 1개 있는데 정화(丁火)가 출간(出干)하여 파재(破財)하면 종재격(從財格)이 되어 오히려 부귀를 이루나, 비견(比肩)을 보면 고독하며 가난하다. 사금(死金)은 이마를 덮는 진흙을 싫어하니 무기(戊己)를 중복해서 만나면 사람들에게 미움을 받을 상이나 갑목(甲木)이 투출(透出)하면 묘해진다.

년	월	일	시	■ 남명
甲	丁	庚	丙	戊己庚辛壬癸甲乙
寅	卯	辰	子	辰巳午未申酉戌亥

경금(庚金) 일주(日主)가 묘(卯)월에 태어났다. 일지(日支)에 진토(辰土)가 들어 겨우 명맥을 유지한다. 인묘진(寅卯辰)이 방합(方合)하고 자진(子辰)이 반수국(半水局)하여 종격(從格)으로 보이나, 일지(日支)에 진토(辰土)가 들었으니 정격(正格)이다. 정격(正格)은 토금(土金)이 길한데 목기(木氣)가 태과하니 경금(庚金) 일주(日主)가 용신(用神)인데 일지(日支)에 진토(辰土)가 통근(通根)했으나 방합(方合)과 삼합(三合)으로 기운이 많이 흘러 통근(通根)이 약하니 흉하다. 차라리 종격(從格)이면 좋았을 것이다.

본명은 정격(正格) 사주가 용신(用神)이 너무 약하여 평생 남의 집 집사노릇을 하느라 자신의 꿈을 펼칠 수 없었다. 이처럼 종격(從格)에 가까운 사주는 대개 파란만장하다. 용신(用神)은 그 사람의 능력을 나타내니 용신(用神)이 강하면 능력이 많으나 미약하면 능력도 약하다. 대부격이나 대귀격 사주는 대개 용신(用神)이 강하고, 걸인이나 하천한 사주는 대개 용신(用神)이 약하다.

년	월	일	시	■ 남명
己	丁	庚	庚	丙乙甲癸壬辛庚
亥	卯	申	辰	寅丑子亥戌酉申

경금(庚金) 일주(日主)가 묘(卯)월에 태어났고, 월간(月干)에 정화(丁火)가 투간(透干)하고, 년지(年支)에 해수(亥水)가 들어 목(木)이 강하다. 용신(用神)은 시간(時干) 경금(庚金)인데 일지(日支) 신금(申金)과 시지(時支) 진토(辰土)가 부조(扶助)하여 강하니 길복이 많아 평생 큰 어려움이 없었다. 소년에 등과하여 국경 수비 대장이 되었고, 일지(日支) 신금(申金)이 용신(用神)이라 정의감이 강하며 내조를 잘하는 현모양처를 만났고, 재성(財星)이 왕하니 재물복도 많아 수천 석의 큰 부자로 살았다.

사주를 간명할 때 가장 중요한 것은 용신(用神)을 찾는 것이다. 그리고 용신(用神)이 강한가 약한가를 보고, 그 다음은 용신(用神)이 어느 육신에 해당하는가를 보고, 그 다음은 용신(用神)이 어느 위치에 있는지를 보아야 한다. 즉 용신(用神)이 재관(財官)을 능히 감당할 수 있는지를 살피는 것이 중요하다. 용신(用神)을 정하지 않고서는 간명할 수가 없다.

년	월	일	시	■ 용비견격(用比肩格)
庚	己	庚	丁	庚辛壬癸甲乙丙丁
申	卯	寅	丑	辰巳午未申酉戌亥

【원 문】 차팔자서낙오선현평도(此八字徐樂吾先賢評道)
貴自富得 慷慨好施 申合卯 甲藏寅 財旺生官 貴從富得
귀자부득 강개호시 신합묘 갑장인 재왕생관 귀종부득

【해 설】

스스로 부귀를 이룬 사주다. 강개하여 보은혜시를 좋아했다. 인묘
(寅卯)에 갑목(甲木)이 암장(暗藏)되어 재왕(財旺) 생관(生官)하니
부귀를 이루었고, 재성(財星)인 목기(木氣)가 태왕한데 경금(庚金)
일주(日主)도 강하여 부귀를 모두 이루었다. 용신(用神)은 년상(年
上) 경금(庚金)이고, 미토(未土)와 술토(戌土)는 희신(喜神)이다.

년 월 일 시	■용비견격(用比肩格)
庚 己 庚 甲	庚辛壬癸甲乙丙丁
午 卯 子 申	辰巳午未申酉戌亥

【원 문】차팔자서낙오선현평도(此八字徐樂吾先賢評道)

甲透丁藏 武魁

갑투정장 무괴

【해 설】

시상(時上)에 갑목(甲木)이 투출(透出)하고, 년지(年支) 오(午)에
정화(丁火)가 암장(暗藏)되어 무괴(武魁) 벼슬을 하였다. 경금(庚
金) 일주(日主)가 묘(卯)월에 태어나 실령(失令)하였다. 용신(用
神)은 년상(年上)과 일주(日主)의 경금(庚金)인데 시지(時支) 신금
(申金)에 통근(通根)하여 강하다. 따라서 경신금(庚辛金)과 신유금
(申酉金)과 무술토(戊戌土)운에 발복하였다.

【원 문】

辰月庚金 戊土司令 無生金之理 有埋金之憂 故先甲後丁

진월경금 무토사령 무생금지리 유매금지우 고선갑후정

不用庚劈甲 辰月庚金 土旺金頑 頑金宜丁 旺土須甲

불용경벽갑 진월경금 토왕금완 완금의정 왕토수갑

乏甲不能立業 乏丁焉能成名 二者少一 富貴不眞 庚金無火

핍갑불능입업 핍정언능성명 이자소일 부귀불진 경금무화

非夭則貧 身弱財多 富貴不久 得丁甲兩透 不見比肩

비요즉빈 신약재다 부귀불구 득정갑양투 불견비견

科甲之命 但要好運相催 甲透丁藏 採芹拾芥 甲藏丁透

과갑지명 단요호운상최 갑투정장 채근습개 갑장정투

異路功名 丁甲俱藏 不受庚制 富中取貴 刀筆起家 有甲無丁

이로공명 정갑구장 불수경제 부중취귀 도필기가 유갑무정

平常之輩 有丁無甲 迂儒腐儒 丁甲俱無 下賤之人

평상지배 유정무갑 우유부유 정갑구무 하천지인

或一甲無丁有丙 由行伍而得官職 須不見壬癸爲妙

혹일갑무정유병 유행오이득관직 수불견임계위묘

或支成土局 無木 빈천僧道 見乙 奸詐小人 或支成火局 癸水透

혹지성토국 무목 빈천승도 견을 간사소인 혹지성화국 계수투

富貴 有丙丁出干 見壬制之 方吉 無制殘疾之人

부귀 유병정출간 견임제지 방길 무제잔질지인

【해 설】

진(辰)월 경금(庚金)은 무토(戊土)가 사령(司令)하여 생금(生金)하지 않는다. 토(土)가 왕하면 매금(埋金)될 염려가 있으니 먼저 갑목(甲木)으로 용신(用神)을 삼아 제토(制土)한 후 정화(丁火)를 써야 한다. 그러나 갑목(甲木)과 경금(庚金)이 모두 투출(透出)하면 갑경상충(甲庚相冲)하여 벽갑(劈甲)하면 쓸 수 없다.

진(辰)월 경금(庚金)은 토(土)가 왕하여 금(金)이 완고하니 정화(丁火)로 제극(制剋)하면 좋고, 토(土)가 왕하면 갑목(甲木)을 쓰는데 갑목(甲木)이 부실하면 가업을 세우기 어렵고, 경금(庚金)이 부실하면 명진사해하기 어렵다. 갑경(甲庚) 중에서 어느 하나가 적어도 부귀가 진실하지 못하고, 경금(庚金)에는 화(火)가 없으면 요절하거나 빈천하다.

신약(身弱)한데 재성(財星)이 많으면 부귀를 이루기 어렵고, 정화(丁火)와 갑목(甲木)이 모두 투출(透出)하고 비견(比肩)을 보지 않으면 과갑하나, 갑목(甲木)이 투출(透出)하고 경금(庚金)이 암장(暗藏)되면 빈천하고, 갑목(甲木)이 암장(暗藏)되고 경금(庚金)이 투출(透出)하면 이로에서 공명하고, 경금(庚金)과 갑목(甲木)이 모두 암장(暗藏)되고 경금(庚金)이 제극(制剋)하지 않으면 부한 가운데 귀를 취하며 도필(刀筆)로 가업을 일으킨다.

만일 갑목(甲木)이 있는데 정화(丁火)가 없으면 평범한 인물이 되고, 정화(丁火)는 있는데 갑목(甲木)이 없으면 소인배 같은 선비가 되고, 정화(丁火)와 갑목(甲木)이 모두 없으면 하천한 사람이 된다.

만일 갑목(甲木)이 1개 있는데 정화(丁火)가 없고 병화(丙火)가 있으면 군대에서 관직을 얻는데 임계수(壬癸水)가 없으면 묘해진다. 만일 지지(地支)에 토국(土局)이 있는데 목(木)이 없으면 빈천한 승도가 되는데 을목(乙木)이 있으면 간사하다. 만일 지지(地支)에 화국(火局)이 있는데 계수(癸水)가 투출(透出)하면 부귀를 이루고, 병정화(丙丁火)가 출간(出干)했는데 임수(壬水)가 제극(制剋)하면 길하나, 제극(制剋)하지 않으면 질병을 앓는다.

년	월	일	시	■ 정란차격(井欄叉格)
庚	庚	庚	壬	辛壬癸甲乙丙丁戊
子	辰	申	午	巳午未申酉戌亥子

【원 문】 차팔자서낙오선현평도(此八字徐樂吾先賢評道)

時出壬水 支成水局 名井欄叉格 官至太師 時午破格

시출임수 지성수국 명정란차격 관지태사 시오파격

恐不能善其終也 或當代要人 不便盡言也

공불능선기종야 혹당대요인 불편진언야

【해 설】

시상(時上)에 임수(壬水)가 투출(透出)했는데 지지(地支)에 신자진(申子辰) 수국(水局)이 있으니 정란차격(井欄叉格)이 되어 태사(太師)가 되었다. 시지(時支)에 오화(午火)가 들어 화극금(火剋金)

하여 파격(破格)이 되어 유종의 미를 거두지 못할까 염려된다. 사
주의 격국으로 보아 당대에 중요한 인물이었던 것으로 보인다.

3. 삼하(三夏) 경금(庚金)

【원 문】

巳月庚金 長生於巳 巳內有戊 丙不鎔金 故不畏火炎 丙亦可作用
사월경금 장생어사 사내유무 병불용금 고불외화염 병역가작용

但先壬水 方得中和 故曰群金生夏 喜用勾陳 次取戊土 丙火佐之
단선임수 방득중화 고왈군금생하 희용구진 차취무토 병화좌지

三者皆全 登科及第 卽透一二 亦非白丁 或一派丙火
삼자개전 등과급제 즉투일이 역비백정 혹일파병화

名曰假殺爲權 須不見壬制者 此人假作淸高 並無仁義 刑妻剋子
명왈가살위권 수불견임제자 차인가작청고 병무인의 형처극자

有壬制者 又主榮華 壬藏支者 有富貴之命 而無其實 或支成金局
유임제자 우주영화 임장지자 유부귀지명 이무기실 혹지성금국

變弱爲强 用丙無力 用丁方妙 故丁透者吉 無丁無用之人
변약위강 용병무력 용정방묘 고정투자길 무정무용지인

或丁出三四 煆制太過 其人奔波 巳月庚金 須用壬丙戊
혹정출삼사 하제태과 기인분파 사월경금 수용임병무

但非拘執先後 宜分病用藥 劍戟成功 入火鄉而反害 金逢火已損

단비구집선후 의분병용약 검극성공 입화향이반해 금봉화이손

再見火必傷 庚辛火旺怕南方 逢辰巳之鄉 又爲榮斷

재견화필상 경신화왕파남방 봉진사지향 우위영단

【해 설】

사(巳)월 경금(庚金)은 사(巳)가 장생(長生)이며 무토(戊土)가 있으니 병화(丙火)가 금(金)을 녹이지 못한다. 따라서 화염을 두려워하지 않고, 병화(丙火)도 역시 작용이 가하나 임수(壬水)가 있어야 중화된다. 말하기를 만일 군금(群金)이 여름에 생하면 수(水)로 희용(喜用)을 삼은 후 무토(戊土)와 병화(丙火)로 보좌해야 한다고 하였다. 만일 임수(壬水)와 무토(戊土)와 병화(丙火)가 모두 있으면 등과급제하고, 1~2개만 투출(透出)하여도 백정은 아니다. 만일 일파 병화(丙火)가 있으면 가살권세(假殺權勢)라 하여 임수(壬水)가 제극(制剋)하지 않으면 청고하나 인의가 없고 형처극자(刑妻剋子)한다. 그러나 임수(壬水)가 제극(制剋)하면 영화를 누린다.

만일 임수(壬水)가 지지(地支)에 암장(暗藏)되면 부귀한 명조이나 실속이 없고, 지지(地支)에 금국(金局)을 이루면 약한 것이 강해지니 병화(丙火)를 쓰면 무력하고 정화(丁火)를 쓰면 묘해진다. 따라서 정화(丁火)가 투출(透出)하면 길하고, 정화(丁火)가 없으면 무용지물이 된다. 만일 정화(丁火)가 3~4개 투출(透出)하여 지나치게 단련하면 분주하며 파란이 많다.

사(巳)월 경금(庚金)은 임수(壬水)와 병화(丙火)와 무토(戊土)를 쓰는데 선후에만 신경쓸 것이 아니라 병을 파악하여 약을 써야 한다. 검극(劍戟)으로 성공하지만 화향(火鄕)으로 들어가면 반대로 해롭다. 금(金)이 화(火)를 만나면 손해가 따르고, 두 번째 화(火)를 만나면 반드시 상한다. 경신금(庚辛金)이 화왕(火旺)하면 남방으로 가는 것을 두려워하나 진사(辰巳)를 만나면 영화가 따른다.

년	월	일	시	■ 남명
甲	己	庚	戊	庚辛壬癸甲乙丙丁
午	巳	戌	寅	午未申酉戌亥子丑

경금(庚金) 일주(日主)가 사(巳)월에 태어났고, 년지(年支)에 오화(午火)가 들고, 시지(時支)에 인목(寅木)이 들었다. 인오술(寅午戌)이 삼합(三合)하여 화국(火局)을 이루어 화기(火氣)가 태과하니 종관살격(從官殺格)으로 보인다. 그러나 경금(庚金) 일주(日主)가 양간(陽干)이고, 월(月)에 기토(己土)가 들고, 시상(時上)에 무토(戊土)가 들고, 일지(日支)에 술토(戌土)가 들었으니 정격(正格)이며 신약(身弱) 사주다.

본명을 자세히 보면 어머니가 자식을 보호하는 형상이다. 즉 도적과 같은 관살(官殺)이 태왕하여 경금(庚金)이 큰 위험에 빠졌는데 월(月)과 시간(時干)에서 어머니가 보호해주니 큰 위험에서 벗어나 길운으로 변하였다. 이 사람은 부모의 사랑이 없었다면 단명했거나 파란만장했을 것이다. 화기(火氣)가 태과하여 수(水)가 필요한데 1개도 없으니 제극(制剋)하지 못하여 흉하게 된 것이다.

년	월	일	시	■남명
丙	癸	庚	癸	甲乙丙丁戊己庚辛
戌	巳	午	未	午未申酉戌亥子丑

경금(庚金) 일주(日主)가 사(巳)월에 태어나 실령(失令)하여 신약(身弱)한데 지지(地支)에서 사오미(巳午未)가 방합(方合)하여 화국(火局)을 이루니 더 약해졌다. 오행이 화(火)로 편중되어 예의범절이 없고, 목(木)이 전혀 없으니 인정과 인자함이 없었다. 정의감이 없어 부화뇌동하고, 결단력이 약하여 작은 일도 결정하지 못하고 우왕좌왕하거나 작심삼일하는 등 성격에 문제가 많았다.

신약(身弱) 사주에서는 인성(印星)과 비겁(比劫)만이 길한데 경금(庚金)이 태약하니 능력이 없었고, 재성(財星)이 1개도 없으니 재물복도 없었다. 그리고 일지(日支) 오화(午火)가 기신(忌神)에 해당하니 아내복도 없어 무례하며 망언을 일삼는 아내를 만났다.

【원문】

午月庚金 丁火旺烈 庚金敗地 專用壬水 癸又次之 壬透癸藏
오월경금 정화왕열 경금패지 전용임수 계우차지 임투계장

支見庚辛 必然科甲 切忌戊己透干制水 則否 戊藏支內

지견경신 필연과갑 절기무기투간제수 즉부 무장지내

不失儒林 或壬在支 有金生助 又得金神出干 明經之貴

부실유림 혹임재지 유금생조 우득금신출간 명경지귀

或癸出帶辛 異路之榮 或支成火局 乏水者 奔波之客

혹계출대신 이로지영 혹지성화국 핍수자 분파지객

有壬癸制者 捐納之人 又見戊己透者則否 無壬癸制火者

유임계제자 연납지인 우견무기투자즉부 무임계제화자

又宜戊己出干補金洩火 庶不夭折孤貧 總之仲夏無水

우의무기출간보금설화 서불요절고빈 총지중하무수

必非上格 或一派木火 無傷印比劫 又作從殺而論

필비상격 혹일파목화 무상인비겁 우작종살이론

【해 설】

오(午)월은 정화(丁火)가 왕하니 경금(庚金)은 패지(敗地)를 만난 격이다. 따라서 임수(壬水)로 용신(用神)을 삼은 후 계수(癸水)를 써야 한다. 만일 임수(壬水)가 투출(透出)하고, 계수(癸水)가 암장(暗藏)되고, 지지(地支)에 경신금(庚辛金)이 있으면 반드시 과갑한다. 그러나 무기토(戊己土)가 출간(出干)하여 수(水)를 제하면 흉하다. 무토(戊土)가 지지(地支)에 암장(暗藏)되면 유림에는 들어가고, 임수(壬水)가 지지(地支)에서 금(金)을 생조(生助)하면 좋고, 금신(金神)이 출간(出干)하면 명경(明經)의 귀함이 있다.

만일 계수(癸水)가 투출(透出)하고 신금(辛金)을 띠면 이로에서 영화를 이루나, 지지(地支)에 화국(火局)이 있는데 수(水)가 끊어지면 고생하고, 임계(壬癸)가 제극(制剋)하면 약간의 부를 이룬다. 또 무기토(戊己土)가 투출(透出)하면 흉하고, 임계수(壬癸水)가 화(火)를 제하지 못하거나 무기토(戊己土)가 출간(出干)하여 보금설화(補金洩火)하면 요절하거나 고독과 빈곤에는 이르지 않는다. 다시 말해, 중하(仲夏)에는 수(水)가 없으면 절대로 상격이 될 수 없다. 만일 일파 목화(木火)에 상관(傷官)이나 인수(印綬)나 비겁(比劫)이 없으면 종살격(從殺格)으로 논한다.

년	월	일	시	■남명
壬	丙	庚	庚	丁戊己庚辛壬癸
申	午	午	辰	未申酉戌亥子丑

경금(庚金) 일주(日主)가 오(午)월에 태어나 실령(失令)하였고, 화(火)가 많으니 신약(身弱)하다. 그러나 임수(壬水)와 신금(申金)과 진토(辰土)의 부조(扶助)로 강하니 년간(年干) 임수(壬水)가 용신(用神)이고, 금(金)은 희신(喜神)이다. 즉 용신(用神)이 지지(地支)에 통근(通根)이 잘 되어 유정한 사주가 되었다. 만일 임수(壬水)가 용신(用神)인데 용신(用神)이 든 간지(干支)가 임신(壬申)이면 유정하고, 갑목(甲木)이 용신(用神)인데 용신(用神)이 든 간지(干支)가 갑자(甲子)이면 유정하고, 병화(丙火)가 용신(用神)

인데 용신(用神)이 든 간지(干支)가 병인(丙寅)이면 유정하다. 유
정한 사주는 용신(用神)이 강하고 길복이 많다. 본명도 유정하여
관운이 좋으니 국경의 수비대장이 되었다. 그러나 재물운은 별로
없어 재산은 많이 지니지 못하였다.

년	월	일	시	■ 용식상격(用食傷格)
己	庚	庚	壬	己戊丁丙乙甲癸壬
未	午	戌	午	巳辰卯寅丑子亥戌

【원 문】차팔자서낙오선현평도(此八字徐樂吾先賢評道)
午月庚日 午戌火局 時上壬水用神 非從殺格
오월경일 오술화국 시상임수용신 비종살격

【해 설】

경금(庚金) 일주(日主)가 오(午)월에 태어났으니 실령(失令)하여
신약(身弱)하다. 그러나 년상(年上)에 기토(己土)가 투출(透出)하
고, 일지(日支)에 술토(戌土)가 들어 신약(身弱)하지 않다. 따라서
시상(時上) 임수(壬水)로 용신(用神)을 삼아 수극화(水剋火)하여
화기(火氣)를 억제하고, 금(金)으로 희신(喜神)을 삼는다. 지지(地
支)에 오술(午戌) 화국(火局)이 있어 종살격(從殺格)으로 보기도
하지만 이 사주는 정격(正格)이며 금수(金水)운이 길하다.

【원문】

未月庚金 三伏生寒 頑鈍極矣 先用庚金 次用甲木 丁甲兩透

미월경금 삼복생한 완둔극의 선용경금 차용갑목 정갑양투

名顯身榮 忌癸傷丁 有甲無丁 庸俗 有丁無甲生員 丁甲全無

명현신영 기계상정 유갑무정 용속 유정무갑생원 정갑전무

下賤之人 木雖有 丁不透 支又見水 執鞭之士 庚金無傷

하천지인 목수유 정불투 지우견수 집편지사 경금무상

貿易之流 支會土局 甲先丁後 甲透者 文章顯達 丁透者

무역지류 지회토국 갑선정후 갑투자 문장현달 정투자

刀筆揚名 或柱多金 有二丁出制 異路功名

도필양명 혹주다금 유이정출제 이로공명

【해 설】

미(未)월 경금(庚金)은 삼복 중에 한기가 생하는 때라 완둔함이 극에 달하였다. 따라서 먼저 경금(庚金)으로 용신(用神)을 삼은 후 갑목(甲木)을 써야 한다. 만일 정화(丁火)와 갑목(甲木)이 모두 투출(透出)하면 이름을 날리며 영화를 누리고, 계수(癸水)가 정화(丁火)를 상해하면 흉하고, 갑목(甲木)이 있는데 정화(丁火)가 없으면 용렬하고, 정화(丁火)가 있는데 갑목(甲木)이 없으면 생원(生員)이 되고, 정화(丁火)와 갑목(甲木)이 모두 없으면 하천하다. 비록 목(木)이 있어도 정화(丁火)가 투출(透出)하지 않고 지지(地支)에 또 수(水)가 있으면 교육자가 되고, 정화(丁火)가 상해를 입지 않으면 무역할 사람이다.

만일 지지(地支)에 토국(土局)이 있으면 갑목(甲木)으로 용신(用神)을 삼은 후 정화(丁火)를 쓴다. 갑목(甲木)이 투출(透出)하면 문장이 좋고, 정화(丁火)가 투출(透出)하면 문장으로 이름을 날린다. 만일 금(金)이 많은데 정(丁)이 2개 투출(透出)하여 제극(制剋)하면 이로에서 공명한다.

년 월 일 시	■용식상격(用食傷格)
壬 丁 庚 丁	戊己庚辛壬癸甲乙
辰 未 申 亥	申酉戌亥子丑寅卯

【원 문】차팔자서낙오선현평도(此八字徐樂吾先賢評道)
丁透甲藏 早年得志 一榜 少兄弟 庚申日元專祿 壬水潤土生金
정투갑장 조년득지 일방 소형제 경신일원전록 임수윤토생금
庚金極旺 丙丁竝透 官殺混雜 不能用財 只能以印化也
경금극왕 병정병투 관살혼잡 불능용재 지능이인화야

【해 설】

정화(丁火)가 투출(透出)하고 갑목(甲木)이 암장(暗藏)되어 초년에 등과급제하였으나 형제의 수는 적었다. 경신(庚申) 일원(日元)이 전록(專祿)하고, 신(申) 임수(壬水)가 윤토(潤土)하고, 생금(生金)하여 경금(庚金)이 매우 왕하다. 병정(丙丁)이 나란히 투출(透

出)하여 관살(官殺)이 혼잡하다. 재성(財星)을 취하는 것은 어렵고, 인성(印星)을 변화시키는 것은 가능하다. 본명은 시지(時支) 해수(亥水)가 용신(用神)이고, 해(亥) 중 갑목(甲木)이 희신(喜神)이다. 즉 수목(水木)운은 길하고, 토금(土金)운은 흉하다.

년	월	일	시	■ 용식상격(用食傷格)
丙	乙	庚	壬	丙 丁 戊 己 庚 辛 壬 癸
午	未	寅	午	申 酉 戌 亥 子 丑 寅 卯

【원 문】차팔자서낙오선현평도(此八字徐樂吾先賢評道)

壬透制火 縣令 大有才幹 此造與五月門中乙未一造相以

임투제화 현령 대유재간 차조여오월문중을미일조상이

壬水雖無根 而能潤土

임수수무근 이능윤토

【해 설】

시상(時上)에 임수(壬水)가 투출(透出)하여 왕화(旺火)를 제극(制剋)하니 길하여 현령(縣令) 벼슬을 하였고, 큰 재주와 수장될 능력이 있다. 임수(壬水)가 비록 무근(無根)하나 윤토(潤土)는 가능하다. 본명은 수목(水木)운은 길하고 화토(火土)운은 흉하다.

4. 삼추(三秋) 경금(庚金)

【원 문】

申月庚金 剛銳極矣 專用丁火煆 次取木引丁 故曰

신월경금 강예극의 전용정화단 차취목인정 고왈

秋金銳銳最爲奇 壬癸相逢總不宜 如逢木火來成局

추금예예최위기 임계상봉총불의 여봉목화내성국

試看福壽與天齊 如得丁甲兩透 定步青雲 若有丁無甲爲俊秀

시간복수여천제 여득정갑양투 정보청운 약유정무갑위준수

有甲無丁 是平人 丁甲兩無 無用物 只堪門下作閒人

유갑무정 시평인 정갑양무 무용물 지감문하작한인

或支成水局 乏丁用丙 柱中卽有丙火 不見甲木者

혹지성수국 핍정용병 주중즉유병화 불견갑목자

必主愚儒 何也 當時金水兩旺 金生水以制火 何能發達

필주우유 하야 당시금수양왕 금생수이제화 하능발달

或見甲出引丁 可云生監 衣食充盈 或支成土局 先甲後丁

혹견갑출인정 가운생감 의식충영 혹지성토국 선갑후정

支成火局 富貴中人 金剛木明 行商坐賣之人 金備申酉戌之地

지성화국 부귀중인 금강목명 행상좌매지인 금비신유술지지

富貴無疑 金神入火鄕 逢陽刃富貴榮華

부귀무의 금신입화향 봉양인부귀영화

【해 설】

신(申)월 경금(庚金)은 매우 강하며 예리하니 반드시 정화(丁火)로 용신(用神)을 삼은 후 목(木)으로 정화(丁火)를 인도하는데 임계수(壬癸水)를 만나면 좋지 않다. 만일 목화(木火)가 국을 이루면 수명이 온전하고, 정화(丁火)와 갑목(甲木)이 모두 있으면 청운의 꿈을 이루고, 정화(丁火)가 있는데 갑목(甲木)이 없으면 준수하고, 갑목(甲木)이 있는데 정화(丁火)가 없으면 평범하고, 정화(丁火)와 갑목(甲木)이 모두 없으면 무용지물이나 문하에는 들어간다.

만일 지지(地支)에 수국(水局)이 있는데 정화(丁火)가 끊겨 병화(丙火)를 쓰고 갑목(甲木)을 보지 못하면 어리석은 선비가 된다. 금수(金水)가 모두 왕하고 금생수(金生水)하여 화(火)를 제하는데 어떻게 발달하겠는가. 만일 갑목(甲木)이 투출(透出)하여 정화(丁火)를 인도하면 생감(生監) 정도는 하며 의식주는 풍족하다.

만일 지지(地支)에 토국(土局)이 있으면 먼저 갑목(甲木)으로 용신(用神)을 삼은 후 정화(丁火)를 써야 한다. 지지(地支)에 화국(火局)을 이루면 부귀한 중인이나 금(金)이 강하고 목(木)이 밝으면 좌매행상(坐賣行商)하는 사람이다. 만일 지지(地支)에 신유술금(申酉戌金)이 모두 있으면 부귀영화는 의심하지 않아도 되고, 금신(金神)이 화(火)의 고향으로 들어가면 양인(陽刃)을 만나는 것이니 부귀영화를 누린다.

년	월	일	시	■남명
戊	庚	庚	戊	辛壬癸甲乙丙丁戊
申	申	辰	寅	酉戌亥子丑寅卯辰

경금(庚金) 일주(日主)가 신(申)월에 태어나 신강(身强)하고 금기(金氣)가 태왕하니 시지(時支) 인목(寅木)이 용신(用神)이다. 일지(日支) 진토(辰土)는 금기(金氣)를 70% 이상 돕고 목기(木氣)는 30%만 도와주니 인목(寅木) 용신(用神)은 살아남으려면 몸부림을 쳐야 한다. 따라서 종격(從格)도 될 수 없으니 매우 불리하다.

본명은 어려서 부모를 잃고 파란만장하게 살다가 고질병으로 죽었다. 체용(體用)의 균형이 깨졌기 때문이다. 즉 체(體)는 태강하나 용(用)이 태약하다. 경금(庚金) 일주(日主)가 신(申)월에 태어났고, 월(月)에 다시 경금(庚金)이 투출(透出)하여 비견격(比肩格)이다.

격국(格局)은 사주를 구분하는 것인데 방법은 다음과 같다. 첫째, 월지(月支)의 정기(正氣)가 천간(天干)에 투출(透出)하면 그것으로 정한다. 둘째, 월지(月支)의 정기(正氣)가 투출(透出)하지 않았으면 초기(初氣)나 중기(中氣)에 투출(透出)한 것으로 정한다. 셋째, 월지(月支)에 정기(正氣)와 초기(初氣)와 중기(中氣)가 모두 없으면 월지(月支)의 정기(正氣)를 따라 정한다. 넷째, 이상에 해당하지 않으면 외격(外格)인 종격(從格)으로 본다.

년 월 일 시　　■남명

庚 甲 庚 癸　　乙丙丁戊己庚辛壬

寅 申 戌 未　　酉戌亥子丑寅卯辰

　경금(庚金) 일주(日主)가 신(申)월에 태어나 신강(身强)하다. 따라서 용신(用神)은 월(月)에 투출(透出)한 갑목(甲木)이고, 수(水)는 희신(喜神)이다. 즉 수목(水木)운은 길하고 토금(土金)운은 불리하다. 그러나 대운이 수목(水木)운으로 흘러 큰 재물을 지닐 수 있었고, 관살(官殺)이 없으니 등과하지 못하고 사업으로 성공한 것이다. 갑목(甲木)이 용신(用神)이며 재성(財星)에 해당하니 목재소로 많은 재물을 모았다.

　갑을목(甲乙木)이 용신(用神)이니 축인묘(丑寅卯)년에 크게 발복하였고, 해자(亥子)년에도 중길하였다. 월별로 보면 12·1·2월이 가장 좋았고, 10·11·3월도 좋았다. 그러나 미신유(未申酉)년에는 매우 고전하였고, 술오(戌午)년에도 고전하였다. 월별로 보면 6·7·8월에 가장 고전하였고, 9월과 5월에도 시련이 많았다. 그리고 천간(天干)과 지지(地支)가 같은 시기에는 기복이 심하였다. 즉 갑인(甲寅)과 을묘(乙卯)년이 가장 길하였고, 임자(壬子) 계해(癸亥)년도 길하였다. 그리고 경신(庚申)년과 신유(辛酉)년에 큰 사고를 당하여 고생하였다.

【원 문】

酉月庚金 剛銳未退 用丁甲 丙不可少 若丁甲透 又見一丙

유월경금 강예미퇴 용정갑 병불가소 약정갑투 우견일병

功名顯赫 且見陽刃無刑冲 丙殺藏之 名爲陽刃駕殺 主出將入相

공명현혁 차견양인무형충 병살장지 명위양인가살 주출장입상

直介忠臣 或丙火重重 一丁高透 亦主科甲 丙出丁藏 異路之士

직개충신 혹병화중중 일정고투 역주과갑 병출정장 이로지사

或甲藏支 火透而水不透者 亦主淸高 衣衿可望 或丁藏支内

혹갑장지 화투이수불투자 역주청고 의금가망 혹정장지내

重見丙火者 此命假殺重重 雖陽刃帖身 郤難從殺也 卽一丙透

중견병화자 차명가살중중 수양인첩신 극난종살야 즉일병투

秀而不富 或支見重重甲乙 無用人也 總之旺金木衰 非火莫制

수이불부 혹지견중중갑을 무용인야 총지왕금목쇠 비화막제

不見丙丁 藝術之輩

불견병정 예술지배

【해 설】

 유(酉)월 경금(庚金)은 무뎌지니 정화(丁火)와 갑목(甲木)을 쓰는데 병화(丙火)가 적으면 불가하다. 만일 정화(丁火)와 갑목(甲木)이 투출(透出)하고 병화(丙火)가 1개 있으면 공명현달하고, 양인(陽刃)이 있고 형충(刑冲)이 없고 병화(丙火) 관살(官殺)이 암장(暗藏)되면 양인가살(陽刃駕殺)이라 하여 출장입상하여 의지가 곧

은 충신이 된다. 만일 병화(丙火)가 중중하고 정(丁)이 1개 천간(天干)에 투출(透出)하면 역시 과감하고, 병화(丙火)가 투출(透出)하고 정화(丁火)가 암장(暗藏)되면 이로의 선비가 된다.

만일 갑목(甲木)이 암장(暗藏)되고 화(火)가 투출(透出)하고 수(水)가 투출(透出)하지 않으면 청고하며 의식주가 있고, 정화(丁火)가 지지(地支)에 암장(暗藏)되었는데 병화(丙火)를 보면 가살중중(假殺重重)이 되어 양인(陽刃)이 첩신(帖身)했으니 종살격(從殺格)으로 보기 어렵다. 즉 병(丙)이 1개 투출(透出)하면 수기(秀氣)는 있으나 부는 이루지 못하고, 지지(地支)에 갑을목(甲乙木)이 중중하면 쓸모없는 사람이 된다. 다시 말해, 금(金)이 왕하고 목(木)이 쇠하니 화(火)가 아니면 제극(制剋)하기 어려우므로 병정화(丙丁火)가 없으면 예술인이 된다.

년	월	일	시	■남명
庚	乙	庚	庚	丙丁戊己庚辛壬
申	酉	戌	辰	戌亥子丑寅卯辰

경금(庚金) 일주(日主)가 유(酉)월에 태어났고, 을경(乙庚)이 합을 하고, 신유술(申酉戌)이 방합(方合)하여 금(金)이 태왕하니 종혁격(從革格)이 되었다. 따라서 토금(土金)이 길한데 원국에 수(水)가 1개도 없으니 행운에서 목(木)운을 만나면 대흉하다. 해자축(亥子丑) 대운에는 길운이라 등과하여 참장(參將) 벼슬을 하였

으나, 인(寅) 대운에 금극목(金剋木)하여 전사하였다. 사주에 수
(水)가 1개도 없어 전사한 것이다. 본명은 목(木)운과 화(火)운이
가장 흥하다. 경술(庚戌)과 경진(庚辰)은 괴강(魁罡)이라 용감하지
만 비명횡사하기 쉽다. 또 살기가 넘치니 전형적인 무관이나 경찰
이 되지만 잘못 풀리면 폭력배가 될 명조다.

 사주는 부모와 선조에 의하여 타고난다. 사주에 길복이 많으면 선
조가 적선공덕을 많이 쌓은 것이고, 흉화가 많으면 죄악을 많이 범
한 것이다. 예를 들어 선조가 살생을 많이 범했으면 단명사주가 되
고, 도적질을 많이 했으면 빈천한 사주가 되고, 권력을 남용했으면
관운이 없는 사주가 되고, 학문을 악용했으면 학문운이 없는 사주
가 되고, 아내를 학대했으면 아내운이 없는 사주가 되고, 어린아이
에게 해롭게 했으면 자식이 없는 사주가 된다. 천지의 이치가 원인
과 결과를 따르는 것처럼 사주팔자도 마찬가지다.

【원 문】

戌月庚金 戌土司令 最怕土厚埋金 宜先用甲流 後用壬洗
슬월경금 무토사령 최파토후매금 의선용갑류 후용임세
則金自出矣 忌見己土濁壬 壬甲兩透 科甲相宜 或甲透壬藏
칙금자출의 기견기토탁임 임갑양투 과갑상의 혹갑투임장
鄕魁可望 甲藏壬透 廩貢堪謀 有甲無壬 猶有學問 有壬無甲
향괴가망 갑장임투 름공감모 유갑무임 유유학문 유임무갑

莫問衣衿 壬甲兩無 則爲下格 或支成水局 丙透救之

막문의금 임갑양무 칙위하격 혹지성수국 병투구지

此人才高遭衆 名重鄕閭 不見癸水 一榜可許 或四柱戊多金旺

차인재고조중 명중향려 불견계수 일방가허 혹사주무다금왕

全無甲壬者 卽有衣祿 亦不能久 或庚戊多 無壬甲者 愚頑之輩

전무갑임자 즉유의록 역불능구 혹경무다 무임갑자 우완지배

【해 설】

술(戌)월 경금(庚金)은 무토(戊土)가 사령(司令)했으니 많은 토
(土)에 묻힐 염려가 있다. 따라서 먼저 갑목(甲木)으로 용신(用神)
을 삼아 소토(疏土)한 후 임수(壬水)를 쓰면 금(金)이 투출(透出)
한다. 그러나 기토(己土)가 임수(壬水)를 탁하게 만들면 흉하다.

만일 임수(壬水)와 갑목(甲木)이 모두 투출(透出)하면 반드시 과
갑하고, 갑목(甲木)이 투출(透出)하고 임수(壬水)가 암장(暗藏)되
면 지방의 유지가 되고, 갑목(甲木)이 암장(暗藏)되고 임수(壬水)
가 투출(透出)하면 관직에 오르고, 갑목(甲木)이 있는데 임수(壬
水)가 없으면 학문이 있고, 임수(壬水)가 있는데 갑목(甲木)이 없
으면 의식주를 묻지 말고, 임수(壬水)와 갑목(甲木)이 모두 없으면
하격이 된다.

만일 지지(地支)에 수국(水局)이 있는데 병화(丙火)가 투출(透出)
하여 구제해주면 재능이 높아 마을에서 이름을 얻고, 이때 계수(癸
水)를 만나지 않으면 등과급제한다. 사주에 무토(戊土)가 많고 금

(金)이 왕한데 갑목(甲木)과 임수(壬水)가 전혀 없으면 의식주는 있으나 오래 가지 못하고, 경금(庚金)과 무토(戊土)가 많은데 임수(壬水)와 갑목(甲木)이 없으면 우매하다.

년 월 일 시	■ 남명
戊 壬 庚 乙	癸甲乙丙丁戊己庚
申 戌 戌 酉	亥子丑寅卯辰巳午

경금(庚金) 일주(日主)가 술(戌)월에 태어나 득령(得令)하여 강한데, 지지(地支)에서 신유술(申酉戌)이 방합(方合)하고 을경(乙庚)이 합을 하여 다른 오행은 힘을 쓸 수 없으니 토금종강격(土金從强格)이 되었다. 따라서 금(金)이 가장 길하고, 그 다음은 토(土)와 수(水)가 길하다. 가장 흉한 운은 목화(木火)운이다.

본명은 초년이 해자축(亥子丑) 대운이라 희신(喜神)운이니 부모덕에 호의호식하며 자랐고, 유산도 많이 받아 읍내에서 제일 부자라는 소리를 들으며 살았다. 그러나 병인(丙寅) 대운이 기신(忌神)운이라 사업에 실패하여 유산을 모두 탕진하였고, 부부사이에도 불화가 생겨 가정이 깨졌다. 아내는 고집이 세며 무례하고 남편을 업신여기는 사람이었다. 사업과 가정이 모두 망하여 의식주조차 해결하기 어렵게 되자 유리걸식하다 목을 매어 자살하였다.

안불사난패후회(安不思難敗後悔)라는 말이 있다. 평안할 때 위태로울 것을 생각하지 않으면 후회한다는 뜻이다. 그리고 안시예방무

환난(安時豫防無患難)이라는 말도 있다. 평안할 때 준비하고 예방하면 환난을 당하지 않는다는 말이다. 비록 타고났어도 준비하며 경계하는 사람에게는 전화위복이 되기도 한다.

년	월	일	시	■ 남명
丁	庚	庚	甲	己 戊 丁 丙 乙 甲 癸 壬
未	戌	寅	申	酉 申 未 午 巳 辰 卯 寅

경금(庚金) 일주(日主)가 술(戌)월에 태어났고, 월(月)에 경금(庚金)이 투간(透干)하고, 시지(時支)에 신금(申金)이 들어 신강(身强)하다. 그러나 진용신(眞用神)인 을묘(乙卯)와 병사(丙巳)가 없으니 갑인(甲寅)과 정오(丁午)로 용신(用神)을 삼는다. 신유(辛酉)가 가장 흉하고, 그 다음은 경신무기임(庚申戊己壬)이 흉하다.

초년 기유(己酉) 무신(戊申) 대운은 기신(忌神)운이라 고생이 많았다. 어려서 부모를 잃어 친척집에서 서러움을 받으며 자랐고, 10여 세가 넘어서는 머슴살이를 시작하였다. 그러다 정미(丁未) 대운부터는 희신(喜神)운이라 서서히 일어나기 시작해 총명하며 지혜로운 현모양처를 만나 날로 자식과 전답이 늘어났다. 다음 병오(丙午) 대운도 역시 희신(喜神)운이라 발복하여 읍내에서 제일가는 재물을 지니고 살았다. 을사(乙巳) 대운도 좋아 육친과 화목하게 지내며 다복한 노년을 보냈다. 이 사주는 갑경(甲庚)이 상충(相沖)하여 갑목(甲木)이 비록 상해를 입었지만 일지(日支) 자수(子水)가 부조(扶助)하여 말년복이 많았던 것이다.

년	월	일	시	■ 남명
甲	甲	庚	己	乙丙丁戊己庚辛
申	戌	戌	卯	亥子丑寅卯辰巳

경금(庚金) 일주(日主)가 술(戌)월에 태어났고, 시간(時干)에 기토(己土)가 들고, 년지(年支)와 일지(日支)에 술토(戌土)가 들어 신강(身强)하다. 년간(年干) 갑목(甲木)이 용신(用神)이고, 을목(乙木)·축토(丑土)·자수(子水)·묘목(卯木)·진토(辰土)는 모두 희신(喜神)이고, 토(土)와 금(金)은 기신(忌神)이다. 본명은 재성(財星)이 용신(用神)이니 재물복이 많았다. 술(戌)과 해(亥)는 천문성(天門星)에 해당하므로 사주에 있으면 정신적인 분야인 승려·종교인·역술인·무속인 등으로 나가는 경우가 많다.

사주는 일지(日支)를 중점으로 보아야 한다. 일지(日支)는 배우자궁인데 여기에 든 육신(六神)이 어떤 작용을 하느냐에 따라 행복과 불행이 좌우된다. 즉 일지(日支)에 용신(用神)이나 희신(喜神)이 들면 길복이 많고, 기신(忌神)이나 구신(仇神)이 들면 흉화가 많다. 그런데 일지(日支) 술토(戌土)가 기신(忌神)이니 고집이 세며 무례하고 난폭한 아내를 만나 고부갈등이 심하였다. 결국 이혼하고 재혼했지만 또 악처를 만났다. 4번 결혼했으나 모두 실패한 결혼운이 없는 팔자다. 그러나 재물복은 있어 중부 이상을 누렸다.

5. 삼동(三冬) 경금(庚金)

【원 문】

亥月庚金 水冷性寒 非丁莫造 非丙不暖 丁甲兩透 支無水局

해월경금 수냉성한 비정막조 비병불난 정갑양투 지무수국

一榜有之 支藏丙火 桃浪之仙 支見亥子 得己出制 亦有功名

일방유지 지장병화 도랑지선 지견해자 득기출제 역유공명

若見丙透無丁者 決無顯達 丁藏甲透 武職之人 以上不合者庸俗

약견병투무정자 결무현달 정장갑투 무직지인 이상불합자용속

如金水混雜 全無丙丁者 鄙夫 支成金局 無火者 僧道之命也

여금수혼잡 전무병정자 비부 지성금국 무화자 승도지명야

書曰 水冷金寒愛丙丁

서왈 수냉금한애병정

【해 설】

해(亥)월 경금(庚金)은 차가우니 정화(丁火)가 아니면 단련시키지 못하고, 병화(丙火)가 아니면 따뜻하게 하지 못한다. 따라서 정화(丁火)와 갑목(甲木)이 모두 투출(透出)하고 지지(地支)에 수국(水局)이 없으면 등과급제하고, 지지(地支)에 병화(丙火)가 암장(暗藏)되면 신선이 되고, 지지(地支)에 해자축(亥子丑)이 있는데 기토(己土)가 구해주면 공명이 있고, 병화(丙火)가 투출(透出)했는데 정화(丁火)가 없으면 절대로 현달하지 못하고, 정화(丁火)가 암장

(暗藏)되었는데 갑목(甲木)이 투출(透出)하면 무관이 된다. 이상에 들지 않으면 용렬한 사람이 된다.

만일 금수(金水)가 혼잡한데 병정화(丙丁火)가 전혀 없으면 비천하고, 지지(地支)에 금국(金局)을 이루었는데 화(火)가 없으면 승도팔자가 된다. 옛글에 수냉금한(水冷金寒)하면 반드시 병정화(丙丁火)가 있어야 한다는 말이 있다.

년	월	일	시	■여명
丙	己	庚	乙	戊丁丙乙甲癸壬
戌	亥	子	酉	戌酉申未午巳辰

경금(庚金) 일주(日主)가 해(亥)월 축(丑)시에 태어나 신약(身弱)한 것 같으나 월간(月干)에 기토(己土)가 있고, 년지(年支)에 술토(戌土)가 있고, 시지(時支)에서 유금(酉金)이 부조(扶助)하니 약하지 않다. 따라서 조후(調候)하려면 년간(年干) 병화(丙火)가 용신(用神)인데 인목(寅木)에 통근(通根)하여 강하다.

조부모 때부터 집안이 매우 부자였고, 유산을 많이 받아 많은 재산을 지녔다. 그러나 일지(日支) 자수(子水)가 기신(忌神)에 해당하여 부부운은 좋지 않아 바람기가 많은 남편을 만나 마음고생을 많이 하였다. 경금(庚金) 일주(日主)가 해(亥)월에 태어나 금수식상격(金水食傷格)에 해당하니 설기(洩氣)가 많은 팔자다. 비겁(比劫)은 형제자매나 친구에 해당하는데 한신(閑神) 작용을 하니 형제자매운은 평범하였다.

년	월	일	시	■ 남명
乙	丁	庚	丁	丙乙甲癸壬辛庚己戊
卯	亥	申	丑	戌酉申未午巳辰卯寅

경금(庚金) 일주(日主)가 해(亥)월에 태어나 실령(失令)하여 신약(身弱)하다. 조후(調候)하려면 월간(月干) 정화(丁火)가 용신(用神)인데 을묘목(乙卯木)이 도와주니 매우 강하다. 그리고 을묘목(乙卯木)은 재성(財星)이니 재물복이 많아 큰 기업을 경영하며 많은 재물을 지녔다. 화(火)는 용신(用神), 목(木)은 희신(喜神), 수(水)는 기신(忌神), 토(土)는 희신(喜神), 금(金)은 한신(閑神)이다.

본명은 재벌의 총수 사주인데 신왕(身旺) 재왕(財旺) 관왕(官旺)하니 많은 재물을 지녔고, 관운도 좋아 고관대작이 되었다. 실로 군왕도 될 수 있는 명조라 하겠다. 즉 지지(地支)에서는 진사오미신(辰巳午未申)이 길하고, 천간(天干)에서는 병정무기경(丙 丁戊己庚)이 길하다. 반대로 지지(地支)에서는 술해자축인(戌亥子丑寅)이 흉하고, 천간(天干)에서는 임계갑(壬癸甲)이 흉하다. 그리고 신유(辛酉)와 을묘(乙卯)는 한신(閑神)이다.

사주를 잘 간명하려면 용신(用神)과 희신(喜神)과 한신(閑神)과 구신(仇神)과 기신(忌神)을 정확하게 구분할 줄 알아야 한다. 그러면 그 사람의 그릇 크기와 용도는 얼마나 되는지, 어디에 쓰일 그

【원 문】

子月庚金 天氣嚴寒 仍取丁甲 次取丙火照暖 或丁甲兩透

자월경금 천기엄한 잉취정갑 차취병화조난 혹정갑양투

丙在支中 必主科甲 卽無丙火 亦有衣衿 有丁無甲 亦可富中取貴

병재지중 필주과갑 즉무병화 역유의금 유정무갑 역가부중취귀

有甲無丁 只作常人 或丙透丁藏 異道名望 丁藏有甲 武學可許

유갑무정 지작상인 혹병투정장 이도명망 정장유갑 무학가허

或支成水局 不見丙丁者 此乃傷官格 爲人淸雅 衣祿常盈

혹지성수국 불견병정자 차내상관격 위인청아 의록상영

但艱難耳 或丙丁太多 名官殺混雜最無良 又怕身輕有損傷

단간난이 혹병정태다 명관살혼잡최무양 우파신경유손상

如遇東南二運地 焉能挨得過時光 過於淸冷 似有凄凉

여우동남이운지 언능애득과시광 과어청냉 사유처량

柱中一派金水 不入火土之鄕 主一生孤貧浪蕩 難望有成也

주중일파금수 불입화토지향 주일생고빈낭탕 난망유성야

【해 설】

자(子)월 경금(庚金)은 매우 차가우니 정화(丁火)와 갑목(甲木)으로 용신(用神)을 삼은 후 병화(丙火)로 따뜻하게 해야 한다. 만일 정화(丁火)와 갑목(甲木)이 모두 투출(透出)하고 병화(丙火)가 지

지(地支)에 있으면 반드시 과감한다. 그러나 병화(丙火)가 없으면 의식주만 있다. 만일 정화(丁火)가 있는데 갑목(甲木)이 없으면 부한 가운데 귀를 이루고, 갑목(甲木)이 있는데 정화(丁火)가 없으면 평상인에 지나지 않고, 병화(丙火)가 투출(透出)하고 정화(丁火)가 암장(暗藏)되면 이로서 이름을 얻고, 정화(丁火)가 암장(暗藏)되고 갑목(甲木)이 있으면 무관의 벼슬을 하고, 지지(地支)에 수국(水局)이 있는데 병정화(丙丁火)가 없으면 상관격(傷官格)이 되어 청아하며 의식은 넉넉하나 자식이 어렵다. 만일 병화(丙火)와 정화(丁火)가 모두 많으면 관살(官殺) 혼잡이라 하여 가장 흉하니 손상되고, 동남운을 만나면 때가 지난 빛에 의지하는 격이니 처량하고, 금수(金水)가 화토(火土) 고향으로 들어가지 않으면 소망을 이루기 어려워 일생이 가난하며 고독하다.

년 월 일 시	■남명
壬 壬 庚 壬	癸甲乙丙丁戊己庚
子 子 辰 午	丑寅卯辰巳午未申

경금(庚金) 일주(日主)가 자(子)월에 태어나 금수상관격(金水傷官格)이 되었고, 임수(壬水) 식신(食神)이 연달아 투출(透出)하여 경금(庚金) 일주(日主)가 신약(身弱)하다. 사주에 수(水)가 태왕하니 많은 물을 제방하려면 무기토(戊己土)가 필요하니 일지(日支) 진토(辰土)가 용신(用神), 화(火)는 희신(喜神), 임계수(壬癸水)는 기

신(忌神), 갑을목(甲乙木)과 경신금(庚辛金)은 구신(仇神)이다.

초년 계축(癸丑) 갑인(甲寅)운은 기신(忌神)과 구신(仇神)운이라 발복하지 못했으나, 청년운인 을묘(乙卯) 병진(丙辰) 대운에서는 목(木)은 구신(仇神)운이고 화(火)는 희신(喜神)운이라 등과하였다. 그 다음 정사(丁巳) 무오(戊午) 대운도 용신(用神)과 희신(喜神)운이라 주목(州牧) 벼슬에 올랐다. 본명은 신약(身弱)하지만 금(金)운도 흉해진 것은 금생수(金生水)하여 태왕한 기신(忌神)을 도와주기 때문이다. 일지(日支) 진토(辰土)가 용신(用神)이나 자진(子辰)이 합수(合水)하여 수기(水氣)가 더 넘친다.

본명은 원국은 별로 자랑할 것이 없으나 대운이 화토(火土)운으로 흘러 길복이 따른 것이다. 시지(時支)에 오화(午火)가 들어 조후(調候)시키고, 습한 진토(辰土)를 건조시켜 제방을 단단하게 만들어 흉한 가운데 길복이 따랐다. 그러나 사주에 수기(水氣)가 넘치는데 제방이 약하니 하체와 요도기에 선천적인 고질병이 있었고, 수극화(水剋火)하니 심장이 약하여 작은 일에도 충격을 받았고, 목기(木氣)가 전혀 없으니 인자함이 없었고, 수기(水氣)가 태과하니 총명했으나 사악한 지혜로 흘렀다.

【원문】

丑月庚金 寒氣太重 且多濕泥 愈寒愈凍 先取丙火解凍
축월경금 한기태중 차다습니 유한유동 선취병화해동

次取丁火煉金 甲亦不可少 丙丁甲透者 則不科甲 亦有恩榮

차취정화연금 갑역불가소 병정갑투자 즉불과갑 역유은영

有丙無丁甲者 富中取貴 有丁無甲丙者 特達才人 有丙丁無甲者

유병무정갑자 부중취귀 유정무갑병자 특달재인 유병정무갑자

白手成家 刀筆亨通 乏金更美 或支成金局 無火 僧道之流

백수성가 도필형통 핍금갱미 혹지성금국 무화 승도지류

【해 설】

축(丑)월 경금(庚金)은 한기가 매우 중한데 습기도 많아 더 춥고
더 얼어붙는다. 따라서 먼저 병화(丙火)로 해동시킨 후 정화(丁火)
로 다듬어야 하는데 갑목(甲木)이 적으면 불가하다. 만일 병화(丙
火)와 정화(丁火)와 갑목(甲木)이 투출(透出)하면 과갑은 어려워도
은영은 있고, 병화(丙火)는 있는데 정화(丁火)와 갑목(甲木)이 없
으면 부한 가운데 귀를 취하고, 정화(丁火)가 있는데 갑목(甲木)과
병화(丙火)가 없으면 특별한 재능이 있고, 병화(丙火)와 정화(丁
火)가 있는데 갑목(甲木)이 없으면 자수성가하며 도필(刀筆)로 형
통하고, 금(金)이 끊어지면 다시 아름다워지고, 지지(地支)에 금국
(金局)을 이루었는데 화(火)가 없으면 승도팔자가 된다.

년	월	일	시	■남명
戊	乙	庚	丙	丙丁戊己庚辛壬癸
戊	丑	寅	子	寅卯辰巳午未申酉

경금(庚金) 일주(日主)가 축(丑)월에 태어나 차가운 기운이 넘친다. 밤 12시 전에 태어나 야자시(夜子時)에 해당하니 시주(時柱)는 병자(丙子)다. 조후(調候)로 보아 시간(時干) 병화(丙火)가 용신(用神)이고, 목(木)은 희신(喜神)이다. 본명은 시간(時干)에 용신(用神)이 들어 자녀운과 말년운이 좋았고, 병화(丙火)는 편관(偏官)에 해당하여 관운이 좋아 일찍 등과하여 출세하였다. 이처럼 용신(用神)이 강하고 재성(財星)이 강하면 재물복이 많다. 또 건강하며 재물은 산같이 많았고 자손들은 효심이 깊었다. 성격운은 경금(庚金) 일주(日主)이니 정의감이 강하고, 화(火)가 용신(用神)이니 예의범절이 있었고, 목기(木氣)가 중화되었으니 인자하며 측은지심이 많았고, 토기(土氣)가 안정되어 신용과 약속을 중요하게 여겼다.

야자시(夜子時)와 조자시(朝子時)는 이론이 분분하다. 간단하게 말하면 밤 12시 이전에 태어났으면 야자시(夜子時)로 보고, 이후에 태어났으면 조자시(朝子時)로 보면 된다. 본명은 야자시(夜子時)로 보면 병자(丙子)시가 되지만 조자시(朝子時)로 보면 다음날로 바뀌므로 무자(戊子)시가 되니 주의해야 한다. 그러나 더 이상 복잡하게 생각할 필요는 없다.

제3장. 신금론(辛金論)

1. 신금(辛金)의 희용제요(喜用提要)

1. 인(寅)월 신금(辛金)

【원 문】

寅月辛金 用己壬庚 辛金失令 取己土爲生身之本
인월신금 용기임경 신금실령 취기토위생신지본
欲得辛金發用 全賴壬水之功 壬己並用 以庚爲助
욕득신금발용 전뢰임수지공 임기병용 이경위조

【해 설】

　인(寅)월 신금(辛金)은 기토(己土)와 임수(壬水)와 경금(庚金)으로 용신(用神)을 삼아야 한다. 신금(辛金)은 실령(失令)하여 기토

(己土)를 쓰면 생신(生身)의 근본이 되고, 임수(壬水)에게 의지한
다. 따라서 임수(壬水)와 기토(己土)를 쓰고, 경금(庚金)으로 보좌
하는 것이다.

년	월	일	시	■ 남명							
甲	丙	辛	甲	丁	戊	己	庚	辛	壬	癸	甲
戌	寅	卯	午	卯	辰	巳	午	未	申	酉	戌

　신금(辛金) 일주(日主)가 인(寅)월에 태어났다. 인(寅)월은 무병
갑(戊丙甲)이 암장(暗藏)되어 목기(木氣)와 화기(火氣)가 강하니
경금(庚金)과 정화(丁火)로 용신(用神)을 삼아야 한다. 그런데 경
병(庚丁)이 출간(出干)하지 않아 상격은 아니나 신금(辛金)이 있으
니 길하고, 정화(丁火) 대신 월(月)에 병화(丙火)가 출간(出干)하
여 길하다. 신금(辛金) 일주(日主)는 년지(年支) 술토(戌土)에 의
지하니 작은 재물은 지니며 살 수 있었다. 그리고 일지(日支) 묘목
(卯木)이 기신(忌神)에 해당하니 아내는 인자하지 못하고 질투심
이 많았으나, 월(月)에 병화(丙火)가 투출(透出)하고 중화되어 예
의범절은 알았다. 인(寅)월생이 목기(木氣)가 태과하니 간담과 신
경에 질병이 있었고, 목극토(木剋土)하니 소화기관에 질병이 있었
고, 병신합수(丙辛合水)로 일간(日干)이 합하여 변하니 주관이 없
어 항상 우왕좌왕하였다.

2. 묘(卯)월 신금(辛金)

【원문】

卯月辛金 先壬次甲 辛金失令 取己土爲生身之本

묘월신금 선임차갑 신금실령 취기토위생신지본

欲得辛金發用 全賴壬水之功 壬己並用 以庚爲助

욕득신금발용 전뢰임수지공 임기병용 이경위조

【해설】

묘(卯)월 신금(辛金)은 먼저 임수(壬水)로 용신(用神)을 삼은 후 갑목(甲木)을 써야 한다. 묘(卯)월은 신금(辛金)이 실령(失令)했으니 기토(己土)를 용신(用神)으로 삼아야 허약한 일주(日主)를 생조(生助)할 수 있다. 따라서 신금(辛金)은 오직 임수(壬水)에게 의지해야 하니 임수(壬水)와 기토(己土)를 먼저 쓰고, 경금(庚金)으로 보좌하는 것이다.

년	월	일	시	■ 여명
辛	辛	辛	辛	壬癸甲乙丙丁戊己
卯	卯	卯	卯	辰巳午未申酉戌亥

신금(辛金) 일주(日主)가 묘(卯)월에 태어났다. 묘(卯)월은 갑을(甲乙)이 암장(暗藏)되어 목기(木氣)만이 강하니 반드시 경신금(庚

辛金)과 무토(戊土)로 용신(用神)을 삼아야 한다. 그런데 본명은 천간(天干)은 모두 신금(辛金)이고, 지지(地支)는 모두 묘목(卯木)이니 신약(身弱)하다. 따라서 천간(天干)에 투출(透出)한 신금(辛金) 4개가 용신(用神)이다.

이처럼 이 사람은 오행이 중화를 이루지 못하여 기복이 많았다. 즉 토금(土金)운에는 발복하여 많은 재물을 모았지만 수목(水木)운에 완전히 망하였다. 성격운은 신금(辛金) 일주(日主)가 중화되어 정의감과 책임감은 강했지만, 목기(木氣)가 태과하니 질투심이 많아 남이 잘되는 것을 못보는 소인배였다. 그리고 일지(日支) 묘목(卯木)이 기신(忌神)에 해당하니 천박하며 인정이 없는 아내를 만났다. 재난과 여난과 망신살이 연달아 일어났다.

3. 진(辰)월 신금(辛金)

【원 문】

辰月辛金 先壬次甲 若見丙火合辛 須有癸制丙 支見亥子申爲貴
진월신금 선임차갑 약견병화합신 수유계제병 지견해자신위귀

【해 설】

진(辰)월 신금(辛金)은 먼저 임수(壬水)로 용신(用神)을 삼은 후 갑목(甲木)을 써야 한다. 만일 병신(丙辛)이 합수(合水)하면 계수(癸水)로 병화(丙火)를 제극(制剋)해야 하는데, 지지(地支)에 해자

신(亥子申)이 있으면 귀를 이룬다.

년	월	일	시	■남명
庚	庚	辛	甲	辛壬癸甲乙丙丁戊
午	辰	卯	午	巳午未申酉戌亥子

신금(辛金) 일주(日主)가 진(辰)월에 태어났다. 진(辰)월은 을계무(乙癸戊)가 암장(暗藏)되어 토기(土氣)와 목기(木氣)가 강하니 신금(辛金)과 임수(壬水)로 용신(用神)을 삼아야 한다. 그런데 임수(壬水)가 투출(透出)하지 않았으니 상격은 될 수 없다. 그러나 년월간(年月干) 경금(庚金)과 일주(日主) 신금(辛金)이 길하고, 진(辰) 계수(癸水)도 길하다.

본명은 년지(年支)와 시지(時支) 오화(午火)가 구신(仇神)에 해당하니 종종 관재구설이 따랐고, 일지(日支) 묘목(卯木)도 기신(忌神)에 해당하니 부부싸움이 잦다가 결국은 이별하였다. 그러나 부모에게 물려받은 재산은 넉넉하여 중부 이상으로 살았다. 성격은 의리는 있었지만 인자함은 없었고, 재관(財官)이 불리하니 평생 관재구설과 재물과 여자문제가 쉬지 않고 일어났다. 소인배는 아니었지만 인간의 도리는 모르는 사람이었다.

4. 사(巳)월 신금(辛金)

【원 문】

巳月辛金 用壬甲癸 壬水洗淘 兼有調候之用

사월신금 용임갑계 임수세도 겸유조후지용

更有甲木制戊 一淸徹底

갱유갑목제무 일청철저

【해 설】

사(巳)월 신금(辛金)은 임수(壬水)로 용신(用神)을 삼은 후 갑목(甲木)과 계수(癸水)를 써야 한다. 임수(壬水)로 조후(調候)하고, 갑목(甲木)이 무토(戊土)를 제극(制剋)하면 청귀하다.

년	월	일	시	■ 남명
乙	辛	辛	己	庚己戊丁丙乙甲癸
酉	巳	酉	亥	辰卯寅丑子亥戌酉

신금(辛金) 일주(日主)가 사(巳)월에 태어났다. 사(巳)월은 무경병(戊庚丙)이 암장(暗藏)되어 화기(火氣)와 금기(金氣)가 강하니 임계수(壬癸水)로 용신(用神)을 삼은 후 신금(辛金)을 써야 한다. 그러나 년지(年支)와 일지(日支)에 유금(酉金)이 들어 신강(身强)하니 년상(年上) 을목(乙木)이 용신(用神)인데 신금(辛金)과 유금

(酉金)이 파극(破剋)하여 미약하다. 어떤 사주든 용신(用神)이 약하면 하천한 명이 된다. 월지(月支)에 사화(巳火)가 들고 사(巳)병화(丙火)가 정관(正官)이니 관운이 따라 미관말직에 머물 수 있었다. 재물운은 서민생활을 할 정도였고, 성격운은 신금(辛金) 일주(日主)이며 금기(金氣)가 태과하니 난폭하며 잔인하였다. 비겁(比劫)이 태과하면 도적이 되는데, 이 사람도 결국은 신유(辛酉)년에 뇌물을 받았다가 감옥에 들어갔다.

5. 오(午)월 신금(辛金)

【원 문】

午月辛金 用壬己癸 己無壬不濕 辛無己不生
오월신금 용임기계 기무임불습 신무기불생

故壬己並用 無壬用癸
고임기병용 무임용계

【해 설】

오(午)월 신금(辛金)은 임수(壬水)로 용신(用神)을 삼은 후 기토(己土)와 계수(癸水)를 써야 한다. 기토(己土)는 임수(壬水)가 없으면 습하지 않고, 신금(辛金)은 기토(己土)가 없으면 생하지 못한다. 따라서 임수(壬水)와 기토(己土)가 용신(用神)인데 임수(壬水)가 없으면 계수(癸水)를 쓴다.

년	월	일	시	■여명
丁	丙	辛	戊	丁戊己庚辛壬癸甲
亥	午	巳	戌	未申酉戌亥子丑寅

신금(辛金) 일주(日主)가 오(午)월에 태어났다. 오(午)월은 병기정(丙己丁)이 암장(暗藏)되어 화기(火氣)만이 강하니 반드시 임계수(壬癸水)로 용신(用神)을 삼아야 한다. 그런데 투출(透出)한 임수(壬水)와 계수(癸水)가 없으니 상격이 될 수 없다. 년지(年支) 해수(亥水)가 유일한 용신(用神)이나 사주에 화기(火氣)가 태과하여 관재구설이 많았고, 일지(日支) 사화(巳火)가 기신(忌神)에 해당하니 남편복이 없어 한 남자와 해로하지 못하였다. 관살(官殺)이 혼잡하고 기신(忌神)에 해당하니 남자문제가 많았고, 여러 차례 강간을 당하는 등 파란만장하였다. 그러나 시주(時柱)가 희신(喜神)에 해당하여 말년에는 인정많은 홀아비를 만나 평안하게 살았다.

6. 미(未)월 신금(辛金)

【원문】

未月辛金 用壬庚甲 先用壬水 取金爲佐

미월신금 용임경갑 선용임수 취금위좌

忌戊出 得甲制之 方吉

기무출 득갑제지 방길

【해 설】

미(未)월 신금(辛金)은 임수(壬水)와 경금(庚金)과 갑목(甲木)이 용신(用神)이다. 우선 임수(壬水)로 용신(用神)을 삼은 후 경금(庚金)으로 보좌한다. 만일 무토(戊土)가 출간(出干)했는데 갑목(甲木)이 제극(制剋)되면 길하다.

년	월	일	시	■남명
戊	己	辛	甲	庚辛壬癸甲乙丙丁
寅	未	丑	午	申酉戌亥子丑寅卯

신금(辛金) 일주(日主)가 미(未)월에 태어났다. 미(未)월은 정을기(丁乙己)가 암장(暗藏)되어 토기(土氣)와 화기(火氣)가 강하니 계수(癸水)와 갑목(甲木)으로 용신(用神)을 삼아야 한다. 본명은 시상(時上)에 갑목(甲木)이 출간(出干)하여 길하고, 축(丑)에 계수(癸水)가 암장(暗藏)되어 길하다. 갑목(甲木) 용신(用神)은 인목(寅木)과 축토(丑土)에 통근(通根)하여 강하다. 갑목(甲木)이 재성(財星)이며 용신(用神)이나 그릇이 작아 재물을 많이 벌었으나 모으지는 못하였다. 일지(日支) 축토(丑土)는 용신(用神)의 통근지(通根地)이니 길하여 아내복이 매우 많아 신용있고 알뜰한 현모양처를 만났다. 축미(丑未)가 상충(相沖)하여 고부갈등이 있었으나, 대운이 수목(水木)운으로 흘러 별 문제없이 평안하였다.

7. 신(申)월 신금(辛金)

【원 문】

申月辛金 用壬甲戊 壬水爲尊 甲戊酌用 不可用癸水

신월신금 용임갑무 임수위존 갑무작용 불가용계수

【해 설】

신(申)월 신금(辛金)은 임수(壬水)와 갑목(甲木)과 무토(戊土)로 용신(用神)을 삼아야 한다. 임수(壬水)를 존중하면서 갑목(甲木)과 무토(戊土)를 참작하여 쓰는데 계수(癸水)는 불가하다.

년	월	일	시	■여명
乙	甲	辛	乙	乙丙丁戊己庚辛壬
卯	申	亥	未	酉戌亥子丑寅卯辰

신금(辛金) 일주(日主)가 신(申)월에 태어났다. 신(申)월은 기무임경(己戊壬庚)이 암장(暗藏)되어 금기(金氣)와 수기(水氣)가 강하니 갑을목(甲乙木)으로 용신(用神)을 삼은 후 계수(癸水)를 쓴다. 그러나 지지(地支)에서 해묘미(亥卯未)가 삼합(三合)하여 목국(木局)을 이루어 목기(木氣)가 태과하니 신약(身弱)하다. 금(金)은 용신(用神), 토(土)는 희신(喜神), 목(木)과 수(水)는 기신(忌神)이다.

본명은 재다신약(財多身弱)하니 부옥빈인(富屋貧人)의 명이 되어 재물과 여자문제가 많았다. 인묘진(寅卯辰)년에 매우 고전하였으나, 신유술(申酉戌)년에는 발복하였다. 아내와 첩은 여러 명이 두었는데 처첩간에 싸움이 많았다. 이 사람은 정의롭고 용감하며 지혜로웠으나 질투심이 많고 예의가 없고 약속을 잘 지키지 않았다.

8. 유(酉)월 신금(辛金)

【원 문】

酉月辛金 先壬次甲 壬水洗淘 如見戊己
유월신금 선임차갑 임수세도 여견무기

須甲制土 支成金局 無壬 須用丁火
수갑제토 지성금국 무임 수용정화

【해 설】

유(酉)월 신금(辛金)은 임수(壬水)와 갑목(甲木)을 용신(用神)으로 삼아야 한다. 만일 무기토(戊己土)를 보면 갑목(甲木)으로 제하고, 지지(地支)에 금국(金局)이 있는데 임수(壬水)가 없으면 정화(丁火)로 용신(用神)을 삼는다.

년	월	일	시	■남명
庚	乙	辛	甲	丙丁戊己庚辛壬癸
戌	酉	卯	午	戌亥子丑寅卯辰巳

신금(辛金) 일주(日主)가 유(酉)월에 태어났다. 유(酉)월은 경신(庚辛)이 암장(暗藏)되어 금기(金氣)만이 강하니 갑을목(甲乙木)으로 용신(用神)을 삼은 후 병화(丙火)를 써야 한다. 본명은 월(月)에 을목(乙木)과 시상(時上)에 갑목(甲木)이 투출(透出)하여 길한 사주가 되었다. 갑을목(甲乙木) 용신(用神)은 일지(日支) 묘목(卯木)에 통근(通根)하여 강하니 큰 재산을 모을 수 있었고, 일지(日支) 묘목(卯木)은 용신(用神)의 통근지(通根地)이니 길하여 아내복이 많아 인자하며 자비심이 많은 현모양처를 만났고, 시주(時柱) 갑오(甲午)는 길신에 해당하니 자식복도 많아 자식들이 모두 총명하며 효성이 깊었다. 그러나 묘유(卯酉)가 상충(相沖)하여 허릿병으로 고생하였다. 성격운은 금기(金氣)가 다소 태과하여 정의감이 있으나 약간 난폭하였고, 목기(木氣)가 중화되어 예의범절을 알았고, 화기(火氣)가 안정되어 명랑하였다.

9. 술(戌)월 신금(辛金)

【원 문】

戌月辛金 取用壬甲 戌月辛金 火土爲病 水木爲藥
술월신금 취용임갑 술월신금 화토위병 수목위약

【해 설】

술(戌)월 신금(辛金)은 임수(壬水)와 갑목(甲木)으로 용신(用神)

을 삼아야 한다. 화토(火土)는 병이고, 수목(水木)은 약이다.

년	월	일	시	■남명							
己	甲	辛	丙	癸	壬	辛	庚	己	戊	丁	丙
酉	戌	卯	申	酉	申	未	午	巳	辰	卯	寅

신금(辛金) 일주(日主)가 술(戌)월에 태어났다. 술(戌)월은 신정무(辛丁戊)가 암장(暗藏)되어 금기(金氣)와 토기(土氣)가 강하니 을목(乙木)과 병화(丙火)로 용신(用神)을 삼아야 한다. 본명은 을목(乙木)은 투출(透出)하지 않았으나 월(月)에 갑목(甲木)이 투출(透出)하고, 시상(時上)에 병화(丙火)가 투출(透出)하여 길하다.

본명은 병화(丙火) 정관(正官)이 투출(透出)했으니 관운이 따라 상서(尙書)라는 높은 벼슬을 하였고, 월(月)에 갑목(甲木)과 일지(日支)에 묘목(卯木)이 들었으니 재물운도 대길하여 큰 재물을 지닐 수 있었다. 그리고 일지(日支) 묘목(卯木)이 길하니 아내복이 많아 인자한 현모양처를 만났다. 성격운은 신금(辛金) 일주(日主)가 태과하니 정의감이 있었지만 다소 난폭하기도 하였다. 그러나 갑목(甲木)이 투출(透出)하고 왕성하여 비교적 인자하며 자비로운 편이었다. 재관(財官)을 모두 갖춘 상격 중의 상격 사주다.

10. 해(亥)월 신금(辛金)

【원 문】

亥月辛金 取用壬丙 名金白水淸 餘皆酌用

해월신금 취용임병 명금백수청 여개작용

【해 설】

해(亥)월 신금(辛金)은 임수(壬水)와 병화(丙火)로 용신(用神)을 삼으면 금백수청(金白水淸)이 되고, 나머지는 모두 참작하여 쓴다.

년	월	일	시	■ 남명							
壬	辛	辛	庚	壬	癸	甲	乙	丙	丁	戊	己
戌	亥	巳	寅	子	丑	寅	卯	辰	巳	午	未

신금(辛金) 일주(日主)가 해(亥)월에 태어났다. 해(亥)월은 무갑임(戊甲壬)이 암장(暗藏)되어 수기(水氣)와 목기(木氣)가 강하니 병정화(丙丁火)로 용신(用神)을 삼은 후 무토(戊土)를 써야 한다. 그런데 병정무(丙丁戊)가 투출(透出)하지 않아 길명은 아니나, 일지(日支)에 사화(巳火)와 시지(時支)에 인목(寅木)이 들어 길복이 따랐다. 일지(日支) 사화(巳火)는 용신(用神)이니 아내복이 많아 예의범절이 바르며 착한 현모양처를 만났고, 관살(官殺)은 투출(透出)하지 않아 중간 관리 정도에 머물렀다. 신금(辛金) 일주(日主)

가 왕성하고 재성(財星)이 길하여 재물은 중부 이상을 이루었다. 어떤 사주든 일지(日支)가 길하면 배우자운이 좋다.

11. 자(子)월 신금(辛金)

【원 문】

子月辛金 用丙戊壬甲 冬月辛金 不能缺丙火溫暖 餘皆酌用
자월신금 용병무임갑 동월신금 불능결병화온난 여개작용

【해 설】

자(子)월 신금(辛金)은 병화(丙火)와 무토(戊土)와 임수(壬水)와 갑목(甲木)으로 용신(用神)을 삼아야 한다. 겨울철 신금(辛金)은 병화(丙火)로 따뜻하게 해주지 않으면 흉하고, 나머지는 모두 참작하여 쓴다.

년	월	일	시	■남명
己	丙	辛	己	乙 甲 癸 壬 辛 庚 己 戊
丑	子	亥	丑	亥 戌 酉 申 未 午 巳 辰

신금(辛金) 일주(日主)가 자(子)월에 태어났다. 자(子)월은 임계(壬癸)가 암장(暗藏)되어 수기(水氣)만이 강하니 병정화(丙丁火)로 용신(用神)을 삼은 후 무기토(戊己土)를 써야 한다. 그런데 해자축

(亥子丑)이 방합(方合)하여 수국(水局)을 이루어 마치 홍수가 난 형상이다. 무토(戊土)로 제방해야 하는데 없고 기토(己土) 뿐이니 수다토붕(水多土崩)이 되었다. 그러나 월(月)에 병화(丙火)가 투출(透出)하여 엄동설한에 태양이 승천한 격이라 구사일생이 되었다.

또 정관(正官)이 용신(用神)이라 관직을 얻었지만 지지(地支)에 수국(水局)이 있으니 오래 가지 못하여 교육계에 들어가 후학을 양성하는데 힘썼다. 재물운도 부족하여 가난한 선비에 불과하였다. 이 사주는 지지(地支)에 수국(水局)이 있어 종격(從格)처럼 보이나 신약(身弱) 사주다. 왜냐하면 년상(年上)과 시상(時上)에 기토(己土)가 투출(透出)하고, 년지(年支)와 시지(時支)에 축토(丑土)가 들어 토생금(土生金)하기 때문이다. 월(月) 병화(丙火) 용신(用神)이 해(亥) 갑목(甲木)에 통근(通根)했으나 너무 미약하여 빈천한 사주가 된 것이다.

12. 축(丑)월 신금(辛金)

【원문】

丑月辛金 用丙壬戊己 同子月 先丙後壬
축월신금 용병임무기 동자월 선병후임

戊己次之 總之丙火不可少也
무기차지 총지병화불가소야

【해 설】

축(丑)월 신금(辛金)은 자(子)월과 같이 병화(丙火)와 임수(壬水)와 무기토(戊己土)로 용신(用神)을 삼아야 한다. 먼저 병화(丙火)로 용신(用神)을 삼은 후 임수(壬水)를 쓰고, 그 다음에 무기토(戊己土)를 쓰는데 병화(丙火)가 적으면 불가하다.

년	월	일	시	■남명							
甲	丁	辛	戊	戊	己	庚	辛	壬	癸	甲	乙
午	丑	丑	子	寅	卯	辰	巳	午	未	申	酉

신금(辛金) 일주(日主)가 축(丑)월에 태어났다. 축(丑)월은 계신기(癸辛己)가 암장(暗藏)되어 수기(水氣)와 토기(土氣)가 강하니 정화(丁火)와 경금(庚金)으로 용신(用神)을 삼아야 한다. 본명은 월(月)에 정화(丁火)가 투출(透出)하여 길하고, 정화(丁火) 용신(用神)은 년지(年支) 오화(午火)에 통근(通根)하여 강하다. 따라서 관운이 좋아 일찍 출사하여 종사(從事)에 이르렀다. 그러나 일지(日支) 축토(丑土)가 기신(忌神)에 해당하니 부부운이 불리하여 아내와 사이가 좋지 않았다. 주변의 이목 때문에 부부관계를 유지하며 살았지만 무정하게 살았다. 관직은 높이 올랐지만 재물운은 불리하여 가난한 서민생활을 하였다.

2. 삼춘(三春) 신금(辛金)

【원 문】

寅月辛金 陽氣舒而寒未除 不知寅月建祿寅 中有長生之丙

인월신금 양기서이한미제 부지인월건록인 중유장생지병

解去寒氣 忌甲木司權 辛金失令 取己土爲生身之本

해거한기 기갑목사권 신금실령 취기토위생신지본

欲得辛金發現 全賴壬水之功 己壬兩透 支見庚制甲 科甲定然

욕득신금발현 전뢰임수지공 기임양투 지견경제갑 과갑정연

或己土透干 支中有甲 異路恩榮 或己土不全 號曰 君臣失勢

혹기토투간 지중유갑 이로은영 혹기토불전 호왈 군신실세

富貴難全 或有丙火出干 亦主科甲 或見壬無己庚者 貧賤之徒

부귀난전 혹유병화출간 역주과갑 혹견임무기경자 빈천지도

或支成火局 卽壬水出干 不剋己土 亦尋常之人 或庚壬兩透

혹지성화국 즉임수출간 불극기토 역심상지인 혹경임양투

破局制火 必爲顯達之人 或支成水局 不見丙火 名爲金弱沈寒

파국제화 필위현달지인 혹지성수국 불견병화 명위금약침한

平常之士 書曰金水性寒寒到底 凄凉難免少年憂 得丙透照暖

평상지사 서왈금수성한한도저 처량난면소년우 득병투조난

反主富貴 故寅月辛金 先己後壬 己爲君 庚爲佐 如用丙火須參看

반주부귀 고인월신금 선기후임 기위군 경위좌 여용병화수참간

【해 설】

인(寅)월은 양기(陽氣)가 뻗어 오르는 때이나 아직 한기가 남아 있고, 건록(建祿)이니 인(寅) 장생(長生)의 병화(丙火)가 한기를 제거하지만 갑목(甲木)이 권력을 잡았으니 신금(辛金)이 실령(失令)하면 흉하다. 기토(己土)로 생신(生身)의 근본을 삼으니 신금(辛金)의 발현을 얻으려면 반드시 임수(壬水)에게 의지해야 한다.

따라서 기토(己土)와 임수(壬水)가 모두 투출(透出)하고, 지지(地支)에서 경금(庚金)이 갑목(甲木)을 제극(制剋)하면 반드시 과갑한다. 만일 기토(己土)가 투간(透干)하고 지지(地支)에 갑목(甲木)이 있으면 이로에서 은영을 얻고, 기토(己土)가 없으면 부귀를 모두 이루기 어렵고, 병화(丙火)가 출간(出干)하면 역시 과갑한다.

만일 임수(壬水)가 있는데 기토(己土)와 경금(庚金)이 없으면 빈천하고, 지지(地支)에 화국(火局)이 있는데 임수(壬水)가 출간(出干)하고 기토(己土)가 극하지 않으면 심상한 사람이고, 경금(庚金)과 임수(壬水)가 모두 투출(透出)하고 파국(破局)하여 제화(制火)하면 반드시 현달한다.

만일 지지(地支)에 수국(水局)을 이루었는데 병화(丙火)가 없으면 금약침한(金弱沈寒)이라 하여 평범한 선비가 된다. 옛글에 금수(金水)는 한냉도저(寒冷到底)하므로 소년기에 처량함을 면하기 어렵다고 하였다. 그러나 병화(丙火)가 투출(透出)하여 따뜻하게 해주면 오히려 부귀한 명조가 된다. 따라서 인(寅)월 신금(辛金)은 먼저 기토(己土)로 용신(用神)을 삼은 후 임수(壬水)를 써야 한다.

그리고 병화(丙火)를 쓸 때는 기토(己土)는 임금이고 경금(庚金)은 신하라는 것을 참고한다.

년	월	일	시	■남명
己	丙	癸	壬	乙甲癸壬辛庚己戊
巳	寅	卯	戌	丑子亥戌酉申未午

계수(癸水) 일주(日主)가 인(寅)월에 태어나 설기(洩氣)가 심하니 태약하다. 종아격(從兒格)으로 보이지만 시상(時上)에 임수(壬水)가 투출(透出)하고, 술(戌)에 신금(辛金)이 있고, 년지(年支) 사(巳)에 경금(庚金)이 암장(暗藏)되어 정격(正格)이며 신약(身弱) 사주다. 그리고 일주(日主)는 약한데 재성(財星)이 많으니 재다신약(財多身弱)이 되어 경금(庚金)과 신금(辛金)이 암장(暗藏)되었지만 경금(庚金) 용신(用神)이 무력하다. 재다신약(財多身弱)에 용신(用神)이 미약하니 성격에 결함이 많아 매사 정의감과 자신감과 결단력이 없었고, 항상 시비에 휘말려 구설수에 오르내렸다.

용신(用神)은 그 사람의 능력을 나타낸다. 즉 용신(用神)이 강하면 능력이 많으나 약하면 능력이 작다. 초년에 부모의 잔소리를 참지 못하고 가출하여 20여 년간 객지를 돌아다니며 한 번도 부모를 찾지 않았다. 그러다 고향을 찾았지만 부모는 이미 5년 전에 돌아가셨고, 잘못을 반성하며 후회하였다. 이런 유형의 사주는 대개 불효자가 되는 경우가 많다.

년 월 일 시	■ 종재격(從財格)
壬 壬 辛 辛	癸甲乙丙丁戊己庚
寅 寅 卯 卯	卯辰巳午未申酉戌

신금(辛金) 일주(日主)가 인(寅)월에 태어났고, 지지(地支)가 모두 인목(寅木)으로 구성되었다. 시간(時干)에 신금(辛金)이 1개 투간(透干)했으나 많은 인목(寅木)이 심하게 목극토(木剋土)하여 사토(死土)나 마찬가지가 되었다. 또 년월(年月)에 임수(壬水)가 2개나 투간(透干)하여 금생수(金生水)로 금(金)의 기운을 유출시켜 인목(寅木)을 도우니 종재격(從財格)이 되었다. 양간(陽干)은 좀처럼 종하지 않지만 음일간(陰日干)은 쉽게 종한다. 종재격(從財格)이니 재성(財星)인 목(木)이 용신(用神)이고, 수(水)와 화(火)는 희신(喜神), 금(金)은 기신(忌神), 토(土)는 구신(仇神)이다.

본명은 호흡기와 심장에 선천적인 질병이 있었고, 난폭하며 무례한 아내를 만나 부부갈등이 많았다. 성격운은 혈기가 많고 무례하여 원만하지 못하였고, 재물운은 겨우 의식주만 해결할 정도였다. 중년에는 처자식과 이별하고 고독하게 살다가 노년에 병사했는데 시신을 거두어 주는 사람도 무덤도 없었다.

【원문】

卯月辛金 陽和之際 壬水爲尊 戊己爲病 得甲制伏
묘월신금 양화지제 임수위존 무기위병 득갑제복

則辛金不致埋沒 壬水不致混濁 合此者必身入玉堂 故卯月庚金
즉신금불치매몰 임수불치혼탁 합차자필신입옥당 고묘월경금

有壬甲透者貴顯 否則鄕紳 或壬坐亥支 不見土出 可能入芥
유임갑투자귀현 부즉향신 혹임좌해지 불견토출 가능입개

家亦小康 得申中之壬者 異道名望 無壬者常人 其生剋之理
가역소강 득신중지임자 이도명망 무임자상인 기생극지리

與寅月辛金皆同 或壬戊透 甲不出干 此爲病不遇藥 平常之人
여인월신금개동 혹임무투 갑불출간 차위병불우약 평상지인

得乙破戊 頗有衣衿 但假名假利 刻薄乖張 或一派壬水汪洋
득을파무 파유의금 단가명가리 각박괴장 혹일파임수왕양

名金水淘洗太過 不得中和 略有衣食 全無作爲 如壬水重重
명금수도세태과 불득중화 약유의식 전무작위 여임수중중

得戊反吉 或支成木局 洩盡壬水 有庚富貴 無庚平人 或支成火局
득무반길 혹지성목국 설진임수 유경부귀 무경평인 혹지성화국

名官印相爭 金水兩傷 下流之格 得二壬出制 富貴反奇
명관인상쟁 금수양상 하류지격 득이임출제 부귀반기

辛金於春季 一派壬水 而無丙火 卽能顯達 家無宿眷
신금어춘계 일파임수 이무병화 즉능현달 가무숙권

得壬丙齊透 方許大富大貴
득임병제투 방허대부대귀

【해 설】

묘(卯)월은 태양이 화창한 때이니 묘(卯)월 신금(辛金)은 임수(壬水)를 존중한다. 무토(戊土)와 기토(己土)가 병인데 갑목(甲木)으로 제복(制伏)하면 신금(辛金)이 매몰되는 것을 면하여 임수(壬水)가 혼탁하지 않으니 반드시 옥당에 오른다. 따라서 묘(卯)월 경금(庚金)은 임수(壬水)와 갑목(甲木)이 투출(透出)하면 귀를 이루고, 그렇지 않으면 향신(鄕紳)이라도 된다.

만일 임수(壬水)가 지지(地支)의 해(亥) 중에 있고, 토(土)가 출간(出干)하지 않으면 미관말직에 불과하며 집도 역시 약간 평안하다. 신(申)에 임수(壬水)가 있으면 이로에서 이름을 얻고, 임수(壬水)가 없으면 평상인에 불과하다. 이것은 생극(生剋)의 이치이며 인(寅)월 신금(辛金)도 마찬가지다.

만일 임수(壬水)와 무토(戊土)가 투출(透出)했는데 갑목(甲木)이 출간(出干)하지 않으면 병이 있는데 약이 없는 격이니 평범하고, 을목(乙木)으로 무토(戊土)를 파극(破剋)하면 의식주는 있다. 다만 명리가 거짓이니 인정이 없고 박복한 사람이다. 만일 일파 임수(壬水)가 왕양하면 금수(金水)의 도세(淘洗)가 태과하니 중화를 이루지 못하므로 의식주는 약간 있으나 성공하기는 어렵다. 만일 임수(壬水)가 중중하면 무토(戊土)를 얻는 것이 오히려 길하다.

만일 지지(地支)에 목국(木局)이 있으면 임수(壬水)의 설기(洩氣)가 다하니 경금(庚金)이 있어야 부귀를 이루나, 경금(庚金)이 없으면 평범하다. 만일 지지(地支)에 화국(火局)이 있으면 관인상쟁(官

印相爭)이 되어 하격이 되나, 임(壬)이 2개 출제(出制)하면 오히려 부귀가 기이하다. 신금(辛金)이 봄철에 태어났는데 일파 임수(壬水)가 있고 병화(丙火)가 없으면 충분히 현달하나 잠을 잘 집이 없을 정도로 가난하다. 그러나 임수(壬水)와 병화(丙火)가 함께 투출(透出)하면 대부대귀를 이룬다.

년	월	일	시	■남명
辛	辛	辛	辛	庚己戊丁丙乙甲
卯	卯	卯	卯	寅丑子亥戌酉申

천간(天干)은 모두 신금(辛金)이고 지지(地支)는 모두 묘목(卯木)인데 지지(地支) 묘목(卯木)이 워낙 강하여 신금(辛金)이 감당하지 못한다. 재다신약(財多身弱) 사주이고 용신(用神)은 신금(辛金)이다. 비록 신금(辛金)이 천간(天干)에 모두 있어 강한 것 같지만 지지(地支)에 통근(通根)하지 않아 용신(用神)이 약하다. 이 사람은 태어난 지 몇 년만에 부모를 모두 잃고 고아가 되어 어느 도사를 따라가 도술공부를 하였다. 기축(己丑) 무자(戊子) 대운이 길하여 의식주는 풍족하였으나, 해(亥) 대운에 해묘미(亥卯未)가 삼합(三合)하여 목(木)이 되니 스승마저 세상을 떠났다. 그후 스승이 남겨준 유산을 도박과 주색으로 모두 날리고 유리걸식하다 흥사하였다.

본명은 인성(印星)의 부조(扶助)를 얻지 못하여 일주(日柱)가 약한데 많은 재성(財星)을 만나 패가망신한 것이다. 수(水)는 약한 일주(日主)의 기운을 설기(洩氣)시키고 강한 목(木)을 생조(生助)하니 극루교가(剋洩交加)가 되어 패망하였다. 신약(身弱) 사주가 관살(官殺)이 강한데 식상(食傷)도 강하면 관살(官殺)이 약한 일주(日主)를 파극(破剋)하고 식상(食傷)이 약한 일주(日主)를 많이 설기(洩氣)하여 극루교가(剋漏交加)가 되고, 극루교가(剋漏交加)가 되면 파란만장할 수밖에 없다.

년	월	일	시	■남명
戊	乙	辛	丁	丙丁戊己庚辛壬
子	卯	卯	酉	辰巳午未申酉戌

신금(辛金) 일주(日主)가 묘(卯)월에 태어나 실령(失令)하였고, 일지(日支)에 묘목(卯木)이 들어 신약(身弱)하다. 용신(用神)은 일간(日干) 신금(辛金)과 시지(時支) 유금(酉金)인데 묘(卯) 을목(乙木)과 유(酉) 경금(庚金)이 을경합금(乙庚合金)하여 도와주니 더 이롭다. 합을 한 결과가 용신(用神)이나 희신(喜神)이 되면 사주가 더 좋아진다. 암장(暗藏)의 합도 마찬가지다.

본명은 기미(己未) 대운까지는 발복하지 못하다가 경(庚) 대운부터 발복하여 부귀영화를 누렸다. 역시 선빈후부형(先貧後富形) 사주다. 신금(辛金) 일주(日主)이니 매사에 신중하며 전문기술이 있었고, 정의감이 강하며 박애정신도 있었다. 그러나 묘목(卯木)이 태과하여 충성심과 효심은 부족하였고, 일지(日支) 묘목(卯木)이 기신(忌神)에 해당하여 부부간에 갈등이 많았다. 그래도 재성(財星)이 강한데 일주(日主)도 왕하니 재물복은 많아 큰 재물을 지니고 살았다.

년	월	일	시	■ 남명
庚	己	庚	己	庚辛壬癸甲乙丙
寅	卯	寅	卯	辰巳午未申酉戌

경금(庚金) 일주(日主)가 묘(卯)월에 태어나 실령(失令)하였고, 년지(年支)에 인목(寅木)이 들고, 시지(時支)에 묘목(卯木)이 들어 신약(身弱)하다. 목(木)이 많아 신약(身弱) 사주가 되었으니 중화시키려면 목(木)을 제극(制剋)해야 한다. 따라서 금극목(金剋木)이 필요하니 년간(年干) 경금(庚金)이 용신(用神)이고, 토(土)는 희신(喜神), 목(木)은 기신(忌神), 수(水)는 구신(仇神)이다.

사주를 볼 때는 우선 용신(用神)과 기신(忌神)을 분명하게 가려야 한다. 그렇지 않고 간명한다는 것은 엉터리다. 본명은 재다신약(財多身弱) 사주이니 항상 재물문제와 여자문제가 많았다. 지지(地支)가 모두 재성(財星)으로만 되었으니 아내복과 재물복이 없음을 알 수 있다. 일지(日支) 인목(寅木)이 기신(忌神)이라 아내복이 없었고, 재성(財星)도 기신(忌神)이라 첩복도 없었다. 한마디로 말해 여자복이 없는 팔자다. 여자들이 많이 따르기는 하나 재물손실과 허망함과 안겨주었고, 노년에는 성병에 걸려 오래 고생하다 죽었다.

년	월	일	시
癸	乙	辛	辛
卯	卯	卯	卯

■ 여명, 종재격(從財格)

丙丁戊己庚辛壬癸
辰巳午未申酉戌亥

신금(辛金) 일주(日主)가 묘(卯)월에 태어났고, 월간(月干)에 을목(乙木)이 있고, 지지(地支)가 전부 묘목(卯木)이니 목기(木氣)가 왕하다. 시간(時干) 신금(辛金)이 부조(扶助)하여 신약(身弱) 사주인 것 같지만 종재격(從財格)이다. 신금(辛金)이 음간(陰干)이라 독립심이 약하여 종한 것이다. 시간(時干)에 신금(辛金)이 있어도 도움을 받지 못하고 목기(木氣)에 종하였다. 따라서 목(木)은 용신(用神), 수(水)는 희신(喜神), 금(金)은 기신(忌神), 토(土)는 구신(仇神)이다. 이처럼 종격(從格)이 되면 길흉은 정격(正格)의 정반대가 된다. 종격(從格)이니 시간(時干) 신금(辛金)은 오히려 장해물이 된다. 즉 진종격(眞從格)이 아니라 가종격(假從格)이다.

갑을목(甲乙木)운이 대길하나 경신금(庚辛金)운은 대흉하다. 그리고 남편복이 지독하게 없어 난폭하며 의리없는 소인배를 만났고, 재물복도 없어 조금 있던 재산마저 남편이 주색으로 날려 남의 집에 들어가 식모생활을 하며 겨우 목숨을 연명하였다. 그러나 자식복은 있어 말년에는 자식들의 효도를 받으며 평안하게 살았다. 즉 초년부터 중년까지는 고생을 많이 했으나 말년에는 자식덕에 짧은 기간이나마 평안하게 살다가 죽었다.

辰月辛金 戊土司令 辛承正氣 母旺子相 先壬後甲 壬甲兩透

진월신금 무토사령 신승정기 모왕자상 선임후갑 임갑양투

富貴必然 壬透甲藏 廩貢不失 甲透壬藏 富貴可云 壬甲皆無

부귀필연 임투갑장 름공부실 갑투임장 부귀가운 임갑개무

平常之格 所忌者丙貪合也 如月時皆丙 名爲爭合 主慷慨風流

평상지격 소기자병탐합야 여월시개병 명위쟁합 주강개풍류

交遊四海 若癸出干制丙 可許採芹 或支坐亥子之鄕 支又見申

교유사해 약계출간제병 가허채근 혹지좌해자지향 지우견신

卽非玉堂 亦必高增祿位 若戊出干制水 不見甲乙 淸閑之人

즉비옥당 역필고증록위 약무출간제수 불견갑을 청한지인

又或支見四庫 名土厚埋金 不見甲制 愚頑之輩 或四柱火多

우혹지견사고 명토후매금 불견갑제 우완지배 혹사주화다

無水制伏 名火土雜亂 主作緇衣 見癸可解 或比劫重重

무수제복 명화토잡난 주작치의 견계가해 혹비겁중중

壬癸淺弱 主夭 有甲出干 則貴 然無庚制方妙

임계천약 주요 유갑출간 칙귀 연무경제방묘

【해 설】

  진(辰)월 신금(辛金)은 무토(戊土)가 사령(司令)하니 정기(正氣)
를 얻었다. 모왕자상(母旺子相)하니 먼저 임수(壬水)로 용신(用神)
을 삼은 후 갑목(甲木)을 써야 한다. 따라서 임수(壬水)와 갑목(甲

木)이 모두 투출(透出)하면 반드시 부귀를 이루고, 임수(壬水)가 투출(透出)하고 갑목(甲木)이 암장(暗藏)되면 늠공(廩貢)은 잃지 않고, 갑목(甲木)이 투출(透出)하고 임수(壬水)가 암장(暗藏)되면 부귀를 이루고, 임수(壬水)와 갑목(甲木)이 모두 없으면 평범하다.

그러나 병화(丙火)가 탐합(貪合)하면 흉하다. 만일 월간(月干)과 시간(時干)이 모두 병화(丙火)이면 쟁합(爭合)이 된다. 이런 사주는 성격이 강개하며 풍류를 좋아하고 사해에 교류한다. 그러나 계수(癸水)가 출간(出干)하여 병화(丙火)를 제극(制剋)하면 매우 가난하다.

만일 지지(地支)에 해자축(亥子丑)이 있는데 신금(申金)이 있으면 옥당의 벼슬은 아니라도 반드시 고관의 지위에 오르고, 무토(戊土)가 출간(出干)하여 수(水)를 제극(制剋)하고 갑을목(甲乙木)을 보지 않으면 청한하고, 지지(地支)에서 사고(四庫)를 보면 토후매금(土厚埋金)이 되어 갑목(甲木)이 제극(制剋)하지 않으면 우매하며 완고한 무리가 된다.

만일 사주에 화(火)가 많은데 수(水)가 제복(制伏)시키지 않으면 화토잡난(火土雜亂)하여 승도의 명이 되나 계수(癸水)를 보면 풀리고, 비겁(比劫)이 중중하고 임수(壬水)와 계수(癸水)가 약하면 요절한다. 이때 갑목(甲木)이 출간(出干)하면 귀를 이루고, 경금(庚金)이 제극(制剋)하지 않으면 묘하게 된다.

년	월	일	시	■남명
甲	戊	辛	壬	己庚辛壬癸甲乙丙
午	辰	酉	辰	巳午未申酉戌亥子

신금(辛金) 일주(日主)가 진(辰)월에 태어났다. 진(辰)의 정기(正氣)는 무토(戊土)인데 월(月)에 투간(透干)하여 인수격(印授格)이 되었다. 용신(用神)은 시간(時干) 임수(壬水)인데 신유금(辛酉金)에 통근(通根)하여 강하니 길복이 많은 명조가 되었다. 상관(傷官)이 용신(用神)이니 인기운과 명예운이 좋았고, 지지(地支)에 진토(辰土)가 강하여 연구·창작·발명 등에 재능이 있었다.

성격운은 토(土)가 많아 행동이 둔하며 느렸고, 신금(辛金) 일주(日主)이니 정의감이 강하며 지혜가 있고 인자하나 종종 고집을 부려 사람들을 당황하게 만들었다. 재물운은 년상(年上)에 갑목(甲木)이 투출(透出)하고 진(辰)에 을목(乙木)이 암장(暗藏)되어 재성(財星)이 강하니 큰 재산을 지녔다. 그리고 일지(日支)는 아내궁인데 유금(酉金)이 들고 길하여 아내복이 많아 현모양처를 만났다.

이 사람은 조부모 때는 별로 자랑할 것 없는 집안으로 조부가 머슴살이를 하였다. 아버지 때도 형편이 조금 좋아지긴 했지만 역시 가난하다가 본인이 자수성가하여 큰 부자가 되었다. 그리고 년지(年支) 오화(午火)가 구신(仇神)에 해당하니 관운이 없어 등과는 했으나 미관말직에 머물다가 사업가로 변신하여 성공하였다.

3. 삼하(三夏) 신금(辛金)

【원 문】

巳月辛金 時逢首夏 忌丙火之燥烈 喜壬水之洗淘 支成金局

사월신금 시봉수하 기병화지조열 희임수지세도 지성금국

水透出干 有木制戊 名一淸徹底 科甲功名 癸透壬藏 富眞貴假

수투출간 유목제무 명일청철저 과갑공명 계투임장 부진귀가

若壬癸皆藏 戊己亦藏略富 若壬癸俱無 反見火出 必主鰥獨

약임계개장 무기역장약부 약임계구무 반견화출 필주환독

或支成火局 有制者吉 無制者凶 凡火旺無水 取土洩之

혹지성화국 유제자길 무제자흉 범화왕무수 취토설지

若壬水藏亥 戊不出干 亦主上達 有戊常人 有一甲透 衣祿可求

약임수장해 무불출간 역주상달 유무상인 유일갑투 의록가구

若有甲 無壬癸者 富貴虛浮 戊不出干 所謂羊質虎皮是也

약유갑 무임계자 부귀허부 무불출간 소위양질호피시야

壬癸甲 三者全無 又不合格 斯下品

임계갑 삼자전무 우불합격 사하품

【해 설】

　사(巳)월은 여름의 시작이니 사(巳)월 신금(辛金)은 병화(丙火)가 조열하면 흉하고, 임수(壬水)로 세도(洗淘)하면 길하다. 만일 지지(地支)에 금국(金局)을 이루었는데 수(水)가 투출(透出)하고 목

(木)이 무토(戊土)를 제극(制剋)하면 일청철저(一淸徹底)라 하여 과감하여 공명을 이루고, 계수(癸水)가 투출(透出)했는데 임수(壬水)가 암장(暗藏)되면 부는 진짜이나 귀는 거짓이다.

만일 임수(壬水)와 계수(癸水)가 모두 암장(暗藏)되었는데 무토(戊土)와 기토(己土)도 암장(暗藏)되면 작은 부를 이루고, 임계수(壬癸水)가 모두 없고 화(火)가 투출(透出)하면 반드시 홀아비가 되고, 지지(地支)에 화국(火局)을 이루었는데 제극(制剋)하면 길하나 제극(制剋)하지 못하면 흉하다. 무릇 화(火)가 왕한데 수(水)가 없으면 토(土)를 용신(用神)으로 삼아 설기(洩氣)해야 한다.

만일 임수(壬水)가 해(亥)에 암장(暗藏)되었는데 무토(戊土)가 출간(出干)하지 않으면 발달한다. 그러나 무토(戊土)가 있으면 평범하고, 갑(甲)이 1개 투출(透出)하면 의식주는 있다. 만일 갑목(甲木)이 있는데 임계수(壬癸水)가 없으면 부귀가 덧없고, 무토(戊土)가 출간(出干)하지 않아도 소위 양질의 호피이니 겉은 화려하나 실속이 없고, 임수(壬水)와 계수(癸水)와 갑목(甲木)이 모두 없으면 하격이 된다.

년	월	일	시	■ 여명
丙	癸	辛	己	壬辛庚己戊丁丙
申	巳	巳	亥	辰卯寅丑子亥戌

신금(辛金) 일주(日主)가 사(巳)월에 태어나 실령(失令)하였고,

년간(年干)에 병화(丙火)가 투간(透干)하고, 일지(日支)에 사화(巳火)가 들어 신약(身弱)하다. 신약(身弱)하면 대개 인성(印星)이나 비겁(比劫)이 부조(扶助)하여 길작용을 하는데 이 사주는 다르다. 화(火)가 태왕하니 불을 끄는 것이 시급하므로 월(月) 계수(癸水)가 용신(用神)이고 금(金)은 희신(喜神)이니 해자축(亥子丑)운에 발복한다.

본명은 병화(丙火) 정관(正官)이 투간(透干)하여 기신(忌神)에 해당하고, 일지(日支) 사화(巳火) 역시 기신(忌神)에 해당하여 남편복이 없었다. 결혼하여 1년도 넘기지 못하고 사별한 후 재혼했지만 또 사별하였다. 3번 결혼하여 3번 모두 실패하고 독수공방하며 한 많은 세월을 보냈다. 그러나 식상(食傷)이 자식인데 용신(用神)에 해당하여 자식덕에 말년은 평안하게 살다가 평안하게 임종하였다.

【원 문】

午月辛金 丁火司權 辛金失令 陰柔之極 不宜煅煉 須己壬兼用
오월신금 정화사권 신금실령 음유지극 불의단련 수기임겸용
何也 己爲泥沙 壬爲湖海 己無壬不濕 辛無己不生 故壬己并用
하야 기위니사 임위호해 기무임불습 신무기불생 고임기병용
但癸力小 或支成火局 卽重見癸出 亦不濟 得壬透破火方可
단계역소 혹지성화국 즉중견계출 역불제 득임투파화방가
必主生員 若無壬 癸見戊 雖有午宮己土 燥泥成灰金必煅鎔
필주생원 약무임 계견무 수유오궁기토 조니성회금필단용

反遭埋沒 必爲僧道 有一二重比肩 不致孤獨 午月辛金 壬癸己

반조매몰 필위승도 유일이중비견 불치고독 오월신금 임계기

三者皆用 或壬己兩透 支見癸水 不冲 定主顯達 卽己藏支

삼자개용 혹임기양투 지견계수 불충 정주현달 즉기장지

亦有廩貢 或無壬有己 須得異道 或癸出有庚 必主衣錦 叨爲恩榮

역유름공 혹무임유기 수득이도 혹계출유경 필주의금 도위은영

若水土多者 見甲方妙 庚辛生於夏月 要壬癸得地 若木多火多

약수토다자 견갑방묘 경신생어하월 요임계득지 약목다화다

不見金水 逢金水必敗

불견금수 봉금수필패

【해 설】

　오(午)월은 정화(丁火)가 권력을 잡은 때이니 오(午)월 신금(辛金)은 실령(失令)하였고, 음유함이 극도에 이르렀으니 화기(火氣)로 단련하면 흉하다. 따라서 오(午)월 신금(辛金)은 기토(己土)와 임수(壬水)를 함께 써야 한다. 기토(己土)는 진흙이고 임수(壬水)는 큰 바다나 강물이기 때문이다. 만일 기토(己土)가 없는데 임수(壬水)의 습기가 없고 신금(辛金)이 없으면 기토(己土)는 살지 못한다. 따라서 임수(壬水)와 기토(己土)를 용신으로 삼는데 계수(癸水)는 힘이 약하다.

　만일 지지(地支)에 화국(火局)을 이루었는데 계수(癸水)가 여러 개 투출(透出)하면 구제되지 못하고, 임수(壬水)가 투출(透出)하여

화(火)를 파극(破剋)하면 생원(生員)의 명조가 되고, 임수(壬水) 대신 계수(癸水)가 있는데 무토(戊土)를 보면 오궁(午宮)에 기토(己土)가 있어도 불리하다. 그러면 진흙이 조열하여 재가 되니 금(金)이 단련되어 오히려 매몰되니 반드시 승도의 명조가 된다. 그러나 비견(比肩)이 1~2개 있으면 고독하지는 않다.

오(午)월 신금(辛金)은 임수(壬水)와 계수(癸水)와 기토(己土)를 모두 용신(用神)으로 삼아야 한다. 만일 임수(壬水)와 기토(己土)가 모두 투출(透出)하고, 지지(地支)에 계수(癸水)가 있으면서 상충(相沖)하지 않으면 현달한다. 즉 기토(己土)가 암장(暗藏)되면 역시 늠공(廩貢)이 있다. 만일 임수(壬水)가 없는데 기토(己土)가 있으면 이로에서 이름을 얻고, 계수(癸水)가 출간(出干)했는데 경금(庚金)이 있으면 반드시 비단옷을 입는 은영을 받고, 수(水)와 토(土)가 많은데 갑목(甲木)이 있으면 묘해진다. 경신금(庚辛金)이 여름철에 태어나면 임계수(壬癸水)가 있어야 하나, 목(木)이 많고 화(火)가 많은데 금수(金水)를 만나면 반드시 패한다.

년 월 일 시   ■남명
壬 丙 辛 甲   丁戊己庚辛壬癸甲
午 午 巳 午   未申酉戌亥子丑寅

신금(辛金) 일주(日主)가 오(午)월에 태어나 신약(身弱)한데, 병신합수(丙辛合水)하고, 지지(地支)가 화(火) 일색이라 화격(化格)

이 되었다. 즉 목화종관살격(木火從官殺格)이니 화(火)가 용신(用神)이고 목(木)은 희신(喜神)이니 금(金)운과 수(水)운은 흉하다.

이 사람은 대운이 대개 수목(水木)운으로 흘러 등과했으나 승진은 하지 못하였다. 청년기에 벼슬길에 올랐으나 관운이 따르지 않아 어렵게 미관말직에 머물렀다. 종격(從格)이나 화격(化格) 사주는 장해물이 없어야 길함이 많다. 그리고 아내복도 없어 사악하며 색을 좋아하는 여자를 만나 가족과 친척 사이에 불화를 많이 일으켰다. 그러나 재물복은 많아 중년에 시작한 건축업으로 많은 재물을 모았다. 종관살격(從官殺格)은 대개 관운과 관련이 많은데 본명은 관운은 없으나 재물운이 좋은 것이 특징이다. 그리고 70세까지 살았는데 죽기 1년 전에 병에 걸려 고생하였다.

년	월	일	시	■남명						
庚	壬	辛	庚	癸	甲	乙	丙	丁	戊	己
戌	午	丑	寅	未	申	酉	戌	亥	子	丑

신금(辛金) 일주(日主)가 오(午)월에 태어났고, 인오술(寅午戌)이 삼합(三合)하여 화국(火局)을 이루니 화기(火氣)가 태강하다. 년상(年上)과 시상(時上)에 경금(庚金)이 들고, 년지(年支)에 술토(戌土)가 들었으니 금기(金氣) 또한 대단하다. 화기(火氣)와 금기(金氣)가 비슷한 것 같지만 지지(地支)는 천간(天干)보다 3배나 강하고, 월지(月支)는 다른 지지(地支)보다 몇 배 더 강하니 신약(身

弱) 사주가 되었다. 화(火)가 많아 신약(身弱)해졌으니 용신(用神)은 월(月) 임수(壬水)이고 금(金)은 희신(喜神)이다.

이 사람은 대운이 금수(金水)운으로 흘러 평생 부유하게 살았다. 상관(傷官)이 용신(用神)이니 식품과 의식주 계통에서 성공하였다. 그리고 대운이 금수(金水)운으로 흘러 일찍 등과했으나 관살운이 기신(忌神)에 해당하여 높이 오르지는 못하였다. 대운에서 볼 때 천간(天干)은 목화(木火)운이나 지지(地支)는 금수(金水)운이다. 앞에서 말한대로 천간(天干)은 지지(地支)에 비하여 힘이 30% 정도밖에 안된다. 옛글에 대운이 남동향이니 서북향이니 하는 말이 있는데 모두 대운의 지지(地支)를 두고 하는 말이다.

년	월	일	시	■ 여 명
乙	壬	庚	壬	癸甲乙丙丁戊己
酉	午	午	午	未申酉戌亥子丑

경금(庚金) 일주(日主)가 오(午)월에 태어나 실령(失令)하였고, 일지(日支)와 시지(時支)에 오화(午火)가 들어 신약(身弱)하다. 경금(庚金)이 불에 녹아내릴 지경이나 다행히 월간(月干)과 시간(時干)에 임수(壬水)가 들었다. 지지(地支)의 오화(午火)는 모두 관살(官殺)인데 기신(忌神)에 해당하니 남편운이 없었음을 알 수 있고, 일지(日支)는 남편궁인데 기신(忌神)에 해당하니 부부사이에 문제가 많았음을 알 수 있다.

이 사람은 남편이 폭력이 심하여 이혼한 후 재혼했지만 역시 백
수건달을 만나 고생하다 이혼하고 또 재혼하였다. 그러나 시주(時
柱)에 임오(壬午)가 길하여 자식복은 있었다. 성씨가 다른 자식을
셋이나 두었는데 모두 어머니를 지켜주니 자식덕에 큰 문제없이
여생을 마칠 수 있었다.

【원 문】

未月辛金 己土當權 輔助太多 恐掩金光 先用壬水 取庚佐之
미월신금 기토당권 보조태다 공엄금광 선용임수 취경좌지

壬庚兩透 科甲功名 卽不出干 藏支得所 亦有榮華 但忌戊出
임경양투 과갑공명 즉불출간 장지득소 역유영화 단기무출

得甲制之 方吉 甲須隔位 恐貪己合 反掩金光 又塞壬水之流
득갑제지 방길 갑수격위 공탐기합 반엄금광 우색임수지류

下賤之格 又忌庚出制甲 或只有未中一己 見了壬水 又爲濕泥
하천지격 우기경출제갑 혹지유미중일기 견료임수 우위습니

不可見甲甲出 反作平人 或丁乙出干 又有庚壬者 顯貴
불가견갑갑출 반작평인 혹정을출간 우유경임자 현귀

無壬者否 或支成木局 得壬透 又有庚金發水之源 可云富貴
무임자부 혹지성목국 득임투 우유경금발수지원 가운부귀

【해 설】

미(未)월은 기토(己土)가 권력을 잡은 때이니 미(未)월 신금(辛

金)은 먼저 임수(壬水)로 용신(用神)을 삼은 후 경금(庚金)으로 보좌해야 한다. 만일 임수(壬水)와 경금(庚金)이 모두 투출(透出)하면 과감하여 공명을 얻고, 임수(壬水)와 경금(庚金)이 암장(暗藏)되어도 영화가 있다. 다만 무토(戊土)가 출간(出干)하면 흉하고, 갑목(甲木)이 제극(制剋)하면 길하다.

만일 갑목(甲木)이 갑기합토(甲己合土)하면 흉하고, 임수(壬水)의 흐름이 막혀도 하천한 명이 되고, 경금(庚金)이 투출(透出)하여 갑목(甲木)을 제극(制剋)해도 흉하다. 만일 미(未) 기토(己土)가 임수(壬水)를 만나면 진흙이 되는데 이때 갑목(甲木)이 출간(出干)하면 평범하다. 만일 정화(丁火)와 을목(乙木)이 출간(出干)했는데 경금(庚金)과 임수(壬水)가 있으면 귀를 이루고, 임수(壬水)가 없으면 좋지 않다. 만일 지지(地支)에 목국(木局)을 이루었는데 임수(壬水)가 투출(透出)하고 경금(庚金)이 있으면 부귀를 이룬다.

년	월	일	시	■남명
甲	辛	辛	甲	壬癸甲乙丙丁戊己
子	未	未	午	申酉戌亥子丑寅卯

신금(辛金) 일주(日主)가 미(未)월에 태어났다. 미(未)월은 정을기(丁乙己)가 암장(暗藏)되어 화기(火氣)와 토기(土氣)가 강하다. 따라서 화기(火氣)를 억제하려면 임계수(壬癸水)가 필요하고, 왕성한 토(土)를 제극하려면 갑을목(甲乙木)이 필요하다. 그런데 년상

(年上)과 시상(時上)에 갑목(甲木)이 투출(透出)하여 왕토(旺土)를 제거하고, 년지(年支) 자수(子水)가 화염을 식히니 길하다.

　이 사람은 재성(財星)이 용신(用神)에 해당하여 사업가로 성공할 팔자이나 그릇이 작으니 소규모 자영업 정도에 불과한데 식상(食傷)이 길하여 의식주 계통에서 성공하였다. 그러나 일지(日支) 미토(未土)가 기신(忌神)에 해당하니 아내복이 없다. 고집불통이며 무정한 아내를 만나 밖에서 다른 여자들과 어울렸다. 일지(日支)에 기신(忌神)이 들고 재성(財星)이 길하면 아내와는 불리하나 외첩과는 화합이 잘되는 명조이니 불륜을 많이 저지른 것이다.

4. 삼추(三秋) 신금(辛金)

【원문】

申月辛金 値庚司令 不旺自旺 且壬水居中 四柱不見戊土

신월신금 치경사령 불왕자왕 차임수거중 사주불견무토

胎元戊藏申内 爲壬堤岸 人命得此 爲官淸正 但不富耳

태원무장신내 위임제안 인명득차 위관청정 단불부이

或有土無甲 爲有病無藥 常人 有甲者 衣衿可望

혹유토무갑 위유병무약 상인 유갑자 의금가망

或四柱金多 宜水洩之 若一派金水 得一戊土 反爲辛用

혹사주금다 의수설지 약일파금수 득일무토 반위신용

又宜制甲 自然富貴 或干支水多 重見戊土 逢生得位
우의제갑 자연부귀 혹간지수다 중견무토 봉생득위

福壽之造 申月辛金 壬不在多 故書曰 水淺金多
복수지조 신월신금 임불재다 고서왈 수천금다

號曰體全之象 壬水爲尊 甲戊酌用可也 癸水不可爲用
호왈체전지상 임수위존 갑무작용가야 계수불가위용

【해 설】

신(申)월은 경금(庚金)이 사령(司令)하는 때이니 신(申)월 신금
(辛金)은 비겁(比劫)이 내조하지 않아도 왕하다. 또 임수(壬水)가
있으니 무토(戊土)가 없어도 신금(申金)에 무토(戊土)가 암장(暗
藏)되어 임수(壬水)를 막아주니 관운은 청정하나 부는 없다.

만일 토(土)가 있는데 갑목(甲木)이 없으면 유병무약(有病無藥)이
니 평범하고, 갑목(甲木)이 있으면 의식주는 있다. 만일 금(金)이
많으면 수(水)로 설기(洩氣)해야 좋고, 일파 금수(金水)가 있는데
무토(戊土)가 있으면 오히려 신금(辛金)을 쓸 수 있다. 또 갑목(甲
木)을 제극(制剋)하면 자연히 부귀를 이루고, 수(水)가 많은데 무
토(戊土)가 여러 개 있으면 복록이 많다.

신(申)월 신금(辛金)은 임수(壬水)가 많지 않아야 한다. 옛글에
수천금다(水淺金多)하면 체전지상(體全之象)이라는 말이 있다. 임
수(壬水)를 존중하면서 갑목(甲木)과 무토(戊土)를 써야 하며 계수
(癸水)는 불가하다는 뜻이다.

년	월	일	시	■남명
己	壬	辛	庚	辛庚己戊丁丙乙甲
酉	申	卯	寅	未午巳辰卯寅丑子

신금(辛金) 일주(日主)가 신(申)월에 태어나 득령(得令)하였고, 신(申)의 정기(正氣)는 경금(庚金)인데 시간(時干)에 투간(透干)하여 겁재격(劫財格)이 되었다. 용신(用神)은 일지(日支) 묘목(卯木)인데 시지(時支) 인묘(寅卯)가 생조(生助)하니 강하다.

본명은 용신(用神)이 투출(透出)하지 못하고 지지(地支)에 들어 명예운이 없었다. 그러나 재성(財星)이 용신(用神)이며 신왕재왕(身旺財旺)하니 재물복이 많아 나무장사로 큰 돈을 벌었다. 처자식운도 길하여 아내와 첩들이 모두 미인이었고 자식도 많았다. 이 사람은 사주가 좋은데다 대운까지 좋아 평생 부귀영화를 많이 누리며 어려움 없이 살았다. 설사 흉운이 와도 그릇이 크니 큰 문제없이 잘 수습할 수 있었던 것이다. 용신(用神)의 강약은 그 사람의 그릇 크기를 결정한다. 즉 용신(用神)이 강하면 그릇이 크고, 용신(用神)이 약하면 그릇이 작다.

년	월	일	시	■남명
辛	丙	癸	乙	乙甲癸壬辛庚己戊
卯	申	卯	卯	未午巳辰卯寅丑子

신(申)의 암장(暗藏)은 기무임경(己戊壬庚)인데 투간(透干)한 것이 없으니 월지(月支)의 정기(正氣)를 따라 인수격(印授格)이 되었다. 계수(癸水) 일주(日主)가 신(申)월에 태어났으나 목화(木火)가 강하여 신약(身弱) 사주가 되었으니 목(木)을 제압하는 오행이 용신(用神)이다. 따라서 년간(年干) 신금(辛金)이 용신(用神)인데 월지(月支) 신금(申金)의 부조(扶助)를 받아 강하니 길하다. 경신금(庚辛金)은 용신(用神)이고 임계수(壬癸水)는 희신(喜神)이다. 갑을목(甲乙木)이 가장 흉하고, 그 다음은 병정화(丙丁火)가 흉하다.

초년운인 을미(乙未) 갑오(甲午) 대운은 기신(忌神)과 구신(仇神)운이지만 부모덕에 별탈없이 자랐고, 청년운은 계사(癸巳) 임진(壬辰)인데 천간(天干)의 임계(壬癸)는 길하여 등과했으나 지지(地支)의 진사(辰巳)가 흉하여 반길반흉하였다. 그리고 중년운인 신묘(辛卯) 경인(庚寅) 대운은 천간(天干)의 경신(庚辛)은 용신(用神)운이라 길하나, 지지(地支)의 인묘(寅卯)가 대흉하여 기복이 매우 심하였다. 그러나 경신금(庚辛金)이 개두(蓋頭)하여 흉이 많이 줄어들었다. 개두(蓋頭)란 천간(天干)이 지지(地支)를 파극(破剋)하는 것으로, 갑술(甲戌) 병신(丙申) 경인(庚寅) 무자(戊子) 임오(壬午) 등을 말한다. 말년운은 평안 무사하였다. 대운을 보니 천간(天干)은 비교적 길이 많은데 지지(地支)가 흉하여 발복하지 못한 것이다. 지지(地支)가 천간(天干)보다 힘이 강하기 때문이다.

년 월 일 시   ■남명

甲 壬 辛 己   癸甲乙丙丁戊己

寅 申 酉 丑   酉戌亥子丑寅卯

　신금(辛金) 일주(日主)가 신(申)월에 태어났는데 일지(日支)에 유
금(酉金)이 있고, 시주(時柱)에 기축(己丑)이 들어 신강(身强)하다.
용신(用神)은 년간(年干) 갑목(甲木)인데 정재(正財)이니 재물복이
많아 사업가로 크게 성공하였고, 년주(年柱)에 용신(用神)이 들어
선조에게 물려받은 재산이 많았다. 갑목(甲木)이 용신(用神)이니
행운에서도 갑목(甲木)이나 을목(乙木)운을 만나면 가장 길하다.
　행운은 대운과 년운을 말한다. 신금(辛金) 일주(日主)이며 금기
(金氣)가 태과하니 길운에는 정의로우나 흉운에는 난폭하며 잔인
하다. 그리고 일지(日支) 유금(酉金)이 기신(忌神)이라 부부갈등이
많았고, 비겁(比劫)이 태과하여 백년해로하지 못하였다. 그리고 술
(戌) 대운 경신(庚申)년에 사업이 망했으나 축(丑) 대운 을묘(乙
卯)년에 회복하였다. 건강운은 사주에 금기(金氣)가 태과하니 호흡
기와 대장에 선천적인 질병이 있었고, 금극목(金剋木)하니 간담과
신경에도 자주 병이 생겼다. 이런 사주는 돈 많은 홀아비가 된다.

【원 문】

酉月辛金 當權得令 旺之極矣 專用壬水洗淘 故云金見水以流通
유월신금 당권득령 왕지극의 전용임수세도 고운금견수이유통

如見戊己 則生扶太過 故以土爲病 見甲除土方妙 無戊不宜用甲
여견무기 즉생부태과 고이토위병 견갑제토방묘 무무불의용갑

或四柱一點壬水 甲多洩水 此爲用神無力 奸邪之徒 得庚制者
혹사주일점임수 갑다설수 차위용신무력 간사지도 득경제자

反主仁義 或三點辛金 一重壬水 多見甲木 有庚透者 主大富貴
반주인의 혹삼점신금 일중임수 다견갑목 유경투자 주대부귀

不見丁爲美 若見一丁 此人風雅淸高 衣食饒裕而已 或一二比肩
불견정위미 약견일정 차인풍아청고 의식요유이이 혹일이비견

壬甲皆一 無庚出干 亦有恩榮 若二三比肩 一點壬水 甲多洩水
임갑개일 무경출간 역유은영 약이삼비견 일점임수 갑다설수

此爲用神無力 奸邪之徒 得庚制者 反主仁義 或三點辛金
차위용신무력 간사지도 득경제자 반주인의 혹삼점신금

一重壬水 多見甲木 有庚透者 主大富貴 不見丁爲美 若見一丁
일중임수 다견갑목 유경투자 주대부귀 불견정위미 약견일정

此人風雅淸高 衣食饒裕而已 或一二比肩壬甲皆一 無庚出干
차인풍아청고 의식요유이이 혹일이비견 임갑개일 무경출간

亦有恩榮 若二三比肩 一點壬水 戊土多見 此爲土厚埋金
역유은영 약이삼비견 일점임수 무토다견 차위토후매금

此人愚懦 見一甲出 必爲創立之人
차인우나 견일갑출 필위창립지인

【해 설】

유(酉)월 신금(辛金)은 당권(當權)하고 득령(得令)했으니 매우 왕하다. 따라서 반드시 임수(壬水)로 용신(用神)을 삼아 세도(洗淘)하고, 금(金)이 수(水)를 만나면 유통된다. 만일 무기토(戊己土)를 보면 생부(生扶)가 태과하니 토(土)는 병이 된다. 갑목(甲木)이 제토(除土)하면 묘하고, 무토(戊土)가 없어 갑목(甲木)을 용신(用神)으로 삼으면 좋지 않다.

만일 임수(壬水)가 1개 있는데 갑목(甲木)이 많아 수(水)를 설기(洩氣)하면 용신(用神)이 무력해지니 간사하나 경금(庚金)이 제극(制剋)하면 인의가 있다. 만일 신금(辛金)이 3개 있는데 임수(壬水) 1개가 중하고, 갑목(甲木)이 많은데 경금(庚金)이 투출(透出)하면 대부귀를 이룬다. 이때 정화(丁火)가 없으면 아름답다. 만일 정(丁)이 1개 있으면 풍아하며 청고하고 의식주가 넉넉하다.

만일 비견(比肩)이 1~2개 있는데 임수(壬水)와 갑목(甲木)이 모두 1개씩 있고 경금(庚金)이 출간(出干)하지 않으면 은영이 있다. 그러나 비견(比肩)이 2~3개 있는데 임수(壬水)가 1개 있고 갑목(甲木)이 많은 수(水)를 설기(洩氣)하면 용신(用神)이 무력해져 간사한 무리가 된다. 이때 경금(庚金)이 제극(制剋)하면 인의가 있다.

년	월	일	시	■ 여 명
己	癸	辛	丁	甲乙丙丁戊己庚
卯	酉	酉	酉	戌亥子丑寅卯辰

신금(辛金) 일주(日主)가 유(酉)월에 태어났고, 일지(日支)와 시지(時支)에 유금(酉金)이 들었으니 금기(金氣)가 태과하다. 따라서 시상(時上) 정화(丁火)로 화극금(火剋金)하고, 년지(年支) 묘목(卯木)으로 목생화(木生火)하니 목화(木火)운이 길하다. 묘유(卯酉)가 상충(相沖)하여 목기(木氣)가 파극(破剋)되니 종강격(從强格)처럼 보이나, 시상(時上)에 정화(丁火)가 들어 종격(從格)이 아니라 신강(身强) 사주다. 이처럼 종격(從格)에 가까운 정격(正格) 사주는 일생이 파란만장하다.

또 이 사주는 모두 음기(陰氣)로만 되어 흉하다. 용신(用神)은 년지(年支) 묘목(卯木)인데 묘유(卯酉)가 상충(相沖)하여 용신(用神)이 파극(破剋)되었다. 따라서 부부갈등이 많아 주야로 싸우다 파경된 후 재혼했지만 역시 백수건달을 만났다. 그리고 시간(時干) 정화(丁火)가 편관(偏官)이지만 용신(用神)의 역할을 하지 못한다. 따라서 정화(丁火)보다는 년지(年支) 묘목(卯木)이 유력하여 묘목(卯木)으로 용신(用神)을 삼는 것이다. 그리고 계수(癸水)와 갑목(甲木)과 병화(丙火)는 희신(喜神)이다.

【원 문】

若二三比肩 一點壬水 戊土多見 此爲土厚埋金 此人愚懦
약이삼비견 일점임수 무토다견 차위토후매금 차인우나
見一甲出 必爲創立之人 或一派辛金 一位壬水 無庚雜亂
견일갑출 필위창립지인 혹일파신금 일위임수 무경잡난

又主富中取貴 或一派壬水洩金 無戊出制 爲沙水同流

우주부중취귀 혹일파임수설금 무무출제 위사수동류

主奔波貧苦 若得支見一戊止流 其人頗有才略 藝術過人

주분파빈고 약득지견일무지류 기인파유재략 예주와인

或支成金局 干見比肩 無壬洗淘 此宜用丁 無丁必主 凶頑無賴

혹지성금국 간견비견 무임세도 차의용정 무정필주 흉완무뢰

若得一壬高透 以洩群金 又名一淸到底 定有治國之材

약득일임고투 이설군금 우명일청도저 정유치국지재

或支成金局 戊己透干 壬透無火 名白虎格 運行西方 富貴大顯

혹지성금국 무기투간 임투무화 명백호격 운행서방 부귀대현

子息艱難 或透丙火 雖有壬出 亦屬平庸 或一二辛金 一派己土

자식간난 혹투병화 수유임출 역속평용 혹일이신금 일파기토

定爲僧道 或干透己土 支見庚甲 一生安閒 或一派乙木 不見庚壬

정위승도 혹간투기토 지견경갑 일생안한 혹일파을목 불견경임

爲財多身弱一見庚制 富貴可期

위재다신약 일견경제 부귀가기

【해 설】

비견(比肩)이 2~3개 있는데 임수(壬水) 1개와 무토(戊土)를 많이
보면 토후매금(土厚埋金)이 되어 나약하며 어리석고, 갑목(甲木)이
1개 출간(出干)하면 회사를 세우고, 신금(辛金) 일파가 있는데 임
수(壬水)가 1개 있고 경금(庚金)이 난잡하지 않으면 부한 가운데

귀를 얻고, 임수(壬水) 일파가 금(金)을 설기(洩氣)하는데 무토(戊土)가 출간(出干)하여 제극(制剋)하지 않으면 가난하고, 지지(地支)에 무토(戊土)가 1개 있으면 재략과 예술에 뛰어나게 된다.

만일 지지(地支)에 금국(金局)을 이루었는데 천간(天干)에 비견(比肩)이 있고 임수(壬水)가 세도(洗淘)하지 않으면 정화(丁火)를 용신(用神)으로 삼는 것이 좋다. 그러나 정화(丁火)가 없으면 반드시 흉악하고 완고하여 의지할 곳이 없다. 만일 임(壬) 1개가 천간(天干)에 투출(透出)하고 군금(群金)이 설기(洩氣)하면 일청도저(一淸到底)라 하여 틀림없이 나라의 동량이 되고, 지지(地支)에 금국(金局)을 이루었는데 무기토(戊己土)가 투간(透干)하면 백호격(白虎格)이라 행운이 서방으로 흐르면 부귀를 이루나 자식이 난잡하고, 병화(丙火)가 투출(透出)하면 비록 임수(壬水)가 출간(出干)해도 평상인이며 용렬한 소인배다.

만일 신금(辛金)이 1~2개 있는데 기토(己土) 일파가 있으면 반드시 승도가 되고, 천간(天干)에 기토(己土)가 투출(透出)했는데 지지(地支)에 경금(庚金)과 갑목(甲木)이 있으면 평생 평안하고, 을목(乙木) 일파가 있는데 경금(庚金)과 임수(壬水)가 없으면 재다신약(財多身弱)이 되고, 경금(庚金)이 제극(制剋)하면 부귀를 이룬다.

년	월	일	시	■ 여명
辛	丁	辛	丁	戊己庚辛壬癸甲
亥	酉	亥	酉	戌亥子丑寅卯辰

신금(辛金) 일주(日主)가 유(酉)월에 태어났고, 년간(年干)에 신금(辛金)이 들고, 시지(時支)에 또 유금(酉金)이 있으니 신강(身强)하다. 월간(月干) 정화(丁火)로 용신(用神)을 삼아 강한 금(金)을 제압하니 길하다. 정화(丁火) 용신(用神)은 년지(年支)와 일지(日支)의 해(亥)에 갑목(甲木)이 들어 목생화(木生火)하여 생조(生助)하니 종격(從格)이 되지 않는다.

그리고 편관(偏官)이 용신(用神)이나 일지(日支) 해수(亥水)가 구신(仇神)이라 남편복이 없었다. 즉 식상(食傷)이 강하여 남편을 극하는 명이 된 것이다. 남편은 결혼 5년만에 죽었다. 여명이 식상(食傷)이 태과한데 관살(官殺)이 미약하고 일지(日支)에 기신(忌神)이 들면 남편을 극한다. 그러나 해(亥)에 갑목(甲木)이 들어 육신은 고독했지만 의식주는 풍족하였다.

【원문】

戌月辛金 戊土司令 母旺子相 須甲疏土 壬淺旺金 先壬後甲
슬월신금 무토사령 모왕자상 수갑소토 임설왕금 선임후갑

壬甲兩透 桃洞之仙 或壬透甲藏 又見庚者平人 甲透壬藏
임갑양투 도동지선 혹임투갑장 우견경자평인 갑투임장

戊在支內 異道之人 或辛日甲月 壬水在支 有庚自能 去濁留淸
무재지내 이도지인 혹신일갑월 임수재지 유경자능 거탁유청

秋闈一榜 若戊戌月 卽有甲在支亦否 總之土太多 甲不出干
추위일방 약무술월 즉유갑재지역부 총지토태다 갑불출간

莫問功名 得一壬出 洗土助甲 雖不發達 富而可求 或土多無壬甲
막문공명 득일임출 세토조갑 수불발달 부이가구 혹토다무임갑

時月多透丙辛者 略貴 加以辰字在支 卽榮顯莫及 或木多土透
시월다투병신자 약귀 가이진자재지 즉영현막급 혹목다토투

無水者常人 或干上重見癸水 雖無洗淘之功 頗有淸金之用
무수자상인 혹간상중견계수 수무세도지공 파유청금지용

此命主富辛苦 或己透無壬有癸 亦能滋生金力 衣衿之貴
차명주부신고 혹기투무임유계 역능자생금력 의금지귀

但恐己多 不免濁富 戌月辛金 火土爲病 水木爲藥
단공기다 불면탁부 술월신금 화토위병 수목위약

【해 설】

술(戌)월 신금(辛金)은 무토(戊土)가 사령(司令)하여 모왕자상(母
旺子相)이 되었다. 갑목(甲木)으로 목극토(木剋土)하여 소토(疏土)
하고, 임수(壬水)로 왕금(旺金)을 설기(洩氣)해야 길하다. 따라서
임수(壬水)로 용신(用神)을 삼은 후 갑목(甲木)을 써야 한다. 만일
임수(壬水)와 갑목(甲木)이 모두 투출(透出)하면 무릉도원의 신선
이 되고, 임수(壬水)가 투출(透出)했는데 갑목(甲木)이 암장(暗藏)
되고 경금(庚金)이 있으면 평범하고, 갑목(甲木)이 투출(透出)했는
데 임수(壬水)가 암장(暗藏)되고 지지(地支)에 무토(戊土)가 있으
면 이도로 나간다.

만일 신금(辛金) 일주(日主)가 갑술(甲戌)월생인데 임수(壬水)가

지지(地支)에 있으면 경금(庚金)은 스스로 능함이 있으니 거탁유청(去濁留淸)이 되어 과갑하고, 무술(戊戌)월생이 지지(地支)에 갑목(甲木)이 있으면 흉하다. 다시 말해, 토(土)가 매우 많은데 갑목(甲木)이 출간(出干)하지 않으면 성공 여부를 묻지 말라.

만일 임(壬)이 1개 투출(透出)하여 세토(洗土)하는데 갑목(甲木)이 도와주면 발복하지 못해도 부는 이루고, 토(土)가 많은데 임수(壬水)와 갑목(甲木)이 없고 시간(時干)과 월간(月干)에 병화(丙火)와 신금(辛金)이 투출(透出)하면 약간의 귀를 이루고, 여기에 지지(地支)에 진토(辰土)가 있으면 크게 발복한다.

만일 목(木)이 많은데 토(土)가 투출(透出)하고 수(水)가 없으면 평범하고, 천간(天干)에 계수(癸水)가 중하면 비록 세도(洗淘)의 공은 없으나 금(金)을 맑게 하여 부를 이루어도 신고함이 있고, 기토(己土)가 투출(透出)했는데 임수(壬水)가 없고 계수(癸水)가 있으면 금력을 자생하는 능력이 있으니 의식주는 있다. 그러나 기토(己土)가 많으면 탁부(濁富)를 면할 수 없다. 술(戌)월 신금(辛金)은 화(火)와 토(土)는 병이고 수(水)와 목(木)은 약이다.

년	월	일	시	■남명
壬	庚	辛	乙	辛壬癸甲乙丙丁
辰	戌	未	未	亥子丑寅卯辰巳

신금(辛金) 일주(日主)가 술(戌)월에 태어나 득령(得令)하였고,

월간(月干)에 경금(庚金)이 투간(透干)하고, 일지(日支)에 축토(丑土)와 시지(時支)에 미토(未土)가 들어 신강(身强)하다. 많은 토(土)를 억제하려면 목(木)이 필요하니 시간(時干) 을목(乙木)이 용신(用神)이다. 계수(癸水)와 갑목(甲木)과 병화(丙火)는 희신(喜神)이고, 경금(庚金)과 신금(辛金)과 무토(戊土)는 기신(忌神)이다. 을목(乙木) 용신(用神)은 진(辰)에 을계(乙癸)와 미(未)에 을목(乙木)이 암장(暗藏)되었으니 약하지 않다. 편재(偏財)가 용신(用神)이며 진(辰)에 을목(乙木)이 암장(暗藏)되었으니 재물복이 있다.

본명은 토기(土氣)가 태과하여 종강격(從强格)으로 보이나 신강(身强) 사주이며 목화(木火)운이 길하다. 지지(地支)에 토(土)가 많으면 행동이 둔하며 느리고 경주를 잘하지 못한다. 갑인(甲寅) 을묘(乙卯) 대운이 용신(用神)운이라 건축자재업으로 매우 많은 재물을 모았다. 이것을 보더라도 종격(從格)이 아님을 알 수 있다.

년	월	일	시	■ 남명							
壬	庚	辛	乙	辛	壬	癸	甲	乙	丙	丁	戊
戌	戌	未	未	亥	子	丑	寅	卯	辰	巳	午

본명은 앞 사주와 비슷한데 년지(年支) 술토(戌土)만 다르다. 이 사람은 갑인(甲寅) 대운에 사업이 완전히 망하였다. 아내는 어린자식을 데리고 어디론가 사라지고, 한 푼도 없는 걸인이 되어 유리방황하다 을묘(乙卯) 대운 갑인(甲寅)년에 나무에 목을 매어 자살하

였다. 이것을 볼 때 정격(正格)이 아니라 종격(從格)이므로 토금
(土金)운이 길하고 목화(木火)운은 흉하다.

 앞 사주는 년지(年支)에 진토(辰土)가 들어 진(辰)에 을계무(乙癸
戊)가 암장(暗藏)되어 정격(正格)이 되었지만 본명은 의지처가 없
어 종격(從格)이 된 것이다. 사실 종격(從格)과 정격(正格)은 구분
하기가 애매한 경우가 많다. 계사(癸巳)년 정사(丁巳)월 기미(己
未)일 무진(戊辰)시생을 상담한 적이 있었다. 처음에는 종격(從格)
으로 간명했는데 나중에 정격(正格)이라는 것을 알았다. 왜냐하면
금수(金水)운에 발복했기 때문이다. 식당으로 발복한 것을 보고 정
격(正格)이라는 것을 안 것이다.

   년 월 일 시   ■여명
   癸 丁 己 戊   戊己庚辛壬癸甲乙
   巳 巳 未 辰   午未申酉戌亥子丑

 본명은 필자를 자주 찾아오는 사람의 사주다. 기토(己土) 일주(日
主)가 사(巳)월에 태어났다. 화기(火氣)가 태과하여 종격(從格)으
로 보이나, 년상(年上)에 계수(癸水)가 투출(透出)하고, 사(巳)에
경금(庚金)이 들었으니 정격(正格)이다. 목화토(木火土)운은 흉하
고 금수(金水)운은 길하다.

 그리고 일지(日支) 미토(未土)가 기신(忌神)에 해당하니 남편복이
없어 파란만장하였다. 금년에 54세인데 4번 결혼하여 모두 실패하

고 식당을 하면서 혼자 살고 있다. 옆에서 지켜보니 고집이 세고 말이 많아 주변 사람들과 자주 충돌하였다. 그러나 다행히 대운이 금수(金水)운으로 흘러 구사일생으로 대흉을 면하고 생업에 충실 하였다. 즉 대운이 살려준 것이다. 몇 차례 자살을 시도했지만 실패 했다고 한다.

5. 삼동(三冬) 신금(辛金)

【원 문】

亥月辛金 時值小陽 陽漸升 寒氣將降 先用壬水 次取丙火
해월신금 시치소양 양점승 한기장강 선용임수 차취병화

壬丙兩透 金榜題名 何也 蓋辛金有壬水丙火 名金白水淸
임병양투 금방제명 하야 개신금유임수병화 명금백수청

又在亥月故發 丙透壬藏 採芹之造 丙藏壬透 富有千金 壬丙在支
우재해월고발 병투임장 채근지조 병장임투 부유천금 임병재지

聰明之士 戊壬存柱 積蓄之人 或壬多戊無 名辛水汪洋 反成貧賤
총명지사 무임존주 적축지인 혹임다무무 명신수왕양 반성빈천

戊多壬少 又主成名 或甲多戊少 因藝術而蓄金 若己多有戊
무다임소 우주성명 혹갑다무소 인예술이축금 약기다유무

壬水被困 金被埋 不過誠實之人 或壬癸多無戊丙者 勞碌辛苦
임수피곤 금피매 불과성실지인 혹임계다무무병자 노록신고

亥月辛金 先壬後丙 餘皆參用

해월신금 선임후병 여개참용

【해 설】

해(亥)월은 소양(小陽)의 계절로 양기(陽氣)가 점점 올라오는 때
이니 해(亥)월 신금(辛金)은 임수(壬水)로 용신(用神)을 삼은 후
병화(丙火)를 써야 한다. 만일 임수(壬水)와 병화(丙火)가 모두 투
출(透出)하면 과감하고, 임수(壬水)와 병화(丙火)가 있으면 신금
(辛金)이 덮히니 금백수청(金白水淸)이 되어 발달하고, 병화(丙火)
가 투출(透出)했는데 임수(壬水)가 암장(暗藏)되면 매우 가난한 명
조이고, 병화(丙火)가 암장(暗藏)되었는데 임수(壬水)가 투출(透
出)하면 천금을 이룬다.

만일 임수(壬水)와 병화(丙火)가 지지(地支)에 있으면 총명한 선
비이고, 무토(戊土)와 임수(壬水)가 있으면 재물을 많이 모을 사람
이고, 임수(壬水)가 많은데 무토(戊土)가 없으면 신수왕양(辛水汪
洋)이 되어 빈천하고, 무토(戊土)가 많은데 임수(壬水)가 적으면
명진사해하고, 갑목(甲木)이 많은데 무토(戊土)가 적으면 예술로
재물을 쌓고, 기토(己土)가 많은데 무토(戊土)가 있으면 임수(壬
水)는 피곤하고 금(金)은 매몰되니 성실한 사람에 불과하고, 임계
수(壬癸水)가 많은데 무토(戊土)와 병화(丙火)가 없으면 노력해도
고생한다. 해(亥)월 신금(辛金)은 먼저 임수(壬水)로 용신(用神)을
삼은 후 병화(丙火)를 쓰는데 모두 참고하여 용신(用神)을 정한다.

년	월	일	시	■남명
癸	癸	辛	己	壬辛庚己戊丁丙乙
亥	亥	亥	亥	戌酉申未午巳辰卯

신금(辛金) 일주(日主)가 해(亥)월에 태어나 설기(洩氣)가 심하니 신약(身弱)하다. 지지(地支)가 모두 해수(亥水)이니 금수종아격(金水從兒格)이다. 식상(食傷) 수(水)가 용신(用神), 금(金)은 희신(喜神)이다. 종아격(從兒格)에서 가장 흉한 것은 관살(官殺) 수(水)운이니 수(水)는 기신(忌神)이고 목(木)은 구신(仇神)이다.

재물은 중부 이상이었고, 수산물 장사로 많은 돈을 벌었다. 아내복은 없어 무례하며 말이 많고 남편을 섬길 줄 모르는 여자를 만났고, 관운도 없어 등과도 못하였고 종종 관재구설이 따랐다. 그러나 정의감이 강하며 약속을 중시하고 인자하며 특별히 모난 구석이 없었다. 초년에서 경신(庚辛) 대운까지는 희신(喜神)운이라 부모덕에 호의호식하였으나, 기미(己未) 대운부터 운세가 기울기 시작하다가 무오(戊午) 대운이 기신(忌神)운이라 병에 걸렸다. 투병생활을 하다가 정사(丁巳) 대운 갑오(甲午)년에 임종하였다.

년	월	일	시	■여명
辛	己	辛	己	庚辛壬癸甲乙丙
卯	亥	未	丑	子丑寅卯辰巳午

신금(辛金) 일주(日主)가 해(亥)월에 태어나 실령(失令)했는데, 년지(年支)에 묘목(卯木)이 득세하여 더 신약(身弱)해졌다. 월간(月干)과 시간(時干)의 기토(己土)로 용신(用神)을 삼아 신약(身弱)한 일주(日主)를 부조(扶助)해야 좋아진다. 따라서 토(己土)가 용신(用神)이고 신금(辛金)은 희신(喜神)인데 대운이나 년운에서 화(火)를 만나도 희신(喜神)이 된다. 수(水)는 기신(忌神)이고 목(木)은 구신(仇神)이다. 조후(調候)하려면 병정화(丙丁火)가 반드시 있어야 하는데 화기(火氣)가 부족하니 하격이 되었다.

본명은 편인(偏印)이 용신(用神)이라 학문과 인연이 많아 학창시절에는 총망받는 학생이었으나 사회에 진출하면서 운이 따르지 않았다. 부부운이 없어 무례하며 질투심이 많고 인자하지 못한 남편을 만났고, 직업운은 출사와 학문 계통에 진출해 보았지만 모두 성공하지 못하여 포기하고 부모가 물려준 소규모의 농업을 하였다. 그리고 술을 좋아하였고 춤바람이 나기도 하였다. 본명은 천간(天干)에 용신(用神)과 희신(喜神)이 투간(透干)했으나 지지(地支)가 모두 기신(忌神)이며 득세하여 유명무실한 명조가 되었다. 이런 사주를 외화내빈형(外華內貧形)이라고 한다.

【원 문】
子月辛金 癸水司令 爲寒多雨露 切忌癸出凍金 而困丙火
자월신금 계수사령 위한다우로 절기계출동금 이곤병화

壬丙兩透 不見戊癸 衣錦腰金 卽壬藏丙透 一榜堪圖

임병양투 불견무계 의금요금 즉임장병투 일방감도

或壬多有戊 丙甲出干者 靑雲之客 若壬多無戊丙者 洩金太過

혹임다유무 병갑출간자 청운지객 약임다무무병자 설금태과

定主寒儒 或壬多甲乙重重 無丙火者貧賤 或支成水局 癸水出干

정주한유 혹임다갑을중중 무병화자빈천 혹지성수국 계수출간

有二戊制者 富貴恩榮 無戊者常人 或支見亥子丑 干出比劫

유이무제자 부귀은영 무무자상인 혹지견해자축 간출비겁

無丙名潤下格 富貴雙全 運喜西北 若無庚辛 又出甲乙 無丙者

무병명윤하격 부귀쌍전 운희서북 약무경신 우출갑을 무병자

必主僧道 或支成木局 有丁出干 又見戊者 功名特達

필주승도 혹지성목국 유정출간 우견무자 공명특달

冬月辛金 須丙溫暖 方妙

동월신금 수병온난 방묘

【해 설】

자(子)월 신금(辛金)은 계수(癸水)가 사령(司令)하여 한기가 많은 우로의 절기이니 계수(癸水)가 투출(透出)하면 금(金)이 얼어붙고 병화(丙火)를 곤란하게 한다. 따라서 임수(壬水)와 병화(丙火)가 모두 투출(透出)했는데 무토(戊土)와 계수(癸水)가 없으면 비단옷을 입고 금띠를 두른다. 즉 임수(壬水)가 암장(暗藏)되고 병화(丙火)가 투출(透出)하면 과갑한다. 만일 임수(壬水)가 많은데 무토

(戊土)가 있고 병화(丙火)와 갑목(甲木)이 출간(出干)하면 등과하고, 임수(壬水)가 많은데 무토(戊土)와 병화(丙火)가 없으면 설금(洩金)이 태과하니 가난한 유림에 불과하고, 임수(壬水)가 많은데 갑을목(甲乙木)이 중중하고 병화(丙火)가 없으면 빈천하다.

　만일 지지(地支)에 수국(水局)이 있는데 계수(癸水)가 출간(出干)하고 무(戊) 2개가 제극(制剋)하면 부귀와 은영을 누리나 무토(戊土)가 없으면 평범하고, 지지(地支)에 해자축(亥子丑)이 있는데 비겁(比劫)이 출간(出干)하고 병화(丙火)가 없으면 윤하격(潤下格)이 되어 부귀를 모두 이룬다. 서북방운이 좋으나 경신금(庚辛金)이 없고 갑을목(甲乙木)이 출간(出干)하고 병화(丙火)가 없으면 반드시 승도팔자가 되고, 지지(地支)에 목국(木局)이 있는데 정화(丁火)가 출간(出干)하지 않고 무토(戊土)를 보면 공명을 이룬다. 겨울철 신금(辛金)은 병화(丙火)로 따뜻하게 해주면 묘해진다.

년 월 일 시	■ 남명
甲 丙 辛 壬	丁戊己庚辛壬癸甲
子 子 酉 辰	丑寅卯辰巳午未申

　신금(辛金) 일주(日主)가 자(子)월에 태어나 설기(洩氣)가 심하니 신약(身弱)하다. 홍수를 막으려면 시지(時支) 진토(辰土)가 필요하고, 조후(調候)하려면 월상(月上)의 병화(丙火)가 필요하다. 따라서 병화(丙火)와 진토(辰土)가 용신(用神)인데 월상(月上) 병화(丙火)

로 먼저 용신(用神)을 삼은 후 진토(辰土)를 써야 한다.

그런데 병신합수(丙辛合水)하여 병화(丙火) 용신(用神)이 기반(羈絆)이 되어 주체성을 잃어 평생 부화뇌동하며 무슨 일을 해도 성공하지 못하였으나 신금(辛金) 일주(日主)가 중화되어 정의감과 책임감은 있었다. 그리고 수기(水氣)가 태과하고 기신(忌神)에 해당하며 설기(洩氣)가 심하여 사악한 지혜와 호색 기질이 많았다. 아내운은 일지(日支) 유금(酉金)이 한신(閑神)에 해당하니 평범하였고, 재물복은 약하여 의식주가 넉넉하지 못하였다. 말년은 다소 운세가 안정되어 평안하게 살다가 72세에 평안하게 임종하였다.

【원 문】

丑月辛金 寒凍之極 先丙後壬 無丙不能解凍 無壬不能洗淘
축월신금 한동지극 선병후임 무병불능해동 무임불능세도

丙壬兩透 金馬玉堂之客 壬丙俱滅 游庠食餼之人 有丙無壬
병임양투 금마옥당지객 임병구멸 유상식희지인 유병무임

富眞貴假 有壬乏丙 賤而且貧 或丙多無壬有癸 市中貿易之流
부진귀가 유임핍병 천이차빈 혹병다무임유계 시중무역지류

或水多 有戊己出干 又有丙丁 必主衣食充盈 一生安樂
혹수다 유무기출간 우유병정 필주의식충영 일생안락

丑月辛金 先丙後壬 戊己次之
축월신금 선병후임 무기차지

【해 설】

축(丑)월은 추위가 극에 달한 때이니 축(丑)월 신금(辛金)은 먼저 병화(丙火)로 용신(用神)을 삼은 후 임수(壬水)를 써야 한다. 따라서 사주에 임수(壬水)가 없으면 세도(洗淘)가 불가하고, 병화(丙火)와 임수(壬水)가 모두 투출(透出)하면 금마옥당지객(金馬玉堂之客)이 되니 부귀영화를 모두 누리고, 임수(壬水)와 병화(丙火)가 함께 감소하여도 의식주는 있다.

만일 병화(丙火)는 있는데 임수(壬水)가 없으면 부는 진짜이나 귀는 거짓이고, 임수(壬水)는 있는데 병화(丙火)가 끊어졌으면 천박하며 가난하고, 병화(丙火)가 많은데 임수(壬水)는 없고 계수(癸水)가 있으면 시중에서 무역하는 부류이고, 수(水)가 많은데 무기토(戊己土)가 출간(出干)하고 병정화(丙丁火)가 있으면 반드시 의식주가 충만하여 평생 안락하다. 축(丑)월 신금(辛金)은 먼저 병화(丙火)로 용신(用神)을 삼은 후 임수(壬水)와 무기토(戊己土)를 쓰면 길하다.

년	월	일	시	■남명						
戊	乙	辛	戊	丙	丁	戊	己	庚	辛	壬	癸
子	丑	亥	子	寅	卯	辰	巳	午	未	申	酉

신금(辛金) 일주(日主)가 축(丑)월에 태어났다. 축(丑)에는 계신기(癸辛己)가 암장(暗藏)되어 엄동설한이다. 지지(地支)에 해자축

(亥子丑)이 방합(方合)하여 수국(水局)을 이루어 수기(水氣)가 태과하다. 수기(水氣)를 제방하려면 무기토(戊己土)가 필요하고, 조후(調候)하려면 병화(丙火)와 정화(丁火)가 시급하다. 그런데 년상(年上)과 시상(時上)에 무토(戊土)가 투출(透出)하여 제방은 해결되었으나, 병정화(丙丁火)가 투출(透出)하지 않아 조후(調候)할 수 없으니 파란이 많은 인생이 되었다. 비록 무토(戊土)가 투출(透出)했으나 지지(地支)가 온통 물판이고 통근(通根)되지 않아 불행한 사주가 된 것이다.

본명은 용신(用神)이 투출(透出)했지만 뿌리가 없으니 사주의 격이 많이 떨어져 흉하다. 따라서 질병으로 오래 고생하였고, 자식들도 불효가 심하였다. 사업에 실패한 후 처자식과 이별하고는 노년에는 몸 하나 의지할 곳 없어 유리방황하다 길에서 죽었다. 죽어서도 시신을 거두어주는 사람도 묘지도 없었다.

제 V 부. 수론(水論)

제1장. 수론(水論)

【원 문】

天傾西北 亥爲出水之方 地陷東南 辰爲納水之府

천경서북 해위출수지방 지함동남 진위납수지부

逆流到申而作聲 故水不西流 水性潤下 順則有容 順行十二神

역류도신이작성 고수불서류 수성윤하 순즉유용 순행십이신

順也 主有度量 有吉神扶助 乃貴格 逆則有聲 逆行十二神 逆也

순야 주유도량 유길신부조 내귀격 역즉유성 역행십이신 역야

入格者 主淸貴 有聲譽 忌刑冲 則橫流 愛自死自絶 則吉

입격자 주청귀 유성예 기형충 즉횡류 애자사자절 즉길

水不絶源 仗金生而流遠 水流泛濫 賴土剋以堤防 水火均

수불절원 장금생이유원 수류범람 뢰토극이제방 수화균

則合旣濟之美 水土混 則有濁源之凶 四時皆忌火多 則水水渴

즉합기제지미 수토혼 즉유탁원지흉 사시개기화다 즉수수갈

忌見土重 則水不流 忌見金死 金死則水困 忌見木旺
기견토중 즉수불류 기견금사 금사즉수곤 기견목왕
木旺則水死 沈芝云 水命動搖 多主濁濫 女命尤忌之
목왕즉수사 심지운 수명동요 다주탁람 여명우기지

【해 설】

하늘이 서북으로 기우니 해(亥)는 출수(出水)하는 방위이고, 땅은
동남으로 함몰하니 진(辰)은 납수(納水)하는 곳이다. 만일 역류하
여 신궁(申宮)에 도달하면 소리를 만드니 수(水)는 서방으로 흐르
지 않고, 수성(水性)은 윤하(潤下)하니 순행하면 유용하다. 십이신
(十二神)을 순행하면 순조로우며 역량이 있고, 길신이 부조(扶助)
해주면 귀격을 이루나 십이신(十二神)이 역행하면 흉하다. 그러나
입격(入格)하면 청귀하며 명예가 있다. 형충(刑沖)을 꺼리나 횡류
하면 자사자절(自死自絶)되는 것을 좋아하니 길하다.

수(水)는 금(金)이 생해주면 근원이 끊어지지 않아 멀리 흐르고,
수(水)가 넘쳐 흐르면 토(土)로 제극(制剋)하여 제방하고, 수화(水
火)가 균형을 이루면 기제(旣濟)의 미를 이루고, 수토(水土)가 혼
잡하면 근원이 탁해지니 흉하다. 사시(四時)가 모두 화(火)가 많으
면 꺼린다. 화(火)가 많으면 수(水)가 고갈되고, 토(土)가 중하면
수(水)가 흐르지 못하고, 금사(金死)하면 수(水)가 곤고해지고, 목
(木)이 왕하면 수(水)가 죽는다. 심지(沈芝)가 말하기를 수명(水
命)이 동요되면 탁류가 범람한다고 했는데 여명이면 더 흉하다.

【원 문】

口訣云 陽水身弱窮 陰水身弱主貴 生於春月 性濫滔淫

구결운 양수신약궁 음수신약주귀 생어춘월 성람도음

再逢水助 必有崩堤之勢 若加土盛 則無泛漲之憂 喜金生扶

재봉수조 필유붕제지세 약가토성 즉무범창지우 희금생부

不宜金盛 欲火旣濟 不要火多 見木而可施功 無土仍愁散漫

불의금성 욕화기제 불요화다 견목이가시공 무토잉수산만

夏月之水 執性歸源 時當涸際 欲得比肩 喜金生而助體

하월지수 집성귀원 시당학제 욕득비견 희금생이조체

忌火旺而熰乾 木盛則盜其氣 土旺則制其流 秋月之水 母旺子相

기화왕이픽건 목성즉도기기 토왕즉제기류 추월지수 모왕자상

表裏晶瑩 得金助則淸澄 逢土旺而混濁 木重而子榮 重重見水

표리정영 득금조즉청징 봉토왕이혼탁 목중이자영 중중견수

增其泛濫之憂 重重逢土 始得淸平之意 冬月之水 司令當權

증기범람지우 중중봉토 시득청평지의 동월지수 사령당권

遇火 則增暖除寒 見土 則藏歸化 金多反曰無義 木盛 是謂有情

우화 즉증난제한 견토 즉장귀화 금다반왈무의 목성 시위유정

土太過 執成涸轍 水泛濫 喜土제방

토태과 집성학철 수범람 희토제방

【해 설】

구결(口訣)에 양수(陽水)가 신약(身弱)하면 궁하고, 음수(陰水)가

신약(身弱)하면 귀를 누린다는 말이 있다. 수(水)가 봄철에 태어나면 방탕한데 다시 수(水)를 만나면 반드시 제방을 무너뜨린다. 그러나 토(土)가 왕성하면 넘칠 근심은 없다. 이때 금(金)으로 생부(生扶)하면 좋으나 금(金)이 왕성하면 좋지 않다. 화(火)로 기제(既濟)하면 좋으나 화(火)가 많으면 좋지 않고, 목(木)을 보면 가히 베푸는 공이 있으나 토(土)가 없으면 흩어질 근심이 있다.

여름철 수(水)는 근원을 찾는데 있다. 고갈되는 때이니 비견(比肩)이 있고 금(金)이 생하면 길하고, 화왕(火旺)하여 지나치게 건조하여 고갈되면 흉하고, 목(木)이 성하면 도설(盜洩)하고, 토왕(土旺)하면 흐르는 것을 제극(制剋)한다.

가을철 수(水)는 모왕자상(母旺子相)하며 표리부동하므로 금(金)의 도움을 받으면 청징하고, 토왕(土旺)하면 혼탁하고, 목(木)이 중하면 자영하고, 수(水)가 중중하면 범람하고, 토(土)가 중중하면 청평한 뜻을 얻는다.

겨울철 수(水)는 권력을 잡으니 화(火)를 만나면 한기는 사라지며 따뜻한 기운이 올라가고, 토(土)를 보면 형상을 감추며 돌아가고, 금(金)이 많으면 의롭지 못하고, 목(木)이 성하면 유정하고, 토(土)가 태과하면 세력이 정체되고, 수(水)가 범람하면 토(土)로 제방해야 한다.

1. 설수(洩水) 사주

년 월 일 시	■남명
戊 己 壬 壬	庚辛壬癸甲乙丙丁
子 卯 寅 寅	辰巳午未申酉戌亥

임수(壬水) 일주(日主)가 묘(卯)월에 태어났고, 일지(日支)와 시지(時支)에 인목(寅木)이 들어 설기(洩氣)가 태과하다. 종아격(從兒格)으로 보이지만 년지(年支)에 자수(子水)가 있어 신약(身弱) 사주이고, 목기(木氣)가 많으니 수생목(水生木)하여 설기(洩氣)가 태과하니 설수(洩水) 사주가 되었다.

본명은 타고난 재능은 많았지만 재물운이 약하여 항상 전전긍긍하였고, 일지(日支) 인목(寅木)이 기신(忌神)이라 부부운이 불리하여 질투심이 많고 무례한 아내를 만났다. 묘(卯)월에 태어나 수목상관격(水木傷官格)이고, 목기(木氣)가 강하여 금극목(金剋木)해야 하니 금(金)이 용신(用神)인데 금기(金氣)가 1개도 없다. 신약(身弱) 사주는 인성(印星)과 비겁(比劫)이 길하다. 특히 식상(食傷)이 태과하면 인성(印星)을 용신(用神)으로 삼아야 하는데 인성(印星)이 없으니 하격이 되었다. 행운에서도 고전하다가 신유(申酉) 대운에 약간 발복했지만 오래 가지 못하고 다시 가난뱅이가 되었다.

2. 비수(沸水) 사주

년	월	일	시	■남명
戊	戊	壬	丙	己庚辛壬癸甲乙丙
申	午	午	午	未申酉戌亥子丑寅

임수(壬水) 일주(日主)가 오(午)월에 태어났고, 시주(時柱)에 병오(丙午)가 있어 끓어오르는 입장이라 비수(沸水) 사주가 되었다. 종재격(從財格)처럼 보이지만 년지(年支)에 신금(申金)이 있으니 신약(身弱) 사주다. 태왕한 화기(火氣)를 억제해야 좋으니 임수(壬水) 일주(日主)가 용신(用神)이다. 종격(從格)이면 목화(木火)운이 길한데 정격(正格)이니 금수(金水)운이 길하다.

본명은 사주에 화기(火氣)가 태과한데 감당하지 못하니 불행을 암시한다. 재물운은 의식주를 겨우 해결할 정도였고, 일지(日支) 오화(午火)가 기신(忌神)이라 부부운도 매우 불리하여 무례하며 무식하고 무정한 아내를 만났다. 어느 겨울 밤, 갑자기 화재가 일어나 유언 한 마디 남기지 못하고 불에 타 처참하게 죽었다. 어떤 사주든 화기(火氣)가 태과하면 불에 타죽을 염려가 많다.

3. 탁수(濁水) 사주

년	월	일	시	■남명
戊	壬	壬	癸	癸甲乙丙丁戊己庚
戌	戌	戌	卯	亥子丑寅卯辰巳午

임수(壬水) 일주(日主)가 술(戌)월에 태어났다. 사주에 토(土)가 너무 많아 탁수(濁水) 사주가 되었다. 많은 왕토(旺土)를 제하려면 목(木)이 필요한데 시지(時支)에 묘목(卯木)이 들어 목극토(木剋土)하니 사주가 맑아졌다. 따라서 목(木)이 용신(用神)이고, 조후(調候)하려면 화(火)가 희신(喜神)이다. 즉 목화(木火)운이 길하고 토금수(土金水)운은 흉하다.

본명은 일지(日支) 술토(戌土)가 기신(忌神)이라 부부운이 없어 무식하며 고집이 센 아내를 만나 갈등이 많았고, 관살(官殺)이 태과하고 기신(忌神)에 해당하니 관재구설이 많았다. 거래인과 수금 문제로 주먹질을 하다 감옥에 들어가기도 하였고, 친척에게 보증을 서준 것이 화근이 되어 전 재산을 날리기도 하며 관재와 법난으로 불안하게 생활하였다. 그러나 다행히 시지(時支) 묘목(卯木)이 용신(用神)이라 자식복이 많고 말년이 평안할 것이다. 금년에 49세인데 앞으로는 희망이 보인다. 특히 자식들이 총명하며 효성이 깊으니 기대해 볼만하다.

4. 왕수(旺水) 사주

년	월	일	시	■ 남명
戊	辛	癸	甲	壬癸甲乙丙丁戊己
申	酉	卯	寅	戌亥子丑寅卯辰巳

계수(癸水) 일주(日主)가 유(酉)월에 태어나 금기(金氣)가 왕하여
왕수(旺水) 사주가 되었다. 시(時) 갑목(甲木)과 일시지(日時支)
목(木)이 용신(用神)의 통근지(通根地)다. 신왕(身旺)한데 식상(食
傷)도 강하여 명예운을 감당할 수 있으니 주택사업으로 성공했다.
그러나 화기(火氣)라고는 인(寅)에 암장(暗藏)된 병화(丙火)가 전
부이니 한때는 성공했지만 재산이 모두 사라졌다. 그후 작은 회사
에서 봉급을 받으며 어렵게 살았다. 그러나 아내복이 많아 인자하
며 양순한 현모양처를 만났고, 시주(時柱) 갑인(甲寅)이 길하여 자
식복도 있었다. 자식들이 어려운 가운데서도 모두 열심히 공부하여
성공하였고 효성도 깊었다. 90세까지 평안하게 살다가 임종하였다.

5. 홍수(洪水) 사주

년	월	일	시	■ 남명
壬	壬	壬	丙	癸甲乙丙丁戊己庚
申	子	寅	午	丑寅卯辰巳午未申

임수(壬水) 일주(日主)가 자(子)월에 태어났고, 년월(年月)에 임수(壬水)가 투출(透出)하고, 년지(年支)에 신금(申金)이 있으니 수기(水氣)가 태과하여 홍수(洪水) 사주가 되었다. 종강격(從强格)으로 보이지만 시상(時上)에 병화(丙火)가 투출(透出)하고, 일지(日支)에 인목(寅木)이 들었으니 신약(身弱) 사주다. 태과한 수기(水氣)를 일지(日支) 인목(寅木)이 수생목(水生木)으로 받아 시주(時柱) 병오(丙午)에게 목생화(木生火)하여 기운을 돌려주니 홍이 길로 변하여 좋은 사주가 되었다.

이 사람은 비록 부모에게 물려받은 재산은 없었지만 임수(壬水) 일주(日主)가 태강하고 재성(財星)이 왕성하니 재물운이 좋아 자수성가하여 수만 석의 큰 부자가 되었다. 그리고 일지(日支) 인목(寅木)이 잘 유통시켜 주니 아내복도 많아 인자하며 지혜롭고 예의범절이 바르며 아름다운 현모양처를 만났다. 이 사주는 년지(年支) 신금(申金)이 금생수(金生水)하고, 월주(月柱) 임자수(壬子水)가 수생목(水生木)하고, 일지(日支) 인목(寅木)이 목생화(木生火)하여 생생불식(生生不息)이 잘되어 있다. 그러나 수기(水氣)가 태과하여 하체와 요도기의 만성질병으로 고생하였다.

제2장. 임수론(壬水論)

1. 임수(壬水)의 희용제요(喜用提要)

1. 인(寅)월 임수(壬水)

【원 문】

寅月壬水 用庚丙戊 無比劫者 不必用戊 專用庚金 以丙爲佐

인월임수 용경병무 무비겁자 불필용무 전용경금 이병위좌

如比劫多 又宜制之 一戊出干 名一將當關 群邪自伏

여비겁다 우의제지 일무출간 명일장당관 군사자복

【해 설】

　인(寅)월 임수(壬水)는 경금(庚金)과 병화(丙火)와 무토(戊土)로 용신(用神)을 삼아야 한다. 만일 비겁(比劫)이 없으면 경금(庚金)

으로 용신(用神)을 삼은 후 병화(丙火)로 보좌해야 한다. 만일 비겁(比劫)이 많은데 제극(制剋)이 길하고 무(戊)가 1개 출간(出干)하면 일장당관(一將當關)이라 하여 사악한 무리가 자복한다.

년	월	일	시	■남명						
庚	戊	壬	壬	己	庚	辛	壬	癸	甲	乙	丙
寅	寅	寅	寅	卯	辰	巳	午	未	申	酉	戌

임수(壬水) 일주(日主)가 인(寅)월에 태어났다. 인(寅)월은 무병갑(戊丙甲)이 암장(暗藏)되어 목기(木氣)와 화기(火氣)가 강하니 경금(庚金)과 정화(丁火)로 용신(用神)을 삼아야 한다. 본명은 지지(地支)가 모두 인목(寅木)으로 구성되어 목기(木氣)가 태강하니 년상(年上) 경금(庚金)으로 용신(用神)을 삼아 금극목(金剋木)해야 한다. 그러나 목기(木氣)가 태왕하여 목왕금결(木旺金缺)이 되었고, 인(寅)월은 아직 한기가 남아 있는 때이니 인(寅) 병화(丙火)로 조후(調候)해야 한다. 그리고 지지(地支)가 모두 인목(寅木)이라 종격(從格)처럼 보이나 년상(年上)에 경금(庚金)이 투출(透出)하고, 시상(時上)에 비견(比肩)인 임수(壬水)가 들었으니 정격(正格)이며 신약(身弱) 사주다.

본명은 경금(庚金) 용신(用神)이 지지(地支)에 통근(通根)할 곳을 찾지 못하여 하천한 팔자가 되었고, 일지(日支) 인목(寅木)이 기신(忌神)이라 부부운이 없어 인자하지 못하고 질투심이 많은 아내를

만났다. 부잣집 집사노릇을 하며 살았는데 인(寅)에 병화(丙火)가
들어 재산관리하는 일은 할 수 있었던 것이다. 그러나 식신(食神)
이 태과하니 지출이 많아 항상 돈에 쪼들리며 살았다.

2. 묘(卯)월 임수(壬水)

【원 문】
卯月壬水 用戊庚辛 三春壬水絶地 取庚辛發水之源 水多用戊
묘월임수 용무경신 삼춘임수절지 취경신발수지원 수다용무

【해 설】
묘(卯)월 임수(壬水)는 무토(戊土)와 경신금(庚辛金)으로 용신(用
神)을 삼아야 한다. 봄철의 임수(壬水)는 절지(絶地)에 해당하니
경신금(庚辛金)으로 용신(用神)을 삼아 수(水)의 발원처로 삼아야
한다. 만일 수(水)가 많으면 무토(戊土)로 용신(用神)을 삼는다.

년	월	일	시	■남명
辛	辛	壬	癸	庚 己 戊 丁 丙 乙 甲 癸
未	卯	寅	卯	寅 丑 子 亥 戌 酉 申 未

임수(壬水) 일주(日主)가 묘(卯)월에 태어났다. 묘(卯)월은 갑을
(甲乙)이 암장(暗藏)되어 목기(木氣)만이 강하니 반드시 경신금(庚

辛金)과 무토(戊土)로 용신(用神)을 삼아야 한다. 그런데 본명은 년월(年月)에 신금(辛金)이 투출(透出)하여 길명이 되었고, 신금(辛金) 용신(用神)은 년지(年支) 미토(未土)에 통근(通根)하여 강하니 남을 지도하며 관리하는 능력이 있었고, 년지(年支) 미토(未土)가 길하여 미관말직이나마 국록을 먹을 수 있었다. 그러나 재물운이 약하여 가난을 면하지 못하였고, 일지(日支) 인목(寅木)이 기신(忌神)에 해당하여 아내복도 없었고, 식상(食傷)은 부하와 자식인데 기신(忌神)에 해당하여 부하가 먹은 뇌물 때문에 같이 파면되었다.

3. 진(辰)월 임수(壬水)

【원 문】

辰月壬水 用甲庚 甲疏季土 次取庚金發水之源
진월임수 용갑경 갑소계토 차취경금발수지원

金多須丙制之美妙
금다수병제지미묘

【해 설】

진(辰)월 임수(壬水)는 갑목(甲木)과 경금(庚金)으로 용신(用神)을 삼는다. 갑목(甲木)으로 소토(疏土)한 후 경금(庚金)을 쓰면 수(水)의 근원이 되고, 금(金)이 많으면 병화(丙火)로 제극(制剋)한다.

년 월 일 시　　■남명

丙 壬 壬 癸　　癸甲乙丙丁戊己庚

午 辰 子 卯　　巳午未申酉戌亥子

임수(壬水) 일주(日主)가 진(辰)월에 태어났다. 진(辰)월은 을계무(乙癸戊)가 암장(暗藏)되어 토기(土氣)와 목기(木氣)가 강하니 신금(辛金)과 임수(壬水)로 용신(用神)을 삼아야 한다. 그런데 년상(年上)에 임수(壬水)가 들고, 시상(時上)에 신금(辛金)이 투출(透出)하고, 일지(日支)에 자수(子水)가 들어 신강(身强)하다. 그리고 년상(年上) 병화(丙火)는 년지(年支) 오화(午火)에 통근(通根)하여 강하니 신왕재왕(身旺財旺)하여 수만 석의 큰 부자가 되었다. 용신(用神)은 월상(月上) 임수(壬水)이고 금(金)은 희신(喜神)이다. 초년과 청년기에는 목화(木火)운이라 발복하지 못했으나 중년부터 금수(金水)운이라 큰 부자가 된 것이다. 일지(日支) 자수(子水)는 용신(用神)의 통근지(通根地)이니 아내복이 매우 많아 총명하며 아름다운 현모양처를 만났다.

4. 사(巳)월 임수(壬水)

【원문】

巳月壬水 用壬辛庚癸 壬水極弱 取庚辛爲源 壬癸比助
사월임수 용임신경계 임수극약 취경신위원 임계비조

【해 설】

사(巳)월 임수(壬水)는 임수(壬水)와 신경금(辛庚金)과 계수(癸水)로 용신(用神)을 삼아야 한다. 만일 임수(壬水)가 매우 약하여 경신금(庚辛金)을 쓰면 수(水)의 근원이 되고, 임계수(壬癸水) 비겁(比劫)이 도와주면 매우 길하다.

년	월	일	시	■여명
乙	辛	壬	甲	壬癸甲乙丙丁戊己
卯	巳	子	辰	午未申酉戌亥子丑

임수(壬水) 일주(日主)가 사(巳)월에 태어났다. 사(巳)월은 무경병(戊庚丙)이 암장(暗藏)되어 화기(火氣)와 금기(金氣)가 강하니 임계수(壬癸水)로 용신(用神)을 삼은 후 신금(辛金)을 써야 한다. 그런데 월(月)에 신금(辛金)이 투출(透出)하고 임수(壬水) 일주(日主)가 왕성하니 큰 부자가 되었고, 일지(日支) 자수(子水)가 길하니 부부운이 좋아 지혜로운 애처가 남편을 만나 큰 식당을 같이 운영하면서 많은 재산을 모았다. 일지(日支)에 비겁(比劫)이 들고 길신에 해당하면 부부가 함께 사업을 하면 매우 좋다. 성격운은 년상(年上)에 을목(乙木)이 투출(透出)하고 왕성하여 인자하며 자비심이 많았고, 월지(月支)에 사화(巳火)가 들고 태과하지 않아 예의범절이 반듯하였다. 이 사람은 인의예지신(仁義禮智信)과 인간의 오복을 모두 구비한 상격의 팔자다.

5. 오(午)월 임수(壬水)

【원 문】

午月壬水 用癸辛庚 取庚爲源 取癸爲佐 無庚用辛

오월임수 용계신경 취경위원 취계위좌 무경용신

【해 설】

오(午)월 임수(壬水)는 계수(癸水)와 신경금(辛庚金)으로 용신(用神)을 삼아야 한다. 경금(庚金)은 수(水)의 발원처이니 길하고, 계수(癸水)로 보좌해야 한다. 만일 경금(庚金)이 없으면 신금(辛金)으로 용신(用神)을 삼는다.

년	월	일	시	■ 남명							
壬	丙	壬	己	丁	戊	己	庚	辛	壬	癸	甲
子	午	午	酉	未	申	酉	戌	亥	子	丑	寅

임수(壬水) 일주(日主)가 오(午)월에 태어났다. 오(午)월은 병기정(丙己丁)이 암장(暗藏)되어 화기(火氣)만이 강하니 오직 임계수(壬癸水)로 용신(用神)을 삼아야 한다. 그런데 년상(年上)에 임수(壬水)가 투출(透出)하여 재물복이 많았다. 선조에게 물려받은 재산도 많았지만 더 불려 큰 재물을 지니고 살았다. 그러나 일지(日支) 오화(午火)가 기신(忌神)에 해당하니 부부운이 없어 입이 거칠

고 무례하며 남편을 업신여기는 아내를 만났다. 돈을 버는 능력은 있었지만 아내를 다루는 재주는 전혀 없는 사람이었다.

6. 미(未)월 임수(壬水)

【원문】

未月壬水 用辛甲 以辛金發水源 甲木疏土
미월임수 용신갑 이신금발수원 갑목소토

【해설】

미(未)월 임수(壬水)는 신금(辛金)과 갑목(甲木)으로 용신(用神)을 삼아야 한다. 신금(辛金)은 수(水)의 발원처이고, 갑목(甲木)은 소토(疏土)하는데 필요하다.

년	월	일	시	■남명
癸	己	壬	壬	戊丁丙乙甲癸壬辛
巳	未	午	寅	午巳辰卯寅丑子亥

임수(壬水) 일주(日主)가 미(未)월에 태어났다. 미(未)월은 정을기(丁乙己)가 암장(暗藏)되어 토기(土氣)와 화기(火氣)가 강하니 계수(癸水)와 갑목(甲木)을 용신(用神)으로 삼아야 한다. 그런데 지지(地支)에서 사오미(巳午未)가 방합(方合)하여 화국(火局)을 이

루었으니 열기를 식히려면 반드시 임계수(壬癸水)가 있어야 한다. 년상(年上)에 계수(癸水)가 투출(透出)하고, 시상(時上)에 임수(壬水)가 투출(透出)하여 길한 것 같으나 지지(地支)에 해자축(亥子丑)의 통근지(通根地)가 없으니 용신(用神)이 약하다. 용신(用神)이 투출(透出)하면 지지(地支)에는 용신(用神)의 통근지(通根地)가 있어야 길복이 따르는 사주가 된다. 본명은 천간(天干)은 길하나 지지(地支)가 흉하여 겉으로는 좋아보이나 춥고 배고픈 가난한 선비가 되고 말았다.

7. 신(申)월 임수(壬水)

【원 문】

申月壬水 用戊丁 取丁火佐戊制庚 戊土通根辰戌

신월임수 용무정 취정화좌무제경 무토통근진술

丁火通根午戌 方可爲用

정화통근오술 방가위용

【해 설】

신(申)월 임수(壬水)는 무토(戊土)와 정화(丁火)로 용신(用神)을 삼아야 한다. 정화(丁火)로 무토(戊土)를 보좌하면서 경금(庚金)을 제극(制剋)해야 한다. 만일 무토(戊土)가 진술(辰戌)에 통근(通根)하고, 정화(丁火)가 오술(午戌)에 통근(通根)하면 길하다.

년	월	일	시	■남명
甲	壬	壬	丙	癸甲乙丙丁戊己庚
寅	申	申	午	酉戌亥子丑寅卯辰

임수(壬水) 일주(日主)가 신(申)월에 태어났다. 신(申)월은 기무임경(己戊壬庚)이 암장(暗藏)되어 금기(金氣)와 수기(水氣)가 강하니 갑을목(甲乙木)으로 용신(用神)을 삼은 후 계수(癸水)를 써야 한다. 본명은 년상(年上)에 갑목(甲木)이 투출(透出)하고 시상(時上)에 병화(丙火)가 투출(透出)하여 길명이 되었고, 병갑(丙甲)이 길신이라 수만 석을 지닌 큰 부자가 되었다. 그리고 임수(壬水) 일주(日主)가 왕성하니 총명하며 돈을 버는 이치가 매우 밝았고, 시주(時柱) 병오(丙午)가 중화되어 예의범절이 바른 군자였다. 그러나 일지(日支) 신금(申金)이 기신(忌神)에 해당하니 아내복은 약하여 부부금실이 좋지 않았다. 즉 재물복과 자식복과 수명복은 많았지만 아내복은 없었다.

8. 유(酉)월 임수(壬水)

【원문】

酉月壬水 用甲庚 無甲 用金發水之源 名 濁水犯庚辛 體全之義
유월임수 용갑경 무갑 용금발수지원 명 탁수범경신 체전지의

【해 설】

 유(酉)월 임수(壬水)는 갑목(甲木)과 경금(庚金)으로 용신(用神)을 삼아야 한다. 만일 갑목(甲木)이 없어 금(金)을 쓰면 수(水)의 발원지가 되는데 탁수(濁水)가 경신금(庚辛金)을 범한다.

년	월	일	시	■ 여명
乙	乙	壬	丙	丙丁戊己庚辛壬癸
亥	酉	寅	午	戌亥子丑寅卯辰巳

 임수(壬水) 일주(日主)가 유(酉)월에 태어났다. 유(酉)월은 경신(庚辛)이 암장(暗藏)되어 금기(金氣)만이 강하니 갑을목(甲乙木)으로 용신(用神)을 삼은 후 병화(丙火)를 써야 한다. 본명은 년월(年月)에 을목(乙木)이 투출(透出)하고, 시상(時上)에 병화(丙火)가 투출(透出)하여 길복이 많은 사주가 되었다. 임수(壬水) 일주(日主)는 년지(年支) 해수(亥水)와 월지(月支) 유금(酉金)에 통근(通根)하여 강하니 재관(財官)을 충분히 감당할 수 있어 수천 석의 부자가 되었다. 그리고 일지(日支) 인목(寅木)이 용신(用神)이니 아내복도 많아 인자하며 자비심이 많은 현모양처를 만났다. 대운은 목화(木火)운은 길하고 금수(金水)운은 흉하다.

9. 술(戌)월 임수(壬水)

【원 문】

戌月壬水 用甲丙 以甲制戌中之戊 丙火爲佐

술월임수 용갑병 이갑제술중지무 병화위좌

【해 설】

술(戌)월 임수(壬水)는 갑목(甲木)과 병화(丙火)로 용신(用神)을 삼아야 한다. 갑목(甲木)은 술(戌) 무토(戊土)를 제극(制剋)하고, 병화(丙火)로 보좌한다.

년	월	일	시	■남명
戊	壬	壬	庚	癸甲乙丙丁戊己庚
戌	戌	戌	戌	亥子丑寅卯辰巳午

임수(壬水) 일주(日主)가 술(戌)월에 태어났다. 술(戌)월은 신정무(辛丁戊)가 암장(暗藏)되어 금기(金氣)와 토기(土氣)가 강하니 을목(乙木)과 병화(丙火)로 용신(用神)을 삼아야 한다. 본명은 지지(地支)가 모두 술토(戌土)라 종격(從格)으로 보이지만 정격(正格)이다. 왜냐하면 임수(壬水)는 양수(陽水)이며 종하지 않고, 또 월(月)에 임수(壬水)가 들고, 시상(時上)에 경금(庚金)이 들고, 술(戌)에 신금(辛金)이 들었기 때문이다.

본명은 술(戌) 정화(丁火)가 용신(用神)인데 암장(暗藏)되어 미약하니 일생이 파란만장하였다. 위장과 다리관절과 간이 약하여 항상 골골하며 약사발이 떠나지 않았고, 아내복도 없어 5번 결혼하여 배가 다른 자식을 4명이나 두었으나 모두 실패하였다. 의식주만 겨우 해결하면서 한 편의 소설 같은 일생을 살았다.

10. 해(亥)월 임수(壬水)

【원 문】
亥月壬水 用戊庚丙 如甲出制戊 須以庚爲救
해월임수 용무경병 여갑출제무 수이경위구

【해 설】
해(亥)월 임수(壬水)는 무토(戊土)와 경금(庚金)과 병화(丙火)로 용신(用神)을 삼아야 한다. 만일 갑목(甲木)이 투출(透出)하여 무토(戊土)를 제극(制剋)하면 경금(庚金)을 구제하여 길하다.

년	월	일	시	■남명						
乙	丁	壬	庚	丙	乙	甲	癸	壬	辛	庚	己
亥	亥	寅	子	戌	酉	申	未	午	巳	辰	卯

임수(壬水) 일주(日主)가 해(亥)월에 태어났다. 해(亥)월은 무갑

임(戊甲壬)이 암장(暗藏)되어 수기(水氣)와 목기(木氣)가 강하니 병정화(丙丁火)로 용신(用神)을 삼은 후 무토(戊土)를 써야 한다. 본명은 지지(地支)에 수국(水局)이 있어 종강격(從强格)으로 보이지만 아니다. 월상(月上) 정화(丁火)가 용신(用神)인데 년상(年上) 을목(乙木)과 일지(日支) 인목(寅木)이 생조(生助)하여 안전하다. 그러나 태왕한 수(水)를 막으려면 무토(戊土)가 필요한데 없으니 사업을 크게 파산하였다. 다행히 을목(乙木)과 인목(寅木)이 태왕한 수기(水氣)를 유출시켜 정화(丁火)로 돌렸고, 정화(丁火)가 용신(用神)에 해당하니 작은 재물은 이루어 의식주는 넉넉하였다. 그리고 일지(日支) 인목(寅木)이 희신(喜神)이라 아내복이 있어 사업으로 위기를 만날 때마다 아내의 도움으로 다시 안정을 찾았다.

11. 자(子)월 임수(壬水)

【원 문】

子月壬水 用戊丙 水旺宜戊 調候宜丙 丙戊必須兼用

자월임수 용무병 수왕의무 조후의병 병무필수겸용

【해 설】

자(子)월 임수(壬水)는 무토(戊土)와 병화(丙火)로 용신(用神)을 삼아야 한다. 수(水)가 왕하면 무토(戊土)를 쓰고, 조후(調候)하려면 병화(丙火)를 쓰는 것이 길한데 병화(丙火)와 무토(戊土)는 반드시 함께 써야 한다.

년	월	일	시	■남명
甲	丙	壬	庚	丁戊己庚辛壬癸甲
寅	子	午	子	丑寅卯辰巳午未申

임수(壬水) 일주(日主)가 자(子)월에 태어났다. 자(子)월은 임계(壬癸)가 암장(暗藏)되어 수기(水氣)만이 강하니 병정화(丙丁火)로 용신(用神)을 삼은 후 무기토(戊己土)를 써야 하는데 월(月)에 병화(丙火)가 투출(透出)하여 길명이 되었다. 병화(丙火) 용신(用神)은 일지(日支) 오화(午火)에 통근(通根)하고, 년주(年柱) 갑인(甲寅)의 도움을 받아 강하니 큰 부자가 되었다. 신왕재왕(身旺財旺)하면 사업가로 성공하나 자오(子午)가 상충(相沖)하여 성공과 실패를 반복하였다. 좋은 사주가 되려면 오행이 조화를 이루어야 하는데 토기(土氣)가 전혀 없으니 우왕좌왕하며 작심삼일이 되기도 하였다. 사주에서 토(土)는 중심을 잡는 역할을 하기 때문이다.

12. 축(丑)월 임수(壬水)

【원문】

丑月壬水 用丙丁甲 上半月專用丙火 下半月用丙 甲木爲佐
축월임수 용병정갑 상반월전용병화 하반월용병 갑목위좌

【해 설】

축(丑)월 임수(壬水)는 병정화(丙丁火)와 갑목(甲木)으로 용신(用神)을 삼아야 한다. 상반월에는 반드시 병화(丙火)를 쓰고, 하반월에는 병화(丙火)를 쓴 후 갑목(甲木)으로 보좌한다.

년	월	일	시	■ 여명
己	丁	壬	丙	戊己庚辛壬癸甲乙
丑	丑	戌	午	寅卯辰巳午未申酉

임수(壬水) 일주(日主)가 축(丑)월에 태어났다. 축(丑)월은 계신기(癸辛己)가 암장(暗藏)되어 수기(水氣)와 토기(土氣)가 강하니 정화(丁火)와 경금(庚金)으로 용신(用神)을 삼아야 한다. 축(丑)월은 천지가 꽁꽁 얼어붙은 엄동설한이나 월(月)에 정화(丁火)가 투출(透出)했으니 난로가 있고, 시주(時柱)에 병화(丙火)가 들었으니 태양의 열기가 있으니 길명이 되어 중부 이상을 이루었다.

그리고 일지(日支) 술토(戌土)는 한신(閑神)에 해당하니 남편은 평범하나 신용있는 사람이었다. 그러나 사주가 한습하여 하복부와 자궁에 질병이 많았고, 재물에 대한 집착이 매우 강하였다. 또 관살(官殺)이 혼잡하니 불륜을 많이 저질렀고, 법문제도 많아 경찰서와 법원을 자주 들락거렸다. 얌전한 고양이가 부뚜막에 먼저 올라간다는 말에 잘 맞는 사주다.

2. 삼춘(三春) 임수(壬水)

【원 문】

寅月壬水 汪洋之象 能幷百川之流 然水性柔弱 宜用丁火之源

인월임수 왕양지상 능병백천지류 연수성유약 의용정화지원

庶不致汪洋無度 有庚丙戊三者齊透 科甲功名 或庚戊藏支

서불치왕양무도 유경병무삼자제투 과갑공명 혹경무장지

丙坐寅支者 亦有恩誥 卽一庚透 貢監有之 凡壬日無比肩陽刃者

병좌인지자 역유은고 즉일경투 공감유지 범임일무비견양인자

不必用戊 專用庚金 以丙爲佐 或見比劫 又有庚辛 此弱極復旺

불필용무 전용경금 이병위좌 혹견비겁 우유경신 차약극복왕

又宜制伏 戊藏則是秀才 然必丙透不合爲妙 或支見多戊

우의제복 무장즉시수재 연필병투불합위묘 혹지견다무

又有甲出干 名一將當關 群邪自伏 主光明磊落 名重百寮

우유갑출간 명일장당관 군사자복 주광명뇌낙 명중백료

或支成火局 惜不逢時 主名利皆虛 文章駭俗

혹지성화국 석불봉시 주명리개허 문장해속

【해 설】

　인(寅)월 임수(壬水)는 왕양(汪洋)하니 능히 백천을 흐르고, 수성(水性)은 유약하니 정화(丁火)의 근원을 취하면 왕양무도(汪洋無度)함에는 이르지 않는다. 만일 경금(庚金)과 병화(丙火)와 무토

(戊土)가 고르게 투출(透出)하면 과갑공명하고, 경금(庚金)과 무토 (戊土)가 지지(地支)에 암장(暗藏)되었는데 병화(丙火)가 지지(地 支) 인목(寅木)에 있으면 은혜로움이 있고, 경금(庚金) 1개가 투출 (透出)하면 공감(貢監)을 이룬다.

만일 임(壬)일생이 비견(比肩)이나 양인(陽刃)이 없으면 반드시 경금(庚金)을 쓰고 병화(丙火)로 보좌해야 한다. 만일 비겁(比劫) 이 있는데 경신금(庚辛金)이 또 있으면 제복(制伏)해야 한다. 무토 (戊土)가 암장(暗藏)되면 수재를 이루고, 이때 병화(丙火)가 투출 (透出)하여도 합하지 않으면 묘하게 된다. 만일 지지(地支)에 무토 (戊土)가 많은데 갑목(甲木)이 출간(出干)하면 일장당관(一將當關) 이 되어 사악한 무리가 자복하고, 광명뇌락(光明磊落)이 되어 백관 에 오른다. 만일 지지(地支)에 화국(火局)을 이루었는데 때를 만나 지 못하면 명리가 모두 허망하나 문장으로 세상을 놀라게 한다.

년	월	일	시	■ 남명							
丙	庚	壬	丙	辛	壬	癸	甲	乙	丙	丁	戊
寅	寅	寅	午	卯	辰	巳	午	未	申	酉	戌

임수(壬水) 일주(日主)가 인(寅)월에 태어났다. 지지(地支)에 목 화(木火)가 가득하고, 년간(年干)에 병화(丙火)가 투간(透干)하고, 시간(時干)에 또 병화(丙火)가 투간(透干)하여 일주(日主) 임수(壬 水)는 고립무원이 되었다. 월(月)에 경금(庚金)이 투간(透干)했지

만 통근(通根)하지 않아 사금(死金)이나 마찬가지가 되어 생조(生助)하지 못한다. 따라서 임수(壬水)는 목화(木火)에 항복하여 종아격(從兒格)과 종재격(從財格)이 되었다. 물론 임수(壬水)는 양수(陽水)이고, 양수(陽水)는 좀처럼 종하지 않는다고 하나 의지할 곳이 전혀 없으면 종할 수밖에 없다.

이 사람은 재물운은 지방의 작은 부자에 머물렀고, 부부운은 없어 난폭하며 무례한 아내를 만났고, 건강운도 좋지 않아 위장과 소장에 선천적인 질병과 호흡기에도 질병이 많았다. 또 관운도불리하여 관재구설과 법문제로 고통이 많았다. 성격운은 지혜는 총명했으나 덕이 부족하였다. 대운에서는 초년과 을미(乙未) 대운까지는 용신(用神)과 희신(喜神)운이라 발복했으나 병신(丙申) 대운 신(申) 운부터 구신(仇神)운이라 기울기 시작하였다.

【원 문】

卯月壬水 寒氣初除 有幷流之象不用丙暖 專取戊土辛金
묘월임수 한기초제 유병류지상불용병난 전취무토신금
卯月壬水 先戊後辛 庚金次之 戊辛兩透 雁塔題名 戊透辛藏
묘월임수 선무후신 경금차지 무신양투 안탑제명 무투신장
亦有恩誥 或戊辛不透 有庚出干者不富 或支成木局 有庚透者
역유은고 혹무신불투 유경출간자불부 혹지성목국 유경투자
金榜題名 庚在支者 異道之仕 或木出火多 名木盛火炎
금방제명 경재지자 이도지사 혹목출화다 명목성화염

須比肩陽刃 尤宜水透 富貴恩榮 乏水者則否 或比肩重重

수비견양인 우의수투 부귀은영 핍수자즉부 혹비견중중

又須戊土 書曰 土止流水福壽全 若戊不見 名水泛木浮

우수무토 서왈 토지유수복수전 약무불견 명수범목부

一生辛苦 再行水運 落水身亡 或甲乙重重 無比肩者

일생신고 재행수운 낙수신망 혹갑을중중 무비견자

此依人度日 全無作 若見庚辛 飢寒可免

차의인도일 전무작 약견경신 기한가면

【해 설】

묘(卯)월은 한기가 물러가기 시작하는 때이니 묘(卯)월 임수(壬水)는 반드시 무토(戊土)와 신금(辛金)으로 용신(用神)을 삼아야 한다. 즉 묘(卯)월 임수(壬水)는 무토(戊土)로 용신(用神)을 삼은 후 신금(辛金)을 쓰고, 그 다음에 경금(庚金)을 써야 한다. 만일 무토(戊土)와 신금(辛金)이 모두 투출(透出)하면 안탑제명(雁塔題名)이니 등과하고, 무토(戊土)는 투출(透出)했는데 신금(辛金)이 암장(暗藏)되면 영화롭고, 무토(戊土)와 신금(辛金)이 투출(透出)하지 않았는데 경금(庚金)이 출간(出干)하면 부를 이루지 못한다.

만일 지지(地支)에 목국(木局)이 있는데 경금(庚金)이 투출(透出)하면 금방제명(金榜題名)이니 등과하고, 경금(庚金)이 지지(地支)에 있으면 이로에서 벼슬에 오르고, 목(木)이 투출(透出)했는데 화(火)가 많으면 목성화염(木盛火炎)이 되어 비견(比肩)과 양인(陽

刃)이 있고 수(水)가 투출(透出)하면 부귀하나 수(水)가 끊어지면 흉하다.

만일 비견(比肩)이 중중한데 무토(戊土)가 있으면 토(土)가 수(水)를 멈추게 하니 복록과 수명이 온전하고, 무토(戊土)가 없으면 수범목부(水泛木浮)가 되어 일생이 고생스럽고, 이때 수(水)운으로 흐르면 망신한다. 만일 갑을목(甲乙木)이 중중한데 비견(比肩)이 없으면 남에게 의지하여 살아가며 무슨 일을 해도 되는 일이 없으나 경신금(庚辛金)을 만나면 배고픔은 면한다.

년 월 일 시　　■남명

己 丁 壬 甲　　丙乙甲癸壬辛庚己

卯 卯 午 辰　　寅丑子亥戌酉申未

임수(壬水) 일주(日主)가 묘(卯)월에 태어났고, 정임합목(丁壬合木)하여 변하는 형상이다. 시간(時干)에 갑목(甲木)이 투간(透干)하고, 지지(地支)에서 묘진(卯辰)이 방합(方合)하니 임수(壬水) 일주(日主)는 목기(木氣)를 따라가 종아격(從兒格)이 되었다. 용신(用神)은 목(木)이고 수(水)는 희신(喜神)이다. 화(火)도 목(木)이 많은 명조에서는 목생화(木生火)로 상생(相生)하여 희신(喜神) 역할을 한다. 가장 흉한 운은 용신(用神)을 파극(破剋)하는 금(金)운이고, 다음은 금기(金氣)를 생조하는 토(土)운이다. 목(木)이 용신(用神)인데 기신(忌神)에 해당하는 금(金)이 없으니 길하다.

초년인 병인(丙寅) 을축(乙丑) 대운은 용신(用神)운이라 부모덕에 잘 자랐고, 청년운인 갑자(甲子) 계해(癸亥) 대운은 신(甲)운이 용신(用神)운이라 등과하였고, 수(水)운은 희신(喜神)운이라 서서히 승진하였고, 임(壬) 대운은 정임합목(丁壬合木)하여 한원(翰苑)에 올랐다. 그러나 신유(辛酉) 대운은 기신(忌神)운이라 능력을 발휘하지 못하였고, 그후 계속 토금(土金)운이라 발복하지 못하였다.

년	월	일	시	■남명
甲	丁	壬	庚	戊己庚辛壬癸甲丙
寅	卯	申	戌	辰巳午未申酉戌亥

임수(壬水) 일주(日主)가 묘(卯)월에 태어났고, 지지(地支)에 인묘(寅卯)가 방합(方合)을 이루어 설기(洩氣)가 심하다. 시간(時干) 경금(庚金)으로 용신(用神)을 삼아 약한 일주(日主)를 부조(扶助)하며 많은 목(木)을 억제하니 길한 사주가 되었다. 이 사주의 특징은 년주(年柱)와 월주(月柱)에 기신(忌神)이 자리하고, 일주(日柱)와 시주(時柱)에는 용신(用神)이 자리한 것이다. 따라서 전반기는 고전하였으나 후반기는 발복하였다.

이 사람은 아내궁인 일지(日支)에 용신(用神)이 들어 아내복이 많아 알뜰하며 정의롭고 가정을 중시하는 현모양처를 만났고, 시주(時柱)에 용신(用神)이 들어 자손복이 많았다. 자식들은 총명하여 등과급제하였고 효성도 깊었다. 남명에서 재성(財星)은 처첩에 해당하는데 편재(偏財)인 병화(丙火)가 인(寅)에 있으니 첩은 재물만 빼내가고, 술(戌) 정화(丁火)는 정재(正財)인데 용신(用神) 이라 아내는 내조를 잘하는 현모양처였다.

【원 문】

辰月壬水 戊土司權 恐有推山塞海之患 先用甲木疏土 次取庚金
진월임수 무토사권 공유추산색해지환 선용갑목소토 차취경금

甲庚俱透 科甲定然 甲透庚藏 修齊品格 甲藏有根 可云俊秀
갑경구투 과갑정연 갑투경장 수제품격 갑장유근 가운준수

有癸滋甲 必主干城 獨甲藏支 必富 獨庚在柱常人 無甲剛暴之徒
유계자갑 필주간성 독갑장지 필부 독경재주상인 무갑강폭지도

乏庚愚頑之輩 或時干透丁者 此爲化合 助火而不助水
핍경우완지배 만일간투정자 차위화합 조화이불조수

見丁未一理 或支成四庫 乏甲者 名殺重身輕 終身有損
견정미일리 혹지성사고 핍갑자 명살중신경 종신유손

凡水旺多見庚金者 乃無用之人 須丙制之方妙
범수왕다견경금자 내무용지인 수병제지방묘

【해 설】

진(辰)월은 무토(戊土)가 권력을 잡은 때이니 진(辰)월 임수(壬水)는 먼저 갑목(甲木)을 용신(用神)으로 삼아 소토(疏土)한 후 경금(庚金)을 써야 한다. 만일 갑목(甲木)과 경금(庚金)이 모두 투출

(透出)하면 반드시 과감하고, 갑목(甲木)이 투출(透出)했는데 경금(庚金)이 암장(暗藏)되면 인격자이고, 갑목(甲木)이 암장(暗藏)되어 유근(有根)하면 준수하고, 계수(癸水)가 있는데 갑목(甲木)이 자생하면 반드시 나라의 동량이 되고, 갑목(甲木)이 홀로 지지(地支)에 암장(暗藏)되어도 반드시 부자가 되고, 경금(庚金)이 홀로 사주에 있으면 평상인에 불과하고, 갑목(甲木)이 없으면 강폭한 무리가 되고, 경금(庚金)이 끊어져도 우매하며 완고하다.

만일 시간(時干)에 정화(丁火)가 투출(透出)하면 화합격(化合格)이니 화(火)를 돕고 수(水)는 도와주지 않으니 정미(丁未)를 보아도 같다. 만일 지지(地支)에 사고(四庫)가 있는데 갑목(甲木)이 끊어지면 살중신경(殺重身輕)이라 하여 평생 손해가 따르고, 수왕(水旺)한데 경금(庚金)이 많으면 무용지물이 된다. 그러나 병화(丙火)가 제극(制剋)하면 묘해진다.

년	월	일	시	■ 남명
甲	戊	壬	壬	己 庚 辛 壬 癸 甲 乙 丙
子	辰	辰	寅	巳 午 未 申 酉 戌 亥 子

임수(壬水) 일주(日主)가 진(辰)월에 태어났고, 월(月)에 무토(戊土)가 투출(透出)하여 관살(官殺)이 태과하다. 토기(土氣)와 목기(木氣)가 강하여 금(金)이 절실하게 필요하나 1개도 없으니 상격은 될 수 없다. 만일 경신금(庚辛金)이 투출(透出)했으면 당연히 용신

(用神)으로 삼아야 하나 없으니 비견(比肩)인 임수(壬水)를 써야
한다. 따라서 시간(時干) 임수(壬水)가 용신(用神)이고, 금(金)이
희신(喜神)이나 없으니 희신(喜神)이 없다. 희신(喜神)이 없으면
인덕이 부족하여 충복이 없거나 주변 환경이 좋지 않다.

초년운은 사오미(巳午未) 대운인데 화(火)가 넘치니 발복하지 못
하였고, 임신(壬申) 대운부터 발복하여 등과하였고, 계유(癸酉) 대
운도 용신(用神)운이라 승진하였다. 그러나 재물복이 약하여 겨우
의식주를 해결하는 정도였고, 부부운도 없어 미련한 아내를 만났
다. 이 사주는 용신(用神)이 지지(地支)에 통근(通根)하지 못하고,
희신(喜神)에 해당하는 금(金)이 없는 것이 큰 결점이었다.

3. 삼하(三夏) 임수(壬水)

【원문】

巳月壬水 丙火司權 水弱剋矣 專取壬水比肩爲助 次取辛金發源
사월임수 병화사권 수약극의 전취임수비견위조 차취신금발원
壬辛兩透 金榜有名 或癸辛兩出 加以甲出 亦主異路之榮 無甲者
임신양투 금방유명 혹계신양출 가이갑출 역주이로지영 무갑자
富貴門下之客 如無壬 木少火多者 又作棄命從財格 因妻致富
부귀문하지객 여무임 목소화다자 우작기명종재격 인처치부
癸透者殘疾 或四柱多金得地 則弱極復强 須用巳中戊土
계투자잔질 혹사주다금득지 즉약극복강 수용사중무토

亦主名利雙全 或異道之貴 若見一甲藏寅 與巳相刑 主有暗疾

역 주명리쌍전 혹이도지귀 약견일갑장인 여사상형 주유암질

名利皆虛 不能創立 或多甲乙 有庚出干者貴 無庚者否

명리개허 불능창립 혹다갑을 유경출간자귀 무경자부

或支成水局大貴

혹지성수국대귀

【해 설】

 사(巳)월은 병화(丙火)가 권력을 잡은 때이니 사(巳)월 임수(壬水)는 매우 약하다. 따라서 반드시 임수(壬水)로 용신(用神)을 삼은 후 비견(比肩)의 도움을 받고, 신금(辛金)으로 수(水)의 근원을 삼아야 한다. 만일 임수(壬水)와 신금(辛金)이 모두 투출(透出)하면 금방(金榜)에 이름이 오르고, 계수(癸水)와 신금(辛金)이 모두 출간(出干)했는데 갑목(甲木)까지 출간(出干)하면 이로에서 영화를 누리나 갑목(甲木)이 없으면 부잣집의 객이 된다.

 만일 임수(壬水)가 없는데 목(木)이 적고 화(火)가 많으면 기명종재격(棄命從財格)이 되어 아내덕으로 부자가 되고, 계수(癸水)가 투출(透出)하면 질병이 있다. 만일 금(金)이 많은데 득지(得地)하면 매우 약하나 다시 강해지고, 사(巳) 무토(戊土)를 쓰면 명리를 모두 이루고 이로에서 귀를 이루기도 하고, 갑(甲) 1개가 인(寅)에 암장(暗藏)되면 인사신(寅巳申) 상형(相刑)이 되어 암질이 따르며 명리가 공허하고 창립이 불가하다. 만일 갑을목(甲乙木)이 많은데

경금(庚金)이 출간(出干)하면 귀를 이루나 경금(庚金)이 없으면 흉하고, 지지(地支)에 수국(水局)을 이루면 대귀를 이룬다.

년	월	일	시	■ 남명						
壬	乙	壬	丙	丙	丁	戊	己	庚	辛	壬
辰	巳	午	午	午	未	申	酉	戌	亥	子

임수(壬水) 일주(日主)가 사(巳)월에 태어나 실령(失令)하였고, 일지(日支)와 시지(時支)에 오화(午火)가 들어 화(火)가 태왕하니 일주(日主)가 매우 약하다. 화(火)는 태왕한데 일주(日主)가 허약하니 종격(從格)으로 보인다. 그러나 임수(壬水)는 양간(陽干)이며 대해수(大海水)이고, 년간(年干)에 임수(壬水)가 들고, 년지(年支)에 진토(辰土)가 들어 진(辰) 계수(癸水)가 있고, 또 사(巳)에 경금(庚金)이 암장(暗藏)되어 신약(身弱) 사주가 되었다. 즉 절처봉생(絕處逢生)으로 죽음에서 살아난 사주다. 년간(年干) 임수(壬水)가 용신(用神)인데 지지(地支)에 통근(通根)하지 못하여 불안하다. 수(水)는 용신(用神), 금(金)은 희신(喜神), 화(火)는 기신(忌神), 목(木)은 구신(仇神)이다.

본명은 용신(用神)이 불안하니 평생 재물과 여자문제로 바람잘 날이 없었다. 다행히 대운이 금수(金水)운으로 흘러 비실비실하면서도 오래 살았다. 종격(從格)에 가까운 정격(正格) 사주는 무슨 일을 해도 성사되지 않아 파란만장하다. 직업이 부잣집 집사라 돈은 많이 구경했지만 자기 것은 하나도 없었다. 이런 사주는 독립하면 반드시 망하니 남의 밑에 있는 것이 차라리 낫다.

【원 문】

午月壬水 丁旺壬弱 取癸爲用 取庚爲佐 無庚不能發水

오월임수 정왕임약 취계위용 취경위좌 무경불능발수

無癸不能傷丁 午月壬水 辛癸可參用 其理與巳月皆同 庚癸兩透

무계불능상정 오월임수 신계가참용 기리여사월개동 경계양투

科甲必然 庚壬兩透 官居極品 有庚無壬癸者常人 或支成火局

과갑필연 경임양투 관거극품 유경무임계자상인 혹지성화국

全無金水 名財多身弱 富屋貧人 若又甲乙多者 僧道之命

전무금수 명재다신약 부옥빈인 약우갑을다자 승도지명

【해 설】

오(午)월 임수(壬水)는 정화(丁火)는 왕하고 임수(壬水)는 약하니 계수(癸水)로 용신(用神)을 삼은 후 경금(庚金)으로 보좌해야 한다. 경금(庚金)이 없으면 수(水)의 발원이 없고, 계수(癸水)가 없으면 정화(丁火)를 상해하기 어렵다. 오(午)월 임수(壬水)는 사(巳)월생과 마찬가지로 신금(辛金)과 계수(癸水)를 함께 쓸 수 있다.

만일 경금(庚金)과 계수(癸水)가 모두 투출(透出)하면 반드시 과갑하고, 경금(庚金)과 임수(壬水)가 모두 투출(透出)하면 고관이 되어 영화를 누리고, 경금(庚金)이 있는데 임계수(壬癸水)가 없으

면 평범하고, 지지(地支)에 화국(火局)이 있는데 금수(金水)가 전혀 없으면 재다신약(財多身弱)이 되어 부옥빈인(富屋貧人)의 명이 되고, 갑을목(甲乙木)이 많으면 승도팔자가 된다.

년 월 일 시	■남명
庚 壬 壬 丁	癸甲乙丙丁戊己庚
子 午 午 未	未申酉戌亥子丑寅

임수(壬水) 일주(日主)가 오(午)월에 태어나 신약(身弱)하다. 월지(月支)가 오화(午火)이고 오(午)의 정기(正氣)가 정화(丁火)인데 시간(時干)에 정화(丁火)가 투출(透出)하여 정재격(正財格)이 되었다. 사주에 화기(火氣)가 태왕하여 수극화(水剋火)해야 중화되니 월간(月干) 임수(壬水)가 용신(用神)이다. 임수(壬水) 용신(用神)은 년주(年柱) 경자(庚子)에 통근(通根)하여 강하니 큰 부자가 되었다. 이 사람은 신왕(身旺)하고 재왕(財旺)하여 재물을 많이 모은 것이다. 그러나 일지(日支) 오화(午火)가 기신(忌神)에 해당하니 부부운이 좋지 않아 무례하며 남편을 업신여기는 아내를 만나 심하게 갈등하다 첩을 여러 명 두고 살았다. 아내와의 사이에서 5명의 자식을 두었고, 6명의 첩에게서 8명이 넘는 자식을 두었지만 모두 불효하였다.

년	월	일	시	■ 여명
庚	壬	壬	丙	辛庚己戊丁丙乙
申	午	午	午	巳辰卯寅丑子亥

본명도 돈 많은 과부의 사주다. 월지(月支)와 일지(日支)와 시지(時支)에 오화(午火)가 들고, 시간(時干)에 병화(丙火)가 투간(透干)했으니 불길이 너무 강하다. 그러나 월간(月干)에 비견(比肩)인 임수(壬水)가 투간(透干)하여 불을 끄니 용신(用神)인데 년주(年柱) 경신금(庚申金)의 도움을 받아 강하니 큰 부자가 되었다. 그러나 남편성인 관살(官殺) 토(土)가 없고, 또 남편궁에 해당하는 일지(日支) 오화(午火)가 기신(忌神)이니 남편복이 없었다. 남편과 일찍 사별하고 재혼했지만 두 번째 남편도 딸 하나만 남겨놓고 죽었다. 5차례나 재혼했지만 모두 실패하고 중년부터는 아버지가 다른 5명의 자식을 키우면서 혼자 살았다. 각자무치(角者無齒)라는 말이 있다. 강한 뿔이 있는 짐승에게는 강한 이빨을 주지 않는다는 말이다. 즉 하늘은 두 가지 큰 복을 모두 주지 않는다는 뜻이다.

【원문】

未月壬水 己土當權 丁火退氣 先用辛金癸水 次用甲木劈土
미월임수 기토당권 정화퇴기 선용신금계수 차용갑목벽토
未月壬水 先辛後甲 次取癸水 辛甲兩透 富貴淸高 甲藏辛透
미월임수 선신후갑 차취계수 신갑양투 부귀청고 갑장신투

貢監生員 辛藏甲透 異道武職 甲壬兩透無傷 有治國之貴

공감생원 신장갑투 이도무직 갑임양투무상 유치국지귀

卽甲藏壬出無破 是拾芥之才 或支多土火 又只淸貧

즉갑장임출무파 시습개지재 혹지다토화 우지청빈

或一派己土 此假從殺格 爲人奸詐 且主孤貧

혹일파기토 차가종살격 위인간사 차주고빈

得甲乙出制可救 凡土居生旺之地 須木制方妙

득갑을출제가구 범토거생왕지지 수목제방묘

或支成木局 洩水太過當用金水爲貴

혹지성목국 설수태과 당용금수위귀

【해 설】

미(未)월은 정화(丁火)는 물러나고 기토(己土)가 권력을 잡은 때
이니 미(未)월 임수(壬水)는 먼저 신금(辛金)과 계수(癸水)로 용신
(用神)을 삼은 후 갑목(甲木)으로 벽토(劈土)해야 한다. 만일 신금
(辛金)과 갑목(甲木)이 모두 투출(透出)하면 부귀가 청고하고, 갑
목(甲木)이 암장(暗藏)되었는데 신금(辛金)이 투출(透出)하면 공감
(貢監)에 오르고, 신금(辛金)이 암장(暗藏)되었는데 갑목(甲木)이
투출(透出)하면 이로에서 무직(武職)에 오른다.

만일 갑목(甲木)과 임수(壬水)가 모두 투출(透出)하면 나라를 다
스리는 고귀한 자리에 오르고, 갑목(甲木)이 암장(暗藏)되었는데
임수(壬水)가 투출(透出)하면 잔재주가 많으며 깨지는 일이 없고,

지지(地支)에 화토(火土)가 많으면 청빈하고, 기토(己土) 일파이면 가종살격(假從殺格)이 되어 간사하고 고독하고 가난한 명조이고, 갑을목(甲乙木)이 투출(透出)하여 제극(制剋)하면 구제된다. 만일 토(土)가 생왕지(生旺地)에 있으면 목(木)이 제극(制剋)해야 묘해지고, 지지(地支)에 목국(木局)이 있는데 수(水)의 설기(洩氣)가 태과하면 당연히 금수(金水)를 써야 귀를 이룬다.

```
년  월  일  시      ■남명
己  辛  壬  乙      庚己戊丁丙乙甲
巳  未  午  巳      午巳辰卯寅丑子
```

임수(壬水) 일주(日主)는 양수(陽水)이며 큰 물이지만 지지(地支)에서 사오미(巳午未)가 방합(方合)하여 화국(火局)을 이루었으니 화기(火氣)가 태왕하다. 강한 불길을 제극(制剋)할 방법이 없어 불길을 따르는데 재성(財星)으로 종하니 종재격(從財格)이 되었다. 따라서 목화(木火)운은 길하나 금수(金水)운은 흉하다.

본명은 정묘(丁卯) 병인(丙寅) 대운이 용신(用神)운이라 사업으로 수만 금의 재물을 모았으나, 부부운이 없어 질투심이 많고 인자하지 못한 아내를 만났다. 그리고 자식운도 좋지 않아 아들을 3명 두었지만 모두 불효하였다. 성격운은 지혜는 총명했으나 사악한 면이 있었고, 호색기질이 강하여 첩을 2명이나 두었다. 종격(從格) 사주는 기복이 심한 것이 특징이다. 왜냐하면 대운은 길어야 20년 정도

밖에 이어지지 않는데 기신(忌神)운을 만나면 정격(正格) 사주보다 훨씬 더 많은 피해를 당하므로 평안할 수가 없다. 굵고 짧게 사는 것이 특징이다.

4. 삼추(三秋) 임수(壬水)

【원문】

申月壬水 庚金司令 壬得申之長生 源流自遠 轉弱爲强 專用戊土
신월임수 경금사령 임득신지장생 원류자원 전약위강 전용무토

次取丁火佐戊制庚 但用辰戌之戊 不用申中受病之戊 戊丁俱透
차취정화좌무제경 단용진술지무 불용신중수병지무 무정구투

科甲生員 戊透天干 丁藏午戌 恩封可待 特忌戊癸化合
과갑생원 무투천간 정장오술 은봉가대 특기무계화합

卽支見寅戌 年干丁火 可許衣衿 或丁戊兩透 富中取貴
즉지견인술 년간정화 가허의금 혹정무양투 부중취귀

或四柱多壬 戊又透干 名假殺化權 閫苑之仙 支中見甲 亦不忌也
혹사주다임 무우투간 명가살화권 랑원지선 지중견갑 역불기야

但太多者常人 有庚居申 頗有衣祿 或戊多而透 得一甲制略貴
단태다자상인 유경거신 파유의록 혹무다이투 득일갑제약귀

無甲常人 或一派甲木 又見火多 無庚出者 別祖離鄕 隨緣度日
무갑상인 혹일파갑목 우견화다 무경출자 별조이향 수연도일

蓋申中之庚 不能救也

개신중지경 불능구야

【해 설】

 신(申)월은 경금(庚金)이 사령(司令)하는 때이니 임수(壬水)가 신(申)에서 장생(長生)을 얻으면 흐름이 길다. 따라서 무토(戊土)로 용신(用神)을 삼은 후 정화(丁火)를 쓰고, 그 다음에 무토(戊土)로 경금(庚金)을 제극(制剋)해야 한다. 이때 진술(辰戌)의 무토(戊土)를 써야 한다. 신(申)에서 병을 얻은 무토(戊土)는 쓰지 못한다. 만일 무토(戊土)와 정화(丁火)가 함께 투출(透出)하면 과갑하고, 무토(戊土)가 천간(天干)에 투출(透出)했는데 정화(丁火)가 오술(午戌)에 암장(暗藏)되면 은봉(恩封)을 기대할 수 있으나 무계(戊癸)가 화합하면 흉하다. 그러나 지지(地支)에 인술(寅戌)이 있는데 년간(年干)에 정화(丁火)가 있으면 의식주는 넉넉하다.

 만일 정화(丁火)와 무토(戊土)가 모두 투출(透出)하면 부한 가운데 귀를 이루고, 임수(壬水)가 많은데 무토(戊土)가 또 투간(透干)하면 가살화권(假殺化權)이 되어 낭원(閬苑)의 신선이 되고, 지지(地支)에서 갑목(甲木)을 보아도 역시 꺼리지 않는다. 그러나 갑목(甲木)이 지나치게 많으면 평범하고, 경금(庚金)과 신금(申金)이 모두 있으면 의식주는 넉넉하고, 무토(戊土)가 많은데 투출(透出)하면 갑목(甲木)으로 제극(制剋)해야 작은 귀라도 이루고, 갑목(甲木)이 없으면 평범하다. 만일 갑목(甲木) 일파가 있는데 화(火)가 많고 경금(庚金)이 투출(透出)하지 않으면 부모와 조상을 이별하고 고향을 떠난다. 인연따라 세월을 보내며 신(申)의 경금(庚金)이 덮으면 구제가 불가능하다.

년	월	일	시	■남명
辛	丙	壬	庚	乙甲癸壬辛庚己戊
巳	申	戌	子	未午巳辰卯寅丑子

임수(壬水) 일주(日主)가 신(申)월에 태어났으니 득령(得令)하여 신강(身强)하다. 금기(金氣)와 수기(水氣)가 많아 신강(身强)해졌으니 월(月) 병화(丙火)가 용신(用神)인데 년상(年上) 신금(辛金)과 병신(丙辛)이 합하여 수(水)로 변하니 기신(忌神)으로 변하였다. 그리고 년지(年支) 사화(巳火)는 용신(用神)의 통근지(通根地)인데 사신합수(申巳合水)하여 역시 기신(忌神)으로 변하였다. 즉 용신(用神)이 합하여 기신(忌神)으로 변하면 불리하다.

재물운은 부모에게 받은 유산이 많아 초년과 청년기에는 부유하게 살았으나, 경(庚) 대운이 기신(忌神)인데 신유(辛酉)년에 사업에 실패하여 완전히 망하였고, 말년은 의식주도 해결하기 어려울 정도로 빈천하게 살았다. 그리고 일지(日支) 술토(戌土)가 구신(仇神)에 해당하니 부부운도 없어 고집이 세고 미련한 아내를 만나 갈등이 많았고, 관살(官殺)이 기신(忌神)에 해당하니 관운도 없었고 관재구설만 많았다. 성격운은 금기(金氣)가 태과하니 난폭하고 잔인하며 살기가 많았고, 건강운은 대장과 호흡기에 질병이 있었고, 병으로 오래 고생하다 죽었다.

【원문】

酉月壬水 辛金司令 正金白水淸 忌戊土爲病 專用甲木

유월임수 신금사령 정금백수청 기무토위병 전용갑목

甲木一透制戊 壬水徹底淸澄 名高翰苑 若甲出時干 功名顯達

갑목일투제무 임수철저청징 명고한원 약갑출시간 공명현달

設見庚破 又屬常人 卽甲藏支 無庚 秀才可許 或天干有壬

설견경파 우속상인 즉갑장지 무경 수재가허 혹천간유임

支見申亥 此非用甲 戊土作用 亥雖有甲 又有申中之金制甲

지견신해 차비용갑 무토작용 해수유갑 우유신중지금제갑

秀才一定 且富足多才 或無戊 多金水者 主人淸才濁 困苦寒儒

수재일정 차부족다재 혹무무 다금수자 주인청재탁 곤고한유

無甲用金 發水之源 名濁水三犯庚辛 號曰體全之象 酉月壬水

무갑용금 발수지원 명탁수삼범경신 호왈체전지상 유월임수

專用甲木 庚金次之

전용갑목 경금차지

【해설】

유(酉)월 임수(壬水)는 신금(辛金)이 사령(司令)하니 금백수청(金白水淸)이 된다. 꺼리는 것은 무토(戊土)의 병이니 반드시 갑목(甲

木)을 용신(用神)으로 삼아야 한다. 만일 갑목(甲木)이 1개 투출(透出)하여 무토(戊土)를 제극(制剋)하고 임수(壬水)가 철저하게 청정하면 한원(翰苑)에 오르고, 갑목(甲木)이 시간(時干)에 출간(出干)하면 공명현달한다. 그러나 경금(庚金)이 목(木)을 파하면 평상인에 지나지 않고, 갑목(甲木)이 지지(地支)에 암장(暗藏)되었는데 경금(庚金)이 없으면 수재는 될 수 있다.

만일 천간(天干)에 임수(壬水)가 있는데 지지(地支)에 신금(申金)과 해수(亥水)가 있으면 갑목(甲木)을 쓸 수 없으니 무토(戊土)를 용신(用神)으로 삼아야 한다. 이때 해(亥) 중에 갑목(甲木)이 있는데 신(申)에 또 경금(庚金)이 있어 금극목(金剋木)으로 갑목(甲木)을 제극(制剋)하면 수재이고 부유하며 재능이 많고, 무토(戊土)가 없는데 금수(金水)가 많으면 곤고한 유림에 불과하다. 갑목(甲木)이 없는데 금(金)이 있으면 수(水)의 발원처가 되는데 이때 탁수(濁水)가 경신금(庚辛金)을 3개 만나면 체전지상(體全之象)이 된다. 유(酉)월 임수(壬水)는 반드시 갑목(甲木)을 용신(用神)으로 삼은 후 경금(庚金)을 써야 길하다.

년	월	일	시	■남명						
癸	辛	壬	丙	庚	己	戊	丁	丙	乙	甲	癸
丑	酉	寅	午	申	未	午	巳	辰	卯	寅	丑

임수(壬水) 일주(日主)가 유(酉)월에 태어나 신강(身强)하니 시상

(時上) 병화(丙火)가 용신(用神)이고 목(木)운도 길하다. 본명은 병화(丙火) 편재(偏財)가 용신(用神)이라 돈을 버는 재능이 뛰어나 읍내에서 알아주는 부자로 살았고, 일지(日支) 인목(寅木)이 용신(用神)이니 아내복이 많아 인자하며 양순한 현모양처를 만났다.

본명은 정신기(精神氣)가 좋다. 정(精)에 해당하는 신유(辛酉)는 인성(印星)인데 월주(月柱)에 있으니 강하고, 신(神)에 해당하는 병화(丙火)와 인목(寅木)과 오화(午火)는 재관식(財官食)인데 역시 강하고, 기(氣)에 해당하는 임수(壬水)와 계수(癸水)와 축(丑) 계수(癸水)는 일주(日主)와 비겁(比劫)인데 왕하다. 정신기(精神氣)가 모두 충만하니 부귀영화를 누리고 성격도 좋았던 것이다. 총명하고 인자하며 자비심이 많았고, 명랑하고 예의범절이 바르며 신용이 좋았다. 그러나 금기(金氣)가 태과하여 때로는 난폭하였다.

【원 문】

戊月壬水進氣 其性將厚 若一派壬水 見一甲 制戌中之戊
술월임수진기 기성장후 약일파임수 견일갑 제술중지무

戊又出干 斯用丙火 此格淸貴極矣 正合一將當關 群邪自伏
무우출간 사용병화 차격청귀극의 정합일장당관 군사자복

或不見丙戊 亦不爲妙 或一派戊土 無一己庚雜亂
혹불견병무 역불위묘 혹일파무토 무일기경잡난

得一甲透時干 玉堂淸貴 卽甲透月上 亦主科甲 若支藏己土
득일갑투시간 옥당청귀 즉갑투월상 역주과갑 약지장기토

一榜可圖 或庚之丁 貧賤之人 或丁透見甲 略貴 或水多乏丙者
일방가도 혹경지정 빈천지인 혹정투견갑 약귀 혹수다핍병자
又用戊土常人 戌月壬水 專用甲木 次用丙火
우용무토상인 술월임수 전용갑목 차용병화

【해 설】

술(戌)월은 임수(壬水)가 전진하는 때이니 술(戌)월 임수(壬水)는
장후(將厚)하다. 만일 임수(壬水) 일파에 갑목(甲木)이 1개 있고,
술(戌) 무토(戊土)가 제극(制剋)하는데 무토(戊土)가 또 출간(出
干)하면 병화(丙火)가 용신(用神)이며 청귀함이 극에 달한다. 따라
서 일장당관(一將當關)하여 정합(正合)하면 사악한 무리가 자복하
는 것과 같으나 병화(丙火)와 무토(戊土)가 없으면 묘함이 없다.

만일 무토(戊土) 일파에 기경(己庚)이 1개 있어 난잡하지 않은데
갑목(甲木) 1개가 시간(時干)에 투출(透出)하면 청귀하고, 갑목(甲
木)이 월(月)에 투출(透出)하면 과갑하고, 지지(地支)에 기토(己
土)가 암장(暗藏)되면 등과하고, 경금(庚金)이 있는데 정화(丁火)
가 끊어지면 빈천하고, 정화(丁火)가 투출(透出)했는데 갑목(甲木)
을 보면 작은 귀를 이루고, 수(水)가 많은데 병화(丙火)가 끊어지
고 무토(戊土)가 있으면 평범하다. 술(戌)월 임수(壬水)는 반드시
갑목(甲木)으로 용신(用神)을 삼은 후 병화(丙火)를 써야 길하다.

년	월	일	시	■남명
甲	甲	壬	辛	乙丙丁戊己庚辛
戌	戌	戌	亥	亥子丑寅卯辰巳

본명은 년월일지(年月日支)가 모두 술토(戌土)이니 토(土)가 넘친다. 소토(消土)하여 중화시켜야 하므로 목극토(木剋土)하니 월(月) 갑목(甲木)이 용신(用神)이다. 계수(癸水)와 을목(乙木)과 병화(丙火)는 희신(喜神)이고, 술토(戌土)와 경금(庚金)과 신금(辛金)은 기신(忌神)이다. 본명은 편관(偏官)이 기신(忌神)이라 관재구설과 망신을 많이 당하였다. 인덕이 없어 고난이 많았던 것이다. 그리고 술(戌)에 정화(丁火)가 암장(暗藏)되어 재물도 많지 않았고, 아내 궁도 불리하여 중년에 아내를 잃고 쓸쓸한 노년을 보냈다. 그러나 두 아들이 효심이 깊어 임종은 편안하게 맞았다.

5. 삼동(三冬) 임수(壬水)

【원 문】

亥月壬水 專用戊土 丁火爲佐 亥月壬水司權 至旺之極 取戊爲用
해월임수 전용무토 정화위좌 해월임수사권 지왕지극 취무위용
若生辰日干 又見辰時 必須戊透 又須庚制甲 不傷戊土 戊庚兩全
약생진일간 우견진시 필수무투 우수경제갑 불상무토 무경양전

定主登科及第 位顯權高 或甲出制戊 不見庚救者 斷之困窮

정주등과급제 위현권고 혹갑출제무 불견경구자 단지곤궁

戊藏無制 可許生員 或戊庚兩透無甲 亦主榮顯 或支成木局

무장무제 가허생원 혹무경양투무갑 역주영현 혹지성목국

有甲乙出干 得庚透者부귀 無庚者平常 或支成水局 不見戊己

유갑을출간 득경투자부귀 무경자평상 혹지성수국 불견무기

名潤下格 運行西北 大富貴 行東南者 必危 或丙戊兩透

명윤하격 운행서북 대부귀 행동남자 필위 혹병무양투

行火土運 名利雙全 或有丙無戊 可云衣祿 有戊無丙

행화토운 명리쌍전 혹유병무무 가운의록 유무무병

難許推盈 亥月壬水 專取戊丙 次取庚金

난허추영 해월임수 전취무병 차취경금

【해 설】

해(亥)월은 임수(壬水)가 권력을 잡은 때이니 수(水)가 매우 왕성하여 극에 달하였다. 따라서 해(亥)월 임수(壬水)는 반드시 무토(戊土)로 용신(用神)을 삼은 후 정화(丁火)로 보좌해야 한다. 만일 일간(日干)이 진(辰)인데 진(辰)시이면 반드시 무토(戊土)가 투출(透出)한다. 이때 경금(庚金)이 갑목(甲木)을 제극(制剋)하면 무토(戊土)는 상하지 않는다.

만일 무토(戊土)와 경금(庚金)이 모두 있으면 반드시 등과급제하여 고관이 되고, 갑목(甲木)이 투출(透出)하여 무토(戊土)를 제극

(制剋)하는데 경금(庚金)이 구제하지 않으면 반드시 곤궁하고, 무토(戊土)가 암장(暗藏)되어 제극(制剋)하지 않으면 생원(生貝)에 이르고, 무토(戊土)와 경금(庚金)이 모두 투출(透出)했는데 갑목(甲木)이 없으면 역시 발달한다.

만일 지지(地支)에 목국(木局)이 있는데 갑을목(甲乙木)이 출간(出干)하고 경금(庚金)이 투출(透出)하면 부귀를 이루나 경금(庚金)이 없으면 평상인에 불과하고, 지지(地支)에 수국(水局)이 있는데 무기토(戊己土)가 없으면 윤하격(潤下格)이 되어 서북운으로 가면 대부대귀를 이루나 동남운으로 가면 반드시 위험하고, 병화(丙火)와 무토(戊土)가 모두 투출(透出)했는데 화토(火土)운으로 흐르면 명리를 모두 이루나 병화(丙火)가 있는데 무토(戊土)가 없으면 의식주는 넉넉하고, 무토(戊土)가 있는데 병화(丙火)가 없으면 부를 이루기 어렵다. 해(亥)월 임수(壬水)는 반드시 무토(戊土)와 병화(丙火)로 용신(用神)을 삼은 후 경금(庚金)을 써야 길하다.

년 월 일 시	■남명
壬 辛 壬 癸	壬癸甲乙丙丁戊己
子 亥 子 卯	子丑寅卯辰巳午未

이 사주는 온통 물판이나 시지(時支)에 묘목(卯木)이 들어 종격(從格)은 아니다. 병정화(丙丁火)가 들었으면 진용신(眞用神)이지만 없으니 시지(時支) 묘목(卯木)이 용신(用神)이다. 따라서 겨우

명맥만 이어가는 하격이 되었다. 갑을목(甲乙木)운이 들면 조금 발복할 수 있으나 나머지 운은 대부분이 흉하다. 가장 흉한 운은 임계수(壬癸水)운이고, 다음은 경신금(庚辛金)운이다. 한 마디로 거지보다 조금 나은 사주다.

갑인(甲寅) 을묘(乙卯) 대운은 용신(用神)운이라 재물이 먹고 살만큼은 불어났고, 병진(丙辰) 정사(丁巳) 무오(戊午) 대운은 원국에 병정화(丙丁火)가 있었으면 화(火) 대운에 크게 발복했을 것이나, 부잣집 집사가 되어 돈을 구경만 했을 뿐 자기 주머니로는 들어오지 않았다. 그리고 원국에 묘목(卯木)이 없고 화기(火氣)가 들었으면 군비쟁재(群比爭財)를 당했을 것이나, 묘목(卯木)이 있어 화(火)운을 만나도 수생목(水生木) 목생화(木生火)하여 군비쟁재(群比爭財)를 당하지 않았다.

【원문】

子月壬水 陽刃幇身 較前更旺 先取戊土 次用丙火 丙戊兩透
자월임수 양인방신 교전갱왕 선취무토 차용병화 병무양투
富貴榮華 有戊無丙 略可言富 有丙無戊 好謀無成 或支成水局
부귀영화 유무무병 약가언부 유병무무 호모무성 혹지성수국
丙不出干 卽有戊土 亦係庸人 或丙透得所 卽戊藏支 亦可顯達
병불출간 즉유무토 역계용인 혹병투득소 즉무장지 역가현달
須運得用方妙 或支成火局 一富而已 或比見月時 年見丁火
수운득용방묘 혹지성화국 일부이이 혹비견월시 년견정화

平常之輩 支成四庫 富貴中人 或丁出時干 名爲爭合 主名利難成

평상지배 지성사고 부귀중인 혹정출시간 명위쟁합 주명리난성

或壬子日 丁未時 雖不能科甲 亦有恩榮 何也 蓋用子中癸水爲用

혹임자일 정미시 수불능과갑 역유은영 하야 개용자중계수위용

號曰用神得地 子月壬水 丙戊並用

호왈용신득지 자월임수 병무병용

【해 설】

자(子)월 임수(壬水)는 양인(陽刃)이 일주(日主)를 도와주니 다시 왕성해진다. 따라서 무토(戊土)로 용신(用神)을 삼은 후 병화(丙火)를 써야 한다. 만일 병화(丙火)와 무토(戊土)가 모두 투출(透出)하면 부귀영화를 누리고, 무토(戊土)가 있는데 병화(丙火)가 없으면 약간의 부를 이루고, 병화(丙火)가 있는데 무토(戊土)가 없으면 모사가 능해도 이루는 것이 없다.

만일 지지(地支)에 수국(水局)이 있는데 병화(丙火)가 출간(出干)하지 않고 무토(戊土)가 있으면 역시 고용인이고, 병화(丙火)가 투출(透出)했는데 무토(戊土)가 지지(地支)에 암장(暗藏)되면 운이 묘해지고, 지지(地支)에 화국(火局)이 있으면 부만 이룬다.

만일 년(年)에 정화(丁火)가 있으면 평범하고, 지지(地支)에 사고(四庫)가 있으면 부귀를 이루고, 정화(丁火)가 시간(時干)에 출간(出干)하면 쟁합(爭合)이 되니 명리를 이루기 어렵고, 임자(壬子)일 정미(丁未)시생은 과갑은 어려워도 은영은 있다. 대개 자(子)

중에 계수(癸水)가 있으면 벼슬에 오른다. 자(子)월 임수(壬水)는
병화(丙火)와 무토(戊土)를 용신(用神)으로 삼아야 길하다.

```
년 월 일 시      ■여명
丁 壬 壬 庚      癸甲乙丙丁戊己庚
巳 子 子 子      丑寅卯辰巳午未申
```

 임수(壬水) 일주(日主)가 자(子)월에 태어나 수기(水氣)가 태왕한
데 화기(火氣)는 태약하다. 많은 비겁(比劫)이 약한 재성(財星)을
파극하니 군비쟁재(群比爭財)가 되어 평생 한 번도 발복하지 못하
여 무슨 일을 해도 실패하였다. 수(水)가 태왕하여 화(火)가 용신
(用神)이 되었지만 수(水)와 화(火)를 화해시킬 목기(木氣)가 없는
것이 큰 문제다. 만일 목(木)이 1개라도 있으면 좋은 사주가 되었
을 것이다. 본명은 화(火)가 용신(用神)이지만 군비쟁재(群比爭財)
를 당하여 화(火)운을 만나도 대흉하다. 최하격 사주다.

```
년 월 일 시      ■남명
壬 壬 壬 癸      癸甲乙丙丁戊己庚
辰 子 子 卯      丑寅卯辰巳午未申
```

 임수(壬水) 일주(日主)가 자(子)월에 태어났으니 사주가 온통 물
판이며 한쪽으로 치우쳐 고독한 사주가 되었다. 그러나 시지(時支)

에 묘목(卯木)이 1개 들고, 년지(年支)에 진토(辰土)가 들어 종격(從格)도 될 수 없다. 차라리 종격(從格)이 되었으면 금수(金水)운에 길했을 것이다. 비록 년지(年支)에 진토(辰土)가 있지만 자진합수(子辰合水)하여 수(水)만 더 보태줄 뿐 아무 도움이 안된다.

본명은 하격이라 여러 번 과거를 보았지만 모두 낙방하였다. 사주가 워낙 흉하여 용신(用神)운에도 낙방한 것이다. 그리고 재성(財星)이 1개도 없으니 재물복도 전혀 없고, 아내궁도 불리하여 결혼도 하지 못하고 독신으로 살았다. 사주가 거지팔자이니 중년부터 대운이 좋아도 소용이 없었다.

【원 문】

丑月壬水 旺極復衰 何也 上半月癸辛主事 故旺 專用丙火
축월임수 왕극복쇠 하야 상반월계신주사 고왕 전용병화

下半月己土主事 故衰 亦用丙火甲木佐之 有丙解凍 名利雙全
하반월기토주사 고쇠 역용병화갑목좌지 유병해동 명리쌍전

丙透甲出 科甲之貴 然四柱無壬方妙 無丙單寒之士 或四柱多壬
병투갑출 과갑지귀 연사주무임방묘 무병단한지사 혹사주다임

戊透制之 衣衿有望 或丁出時干 化合成木 月干又見丁火
무투제지 의금유망 혹정출시간 화합성목 월간우견정화

無癸破格 亦主富貴 或支成金局 不見丙丁 名金寒水冷
무계파격 역주부귀 혹지성금국 불견병정 명금한수냉

一生孤寒 見火略可 卽丙透遇辛 亦不爲妙 見丁頗吉 臘月壬水

일생고한 견화약가 즉병투우신 역불위묘 견정파길 납월임수

先取丙火 丁甲爲佐 故水冷金寒 愛丙丁 水旺居垣須有智

선취병화 정갑위좌 고수냉금한 애병정 수왕거원수유지

水土混雜必愚頑 壬癸路經南域 主健富貴堪圖 又云

수토혼잡필우완 임계노경남역 주건부귀감도 우운

惟有水木傷官格 財官相見始爲歡

유유수목상관격 재관상견시위환

【해 설】

축(丑)월은 한기의 왕함이 극에 달하였다가 다시 쇠약해지는 때
다. 축(丑)월 임수(壬水)는 상반월은 계신(癸辛)이 주도하여 왕하
니 반드시 병화(丙火)로 용신(用神)을 삼아야 하고, 하반월은 기토
(己土)가 주도하여 쇠약해지니 병화(丙火)로 용신(用神)을 삼고 갑
목(甲木)으로 보좌해야 한다.

만일 병화(丙火)가 있으면 해동시켜주니 명리가 쌍전하고, 병화
(丙火)가 투출(透出)했는데 갑목(甲木)이 출간(出干)하면 과갑한
다. 사주에 임수(壬水)가 없어도 묘함이 있으나 병화(丙火)가 없으
면 빈한한 선비에 불과하다. 임수(壬水)가 많은데 무토(戊土)가 투
출(透出)하여 제극(制剋)하면 의식주가 넉넉하고, 정화(丁火)가 시
간(時干)에 출간(出干)하여 정임합목(丁壬合木)하여 목(木)으로 변
하고 월간(月干)에 정화(丁火)가 있는데 계수(癸水)가 없으면 파격

(破格)되나 부귀를 누리고, 지지(地支)에 금국(金局)이 있는데 병정화(丙丁火)가 없으면 금한수냉(金寒水冷)이 되어 일생이 가난하며 고독하다. 이때 화(火)가 보이면 약간 가하고, 병화(丙火)가 투출(透出)했는데 신금(辛金)을 만나면 묘함이 없고, 정화(丁火)를 보면 매우 길하다.

축(丑)월 임수(壬水)는 먼저 병화(丙火)로 용신(用神)을 삼은 후 정화(丁火)와 갑목(甲木)으로 보좌해야 한다. 수냉금한(水冷金寒)이니 병정화(丙丁火)가 있으면 길하고, 원국에 수(水)가 왕성하면 지혜가 있고, 수토(水土)가 혼잡하면 반드시 우매하며 완고하다. 임계수(壬癸水)가 남방운으로 흐르면 건강하며 부귀가 크고, 수목(水木)만 있으면 상관격(傷官格)이고, 재관(財官)을 만나면 비로소 환영한다.

년	월	일	시	■ 남명
戊	乙	壬	辛	丙丁戊己庚辛壬癸
寅	丑	子	丑	寅卯辰巳午未申酉

임수(壬水) 일주(日主)가 축(丑)월에 태어나 사주가 차갑고 물판이다. 지지(地支)에서 해자축(亥子丑)이 방합(方合)하여 신강(身强)하다. 조후(調候)하려면 년지(年支)의 인(寅) 중의 병화(丙火)가 용신(用神)인데 암장(暗藏)되었으니 길명은 아니다. 본명은 재(財)운이 불리하여 의식주만 해결하는 정도였고, 무토(戊土)가 편

관(偏官)이며 길하니 관운이 조금 따라 미관말직에 머물렀고, 일지(日支) 자수(子水)가 기신(忌神)에 해당하니 부부운이 없어 바람둥이 아내를 만나 해로하지 못하고, 시주(時柱) 신축(辛丑)은 기신(忌神)에 해당하며 식상(食傷)은 자식을 나타내는데 기신(忌神)에 해당하니 자식운도 없었다.

제3장. 계수론(癸水論)

1. 계수(癸水)의 희용제요(喜用提要)

1. 인(寅)월 계수(癸水)

【원 문】

寅月癸水 用辛丙 用辛生癸水爲源 無辛用庚 丙不可少

인월계수 용신병 용신생계수위원 무신용경 병불가소

【해 설】

　인(寅)월 계수(癸水)는 신금(辛金)과 병화(丙火)로 용신(用神)을 삼아야 한다. 신금(辛金)이 있으면 계수(癸水)의 근원을 생조(生助)하고, 신금(辛金)이 없으면 경금(庚金)을 써야 하는데 병화(丙火)가 적으면 불가하다.

년	월	일	시	■남명
壬	壬	癸	乙	癸甲乙丙丁戊己庚
辰	寅	丑	卯	卯辰巳午未申酉戌

계수(癸水) 일주(日主)가 인(寅)월에 태어났다. 인(寅)월은 무병갑(戊丙甲)이 암장(暗藏)되어 목기(木氣)와 화기(火氣)가 강하니 경신금(庚辛金)과 병정화(丙丁火)로 용신(用神)을 삼아야 한다. 목기(木氣)가 왕성하면 경신금(庚辛金)을 먼저 쓰고, 수기(水氣)가 많으면 병정화(丙丁火)를 먼저 써야 한다. 인(寅)월은 목기(木氣)와 화기(火氣)가 왕성하나 아직 한기가 남아 있고, 지지(地支)에 인묘진(寅卯辰) 방합(方合)이 있으니 목기(木氣)가 태과하다. 따라서 경신금(庚辛金)이 필요한데 없으니 년월(年月)에 투출(透出)한 임수(壬水)로 용신(用神)을 삼는다. 그러나 임수(壬水) 용신(用神)은 왕성한 목기(木氣)를 더 왕성하게 만드니 사주가 더 흉해져 종아격(從兒格)도 될 수 없다. 참으로 용신(用神)을 취하기 어려운 사주가 되어 평생 한 번도 발복하지 못하고 빈천하였다. 또 일지(日支) 축토(丑土)도 기신(忌神)에 해당하니 부부운도 없어 고집불통이며 무례한 아내를 만났다. 한마디로 하격 사주다.

2. 묘(卯)월 계수(癸水)

【원 문】

卯月癸水 用庚辛 乙木司令 專用庚金 辛金次之
묘월계수 용경신 을목사령 전용경금 신금차지

【해 설】

묘(卯)월 계수(癸水)는 경신금(庚辛金)으로 용신(用神)을 삼아야
하는데 을목(乙木)이 사령(司令)했으니 반드시 경금(庚金)을 먼저
쓴 후 신금(辛金)을 써야 한다.

년	월	일	시	■여명
辛	辛	癸	庚	壬癸甲乙丙丁戊己
巳	卯	卯	申	辰巳午未申酉戌亥

계수(癸水) 일주(日主)가 묘(卯)월에 태어났다. 묘(卯)월은 갑을
(甲乙)이 암장(暗藏)되어 목기(木氣)만이 강하니 경신금(庚辛金)으
로 용신(用神)을 삼아야 하나 수기(水氣)가 왕하면 무기토(戊己土)
를 쓴다. 묘(卯)월은 왕한 목기(木氣)를 억제해야 중화되니 년월
(年月) 신금(辛金)과 시상(時上) 경금(庚金)이 용신(用神)인데 시
지(時支) 신금(申金)에 통근(通根)하여 강하니 길하다. 계수(癸水)
일주(日主)가 묘(卯)월에 태어났고, 시주(時柱)에 경신(庚申)이 들

어 신강(身强)하고, 또 재성(財星)이 왕하니 재물복이 있어 자영업
으로 작게나마 재물을 모았다. 그러나 일지(日支) 묘목(卯木)이 기
신(忌神)이라 부부운이 흉하여 별거하다 결국 이별하였다.

3. 진(辰)월 계수(癸水)

【원문】
辰月癸水 用丙辛甲 上半月專用丙火 下半月雖用丙火 辛甲佐之
진월계수 용병신갑 상반월전용병화 하반월수용병화 신갑좌지

【해설】
진(辰)월 계수(癸水)는 병화(丙火)와 신금(辛金)과 갑목(甲木)으
로 용신(用神)을 삼아야 한다. 상반월에는 병화(丙火)를 전용하지
만 하반월에는 병화(丙火)를 먼저 쓴 후 신금(辛金)과 갑목(甲木)
으로 보좌해야 한다.

년	월	일	시	■남명
辛	壬	癸	辛	辛 庚 己 戊 丁 丙 乙 甲
巳	辰	巳	酉	卯 寅 丑 子 亥 戌 酉 申

진(辰)월은 을계무(乙癸戊)가 암장(暗藏)되어 토기(土氣)와 목기
(木氣)가 강하니 경신금(庚辛金)과 임계수(壬癸水)로 용신(用神)을

삼아야 한다. 목(木)이 왕하면 경신금(庚辛金)을 먼저 쓰고, 화(火)가 왕하면 임계수(壬癸水)를 먼저 쓴다. 진(辰)월은 토(土)와 목(木)이 왕하고, 년일지(年日支)에 사화(巳火)가 들어 신약(身弱)하니 금수(金水)운이 필요하다. 좋은 것은 월(月)에 임수(壬水)가 들고, 년상(年上)과 시상(時上)에 신금(辛金)이 들어 용신(用神)이 된 것이다. 임수(壬水) 겁재(劫財)가 용신(用神)이니 독립심이 강하여 자수성가로 중부 이상의 재물을 모았다. 그러나 일지(日支) 사화(巳火)가 기신(忌神)이니 부부운이 흉하여 첩을 두는 등 문란하다가 말년에는 자식들에게 부모대접을 받지 못하였다.

4. 사(巳)월 계수(癸水)

【원 문】
巳月癸水 用辛 無辛用庚
사월계수 용신 무신용경

【해 설】
사(巳)월 계수(癸水)는 신금(辛金)으로 용신(用神)을 삼아야 하는데 신금(辛金)이 없으면 경금(庚金)을 쓴다.

년	월	일	시	■남명						
壬	乙	癸	癸	丙	丁	戊	己	庚	辛	壬	癸
申	巳	巳	亥	午	未	申	酉	戌	亥	子	丑

계수(癸水) 일주(日主)가 사(巳)월에 태어났다. 사(巳)월은 무경병(戊庚丙)이 암장(暗藏)되어 화기(火氣)와 금기(金氣)가 강하니 임계수(壬癸水)로 용신(用神)을 삼은 후 경신금(庚辛金)을 써야 하나 목기(木氣)가 왕하면 경신금(庚辛金)을 먼저 쓴다. 사(巳)월은 입하이며 무음육양(無陰六陽)의 계절이니 화염이 강한데 일지(日支)에 사화(巳火)가 들어 더 태왕하니 우선 임계수(壬癸水)가 필요하다. 년상(年上)에 임수(壬水)가 들고 시상(時上)에 계수(癸水)가 들어 길하고, 임계수(壬癸水) 용신(用神)은 년지(年支) 신금(申金)에 통근(通根)하여 강하다. 용신(用神)이 강하면 능력이 많은데 이 사람도 상서(尙書)라는 높은 관직에 올랐다. 재물운도 많아 수만 석의 거부가 되었다. 즉 재관(財官)을 모두 갖춘 극부극귀의 사주다. 그러나 일지(日支) 사화(巳火)가 기신(忌神)에 해당하니 부부 운이 좋지 않아 가정적으로는 불행했던 것이 결점이었다.

5. 오(午)월 계수(癸水)

【원 문】

午月癸水 用庚辛壬癸 庚辛爲生身之本 但丁火司權
오월계수 용경신임계 경신위생신지본 단정화사권
金難敵火 宜兼用比劫 方得庚辛之用
금난적화 의겸용비겁 방득경신지용

【해 설】

오(午)월 계수(癸水)는 경신금(庚辛金)과 임계수(壬癸水)로 용신 (用神)을 삼아야 한다. 경신금(庚辛金)은 일주(日主)를 생해주는 근본이고, 정화(丁火)는 권력을 잡으니 금(金)이 적인 화(火)를 만 나면 어렵게 된다. 비겁(比劫)을 겸용하면 길하고, 경신금(庚辛金) 으로 용신(用神)을 삼으면 길하다.

년	월	일	시	■여명
戊	戊	癸	己	己庚辛壬癸甲乙丙
子	午	巳	未	未申酉戌亥子丑寅

오(午)월은 병기정(丙己丁)이 암장(暗藏)되어 화기(火氣)만이 강 하니 반드시 임계수(壬癸水)로 용신(用神)을 삼아야 하나 목기(木 氣)가 왕하면 금기(金氣)를 먼저 쓴다. 그러나 본명은 년지(年支) 에 자수(子水)가 들어 종격(從格)도 되지 못하고, 무계(戊癸)가 합 하여 기신(忌神)으로 변하고, 년지(年支) 자수(子水)는 자오상충 (子午相沖)을 당했으니 문제가 많았다.

지지(地支)에서 사오미(巳午未)가 방합(方合)하여 화국(火局)을 이루어 화염이 태과하다. 따라서 먼저 임계수(壬癸水)가 필요하고, 다음은 경신금(庚辛金)이 필요하다. 그런데 용신(用神)인 임수(壬 水)가 전혀 투출(透出)하지 않아 흉하고, 또 희신(喜神)인 경신금 (庚辛金)도 전혀 없어 흉한 사주가 되었다. 년지(年支)에 자수(子

水)가 들어 왕성한 화기(火氣)를 파극(破剋)하나 역부족이다. 그리고 여명에서 일지(日支)는 남편운이고 관살(官殺)은 남자인데일지(日支)가 기신(忌神)에 해당하고 관살(官殺)이 혼잡하니 당연히 남편복이 없었다. 이런 사주는 독신이나 과부가 된다. 거기다 건강운도 불리하고 재물운도 없으니 참으로 답답한 사주다. 그러나 적선공덕을 많이 쌓으면 길이 열릴 것이다.

6. 미(未)월 계수(癸水)

【원 문】

未月癸水 用庚辛壬癸 上半月金神衰弱 火氣炎熱

미월계수 용경신임계 상반월금신쇠약 화기염열

宜比劫幇身 同午月 下半月無比劫亦可

의비겁방신 동오월 하반월무비겁역가

【해 설】

미(未)월 계수(癸水)는 경신금(庚辛金)과 임계수(壬癸水)로 용신(用神)을 삼아야 한다. 상반월은 금(金)이 쇠약하고 화(火)가 강하니 비겁(比劫)으로 도와야 길하고, 오(午)월과 같으며 하반월은 비겁(比劫)이 없어도 무방하다.

년 월 일 시	■남명
丁 丁 癸 庚	丙乙甲癸壬辛庚己
巳 未 巳 申	午巳辰卯寅丑子亥

미(未)월은 화(火)의 고지(庫地)이며 정을기(丁乙己)가 암장(暗藏)되어 토기(土氣)와 화기(火氣)가 강하니 임계수(壬癸水)와 갑을목(甲乙木)으로 용신(用神)을 삼아야 한다. 토(土)가 왕성하면 목(木)을 먼저 쓰고, 화(火)가 왕성하면 수(水)를 먼저 쓴다. 본명은 지지(地支)에서 사오미(巳午未)가 방합(方合)하여 화국(火局)까지 이루었으니 임계수(壬癸水)가 시급하나 일주(日主) 외에는 없다. 따라서 시상(時上) 경금(庚金)이 용신(用神)인데 시지(時支) 신금(申金)에 통근(通根)하여 강하니 재물복이 많았다. 그러나 일지(日支) 사화(巳火)가 구신(仇神)에 해당하니 아내궁이 불리하여 아내와 이별하고 첩과 살았다. 그리고 재성(財星)이 기신(忌神)에 해당하니 화(火)운을 만날 때마다 여자들 때문에 금전적인 손실과 고통을 많이 당하였다. 주변에 여자가 많았지만 대부분 음란하였다.

7. 신(申)월 계수(癸水)

【원문】

申月癸水 用丁 庚金得祿 必丁火制爲用 丁火以通根午戌未爲妙
신월계수 용정 경금득록 필정화제위용 정화이통근오술미위묘

【해 설】

신(申)월 계수(癸水)는 정화(丁火)로 용신(用神)을 삼아야 한다. 경금(庚金)이 득록(得祿)했으니 반드시 정화(丁火)로 제극(制剋)해야 하기 때문이다. 정화(丁火)가 오술미(午戌未)에 통근(通根)하면 반드시 묘해진다.

년	월	일	시	■ 남명
庚	甲	癸	庚	乙丙丁戊己庚辛壬
午	申	卯	申	酉戌亥子丑寅卯辰

신(申)월은 금(金)이 왕성하고 기무임경(己戊壬庚)이 암장(暗藏)되어 금기(金氣)와 수기(水氣)가 강하니 갑을목(甲乙木)으로 용신(用神)을 삼은 후 임계수(壬癸水)를 써야 하나 금기(金氣)가 많으면 화(火)를 먼저 쓴다. 본명은 년상(年上)과 시상(時上)에 경금(庚金)이 투출(透出)하고 시지(時支)에 신금(申金)이 들어 금기(金氣)가 태왕하다. 따라서 월(月) 갑목(甲木)이 용신(用神)인데 일지(日支) 묘목(卯木)에 통근(通根)하여 강하고, 일간(日干) 계수(癸水)가 목생화(木生火)로 목(木)을 생조(生助)하니 더 강해졌다.

즉 본명에서는 갑을목(甲乙木)이 가장 길하니 용신(用神)이고, 임계수(壬癸水)는 희신(喜神)이고, 병정화(丙丁火)는 한신(閑神)이니 반길반흉하고, 경신금(庚辛金)은 기신(忌神)이고, 무술(戊戌)과 기미토(己未土)는 구신(仇神)이다. 일지(日支) 묘목(卯木)이 용신(用

神)이니 아내복이 많아 현모양처를 만났고, 상관(傷官)이 용신(用
神)이니 전문분야의 기술자였다. 일찍 등과했지만 낙향하여 공업계
통에서 연구와 창작에 힘썼다.

8. 유(酉)월 계수(癸水)

【원 문】

酉月癸水 用辛丙 辛金爲用 丙火佐之
유월계수 용신병 신금위용 병화좌지

名水暖金溫 須隔位同透爲妙
명수난금온 수격위동투위묘

【해 설】

유(酉)월 계수(癸水)는 신금(辛金)으로 용신(用神)을 삼은 후 병
화(丙火)로 보좌해야 한다. 이런 사주는 수난금온(水暖金溫)이 되
어 신금(辛金)과 병화(丙火)가 함께 투출(透出)하면 묘해진다.

년	월	일	시	■ 여명
癸	辛	癸	甲	壬癸甲乙丙丁戊己
卯	酉	酉	寅	戌亥子丑寅卯辰巳

계수(癸水) 일주(日主)가 유(酉)월에 태어났다. 유(酉)월은 경신

(庚辛)이 암장(暗藏)되어 금기(金氣)만이 강하니 갑을목(甲乙木)으로 용신(用神)을 삼은 후 병정화(丙丁火)를 써야 하나 수(水)가 많으면 토(土)를 먼저 쓴다. 유(酉)월은 금기(金氣)가 왕성하고, 계수(癸水) 일주(日主)가 유(酉)월에 태어나 신강(身强)한데 일지(日支) 유금(酉金)이 진유합금(辰酉合金)하여 금기(金氣)가 더 강해졌다. 목화(木火)운이 길하여 년지(年支) 묘목(卯木)이 길하지만 묘유(卯酉)가 상충(相冲)하여 용신(用神)이 약해졌으니 하격이다. 일지(日支) 유금(酉金)이 기신(忌神)에 해당하니 부부운이 없어 바람둥이이며 난폭한 남편을 만나 이별하고 혼자 아들 하나를 키우며 살았다. 그런데 시주(時柱) 갑인(甲寅)이 용신(用神)에 해당하니 자식이 효성이 깊고 성공하여 노년은 평안하였다.

9. 술(戌)월 계수(癸水)

【원 문】

戌月癸水 用辛甲壬癸 專用辛金 忌戊土 要比劫滋甲制戊 爲妙
술월계수 용신갑임계 전용신금 기무토 요비겁자갑제무 위묘

【해 설】

술(戌)월 계수(癸水)는 신금(辛金)과 갑목(甲木)과 임계수(壬癸水)로 용신(用神)을 삼아야 한다. 만일 신금(辛金)이 용신(用神)인데 무토(戊土)가 들면 흉하나 비겁(比劫)이 갑목(甲木)을 자윤하고

무토(戊土)를 제극(制剋)하면 묘해진다.

년	월	일	시	■남명
乙	丙	癸	丁	乙甲癸壬辛庚己戊
亥	戌	酉	巳	酉申未午巳辰卯寅

　계수(癸水) 일주(日主)가 술(戌)월에 태어났다. 술(戌)월은 신정무(辛丁戊)가 암장(暗藏)되어 금기(金氣)와 토기(土氣)가 강하니 갑을목(甲乙木)과 병정화(丙丁火)로 용신(用神)을 삼아야 하나 수(水)가 많으면 토(土)를 먼저 쓴다. 술(戌)월은 토(土)와 금(金)이 왕성하고, 일지(日支)에 유금(酉金)이 들었는데 유(酉)시에 태어났으니 금기(金氣)가 태왕하다. 따라서 월(月) 병화(丙火)가 용신(用神)이고, 년상(年上) 을목(乙木)은 희신(喜神)이다. 즉 목화(木火)운은 길하고 토금수(土金水)운은 흉하다.

　본명은 식상(食傷)운이 길하니 부하와 후배덕이 많았고, 계수(癸水) 일주(日主)가 년지(年支) 해수(亥水)와 일지(日支) 유금(酉金)의 도움을 받아 강하니 재물운이 좋아 중부를 이루었다. 그러나 관살(官殺)이 흉하여 관직은 얻지 못하였고, 일지(日支) 유금(酉金)이 기신(忌神)이니 아내복도 없었다. 즉 돈 많은 홀아비 팔자다.

10. 해(亥)월 계수(癸水)

【원 문】

亥月癸水 用庚辛戊丁 亥中甲木長生

해월계수 용경신무정 해중갑목장생

洩散元神 宜用庚辛 金多用丁

설산원신 의용경신 금다용정

【해 설】

해(亥)월 계수(癸水)는 경신금(庚辛金)과 무토(戊土)와 정화(丁
火)로 용신(用神)을 삼아야 한다. 해(亥) 중에 갑목(甲木)이 장생
(長生)하여 원신(元神)을 설기하여 분산시키는데 경신금(庚辛金)
이 용신(用神)이면 길하고, 금(金)이 많으면 정화(丁火)를 쓴다.

년	월	일	시	■남명						
丙	己	癸	戊	庚	辛	壬	癸	甲	乙	丙	丁
申	亥	亥	午	丑	寅	卯	辰	巳	午	未

계수(癸水) 일주(日主)가 해(亥)월에 태어났다. 해(亥)월은 무갑
임(戊甲壬)이 암장(暗藏)되어 수기(水氣)와 목기(木氣)가 강하니
병정화(丙丁火)로 용신(用神)을 삼은 후 무기토(戊己土)를 써야 하
나 목(木)이 많으면 금(金)을 먼저 쓴다. 해(亥)월은 수(水)가 왕성

하고, 년지(年支)에 자수(子水)가 들고, 일지(日支)에 해수(亥水)가
들어 금수(金水)가 왕성하다. 조후(調候)하려면 병정화(丙丁火)가
필요하고, 홍수를 막으려면 무기토(戊己土)가 필요하고, 태왕한 수
기(水氣)를 설기(洩氣)하려면 갑을목(甲乙木)이 필요하다.

그런데 년상(年上)에 병화(丙火)가 투출(透出)하고, 무오(戊午)시
에 태어났으니 화기(火氣)가 왕성하여 큰 재물을 모았다. 그러나
일지(日支) 해수(亥水)가 기신(忌神)에 해당하니 부부운이 좋지 않
았다. 첩을 2명이나 두었는데 아내와 첩 사이에 싸움이 많았다. 또
비겁(比劫)이 기신(忌神)에 해당하는데 친구의 보증을 서주었다가
법난을 많이 당하였다.

11. 자(子)월 계수(癸水)

【원 문】

子月癸水 用丙辛 丙火解氷 辛金滋扶
자월계수 용병신 병화해빙 신금자부

【해 설】

자(子)월 계수(癸水)는 병화(丙火)와 신금(辛金)으로 용신(用神)
을 삼아야 한다. 병화(丙火)는 해빙(解氷)하고 신금(辛金)은 자부
(滋扶)해주기 때문이다.

년	월	일	시	■여명
辛	庚	癸	丙	辛壬癸甲乙丙丁戊
卯	子	亥	辰	丑寅卯辰巳午未申

본명은 기생의 사주인데 계수(癸水) 일주(日主)가 자(子)월에 태어났다. 자(子)월은 임계(壬癸)가 암장(暗藏)되어 수기(水氣)만이 강하니 병정화(丙丁火)로 용신(用神)을 삼은 후 무기토(戊己土)를 써야 하나 목(木)이 많으면 토(土)를 먼저 쓴다. 본명은 지지(地支)에서 해자(亥子)가 수국(水局)을 이루고, 일지(日支) 해수(亥水)가 기신(忌神)에 해당하고, 관살(官殺)이 혼잡하니 남편복이 없고 남자문제가 복잡할 것을 암시한다. 이 사람은 타고난 팔자대로 일찍 기생이 되었다. 그런데 시상(時上)에 병화(丙火)가 투출(透出)하여 외모가 아름답고 가무에 능하여 인기가 많았으나 성병으로 고생하다 40세를 넘기지 못하였다.

12. 축(丑)월 계수(癸水)

【원문】

丑月癸水 用丙丁 丙火解氷 通根 巳午未戌 方妙 癸巳會黨
축월계수 용병정 병화해빙 통근사오미술 방묘 계사회당
年透丁火 名雪後燈光 夜生者貴 支成火局 又宜用庚辛
년투정화 명설후등광 야생자귀 지성화국 우의용경신

【해 설】

축(丑)월 계수(癸水)는 병정화(丙丁火)로 용신(用神)을 삼아야 한다. 병화(丙火)로 해빙(解氷)하고, 지지(地支)에 사오미술(巳午未戌)이 통근(通根)하면 묘하다. 계사(癸巳)가 회당(會黨)하고, 년(年)에 정화(丁火)가 투출(透出)하면 설후등광(雪後燈光)이 되어 밤에 태어난 사람은 귀를 이룬다. 만일 지지(地支)에 화국(火局)이 있는데 경신금(庚辛金)이 있으면 길하다.

년	월	일	시	■남 명
丁	癸	癸	癸	壬 辛 庚 己 戊 丁 丙 乙
亥	丑	卯	亥	子 亥 戌 酉 申 未 午 巳

본명은 걸인의 사주다. 제법 의식주가 넉넉한 집안에서 태어나 성장했지만 전쟁으로 부모형제를 모두 잃고 걸식하며 살았다. 그러던 어느 겨울, 강건너 마을로 구걸하러 가다가 얼음이 깨지는 바람에 물에 빠져 죽었다. 본명은 년상(年上) 정화(丁火)가 용신(用神)이고, 일지(日支) 목(木)은 희신(喜神)이다. 정화(丁火) 용신(用神)은 정계(丁癸)가 상충(相沖)하여 매우 약하니 단명한 것이다. 용신(用神)은 그 사람의 생명이며 정신이기 때문에 어떤 사주든 용신(用神)이 약하면 위험하다. 이 사람은 초년인 임자(壬子) 신해(辛亥) 대운이 매우 흉하여 18세의 젊은 나이에 죽은 것이다.

2. 삼춘(三春) 계수(癸水)

【원 문】

寅月癸水 値三陽之後 雨露之精 其性至柔 先用辛金 生癸水之源

인월계수 치삼양지후 우로지정 기성지유 선용신금 생계수지원

次用丙火照暖 名曰陰陽調和 萬物發生 辛丙兩透 金榜有名

차용병화조난 명왈음양조화 만물발생 신병양투 금방유명

或支成火局 辛金受傷 有壬出救者富貴 無壬者貧窮 或丙出天干

혹지성화국 신금수상 유임출구자부귀 무임자빈궁 혹병출천간

辛在酉丑 亦有衣衿 若辛丙皆無 貧寒下格 或辛透丙藏 恩榮之造

신재유축 역유의금 약신병개무 빈한하격 혹신투병장 은영지조

丙辛在柱 以富得官 或戊透月上 坐辰時 不見比劫 丙丁出干

병신재주 이부득관 혹무투월상 좌진시 불견비겁 병정출간

此爲化合 定主腰金 見刑冲則否 或支成水局 宜有丙透 無壬者

차위화합 정주요금 견형충즉부 혹지성수국 의유병투 무임자

衣祿不少 若見丙火重重 又作貴推 寅月癸水 辛金爲主 丁火次之

의록불소 약견병화중중 우작귀추 인월계수 신금위주 정화차지

丙亦不可少 若無庚辛 雖有丙火 無用之人 或火多土多 殘疾不免

병역불가소 약무경신 수유병화 무용지인 혹화다토다 잔질불면

【해 설】

인(寅)월은 삼양(三陽)의 계절이니 우로의 정(精)이 있어 인(寅)

월 계수(癸水)는 매우 유약하다. 따라서 먼저 신금(辛金)으로 수(水)의 근원을 이루고, 병화(丙火)로 따뜻하게 해주면 음양이 조화되어 만물이 소생한다. 만일 신금(辛金)과 병화(丙火)가 모두 투출(透出)하면 등과급제하나 지지(地支)에 화국(火局)이 있으면 신금(辛金)이 상해를 입고, 임수(壬水)가 출간(出干)하여 구제해주면 부귀를 이루나 임수(壬水)가 없으면 빈궁하고, 병화(丙火)가 출간(出干)했는데 신금(辛金)이 유축(酉丑)에 있으면 의식주는 넉넉하고, 신금(辛金)과 병화(丙火)가 모두 없으면 하격이 되어 가난하다.

만일 신금(辛金)이 투출(透出)했는데 병화(丙火)가 암장(暗藏)되면 은영을 얻고, 병화(丙火)와 신금(辛金)이 있으면 부유하며 관직을 얻는다. 그러나 무토(戊土)가 월(月)에 투출(透出)했는데 진(辰)시에 앉고 비겁(比劫)을 보지 않아야 한다. 만일 병정화(丙丁火)가 출간(出干)하면 화격(化格)이 되어 반드시 허리에 금띠를 두르나 지지(地支)에 형충(刑沖)이 있으면 파격(破格)이 된다. 만일 지지(地支)에 수국(水局)이 있는데 병화(丙火)가 투출(透出)하면 길하고, 임수(壬水)가 없으면 의식주가 적지 않고, 병화(丙火)가 중중하면 고귀한 명조가 된다.

인(寅)월 계수(癸水)는 먼저 신금(辛金)을 쓴 후 경금(庚金)을 써야 하나 병화(丙火)가 적으면 불가하다. 만일 경신금(庚辛金)이 없으면 병화(丙火)가 있어도 쓸모없는 사람이 되고, 화(火)와 토(土)가 많으면 질병을 피할 길이 없다.

년	월	일	시	■여명
丁	壬	癸	丙	癸壬辛庚己戊丁丙
卯	寅	卯	辰	丑子亥戌酉申未午

계수(癸水) 일주(日主)가 인(寅)월에 태어나 설기(洩氣)가 심하고, 월(月) 임수(壬水)는 정임합목(丁壬合木)하여 식상(食傷)으로 변하였다. 계수(癸水) 일주(日主)가 의지할 곳이 없으니 식상(食傷)운을 따라가 종아격(從兒格)이 되었다. 종아격(從兒格)이니 목(木) 식상(食傷)이 용신(用神)이고, 목(木)을 도와주는 수(水) 비겁(比劫)은 희신(喜神), 재성(財星)은 한신(閑神), 금(金) 인성(印星)은 기신(忌神), 토(土)는 구신(仇神)이다.

초년운인 계축(癸丑) 임자(壬子) 대운은 희신(喜神)운이니 일찍 등과하였으나 청년운인 신해(辛亥) 경술(庚戌) 대운은 수(水)는 희신(喜神)이나 금(金)이 기신(忌神)이라 벼슬이 봉강(封疆)에 올랐으나 어려움이 많았다. 그리고 무신(戊申) 대운은 기신(忌神)과 구신(仇神)운이라 대흉하여 죽었다.

년	월	일	시	■남명
癸	甲	癸	甲	癸壬辛庚己戊丁丙
亥	寅	亥	寅	丑子亥戌酉申未午

본명은 수목상관격(水木傷官格)이다. 계수(癸水) 일주(日主)가 인

(寅)월에 태어나 신약(身弱)하다. 경신금(庚辛金)이 있으면 금(金)이 용신(用神)이나 없으니 년간(年干) 계수(癸水)가 용신(用神)이다. 따라서 수(水)가 용신(用神)이고 금(金)은 희신(喜神)이니, 목(木)운이 가장 흉하고, 그 다음은 화(火)운이 흉하다.

 초년에는 대운이 금수(金水)운으로 흘러 큰 문제없이 등과하였고, 경술(庚戌) 기유(己酉) 대운도 길하여 별가(別駕)라는 벼슬에 올랐다. 그러나 오행이 골고루 들어 있지 않고, 식상(食傷)이 태왕하여 비겁(比劫)을 쓸 수 밖에 없으니 하격이 되었다.

【원문】

卯月癸水 不剛不柔 乙木司令 洩弱元神 專用丁火爲用

묘월계수 불강불유 을목사령 설약원신 전용정화위용

辛金次之 庚辛俱透 無丁出干者 貴由科甲 無庚辛者常人

신금차지 경신구투 무정출간자 귀유과갑 무경신자상인

或庚透辛藏 榮封有准 庚藏辛透 亦有衣衿 庚辛兩透

혹경투신장 영봉유준 경장신투 역유의금 경신양투

富中取貴 或刀筆揚名 或庚辛重見 有己丁出干者亦貴

부중취귀 혹도필양명 혹경신중견 유기정출간자역귀

或支成木局 月時又見木者 爲洩水太過 定主貧困多災

혹지성목국 월시우견목자 위설수태과 정주빈곤다재

卽運入西方 亦屬無用

즉운입서방 역속무용

【해 설】

묘(卯)월 계수(癸水)는 강하지도 약하지도 않다. 을목(乙木)이 사령(司令)하고 계수(癸水)의 원신(元神)을 설기(洩氣)하여 약하니 반드시 경금(庚金)으로 용신(用神)을 삼은 후 신금(辛金)을 써야 한다. 만일 경금(庚金)과 신금(辛金)이 모두 투출(透出)했는데 정화(丁火)가 출간(出干)하지 않으면 과갑하나 경신금(庚辛金)이 없으면 평상인에 지나지 않는다. 만일 경금(庚金)이 투출(透出)했는데 신금(辛金)이 암장(暗藏)되면 영화로운 벼슬을 한다.

만일 경금(庚金)이 암장(暗藏)되었는데 신금(辛金)이 투출(透出)하면 의식주가 넉넉하고, 경신금(庚辛金)이 모두 투출(透出)하면 부한 가운데 귀를 이루고, 경신금(庚辛金)을 거듭 만났는데 기토(己土)와 정화(丁火)가 출간(出干)하면 역시 고귀하고, 지지(地支)에 목국(木局)을 이루었는데 월시(月時)에 또 목(木)이 있으면 수(水)의 설기(洩氣)가 태과하니 가난하며 재앙이 많고, 서방운으로 흐르면 무용지물이 된다.

년	월	일	시	■ 남명
甲	丁	癸	庚	戊己庚辛壬癸甲乙
午	卯	卯	申	辰巳午未申酉戌亥

계수(癸水) 일주(日主)가 묘(卯)월에 태어나 실령(失令)하였고, 년월간(年月干)에 갑을(甲乙)이 들고, 일지(日支)에 묘목(卯木)이

들었으니 설기(洩氣)가 매우 심하다. 그런데 시주(時柱)에 경신금 (庚申金)이 들어 경금(庚金)이 많은 갑목(甲木)을 제압하고, 허약한 일주(日柱)를 부조(扶助)하니 좋아져 금(金)이 용신(用神)이다. 경금(庚金)이 용신(用神)이면 천간(天干)에서는 기토(己土)와 무토(戊土)와 신금(辛金)이 희신(喜神) 작용을 하고, 지지(地支)에서는 오화(午火)와 미토(未土)와 유금(酉金)과 술토(戌土)가 희신(喜神) 작용을 한다.

본명은 년지(年支)에 오화(午火)가 들어 재물복이 많았고, 시주(時柱)에 경신금(庚申金) 용신(用神)이 들어 자녀운과 말년운이 좋았으나 부부운은 좋지 않아 갈등이 많았다. 대운은 화토금(火土金) 운에서 발복하였다. 목(木)운이 가장 흉하고, 다음은 수(水)운이 흉하다. 신약(身弱) 사주이나 수(水)가 구신(仇神)에 해당한다. 수(水)는 식상(食傷)인 목(木)을 생조(生助)하기 때문이다.

년	월	일	시	■ 여명					
癸	乙	癸	辛	丙	丁	戊	己	庚	辛	壬
卯	卯	卯	酉	辰	巳	午	未	申	酉	戌

계수(癸水) 일주(日主)가 묘(卯)월에 태어났고, 월간(月干)에 을목(乙木)이 있고, 년지(年支)에 묘목(卯木)이 있다. 목기(木氣)가 매우 강하나 시주(時柱) 신유금(辛酉金)이 부조(扶助)하여 길한 사주가 되었다. 시간(時干) 신금(辛金)으로 용신(用神)을 삼아 많은

목기(木氣)를 억제하고, 약한 일주(日柱)를 보호하면 길하다. 설기(洩氣)가 심하면 우선 인성(印星)으로 부조(扶助)해야 한다. 용신(用神)이란 사주에 문제가 생겼을 때 해결하는 것이다.

년	월	일	시	■남명
甲	丁	己	癸	戊己庚辛壬癸甲乙
戌	卯	卯	酉	辰巳午未申酉戌亥

본명은 묘(卯)월에 태어났다. 묘(卯)의 초기(初氣)는 갑목(甲木)인데 년간(年干)에 투간(透干)하여 정관격(正官格)이 되었다. 강한 목기(木氣)를 억제해야 중화되니 시지(時支) 유금(酉金)이 용신(用神)이다. 용신(用神)은 투간(透干)해야 능력을 충분히 발휘할 수 있는데 투간(透干)하지 않았고, 또 묘유상충(卯酉相沖)이 있으니 길복이 많이 줄어들었고, 년지(年支) 술토(戌土)가 희신(喜神)이나 거리가 멀어 별 도움이 되지 않아 흉하다. 희신(喜神)은 용신(用神)을 보호해야 하는데 멀리 떨어져 있으니 무정한 사주가 되어 평범하였다.

【원 문】

辰月癸水 要分淸明穀雨 淸明後 火氣未熄 專用丙火 爲陰陽和諧
진월계수 요분청명곡우 청명후 화기미식 전용병화 위음양화해

穀雨後 雖用丙火 尚宜辛甲佐之　如辛卯壬辰癸未丙辰生

곡우후 수용병화 상의신갑좌지 여신묘임진계미병진생

上半月用丙火顯達 生下半月 必無傷辛金癸水 方妙

상반월용병화현달 생하반월 필무상신금계수 방묘

然丙亦不可少 辰月癸水 從化者多 得化者榮祿 不化者平常

연병역불가소 진월계수 종화자다 득화자영록 불화자평상

或支成水局 不見己土 無木 乃從殺格 有甲出者常人 或支坐四庫

혹지성수국 불견기토 무목 내종살격 유갑출자상인 혹지좌사고

又得甲透 可謂顯達名揚 無甲者僧道孤苦 或支成木局 無金

우득갑투 가위현달명양 무갑자승도고고 혹지성목국 무금

名傷官生財格 主聰明博學 衣祿充饒 辰月癸水 辛甲癸酌用

명상관생재격 주총명박학 의록충요 진월계수 신갑계작용

【해 설】

진(辰)월 계수(癸水)는 청명(淸明)과 곡우(穀雨)를 잘 구분해야 한다. 청명(淸明) 후에는 화기(火氣)가 강하지 않으니 병화(丙火)로 용신(用神)을 삼으면 음양이 화합되고, 곡우(穀雨) 후에는 병화(丙火)로 용신(用神)을 삼아도 신금(辛金)과 갑목(甲木)으로 돕는 것이 좋다. 신묘(辛卯) 임진(壬辰) 계미(癸未) 병진(丙辰)생은 병화(丙火)가 용신(用神)이면 현달한다. 하반월에는 신금(辛金)과 계수(癸水)가 상하지 않으면 묘하나 병화(丙火)가 적으면 불가하다.

진(辰)월 계수(癸水)는 종화격(從化格)인 경우가 많다. 만일 종화

격(從化格)이면 영화와 복록이 따르나 그렇지 않으면 평상인에 불과하다. 만일 지지(地支)에 수국(水局)을 이루었는데 기토(己土)가 없으면 종살격(從殺格)이 된다. 이때 갑목(甲木)이 투출(透出)하면 평범하고, 지지(地支)에 사고지(四庫地)가 있는데 갑목(甲木)이 투출(透出)하면 현달한다. 그러나 갑목(甲木)이 없으면 승도팔자가 되어 고독하며 곤고하고, 지지(地支)에 목국(木局)을 이루었는데 금(金)이 없으면 상관생재격(傷官生財格)이 되어 총명하며 박학하고 의식주가 풍족하다. 진(辰)월 계수(癸水)는 신금(辛金)과 갑목(甲木)과 계수(癸水)를 참작하여 용신(用神)으로 삼아야 한다.

년	월	일	시	■남명
戊	甲	辛	庚	乙丙丁戊己庚辛壬
子	寅	未	寅	卯辰巳午未申酉戌

본명은 목(木)이 태왕하니 금(金)으로 가지를 쳐주어야 하므로 시간(時干) 경금(庚金)이 용신(用神)이다. 병화(丙火)는 조후(調候)와 태왕한 목(木)을 설기(洩氣)할 때 길작용을 하나 화(火)와 금(金)이 동주(同柱)하면 불리하고 수목(水木)운도 흉하다. 청년운은 화(火)운이라 일찍 등과하였다. 본명은 경금(庚金) 용신(用神)이 시간(時干)에 투간(透干)하고, 일지(日支)에 미토(未土)가 통근(通根)하여 강하다. 혹자는 미토(未土)는 금(金)을 생조(生助)하지 못한다고 하나 그렇지 않다. 경금(庚金) 용신(用神)은 80% 정도 좋

고, 오화(午火) 희신(喜神)은 60% 이상 좋다.


```
년  월  일  시        ■남명
丙  壬  癸  甲        癸甲乙丙丁戊己庚
戌  辰  巳  寅        巳午未申酉戌亥子
```

계수(癸水) 일주(日主)가 진(辰)월에 태어났으니 실령(失令)하여 신약(身弱)하다. 년간(年干) 병화(丙火)는 진(辰)월생이니 득령(得令)하였고, 일지(日支)에 사화(巳火)가 들고, 시주(時柱)에 갑인(甲寅)이 들어 화(火)가 강하다. 그리고 시간(時干) 갑목(甲木)은 시지(時支) 인목(寅木)에 통근(通根)하여 강하고, 술토(戌土)와 진토(辰土)도 강하다. 즉 재관식(財官食)이 모두 강하다. 이런 명조를 종세격(從勢格)이라 한다.

종세격(從勢格)은 용신(用神)은 재성(財星) 화(火)운이고, 관살(官殺) 토(土)운과 식상(食傷) 목(木)운은 희신(喜神)이고, 비겁 수(水)운은 기신(忌神)이고, 인성 금(金)운은 구신(仇神)이다. 즉 목화토(木火土)운은 길하고 금수(金水)운은 흉하다. 본명은 갑오(甲午) 을미(乙未) 대운에 등과하여 승진하였고, 신유(申酉) 대운에는 고전했으나 천간(天干)이 병정(丙丁) 희신(喜神)운이라 무사히 넘어갔다. 그러다 무술(戊戌) 대운에는 관찰사(觀察使)가 되었고, 기해(己亥) 대운의 해(亥)운이 기신(忌神)운이라 죽었다.

3. 삼하(三夏) 계수(癸水)

【원문】

巳月癸水 喜辛金爲用 無辛用庚 若辛高透 不見丁火 加以壬透

사월계수 희신금위용 무신용경 약신고투 불견정화 가이임투

主科名榮貴 聲播四夷 若有丁破格 貧無立錐 有壬可免 辛藏無丁

주과명영귀 성파사이 약유정파격 빈무입추 유임가면 신장무정

貢監衣衿 或一派火土乏辛 卽有己庚 亦不能生水 又無比肩陽刃

공감의금 혹일파화토핍신 즉유기경 역불능생수 우무비견양인

必至殺乾癸水 損目無疑 若庚壬兩透 洩制火土 名劫印化晉

필지살건계수 손목무의 약경임양투 설제화토 명겁인화진

極貴之造 有丁見干者 則否 如有庚無壬 亦無丁破辛者 堪入儒林

극귀지조 유정견간자 즉부 여유경무임 역무정파신자 감입유림

有庚無辛者 異路成名 總之巳月癸水 專用辛金方妙

유경무신자 이로성명 총지사월계수 전용신금방묘

【해설】

사(巳)월 계수(癸水)는 신금(辛金)으로 용신(用神)을 삼아야 하는
데 신금(辛金)이 없으면 경금(庚金)을 쓴다. 만일 신금(辛金)이 천
간(天干)에 투출(透出)했는데 정화(丁火)가 없고 임수(壬水)까지
투출(透出)하면 과갑하여 명진사해하고, 정화(丁火)가 있으면 파격
(破格)이 되어 송곳하나 꽂을 땅이 없을 정도로 가난하나 임수(壬

水)가 있으면 빈곤함은 면하고, 신금(辛金)이 암장(暗藏)되었는데 정화(丁火)가 없으면 공감(貢監)에 오르며 의식주가 풍족하다.

만일 화토(火土) 일파가 있는데 신금(辛金)이 끊어지면 기토(己土)와 경금(庚金)이 있어도 수(水)를 생하기 어렵고, 비견(比肩)과 양인(陽刃)이 없으면 살성이 계수(癸水)를 말리니 반드시 눈이 상하고, 경금(庚金)과 임수(壬水)가 모두 투출(透出)하면 임수(壬水)가 금기(金氣)를 설기(洩氣)하여 화토(火土)를 제극(制剋)하니 귀를 이룬다. 그러나 정화(丁火)가 천간(天干)에 있으면 좋지 않다. 만일 경금(庚金)이 있는데 임수(壬水)가 없고 정화(丁火)가 금(金)을 파극(破剋)하지 않으면 유림에 들 수 있고, 경금(庚金)이 있는데 신금(辛金)이 없으면 이로에서 이름을 얻는다. 사(巳)월 계수(癸水)는 신금(辛金)이 용신(用神)이면 묘해진다.

년	월	일	시	■ 여명
己	己	癸	癸	庚辛壬癸甲乙丙
卯	巳	未	亥	午未申酉戌亥子

계수(癸水) 일주(日主)가 사(巳)월에 태어나 실령(失令)하였고, 년월간(年月干)에 기토(己土)가 투간(透干)하여 극아(剋我)하고, 년지(年支)에서 묘목(卯木)이 설기(洩氣)하고, 일지(日支)에 미토(未土)가 들어 신약(身弱)하다. 용신(用神)은 시간(時干) 계수(癸水)인데 시지(時支) 해수(亥水)가 생조(生助)하여 강하다. 그런데

사주 전체가 음지지(陰地支)라 매우 정적이며 조용하였다. 또 행운에서도 태세가 바뀌면서 길흉화복이 분명하며 천천히 나타났다. 음간지(陰干支)는 본래 정적이며 우둔하고, 세밀하며 인내심이 많아 길게 가는 성질이 있다.

년	월	일	시	■남명
壬	乙	癸	戊	丙丁戊己庚辛壬
申	巳	巳	午	午未申酉戌亥子

계수(癸水) 일주(日主)가 사(巳)월에 태어나 실령(失令)하였고, 일지(日支)에 사화(巳火)와 시지(時支)에 오화(午火)가 들어 화(火)가 태왕하다. 그러나 다행히 년간(年干)에 임수(壬水)가 있어 약한 일주(日主)를 돕고 강한 불길을 제압하니 중화되어 좋아졌다. 임수(壬水) 용신(用神)은 신금(申金)에 통근(通根)하여 흔들리지 않고 강하다. 년주(年柱)는 조상궁인데 용신(用神)이 들어 조상덕이 많고 부모의 유산도 받았으나 자식에게 빨리 상속한 것이 문제였다. 자식이 사업에 실패하여 다 날려버려 말년이 처량하였다. 차라리 늦게 상속했으면 좋았을 것이다. 이런 사주를 선부후빈형(先富後貧形)이라고 한다.

午月癸水　至弱無根　必須庚辛爲生身之本　但丁火司權

오월계수　지약무근　필수경신위생신지본　단정화사권

金難敵火　安能滋養癸水　宜見比劫　方得辛金之用　午月癸水

금난적화　안능자양계수　의견비겁　방득신금지용　오월계수

庚辛壬參酌並用也　如庚辛透干　又見壬癸者　定主鐘鼎名家

경신임참작병용야　여경신투간　우견임계자　정주종정명가

或有金透　支見申子辰者　亦主金榜掛名　或無水出干　支只一水

혹유금투　지견신자진자　역주금방괘명　혹무수출간　지지일수

雖有庚辛　一富之造　故曰　水源會夏　富重貴輕　又曰　金水會夏天

수유경신　일부지조　고왈　수원회하　부중귀경　우왈　금수회하천

富貴永無邊　運行火土地　快樂似神仙　或支成火局　無壬出干

부귀영무변　운행화토지　쾌락사신선　혹지성화국　무임출간

定主僧道　或二壬一庚同透衣錦腰金　或一派己土　無甲出制

정주승도　혹이임일경동투의금요금　혹일파기토　무갑출제

此作從殺論　又主大貴　凡從殺者　切不可破格方吉

차작종살론　우주대귀　범종살자　절불가파격방길

【해 설】

　오(午)월 계수(癸水)는 매우 약하여 무근(無根)하니 반드시 경신
금(庚辛金)으로 생해야 한다. 그러나 정화(丁火)가 권력을 잡아 금
(金)이 두려워 하는데 계수(癸水)로 자양하면 안전하다. 따라서 비

겁(比劫)과 신금(辛金)으로 용신(用神)을 삼으면 길하다. 오(午)월 계수(癸水)는 경금(庚金)과 신금(辛金)과 임수(壬水)를 참작하여 용신(用神)을 삼아야 한다. 만일 경신금(庚辛金)이 투간(透干)하고 임계수(壬癸水)가 있으면 종정명가(鐘鼎名家)의 명조이고, 금(金)이 투출(透出)했는데 지지(地支)에 신자진(申子辰)이 있으면 역시 금방괘명(金榜掛名)이니 등과급제한다.

만일 수(水)가 출간(出干)하지 않았는데 지지(地支)에 수(水)가 1개 있으면 비록 경신금(庚辛金)이 있어도 부를 이루고, 수원회하(水源會夏)하면 부는 중하나 귀는 가볍고, 금수(金水)가 회하(會夏)한 천간(天干)이면 부귀가 영원하고, 화토(火土)운으로 향하면 쾌락이 신선과 같고, 지지(地支)에 화국(火局)을 이루었는데 임수(壬水)가 출간(出干)하지 않으면 승도팔자이고, 임(壬) 2개와 경(庚) 1개가 모두 투출(透出)하면 비단옷을 입고 등과하고, 일파 기토(己土)에 갑목(甲木)이 투출(透出)하여 제극(制剋)하지 않으면 종살격(從殺格)이 되어 대귀를 이룬다. 종살격(從殺格)은 파격(破格)되지 않아야 길하다.

년	월	일	시	■ 여 명
庚	壬	癸	丙	辛庚己戊丁丙乙
寅	午	丑	辰	巳辰卯寅丑子亥

계수(癸水) 일주(日主)가 오(午)월에 태어나 실령(失令)하였고,

시간(時干)에 병화(丙火)가 투간(透干)하고, 년지(年支)에 인목(寅木)이 들어 목생화(木生火)하니 화(火)가 태왕하여 신약(身弱)하다. 맹렬한 불길을 잡아야 중화되니 월(月) 임수(壬水)가 용신(用神)이다. 임수(壬水)가 용신(用神)이면 천간(天干)에서는 신금(辛金)과 계수(癸水)가 희신(喜神) 작용을 하고, 지지(地支)에서는 유금(酉金)과 술토(戌土)와 해수(亥水)와 자수(子水)와 축토(丑土)가 희신(喜神) 작용을 한다. 이 사주의 장점은 일지(日支) 축토(丑土)가 통근(通根)하여 용신(用神)이 고갈되지 않는 것이다. 또 일지(日支)는 남편궁이니 남편복이 많아 부부금실이 좋았고, 자녀들도 총명하였다. 오복을 모두 갖춘 귀부인의 명조다.

```
년  월  일  시      ■여명
丁  丙  癸  癸      丁戊己庚辛壬癸
未  午  卯  亥      未申酉戌亥子丑
```

계수(癸水) 일주(日主)가 오(午)월에 태어나 실령(失令)하였고, 년주(年柱)에 정미(丁未)와 월간(月干)에 병화(丙火)와 일지(日支)에 묘목(卯木)이 들어 목화(木火)가 강하다. 많은 화(火)를 억제하며 중화시키려면 수(水)가 시급하니 시간(時干) 계수(癸水)가 용신(用神)이고, 금(金)은 희신(喜神)이다. 년주(年柱)와 월주(月柱)에 기신(忌神)이 들어 유산은 없었으나 자수성가하였고 자식복도 많았다. 이런 사주를 선빈후부형(先貧後富形)이라 한다.

년 월 일 시	■여명
丁 丙 癸 戊	丁戊己庚辛壬癸
巳 午 巳 午	未申酉戌亥子丑

계수(癸水) 일주(日主)가 오(午)월에 태어나 사주 전체에 화(火)
가 있으니 종격(從格)인데 장해물이 하나도 없으니 진종격(眞從
格)이다. 종격(從格)이 되려면 이처럼 진종격(眞從格)이 되어야 좋다.
화(火)가 용신(用神), 목(木)은 희신(喜神), 수(水)는 기신(忌神),
금(金)은 구신(仇神)이다. 그러나 종격(從格)은 항상 좋을 수 없는
것이 단점이다. 왜냐하면 대운은 길어야 20년 정도 유지되므로 기
신(忌神)운이 들면 크게 당하기 때문이다. 역시 해(亥) 대운에 남
편이 사업에 크게 실패하자 함께 망하였다.

【원 문】

未月癸水 有上下月之分 下半月庚辛有氣 上半月庚辛休囚
미월계수 유상하월지분 하반월경신유기 상반월경신휴수

凡六癸日 多不驗 何也 俗士不知此理 因未中有乙己同官
범육계일 다불험 하야 속사불지차리 인미중유을기동관

破而不破 故癸水不能從殺 所以專用庚辛 如上半月金神衰弱
파이불파 고계수불능종살 소이전용경신 여상반월금신쇠약

火氣炎烈 宜比劫助身 可云富貴 與午月一理 下半月庚辛有氣
화기염열 의비겁조신 가운부귀 여오월일리 하반월경신유기

卽無比劫亦可 又忌丁透 卽丁在支亦不吉

즉무비겁역가 우기정투 즉정재지역불길

其生剋制化 與午月略同

기생극제화 여오월약동

【해 설】

미(未)월 계수(癸水)는 상반기와 하반기를 구분해서 보아야 한다. 하반월은 경신금(庚辛金)이 유기하고, 상반월은 경신금(庚辛金)이 휴수(休囚)하므로 육계일(六癸日)은 효험이 없음이 많다. 미(未)에는 을목(乙木)과 기토(己土)가 관(官)이 되어 있어 깨트릴 수가 없으니 계수(癸水)가 종살(從殺)하지 못한다. 따라서 반드시 경신금(庚辛金)을 써야 하고, 상반월에는 금신(金神)이 쇠약하다. 화기(火氣)가 강하면 비겁(比劫)이 도와야 부귀를 이루나 하반월은 경신금(庚辛金)이 유기하니 비겁(比劫)이 없어도 길하다. 그러나 정화(丁火)가 투출(透出)하면 흉하고, 정화(丁火)가 지지(地支)에 있어도 불길하다. 생극제화(生剋制化)의 원리는 오(午)월생과 비슷하다.

년	월	일	시	■남명
癸	己	癸	己	戊丁丙乙甲癸壬
亥	未	亥	未	午巳辰卯寅丑子

년주(年柱)와 일주(日柱)에 계해(癸亥)가 있는데 월주(月柱)와 시

주(時柱)에 기미(己未)가 있어 양신성상격(兩神成象格)처럼 보이나 정격(正格)이며 신약(身弱) 사주다. 계수(癸水) 일주(日主)가 미(未)월에 태어나 실령(失令)하여 신약(身弱)하다. 화기(火氣)와 토기(土氣)가 대립하지만 월지(月支)가 미(未)이니 신약(身弱)해진 것이다. 따라서 년간(年干) 계수(癸水)가 용신(用神)이고, 목(木)은 희신(喜神)이다. 수목(水木)운이 길하고 화토(火土)운은 흉하다.

년주(年柱)에 용신(用神)이 들어 조부모 대에는 부유했으나 월주(月柱)에 기신(忌神)이 들어 부모 대에 집안이 많이 기울었다. 그러다가 본명이 옛 명성을 다시 찾았다. 일지(日支)에 용신(用神)이 들어 아내덕으로 일어선 것이다. 그러나 시주(時柱)에 기신(忌神)이 자리했으니 자식은 별로 자랑할 것이 없었다.

년	월	일	시	■ 여명
丁	丁	癸	辛	戊己庚辛壬癸甲
卯	未	丑	酉	申酉戌亥子丑寅

계수(癸水) 일주(日主)가 미(未)월에 태어나 극아(剋我)하니 실령(失令)하였다. 년월간(年月干) 정화(丁火)가 극아(剋我)하여 일주(日主)의 힘이 빠지고, 년지(年支) 묘목(卯木)이 설기(洩氣)하여 신약(身弱) 사주가 되었다. 화(火)가 많아 신약(身弱)해졌으니 용신(用神)은 축(丑) 계수(癸水)이고, 금(金)은 희신(喜神)이다. 용신(用神)은 암장(暗藏)되었지만 희신(喜神)은 투간(透干)하여 용신

(用神)보다 희신(喜神)이 더 강하다. 용신(用神)보다 희신(喜神)이
더 강하면 자신보다 부하나 자식이 더 성공하여 도움을 받는다. 이
사람은 평범한 가정주부였지만 남편이 등과하여 출세하고, 자식이
모두 성공하여 중년과 말년이 다복하였다. 그리고 모두 음간지(陰
干支)로 구성되어 정적이며 조용하였다.

년 월 일 시 　　■남명
戊 己 癸 壬 　　庚辛壬癸甲乙丙丁
寅 未 酉 子 　　申酉戌亥子丑寅卯

본명은 미(未)월에 태어났고, 미(未)의 정기(正氣) 기(己)가 월
(月)에 투출(透出)하여 편관격(偏官格)이 되었다. 일간(日干) 계수
(癸水)가 용신(用神)이고 임수(壬水)운도 길하다. 본명에서 수기
(水氣)는 모두 좋으나 굳이 길흉을 논하자면 계수(癸水)는 80% 이
상 길하고, 임수(壬水)는 70% 정도 길하고, 자수(子水)는 70% 정
도 길하다. 미(未)월이니 년지(年支) 인목(寅木)이 목극토(木剋土)
하여 70% 길한 것이다. 용신(用神)이 강하여 다재다능했지만 재물
운은 약하여 부자로 살지는 못하였다.

4. 삼추(三秋) 계수(癸水)

【원 문】

申月癸水 正母旺子相之時 癸雖死申 殊不知申中有庚金生之

신월계수 정모왕자상지시 계수사신 수불지신중유경금생지

名死處逢生 弱中復強 卽行西北 亦不死也 但庚金司令

명사처봉생 약중복강 즉행서북 역불사야 단경금사령

剛銳極矣 必取丁火爲用 或丁透有甲 名有焰之火 必主科甲

강예극의 필취정화위용 혹정투유갑 명유염지화 필주과갑

或丁透無甲 又無壬癸 卽有一二庚金 亦有生監 有二丁更妙

혹정투무갑 우무임계 즉유일이경금 역유생감 유이정갱묘

或金多乏丁制者 貧困之人 或一丁坐午 名獨財格 主金玉滿堂

혹금다핍정제자 빈곤지인 혹일정좌오 명독재격 주금옥만당

富中取貴 若在未戌 則是常人 或見二戌二未 又得丙丁藏支

부중취귀 약재미술 즉시상인 혹견이술이미 우득병정장지

干見甲出無水 亦作富貴而推

간견갑출무수 역작부귀이추

【해 설】

　신(申)월은 모왕자상(母旺子相)하는 시기이므로 계수(癸水)가 신(申)에서 사(死)운이 되나 경금(庚金)이 생해주어 다시 강해지니 서북운으로 흐르면 죽지 않는다. 다만 경금(庚金)이 사령(司令)하여 강하고 예리함이 극에 달하였으니 반드시 정화(丁火)로 용신(用神)을 삼아야 한다. 만일 정화(丁火)가 투출(透出)했는데 갑목(甲木)이 있으면 불을 지피는 격이니 반드시 과갑하고, 정화(丁火)가 투출(透出)하고 갑목(甲木)이 없는데 임계수(壬癸水)가 없고 경금(庚金)이 2~3개 있으면 생감(生監)에 오르고, 여기에 정(丁)이 1개 있으면 다시 묘해진다.

만일 금(金)이 많은데 정화(丁火)의 제극(制剋)이 끊어지면 가난하고, 정(丁) 1개가 오화(午火)에 앉으면 독재격(獨財格)이라 하여 부한 가운데 귀를 이루나 이때 미술토(未戌土)가 있으면 평상인에 지나지 않는다. 만일 술(戌)과 미(未)가 2개씩 있는데 병정화(丙丁火)가 지지(地支)에 암장(暗藏)되고 갑목(甲木)이 출간(出干)하고 임수(壬水)가 없으면 부귀를 이룬다.

년	월	일	시	■남명
戊	庚	癸	乙	辛 壬 癸 甲 乙 丙 丁
戌	申	亥	卯	酉 戌 亥 子 丑 寅 卯

계수(癸水) 일주(日主)가 신(申)월에 태어났다. 년주(年柱) 무술토(戊戌土)는 월주(月柱) 경신금(庚申金)을 생조(生助)하고, 경신금(庚申金)은 다시 일주(日柱) 계해수(癸亥水)를 생조(生助)하고, 계해수(癸亥水)는 다시 시주(時柱) 을묘목(乙卯木)을 생조(生助)하니 어느 한 곳도 막히지 않고 잘 유통된다. 이 사람은 초년에 등과

하여 승승장구하더니 태수(太守)에 올랐고, 처첩복도 많아 본처 외
에 첩 2명에게서 13명의 자식을 얻었는데 모두 등과하였다. 재물복
도 많아 수백만 금을 모았고, 수명도 90세 넘게 살았다. 그야말로
인간의 오복을 모두 갖춘 매우 좋은 명조다. 본명은 시간(時干) 을
목(乙木)이 용신(用神)이고 수(水)는 희신(喜神)이다.

【원 문】

酉月癸水 辛金虛靈 非頑金可比 正金白水淸
유월계수 신금허령 비완금가비 정금백수청

取辛金爲用 丙火佐之 名水暖金溫 如丙與辛隔位同透
취신금위용 병화좌지 명수난금온 여병여신격위동투

主科甲功名 或丙透辛藏 一榜之士 或土多剋水
주과갑공명 혹병투신장 일방지사 혹토다극수

生意中人 酉月癸水 丙辛皆用
생의중인 유월계수 병신개용

【해 설】

　유(酉)월 계수(癸水)는 신금(辛金)이 허령(虛靈)하여 완금(頑金)
에 비교할 수 없으나 금백수청(金白水淸)이니 신금(辛金)으로 용
신(用神)을 삼은 후 병화(丙火)로 보좌하면 수난금온(水暖金溫)이
된다. 만일 병화(丙火)과 신금(辛金)이 함께 투출(透出)하면 과갑
하여 공명을 떨치고, 병화(丙火)가 투출(透出)했는데 신금(辛金)이

암장(暗藏)되면 등과급제하나 토(土)가 많아 수(水)를 극하면 평범하다. 유(酉)월의 계수(癸水)는 병신(丙辛)을 모두 용신(用神)으로 삼아야 길하다.

년	월	일	시	■남명
壬	己	癸	乙	庚辛壬癸甲乙丙
申	酉	亥	卯	戌亥子丑寅卯辰

계수(癸水) 일주(日主)가 유(酉)월에 태어났고, 년주(年柱)에 임자(壬子)가 들어 신강(身强)하다. 많은 수(水)를 설기(洩氣)해야 하니 시간(時干) 을목(乙木)이 용신(用神)이다. 본명은 재성(財星)이 없어 재물운은 없었으나 용신(用神)이 시주(時柱)에 들어 자녀운과 말년운이 좋았다. 사주에서는 용신(用神)이 든 기둥에 길복이 많다. 즉 용신(用神)이 년주(年柱)에 들면 조상덕이 많고, 월주(月柱)에 들면 부모와 형제덕이 많고, 일주(日柱)에 들면 배우자복이 많고, 시주(時柱)에 들면 자식복이 많다.

유(酉)월 계수(癸水)는 경신금(庚辛金)이 왕강하니 금백수청(金白水淸)이 된다. 만일 을목(乙木)으로 용신(用神)을 삼고 병화(丙火)로 보좌하면 길명이 되고, 병화(丙火)와 갑을목(甲乙木)이 함께 투출(透出)하면 과감하여 공명을 얻고, 병화(丙火)가 투출(透出)했는데 갑을(甲乙)이 암장(暗藏)되면 등과급제하고, 토(土)가 많아 수(水)를 극하면 평범하다. 유(酉)월 계수(癸水)는 신강(身强)하니 목화(木火)를 용신(用神)으로 삼아야 한다.

【원 문】

戌月癸水 失令無根 戊土司權 剋制太過 專用辛金發水之源
술월계수 실령무근 무토사권 극제태과 전용신 금발수지원

要比肩滋甲制戊方妙 或辛甲兩透 支見子癸 定主平步靑雲
요비견자갑제무방묘 혹신갑양투 지견자계 정주평보청운

或癸甲兩透 富貴成名 或有甲辛 無癸者 亦有恩封 或有甲癸
혹계갑양투 부귀성명 혹유갑신 무계자 역유은봉 혹유갑계

無辛者 富大貴小 有甲無癸辛者 常人 二者俱無 貧賤之格
무신자 부대귀소 유갑무계신자 상인 이자구무 빈천지격

或有甲見壬者 頗虛衣衿 戌月癸水 辛甲並用
혹유갑견임자 파허의금 술월계수 신갑병용

【해 설】

  술(戌)월 계수(癸水)가 실령(失令)하여 무근(無根)이고, 무토(戊土)가 권력을 잡아 극제(剋制)가 태과하니 신금(辛金)으로 용신(用神)을 삼으면 수(水)의 발원지가 된다. 이때 비견(比肩)이 들어 갑목(甲木)을 자양하여 무토(戊土)를 제극(制剋)하면 묘해진다. 만일 신금(辛金)과 갑목(甲木)이 모두 투출(透出)했는데 지지(地支)에 자계수(子癸水)를 있으면 평상인으로 청운의 꿈을 이루고, 계수(癸水)와 갑목(甲木)이 모두 투출(透出)하면 부귀와 공명이 있고, 갑목(甲木)과 신금(辛金)이 있는데 계수(癸水)가 없으면 영화가 있고, 갑목(甲木)과 계수(癸水)가 있는데 신금(辛金)이 없으면 부는 크나 귀는 작고, 갑목(甲木)이 있는데 계수(癸水)와 신금(辛金)이 없으면 평범하고, 2가지가 모두가 없으면 빈천하고, 갑목(甲木)이 있는데 임수(壬水)를 보면 의식주가 모두 없다. 술(戌)월 계수(癸水)는 신금(辛金)과 갑목(甲木)을 용신(用神)으로 삼아야 길하다.

년	월	일	시	■남명
甲	甲	癸	癸	乙丙丁戊己庚辛
戌	戌	未	亥	亥子丑寅卯辰巳

계수(癸水) 일주(日主)가 술(戌)월에 태어났고, 년지(年支)에 술토(戌土)가 들고, 일지(日支)에 미토(未土)가 들어 신약(身弱)하다. 그러나 술(戌)월이니 물은 더 필요하지 않고, 또 시주(時柱)에 계해수(癸亥水)가 있으니 신약(身弱)하지 않다. 그리고 토(土)가 많아 병이 되었으니 목극토(木剋土)해야 하므로 월간(月干) 갑목(甲木)이 용신(用神)이고, 병정화(丙丁火)는 희신(喜神)이다. 금수(金水)운은 흉하고 목화(木火)운은 길하다. 본명은 상관(傷官)이 용신(用神)이니 총명하며 지혜가 있었고, 재물복은 넉넉하지 않았으나 처세는 능하였다. 그리고 지지(地支)에 토(土)가 많으니 행동이 느리며 우둔하였고, 일지(日支)에 미토(未土)가 들고 미(未)에 정화(丁火)가 들어 길작용을 하니 좋은 아내를 만났다.

5. 삼동(三冬) 계수(癸水)

【원 문】

亥月癸水 旺中有弱 何也 因亥水搖木 洩散元神 宜用庚辛爲妙

해월계수 왕중유약 하야 인해수요목 설산원신 의용경신위묘

得庚辛兩透 不見丁傷者 功名有准 或支成木局 有丁出干

득경신양투 불견정상자 공명유준 혹지성목국 유정출간

爲木旺火相 制住庚辛不生水 必主淸寒 或成木局 干見丙丁

위목왕화상 제주경신불생수 필주청한 혹성목국 간견병정

異路之榮 或一派壬水 不見戊制 名冬水汪洋 奔波到老 若得戊透

이로지영 혹일파임수 불견무제 명동수왕양 분파도노 약득무투

淸貴堪誇 或一派庚辛 得丁出制 主名利雙全 若不見丁 又主貧薄

청귀감과 혹일파경신 득정출제 주명리쌍전 약불견정 우주빈박

或四柱火多 名財多身弱 富屋貧人

혹사주화다 명재다신약 부옥빈인

【해 설】

해(亥)월 계수(癸水)는 왕한 가운데 약하다. 해(亥) 중 갑목(甲木)
이 요동하여 원신(元神)을 설기(洩氣)하여 분산시키기 때문이다.
따라서 경신금(庚辛金)으로 용신(用神)을 삼으면 길하고 묘하다.
만일 경신금(庚辛金)이 모두 투출(透出)했는데 정화(丁火)가 손상
되지 않으면 공명을 이루고, 지지(地支)에 목국(木局)이 있는데 정

화(丁火)가 출간(出干)하면 목(木)은 왕하고 화(火)는 상한다. 이때 경신금(庚辛金)이 수(水)를 생하지 못하게 제압하면 반드시 청한하고, 목국(木局)을 이루었는데 병정화(丙丁火)가 투간(透干)하면 이로에서 영화를 누린다.

만일 일파 임수(壬水)를 무토(戊土)가 제극(制剋)하지 못하면 동수왕양(冬水汪洋)이라 하여 늙도록 파란이 많고, 무토(戊土)가 투출(透出)하면 청귀한 벼슬을 자랑하고, 일파 경신(庚辛)을 정화(丁火)가 투출(透出)하여 제극(制剋)하면 명리를 모두 이루나 정화(丁火)가 없으면 빈천하며 박덕하고, 사주에 화(火)가 많으면 재다신약(財多身弱)이라 되어 부옥빈인(富屋貧人)의 명이 된다.

년	월	일	시	■남명
壬	辛	癸	壬	壬癸甲乙丙丁戊
子	亥	丑	子	子丑寅卯辰巳午

계수(癸水) 일주(日主)가 해(亥)월에 태어나 지지(地支)에 해자축(亥子丑) 수국(水局)을 이루어 윤하격(潤下格)이 되었다. 윤하격(潤下格)은 수(水)운이 가장 길하고, 그 다음은 수(水)를 생조(生助)하는 금(金)운이 길하고, 수(水)를 유통시키는 목(木)운도 길하다. 가장 흉한 운은 화(火)운이고, 그 다음은 토(土)운이 흉하다.

본명은 임자(壬子) 계축(癸丑) 대운이 용신(用神)운이라 일찍 등과하였고, 갑인(甲寅) 대운은 수(水)를 유행시키니 길하여 장원급

제하였고, 을묘(乙卯) 대운도 길운이라 승승장구하여 현령(縣令)이
되었다. 그러나 병진(丙辰) 대운을 만나면서 장벽을 만났다. 원국에
식상(食傷)이 없는데 병화(丙火)를 만났으니 군비쟁재(群比爭財)
가 되어 병사하였다. 원국에 목(木)이 1개라도 있었으면 이런 흉은
면하였을 것이다.

【원 문】

子月癸水 値氷凍之時 金水無交歡之象 專用丙火
자월계수 치빙동지시 금수무교환지상 전용병화

解凍庶不致成氷 又要辛金滋扶 無丙有辛 不妙 凡冬季癸水
해동서불치성빙 우요신금자부 무병유신 불묘 범동계계수

有丙解凍 則金溫水暖 兩相生要 不見壬透 自然登科及第
유병해동 즉금온수난 양상생요 불견임투 자연등과급제

紫誥金章 或一派壬水 無丙出干 貧困之士 一派癸水 貧賤之流
자고금장 혹일파임수 무병출간 빈곤지사 일파계수 빈천지류

或支成水局 得丙火重出干者 又主紫袍玉帶之榮 或支成金局
혹지성수국 득병화중출간자 우주자포옥대지영 혹지성금국

丙火無蹤者 芒鞋革履之流
병화무종자 망혜혁리지류

【해 설】

　자(子)월은 얼음이 어는 시기이니 금(金)과 수(水)는 교환할 뜻이

없는 상이다. 따라서 자(子)월 계수(癸水)는 반드시 병화(丙火)로 용신(用神)을 삼아야 해동시킬 수 있고, 신금(辛金)으로 자양하며 도와야 한다. 만일 병화(丙火)가 없는데 신금(辛金)이 있으면 묘함이 없다. 무릇 겨울철 계수(癸水)는 병화(丙火)가 있어야 해동되어 금온수난(金溫水暖)이 된다.

따라서 계수(癸水)와 병화(丙火)가 상생(相生)하는데 임수(壬水)가 투출(透出)하지 않으면 반드시 등과급제하고, 일파 임수(壬水)가 있는데 병화(丙火)가 출간(出干)하지 않으면 가난한 선비이고, 일파 계수(癸水)가 있으면 빈천하고, 지지(地支)에 수국(水局)을 이루었는데 병화(丙火)가 거듭 출간(出干)하면 부귀영화를 이루고, 지지(地支)에 금국(金局)이 있는데 병화(丙火)가 없으면 짚신을 신고 유리방황하는 빈천한 무리가 된다.

년	월	일	시	■남명					
癸	甲	癸	辛	癸	壬	辛	庚	己	戊	丁
酉	子	亥	酉	亥	戌	酉	申	未	午	巳

계해(癸亥) 일주(日主)가 자(子)월에 태어나 득령(得令)하였고, 사주가 온통 금수(金水)로 구성되어 다른 오행은 힘을 쓸 수가 없다. 강물이 넘칠 지경이니 월간(月干) 갑목(甲木)은 부목(浮木)이 되어 쓸모가 없으니 금수종강격(金水從强格)이다. 초년인 계해(癸亥) 임술(壬戌) 대운은 용신(用神)운이라 부모덕에 호의호식하며

성장하였고, 신유(辛酉) 경신(庚申) 대운도 희신(喜神)운이라 발복하여 부유하였다. 그러나 기미(己未) 대운은 기신(忌神)운이라 가세가 기울기 시작하더니, 무오(戊午) 대운도 기신(忌神)운이라 완전히 망하여 노년에는 몸 하나 의지할 곳조차 없었다.

자(子)월은 엄동설한이니 금(金)과 수(水)가 교환의 뜻이 없는 상이다. 따라서 반드시 병화(丙火)로 해동해야 얼음이 얼지 않는데 병화(丙火)가 없고 신금(辛金)이 있으면 기묘한 팔자가 된다. 무릇 겨울철 계수(癸水)는 병화(丙火)가 있어야 금(金)과 수(水)를 따뜻하게 할 수 있다. 축(丑)월생이 병화(丙火)가 투출(透出)했는데 임수(壬水)가 투출(透出)하지 않으면 등과급제하여 고귀하게 된다.

년	월	일	시	■ 여명
己	丙	癸	甲	丁 戊 己 庚 辛 壬 癸
亥	子	丑	寅	丑 寅 卯 辰 巳 午 未

계수(癸水) 일주(日主)가 자(子)월에 태어났으니 득령(得令)하여 신강(身强)하다. 지지(地支)에서 해자축(亥子丑)이 방합(方合)하여 천지가 꽁꽁 얼어붙었으니 태양이 없으면 만물이 얼어죽는다. 따라서 월(月) 병화(丙火)가 용신(用神)이고, 목(木)은 희신(喜神)이다.

육친의 길흉을 볼 때는 육신과 위치를 함께 살펴야 한다. 특히 부부운은 일지(日支)에 중점을 두어야 한다. 즉 재성(財星)이 아무리 좋아도 일지(日支)에 기신(忌神)이 들면 배우자복이 없다. 부모나 형제나 자녀운보다 부부운은 행복과 불행을 가장 많이 좌우한다. 따라서 일지(日支)의 길흉을 먼저 살펴야 하는 것이다.

만일 일파 임수(壬水)가 있는데 병화(丙火)가 출간(出干)하지 못하면 가난한 선비이고, 일파 계수(癸水)이면 역시 빈천하고, 지지(地支)에 수국(水局)을 이루었는데 병화(丙火)가 거듭 출간(出干)하면 부귀영화를 이루고, 지지(地支)에 금국(金局)을 이루었는데 병화(丙火)가 없으면 짚신을 신고 유리방황하는 빈천한 무리가 된다. 어떤 사주든 자(子)월생은 반드시 병화(丙火)나 정화(丁火)가 투출(透出)해야 길하다.

【원문】

丑月癸水 寒極成氷 萬物不能舒泰 宜丙火解凍 或丙透年時
축월계수 한극성빙 만물불능서태 의병화해동 혹병투년시

加以壬透 支中多戊 名水輔陽光 主顯達名臣 無戊者 異道之職
가이임투 지중다무 명수보양광 주현달명신 무무자 이도지직

若有丙無壬 饗門之客 有壬無丙 戊又出干者 皂隷之流
약유병무임 횡문지객 유임무병 무우출간자 조예지류

或支見子丑 比肩出干 卽有丙透 不能解凍 此屬平常 或無癸水
혹지견자축 비견출간 즉유병투 불능해동 차속평상 혹무계수

有辛與合 亦不爲美 有丁出頗吉 或一片癸己會黨 年透丁火
유신여합 역불위미 유정출파길 혹일편계기회당 년투정화

名雪後燈光 夜生者貴 日生則否 若無丁火 又主孤貧

명설후등광 야생자귀 일생즉부 약무정화 우주고빈

或支成水局 無丙者 四海爲家 一生勞苦 或支成火局

혹지성수국 무병자 사해위가 일생노고 혹지성화국

有庚辛透者 衣食充足 無金出 孤苦零丁 或支成金局

유경신투자 의식충족 무금출 고고영정 혹지성금국

丙透得地 名金溫水暖 彼此相生 定許光大門閭 聲馳翰苑

병투득지 명금온수난 피차상생 정허광대문여 성치한원

乏丙者 卽文章驚世 總爲孫山 或支成木局 洩水太過

핍병자 즉문장해세 총위손산 혹지성목국 설수태과

主殘疾呻吟 得金出干輔救 技藝之流 凡冬月用丙

주잔질신음 득금출간보구 기예지류 범동월용병

須丙火得地方妙 不然 卽重重丙火出干 安能輕許富貴哉

수병화득지방묘 불연 즉중중병화출간 안능경허부귀재

【해 설】

축(丑)월 계수(癸水)는 한기가 극에 달하여 만물이 생육하기 어려
우니 병화(丙火)로 해동시켜야 길하다. 만일 병화(丙火)가 년시(年
時)에 투출(透出)했는데 임수(壬水)가 투출(透出)하고 지지(地支)
에 무토(戊土)가 많으면 수보양광(水輔陽光)이라 하여 명신이 되
고, 무토(戊土)가 없으면 이로에서 직업을 구하고, 병화(丙火)가 있
는데 임수(壬水)가 없으면 글방의 손님이고, 임수(壬水)가 있는데

병화(丙火)가 없고 무토(戊土)가 또 출간(出干)하면 노복의 명이고, 지지(地支)에 자축(子丑)이 있는데 비견(比肩)이 출간(出干)하면 병화(丙火)가 투출(透出)해도 해동하지 못하니 평범한 사람이 된다.

만일 계수(癸水)가 없는데 신금(辛金)이 합을 하면 아름답지 못하나 정화(丁火)가 출간(出干)하면 약간 길하고, 계수(癸水)와 기토(己土)가 1개씩 모이는데 정화(丁火)가 년(年)에 투출(透出)하면 설후등광(雪後燈光)이라 하여 야생자(夜生者)는 귀명을 이루고, 주생자(晝生者)는 흉명을 이루는데 정화(丁火)가 없으면 빈천하며 고독하다.

만일 지지(地支)에 수국(水局)을 이루었는데 병화(丙火)가 없으면 떠돌이팔자이니 평생 고생이 많고, 지지(地支)에 화국(火局)을 이루었는데 경신금(庚辛金)이 투출(透出)하면 의식주는 풍족하다. 그러나 경금(庚金)이 투출(透出)하지 않으면 고생한다. 만일 지지(地支)에 금국(金局)을 이루었는데 병화(丙火)가 투출(透出)하면 금온수난(金溫水暖)이 되어 서로 상생(相生)하니 고관이 되어 명진사해한다. 그러나 병화(丙火)가 끊어지면 문장으로 세상을 놀라게 하나 실속은 없다. 만일 지지(地支)에 목국(木局)을 이루었는데 수(水)의 설기(洩氣)가 태과하면 잔병으로 고생하나 금(金)이 출간(出干)하여 구제하면 기술자나 예술가가 된다. 무릇 겨울철 병화(丙火)로 용신(用神)을 삼아야 묘함이 있다 그렇지 않고 중중한 병화(丙火)가 출간(出干)하면 부귀를 이룰 수 없다.

년	월	일	시	■남명, 편관격(偏官格)
甲	丁	癸	壬	戊己庚辛壬癸甲乙
午	丑	未	子	寅卯辰巳午未申酉

계수(癸水) 일주(日主)가 축(丑)월에 태어났다. 월(月) 정화(丁火)가 용신(用神)인데 년주(年柱) 갑오(甲午)가 생조(生助)하니 강하다. 년주(年柱)에 길신이 들어 선조덕이 많았고, 편재(偏財)가 용신(用神)이라 사업가로 성공하였다. 부모의 유산을 잘 활용하여 큰 재물을 지니며 살았다. 그리고 일지(日支) 미토(未土)가 용신(用神)의 통근지(通根地)이니 아내복이 많아 현모양처를 만났다.

그러나 비겁(比劫)이 기신(忌神)에 해당하니 친구들과 금전거래를 하다 마음고생을 하였고, 사주에 인성(印星)이 없으니 상사나 선배는 없었으나 식상(食傷)이 길신에 해당하니 좋은 후배와 부하는 여럿 있었다. 그리고 시주(時柱) 임자(壬子)가 기신(忌神)에 해당하여 자식을 여럿 두었지만 관계가 썩 좋지 않았고, 관살(官殺)이 투출(透出)하지 않아 관직에는 오르지 못하였으나, 월지(月支)에 축토(丑土)가 들어 연구와 창작력은 있었다. 질병운은 수기(水氣)가 태과하니 하체·요도기관·하복부에 고질병이 있었고, 성격운은 정화(丁火)가 용신(用神)에 해당하니 예의범절이 바르고 명랑하며 외식을 좋아하였으나, 수기(水氣)가 태과하니 호색적이며 사악한 지혜가 많았다.

축(丑)월은 차가운 기운이 극도에 달한 때이니 축(丑)월 계수(癸

水)가 얼어붙어 만물을 키우기 어렵다. 따라서 무엇보다 태양으로
해동시켜야 하니 병화(丙火)가 년상(年上)과 시상(時上)에 투출(透
出)하면 길하다. 그리고 임수(壬水)가 투출(透出)했는데 무토(戊
土)가 제수(制水)하면 수보양광(水輔陽光)이라 하여 명신으로 현
달하고, 수기(水氣)가 태과한데 무토(戊土)가 없으면 이로에서 직
업을 구하고, 병화(丙火)가 없는데 임수(壬水)가 많으면 하천하다.

년	월	일	시	■남명; 편관격(偏官格)
甲	丁	癸	丙	戊 己 庚 辛 壬 癸 甲 乙
子	丑	未	辰	寅 卯 辰 巳 午 未 申 酉

　계수(癸水) 일주(日主)가 축(丑)월 엄동설한에 태어났다. 그러나
시상(時上)에 병화(丙火)가 투출(透出)하고, 월(月)에 정화(丁火)
가 투출(透出)하여 태양과 난로를 모두 갖춘 형상이니 길하다. 만
일 병화(丙火)가 투출(透出)했는데 정화(丁火)가 없으면 밖에서는
크게 성공하지만 안에서는 인기가 별로 없고, 정화(丁火)가 투출
(透出)했는데 병화(丙火)가 없으면 안에서는 길복이 많으나 밖에
서는 성공하지 못한다. 병화(丙火)는 태양이니 실외를 따뜻하게 만
들고, 정화(丁火)는 난로이니 실내를 따뜻하게 만들기 때문이다.
　본명은 축(丑)월에 태어나 암장(暗藏)의 투출(透出)이 없으니 축
(丑)의 정기(正氣)를 따라 편관격(偏官格)이 되었다. 월(月) 정화
(丁火)가 용신(用神)이고, 시상(時上) 병화(丙火)는 희신(喜神)이

다. 재성(財星)이 용신(用神)이며 강하니 재물복을 많아 중부 이상을 이루었고, 일지(日支) 미토(未土)는 용신(用神)의 통근지(通根地)이니 아내복이 많아 양순하며 예의범절이 바른 현모양처를 만났다. 그러나 관살(官殺)이 투출(透出)하지 않고 지지(地支)에만 들어 관운은 중관 정도에 머물렀다. 이 사람은 재물복과 아내복과 건강운이 모두 좋아 부귀영화를 누린 것이다.

음파메세지(氣) 성명학

신비한 동양철학 51

새로운 시대에 맞는 새로운 성명학

지금까지의 모든 성명학은 모순의 극치를 이루고 있다. 이제 새로운 시대에 맞는 음파메세지(氣) 성명학이 탄생했으니 차근차근 읽어보고 복을 계속 부르는 이름을 지어 사랑하는 자녀가 행복하고 아름다운 삶을 살아갈 수 있도록 하는데 도움이 되었으면 한다.

· 청암 박재현 저

정법사주

신비한 동양철학 49

독학과 강의용 겸용의 책

이 책은 사주추명학을 연구하고자 하는 분들에게 심오한 주역의 이해를 돕고자 하는 의도에서 시작되었다. 음양오행의 상생상극에서부터 육친법과 신살법을 기초로 하여 격국과 용신 그리고 유년판단법을 활용하여 운명판단에 첩경이 될 수 있도록 했고, 추리응용과 운명감정의 실례를 하나 하나 들어가면서 독학과 강의용 겸용으로 엮었다.

· 원각 김구현 저

기문둔갑옥경

신비한 동양철학 32

가장 권위있고 우수한 학문!

우리나라의 기문역사는 장구하지만 상세한 문헌은 전무한 상태라 이 책을 발간하기로 했다. 기문둔갑은 천문지리는 물론 인사명리 등 제반사에 관한 길흉을 판단함에 있어서 가장 우수한 학문이며 병법과 법술방면으로도 특징과 장점이 있다. 초학자는 포국편을 열심히 익혀 설국을 자유자재로 할 수 있도록 하고 개인의 이익보다는 보국안민에 일조하기 바란다.

· 도관 박홍식 저

정본·관상과 손금

신비한 동양철학 42

바로 알고 사람을 사귑시다

이 책은 관상과 손금은 인생을 행복으로 이끌기 위해 있다는 관점에서 다루었다. 그야말로 관상과 손금의 혁명이라고 할 수 있을 것이다. 여러분도 관상과 손금을 통한 예지력으로 인생의 참주인이 되기 바란다. 용기를 불어넣어 주고 행복을 찾게 하는 것이 참다운 관상과 손금술이다. 이 책으로 미래의 좋은 예지력을 한번쯤 발휘해 보기 바란다. 이 책이 일상사에 고민하는 분들에게 해결방법을 제시해 줄 것이다.

· 지창룡 감수

조화원약 평주

신비한 동양철학 35

명리학의 정통교본!

이 책은 자평진전, 난강망, 명리정종, 적천수 등과 함께
명리학의 교본에 해당하는 것으로 중국 청나라 때 나
온 난강망이라는 책을 서낙오 선생께서 설명을 붙인
것이다. 기존의 많은 책들이 격국과 용신으로 감정하는
것과는 달리 십간십이지와 음양오행을 각각 자연의 이
치와 춘하추동의 사계절의 흐름에 대입하여 인간의 길
흉화복을 알 수 있게 했다.

· 동하 정지호 편역

龍의 穴·풍수지리 실기 100선

신비한 동양철학 30

실전에서 실감나게 적용하는 풍수지리의 길잡이!

이 책은 풍수지리 문헌인 조선조 고무엽(古務葉) 태구
승(泰九升) 부집필(父輯筆)로 된 만두산법(巒頭山法),
채성우의 명산론(明山論), 금낭경(錦囊經) 등을 알기
쉬운 주제로 간추려 풍수지리의 길잡이가 되고자 했다.
그리고 인간의 뿌리와 한 사람의 고유한 이름의 중요
성을 풍수지리와 연관하여 살펴보아야 하기 때문에 씨
족의 시조와 본관, 작명론(作名論)을 같이 편집했다.

· 호산 윤재우 저

동양철학전문출판 삼한

천직·사주팔자로 찾은 나의 직업

신비한 동양철학 34

역경없이 탄탄하게 성공할 수 있는 방법!

잘 되겠지 하는 막연한 생각으로 의욕만 갖고 도전하는 것과 나에게 맞는 직종은 무엇이고 때는 언제인가를 알고 도전하는 것은 근본적으로 다르고, 결과 또한 다르다. 더구나 요즈음은 I.M.F.시대라 하여 모든 사람들이 정신까지 위축되어 생기를 잃어가고 있다. 이런 때 의욕만으로 팔자에도 없는 사업을 시작했다고 하자, 결과는 불을 보듯 뻔하다. 그러므로 이런 때일수록 침착과 냉정을 찾아 내 그릇부터 알고, 생활에 대처하는 지혜로움을 발휘해야 한다.

· 백우 김봉준 저

통변술해법

신비한 동양철학 ㉑

가닥가닥 풀어내는 역학의 비법!

이 책은 역학에 대해 다 알면서도 밖으로 표출되지 않아 어려움을 겪는 사람들을 위한 실습서다. 특히 틀에 박힌 교과서적인 역술의 고정관념에서 벗어나, 한차원 높게 공부할 수 있도록 원리통달을 설명하는데 중점을 두었다. 실명감정과 이론강의라는 두 단락으로 나누어 역학의 진리를 설명했기 때문에 누구나 쉽게 이해할 수 있다. 역학계의 대가 김봉준 선생의 역서 「알기쉬운 해설·말하는 역학」의 후편이다.

· 백우 김봉준 저

주역육효 해설방법 上·下

신비한 동양철학 38

한 번만 읽으면 주역을 활용할 수 있는 책 !

이 책은 주역을 해설한 것으로, 될 수 있는 한 여러 가지 사설을 덧붙이지 않고 주역을 공부하고 활용하는데 필요한 요건만을 기록했다. 따라서 주역의 근원이나 하도낙서, 음양오행에 대해서도 많은 설명을 자제했다. 다만 누구나 이 책을 한 번 읽어서 주역을 이해하고 활용할 수 있도록 하는데 중점을 두었다.

· 원공선사 저

사주명리학의 핵심

신비한 동양철학 ⑲

맥을 잡아야 모든 것이 보인다 !

이 책은 잡다한 설명을 배제하고 명리학자들에게 도움이 될 비법만을 모아 엮었기 때문에 초심자가 이해하기에는 다소 어려운 부분도 있겠지만 기초를 튼튼히 한 다음 정독한다면 충분히 이해할 것이다. 신살만 늘어놓으며 감정하는 사이비가 되지말기를 바란다.

· 도관 박홍식 저

이렇게 하면 좋은 운이 온다

신비한 동양철학 ㉗

한 가정에 한 권씩 놓아두고 볼만한 책 !

좋은 운을 부르는 방법은 방위·색상·수리·년운·월운·날짜·시간·궁합·이름·직업·물건·보석·맛·과일·기운·마을·가축·성격 등을 정확하게 파악하여 자신에게 길한 것은 취하고 흉한 것은 피하면 된다. 간혹 예외인 경우가 있지만 극소수에 불과하고 대부분은 적중하기 때문에 좋은 효과를 본다. 이 책의 저자는 신학대학을 졸업하고 역학계에 입문했다는 특별한 이력을 갖고 있기 때문에 더 많은 화제가 되고 있다.

· 역산 김찬동 저

말하는 역학

신비한 동양철학 ⑪

신수를 묻는 사람 앞에서 말문이 술술 열린다!

이 책은 그토록 어렵다는 사주통변술을 이해하기 쉽고 흥미롭게 고담과 덕담을 곁들여 사실적인 인물을 궁금해 하는 사람에게 생동감있게 통변하고 있다. 길흉작용을 어떻게 표현하느냐에 따라 상담자의 정곡을 찔러 핵심을 끄집어내고 여기에 대한 정답을 내려주는 것이 통변술이다. 역학계의 대가 김봉준 선생의 역작이다.

· 백우 김봉준 저

술술 읽다보면 통달하는 사주학

신비한 동양철학 ㉗

술술 읽다보면 나도 어느새 도사 !

당신은 당신 마음대로 모든 일이 이루어지던가. 지금까지 누구의 명령을 받지 않고 내 맘대로 살아왔다고, 운명 따위는 믿지도 않고 매달리지 않는다고, 이렇게 말하는 사람들이 많다. 그러나 그것은 우주법칙을 모르기 때문에 하는 소리다.

· 조철현 저

참역학은 이렇게 쉬운 것이다

신비한 동양철학 ㉔

음양오행의 이론으로 이루어진 참역학서 !

수학공식이 아무리 어렵다고 해도 1, 2, 3, 4, 5, 6, 7, 8, 9, 0의 10개의 숫자로 이루어졌듯이, 사주도 음양과 목, 화, 토, 금, 수의 오행으로 이루어졌을 뿐이다. 그러니 용신과 격국이라는 무거운 짐을 벗어버리고 음양오행의 법칙과 진리만 정확하게 파악하면 된다. 사주는 단지 음양오행의 변화일 뿐이고, 용신과 격국은 사주를 감정하는 한가지 방법에 지나지 않는다.

· 청암 박재현 저

나의 천운 운세찾기

신비한 동양철학 ⑫

놀랍다는 몽골정통 토정비결 !

이 책은 역학계의 대가 김봉준 선생이 놀랍다는 몽공토 정비결을 연구 ·분석하여 우리의 인습 및 체질에 맞게 엮은 것이다. 운의 흐름을 알리고자 호운과 쇠운을 강조했으며, 현재의 나를 조명해보고 판단할 수 있도록 했다. 모쪼록 생활서나 안내서로 활용하기 바란다.

· 백우 김봉준 저

쉽게푼 역학

신비한 동양철학 ❷

쉽게 배워서 적용할 수 있는 생활역학서 !

이 책에서는 좀더 많은 사람들이 역학의 근본인 우주의 오묘한 진리와 법칙을 깨달아 보다 나은 삶을 영위하는데 도움이 될 수 있도록 가장 쉬운 언어와 가장 쉬운 방법으로 풀이했다. 역학계의 대가 김봉준 선생의 역작이다.

· 백우 김봉준 저

역산성명학

신비한 동양철학 ㉕

이름은 제2의 자신이다 !

이름에는 각각 고유의 뜻과 기운이 있어서 그 기운이
성격을 만들고 그 성격이 운명을 만든다. 나쁜 이름은
부르면 부를수록 불행을 부르고 좋은 이름은 부르면
부를수록 행복을 부른다. 만일 이름이 거지 같다면 아
무리 운세를 잘 만나도 밥을 좀더 많이 얻어 먹을 수
있을 뿐이다. 이 책의 저자는 신학대학을 졸업하고 역
학계에 입문했다는 특별한 이력을 갖고 있기 때문에
더 많은 화제가 되고 있다.

· 역산 김찬동 저

작명해명

신비한 동양철학 ㉖

누구나 쉽게 배워서 활용할 수 있는 체계적인 작명법 !

일반적인 성명학으로는 알 수 없는 한자이름, 한글이
름, 영문이름, 예명, 회사명, 상호, 상품명 등의 작명방
법을 여러 사례를 들어 체계적으로 분석하여 누구나
쉽게 배워서 활용할 수 있도록 서술했다.

· 도관 박흥식 저

관상오행

신비한 동양철학 ⑳

한국인의 특성에 맞는 관상법 !

좋은 관상인 것 같으나 실제로는 나쁘거나 좋은 관상이 아닌데도 잘 사는 사람이 왕왕있어 관상법 연구에 흥미를 잃는 경우가 있다. 이것은 중국의 관상법만을 익히고, 우리의 독특한 환경적인 특징을 소홀히 다루었기 때문이다. 이에 우리 한국인에게 알맞는 관상법을 연구하여 누구나 관상을 쉽게 알아보고 해석할 수 있도록 자세하게 풀어놓았다.

· 송파 정상기 저

물상활용비법

신비한 동양철학 31

물상을 활용하여 오행의 흐름을 파악한다 !

이 책은 물상을 통하여 오행의 흐름을 파악하고, 운명을 감정하는 방법을 연구한 책이다. 추명학의 해법을 연구하고 운명을 추리하여 오행에서 분류되는 물질의 운명 줄거리를 물상의 기물로 나들이 하는 활용법을 주제로 했다. 팔자풀이 및 운명해설에 관한 명리감정법의 체계를 세우는데 목적을 두고 초점을 맞추었다.

· 해주 이학성 저

운세십진법 · 本大路

신비한 동양철학 ❶

운명을 알고 대처하는 것은 현대인의 지혜다!

타고난 운명은 분명히 있다. 그러니 자신의 운명을 알고 대처한다면 비록 운명을 바꿀 수는 없지만 충분히 향상시킬 수 있다. 이것이 사주학을 알아야 하는 이유다. 이 책에서는 자신이 타고난 숙명과 앞으로 펼쳐질 운명행로를 찾을 수 있도록 운명의 기초를 초연하게 설명하고 있다.

· 백우 김봉준 저

국운 · 나라의 운세

신비한 동양철학 ㉒

역으로 풀어본 우리나라의 운명과 방향!

아무리 서구사상의 파고가 높다하기로 오천년을 한결 같이 가꾸며 살아온 백두의 혼이 와르르 무너지는 지경에 왔어도 누구하나 입을 열어 말하는 사람이 없으니 답답하다. IMF라는 특수한 상황에서 불확실한 내일에 대한 해답을 이 책은 명쾌하게 제시하고 있다.

· 백우 김봉준

동양철학전문출판 삼한

명인재

신비한 동양철학 43

신기한 사주판단 비법!

살(殺)의 활용방법을 완벽하게 제시하는 책!

이 책은 오행보다는 주로 살을 이용하는 비법이다. 시중에 나온 책들을 보면 살에 대해 설명은 많이 하면서도 실제 응용에서는 무시하고 있다. 이것은 살을 알면서도 응용할 줄 모르기 때문이다. 그러나 이 책에서는 살의 활용방법을 완전히 터득해, 어떤 살과 어떤 살이 합하면 어떻게 작용하는지를 자세하게 설명하고 있다.

· 원공선사 지음

사주학의 방정식

신비한 동양철학 18

가장 간편하고 실질적인 역서!

이 책은 종전의 어려웠던 사주풀이의 응용과 한문을 쉬운 방법으로 터득할 수 있게 하는데 목적을 두었고, 역학의 내용이 어떤 것이며 무엇이 어디에 속하는지를 알고자 하는데 있다.

· 김용오 저

원토정비결

신비한 동양철학 53

반쪽으로만 전해오는 토정비결의 완전한 해설판

지금 시중에 나와 있는 토정비결에 대한 책들을 보면 옛날부터 내려오는 완전한 비결이 아니라 반쪽의 책이다. 그러나 반쪽이라고 말하는 사람이 없다. 그것은 주역의 원리를 모르기 때문이다. 따라서 늦은 감이 없지 않으나 앞으로의 수많은 세월을 생각하면서 완전한 해설본을 내놓기로 한 것이다.

· 원공선사 저

내가 보고 내가 바꾸는 DIY사주

신비한 동양철학 40

내가 보고 내가 바꾸는 사주비결！

이 책은 기존의 책들과는 달리 한 사람의 사주를 체계적으로 도표화시켜 한 눈에 파악할 수 있고, DIY라는 책 제목에서 말하듯이 개운하는 방법을 제시하고 있다. 초심자는 물론 전문가도 자신의 이론을 새롭게 재조명해 볼 수 있는 케이스 스터디 북이다.

· 석오 전 광 지음

남사고의 마지막 예언

신비한 동양철학 29

이 책으로 격암유록에 대한 논란이 끝나기 바란다

감히 이 책을 21세기의 성경이라고 말한다. 〈격암유록〉은 섭리가 우리민족에게 준 위대한 복음서이며, 선물이며, 꿈이며, 인류의 희망이다. 이 책에서는 〈격암유록〉이 전하고자 하는 바를 주제별로 정리하여 문답식으로 풀어갔다. 이 책으로 〈격암유록〉에 대한 논란은 끝나기 바란다.

· 석정 박순용 저

진짜부적 가짜부적

신비한 동양철학 7

부적의 실체와 정확한 제작방법

인쇄부적에서 가짜부적에 이르기까지 많게는 몇백만원에 팔리고 있다는 보도를 종종 듣는다. 그러나 부적은 정확한 제작방법에 따라 자신의 용도에 맞게 스스로 만들어 사용하면 훨씬 더 좋은 효과를 얻을 수 있다. 이 책은 중국에서 정통부적을 연구한 국내유일의 동양오술학자가 밝힌 부적의 실체와 정확한 제작방법을 소개하고 있다.

· 오상익 저

한눈에 보는 손금

신비한 동양철학 52

논리정연하며 바로미터적인 지침서

이 책은 수상학의 연원을 초월해서 동서합일의 이론으로 집필했다. 그야말로 완벽하리만치 논리정연한 수상학을 정리한 것이다. 그래서 운명적, 철학적, 동양적, 심리학적인 면을 예증과 방편에 이르기까지 아주 상세하게 기술했다. 이 책은 수상학이라기 보다 한 인간의 바로미터적인 지침서 역할을 해줄 것이다. 독자 여러분의 꾸준한 연구와 더불어 인생성공의 지침서가 될 수 있을 것이다.

· 정도명 저

만세력 | 사륙배판 · 신국판
사륙판 · 포켓판

신비한 동양철학 45

찾기 쉬운 만세력

이 책은 완벽한 만세력으로 만세력 보는 방법을 자세하게 설명했다. 그리고 역학에 대한 기본적인 내용과 결혼하기 좋은 나이 · 좋은 날 · 좋은 시간, 아들 · 딸 태아감별법, 이사하기 좋은 날 · 좋은 방향 등을 부록으로 실었다.

· 백우 김봉준 저

수명비결

신비한 동양철학 14

주민등록번호 13자로 숙명의 정체를 밝힌다

우리는 지금 무수히 많은 숫자의 거미줄에 매달려 허우적거리며 살아가고 있다. 1분 ·1초가 생사를 가름하고, 1등·2등이 인생을 좌우하며, 1급·2급이 신분을 구분하는 세상이다. 이 책은 수명리학으로 13자의 주민등록번호로 명예, 재산, 건강, 수명, 애정, 자녀운 등을 미리 읽어본다.

· 장충한 저

운명으로 본 나의 질병과 건강상태

신비한 동양철학 9

타고난 건강상태와 질병에 대한 대비책

이 책은 국내 유일의 동양오술학자가 사주학과 더불어 정통명리학의 양대산맥을 이루는 자미두수 이론으로 임상실험을 거쳐 작성한 표준자료다. 따라서 명리학을 응용한 최초의 완벽한 의학서로 질병을 예방하고 치료하는데 활용한다면 최고의 의사가 될 것이다. 또한 예방의학적인 차원에서 건강을 유지하는데 훌륭한 지침서로 현대의학의 새로운 장을 여는 계기가 될 것이다.

· 오상익 저

오행상극설과 진화론

신비한 동양철학 5

인간과 인생을 떠난 천리란 있을 수 없다

과학이 현대를 설정하여 설명하고 있으나 원리는 동양 철학에도 있기에 그 양면을 밝히고자 노력했다. 우주에서 일어나는 모든 일을 과학으로 설명될 수는 없다. 비과학적이라고 하기보다는 과학이 따라오지 못한다고 설명하는 것이 더 솔직하고 옳은 표현일 것이다. 특히 과학분야에 종사하는 신의사가 저술했다는데 더 큰 화제가 되고 있다.

· 김태진 저

사주학의 활용법

신비한 동양철학 17

가장 실질적인 역학서

우리가 생소한 지방을 여행할 때 제대로 된 지도가 있다면 편리하고 큰 도움이 되듯이 역학이란 이와같은 인생의 길잡이다. 예측불허의 인생을 살아가는데 올바른 안내자나 그 무엇이 있다면 그 이상 마음 든든하고 큰 재산은 없을 것이다.

· 학선 류래웅 저

쉽게 푼 주역

신비한 동양철학 10

귀신도 탄복한다는 주역을 쉽고 재미있게 풀어놓은 책

주역이라는 말 한마디면 귀신도 기겁을 하고 놀라 자빠진다는데, 운수와 일진이 문제가 될까. 8×8=64괘라는 주역을 한 괘에 23개씩의 회답으로 해설하여 1472괘의 신비한 해답을 수록했다. 당신이 당면한 문제라면 무엇이든 해결할 수 있는 열쇠가 이 한 권의 책 속에 있다.

· 정도명 저

핵심 관상과 손금

신비한 동양철학 54

사람을 볼 줄 아는 안목과 지혜를 알려주는 책

오늘과 내일을 예측할 수 없을만큼 복잡하게 펼쳐지는 현실에서 살아남기 위해서는 사람을 볼줄 아는 안목과 지혜가 필요하다. 시중에 관상학에 대한 책들이 많이 나와있지만 너무 형이상학적이라 전문가도 이해하기 어렵다. 이 책에서는 누구라도 쉽게 보고 이해할 수 있도록 핵심만을 파악해서 설명했다.

· 백우 김봉준 저

진짜궁합 가짜궁합

신비한 동양철학 8

남녀궁합의 새로운 충격

중국에서 연구한 국내유일의 동양오술학자가 우리나라
역술가들의 궁합법이 잘못되었다는 것을 학술적으로
분석·비평하고, 전적과 사례연구를 통하여 궁합의 실
체와 타당성을 분석했다. 합리적인 「자미두수궁합법」과
「남녀궁합」 및 출생시간을 몰라 궁합을 못보는 사람들
을 위하여 「지문으로 보는 궁합법」 등을 공개한다.

· 오상익 저

좋은꿈 나쁜꿈

신비한 동양철학 15

그날과 앞날의 모든 답이 여기 있다

개꿈이란 없다. 꿈은 반드시 미래를 예언한다. 이 책은
프로이드의 정신분석학적인 입장이 아닌 미래판단의
근거에 입각한 예언적인 해몽학이다. 여러 형태의 꿈을
체계적으로 정리했으니 올바른 해몽법으로 앞날을 지
혜롭게 대처해 보자. 모쪼록 각 가정에서 한 권씩 두고
이용하면 생활하는데 많은 도움이 될 것이다.

· 학선 류래웅 저

완벽 만세력

신비한 동양철학 58

착각하기 쉬운 썸머타임 2도 인쇄

시중에 많은 종류의 만세력이 나와있지만 이 책은 단순한 만세력이 아니라 완벽한 만세경전으로 만세력 보는 법 등을 실었기 때문에 처음 대하는 사람이라도 쉽게 볼 수 있도록 편집되었다. 또한 부록편에는 사주명리학, 신살종합해설, 결혼과 이사택일 및 이사방향, 길흉보는 법, 우주천기와 한국의 역사 등을 수록했다.

· 백우 김봉준 저

周易 · 토정비결

신비한 동양철학 40

토정비결의 놀라운 비결

지금 시중에 나와 있는 토정비결에 대한 책들을 보면 옛날부터 내려오는 완전한 비결이 아니라 반쪽의 책이다. 그러나 반쪽이라고 말하는 사람이 없다. 그것은 주역의 원리를 모르기 때문이다. 따라서 늦은 감이 없지 않으나 앞으로의 수많은 세월을 생각하면서 완전한 해설본을 내놓기로 했다.

· 원공선사 저

현장 지리풍수

신비한 동양철학 48

현장감을 살린 지리풍수법

풍수를 업으로 삼는 사람들이 진(眞)과 가(假)를 분별할 줄 모르면서 24산의 포태사묘의 법을 익히고는 많은 법을 알았다고 자부하며 뽐내고 있다. 그리고는 재물에 눈이 어두워 불길한 산을 길하다 하고, 선하지 못한 물(水)을 선하다 하면서 죄를 범하고 있다. 이는 분수 밖의 것을 망녕되게 바라기 때문이다. 마음 가짐을 바로 하고 고대 원전에 공력을 바치면서 산간을 실사하며 적공을 쏟으면 정교롭고 세밀한 경지를 얻을 수 있을 것이다.

· 전항수 · 주관장 편저

완벽 사주와 관상

신비한 동양철학 55

사주와 관상의 핵심을 한 권에

자연과 인간, 음양(陰陽)오행과 인간, 사계와 절후, 인상(人相)과 자연, 신(神)들의 이야기 등등 우리들의 삶과 관계되는 사실적 관계로만 역(易)을 설명해 누구나 쉽게 이해할 수 있도록 썼으며 특히 역(易)에 대한 관심과 흥미를 갖게 하고자 인상학(人相學)을 추록했다. 여기에 추록된 인상학(人相學)은 시중에서 흔하게 볼 수 있는 상법(相法)이 아니라 생활상법(生活相法) 즉 삶의 지식과 상식을 드리고자 했으니 생활에 유익함이 있기를 바란다.

· 김봉준 · 유오준 공저

해몽・해몽법

신비한 동양철학 50

해몽법을 알기 쉽게 설명한 책

인생은 꿈이 예지한 시간적 한계에서 점점 소멸되어 가는 현존물이기 때문에 반드시 꿈의 뜻을 따라야 한다. 이것은 꿈을 먹고 살아가는 인간 즉 태몽의 끝장면인 죽음을 향해 달려가고 있는 인간이기 때문이다. 꿈은 우리의 삶을 이끌어가는 이정표와도 같기에 똑바로 가도록 노력해야 한다.

• 김종일 저

역점

신비한 동양철학 57

우리나라 전통 행운찾기

주역을 무조건 미신으로 치부해버리는 생각은 버려야 한다. 주역이 점치는 책에만 불과했다면 벌써 그 존재가 없어졌을 것이다. 그러나 오랫동안 많은 학자가 연구를 계속해왔고, 그 속에서 자연과학과 형이상학적인 우주론과 인생론을 밝혀, 정치・경제・사회 등 여러 방면에서 인간의 생활에 응용해왔고, 삶의 지침서로써 그 역할을 했다. 이 책은 한 번만 읽으면 누구나 역점가가 될 수 있으니 생활에 도움이 되길 바란다.

• 문명상 편저

명리학연구

신비한 동양철학 59

체계적인 명확한 이론

이 책은 명리학 연구에 핵심적인 내용만을 모아 하나의 독립된 장을 만들었다. 명리학은 분야가 넓어 공부를 하다보면 주변에 머무르는 경우가 많아, 주요 내용을 잃고 헤매는 경우가 많다. 그러므로 뼈대를 잡는 것이 중요한데, 여기서는 「17장. 명리대요」에 핵심 내용만을 모아 학문의 체계를 잡는데 용이하게 하였다.

・권중주 저

쉽게 푼 풍수

신비한 동양철학 60

현장에서 활용하는 풍수지리법

산도는 매우 광범위하고, 현장에서 알아보기 힘들다. 더구나 지금은 수목이 울창해 소조산 정상에 올라가도 나무에 가려 국세를 파악하는데 애를 먹는다. 그러므로 사진을 첨부하니 많은 도움이 되길 바란다. 물론 결록에 있고 산도가 눈에 익은 것은 혈 사진과 함께 소개하니 참고하기 바란다. 이 책을 열심히 정독하면서 답산하면 혈을 알아보고 용산도 할 수 있을 것이다.

・전항수・주장관 편저

동양철학전문출판 삼한

올바른 작명법

신비한 동양철학 61

세상의 부모들에게 가장 소중한 것이 무엇이냐고 물으면 누구든 자녀라고 할 것이다. 그런데 왜 평생을 좌우할 이름을 함부로 짓는가. 이름이 얼마나 소중한지를. 이름의 오행작용이 사람의 일생을 어떻게 좌우하는지를 모르기 때문이다. 세상만물은 음양오행의 영향을 받지 않는 것이 없다. 봄이 가면 여름이 오고, 여름이 가면 가을이 오고, 가을이 가면 겨울이 오고, 겨울이 가면 봄이 오는 것 또한 음양오행의 원리다.

· 이정재 저

신수대전

신비한 동양철학 62

흉함을 피하고 길함을 부르는 방법

신수를 보는 방법은 여러 가지가 있는데 대부분이 주역과 사주추명학에 근거를 둔다. 수많은 학설 중에서 몇 가지를 보면 사주명리, 자미두수, 관상, 점성학, 구성학, 육효, 토정비결, 매화역수, 대정수, 초씨역림, 황극책수, 하락리수, 범위수, 월영도, 현무발서, 철판신수, 육임신과, 기문둔갑, 태을신수 등이다. 역학에 정통한 고사가 아니면 제대로 추단하기 어려운데 엉터리 술사들이 넘쳐난다. 그래서 누구나 자신의 신수를 볼 수 있도록 몇 가지를 정리했다.

· 도관 박흥식

음택양택

신비한 동양철학 63

현세의 운·내세의 운

이 책에서는 음양택명당의 조건이나 기타 여러 가지를 설명하여 산 자와 죽은 자의 행복한 집을 만들 수 있도록 했다. 특히 죽은 자의 집인 음택명당은 자리를 옳게 잡으면 꾸준히 생기를 발하여 흥하나, 그렇지 않으면 큰 피해를 당하니 돈보다도 행·불행의 근원인 음양택 명당에 관심을 기울여야 한다.

· 전항수 · 주장관 지음

이런 집에 살아야 잘 풀린다

신비한 동양철학 64

운이 트이는 좋은 집 알아보는 비결

힘든 상황에서 내 가족이 지혜롭게 대처하고 건강을 지켜주는, 한마디로 운이 트이는 집은 모두의 꿈일 것이다. 가족이 평온하게 생활할 수 있는 집, 나가서는 발전을 가져다 줄 수 있는 그런 집이 있다면 얼마나 좋을까? 그런 소망에 한 걸음이라도 가까워지려면 막연하게 운만 기대해서는 안 된다. '호랑이를 잡으려면 호랑이 굴로 들어가라'는 속담이 있듯이 좋은 집을 가지려면 그만한 노력이 있어야 한다.

· 강현술 · 박흥식 감수

동양철학전문출판 삼한

사주에 모든 길이 있다

신비한 동양철학 65

사주를 간명하는데 조금이라도 도움이 되었으면 하는 바람에서 이 책을 쓰게 되었다. 간명의 근간인 오행의 왕쇠강약을 세분해서 설명했다. 그리고 대운과 세운, 세운과 월운의 연관성과, 십신과 여러 살이 운명에 미치는 암시와, 십이운성으로 세운을 판단하는 방법을 설명했다.

· 정담 선사 편저

사주학

신비한 동양철학 66

5대 원서의 핵심과 실용

이 책은 사주학을 체계적으로 공부하려는 학도들을 위해 꼭 알아야 할 내용과 용어를 수록하는데 중점을 두었다. 이 학문을 공부하려고 찾아온 사람들에게 여러 가지 질문을 던져보면 거의 기초지식이 시원치 않다. 그런 상태로 사주를 읽으려니 제대로 될 리가 없다. 이 책으로 용어와 제반지식을 터득하면 빠른 시일에 소기의 목적을 이룰 수 있을 것이다.

· 글갈 정대엽 저

주역 기본원리

신비한 동양철학 67

주역의 기본원리를 통달할 수 있는 책

이 책에서는 기본괘와 변화와 기본괘가 어떤 괘로 변했을 경우 일어날 수 있는 내용들을 설명하여 주역의 변화에 대한 이해를 돕는데 주력하였다. 그러나 그런 내용을 구분할 수 있는 방법을 전부 다 설명할 수는 없기에 뒷장에 간단하게설명하였고, 다른 책들과 설명의 차이점도 기록하였으니 참작하여 본다면 조금이나마 도움이 될 것이다.

· 원공선사 편저

사주특강

신비한 동양철학 68

자평진전과 적천수의 재해석

이 책은 『자평진전(子平眞詮)』과 『적천수(滴天髓)』를 근간으로 명리학(命理學)의 폭넓은 가치를 인식하고, 실전에서 유용한 기반을 다지는데 중점을 두고 썼다. 일찍이 『자평진전(子平眞詮)』을 교과서로 삼고, 『적천수(滴天髓)』로 보완하라는 서낙오(徐樂吾)의 말에 깊이 공감한다.

청월 박상의 편저

동양철학전문출판 삼한

복을 부르는방법

신비한 동양철학 69

나쁜 운을 좋은 운으로 바꾸는 비결

개운하는 방법은 여러 가지가 있으나, 이 책의 비법은
축원문을 독송하는 것이다. 독송이란 소리내 읽는다는
뜻이다. 사람의 말에는 기운이 있는데, 이 기운은 자신
에게 돌아온다. 좋은 말을 하면 좋은 기운이 돌아오고,
나쁜 말을 하면 나쁜 기운이 돌아온다. 이 책은 누구나
어디서나 쉽게 비용을 들이지 않고 좋은 운을 부를 수
있는 방법을 실었다.

• 역산 김찬동 편저

인터뷰 사주학

신비한 동양철학 70

쉽고 재미있는 인터뷰 사주학

얼마전까지만 해도 사주학을 취급하는 사람들은 미신
을 다루는 부류로 취급되었다. 그러나 지금은 하루가
다르게 이 학문을 공부하는 사람들이 폭증하고 있는
것으로 보인다. 젊은 층에서 사주카페니 사주방이니 사
주동아리니 하는 것들이 만들어지고 그 모임이 활발하
게 움직이고 있다는 점이 그것을 증명해준다. 그뿐 아
니라 대학원에는 역학교수들이 점차로 증가하고 있다.

• 글갈 정대엽 편저

육효대전

신비한 동양철학 37

정확한 해설과 다양한 활용법

동양의 고전 중에서도 가장 대표적인 것이 주역이다. 주역은 옛사람들이 자연의 법칙을 거울삼아 인간이 생활을 영위해 나가는 처세에 관한 지혜를 무한히 내포하고, 피흉추길하는 얼과 슬기가 함축된 점서)인 동시에 수양·과학서요 철학·종교서라고 할 수 있다.

· 도관 박흥식 편저

사람을 보는 지혜

신비한 동양철학 73

관상학의 초보에서 완성까지

현자는 하늘이 준 명을 알고 있기에 부귀에 연연하지 않는다. 사람은 마음을 다스리는 심명이 있다. 마음의 명은 자신만이 소통하는 유일한 우주의 무형의 에너지이기 때문에 잠시도 잊으면 안된다. 관상학은 사람의 상으로 이런 마음을 살피는 학문이니 잘 이해하여 보다 나은 삶을 삶을 영위할 수 있도록 노력해야 한다.

· 이부길 편저

명리학 | 재미있는 우리사주

신비한 동양철학 74

사주 세우는 방법부터 용어해설 까지‼

몇 년 전 『사주에 모든 길이 있다』가 나온 후 선배 제현들께서 알찬 내용의 책다운 책을 접했다면서 매월 한 번만이라도 참 역학의 발전을 위하여 학술세미나를 열자는 제의를 받았다. 그러나 사주의 작성법을 설명하지 않아 독자들에게 많은 질타를 받고 뒤늦게 이 책을 출판하기로 결심했다. 이 책은 한글만 알면 누구나 역학과 가까워질 수 있도록 사주 세우는 방법부터 실제 간명, 용어해설에 이르기까지 분야별로 엮었다.

· 정담 선사 편저

성명학 | 바로 이 이름

신비한 동양철학 75

사주의 운기와 조화를 고려한 이름짓기

사람은 누구나 타고난 운명, 즉 숙명이라는 것이 있다. 숙명인 사주팔자는 선천운이고, 성명은 후천운이 되는 것으로 이름을 지을 때는 타고난 운기와의 조화를 고려함이 중요하다. 따라서 역학에 대한 깊은 이해가 선행되어야 함은 지극히 당연한 일이다. 부연하면 작명의 근본은 타고난 사주에 운기를 종합적으로 분석하여 부족한 점을 보강하고 결점을 개선한다는 큰 뜻이 있다고 할 수 있다.

· 정담 선사 편저

운을 잡으세요 | 改運秘法

신비한 동양철학 76

염력강화로 삶의 문제를 해결한다!

염력(念力)이 강한 사람은 운명을 개척하며 행복하게 살고, 염력이 약한 사람은 운명의 노예가 되어 불행하게 살아간다. 때문에 행복과 불행은 누가 주는 것이 아니라 자기 자신이 만든다고 할 수 있다. 한 마디로 말해 의지의 힘, 즉 염력이 운명을 바꾸는 것이다. 이 책에서는 이러한 염력을 강화시켜 삶에서 일어나는 문제를 해결하는 방법을 알려준다. 누구나 가벼운 마음으로 읽고 실천한다면 반드시 목적을 이룰 수 있을 것이다.

· 역산 김찬동 편저

작명정론

신비한 동양철학 77

이름으로 보는 역대 대통령이 나오는 이치

사주팔자가 네 기둥으로 세워진 집이라면 이름은 그 집을 대표하는 문패라고 할 수 있다. 사람은 태어나면서 사주를 통해 운을 타고나고 이름이 주어진 순간부터 명(命)이 작용한다. 사주와 이름이 곧 운명을 결정한다는 것이다. 따라서 이름을 지을 때는 사주의 격에 맞추어야 한다. 사주 그릇이 작은 사람이 원대한 뜻의 이름을 쓰면 감당하지 못할 시련을 자초하게 되고 오히려 이름값을 못할 수 있다. 즉 분수에 맞는 이름으로 작명해야 하기 때문에 사주의 올바른 분석이 필요하다.

· 청월 박상의 편저

원심수기 통증예방 관리비법

신비한 동양철학 78

쉽게 배워 적용할 수 있는 통증관리법

이 책을 세상에 내놓는 것은 우리 전통 민중의술도 세상의 그 어떤 의술에 못지 않게 아주 훌륭한 치료술이 있고 그 전통이 수백 년, 또는 수천 년을 내려오면서 전해지고 있는데 현재 사회를 보면 무조건 외국에서 들어온 것만이 최고라고 하는 식으로 하여 우리의 전통 민중의술을 뿌리째 버리려고 하는데 문제가 있는 것 같기에 우리것을 지키고자 하는데 그 첫째의 목적이 있다 할 수 있을 것이다.

· 원공 선사 저

사주비기

신비한 동양철학 79

역학으로 보는 대통령이 나오는 이치!!

이 책에서는 고서의 이론을 근간으로 하여 근대의 사주들을 임상하여, 적중도에 의구심이 가는 이론들은 과감하게 탈피하고 통용될 수 있는 이론만을 수용했다. 따라서 기존 역학서의 아쉬운 부분들을 충족시키며 일반인도 열정만 있으면 누구나 자신의 운명을 감정하고 피흉취길할 수 있는 생활지침서로 활용할 수 있을 것이다.

청월 박상의 편저

찾기 쉬운 명당

신비한 동양철학 44

풍수지리의 모든 것 !

이 책은 가능하면 쉽게 풀려고 노력했고, 실전에 도움이 되도록 했다. 특히 풍수지리에서 방향측정에 필수인 패철(佩鐵)사용과 나경(羅經) 9층을 각 층별로 간추려 설명했다. 그리고 이 책에 수록된 도설, 즉 오성도, 명산도, 명당 형세도 내거수 명당도, 지각(枝脚)형세도, 용의 과협출맥도, 사대혈형(穴形) 와겸유돌(窩鉗乳突) 형세도 등은 국립중앙도서관에 소장된 문헌자료인 만산도단, 만산영도, 이석당 은민산도의 원본을 참조했다.

· 호산 윤재우 저

명리입문

신비한 동양철학 41

명리학의 필독서 !

이 책은 자연의 기후변화에 의한 운명법 외에 명리학도들이 궁금해 했던 인생의 제반사들에 대해서도 상세하게 기술했다. 따라서 초보자부터 심도있게 공부한 사람들까지 세심히 읽고 숙독해야 하는 책이다. 특히 격국이나 용신뿐 아니라 십신에 대한 자세한 설명, 조후용신에 대한 보충설명, 인간의 제반사에 대해서는 독보적인 해설이 들어 있다. 초보자들에게는 더할 수 없이 훌륭한 길잡이가 될 것이다.

· 동하 정지호 편역

동양철학전문출판 삼한

원심수기 통증예방 관리비법

신비한 동양철학 78

쉽게 배워 적용할 수 있는 통증관리법

이 책을 세상에 내놓는 것은 우리 전통 민중의술도 세상의 그 어떤 의술에 못지 않게 아주 훌륭한 치료술이 있고 그 전통이 수백 년, 또는 수천 년을 내려오면서 전해지고 있는데 현재 사회를 보면 무조건 외국에서 들어온 것만이 최고라고 하는 식으로 하여 우리의 전통 민중의술을 뿌리째 버리려고 하는데 문제가 있는 것 같기에 우리것을 지키고자 하는데 그 첫째의 목적이 있다 할 수 있을 것이다.

· 원공 선사 저

사주비기

신비한 동양철학 79

역학으로 보는 대통령이 나오는 이치 ! !

이 책에서는 고서의 이론을 근간으로 근대의 사주들을 임상하여, 적중도에 의구심이 가는 이론들은 과감하게 탈피하고 통용될 수 있는 이론만을 수용했다. 따라서 기존 역학서의 아쉬운 부분들을 충족시키며 일반인도 열정만 있으면 누구나 자신의 운명을 감정하고 피흉취길할 수 있는 생활지침서로 활용할 수 있을 것이다.

청월 박상의 편저

사주대성

신비한 동양철학 33

초보에서 완성까지

이 책은 과거 현재 미래를 모두 알 수 있는 비결을 실었다. 그러나 모두 터득한다는 것은 어려울 것이다.역학은 수천 년간 동방의 석학들에 의해 갈고 닦은 철학이요 학문이며, 정신문화로서 영과학적인 상수문화로서 자랑할만한 위대한 학문이다.

· 도관 박흥식 저

해몽정본

신비한 동양철학 36

꿈의 모든 것 !

막상 꿈해몽을 하려고 하면 내가 꾼 꿈을 어디다 대입시켜야 할지 모를 경우가 많았을 것이다. 그러나 이 책은 찾기 쉽고, 명료하며, 최대한으로 많은 갖가지 예를 들었으니 꿈해몽을 하는데 어려움이 없을 것이다.

· 청암 박재현 저

육효점 정론

신비한 동양철학 80

육효학의 정수!

이 책은 주역의 원전소개와 상수역법의 꽃으로 발전한 경방학을 같이 실어 독자들의 호기심을 충족시키는데 중점을 두었습니다. 주역의 원전으로 인화의 처세술을 터득하고, 어떤 사안의 답은 육효법을 탐독하여 찾으시기 바랍니다.

· 효명 최인영 편역

작명 백과사전

신비한 동양철학 81

36가지 이름짓는 방법과 선후천 역상법 수록

이름은 나를 대표하는 생명체이므로 몸은 세상을 떠날지라도 영원히 남는다. 성명운의 유도력은 후천적으로 가공 인수되는 후존적 수기로써 조성 운화되는 작용력이 있다. 선천수기의 운기력이 50%이면 후천수기도의 운기력도50%이다. 이와 같이 성명운의 작용은 운로에 불가결한조건일 뿐 아니라, 선천명운의 범위에서 기능을 충분히 할 수 있다.

· 임삼업 편저 | 송충석 감수

적천수정설

신비한 동양철학 82

적천수 원문을 쉽고 자세하게 해설

적천수(滴天髓)는 명나라 개국공신인 유백온(劉伯溫) 선생이 처음으로 저술한 후 여러 사람이 각각 자신의 주장을 내세워 해설하여 오늘날에는 많은 분량이 되었다. 그러나 원래 유백온(劉伯溫) 선생이 저술한 적천수(滴天髓)의 원문은 내용이 그렇게 많지가 않다. 저자는 적천수(滴天髓) 원문을 보고 30년 역학(易學)의 경험을 총동원하여 감히 해설해 보았다.

· 역산 김찬동 편역